Die Rundfunkkompetenz des Bundes als Beispiel
bundesstaatlicher Kulturkompetenz
in der Bundesrepublik Deutschland

SCHRIFTEN
zum internationalen und zum öffentlichen
RECHT
Herausgegeben von Gilbert Gornig

Band 24

PETER LANG
Frankfurt am Main · Berlin · Bern · New York · Paris · Wien

Matthias Schote

Die Rundfunkkompetenz des Bundes als Beispiel bundesstaatlicher Kulturkompetenz in der Bundesrepublik Deutschland

Eine Untersuchung unter besonderer Berücksichtigung
natürlicher Kompetenzen und der neueren Entwicklung
im Recht der Europäischen Union

PETER LANG
Europäischer Verlag der Wissenschaften

Die Deutsche Bibliothek - CIP-Einheitsaufnahme

Schote, Matthias:
Die Rundfunkkompetenz des Bundes als Beispiel bundesstaatlicher Kulturkompetenz in der Bundesrepublik Deutschland : eine Untersuchung unter besonderer Berücksichtigung natürlicher Kompetenzen und der neueren Entwicklung im Recht der Europäischen Union / Matthias Schote. - Frankfurt am Main ; Berlin ; Bern ; New York ; Paris ; Wien : Lang, 1999
  (Schriften zum internationalen und zum öffentlichen Recht ; Bd. 24)
Zugl.: Marburg, Univ., Diss., 1998
ISBN 3-631-34239-X

Gedruckt auf alterungsbeständigem, säurefreiem Papier.

D 4
ISBN 3-631-34239-X
ISSN 0943-173X
© Peter Lang GmbH
Europäischer Verlag der Wissenschaften
Frankfurt am Main 1999
Alle Rechte vorbehalten.

Das Werk einschließlich aller seiner Teile ist urheberrechtlich geschützt. Jede Verwertung außerhalb der engen Grenzen des Urheberrechtsgesetzes ist ohne Zustimmung des Verlages unzulässig und strafbar. Das gilt insbesondere für Vervielfältigungen, Übersetzungen, Mikroverfilmungen und die Einspeicherung und Verarbeitung in elektronischen Systemen.

Printed in Germany 2 3 4 5 6 7

Vorwort

Die Arbeit hat der Fachbereich Rechtswissenschaft der Philipps Universität Marburg im Juli 1998 als Dissertation angenommen.

Mein Dank gilt an dieser Stelle besonders meinem Doktorvater, Herrn Professor Dr. Gilbert Gornig. Seine fürsorgliche Betreuung und seine stete Unterstützingsbereitschaft während der Anfertigung der Arbeit und seine wertvollen Anregungen trugen wesentlich zum Gelingen der Arbeit bei.
Herrn Professor Dr. Detterbeck gebührt Dank für seine Unterstützung als Zweitgutachter.

Weiter möchte ich Professor Dr. Andreas Sattler für seine Ratschläge und konstruktiven Anmerkungen danken.

Besonders gilt mein Dank Dr. Olaf Müller. Er unterstütze mich mit ausdauernder Diskussionsbereitschaft und Hinweisen hinsichtlich gegenwärtiger philosophischer Strömungen.

Ganz besonderen Dank möchte ich aber meinen Eltern aussprechen. Sie haben meinen gesamten bisherigen Lebensweg in jeder Hinsicht gefördert. Sie haben mir die für das Anfertigen der Dissertation nötige Kraft gegeben. Und sie haben mir nicht zuletzt den finanziellen Freiraum geschenkt, der es mir ermöglichte, diese Arbeit anzufertigen. Ihnen sei daher dieses Buch gewidmet.

Berlin, im September 1998   Matthias Schote

Abkürzungsverzeichnis

a.A.	andere Ansicht
Abs.	Absatz
a.F.	alte Fassung
AfP	Archiv für Presserecht
AFR	Archiv für Funkrecht
Amtsbl.	Amtsblatt
Anm.	Anmerkung
AöR	Archiv des öffentlichen Rechts
ArchPF	Archiv für das Post- und Fernmeldewesen
ARD	Arbeitsgemeinschaft der öffentlich- rechtlichen Rundfunkanstalten der Bundesrepublik Deutschland
Art.	Artikel
AV	Vertrag von Amsterdam
BAnz	Bundesanzeiger
BayVBL.	Bayerische Verwaltungsblätter
BayVerfGH	Bayerischer Verfassungsgerichtshof
Bd.	Band
Bes.VerwR.	besonderes Verwaltungsrecht
BGBl.	Bundesgesetzblatt
BGH	Bundesgerichtshof
BLG	Bundesleistungsgesetz
BMI	Bundesminister des Inneren
BMP	Bundespostminister
BR-Drucks.	Bundesratsdrucksache
BR-G	Gesetz über den Bayrischen Rundfunk
BRFG	Bundesrundfunkgesetz = Gesetz über die Errichtung von Rundfunkanstalten des Bundesrechts vom 29.11.60
BT-Drucks.	Bundestagsdrucksache
BTX	Bildschirmtext
BVerfG	Bundesverfassungsgericht
BVerfGE	Amtliche Sammlung der Entscheidungen des Bundesverfassungsgerichtes
BVerwGE	Amtliche Sammlung der Entscheidungen des Bundesverwaltungsgerichtes
CLT	Compagnie Luxembourgeoise de Telediffusion
DB	Der Betrieb
DBP	Deutsche Bundespost
DDR	Deutsche Demokratische Republik
DÖV	Die öffentliche Verwaltung
dpa-Meldung	Deutsche Presse Agentur - Meldung
DVBl.	Deutsches Verwaltungsblatt

EE	Eisenbahn- und verkehrsrechtliche Entscheidungen und Abhandlungen
EEAG	Gesetz zur Einheitlichen Europäischen Akte
ebd.	ebenda
EBU	European Broadcasting Union
ECV	Eurocontrol-Vertrag
EG	Europäische Gemeinschaft
EGV	Vertrag über Europäische Gemeinschaften
EMRK	Europäische Menschenrechtskonvention
endg.	endgültig
epd	epd - Kirche und Rundfunk, Hrsg. Evangelischer Pressedienst, Frankfurt/M.
EU	Europäische Union
EUGH	Europäischer Gerichtshof
EuGRZ	Europäische Grundrechte-Zeitschrift.
EuR	Europarecht
EWG	Europäische Wirtschaftsgemeinschaft
FAG	Fermeldeanlagengesetz
FAZ	Frankfurter Allgemeine Zeitung
Fn.	Fußnote
FRAG-Urteil	Freie Rundfunk AG. - Urteil
FrMRVO	Verordnung der französischen Militärregierung
FS.	Festschrift
FuR	Film und Recht - Zeitschrift
Gbl.	Gesetzblatt
GG	Grundgesetz für die Bundesrepublik Deutschland
GeschOBReg	Geschäftsordnung der Bundesregierung
GHz	Gigahertz
GRUR	Gewerblicher Rechtsschutz u. Urheberrecht - Zeitschrift
GRUR Int.	Auslands- und Internationaler Teil zu "Gewerblicher Rechtsschutz und Urheberrecht"
GVBL.	Gesetz- und Verordnungsblatt
GWB	Gesetz gegen Wettbewerbsbeschränkung
HChE	Herrenchiemsee Entwurf
Hdb.d.StaatsR.	Handbuch des Staatsrechts
h.M.	herrschende Meinung
HR-G	Gesetz über den Hessischen Rundfunk
HTML	Hyper Text Markup Language
IHB	Internationales Handbuch für Hörfunk und Fernsehen
IPbürgR	Internationales bürgerliches Privatrecht
iSd.	im Sinne des
iSv.	im Sinne von
ITU	International Telecommunication Union

iVm.	in Verbindung mit
JA	Juristische Arbeitsblätter
JbDBP	Jahrbuch Deutsche Bundespost
JfIR	Jahrbuch für Internationales Recht
JÖR	Jahrbuch des öffentlichen Rechts der Gegenwart
JZ	Juristenzeitung
KEF	Kommission zur Ermittlung des Finanzbedarfs
KOM	Dokumente der Kommission der Europäischen Gemeinschaften
Komm.	Kommentar
KSZE	Konferenz über die Sicherheit und Zusammenarbeit in Europa
LMG	Landesmediengesetz
LRG	Landesrundfunkgesetz
LS.	Leitsatz
MEG	Gesetz über die Erprobung und Entwicklung neuer Rundfunkangebote und anderer Mediendienste
mwN.	mit weiteren Nachweisen
NDR	Norddeutscher Rundfunk
NDR-StV	Norddeutscher Rundfunk Staatsvertrag
n.F.	neue Fassung
NGO	non-governmental organizations
NJW	Neue Juristische Wochenschrift
NOG	Neuordnungsgesetz
NRW	Nordrhein-Westfalen
NGVBl.	Niedersächsisches Gesetz und Verordnungsblatt
ORF	Österreichischer Rundfunk
OVG	Oberverwaltungsgericht
ÖZöR	Österreichische Zeitschrift für öffentliches Recht
ParteienG	Parteiengesetz
Pay-TV	Fernsehprogramm, das nur gegen Zahlung eines bestimmten Geldbetrages in Anspruch genommen werden kann.
PostVerfG	Postverfassungsgesetz 1989
PRG	Gesetz über den privaten Rundfunk
RdfNOG	Rundfunkneuordnungsgesetz
RdfStV	Rundfunkstaatsvertrag
Reg.Bl.	Regierungsblatt
RFG	Rundfunkgesetz
RGBl.	Reichsgesetzblatt
RhPf	Rheinland-Pfalz

RIAS	Radio Im Amerikanischem Sektor
RMI	Reichsminister des Inneren
RIW	Recht der internationalen Wirtschaft
RL.	Richtlinie
Rn.	Randnummer
Rs.	Rechtssache
RTL	Radio Television Luxemburg
RuF	Rundfunk und Fernsehen
RuP	Rundfunkrecht und Rundfunkpolitik
SDR-G	Süddeutscher Rundfunk Gesetz
SDR-S	Süddeutscher Rundfunk-Satzung
SFB-S	Sender Freies Berlin-Satzung
Slg.	Sammlung
SRG	Schweizer Rundspruch Gesellschaft
STGH	Staatsgerichtshof
StGB	Strafgesetzbuch
StV-SWF	Staatsvertrag Südwestfunk
s.u.	siehe unten
SWF	Südwestfunk
SZ	Süddeutsche Zeitung
TV.	Television
u.ä.	und ähnliches
UER	Union Européene de Radio-Télévision
UFiTA	Archiv für Urheber- Film- Funk- und Theaterrecht
UKW	Ultrakurzwelle
UNESCO	United Nations Educational, Scientific and Cultural Organization
UrhG	Gesetz über Urheberrechte und verwandte Schutzrechte
VA	Verwaltungsakt
VBL.	Verwaltungsblatt
Verw.Arch.	Verwaltungsarchiv
VG	Verwaltungsgericht
vgl.	vergleiche
VVDStRL	Veröffentlichungen der Vereinigung der Deutschen Staatsrechtslehrer
WARC	World Administrative Radio Conference for Space Telecommunikations (Weltfunkverwaltungskonferenz)
WDR	Westdeutscher Rundfunk Köln
WDR-G	Westdeutscher Rundfunk Gesetz
WRV	Weimarer Reichsverfassung

ZaöRV	Zeitschrift für ausländisches öffentliches Recht und Völkerrecht
ZDF	Zweites Deutsches Fernsehen
ZDF-StV	Zweites deutsches Fernsehen Staatsvertrag
ZHR	Zeitschrift für das gesamte Haushaltsrecht und Wirtschaftsrecht
zit.	Zitiert
ZöR	Zeitschrift für öffentliches Recht
ZPF	Zeitschrift für das Post- u. Fernmeldewesen
ZPT	Zeitschrift für Post und Telekommunikation
ZRP	Zeitschrift für Rechtspolitik
ZUM	Zeitschrift für Urheber-und Medienrecht (bis 1984: Film und Recht)

Inhaltsverzeichnis

Die Rundfunkkompetenz des Bundes 1

A. Begriff des Rundfunks 3

I. Der fernmelde- oder telekommunikationsrechtliche Rundfunkbegriff 4

II. Der kulturrechtliche Rundfunkbegriff 4

  1. Rundfunk als Erfahrungsgegenstand 6

  2. Rundfunk als publizistisches Massenmedium 8

    a. Die für die Allgemeinheit bestimmte Darbietung als Definitionskriterium 9

    b. Die Definitionskriterien im einzelnen 10

      aa. Der Begriff "Allgemeinheit" 10

        (1) Definition des Begriffs "Für die Allgemeinheit bestimmt" 11

          (a) Der Begriff "bestimmt" als Ausdruck der Finalität 11

          (b) Der Begriff "Allgemeinheit" 11

        (2) Problemfälle 12

          (a) Der Definitionsversuch gemessen an den herkömmlichen Medien 12

            (aa) Funksonderdienste 12

            (bb) Herkömmliche Medien - verbreitet mit neuen Techniken (Kabel- und Satellitenfunk) 13

            (cc) Pay-TV und Telefonnachrichtendienste 14

              ((1)) Die beliebige Personenzahl als Kriterium zur Erläuterung des Begriffs der Allgemeinheit 15

((2)) Die Bedeutung des schuldrechtlichen Verhältnisses
für den Begriff der "Allgemeinheit" 15

((3)) Die Bedeutung des expliziten Willen des
Veranstalters für den Begriff der "Allgemeinheit" 16

(dd) Lokal- und Hausrundfunk 16

(b) Problemfälle der neuen Medien 18

(aa) Allgemeines über die neuen Medien 18

(bb) Formen neuer Medien 19

((1)) Einseitige Verteildienste (Dienste auf Zugriff) 19

((2)) Abruf- und Bestelldienste 19

((3)) Interaktive Dienste 20

(cc) Die Einordnung der neuen Medien als Rundfunk 21

bb. Der Begriff "Darbietung" 22

(1) Der Begriff "mitteilungsfähig" 22

(a) Sinngehalt 22

(b) Relevanz für die öffentliche Meinung 23

(2) Einseitigkeit der Informationsrichtung 25

(a) Definition 25

(b) Problemfälle 25

(aa) Problemfälle hinsichtlich herkömmlicher Medien 25

(bb) Problemfälle hinsichtlich neuer Medien 26

cc. Weitere Differenzierungskriterien 26

(1) Gleichzeitigkeit der Informationsverbreitung	26
(a) Problemfälle hinsichtlich herkömmlicher Medien	27
(b) Problemfälle hinsichtlich neuer Medien	27
(2) "Flüchtigkeit" des Informationseindrucks	28
(a) Die "Flüchtigkeit" als notwendiges Kriterium des Rundfunks	28
(aa) Telefonansagedienste	28
(bb) Neue Medien	29
(b) Die "Flüchtigkeit" als nicht konstitutives Rundfunkelement	29
(3) Planmäßiger Programmcharakter	30
(4) Verbreitungsweise	32
4. Endgültige "Definition" des Rundfunkbegriffs	33
B. Arten des Rundfunks	34
I. Grundsätzliches zu den Unterscheidungskriterien	34
II. Der rein nationale Rundfunk	36
III. Der transnationale Rundfunk	36
IV. Der multinationale Rundfunk	38
C. Gesetzgebungskompetenz des Bundes	39
I. Gesetzgebungskompetenz des Bundes im Bereich rein nationaler Rundfunkangelegenheiten.	39
1. Gesetzgebungskompetenzen kraft ausdrücklicher Kompetenzzuweisung	39

a. Bundesstaatliche Gesetzgebungskompetenz aus Art. 73 Nr. 7 GG   40

  aa. Gesetzgebungskompetenz aus Art. 73 Nr. 7 GG im Bereich konventionell-terrestrisch verbreiteter Rundfunksendungen   41

    (1) Grundsätzlicher Definitionsansatz des Begriffs "Telekommunikation"   41

    (2) Rundfunk und Fernmeldewesen - ein historischer Tatbestand   42

      (a) Entwicklung des Rundfunks bis zum Jahre 1945   42

      (b) Entstehungsgeschichte des Art. 73 Nr. 7 GG und die Entwicklung bis heute   47

        (aa) Entstehungsgeschichte des Art. 73 Nr. 7 GG   47

        (bb) Weitere Entwicklung bis heute   49

    (3) Der Begriff "Fernmeldewesen" unter systematischer, völkerrechtlicher und ordnungspolitischer Betrachtung   49

    (4) Kompetenz des Bundes für die Telekommunikation (als Teilbereich des Rundfunks)   50

      (a) Frequenzverwaltung des Bundes   51

      (b) Regelungskompetenz für Rundfunksendeanlagen   52

  bb. Gesetzgebungskompetenz aus Art. 73 Nr. 7 GG im Bereich des Kabel- bzw. Satellitenwesens   55

    (1) Die neuen Übertragungstechniken   56

      (a) Die "Kabeltechnik" (Fernmeldesatelliten)   56

      (b) Direkt strahlende Satelliten (Rundfunksatelliten)   57

      (c) Medium-Power-Satelliten   58

    (2) Bundesstaatliche Gesetzgebungskompetenz aus Art. 73

XVII

Nr. 7 GG hinsichtlich des Kabelrundfunks	58
(a) Kompetenz zur Verkabelung des Bundesgebietes	58
(aa) Begründungsansätze der Post für die Kompetenz zur Verkabelung des Bundesgebietes	58
(bb) Verletzung des Grundsatzes länderfreundlichen Verhaltens	59
(cc) Verfassungsrechtliche Rechtfertigung	60
(b) Kompetenz zur Einspeisung ins Kabelnetz	61
(3) Bundesstaatliche Gesetzgebungskompetenz aus Art. 73 Nr. 7 GG hinsichtlich des Satellitenrundfunks	62
cc. Ergebnis zu a.	63
b. Bundesstaatliche Gesetzgebungskompetenz aus Art. 73 Nr. 1 GG (auswärtige Angelegenheiten)	63
aa. Bundesstaatliche Gesetzgebungskompetenz aus Art. 73 Nr. 1 GG hinsichtlich konventionell-verbreiteten Rundfunks	63
bb. Bundesstaatliche Gesetzgebungskompetenz gemäß Art. 73 Nr. 1 GG hinsichtlich der neuen Übertragungstechniken	64
c. Bundesstaatliche Gesetzgebungskompetenz aus Art. 75 Nr. 2 GG	65
d. Kompetenz kraft Eigentum	66
e. Bundesstaatliche Gesetzgebungszuständigkeit für Teilaspekte des Rundfunkwesens	68
aa. Die Doppelnatur der Regelungsbereiche	68
bb. Gesetzgebungskompetenz gemäß Art. 73 Nr. 9 GG (Urheberrecht)	70

cc. Gesetzgebungskompetenz gemäß Art. 73 Nr. 10 GG
(internationale Fahndungsmeldungen) 71

dd. Gesetzgebungskompetenz gemäß Art. 73 Nr. 1 iVm.
Art. 115 c GG (Verteidigungsfall) 72

ee. Gesetzgebungskompetenz gemäß Art. 73 Nr. 6 GG
(Luftverkehr) 72

ff. Gesetzgebungskompetenz gemäß Art. 74 Nr. 7 GG
(öffentliche Fürsorge, Jugendschutz) 73

gg. Gesetzgebungskompetenz gemäß Art. 74 Nr. 1 GG
(das bürgerliche Recht) 74

hh. Gesetzgebungskompetenz gemäß Art. 74 Nr. 11 u. 16 GG
(Recht der Wirtschaft und Verhütung wirtschaftlicher
Machtstellung) 74

(1) Das Recht der Wirtschaft vor Zulassung des privaten Rundfunks 75

(2) Das Recht der Wirtschaft nach Zulassung des privaten Rundfunks 77

(a) Unterschiedliche Konkurrenzsituationen für öffentlich-rechtlich und private Anbieter 77

(b) Wirtschaftlich relevante Teilbereiche im Bereich des privaten und öffentlich-rechtlichen Rundfunks 78

(aa) Werbung und Programmveranstaltung 79

(bb) Wirtschaftliche Machtstellung 80

(cc) Programmbeschaffung 83

ii. Gesetzgebungskompetenz gemäß Art. 74 Nr. 21 GG (Bereiche der Schiffahrt sowie der Wetterdienst) und gemäß Art. 74 Nr. 22 GG (Bereiche des Verkehrs), 85 jj. Gesetzgebungskompetenz gemäß Art. 21 III GG (Parteienrecht) ... 86

kk. Weitere Gesetzgebungskompetenzen des Bundes ... 87

f. Ergebnis zu 1. ... 88

2. Bundesgesetzgebungskompetenz kraft ungeschriebener Kompetenzzuweisung ... 89

a. Das Problem der Zulässigkeit ungeschriebener Kompetenzen ... 89

b. Kompetenz kraft Sachzusammenhangs ... 90

aa. Grundsätzliches zur Rechtsfigur der Kompetenz kraft Sachzusammenhangs ... 91

bb. Mögliche Kompetenzen kraft Sachzusammenhangs ... 94

(1) Sachzusammenhang zu Art. 73 Nr. 7 GG ... 94

(2) Sachzusammenhang zu Art. 75 Nr. 2 GG ... 95

(a) Sachzusammenhang des gesamten Rundfunkwesens zur Publizistik ... 95

(b) Sachzusammenhang des Werberundfunks zur Publizistik ... 96

(c) Sachzusammenhang zu dem Bund zustehenden Teilbereichen (Fernmeldehoheit, Urheberrecht, Recht der Wirtschaft u.a.) ... 96

c. Annexkompetenz ... 97

d. Kompetenz kraft Natur der Sache ... 97

aa. Grundsätzliches zur "Natur der Sache" ... 98

(1) Rechtsprechung des Bundesverfassungsgerichtes ... 99

(2) Literatur ... 100

(3) Verfassungswirklichkeit 102

(4) Stellungnahme 103

bb. Relevante Fallgruppen natürlicher Kompetenzen 106

(1) Kompetenz kraft Überregionalität 106

(a) Kompetenz kraft Überregionalität für den
Satellitenrundfunk 107

(aa) Natürliche Bundeskompetenz 107

(bb) Kompetenz der einzelnen Länder 108

(cc) Gemeinschaftliche Kompetenz der Länder 109

(dd) Stellungnahme 109

(b) Kompetenz kraft Überregionalität für den Kabelrundfunk 113

(2) Kompetenz des Bundes kraft seiner Verantwortung
gegenüber dem Grundgesetz 114

(a) Kompetenz kraft Selbstorganisation des Bundes 114

(aa) Grundsätzliches zur Kompetenz kraft
Selbstorganisation 114

(bb) Regelungskompetenz des Bundes für Bereiche
des Rundfunkwesens kraft Selbstorganisation 116

(b) Kompetenz kraft Eintretenspflicht 118

(aa) Grundsätzliches zur Kompetenz kraft
Eintretenspflicht 118

(bb) Rundfunkkompetenz des Bundes kraft
Eintretenspflicht 119

(3) Kompetenz kraft Analogie 120

(a) Kompetenz aus dem Gesichtspunkt "nationaler Repräsentation"	121
(b) Kompetenz aus dem Gesichtspunkt "kontinuitätsbewahrender Tradition"	122
(b) Kompetenz aus dem Gesichtspunkt der "Gesamtstaatlichen Repräsentation"	122
(aa) Grundsätzliches zu einer Bundeskompetenz aus dem Gesichtspunkt "Gesamtstaatlicher Repräsentation"	122
((1)) Die Bedeutung des Begriffs "Gesamtstaatliche Repräsentation"	123
((2)) Zuständigkeit des Bundes für die "Gesamtstaatliche Repräsentation"	125
((3)) Erscheinungsformen "Gesamtstaatlicher Repräsentation"	127
((a)) Selbstdarstellung durch Amtsträger	128
((b)) Selbstdarstellung durch Symbole	128
((c)) Selbstdarstellung durch Veranstaltungen	129
(bb) Rundfunkkompetenz des Bundes kraft gesamtstaatlicher Repräsentation	130
((1)) Die Bedeutung des Rundfunks als Mittler gesamtstaatlich repräsentativer Akte	130
((2)) Gesetzgebungskompetenz zur Regelung der Sendung gesamtstaatlich repräsentativer Staatsakte	133
((3)) Gesetzgebungskompetenz zur umfassenden Aufgabenzuweisung der gesamtstaatlich relevanten Bereiche	134

((4)) Das Verhältnis von Aufgabenzuweisungen zu Errichtungskompetenzen ... 134

((5)) Das Verhältnis stillschweigender Gesetzgebungskom-petenzen zu entsprechenden Verwaltungskompetenzen ... 135

3. Ergebnis zu I ... 140

II. Gesetzgebungskompetenz des Bundes im Bereich rein transnationaler Rundfunkangelegenheiten ... 142

1. Zur Bedeutung des transnationalen Rundfunks ... 142

2. Die Bundesrepublik Deutschland als Sendestaat ... 143

a. Gesetzgebungskompetenz des Bundes ... 143

aa. Gesetzgebungskompetenz des Bundes aus Art. 73 Nr. 1 GG (auswärtige Angelegenheiten) ... 144

(1) Begriff der "auswärtigen Angelegenheiten" ... 144

(2) Auslandsrundfunk als auswärtige Angelegenheit ... 148

bb. Gesetzgebungskompetenz für das Recht der Wirtschaft und Mißbrauch der wirtschaftlichen Machtstellung (Art. 74 Nr. 11 und 16 GG) ... 151

cc. Ungeschriebene Kompetenzzuweisungen ... 151

(1) Kompetenz kraft Sachzusammenhangs und Annexkompetenz ... 151

(2) Kompetenz kraft Natur der Sache ... 152

b. Flankierende Gesetzgebungskompetenz der Länder ... 153

3. Die Bundesrepublik Deutschland als Empfängerstaat ... 154

a. Abwehrkompetenz des Bundes ... 154

b. Einspeisungskompetenz des Bundes … 158

III. Gesetzgebungskompetenz des Bundes im Bereich multinationaler Rundfunkangelegenheiten … 160

1. Grundsätzliches zum multinationalen Rundfunk … 160

2. Gesetzgebungskompetenz des Bundes für den Deutschlandfunk … 162

   a. Gesetzgebungskompetenz des Bundes aus Art. 73 Nr. 1 GG … 162

      aa. DDR als Materie auswärtiger Angelegenheiten … 163

         (1) DDR als Inland … 163

         (2) DDR als "Quasi-Ausland" … 163

      bb. Der multinationale Rundfunksender Deutschlandfunk als Materie auswärtiger Angelegenheiten … 164

         (1) Annahme einer Bundesgesetzgebungskompetenz für den Deutschlandfunk als auswärtige Angelegenheit … 165

         (2) Keine Rundfunkkompetenz des Bundes aus Art. 73 Nr. 1 GG … 165

   b. Gesetzgebungskompetenz des Bundes aus anderen ungeschriebenen Kompetenzzuweisungen … 166

      aa. Gesetzgebungskompetenz des Bundes kraft Sachzusammenhangs zu Art. 73 Nr. 1 GG … 166

      bb. Gesetzgebungskompetenz des Bundes kraft Natur der Sache … 167

         (1) Wiedervereinigungsgebot als Begründung der Gesetzgebungskompetenz des Bundes … 167

         (2) Stellungnahme … 169

3. Gesetzgebungskompetenz des Bundes für weitere multinationale Rundfunksendungen ... 170

   a. Ausdrückliche Kompetenzzuweisungen ... 170

   b. Stillschweigend mitgeschriebene Gesetzgebungskompetenzen des Bundes ... 171

      aa. Kompetenz kraft Sachzusammenhangs zu Art. 73 Nr. 1 GG ... 171

      bb. Kompetenz kraft Sachzusammenhangs zu Art. 74 Nr. 11 und 16 GG ... 172

4. Flankierende Gesetzgebungskompetenz der Länder ... 174

5. Ergebnis zu IV. ... 174

D. Verwaltungskompetenz des Bundes ... 175

  I. Verwaltungskompetenz des Bundes im Bereich rein nationaler Angelegenheiten ... 175

   1. Verwaltungskompetenz des Bundes gemäß Art. 87 I 1 GG a. F. (Post) bzw. Art. 87 f. GG (Post und Telekommunikation) ... 175

   2. Verwaltungskompetenz des Bundes gemäß Art. 87 I 1 GG (Auswärtiger Dienst) ... 177

   3. Stillschweigend mitgeschriebene Verwaltungskompetenzen des Bundes ... 178

     a. Verwaltungskompetenz des Bundes für einen Bundesrundfunk ... 178

        aa. Begründungsansätze einer Bundeskompetenz für einen umfassenden Rundfunk ... 178

          (1) Das Verhältnis zwischen Bulletin und Bulletinrundfunk ... 178

          (3) Verwaltungskompetenz des Bundes wegen der Kompetenz zur Selbstorganisation ... 180

(3) Verwaltungskompetenz des Bundes wegen der Kompetenz
zur gesamtstaatlichen Repräsentation 181

bb. Aufgaben eines Bundesrundfunks 181

(1) Politische Repräsentation 182

(2) Kulturelle Repräsentation 182

cc. Verletzung von Länderkompetenzen durch einen
umfassenden Bundesrundfunk 185

(1) Verletzung der Gesetzgebungskompetenz der Länder 186

(2) Verletzung des Grundsatzes überschneidungsfreier
Kompetenzverteilung 186

(3) Beschränkung der faktischen Sendemöglichkeit anderer
Rundfunkveranstalter durch einen Bundesrundfunk 187

(4) Notwendigkeit eines Bundesrundfunks 188

(5) Ergebnis 189

dd. Errichtung und Organisation des Bundesrundfunks 190

(1) Literaturansichten zur Organisation eines
"Bulletinrundfunks" 190

(2) Organisation eines umfassenden, die Aufgabe
gesamtstaatlicher Repräsentation wahrnehmenden
Bundesrundfunks 191

(3) Organisation eines "Faktenrundfunks" 193

b. Verwaltungskompetenz des Bundes zur kostenlosen
Bereitstellung einzelner (Rund-funk-) Beiträge 195

II. Verwaltungskompetenz des Bundes im Bereich rein transnationaler
Rundfunkangelegenheiten 197

1. Verwaltungskompetenz gemäß Art. 87 I GG (Auswärtiger Dienst)   197

2. Ungeschriebene Verwaltungskompetenzen des Bundes   200

    a. Verwaltungskompetenz des Bundes kraft Sachzusammenhangs mit Art. 87 I GG   200

    b. Verwaltungskompetenz des Bundes kraft Natur der Sache   203

3. Das Verhältnis zwischen obligatorischer und fakultativer Bundesverwaltung im Rahmen der Rundfunktätigkeit   204

4. Aufgaben des Auslandssenders (Deutsche Welle)   211

5. Weitere Verwaltungskompetenzen des Bundes und flankierende der Länder   214

6. Ergebnis zu II.   217

III. Verwaltungskompetenz des Bundes im Bereich multinationaler Angelegenheiten   219

    1. Zuständigkeit des Bundes   219

    2. Aufgaben und Möglichkeiten der Bundesanstalten   221

    3. Flankierende Kompetenzen der Länder   223

E. Die Vertragsabschluß- und die Abtretungskompetenz des Bundes im Hinblick auf das Rundfunkrecht   224

    I. Die Bedeutung des internationalen Einflusses auf die deutsche Rundfunkordnung   224

    II. Die Kompetenz des Bundes und der Bundesanstalten zu Vereinbarungen mit auswärtigen Staaten und anderen ausländischen juristischen Personen   225

       1. Kompetenz des Bundes zum Abschluß völkerrechtlicher Verträge   225

XXVII

a. Grundsätzliches zur Vertragsabschlußkompetenz des Bundes
   gemäß Art. 32 GG . . . 225

   aa. Die Vertragsabschlußkompetenz des Bundes hinsichtlich der
       dem Bund zugewiesenen Regelungsmaterien . . . 225

   bb. Die Vertragsabschlußkompetenz des Bundes hinsichtlich
       den Ländern zugewiesener Regelungsmaterien . . . 226

       (1) Die föderalistische Interpretation des Art. 32 GG . . . 226

       (2) Die zentralistische Interpretation des Art. 32 GG . . . 227

       (3) Stellungnahme . . . 227

       (4) Das Lindauer Abkommen . . . 228

b. Vertragsabschlußkompetenz des Bundes im Bereich des
   Rundfunkrechts . . . 229

   aa. Abschlußkompetenz des Bundes im Bereich ausschließlicher
       oder konkurrierender Gesetzgebungskompetenz des Bundes . . . 229

       (1) Die internationalen Fernmeldeverträge, Funkordnungen und
           Funkverwaltungskonferenzen . . . 229

           (a) Internationale Fernmeldeverträge . . . 229

           (b) Funkordnung und Wellenplan . . . 230

       (2) Internationale Urheberrechtsabkommen . . . 230

       (3) Der EG-Vertrag . . . 232

       (4) Europäische Rundfunkanstalt . . . 232

   bb. Abschlußkompetenz des Bundes im Bereich der Gesetz-
       gebungskompetenz der Länder . . . 234

2. Kompetenz des Bundes zum Abschluß von Verwaltungsabkommen . . . 235

a. Art. 32 GG als Kompetenznorm auch für Verwaltungsabkommen — 235

b. Der Kompetenzrahmen des Bundes für Verwaltungsabkommen — 235

  aa. Die zentralistische Ansicht — 236

  bb. Die föderalistische Ansicht — 237

  cc. Stellungnahme — 237

4. Die Kompetenz der Bundesrundfunkanstalt zu Verträgen mit internationalen Einrichtungen in Abgrenzung zu den Kompetenzen der Landesrundfunkanstalten — 238

III. Die Kompetenz des Bundes zur Abtretung von Hoheitsrechten im Bereich des Rundfunkwesens an supranationale Einrichtungen — 242

1. Kompetenz des Bundes zur Abtretung von hoheitlichen Befugnissen im Bereich des Rundfunkrechts gemäß Art. 24 I GG — 242

  a. Grundsätzliches zur Abtretungskompetenz gemäß Art. 24 I GG — 242

    aa. Zwischenstaatliche Einrichtungen iSd. Art. 24 I GG — 243

    bb. Hoheitsrechte — 243

  b. Kompetenz des Bundes zur Abtretung von dem Bund zustehenden Hoheitsrechten im Bereich des Rundfunkrechts — 244

  c. Die Kompetenz des Bundes zur Abtretung von ausschließlich den Ländern zustehenden Hoheitsrechten im Bereich des Rundfunkrechts — 246

    aa. Zur Zulässigkeit der Abtretung von ausschließlich den Ländern zustehenden Hoheitsrechten — 246

      (1) Theorie der umfassenden Abtretungskompetenz des Bundes — 246

      (2) Theorie der ausschließlichen Abtretung bundesstaatlicher Hoheitsrechte — 247

(3) Stellungnahme 247

bb. Schranken der umfassenden Abtretungskompetenz des
Bundes 249

(1) Theorie der unbegrenzten Abtretungskompetenz 249

(2) Theorie der beschränkten Abtretungskompetenz 249

(a) Rechtsprechung des Verfassungsgerichtes 250

(b) Literaturmeinungen 251

(c) Stellungnahme 251

2. Kompetenz des Bundes zur Abtretung von Hoheitsrechten im
Bereich des Rundfunkwesens an die EU gemäß Art. 23 GG 254

a. Kompetenz des Bundes zur Abtretung von dem Bund zustehenden
Hoheitsrechten im Bereich des Rundfunkwesens gemäß
Art. 23 GG 254

b. Kompetenz des Bundes zur Abtretung von den Ländern
zustehenden Hoheitsrechten im Bereich des Rundfunkwesens
gemäß Art. 23 GG 255

3. Rechtmäßigkeit der das Rundfunkwesen betreffenden Regelungen
im Primärrecht der Gemeinschaft unter dem Aspekt der
Kompetenzregelungen der Bundesrepublik Deutschland 256

a. Die Kulturkompetenz der Gemeinschaft (Art. 128 EG-Vertrag) 256

b. Rundfunk als Bereich der "gemeinsamen Politiken" 258

c. Wirtschaftsbereiche des Rundfunks als Regelungsmaterie des
EG-Vertrages 259

aa. Rundfunk als Gegenstand des freien Dienstleistungsverkehrs
(Art. 59 ff. EG-Vertrag (= Art 49 Vertrag von Amsterdam)) 261

XXX

(1) Die Rechtsprechung des Europäischen Gerichtshofs und
Literaturmeinungen 261

(2) Die Voraussetzungen der Art. 59 ff. EG-Vertrag
(Art 49 ff. AV) im einzelnen 262

  (a) Rundfunk als Dienstleistung 262

    (aa) Der weite Dienstleitsungsbegriff 262

    (bb) Der enge Dienstleitsungsbegriff 264

    (cc) Stellungnahme 264

  (b) Rundfunk als grenzüberschreitendes Phänomen 265

    (aa) Zum Begriff der "Grenzüberschreitung" 265

    (bb) Transnationaler Rundfunk als grenzüberschreitendes
Phänomen 266

    (cc) Multinationaler Rundfunk als grenzüberschreitendes
Phänomen 267

    (dd) Nationaler Rundfunk als grenzüberschreitendes
Phänomen 267

    (ee) Innerstaatliche Verbreitung herangeführter,
ausländischer, trans- oder multinational angelegter
Sendungen 268

    (ff) Innerstaatliche Verbreitung herangeführter,
ausländischer, rein national angelegter Sendungen 269

  (c) Möglichkeiten der rechtlichen Beeinflussung trans-
und multinationalen Rundfunks aus dem europäischen
Ausland 270

  (d) Regelungen der Landesrundfunkgesetze hinsichtlich trans-
und multinationalen Rundfunks aus dem europäischen
Ausland 272

bb. Die Niederlassungsfreiheit (Art. 52 ff. EG-Vertrag
(= Art. 43 AV)) 273

(1) Zum Geltungsbereich der Art. 52 ff. EG-Vertrag
(= Art. 43 AV) 273

(2) Zur Geltung der Art. 52 ff. EG-Vertrag für
Rundfunkanstalten 274

cc. Europäische Wettbewerbsregeln für Rundfunkunternehmen
(Art. 85 ff. EG-Vertrag (= Art. 81 ff AV)) 277

(1) Rundfunkanstalten als Unternehmen iSv. Art 85 ff.
EG-Vertrag (= Art 81 ff AV) 277

(2) Unzulässigkeit staatlich gewährter Beihilfen gemäß
Art. 92 I EG-Vertrag (= Art. 87 I AV) 277

(3) Rechtfertigungsgründe für die Unterstützung öffentlich-
rechtlicher Anbieter 279

(a) Rechtfertigungsgrund gemäß Art. 92 III Buchst. d
EG-Vertrag (= Art. 87 III AV) 279

(b) Rechtfertigungsgrund gemäß Art. 90 II EG-Vertrag
(= Art. 86 II AV) 280

d. Verletzung von Länderkompetenzen durch Übertragung der
Regelungskompetenz des Rundfunkwesen als Ganzes 281

aa. Grundsätzliches zu einer Rundfunkkompetenz der EU im
Bereich des sekundären Gemeinschaftsrechts 281

bb. Erläuterung von Begründungsansätzen für eine umfassende
Rundfunkkompetenz der EU im Bereich des sekundären
Gemeinschaftsrechts 283

VI. Mitwirkungskompetenzen des Bundes innerhalb zwischenstaatlicher
Einrichtungen bzw. der EU 287

1. Mitwirkungskompetenz des Bundes bei der Festsetzung von Regelungen im Bereich nach Art. 24 I GG abgetretener Hoheitsrechte — 287

2. Mitwirkungskompetenz des Bundes bei der Festsetzung von Regelungen im Bereich nach Art. 23 I GG abgetretener Hoheitsrechte — 289

3. Rechtmäßigkeit der das Rundfunkwesen betreffenden Regelungen im sekundären Gemeinschaftsrecht unter dem Aspekt der Kompetenzregelungen der Bundesrepublik Deutschland — 292

   a. Kompetenzverletzungen des Bundes durch Mitwirkung an sekundärem Gemeinschaftsrecht — 292

   b. Grundsätzliches zur Geschichte dur Fernsehrichtlinie — 294

   c. Grundsätzliches zum Inhalt der Fernsehrichtlinie — 295

   d. Mögliche Ermächtigungsgrundlagen — 296

      aa. Regelungskompetenz der EG für den Bereich des rein nationalen Rundfunks bzw. Fernsehens — 296

         (1) Das rein nationale Fernsehen als tauglicher Regelungsgegenstand der Fernsehrichtlinie — 296

         (2) Art. 57 II EWG-Vertrag als Ermächtigungsgrundlage der Fernsehrichtlinie hinsichtlich des rein nationalen Fernsehens — 297

         (3) Art. 57 II EWG-Vertrag iVm. Art. 66 EWG-Vertrag als Ermächtigungsgrundlage der Fernsehrichtlinie hinsichtlich des rein nationalen Fernsehens — 299

         (4) Weitere Ermächtigungsgrundlagen — 301

      bb. Ermächtigungsgrundlagen für den multinationalen und transnationalen Rundfunk bzw. das Fernsehen — 301

   e. Verletzung von Länderkompetenzen durch die Zustimmung der Bundesregierung zur Fernsehrichtlinie — 302 aa. Zur Betroffenheit der Länderkompetenzen 302

bb. Verletzung von Art. 30 GG und des Grundsatzes der Bundestreue 303

(1) Verletzung von Art. 30 GG 303

(a) Grundsätzliche Verletzungsmöglichkeiten der Länderkompetenzen durch die Fernsehrichtlinie 303

(b) Regelungen der Fernsehrichtlinie, die die Länderkompetenzen möglicherweise verletzen 305

(aa) Die kulturelle Quotenregelung 305

(bb) Die Quotenregelungen bezüglich der Werbung 307

(2) Verletzung des Grundsatzes bundesfreundlichen Verhaltens 308

cc. Ergebnis zu e 311

F. Zusammenfassung und Ausblick 312

Die Rundfunkkompetenz des Bundes

Der vorliegende Untersuchungsgegenstand - die Frage nach einer Rundfunkkompetenz des Bundes bzw. nach dem Umfang einer solchen Kompetenz - wurde schon Ende der 50er Jahre in einer kontrovers geführten Auseinandersetzung in der Literatur[1] behandelt und kulminierte in dem 1. Fernsehurteil des Bundesverfassungsgerichtes[2], der "Magna Charta des Rundfunkrechts"[3]. Wegen dessen besonderer Bedeutung ist dieses Urteil Ausgangspunkt der Problemanalyse. Nur so kann deutlich werden, ob sich die Voraussetzungen für die Beantwortung der Frage nach einer Bundesrundfunkkompetenz geändert haben.

Der Fernsehvertrag der Landesrundfunkanstalten vom 27. März 1953 und das Abkommen der Länder über die "Koordinierung des ersten Fernsehprogramms" vom 17. April 1959[4] bilden die Grundlage für das ursprünglich einzige Fernsehprogramm in Deutschland, das von der "Arbeitsgemeinschaft der öffentlich-rechtlichen Rundfunkanstalten der Bundesrepublik Deutschland" (ARD) ausgestrahlt wird, zu der sich die Rundfunkanstalten zusammengeschlossenen hatten. Im Jahre 1960 errichtete der Bund die öffentlich-rechtlichen Rundfunkanstalten "Deutsche Welle" und "Deutschlandfunk"[5]. Die Kompetenz dazu war aus der Bundeszuständigkeit für auswärtige Angelegenheiten bzw. dem Wiedervereinigungsgebot hergeleitet worden. Ferner hatte die Bundesregierung mit dem Beschluß eines Bundesrundfunkgesetzentwurfes vom 30. September 1959[6] geplant, eine weitere öffentlich-rechtliche Anstalt, das "Deutschland-Fernsehen", zu schaffen. Diese Anstalt sollte die Durchführung der Fernsehsendungen privatrechtlichen Gesellschaften übertragen. Deren Sendungen sollten dann als zweites Programm gemäß § 21 den "Fernsehteilnehmern in ganz Deutschland und im europäischen Ausland ein umfassendes Bild Deutschlands vermitteln". Dieser Plan scheiterte jedoch im Laufe des Gesetzgebungsverfahrens. Auch hatten Verhandlungen mit den Ländern über eine Neuregelung des gesamten Rundfunkwesens zu keinem befriedigenden Ergebnis geführt.
Daraufhin war der Bund bestrebt, gemeinsam mit den Ländern eine bürgerlich-rechtliche Gesellschaft mit beschränkter Haftung ins Leben zu rufen. Als die Länder dem Vorschlag nicht zustimmten und ihrerseits Gegenvorschläge einbrachten, gründete die Bundesregierung diese Gesellschaft ohne Mitwirkung der Länder,

---

[1] Vgl. die Gutachten in Zehner.
[2] Urteil von 28. September 1961, BVerfGE 12, S. 205 ff.
[3] Stern, Rundfunkrecht, S. 27.
[4] Vgl. etwa NGVBl. 1959, S. 89 ff. Durch diesen Vertrag bestätigten die Länder nachträglich das Fernsehgemeinschaftsprogramm, das aufgrund des Fernsehvertrages der Landesrundfunkanstalten seit dem 1. 11. 1954 von allen ARD-Landesrundfunkanstalten bundesweit ausgestrahlt wurde.
[5] Gesetz über die Errichtung von Rundfunkanstalten des Bundesrechts vom 19. November 1960, BGBl. 1960 I, S. 862.
[6] BT-Drucks. III/1434; BR-Drucks. 315/59.

wobei der Bund die Anteilsmehrheit besaß, während ein Minister als Treuhänder die für die Länder vorgesehenen Geschäftsanteile übernahm. Nachdem deutlich war, daß keines der Länder sich an der Gesellschaft beteiligen wollte, wurden diese Geschäftsanteile auf den Bund mit der Möglichkeit der Abtretung an die Länder übertragen.

In dem von zwei Ländern angestrengten Verfahren vor dem Bundesverfassungsgericht gegen diesen Bundesrundfunk begründete der Bund seine Zuständigkeit mit der ausschließlichen Gesetzgebungskompetenz des Art. 73 Nr. 7 GG und der Natur der Sache. Nach seiner Ansicht handelte es sich bei einem Bundesrundfunk um eine "überregionale" Aufgabe, um die "nationale Repräsentation nach innen" und die "Pflege kontinuitätsbewahrender Tradition", so daß er aus der Natur der Sache heraus zuständig sei[7]. Das Bundesverfassungsgericht lehnte diese Argumente und somit eine Rundfunkkompetenz des Bundes ab.

Die zentrale Frage dieser Arbeit ist, ob sich heute die Situation anders darstellt. Das könnte der Fall sein, weil die Rechtswissenschaft weitere Erkenntnisse gesammelt hat, eine andere historische Situation besteht, und die Technik ungeahnte neue Möglichkeiten bereitstellt. Diese Gründe könnten heute eine andere Entscheidung verlangen als die, zu der sich seinerzeit das Bundesverfassungsgericht veranlaßt sah[8]. Weiter ist zu behandeln, ob dem Bund nicht in einzelnen wesentlichen Randbereichen, die möglicherweise immer wichtiger werden, Kompetenzen zustehen, die eine entscheidende Einflußnahme auf die Rundfunkveranstalter und damit auf den Rundfunk gestatten. Dies gilt für die Gesetzgebungs-, aber auch für die Verwaltungskompetenzen. Die Arbeit soll sich jedoch nicht in der Untersuchung erschöpfen, wie die Kompetenzverteilung hinsichtlich des innerstaatlichen Rundfunks erfolgt ist; vielmehr sollen auch die Fragen des Auslandsrundfunks und der auswärtigen Gewalt, insbesondere hinsichtlich der Regelungskompetenzen bezüglich der EG bzw. EU erörtert werden.

---

[7] Vgl. dazu BVerfGE 12, S. 205 ff. (218, 250).
[8] Reinert, S. 234, spricht von einem gewissen "Revirement" der anläßlich der beabsichtigen Errichtung der Deutschland-Fernseh-GmbH um die Bundeszuständigkeit geführten Diskussion. Insofern widerspricht er seiner eigenen These (S. 235), die Diskussion um die Kompetenzverteilung hinsichtlich des nationalen Rundfunks habe ein Ende gefunden.

A. Begriff des Rundfunks

Die sachliche Bestimmung des Untersuchungsgegenstandes, des Objekts der Kompetenzfrage, setzt eine Verständigung über den Begriff des Rundfunks voraus. Dies gilt sowohl im Hinblick auf die neuen Techniken, also Satelliten- und Kabelfunk, als auch im Hinblick auf die sogenannten neuen Medien, also auf jene Medien, die erst durch diese Techniken möglich wurden und völlig neue Wege der Massenkommunikation beschreiten[9]. Die teilweise vertretene Behauptung, der Begriff des Rundfunks sei gesetzlich definiert[10], ist zumindest mißverständlich. Zwar ist in entsprechenden Gesetzen und Verträgen der Begriff "Rundfunk" für diese Gesetze und Verträge begrifflich festgelegt. Derartige Definitionen sind aber nicht geeignet, um die kompetenzrechtliche Frage zu klären, was unter Rundfunk zu verstehen ist. Diese Frage muß vielmehr auf Verfassungsebene geklärt werden.

Der Begriff "Rundfunk" wird im Grundgesetz lediglich in Art. 5 I S. 2, 2. Alt GG erwähnt. Im Kompetenzenkatalog der Art. 70 ff. GG deutet nur Art. 73 Nr. 7 GG[11] auf die Rundfunktechnik hin. Diese Vorschrift weist dem Bund die ausschließliche Gesetzgebungskompetenz für das Postwesen und die Telekommunikation zu. Eine Regelung der Gesetzgebungs- oder der Verwaltungskompetenz findet sich im Grundgesetz nicht. Bei Art. 5 GG handelt es sich nicht um eine Kompetenzzuweisung[12]. Wenn bei der Definition des Begriffes Rundfunk im folgenden immer wieder auf Art. 5 GG eingegangen wird, so geschieht dies zum einen, weil diese Norm der einzige Anhaltspunkt im Grundgesetz dafür ist, daß Rundfunk ein einheitliches Phänomen ist, das gleichermaßen als zu regelnde Materie, als auch als geschütztes Gut vom Grundgesetz erfaßt ist. Zum andern betont das Bundesverfassungsgericht in ständiger Rechtsprechung die "enge sachliche Verbindung zwischen Grundrechten und Kompetenznormen"[13]. Die Grundrechte bestimmen die Grenzen für die Ausnutzung einer durch das Grundgesetz gewährten Gesetzgebungskompetenz.

Art. 5 I S. 2, 2. Alt. und Art. 73 Nr. 7 GG betreffen allerdings zwei unterschiedliche Seiten des Rundfunks. Daher wird seit dem "ersten Fernsehurteil"[14] auch zwischen zwei Rundfunkbegriffen unterschieden, dem "fernmelderechtlichen"[15] auf der einen und dem "kulturrechtlichen"[16] auf der anderen Seite[17]. Diese Zweiteilung drückt sich

---

[9] Vgl. zu dieser Problematik bei den Multimediendiensten den Artikel von Martin W. Huff, "Die rechtlichen Rahmenbedingungen sind vielfach noch unbekannt" in der FAZ vom 25. Januar 1995.
[10] So Paschke, S. 11.
[11] Vgl. hinsichtlich der herausragenden Bedeutung des Art. 73 Nr. 7 GG für die Frage, ob und wie weit dem Bund eine "Rundfunkkompetenz" zusteht, BVerfGE 12, S. 205 ff..
[12] Vgl. Bethge, AöR 110 (1985), S. 169, 218, wonach Grundrechte keine Kompetenzbegründungen, sondern Kompetenzbindungsnormen sind.
[13] BVerfGE 55, S. 274 ff. (302).
[14] BVerfGE 12, S. 205 ff.
[15] Lerche, Rundfunkmonopol, S. 14; Paptistella, DÖV 1978, S. 495, 497.
[16] So die Begrifflichkeit bei Lerche, Rundfunkmonopol, S. 14; während etwa Herrmann, Fernsehen, S. 21 ff., den Rundfunkbegriff "publizistisch" zu fassen sucht.

auch im Wort "Rundfunk" aus: Der kulturrechtliche Begriff betont dabei *Rund*funk, die inhaltliche Seite, Rundfunk als ein an alle gerichtetes Mittel zur Erzielung einer publizistischen Wirkung[18]. Der fernmelderechtliche[19] Begriff meint hingegen die technische Seite: Rund*funk*.

I. Der fernmelde- oder telekommunikationsrechtliche Rundfunkbegriff

Für die Definition des fernmelderechtlichen Rundfunkbegriffs stellt man in erster Linie auf die dem Rundfunk eigene Verwendung der Telekommunikationstechnik ab[20]. Zur inhaltlichen Bestimmung werden die internationalen Fernmeldeverträge[21] und das Fernmeldeanlagengesetz herangezogen. In den internationalen Fernmeldeverträgen wird Rundfunk als Funkdienst definiert, dessen Sendungen zum unmittelbaren Empfang durch die Allgemeinheit bestimmt sind, wobei Fernseh- und Tonsendungen gleichermaßen mitumfaßt werden. Diese Begriffsbestimmung erfaßt damit also nur den drahtlosen, fernmeldetechnischen Bereich des Rundfunks. Nach § 1 I 2 FAG wird die Funkanlage als Sende- bzw. Empfangseinrichtung definiert, deren Übermittlung ohne Verbindungsleitung oder unter Verwendung an einem Leiter entlanggeführter Schwingungen stattfindet. Auch wenn damit nur eine Funkanlage definiert wird, läßt diese Bestimmung dennoch Rückschlüsse auf den fernmelderechtlichen Rundfunkbegriff zu: Rundfunk ist danach die Übermittlung von Sendungen mit oder ohne Verbindungsleitung. Diese Definition umfaßt also jede Verbreitungsweise, die drahtlose und die drahtgebundene. Unter den Rundfunkbegriff fällt somit sowohl der herkömmliche, terrestrisch ausgestrahlte Rundfunk als auch der mit Hilfe von Kabel- und Satellitentechnik verbreitete. Für diesen technischen Aspekt des Rundfunks hat der Bund unstrittig gemäß Art. 73 Nr. 7 GG die Gesetzgebungs- bzw. gemäß Art. 87 I GG die Verwaltungskompetenz.

II. Der kulturrechtliche Rundfunkbegriff

Für die Frage der Rundfunkkompetenz als Beispiel der Kulturkompetenz des Bundes ist der fernmelderechtliche Rundfunkbegriff unerheblich; entscheidend ist der kultur-

---

[17] Kritisch Scherer, Der Staat, Bd. 22, S. 347, 366/367, der feststellt, daß es keinen fernmelderechtlichen und kulturrechtlichen Rundfunkbegriff gebe, sondern nur die fernmeldetechnische Informationsverteilung an die Allgemeinheit mit fernmelderechtlichen und kulturrechtlichen Implikationen. Im Ergebnis unterscheidet aber auch Scherer beide Phänomene und beschreibt deren Verzahnung als besonderes Problem. Insofern muß diese Kritik als eine an der Begrifflichkeit, nicht aber an den Inhalten begriffen werden.

[18] Hesse, A., Rundfunkrecht, S. 87.

[19] Man wird diesen Begriff, um ihn der neueren Formulierung des Grundgesetzes in Art. 73 Nr. 7 GG anzupassen, auch als telekommunikationsrechtlichen Rundfunkbegriff bezeichnen können.

[20] Vgl. die Aufzählung der "technischen Definitionsversuche" bei Lieb, S. 32 Fn. 22.

[21] Fernmeldevertrag von Nairobi, 1985, BGBl. 1985 II, S. 426 ff.

rechtliche[22]. In Ermangelung einer Legaldefinition in Art. 5 I 2 GG versucht man, den kulturrechtlichen Rundfunkbegriff aus dem verfassungsrechtlichen Begriffsbild[23], mit einer am normativen Funktionszweck orientierten Betrachtungsweise[24] und mit Zuhilfenahme entstehungsgeschichtlicher Anhaltspunkte[25] zu erschließen. Da keine bundesrechtlichen Regelungen vorliegen, sind auch landesrechtliche Rundfunkgesetze und Staatsverträge heranzuziehen. Bei einer solchen Vorgehensweise dürfen allerdings Landesgesetze nicht in die Verfassung "hinaufinterpretiert"[26] werden. Einfachgesetzliche Normen können nämlich nicht zur Interpretation des Verfassungstextes herangezogen werden. Es wäre also unzulässig, aus einfachgesetzlichen Normen einen grundgesetzlichen Rundfunkbegriff herzuleiten[27]. Auch darf aus den verschiedenen landesgesetzlichen Regelungen kein einheitlicher "deutscher Rundfunkbegriff" hergeleitet werden, der nur noch durch eine Gleichsetzung mit dem Rundfunkbegriff des Grundgesetzes verfassungsrechtlich legitimiert zu werden braucht. Andererseits darf der in Art. 5 I 2 GG erwähnte Begriff "Rundfunk" nur einheitlich und nicht länderverschieden definiert werden[28]. Durch die Heranziehung der landesgesetzlichen Normen kann jedoch der Rundfunkbegriff des Grundgesetzes differenzierter erläutert werden. Entscheidend bleibt dabei aber die verfassungsrechtliche Sicht. Die landesgesetzlichen Normen, also die Rundfunkgesetze der Länder[29], und die in den Rundfunk-Staatsver-

---

[22] Es würde den Rahmen dieser Arbeit sprengen, sollte hier eine Begriffserklärung der Kultur und die Frage behandelt werden, weshalb der Rundfunk unter diesen Begriff zu subsumieren ist. Regelmäßig wird dies als selbstverständlich angenommen, vgl. dazu etwa Herrmann, Fernsehen, S. 279 - 281; aber auch wenn man die plastische Formel der UNESCO, die diese auf der Mexiko-Konferenz aufstellte, zugrunde legte, wird deutlich, daß der Rundfunk nicht nur als Verbreitungsorgan kultureller Werte, sondern selbst als kultureller Wert einzuordnen ist. Nach der Definition der UNESCO ist nämlich unter "Kultur (....) heutzutage die Gesamtheit der geistigen, materiellen, intellektuellen und emotionalen Faktoren zu verstehen, die das Wesen einer Gesellschaft oder einer gesellschaftlichen Gruppe ausmachen. Sie umfaßt neben den schönen Künsten und den Geisteswissenschaften die Lebensformen, die menschlichen Grundrechte, die Wertordnungen, die Traditionen und die Glaubensformen". (Zitiert nach: Wirtschafts- und Sozialausschuß, Dok. KOM (87) 603).
[23] OVG Münster, DÖV 1978, S. 519.
[24] OVG Münster, DÖV 1978, S. 519.
[25] Lerche, Rundfunkmonopol, S. 23, spricht von der "geschichtlichen Herkunft" des Rundfunkbegriffs.
[26] Zu diesem Begriff: Leisner, Werbefernsehen, S. 76; vgl. auch Krause, Zuständigkeit, S. 75, der diese Problematik im Bezug auf das Verhältnis zwischen Art. 73 Nr. 7 GG und dem Fernmeldeanlagengesetz erläutert.
[27] Wieland, Freiheit, S. 88; Paptistella, DÖV 1978, S. 495 ff.
[28] Lieb, S. 106.
[29] Zum Beispiel § 3 I WDR Gesetz.

trägen enthaltenen Definitionen[30] können somit nur hilfsweise als Anknüpfungspunkte[31] herangezogen werden[32]. Das einfache Gesetzesrecht wird also zur Interpretation des Verfassungbegriffs "Rundfunk" nicht konstitutiv, sondern lediglich konkretisierend berücksichtigt. Diese Vorgehensweise ist allgemein akzeptiert[33].

1. Rundfunk als Erfahrungsgegenstand

Bei dem Begriff "Rundfunk" handelt es sich nicht um einen Rechtsbegriff, sondern um einen "Erfahrungsgegenstand"[34]. Um zu definieren, was Rundfunk ist, müssen daher die Begriffsbestimmungen der in Frage kommenden (landesgesetzlichen) Normen anhand des tatsächlichen Erscheinungsbildes "Rundfunk" interpretiert werden. Gemeinhin wird als Rundfunk angesehen, was über Fernsehen und Radio verbreitet wird. Vor der Entwicklung der neuen Medien hatte man damit eine klare Vorstellung[35]. Mit Entwicklung der neuen Medien wurden jedoch Möglichkeiten der Individual- und der Massenkommunikation geschaffen, die Ähnlichkeiten aber auch wesentliche Unterschiede zu dem aufwiesen, was bisher unter Rundfunk verstanden wurde. Man könnte nun von vornherein nur das als Rundfunk definieren, was bisher als Rundfunk anerkannt war. Damit würde man die neuen Medien von diesem Begriff ausschließen. Der Begriff Rundfunk muß jedoch zukunftsoffen gehalten werden[36]. Andernfalls würde das Grundgesetz eine Materie regeln, die technisch veraltet und (teilweise) überlebt wäre. Man wird daher bei jedem Definitionsversuch auf die "Familienähnlichkeit" abstellen müssen[37]. Da Rundfunk ein Begriff mit ver-

---

[30] Art. 1 I Rundfunkgebührenstaatsvertrag sowohl in der Fassung vom 31. Oktober 1968, als auch in der vom 5. Dezember 1974, aber auch Art. 1 des Staatsvertrages über den Rundfunk im vereinigten Deutschland von 31. August 1991 (abgedruckt und kommentiert in: Ring, Medienrecht, Bd. II, C-O).

[31] So OVG Münster, DÖV 1978, S. 519.

[32] Der von Winter, in: Fuhr, ZDF-Staatsvertrag, § 1 III 2a, vertretenen Ansicht, die Definition des Staatsvertrages habe verfassungskonkretisierende allgemeinverbindliche Bedeutung, kann daher nicht gefolgt werden. Eine solche endgültige Festsetzung widerspräche dem verfassungsgerichtlichen Postulat der "offenen Definition" (vgl. BVerfGE 74, S. 297 ff. (350)), und wäre also nicht geeignet, Grenzfälle zu erfassen. So im Ergebnis auch Mangoldt/Klein/Starck, Art. 5 Abs. 1, 2 Rn. 62; Degenhart, in: Bonner Kommentar zum GG, Art. 5, Abs. 1, 2 Rn. 508; Klein, Hans H., Rundfunkfreiheit, S. 23 mwN.

[33] Häberle, S. 180 ff., 210 ff.; Lerche, Rundfunkmonopol, S. 17, insbesondere Fn. 37; bezüglich der Auslegung von Grundrechten: Majewski, S. 86 ff.

[34] Zur Begrifflichkeit vgl. Lieb, S. 111.

[35] Obwohl schon zu dem Zeitpunkt etwa die Telefonansagedienste umstritten waren: Herrmann, Fernsehen, S. 46; ders., RuF 1971, S. 267, 276 bejaht deren Rundfunkeigenschaft; ebenso wohl auch Herzog, in: Maunz/Dürig, Komm. z. GG, Art. 5 Abs. 1, 2 Rn. 195; während sie etwa von Schneider, FS. f. Carstens S. 817, 823 Fn. 16, verneint wird.

[36] So ausdrücklich BVerfGE 74, S. 297 ff. (350); zustimmend auch OVG Münster, DÖV 1978, S. 519 (520 mwN.); Fuhr/Krone, FuR 1983, S. 513, 517 mwN.

[37] Vgl. zum Begriff der "Familienähnlichkeit": Wittgenstein Rn. 67 ff.

schwommenen Rändern ist, wird es eine *abschließende* Definition nicht geben. Vielmehr wird man jeder Definition hinzufügen müssen: Das *und ähnliches*[38] nennt man Rundfunk.

Zur Festlegung des kulturrechtlichen Rundfunkbegriffs erscheint es sinnvoll, Rundfunk inhaltlich von seiner Aufgabe her zu bestimmen, um ihn so insbesondere vom Fachfunk unterscheiden zu können[39]. Seit seinen Anfängen war es Aufgabe des Rundfunks, das Volk zu bilden und zu unterhalten[40]. So wurde am 21. März 1923 der Rundfunk als "Vergnügungsrundspruch belehrenden und unterhaltenden Inhalts" angekündigt[41].

Auch in den ersten, nach 1945 entstandenen Landesrundfunkgesetzen weist man dem Rundfunk wieder diese Aufgabe zu. In den Gesetzen für die in den früheren amerikanischen bzw. französischen Besatzungszonen[42] eingerichteten Sendern heißt es, daß die Sendungen, Nachrichten und Darbietungen der Bildung, Unterrichtung und Belehrung, aber auch der Unterhaltung und Erbauung dienen sollen[43]. In den jüngeren Gesetzen, etwa dem über den Westdeutschen oder dem über den Norddeutschen Rundfunk, sind diese Aufgabenzuweisungen nicht enthalten[44]. Dieser Umstand ist jedoch kein hinreichender Grund, einen Definitionsversuch von dieser Seite als gescheitert zu betrachten[45]. Vielmehr wird man dieses Schweigen nur dahingehend verstehen dürfen, daß die Aufgaben des Rundfunks als bekannt vorausgesetzt werden. So wurde in der Literatur die Aufgabenstellung des Rundfunks als Instrument der Unterhaltung und Bildung als Definitionskriterium herangezogen[46]. Danach bestimmt sich Rundfunk im Vergleich zu den Funksonderdiensten wie See-, Polizei- und Flugfunk von seiner Aufgabe dahingehend, daß er der Unterhaltung, Bildung und der allgemeinen Information dient. Jedoch sind Sender denkbar, die nur unterhalten oder nur bilden wollen. In der

---

[38] Vgl. Wittgenstein Rn. 69, der sich allerdings nicht auf Rundfunk bezieht.
[39] Vgl. die Beschreibung der Aufgaben der Landesrundfunkanstalten in den Landesrundfunkgesetzen in der Zusammenstellung bei Wieland, Freiheit, S. 85 Fn. 70.
[40] Lieb, S. 109.
[41] Vgl. Schuster, ArchPF 1949, S. 309.
[42] In den amerikanischen Besatzungszonen entstanden vier Rundfunkanstalten: Der Bayerische Rundfunk, Bayerisches Gesetz vom 10. August 1948, GVBl. S. 135; der Hessische Rundfunk, Hessisches Gesetz vom 2. Oktober 1948, GVBl. S. 123; Radio Bremen, Bremer Gesetz vom 22. November 1948, GVBl. S. 225; der Süddeutsche Rundfunk, Württemberg-Baden. Gesetz vom 6. April 1949, Reg.Bl. S. 71; in der französischen Besatzungszone wurde nur ein Sender, nämlich der Süd-Westfunk, errichtet, FrMRVO Nr. 187, Journal Officiel S. 1756.
[43] Beispielsweise Art. 4 I Gesetz für den Bayerischen-Rundfunk; § 2 I Gesetz für Radio Bremen; § 2 I Gesetz für den Hessischen-Rundfunk; § 3 III Staatsvertrag für den Südwestfunk.
[44] Leisner, Werbefernsehen, S. 58, spricht von einer "abnehmenden Präzision der Aufgabendeterminierung".
[45] Anders Lieb, S. 109, der schon aus diesem Grund Zweifel für gerechtfertigt hält.
[46] Eckert, S. 28; Klinge, S. 11 f.; Schuster, ArchPF 1949, S. 309; Moser, JZ 1951, S. 70, 71; Mallmann, Rundfunkreform, S. 234, 270; Krause, Zuständigkeit, S. 30 ff., gibt eine umfassende Darstellung, in welcher Weise sich von den Inhalten her der Rundfunkbegriff entwickelt hat.

Anfangszeit experimentierte man etwa mit einem "pädagogischen Rundfunk", dem mehr oder weniger zwingend das Element der Unterhaltung fehlte. Aber auch die reinen Verkehrsfunksender sollen lediglich über die Verkehrsverhältnisse berichten und im übrigen den Autofahrer unterhalten. Sie erfüllen also nur Teile dieses Aufgabenspektrums. Gleichwohl ist unbestritten, daß es sich bei diesen Veranstaltungen um Rundfunk handelt. Andererseits dienen Funksonderdienste der Information ihrer Rezipienten. Obwohl sie also eine dem Rundfunk zugewiesene Aufgabe erfüllen, gelten sie dennoch als die klassischen Gegenbeispiele zum Rundfunk. Anhand dieser Überlegungen ist deutlich, daß zum Rundfunkbegriff nicht die Vielfältigkeit der Programme gehört. Auch eine thematische Begrenzung der gesendeten Inhalte schließt den Tatbestand Rundfunk nicht aus. Aufgabenzuweisungen eignen sich nicht, den Rundfunkbegriff zu definieren. Sie erfüllen lediglich den Zweck, Rundfunk mit bestimmten Attributen von anderen Medien abzugrenzen. Die Untauglichkeit dieses Ansatzes wird besonders deutlich am Beispiel nationalsozialistischer Propagandasendungen[47]. Diese erfüllten nicht die Aufgaben von Bildung und wahrheitsgetreuer Unterrichtung. Nach der dargestellten Ansicht wären sie kein Rundfunk. Tatsächlich spricht man jedoch in diesem Zusammenhang von dem "Mißbrauch des Rundfunks", rechnet also auch die Propagandasendungen der Nationalsozialisten dem Rundfunk hinzu. Auch im Falle des Mißbrauchs bleibt dieses Medium nämlich "Rundfunk" im hergebrachten Sinne. Darüber hinaus bestehen Bedenken, ob eine additive Aufgabenzuweisung überhaupt eine Definition darstellen kann. Läge nämlich die Aufgabe im Wesen des Rundfunks begründet und wäre also taugliches Definitionskriterium, so bedürfte es derartiger Aufgabenzuweisungen nicht[48]. Bedarf es hingegen dieser Aufgabenzuweisungen, können diese den Rundfunk nicht als wesentliche Kriterien begrifflich eingrenzen. Man wird daher die Aufgabenzuweisungen in den Landesrundfunkgesetzen nicht zur definitorischen Festlegung heranziehen können.

2. Rundfunk als publizistisches Massenmedium

Die herausragende Rolle des Mediums Rundfunk ergibt sich aus seiner Einwirkungsmöglichkeit auf die öffentliche Meinungsbildung[49]. Rundfunk ist ein Massenkommunikationsmittel[50]. Daher muß die Definition des Rundfunks dieser publizistischen Seite Rechnung tragen. Für diese Herangehensweise spricht auch das Grundgesetz: In Art. 5 GG werden neben dem Rundfunk Presse und Film erwähnt. Dabei handelt es sich um Medien, die für die "Masse", für die "Allgemeinheit" gedacht sind: So bietet der herkömmliche Rundfunk ein laufendes Programm, das aus den unterschiedlichsten aneinandergefügten Informations-, Musik-, Unterhaltungs- oder

---

[47] Darauf weist auch hin Lieb, S. 111: Unter den Nationalsozialisten etwa sei der Rundfunk ein Instrument der Massenmanipulation, Volksverführung und des Machterhalts gewesen.

[48] Darauf weist auch hin Krause, Zuständigkeit, S. 35; ders., UFiTA 30 (1960), S. 257, 264: Es bedürfe der Aufgabenbestimmung im Rundfunk nicht, wenn diese Aufgaben bereits im Wesen des Rundfunks begründet wären.

[49] Hesse, A., Rundfunkrecht, S. 87 f.

[50] So ausdrücklich BVerfGE 12, S. 205 ff. (208).

auch Werbesendungen zusammengesetzt ist. Es wird versucht, dem Publikum ein breites Angebot zu liefern, um möglichst viele Menschen zu erreichen[51].

a. Die für die Allgemeinheit bestimmte Darbietung als Definitionskriterium

Von dem Gedanken publizistischer Wirkung geht die geläufigste Definition im Rundfunkrecht aus: § 1 I des Rundfunkgebührenstaatsvertrages vom 31. Oktober 1968[52] ist der Versuch der Länder, eine allgemeinverbindliche Begrifflichkeit zu prägen[53]. Danach ist Rundfunk "die für die Allgemeinheit bestimmte Veranstaltung und Verbreitung von Darbietungen aller Art in Wort, in Ton und in Bild unter Benutzung elektrischer Schwingungen ohne Verbindungsleitung oder längs oder mittels eines Leiters". Diese Definition zerfällt in zwei Teile: Im ersten Teil wird versucht, die inhaltliche Wirkungsweise des Rundfunks zu erfassen, im zweiten wird auf die Technik verwiesen, derer sich der Rundfunk bedient. Entscheidend für die Definition des Rundfunks als kulturrechtliches Phänomen ist der erste Teil. Die Beschränkung auf die Verwendung elektrischer Wellen betrifft nur den technischen Aspekt, der im Begriff "Funk" stets mitschwingt[54], und der seine Bedeutung lediglich als Abgrenzungskriterium zu anderen Massenmedien erhält. Die Definition des Rundfunks als "für die Allgemeinheit bestimmte Veranstaltung und Verbreitung von Darbietungen aller Art" wird auch im Schrifttum explizit oder sinngemäß weitgehend vertreten[55]. In Anlehnung an Art. 1 des Rundfunkstaatsvertrages wird Rundfunk als jede fernmeldetechnische Übermittlung von Informationen an die Allgemeinheit[56] definiert. Dieser weitgefaßte Rundfunkbegriff[57] wird jedoch teilweise durch weitere Kriterien begrenzt[58]. Obwohl das Rundfunkrecht schon mehrfach[59] Thema von verfas-

---

[51] Bullinger, NJW 1984, S. 385, 390, weist darauf hin, daß auch die Presse als vergleichbare Institution nach der gleichen Methode arbeitet.

[52] Diese Formulierung ist auch im Staatsvertrag über den Rundfunk im vereinigten Deutschland vom 31. August 1991 (abgedruckt und kommentiert in: Ring, Medienrecht, Bd. II, C-O) aufgenommen worden. § 2 des RdfStV 1991 erweitert die Definition und setzt hinzu: "Der Begriff schließt Darbietungen ein, die verschlüsselt verbreitet werden oder gegen besonderes Entgelt empfangbar sind, sowie Fernsehtext."

[53] So auch Lerche, Rundfunkmonopol, S. 21; Schwandt, DÖV 1972, S. 693, 694.

[54] Lerche, Rundfunkmonopol, S. 15; wie umgekehrt auch im technischen Rundfunkbegriff das Element des Allgemeinen, Öffentlichen eine Rolle spielt; vgl. Paptistella, DÖV 1978, S 495, 498.

[55] Lerche, Rundfunkmonopol S. 25, bezeichnet dieses Kriterium als für den Rundfunkbegriff entscheidend; vgl. auch die Erläuterungen zum Begriff der "Allgemeinheit" bei Lieb, S. 113 - 170, insbesondere S. 169, der den Begriff der "Allgemeinheit" für den Rundfunk als konstituierend einschätzt.

[56] Scherer, Telekommunikationsrecht, S. 600 ff.; Degenhart, Bonner Kommentar zum GG, Art. 5 Abs. 1, 2 Rn. 511 ff.; Mangoldt/Klein/Starck, Art. 5 Abs. 1, 2 Rn. 62; Herzog, in: Maunz/Dürig, Komm. z. GG, Art. 5 Rn. 195; Scholz, Programmpresse, S. 21 f.; Scheuner, Grundrecht, S. 48.

[57] Rudolf, in: v. Münch, Bes.VerwR., S. 871, 900.

[58] Vgl.Stammler, AfP 1975, S. 742 ff; Paptistella, DÖV 1978, S. 495, 499.

sungsgerichtlichen Verfahren war, hat das Bundesverfassungsgericht keine eindeutige Definition gegeben. Grund dafür ist, daß sich der Inhalt verfassungsrechtlicher Begriffe den Veränderungen in den entsprechenden Bereichen anpassen können muß. Und dieses Phänomen ist auch im Bereich des Rundfunks festzustellen[60]. Allerdings wird auch vom Bundesverfassungsgericht der erwähnte Rundfunkbegriff als "überwiegend anerkannt" apostrophiert[61].

b. Die Definitionskriterien im einzelnen

aa. Der Begriff Allgemeinheit
Der Begriff der "Allgemeinheit" als Adressat jeder Rundfunksendung grenzt den Rundfunk - neben der inhaltlichen Seite der Veranstaltung[62] - von den Funk-Sonderdiensten, insbesondere den gewerblichen Funkdiensten[63], ab[64]. Dabei wird auf das vorverfassungsrechtliche Begriffsbild Rücksicht genommen[65]: Als zu Beginn der zwanziger Jahre der Begriff "Rundfunk" geprägt wurde, sollte dadurch die Einseitigkeit der Funksendungen in Abgrenzung zum gewöhnlichen Funk mit zwei auf Sendung und Empfang eingerichteten Geräten betont werden[66]. Zu diesem Zeitpunkt war vom Begriff des "Rundfunks" sowohl der Funksonderdienst, als auch der an alle gerichtete Rundfunkprogrammdienst umfaßt. Später differenzierte man zwischen den Funksonderdiensten und dem Rundfunk. Im Gegensatz zu den "Sonderdiensten" war der Rundfunk ein an einen allgemeinen Personenkreis gerichteter Funkdienst, der "rundum" ausgestrahlt wurde. Der Begriff "Rundfunk" war also schon zum Entstehungszeitpunkt des Grundgesetzes inhaltlich geprägt. Art. 5 I 2 GG ist Ausdruck dieses Rundfunkverständnisses. Da die Verfassungsväter den Begriff nicht erkennbar abweichend festlegten, wird man das Tatbestandsmerkmal der "Allgemeinheit" im

---

[59] Erstes Fernsehurteil vom 28. Februar 1961, BVerfGE 12, S. 205 ff.; Mehrwertsteuerurteil vom 27. Juli 1971, BVerfGE 31, S. 314 ff.; FRAG-Urteil vom 16. Juni 1981, BVerfGE 57, S. 295 ff.; viertes Rundfunkurteil vom 4. November 1986, BVerfGE 73, S. 118 ff.; fünftes Rundfunkurteil vom 24. März 1987, BVerfGE 74, S. 297 ff.; sechstes Rundfunkurteil vom 5. Februar 1991, BVerfGE 83, S. 238 ff.; siebtes Rundfunkurteil vom 22. Februar 1994, teilweise abgedruckt in NJW 1994, S. 1942 - 1948.
[60] Vgl. BVerfGE 73, S. 118 ff. (154); 74, S. 297 ff. (350).
[61] BVerfGE 74, S. 297 ff. (351).
[62] Vgl. dazu Paptistella, DÖV 1978, S. 495, 499.
[63] Dabei vermitteln private Funkdienste an einen individualisierten Empfängerkreis bestimmte Nachrichtenarten auf funktelegraphischem Wege. Beispiele sind Presse-, Sport-, Hochsee- und Wirtschaftsfunk. Diese Funksonderdienste dürfen nicht mit den privaten Rundfunksendern verwechselt werden, die ein Programm an die Allgemeinheit senden.
[64] Lerche, Rundfunkmonopol, S. 22; Lieb, S. 115 ff.
[65] OVG Münster, DÖV 1978, S. 519 (520).
[66] Haensel, UFITA 50 (1967), S. 502 f.; Lerche, Rundfunkmonopol, S. 24.

Rundfunkbegriff des Grundgesetzes als enthalten ansehen müssen[67]. Auch hier muß jedoch ein begrifflicher Spielraum gewahrt bleiben[68].

(1) Definition des Begriffs Für die Allgemeinheit bestimmt

(a) Der Begriff "bestimmt" als Ausdruck der Finalität

Der in dem Definitionsansatz enthaltene Begriff der "Bestimmtheit" weist auf die Intention des Veranstalters hin. Danach ist die Zielrichtung einer Sendung entscheidend und nicht der tatsächliche Teilnehmerkreis[69]. Unerheblich ist, ob die Allgemeinheit die Sendungen empfangen kann, wenn dies nicht vom Veranstalter gewollt ist. Der in der Literatur vertretenen Ansicht, für die Allgemeinheit seien jedenfalls nicht solche Sendungen bestimmt, die einen "speziellen Inhalt" hätten[70], kann nicht gefolgt werden. Diese Eingrenzung bedeutet keinen Erkenntnisgewinn. Zum einen ist nämlich nicht klar, wann Sendungen einen "speziellen Inhalt" haben. Zum andern nähert man sich mit dieser Überlegung wieder dem untauglichen Definitionsversuch, Rundfunk sei, was allgemein unterhalte. Daß eine Sendung einen "speziellen Inhalt" hat, kann lediglich *Indiz* sein, daß sie nicht an die Allgemeinheit gerichtet ist. Entscheidend ist aber, ob die Sendung von der Allgemeinheit empfangen werden *soll*.

Der Begriff "Allgemeinheit"

Der Begriff der "Allgemeinheit" ist nur schwer zu definieren. Teilweise wird unter Allgemeinheit eine "breite Öffentlichkeit" verstanden[71]. Dem wird entgegengehalten, daß kein Kriterium ersichtlich sei, die "breite" von der "einfachen Öffentlichkeit" abzugrenzen[72]. Andere versuchen, den Begriff der "Allgemeinheit" durch den der Masse zu ersetzen[73]. Bei der Frage, wann eine "Masse" gegeben ist, bestehen jedoch die gleichen Probleme wie bei der Definition des Begriffs der Allgemeinheit[74]. Insbesondere ist es nicht sinnvoll, die Frage, ob das Kriterium der Allgemeinheit vorliegt, an die Zahl der Rezipienten zu knüpfen. Es ist denkbar, daß die Zahl der mit dem Funksonderdienst der Polizei angesprochenen Personen wesentlich größer ist, als etwa die Zahl der Bewohner eines Dorfes, die mit einem eigenen Sender versorgt werden. Die Zahl der Angesprochenen ist daher für die Bejahung der

---

[67] BVerfGE 27, S. 71 ff. (83); Paptistella DÖV 1978, S. 495, 499; Lieb, S. 119.
[68] Ähnlich Lieb, S. 119, der das Merkmal "Für die Allgemeinheit bestimmt" nicht als in Verfassungskraft versteinert ansieht.
[69] Stammler, AfP 1975, S. 742, 747.
[70] So aber Herrmann, Fernsehen, S. 46.
[71] Neufischer, UFITA 54 (1969), S. 67, 79, der jedoch zugesteht, daß es schwierig sei, die "Öffentlichkeit" von der "breiten Öffentlichkeit" zu unterscheiden.
[72] So wohl Scharf, BayVBl. 1968, S. 337, 341.
[73] Schwarz-Schilling, ZUM 1989, S. 487, 488.
[74] Diese Problem benennt auch Schwarz-Schilling, ZUM 1989, S. 487, 492; ebenso Maletzke, S. 24 ff.

Rundfunkeigenschaft von minderem Gewicht[75]. Allerdings ist der Zahl anzusprechender Rezipienten indizierende Bedeutung beizumessen.

Der Begriff der "Allgemeinheit" bedeutet die breite Zugänglichkeit einer Sendung[76]. Er ist daher durch den Begriff der "beliebigen Öffentlichkeit"[77], also einer räumlich voneinander getrennten Personenzahl[78] zu definieren. Beliebig ist eine Personenzahl, wenn es sich nicht um einen besonderen Personenkreis handelt, also einen abgeschlossenen, dessen Mitgliederzahl auf Dauer begrenzt ist. Eine beliebige Personenzahl kann also im Rundfunkbereich angenommen werden, wenn zwischen den einzelnen Rezipienten keine zweckorientierten oder vertraglichen Beziehungen bestehen[79].

Teilweise wird weiter verlangt, daß auch zwischen dieser beliebigen Personenzahl und dem Sender keine schuldrechtlichen oder zweckorientierten Verbindungen bestehen dürften; andernfalls handele es sich bei dem Empfängerkreis nicht um die Allgemeinheit[80]. Ob eine solche Anforderung zur Beschreibung des Phänomens "Rundfunk" sinnvoll[81] ist, soll im folgenden anhand beispielhaft zu untersuchender Fälle geklärt werden.

(2) Problemfälle

(a) Der Definitionsversuch gemessen an den herkömmlichen Medien

(aa) Funksonderdienste
Das Begriffsmerkmal "Für die Allgemeinheit bestimmt" wurde im Rundfunkrecht entwickelt, um diesen Bereich von den "Funksonderdiensten" abzugrenzen. Polizeifunk als geläufigstes Beispiel eines solchen Funksonderdienstes, darf also die Voraussetzungen der Definition nicht erfüllen, da er nicht "für die Allgemeinheit bestimmt" ist. Zwar kann die Allgemeinheit den Polizeifunk abhören, dieser Funk ist aber nicht dazu *bestimmt*. Wille des Veranstalters ist vielmehr, daß nur die Polizei

---

[75] So auch Herrmann, Fernsehen, S. 45.
[76] OVG Münster, DÖV 1978, S. 519 (521); Lieb, S. 119; Lerche, Rundfunkmonopol, S. 25.
[77] Lerche, Rundfunkmonopol, S. 28; Lieb, S. 121;
[78] Scholz, Medien, S. 34.
[79] Herrmann, Fernsehen, S. 45; ders., Rundfunkrecht, S. 12; Stammler, AfP 1975, S. 742, 748.
[80] Paptistella DÖV 1978, S. 495, 499f.; ähnlich die Rundfunkreferenten der Länder in ihrem "Bericht zur Frage der Veranstaltung privater Rundfunksendungen und des Rundfunkbegriffs" vom 29. April 1975, teilweise abgedruckt bei Stammler, AfP 1975, S. 742, 744, wonach das Merkmal der Allgemeinheit ausgeschlossen sein soll, wenn zwischen den Rezipienten und dem Veranstalter wirtschaftliche Beziehungen bestehen.
[81] Da es sich bei "Rundfunk" um einen Erfahrungsgegenstand handelt, dessen Definition also an dieser Erfahrung festzumachen ist, kann eine Definition nicht "richtig" oder "falsch", sondern lediglich "sinnvoll" oder "unsinnig" sein.

den Funk empfangen soll, eine Gruppe, zwischen deren Mitgliedern besondere Verbindungen bestehen. Das Merkmal "für die Allgemeinheit bestimmt" ist also geeignet, um Funksonderdienste vom Rundfunk zu unterscheiden.

(bb) Herkömmliche Medien - verbreitet mit neuen Techniken (Kabel- und Satellitenfunk)
Mit den neuen Übertragungstechniken, wie Kabel- und Satellitenrundfunk, sind hier nicht die sogenannten "neuen Medien" gemeint[82], sondern die durch diese technischen Mittel ermöglichten neuen Kommunikationswege. Herkömmliche Programme werden auf eine neue technische und nicht mehr auf terrestrische Weise verbreitet. Bei diesen Techniken handelt es sich also lediglich um neue Kommunikations*wege*, nicht aber um neuartige elektronische Kommunikations*dienste*[83]. Breitbandkabel- und Satellitenfunk unterscheiden sich nämlich hinsichtlich Art und Struktur der übertragenen Informationen grundsätzlich nicht vom herkömmlichen terrestrischen Funk[84]. Sie stellen lediglich "neue"[85] Übertragungswege für die herkömmlichen Rundfunkprogramme dar, und können also dem mit terrestrischen Sendern verbreiteten Funk gleichgestellt werden[86].

Da der Kabelrundfunkteilnehmer zum Empfang des Programms einen besonderen Anschluß an das Kabelnetz benötigt, wird teilweise gefolgert, daß der Teilnehmerkreis beschränkt und jederzeit bestimmbar sei[87]. Nach der hier interessierenden Definition bedeutete dies, daß keine "beliebige Öffentlichkeit" bestünde, da der Funk nicht an die Allgemeinheit gerichtet wäre, sondern nur an die "Kabelanschluß-Besitzer". Danach wäre dieser Funk kein Rundfunk. Jedoch übersieht eine solche Argumentation zweierlei: Das Merkmal der "Allgemeinheit" wird nach obiger Definition durch die Begriffe der "beliebigen Öffentlichkeit", genauer, der "beliebigen Personenzahl" beschrieben. Dabei ist eine Personenzahl dann beliebig, wenn innerhalb von ihr keine sie gegen andere Gruppen abgrenzenden

---

[82] Es besteht keine Einigkeit über die Verwendung dieses Begriffs: So führt Gornig, Äußerungsfreiheit, S. 214, unter den neuen Medien an: Direktsatellitenfernsehen, Kabelrundfunk, Kabeltext, Videotext, Bildschirmtext, Telefax und Teletex, während etwa Fuhr, ZUM 1987, S. 145, 147, zu den neuen Medien Kabel- und Satellitenrundfunk und Videotext zählt. Nach dem funktionellen Sinn schließlich differenziert Bullinger, NJW 1984, S. 385.
[83] Zur Begrifflichkeit und Unterscheidung vgl. auch Bullinger, NJW 1984, S. 385; hinsichtlich der inhaltlichen Differenzierung ähnlich auch Gornig, Äußerungsfreiheit, S. 214 Fn. 3.
[84] Gornig, IHB 1994/95, D, S. 1, 6 f, der dies insbesondere für die internationale Rundfunklandschaft bejaht.
[85] So ist auch Herrmann, Statement, S. 161, zu verstehen, der hinsichtlich des Kabelfunks von einem "eigentlich technischen Rückschritt" spricht, da insofern die "alte" Technik, elektromagnetischen Wellen an einem Leiter entlangzuführen, aufgegriffen wird, und diese lediglich dadurch verändert ist, daß die Wellen an "modernen" Leitern entlanggeführt werden.
[86] Lieb, S. 143; Bullinger, NJW 1984, S. 385.
[87] Demme, S. 32.

Verbindungen bestehen. Im Unterschied zu dem behandelten Beispiel der Polizei besteht ein solcher Zusammenhang zwischen den Kabelanschluß-Besitzern nicht[88]. Schon deshalb würde nach der hier vertretenen Ansicht Kabelrundfunk dem Rundfunk hinzuzurechnen sein. Darüber hinaus genügt die "Zählbarkeit" nicht, um den Rezipientenkreis nicht als allgemein zu bezeichnen. Zählen ließe sich nämlich alles: Satellitenschüsseln, Hausantennen, Kabelanschlüsse, Fernsehgeräte und Radios, sogar der einzelne Rezipient. Dann bestünde aber nie eine Allgemeinheit, und der Begriff wäre nutzlos. Im Sprachgebrauch wird jedoch mit dem Phänomen der theoretischen Zählbarkeit der Begriff der "Allgemeinheit" nicht ausgeschlossen. Andernfalls wäre die Presse nicht an die Allgemeinheit gerichtet. Eine theoretische Zählbarkeit genügt daher nicht, um den Begriff der "Allgemeinheit" auszuschließen. Im übrigen wird unter dem Begriff der "Allgemeinheit" eine unbestimmbare *Personenzahl* verstanden. Die Zählbarkeit von Anschlüssen oder Geräten oder anderen technischen Einrichtungen sagt nichts aus über die angesprochene Zuhörer- bzw. Zuschauerschaft. Denn weder beim drahtgebundenen noch beim drahtlosen Rundfunk ist die Zahl der eingeschalteten Geräte bekannt. Gleiches gilt für die Zahl der Rezipienten. Daher ist die Behauptung unhaltbar, bei Kabelfunk sei die Zahl der Empfänger faktisch (und nicht nur theoretisch) bestimmbar, und die Sendung nicht an die Allgemeinheit gerichtet.

(cc) Pay-TV und Telefonnachrichtendienste

Problematisch sind auch solche Einrichtungen, die ihre Dienste nur gegen Bezahlung leisten, wie Pay-TV[89] und der traditionelle Telefonnachrichtendienst[90]. Mit den Telefonnachrichtendiensten werden über verschiedene Telefonortsnetze bestimmte Informationen angeboten, zum Beispiel dpa-Meldungen, aber auch Sport-, Lotto-, Toto- und Kino-Auskünfte. Dabei kann der Fernsprechteilnehmer durch die Gegenleistung einer oder mehrerer Telefongebühren eine bestimmte Information abrufen. Nach einem ähnlichen Prinzip arbeitet das Pay-TV: Über Kabel oder Satellit wird ein Programm verbreitet, das nur mittels eines zu mietenden Decoders störungsfrei empfangbar ist. Das Programm kann also nur gegen Zahlung eines bestimmten

---

[88] Insoweit kann die Eigenschaft, einen Kabelanschluß zu haben, nicht genügen. Vielmehr muß diese Verbindung durch einen außerhalb des Rundfunkbereiches bestehenden Umstand begründet werden - wie man auch Polizisten nicht deshalb als eine geschlossene Gruppe wahrnimmt, weil sie den Polizeifunk hören können und sollen.

[89] Dabei soll hier unter Pay-TV *nicht* der Abruf-Einzel-Pay-TV verstanden werden, bei dem völlig unabhängig von einem Programm der einzelne Abrufer sich sein gewünschtes Bildprogramm bestellt und bald darauf erhält. Ein"Massen"-Pay-TV kann vielmehr zu den herkömmlichen Medien gerechnet werden, da die Art der Veranstaltung nicht an die neuen Übertragungswege gebunden ist.

[90] Die Behauptung, daß durch den Staatsvertrag über den Rundfunk im vereinten Deutschland vom 31. August 1991 (abgedruckt und kommentiert in: Ring, Medienrecht, Bd. II, C-O), der ausdrücklich Pay-TV zum Rundfunk zählt, die Streitfrage darüber entfallen sei (so Paschke, S. 11), kann insoweit nicht gelten, als es hier um den verfassungsrechtlichen Begriff "Rundfunk" geht, der nicht durch die untergesetzliche Norm inhaltlich ausgefüllt werden kann.

Geldbetrages in Anspruch genommen werden. Bei derartigen "Gegenleistungsprogrammen" ist es fraglich, ob sie für einen beliebigen Personenkreis bestimmt sind, ob also die Allgemeinheit Zielgruppe ist, oder ob sie nur an den Kreis der Zahlenden gerichtet sind.

((1)) **Die beliebige Personenzahl als Kriterium zur Erläuterung des Begriffs der Allgemeinheit**
Nach der oben erwähnten Ansicht ist die Personenzahl beliebig, wenn zwischen den einzelnen Mitgliedern keine besonderen Beziehungen bestehen. Nach dieser Begrifflichkeit bestehen keine Probleme, auch diese Programme als "für die Allgemeinheit bestimmt" einzustufen.

((2)) **Die Bedeutung des schuldrechtlichen Verhältnisses für den Begriff der Allgemeinheit**
Nach einer Gegenansicht ist das Kriterium "Für die Allgemeinheit bestimmt" enger zu fassen. Es wird verneint, wenn zwischen dem Veranstalter und dem Rezipienten ein schuldrechtliches Verhältnis besteht[91]. Solch ein Verhältnis muß hinsichtlich des öffentlich-rechtlichen Rundfunk verneint werden. Zwar müssen die Rezipienten Rundfunkgebühren entrichten, diese Gebühren werden aber hoheitlich erhoben und sind also eine öffentliche Abgabe[92] Sie beruhen nicht auf einer schuldrechtlichen Grundlage[93]. Das gleiche gilt für den privaten Rundfunk, den der Rezipient ohne jede Gegenleistung empfangen darf. Zu einem anderen Ergebnis kommt diese Ansicht jedoch hinsichtlich des Pay-TV. Da hier die Leistungen im "do ut des"-Verhältnis zueinander stehen, würde die Allgemeinheit nicht mehr Zielgruppe der Veranstaltung sein.

Im herkömmlichen Sprachgebrauch wird man eine Einrichtung dann als allgemein zugänglich ansehen, wenn jeder an ihr teilhaben kann. Bei den hier in Rede stehenden Diensten ist dies der Fall, da jeder Zahlende aus der "beliebigen Öffentlichkeit" die Information erhält. Im Gegensatz zu den Funksonderdiensten, die nur für bestimmte Gruppen der Gesellschaft - beispielsweise die Polizei - veranstaltet werden, handelt es sich bei den Telefonnachrichtendiensten und Pay-TV um Informationen, die für die Öffentlichkeit bestimmt sind. Einzige Voraussetzung ist die Bezahlung der Leistung. Dieses Ergebnis bestätigt auch ein Vergleich mit der

---

[91] Paptistella DÖV 1978, S. 495 f.; ähnlich Lieb, S. 132 Fn. 135; ähnlich die Rundfunkreferenten der Länder in ihrem "Bericht zur Frage der Veranstaltung privater Rundfunksendungen und des Rundfunkbegriffs" vom 29. April 1975, teilweise abgedruckt bei Stammler, AfP 1975, S. 742, 744, wonach das Merkmal der Allgemeinheit ausgeschlossen sein soll, wenn zwischen den Rezipienten und dem Veranstalter wirtschaftliche Beziehungen bestehen. Im Ergebnis so wohl auch Schneider, FS. f. Carstens, S. 817, 823 Fn. 16.

[92] Vgl. bezüglich der inhaltlichen Bewertung dieser öffentlichen Abgabe die ausführliche Darstellung bei Lieb, S. 132.

[93] So auch Ring, ZUM 1990, S. 279, 280.

Presse: Auch dort ist das Kriterium "Für die Allgemeinheit bestimmt" grundlegend. Der Ausschluß dieser Allgemeinheit wird aber nicht damit begründet werden können, daß für den Erwerb eines Presseerzeugnisses eine Geldleistung zu entrichten ist[94]. So richtet sich das Pay-TV an alle Teilnehmer des Kabelnetzes bzw. an die Besitzer von Satellitenantennen. Und auch die Telefonsonderdienste sollen von der Allgemeinheit genutzt werden. Zwar ist damit noch nicht gesagt, daß es sich bei beiden Erscheinungsformen um Rundfunk handelt. Diese Eigenschaft scheitert aber nicht am Merkmal der "Allgemeinheit"[95].

((3)) Die Bedeutung des expliziten Willen des Veranstalters für den Begriff der "Allgemeinheit"
Teilweise wird vertreten, daß eine Veranstaltung nur dann für die Allgemeinheit bestimmt sei, wenn es dem Veranstalter gleichgültig sei, wer sein Programm empfange; wende er sich nur an einzelne Zielgruppen (nämlich die Zahlenden), liege kein Rundfunk vor[96]. Eine so enge Begriffsfassung wird aber der Bedeutung des Rundfunks als Massenmedium nicht gerecht. Wie der Vertreter dieser Meinung selbst zugesteht[97], ist auch über Pay-TV eine Beeinflussung der "breiten Masse" möglich und mit der Verbreitung der neuen Techniken wahrscheinlich. Dieses Phänomen ist es aber gerade, das ein Massenmedium auszeichnet. Darüber hinaus wären nach dieser Meinung auch die Sendungen von ARD und ZDF kein Rundfunk, weil auch diese Sendeanstalten nur an jene Rezipienten ihre Programme ausstrahlen wollten, die ihre Empfangsgeräte ordnungsgemäß angemeldet hätten und Rundfunkgebühren zahlten[98].

(dd) Lokal- und Hausrundfunk
Es stellt sich aber die Frage, wann noch von einer beliebigen Personenzahl gesprochen werden kann, wann also zwischen den Rezipienten Verbindungen bejaht werden, die es vernünftig erscheinen lassen, nicht mehr von "für die *Allgemeinheit* bestimmt" zu sprechen. Problematisch sind die Fälle von Lokal-Funk mit Sendungen,

---

[94] So aber Schneider, FS. f. Carstens, S. 817, 823, der folgendermaßen begründet, daß der Telefonansagedienst nicht an die "Allgemeinheit gerichtet" sei: "Die Nachricht geht an einen bestimmten Nachfrager, nicht an die anonyme Allgemeinheit. Man mag sagen, daß jeder Bäcker seine Waren der Allgemeinheit anbietet, aber er verkauft sie eben erst an den einzelnen Kunden."

[95] So aber Paptistella, DÖV 1978, S. 495, 500 Fn. 64, im Hinblick auf Pay-TV mit der hier angesprochenen Argumentation, es dürfe keine "do ut des"-Beziehung zwischen den Veranstaltern bestehen. Bezüglich der Telefonnachrichtendienste so Lieb, S. 132 Fn. 135, der an dem Merkmal der Gebührenzahlung an die Post die Rundfunkeigenschaft derartiger Einrichtungen verneint.

[96] Schwarz-Schilling, ZUM 1989, S. 487, 488.

[97] Schwarz-Schilling, ZUM 1989, S. 487, 492.

[98] Ring, ZUM 1990, S. 279, 280, der weitere Argumente aus der praktischen Anwendung gegen diese Interpretation des Begriffs "Allgemeinheit" anführt.

die nur in einzelnen Orten empfangen werden können. Durch die Technik des Kabelfunks sind noch kleinere "Sendegebiete" denkbar: Etwa ein "Stadt-Teil-Funk", wie in der Sennestadt bei Bielefeld, oder ein Haus-Funk, wie in der Berliner Wohnanlage von Le Corbusier. Hierher gehören auch die Sendungen in Groß-Kaufhäusern, in Krankenhäusern und Seniorenheimen, die nur dort über Kabel empfangbar sind, aber auch jene Sendungen, die etwa der Reisende im Flugzeug oder im ICE der Deutschen Bahn über Kopfhörer rezipieren kann.

Der an alle gerichtete öffentliche Rundfunk sollte zu keinem Zeitpunkt von einer räumlich unbeschränkten Vielzahl empfangen werden, sondern immer nur von denen, an die er gerichtet war[99]. Allgemeinheit - d.h. Öffentlichkeit - kann gar nicht jeden einzelnen Bürger meinen, da nicht jeder einzelne Bürger von den Landesrundfunkanstalten erreicht werden kann[100]. Daher bedeutet die räumliche Ausdehnung der Nachrichtenübermittlung allein keinen Anhaltspunkt für die Frage der Öffentlichkeit, respektive die der Allgemeinheit[101]. Das Merkmal allgemeiner Zugänglichkeit ist nur ausgeschlossen, wenn der Rezipientenkreis nach außen abgeschlossen ist. Sendungen sind dann nicht allgemein zugänglich, wenn zwischen den Personen der Gruppe, für die die Sendung bestimmt ist, Beziehungen bestehen, die sie zu einem abgegrenzten Personenkreis machen. Daß dieses Merkmal der personellen Indifferenz für den Rundfunk entscheidend sein muß, versteht sich aus seiner Eigenart als Massenmedium. Um nämlich als Massenmedium wirksam sein zu können, ist es ausgeschlossen, daß der Rundfunk sich an einen abgeschlossenen Kreis wendet. Gebraucht man dieses Kriterium für die vorliegenden fraglichen Fälle, so ist nach solchen Merkmalen zu suchen, die die Gruppe hinreichend abgrenzen. Einziges gemeinsames Merkmal der Bevölkerung einer Stadt ist das gleiche kulturelle und lokalpolitische Leben. Jedoch ist daraus keine Abgrenzbarkeit der Gruppe zu anderen herzuleiten. Schon der Umstand, daß Menschen neu in eine Stadt zu- bzw. aus dieser Stadt wegziehen, weist auf eine hohe Fluktuation der Mitglieder dieser Rezipientengruppe hin. Eine Abgrenzbarkeit ist daher nicht möglich. Somit ist bei Lokalfunk, gleichgültig, ob kabelgebunden oder nicht, das Erfordernis der Allgemeinheit erfüllt. Für Sendungen wie im Le Corbusier-Haus in Berlin, in Groß-Kaufhäusern, Krankenhäusern und Altenheimen gilt anderes: Handelt es sich um solche, die gerade für die Bewohner dieses Hauses oder Heims oder die Besucher des Kaufhauses bestimmt sind, ist diese Gruppe abgegrenzt, die Allgemeinheit ausgeschlossen. Wird also über den Hausfunk ein Babysitter für den Abend gesucht oder über den Heimfunk auf einen hausinternen Vortrag oder das Treffen einer Bastel-

---

[99] Maletzke, S. 24.
[100] Wenn durch die neuen Übertragungstechniken für die Anstalten hinsichtlich dieses Problems in Zukunft keine Schwierigkeiten bestehen werden, so ändert dies jedenfalls nichts an dem Umstand, daß diese seinerzeit bestanden, und insofern der Begriff des "Rundfunks" geprägt bzw. nicht geprägt war.
[101] Lieb, S. 180, bemerkt, daß dies umso mehr gelte, als es auch bei Funksonderdiensten, die kein Rundfunk seien (s.o.), es solche gebe, die nur in einem begrenzt engem Bereich empfangbar seien (wie beispielsweise Taxifunk) und solche, die bundesweit empfangen werden könnten (wie beispielsweise Pressefunk).

gruppe hingewiesen, so stehen diese Sendungen in einem funktionellen Zusammenhang zum Wohnen in diesem Haus. Und wenn in einem Kaufhaus auf günstige Kaufangebote hingewiesen wird, so wendet sich der Informant lediglich an die zur Zeit sich im Geschäft befindlichen Käufer, also nicht an die Öffentlichkeit. Diese Informationen sind also nicht als Rundfunk zu klassifizieren[102].

(b) Problemfälle der neuen Medien

(aa) Allgemeines über die neuen Medien

Ob es sich bei den neuen Medien bzw. Kommunikationsdiensten um Rundfunk handelt[103], scheint deshalb unklar, weil diese Dienste sich in ihrer Struktur von herkömmlichen Fernsprechdiensten bzw. vom herkömmlichen Rundfunk unterscheiden[104]. Probleme bestehen insbesondere hinsichtlich der Computer-Netzwerke oder auch "On-line-dienste", wie Internet[105], Compu-serve und T-Online[106]. Dies sind nicht die einzigen, aber wohl die geläufigsten derartigen Dienste. Jedoch gibt es schon innerhalb der Bundesrepublik Deutschland noch eine Reihe weiterer Anbieter, die teilweise stadtspezifisch ausgerichtet sind, wie etwa Berlin-line oder auch Göling in Göttingen. Da immer mehr Dienste weltweit hinzukommen, ist eine genaue Angabe zur Zahl nicht möglich. An dieser Stelle soll lediglich versucht werden, an den genannten großen Netzwerken exemplarisch die Möglichkeiten dieser Technik darzustellen: Das sind "E-mail", "Compu-serve" und die sogenannten "News-groups" oder "Foren", wobei sich die Bezeichnung je nach Anbieter unterscheiden können. Dabei ist wegen der so ermöglichten "Individualisierung" der Informationsverteilung die schon vom Bundesverfassungsgericht festgelegten Kategorien von Individual-

---

[102] Es ist daher unsystematisch, daß in einzelnen Rundfunkgesetzen dieser Bereich mitgeregelt ist, wie in §§ 30 f. LMG Bremen; § 20 I PRG Hessen, § 32 LMG Nordrhein-Westfalen, auch wenn gewöhnlich auf die Problematik hingewiesen ist, indem diese Bereiche ausdrücklich in den Regelungsbereich der Gesetze einbezogen sind. Es entspricht dem System viel eher, diese Bereiche auszuschließen, so § 1 LMG Baden-Württemberg; § 1 LMG Schleswig-Holstein.

[103] Daß die Einordnung auch für die Frage der Kompetenzen wesentlich ist, wird auch von Scherer, Der Staat, Bd. 22, S. 347, 348 ff., betont.

[104] Vgl. Bullinger, NJW 1984, S. 385; Scherer, Der Staat, Bd. 22, S. 347 ff.

[105] Das bekannteste dieser Netzwerke ist wohl das Internet. Mit zur Zeit etwa 40 Millionen Nutzern ist es das größte nichtkommerzielle Computernetzwerk der Welt. Ursprünglich war es für militärische Zwecke geschaffen worden. Später wurde es dann von vielen Universitäten als elektronische weltweite Bibliothek genutzt. Mit der Entstehung des World-Wide-Web erfährt es nun seine erste kommerzielle Nutzung, die dem Internet in den letzten Jahren bei den Nutzern zum Durchbruch verholfen hat. Das World-Wide-Web ist eine "Publishing-Plattform" im Internet auf Basis der Seitenbeschreibungssprache HTML (Hypertext Markup Language). Diese Sprache bietet eine graphisch ansprechende Aufbereitung und Verknüpfung von Inhalten.

[106] Diese Anbieter seien nur beispielhaft angeführt.

und Massenkommunikation heranzuziehen. Unter diesem Blickwinkel lassen sich drei Formen von Diensten unterscheiden[107]:

(bb) Formen neuer Medien

((1)) Einseitige Verteildienste (Dienste auf Zugriff)
Noch am ehesten mit dem herkömmlichen Bild des Rundfunks sind die einseitigen[108] Verteildienste vergleichbar. In erster Linie sind hier die Dienste auf Zugriff[109] zu nennen: Darbietungen werden im raschen Wechsel so verbreitet, daß jedermann jederzeit innerhalb eines bestimmten Zeitraums jede Information wählen und sicht- bzw. hörbar machen kann. Wichtigstes Beispiel für einen solchen Dienst ist der Videotext[110]. Das sind Bildtafeln, die in immer wiederkehrender Folge in der, dem Zuschauer normalerweise unsichtbaren, Bildaustastlücke des Fernsehsignals übertragen werden. Die Tafeln enthalten Programmhinweise, Wettervorhersagen, Tagesnachrichten und andere immer wieder neu aktualisierte Informationen. Praktisch ist es jedem Fernsehteilnehmer möglich, auf jede Information, die gesendet wird, zuzugreifen und sie sich mit Hilfe eines Zusatzgerätes auf seinem Bildschirm anzusehen.

((2)) Abruf- und Bestelldienste
Die zweite Gruppe sind die Abruf- und Bestelldienste. Bei Abrufdiensten kann jeder Interessent einzeln eine elektronisch gespeicherte Information auswählen, die dann sofort mit geringer zeitlicher Verzögerung dem Interessenten übermittelt wird[111]. Bestelldienste zeichnen sich hingegen dadurch aus, daß es dem Anbieter überlassen bleibt, den Zeitpunkt für die Übermittlung der gewünschten Information festzulegen. Er kann also so lange warten, bis mehrere Interessenten dieselbe Information wün-

---

[107] Da die Begrifflichkeiten hier nicht abschließend geklärt sind (vgl. dazu Ratzke, S. 13 ff.), soll in erster Linie auf die Charakteristika der einzelnen Dienste abgestellt werden.
[108] Kritisch zum Differenzierungskriterium der Ein- bzw. der Mehrseitigkeit: Scherer, Der Staat, Bd. 22, S. 356 ff.; im Anschluß daran: Gornig, Äußerungsfreiheit, S. 217. Scherer tritt der Annahme, Massenkommunikation sei "einseitig" gerichtet, mit dem Argument entgegen, auch Massenkommunikatoren orientierten sich an der Rezipientenerwartung, auch dort finde also eine "Wechselwirkung" statt. Bei dieser Argumentation beachtet Scherer jedoch nicht, daß in dem einen Fall ein unmittelbarer Einfluß besteht, während im anderen Fall erst die Auswertung von Zuschauerbeteiligung und Statistiken zu einer Beeinflussung des Programms führt.
[109] Teilweise werden diese Dienste mit den Abruf- und Bestelldiensten zusammen als "Verteildienste" (so Ratzke, S. 13 ff.) oder als "Allgemeine Kommunikationsdienste" (so Gornig, Äußerungsfreiheit, S. 215, 216.) bezeichnet.
[110] Teilweise wird dies auch als Teletext bezeichnet; vgl. etwa Scherer, Der Staat, Bd. 22, S. 347, 365, der als umfassenden Oberbegriff Teletext verwendet, anders aber Herrmann, Rundfunkrecht, S. 12, der die Begriffe Videotext, Fernsehtext und Teletext synonym verwendet.
[111] Vgl. Bullinger, NJW 1984, S. 385, 386.

schen, oder günstige Übertragungskapazitäten frei sind[112]. Prototyp für derlei Abruf- und Bestelldienste ist der Bildschirmtext[113]. Es handelt sich bei ihm um einen 1984 bundesweit eingeführten Nachrichtendienst. Der Empfänger kann die in Textform gespeicherten Informationen über schmalbandige Fernmeldeleitungen mit einem Fernsehapparat und einem Zusatzgerät abrufen. Dabei wird nur dem individualisierbaren Abrufer die gewünschte Information mitgeteilt. Diese Feststellung gilt jedenfalls für die gewünschte Information, auch wenn das zuvor angezeigte Register dem anonymen "Jedermann" zur Orientierung angeboten wird. Die Computer-Netzwerke bieten insoweit die Möglichkeit, bei dem jeweiligen "Server" eine sogenannte "Home-page" einzurichten. Der Nutzer dieser Funktion kann damit Daten über sich oder ein Projekt zusammenstellen, wobei Hypertexte mit Untergruppen möglich sind: Durch Anklicken von besonders kenntlich gemachten Wörtern kann der interessierte Rezipient so in die weiteren Untertexte vordringen. Wie bei den erläuterten Abrufdiensten ist jedem beliebigen Dritten die Möglichkeit eröffnet, sich diese "Home-page" auf den eigenen Computer zu laden und zu Hause zu studieren. Zur Zeit wird diese Möglichkeit in erster Linie von Presseerzeugnissen genutzt, die einzelne ihrer Artikel auf diese Weise kostenlos ins Internet eingeben.

In diesem Zusammenhang sind die "News-groups" bzw. "Foren" zu nennen. Diese neuen Dienste bedürfen der technischen Möglichkeiten, wie sie das Internet bzw. andere derartige Dienste zur Verfügung stellen. Sie nutzen diese Einrichtung mit einer eigenen technischen Organisation. Zumeist sind derartige "News-groups" themenzentriert. Es gibt solche Einrichtungen für alle wissenschaftlichen Bereiche, wie etwa die Vertreter der analytischen Philosophie. Aber auch politische Gruppierungen nutzen derartige Angebote. Im Zentrum einer solchen "News-group" steht der "Server". Jeder Nutzer kann an diesen "Server" eine Nachricht senden, die dieser dann an alle anderen Mitglieder, oder nur an bestimmte, von dem Nutzer genauer bezeichnete, weiter ausstrahlt. Hinsichtlich der grundsätzlichen Bedingungen ähnelt dieses System insofern der "E-mail", nur wird die Nachricht nicht an eine Person, sondern an eine möglicherweise unübersehbare Anzahl von Nutzern verbreitet. Wie bei der "E-mail" wird aber die Nachricht dem Teilnehmer nicht direkt zugesendet, sondern lediglich auf sein Account geladen. Dem Nutzer wird lediglich mitgeteilt, daß eine Nachricht für ihn bereit liege. Schließlich gehört zu dieser Fallgruppe auch das Abruf-Einzel-Pay-TV. Dabei kann der einzelne Abrufer in der Form des Einzelabrufs sein Bildprogramm bei einem elektromagnetisch liefernden Versandhandel kaufen.

((3)) Interaktive Dienste
Die letzte Gruppe sind die interaktiven Dienste. Dabei findet ein Informationsaustausch größeren Umfangs zwischen einer zentralen Stelle und dem Endteilnehmer

---

[112] Vgl. Hassemer, S. 3 ff., insbesondere S. 6, 8, der betont, daß "statt ganzer Rundfunkprogramme ... Einzelsendungen angeboten werden" können.

[113] Btx ist nunmehr durch T-Online, einem kommerziellen Computer-Netzwerk, ersetzt worden.

statt[114]. Klassisches Beispiel ist der Bürofernschreiber, das Teletex[115]. Das ist ein mit einem Speicher versehenes textverarbeitendes Gerät auf Sender- bzw. Empfängerseite. Die Geräte sind untereinander verbunden, so daß es möglich ist, Texte in Sekundenschnelle auf gewöhnlichen Fernsprechleitungen zu übertragen und zwar inhalt- und formatgetreu. Ähnlich arbeitet auch das Telefax, das nicht nur Geschriebenes, sondern auch Zeichnungen übertragen kann, oder das Datex, bei dem binär verschlüsselte Daten zwischen rechnergestützten Endeinrichtungen ausgetauscht werden. In diesem Zusammenhang ist auch das E-Mail-System einzuordnen. Diese "Electronic Mail" (E-mail) ist wohl die bekannteste technische Möglichkeit der Computer-Netzwerke. Die E-mail ist ein elektronischer Brief, der online - mit Personal Computer und Modem - via Telefonnetz zwischen Nutzern von On-line-Diensten übertragen werden kann. Neben dem auf dem Computer getippten Texten kann man auch eingescannte Dokumente, aber auch Sprache, Bilder oder Kurzvideos als E-mail versenden. Die Versendung erfolgt, indem man die E-mail vom Computer aus über eine Telephonleitung an den On-line-Dienst, den Server, schickt. Der sendet die E-mail dann an einen in der E-mail angegebenen Großrechner weiter. Bei diesem in der E-mail genannten Großrechner hat der Adressat seinen Account. Ein solcher Account hat die Funktion eines Briefkastens. Hier werden sämtliche E-mails, aber auch andere elektronische Post für den Nutzer gesammelt. Nach erfolgter Zustellung, wenn die Nachricht also auf den Account erfolgt ist, erscheint auf dem Computerbildschirm des Nutzers lediglich ein Hinweis, daß Post eingegangen sei. Nun kann der Nutzer diese Post vom Account abrufen, indem er sie auf seinen Rechner lädt.

Schließlich gehört zu dieser Gruppe von Techniken das in jüngster Zeit häufig erwähnte "Interaktive Fernsehen"[116]. Dies ist eine Erweiterung des klassischen Fernsehens um einen Rückkanal zum Sender. Dieser Rückkanal kann beispielsweise per Kabel oder Telefonleitung und eine sogenannte Set-Top-Box erfolgen. Dadurch wird dem Zuschauer ermöglicht, sein eigenes Programm jeder Zeit interaktiv zusammenzustellen. Der Zuschauer ist darüber hinaus in der Lage, individuell in den Programmablauf einzugreifen oder mitzuwirken, der darauf flexibel reagieren kann.

(cc) Die Einordnung der neuen Medien als Rundfunk
Die einseitigen Verteildienste stehen dem konventionellen Rundfunk noch sehr nahe. Zwar benötigt man gewisse technische Mittel, um an die Information gelangen zu können; diese richtet sich aber an jedermann. Man wird daher bei diesem Medium das Merkmal "Für die Allgemeinheit bestimmt" nicht bestreiten.

---

[114] Stammler, AfP 1975, S. 742, 743.
[115] Teilweise wird der Begriff "Teletex" auch als Oberbegriff für "Bildschirmtext", "Videotext" und "Kabeltext" verstanden, (so etwa Scherer, Der Staat, Bd. 22, S. 347, 352.)
[116] Zur Zeit wird der technisch am weitesten fortgeschrittene Test eines solchen interaktiven Fernsehens innerhalb des "Full Service Network" von Time Warner in Orlando betrieben.

Bei den Abruf- und Bestelldiensten wird die Rundfunkeigenschaft teilweise bestritten[117]. Die Informationen seien nur an eine bestimmte Gruppe gerichtet, nämlich an diejenigen, die die Information bestellen bzw. abrufen. Diese Argumentation läßt jedoch außer acht, daß erst einmal jeder "Jedermann" die Möglichkeit hat, an die Informationen zu gelangen. Man muß nur die notwendigen technischen Anlagen besitzen, die Informationen ordnen und die möglicherweise geforderte Gegenleistung entrichten. Daher ist auch bei dieser Gruppe das Kriterium "Für die Allgemeinheit bestimmt" erfüllt.

Für die interaktiven Dienste wird dies hingegen zu verneinen sein. Sie dienen dem Individualverkehr[118], bei dem eine Information nur an einen bestimmten Rezipienten geschickt wird. Die Allgemeinheit ist von diesen Informationsflüssen ebenso ausgeschlossen, wie sie es auch bei einem zwischen zwei Personen bestehenden (konventionellen oder elektronischen) Briefverkehr oder einem Telefongespräch ist. Bei einer solchen persönlichen Kommunikation handelt es sich demzufolge nicht um ein Massenphänomen, so daß diese Form der neuen Medien jedenfalls nicht als Rundfunk einzuordnen ist.

bb. Der Begriff "Darbietung"

Nach der auf ihre Tauglichkeit hin zu untersuchende, oben genannten Definition muß es sich bei der Sendung weiter um eine "Darbietung" handeln. Der Begriff der "Darbietung" soll dabei alles umfassen, was überhaupt mitteilungsfähig ist[119].

(1) Der Begriff "mitteilungsfähig"

(a) Sinngehalt

Teilweise wird der Begriff der "Darbietung" so verstanden, daß der gesendeten Information ein Sinngehalt zukommen müsse[120]. Damit will man die Übermittlungen von Überwachungskameras etwa in Kaufhäusern, Großgaragen, Spielplätzen etc. vom Rundfunkbegriff ausschließen. Bei derlei Übertragungen würden Geschehensabläufe ohne einen weiteren "Sinngehalt" übertragen, die nicht als Darbietung zu klassifizieren seien[121].

Dem ist aus zweierlei Gründen nicht zu folgen: Zum einen bedarf es einer derartigen Eingrenzung nicht. Denn derlei Übertragungen sind nur an das jeweilige Wachpersonal gerichtet, nicht an die Allgemeinheit. Insofern fallen diese Übertragungen schon deshalb nicht unter den Begriff "Rundfunk".

---

[117] Schneider, FS. f. Carstens, S. 817, 823, 826; Bullinger, Kommunikationsfreiheit, S. 43; Fuhr/Krone, FuR 1983, S. 513, 519.
[118] So auch Schneider, FS. f. Carstens, S. 817, 822 bzw. 824.
[119] Stammler, AfP 1975, S. 742, 748.
[120] Stammler, AfP 1975, S. 742, 748.
[121] Stammler, AfP 1975, S. 742, 748.

Zum andern engt dies weitere Definitionskriterium den Rundfunkbegriff zu sehr ein. Üblicherweise wird bei den sogenannten "Klassiksendern"[122] im wesentlichen Musik ausgestrahlt. Daß es sich dabei um Rundfunk handelt, dürfte unstrittig sein. Dennoch wird man derartigen Sendungen keinen "Sinngehalt" beimessen können. Und wenn als Pausenzeichen im Fernsehen nur ein Standbild gezeigt wird, so ist der "Sinngehalt" wohl noch geringer als die Sendung zur Überwachung eines Spielplatzes. Trotzdem wird auch das Senden dieses Testbildes als Rundfunk aufzufassen sein. Das Kriterium des "Sinngehalts" ist somit als Abgrenzungskriterium unnötig[123] und scheint darüber hinaus dem allgemeinen Verständnis von Rundfunk nicht zu entsprechen.

(b) Relevanz für die öffentliche Meinung

Zum Teil wird zusätzlich zu dem Kriterium des Sinngehalts noch für den Rundfunkbegriff gefordert, daß die entsprechenden Sendungen für die öffentliche Meinung relevant sein müßten[124]. Dies wird aus dem Umstand gefolgert, daß der besondere Schutz des Rundfunks in Art. 5 I GG seinen Grund in der besonderen Bedeutung des Rundfunks für die öffentliche Meinung finde[125].

Gegen diese Eingrenzung läßt sich ähnliches einwenden wie gegen den Begriff des "Sinngehaltes": So ist umstritten, was unter dem Begriff der "Relevanz" zu verstehen ist:
Nach einer Ansicht ist für die Meinungsbildung nicht relevant, was im bloßen Geschäftsinteresse (des Senders) bzw. im bloßen Vergnügungsinteresse (des Hörers) liege[126]. Danach wäre der private Rundfunk, der immer aus dem Geschäftsinteresse des Veranstalters verbreitet wird, kein Rundfunk, der Begriff "kommerzieller Rundfunk" also paradox. Dieses Ergebnis steht auch im Widerspruch zu der Wertung des

---

[122] Wie der Sender "Klassikradio", der in erster Linie klassische Musik verbreitet.

[123] Daß überhaupt auf den "Sinngehalt" einer Sendung für die Definition des Rundfunkbegriffs Bezug genommen wird, findet den Grund darin, daß die Vertreter dieser Ansicht den Schutzbereich von Art. 5 I 2 GG einengen wollen.

[124] So wohl auch Stammler, AfP 1975, S. 742, 749; Mangoldt/Klein, Art. 5 Anm. VII 1, vgl. auch Art. 5 Anm. VI 3.

[125] BVerfGE 12, S. 205 ff. (260): "Der Rundfunk ist mehr als nur ein 'Medium' der öffentlichen Meinungsbildung; er ist eminenter 'Faktor' der öffentlichen Meinungsbildung." Ähnlich BVerfGE 57, S. 295 ff. (319), wonach der Rundfunk die Aufgabe der Gewährleistung freier, individueller, öffentlicher Meinungsbildung wahrnehme. In der Literatur vgl. Wufka, S. 36 ff.; im Ergebnis ähnlich Schneider, FS. f. Carstens, S. 817, 822 ff., der allerdings in erster Linie auf die "Öffentlichkeit" abstellt. Ähnlich auch Stammler, AfP 1975, S. 742, 748, der das Kriterium des Sinngehaltes aus dem Begriff der "Darbietung" ableitet und damit letztendlich nur die Bedeutung des Art. 5 für den Schutz des Rundfunks damit begründen will, daß dieser sinnvollerweise nur schützen solle, was für die Demokratie von grundlegender Bedeutung sei, wie die öffentliche Meinung.

[126] Mangoldt/Klein, Art. 5 Anm. VII 1; vgl. dort auch Art. 5 Anm. VI 3.

dritten Rundfunkurteils[127], in dem gerade aus Art. 5 I GG die Zulässigkeit des privaten Rundfunks gefolgert wurde. Hinsichtlich der öffentlich-rechtlichen Veranstalter wäre hingegen die Einordnung von Werbesendungen als Rundfunk zu verneinen. Danach würde der Sendeinhalt entscheiden, ob Rundfunk vorliegt oder nicht, ein Ergebnis, das mit der üblichen Vorstellung von Rundfunk nicht vereinbar ist. Außerdem läßt diese Auffassung den Umstand außer acht, daß die Sendeanstalten eine Auswahl und Reihenfolge einzelner Sendungen festlegen. Wenn diese einzelnen Beiträge möglicherweise keine Relevanz für die öffentliche Meinung haben, so ist doch denkbar, daß gerade durch die Aneinanderreihung Einfluß auf die öffentliche Meinung genommen werden kann[128].
Nach einer anderen Ansicht sollen mit dem Kriterium der Relevanz nur solche Darbietungen vom Rundfunkbegriff ausgeschlossen werden, die in einem unmittelbaren Zusammenhang mit dem Betrieb eines Unternehmens stehen[129]. Damit werden solche Darbietungen vom Rundfunkbegriff ausgeschlossen, die den Zuhörer auf einer unbewußten Ebene motivieren sollen. In diesen Fällen wird die Technik des Rundfunks nur dazu verwandt, die Interessen der Unternehmen zu verfolgen. Danach wären vom kulturrechtlichen Rundfunkbegriff Darbietungen wie leise Hintergrundmusik in Einkaufszentren ausgenommen[130]. Eine derartige Sendung ist allerdings schon deshalb kein Rundfunk, weil sie den Hörer nur in dem kleinen Empfangsbereich stimulieren will: im Einkaufszentrum zum Einkauf, an Arbeitsplätzen zur Arbeit. Die Autoren, die dieses Kriterium zur Definition des Rundfunkbegriffs für notwendig erachten, nennen keine weiteren Beispiele, die nicht schon durch das Kriterium "Für die Allgemeinheit bestimmt" ausgeschlossen sind. Denkt man sich nämlich ein solches "stimulierendes" Musikstück im Radio an die Allgemeinheit gerichtet ausgestrahlt - wie dies etwa bei reinen Musikkanälen der Fall ist - dann ist nicht einzusehen, warum man die Rundfunkeigenschaft dieser Sendungen ausschließen sollte. Und es liegen auch kein Hinweise dafür vor, daß die Befürworter eines solchen Kriteriums diese Ansicht vertreten. Daher ist das Merkmal "Relevanz für die öffentliche Meinung" für eine Definition des kulturrechtlichen Rundfunkbegriffs nicht geeignet[131].

---

[127] Bundesverfassungsgerichtsurteil vom 16. Juni 1981, FRAG-Urteil, BVerfGE 57, S. 295 ff.
[128] Der Sender kann also schon durch die Zusammenstellung seiner Informationen Bedeutung für die öffentliche Meinung erlangen, selbst wenn die einzelnen Beiträge für sich genommen dies nicht vermögen.
[129] So Stammler, AfP 1975, S. 742, 749.
[130] Stammler, AfP 1975, S. 742, 749.
[131] Schneider, FS. f. Carstens, S. 817, 823, der im übrigen für das Kriterium der "Relevanz für die öffentliche Meinungsbildung" eintritt (s. o.), konstatiert, daß etwa der Videotext *keinen* Einfluß auf dieselbe hat, aber dennoch - sozusagen als Annex - zum Rundfunk zu zählen sei.

(2) Einseitigkeit der Informationsrichtung

(a) Definition
Aus dem Begriff der "Darbietung" folgt aber, daß eine Information von einer Stelle aus an die Allgemeinheit gesendet wird. Dies setzt eine Instanz voraus, von der aus die Information an Dritte verbreitet wird[132]. Diese Stelle entscheidet allein, zu welchem Zeitpunkt welche Information gesendet wird[133]. Der Empfänger als bloßer Rezipient hat darauf keinen Einfluß. Der Rundfunkbegriff wird also durch das Merkmal der Darbietung in der Weise eingegrenzt, daß eine eindeutige Rollenverteilung von aktivem und passivem Teil festgelegt ist[134]. Das entspricht auch dem Verständnis vom herkömmlichen Rundfunk. Dieser spielt ein von ihm zusammengestelltes Programm ab, das der Rezipient konsumieren kann, ohne die Möglichkeit der unmittelbaren Einflußnahme darauf zu haben[135]. Eine Individualisierung des Gesendeten ist also nicht möglich.

(b) Problemfälle

(aa) Problemfälle hinsichtlich herkömmlicher Medien
Man könnte hinsichtlich Telefondienste und Pay-TV[136] argumentieren, der Rezipient bestimme das "Programm" insoweit, als er darüber entscheide, ob er die Leistung der Telekom bzw. des Veranstalters wahrnimmt. Derartige Überlegungen führen jedoch in die Irre. Zwar geht in diesen Fällen die "Wahl" über das hinaus, was der "normale" Rundfunkteilnehmer zu unternehmen hat, wenn er das Empfangsgerät an- oder ausschaltet. Sowohl bei den Telephondiensten als auch bei Pay-TV besteht nämlich ein zusätzlicher Vertrag, oder es kommt ein solcher mit zusätzlichen Kosten zustande. Der Empfänger hat aber dann keine weitere Wahlmöglichkeit. Ihm wird, wie jedem andern Vertragspartner, zur gleichen Zeit die gleiche Information zur Verfügung gestellt. Wie bei den herkömmlichen Rundfunksendungen bestimmt und verbreitet eine zentrale Stelle die Information[137]. Der Empfänger gibt nur das Startzeichen für die Übertragung (so bei den Telefondiensten) bzw. trifft die notwendigen Vorbedingungen für den Empfang (so beim Pay-TV). Die Informationsbeziehung bleibt also einseitig und kann somit als Darbietung klassifiziert werden.

---

[132] Stammler, AfP 1975, S. 742, 748; Lerche, Rundfunkmonopol, S. 24; Lieb, S. 116; Maletzke, S. 24; sie alle stellen die Einseitigkeit als Gegensatz zum wechselseitigen Funk heraus.
[133] Herrmann, Fernsehen, S. 29.
[134] Kritisch dazu: Scherer, Der Staat, Bd. 22, S. 347, 352.
[135] Dies gilt auch für die "Wunschsendungen". Auch da bleibt es letztlich der Entscheidung des Veranstalters überlassen, ob er die Wünsche seiner Hörer erfüllt.
[136] Pay-TV wird hier als "Massen-Pay-TV" und nicht als Einzel-Pay-TV verstanden.
[137] Darauf weist auch hin Stammler, AfP 1975, S. 742, 748.

(bb) Problemfälle hinsichtlich neuer Medien

Hinsichtlich der einseitigen Verteildienste bestehen keinerlei Bedenken, daß sie diese Anforderung erfüllen. Die Informationen werden ohne unmittelbare Einflußmöglichkeit des Rezipienten von einer Stelle aus gesendet. Gleiches gilt für die Abruf- und Bestelldienste, die mit dem herkömmlichen Medium des Telefondienstes gleichgesetzt werden können. Zwar kann hier die Auswahl des Gesendeten noch genauer vom Rezipienten bestimmt, d.h. die einzelnen Sendungen und Informationen können individuell bestimmt und bezahlt werden, der Empfänger kann aber auch hier nicht auf den Inhalt der Information Einfluß nehmen[138]. Das für den Rundfunk typische Merkmal, daß Informationen von einer zentralen Stelle bereitgestellt und verbreitet werden, ist somit gewahrt. Beide Gruppen erfüllen also die Voraussetzung der "Einseitigkeit der Informationsrichtung". Anders stellt sich die Situation bei den interaktiven Diensten dar. Bei ihnen muß die Rundfunkeigenschaft schon deshalb verneint werden, weil sich diese nicht an die Allgemeinheit wenden. Aber auch das Merkmal der Einseitigkeit wird von ihnen nicht erfüllt. Da es sich um eine interaktive Anwendungsform der neuen Medien handelt, zeichnet sich dieses Medium durch den Informationsaustausch in *beide* Richtungen aus[139]. Es gibt also keine zentrale Stelle, von der die Sendung allein bestimmt wird. Es liegt somit keine Darbietung und - nach der hier vertretenen Definition - somit auch kein Rundfunk vor.

cc. Weitere Differenzierungskriterien

Möglicherweise müssen neben den Definitionskriterien "Für die Allgemeinheit bestimmte Darbietung" weitere eingrenzende Umstände herbeigezogen werden, um den Rundfunkbegriff klarer zu fassen.

(1) Gleichzeitigkeit der Informationsverbreitung

Seit den Anfängen des Rundfunks ist sowohl die Gleichzeitigkeit von Sendung und Empfang das herausragende Kriterium dieser Institution[140], als auch die gleichzeitige Belieferung einer Mehrzahl von Empfängern mit einer gleichlautenden Information. Daß dieses Merkmal heutzutage immer seltener Erwähnung findet, ist wohl darauf zurückzuführen, daß es als selbstverständlich vorausgesetzt wird. Es ist gerade dieser Umstand, dem der Rundfunk seine (positive wie negative) Massenbeeinflussung verdankt[141]. Erst durch diese Gleichzeitigkeit wird der Rundfunk zum Massenmedium[142].

---

[138] Stammler, AfP 1975, S. 742, 748.
[139] Kritisch zur Unterscheidung in ein- und mehrseitig: Scherer, Der Staat, Bd. 22, S. 347, 356.
[140] Stohl, S. 146; Stammler, AfP 975, S. 742, 750.
[141] Vgl. Krüger, Rundfunk, S. 50 ff.; Schmitz, DÖV 1968, S. 683, 684.
[142] Stammler, AfP 1975, S. 742, 750.

(a) Problemfälle hinsichtlich herkömmlicher Medien

Fraglich ist, ob mit diesem Kriterium der Gleichzeitigkeit eine klare Abgrenzung zu anderen Einrichtungen getroffen werden kann. Das gilt insbesondere für die Telefonansagedienste. Man könnte argumentieren, daß der Rezipient durch seinen Anruf individuell die gewünschte Information erhält. Jedoch läßt diese Argumentation außer acht, daß bei den Telefonansagediensten die Information nicht erst auf den Anruf des Teilnehmers hin an ihn übermittelt wird, sondern auf einem Endlosband gespeichert ist, das kontinuierlich abläuft. Der Anrufer erhält also keine individuelle Information mit seinem Anruf, sondern schaltet sich in eine laufende Sendung ein. Dieses Handeln unterscheidet sich nicht wesentlich von dem eines Radiohörers, der sein Gerät einschaltet. Die Informationsverbreitung geschieht bei den Telefonansagediensten also ebenso gleichzeitig, wie bei den gewöhnlichen Rundfunksendungen.

(b) Problemfälle hinsichtlich neuer Medien

Bei den neuen Medien wird das Kriterium der Gleichzeitigkeit nicht erfüllt, wenn diese Medien die individuelle Abrufbarkeit der Information ermöglichen. Das aber ist gerade entscheidendes Kriterium des Einzel-Pay-TV und der übrigen Abruf- und Bestelldienste wie Bildschirmtext, Home-page und News-groups: Der Veranstalter stellt Informationen bereit, aus denen der Teilnehmer die auswählt, die ihn interessieren, die er abruft bzw. die ihm bei den Bestelldiensten nach einiger Zeit zugehen. Anders als bei den Zugriffdiensten, deren Sendungen bereits ausgestrahlt sind und zum Empfang auf Seiten des Rezipienten nur besonderer Empfangseinrichtungen bedürfen, gehen bei den Abruf- und Bestelldiensten die gewünschten Informationen erst dann in den Äther, wenn sie bestellt bzw. abgerufen werden. Diese Informationen werden also nicht gleichzeitig verbreitet. Da die gleichzeitige Informationsverbreitung für den Rundfunk als Massenmedium von grundlegender Bedeutung ist, wird man also diesen Diensten die Rundfunkeigenschaft absprechen müssen[143]. Dies versteht sich auch im Hinblick auf die Nutzer von Home-pages. Der Nutzer dieser Technik gleicht nämlich einem Zeitungsleser, der nur ganz bestimmte Artikel aus den jeweiligen Presseorganen lesen möchte und auch nur diese erhält. Er ist also nicht in der Lage, wie ein herkömmlicher Zeitungsleser, andere Artikel zumindest zu überfliegen. Daher besteht auch keine hinreichende Vergleichbarkeit mit einem gewöhnlichen Zeitungsleser[144]. Die häufig genutzte Möglichkeit der Hypertexte, durch die eine Reihe von Informatonsebenen eröffnet werden können, erschwert darüber hinaus eine Massenbeeinflussung durch Home-pages. Durch die Hypertexte kann jeder Nutzer

---

[143] Bildschirmtext wurde daher, als er das erstemal gesetzlich geregelt werden mußte, auch folgerichtig von den Ländern nicht im Rundfunkstaatsvertrag, sondern in einem Staatsvertrag über Bildschirmtext vom 18. März 1983 geregelt. Die Novellierung dieses Staatsvertrages 1991 im Rahmen des Staatsvertrages über den Rundfunk im vereinten Deutschland kann an dieser Einschätzung nichts ändern.

[144] So aber Bullinger, NJW 1984, 385, 388, der allerdings dennoch die Massenbeeinflussung wegen der "Individualisierung der Information" verneint.

die für ihn interessanten Punkte anklicken und so immer tiefer in den Text eindringen. So stellt er sich dann einen höchst individuellen Text zusammen, den in dieser Weise nur die wenigsten gelesen haben.

Das für Abruf- und Bestelldienste entscheidende Merkmal der Individualisierung läßt somit die für die Massenmedien (und also auch den Rundfunk) typische Massenbeeinflussung nicht zu[145]. Daher wird man solche Dienste nicht unter den Begriff "Rundfunk" fassen dürfen. Man muß jedoch beachten, daß die technischen Möglichkeiten der Computer-Netzwerke noch in den Anfängen stecken. Es ist schon heute denkbar, daß die Informationen ohne einen Server direkt an die einzelnen Nutzer der "News-groups" gelangen. Dann aber ist kein Argument ersichtlich, diese Form der Kommunikation nicht mehr als Rundfunk zu bezeichnen. Jeder einzelne Teilnehmer wäre dann Rundfunkveranstalter und Rundfunkempfänger gleichzeitig.

(2) "Flüchtigkeit" des Informationseindrucks

(a) Die "Flüchtigkeit" als notwendiges Kriterium des Rundfunks
Weiter wird gefordert, den Rundfunk von anderen Medien auch dadurch zu unterscheiden, daß die Information in immaterieller Form verbreitet werde[146]. Die Rundfunkinformation sei an sich nicht wiederholbar. Anders als bei der Zeitungslektüre könne der Rezipient einen Kommentar oder eine Sendung nicht noch einmal hören oder ein Schaubild "festhalten", um es besser zu verstehen[147]. Diese "Flüchtigkeit der Information" sei es, die den Rundfunk zu einem Medium mache, über das der Rezipient nur in geringem Maße verfügen könne, dessen Wahrnehmung ihn aber in hohem Maße in Anspruch nehme[148]. Die Merkmale der Gleichzeitigkeit und der Flüchtigkeit seien es, die die besonderen Möglichkeiten und Gefahren des Rundfunks ausmachten[149].

(aa) Telefonansagedienste
Das Kriterium der "Flüchtigkeit" wird von den Vertretern dieser Ansicht bei den schon mehrmals erwähnten Telefonansagediensten als entscheidend angesehen. Da hier die Information auf einem Endlos-Tonträger aufgenommen vorliege, werde diese Information ständig wiederholt und sei für den Teilnehmer jederzeit verfügbar. Er müsse nur die Wiederholungen abwarten. Es gehöre also zum Sendevorgang, daß

---

[145] Daß Abruf- und Bestelldienste dennoch unter den Schutz des Art. 5 I 2 GG zu stellen seien, vertritt jedoch das BVerfG in E 74, S. 297 ff. (350); in der Literatur vgl. etwa Herzog, in: Maunz/Dürig, Komm. z. GG, Art. 5 Abs 1, 2 Rn. 196.

[146] Klecatzky, S. 12; Lieb, S. 223 ff; Stammler, AfP 1975, S. 742, 750.

[147] Eigene Aufzeichnungen stehen außerhalb der Institution Rundfunk und spielen daher keine Rolle.

[148] So Lieb, S. 223 f.; Klecatzky, S. 12, der diesen Unterschied insbesondere im Hinblick auf die Presse herausstreicht.

[149] Stammler, AfP 1975, S. 742, 750.

der Teilnehmer die Tonbandaufzeichnung immer wieder abhören könne. Da dieses Phänomen der Tonbandaufzeichnung dem der Flüchtigkeit der Information entgegenstehe, könne der Telefonansagedienst nicht als Rundfunk bewertet werden[150].

(bb) Neue Medien
Es besteht bei den neuen Medien insbesondere auch bei Videotext die Möglichkeit, die Information auszudrucken. Aus diesem Umstand wird in der Literatur teilweise eine Verwandschaft von Videotext zu Presseerzeugnissen gefolgert[151]. Um diese Bereiche, Presse und Rundfunk, zu unterscheiden, wird daher das Kriterium der Flüchtigkeit zur Abgrenzung der neuen Medien vom Rundfunk als grundlegend angesehen. Diese, insbesondere Videotext, seien wegen der Möglichkeit des Ausdruckens nicht "flüchtig" und daher nicht als Rundfunk zu bewerten[152].

(b) Die "Flüchtigkeit" als nicht konstitutives Rundfunkelement
Der Überlegung, die Flüchtigkeit der Information sei für den Rundfunk wesentlich, ist folgendes entgegenzuhalten: Das Kriterium der Flüchtigkeit ist an dem traditionellen Rundfunkbild festgemacht. Dort gibt es gewöhnlich eine rasche nicht wiederholbare Informationsreihung. Allerdings ist es denkbar, daß eine Rede oder eine andere wichtige Information über Tage hin wiederholt ausgestrahlt wird. Obwohl der Eindruck nicht flüchtig wäre, darf einer solchen Sendung die Rundfunkeigenschaft nicht abzusprechen sein. Das gilt auch, wenn eine Information auf einem Endlos-Tonträger aufgenommen und somit - jedenfalls eine gewisse Zeit - abhörbar ist[153]. Es kann nämlich keinen Unterschied machen, ob das Band mit der Information immer wieder neu abgespult wird oder ob die Information in einer Schleife endlos ausgesendet wird. Das muß gleichermaßen für die Telefonansagedienste gelten, wie auch für die neuen Medien. Wenn man am Fernsehapparat mit einem Videotextdecoder Tafelbilder auswählt und beliebig lange festhalten kann, ändert das nichts an dessen Rundfunkeigenschaft. Darüber hinaus ist es nicht überzeugend, auf die technische Möglichkeit des Kopierens abzustellen, um das Medium "Videotext" in die Nähe von Presseerzeugnissen zu rücken. Bei diesem Vorgehen muß der Rezipient nämlich erneut tätig werden[154]. Ein Ausdruck des

---

[150] Stammler, AfP 1975, S. 742, 751; anders aber Herrmann, Fernsehen, S. 46; ders., RuF 1971, S. 267, 276, der den Telefondienst als Rundfunk einstuft; ebenso wohl auch Herzog, in: Maunz/Dürig, Komm. z. GG, Art. 5 Abs. 1, 2 Rn. 195; die insoweit von Schneider, FS. f. Carstens, S. 817, 823, geäußerte Kritik geht fehl, da er den Telefonansagedienst fälschlich schon das Kriterium "an die Allgemeinheit gerichtet" abspricht.

[151] Stammler, AfP 1975, S. 742, 750; ähnlich Klein, Hans H., Rundfunkfreiheit, S. 25, der behauptet, "funktional" sei die "Bildschirmzeitung" der auf Papier gedruckten Zeitung "eng verwandt", was jedoch nicht weiter begründet wird.

[152] So ausdrücklich Stammler, AfP 1975, S. 742, 750 f.

[153] So auch Herrmann, Fernsehen, S. 46; ders., RuF 1971, S. 267, 276; ebenso wohl auch Herzog, in: Maunz/Dürig, Komm. z. GG, Art. 5 Abs. 1, 2 Rn. 195.

[154] Scherer, Der Staat, Bd. 22, S. 447, 466.

Videotextes ist daher mit der Tonband- oder der Videoaufzeichnung vergleichbar, die die gesendete Information auch wiederholbar macht. Dieses erneute Tätigwerden des Rezipienten schließt aber hier wie dort die Rundfunkeigenschaft des ursprünglich "flüchtig" verbreiteten Inhalts nicht aus[155]. Daher wird man Telefonansagedienst und Videotext als Rundfunk einstufen müssen.

(3) Planmäßiger Programmcharakter
Während einzelne Autoren den Rundfunkbegriff weit fassen und jegliche fernmeldetechnische Übermittlung von Informationen an die Allgemeinheit in den Begriff einbeziehen[156], wird von anderen Autoren für einen Rundfunkbegriff zusätzlich verlangt, daß ein planmäßiges Programm vorliegen müsse[157]. Die herkömmlichen Medien seien dadurch charakterisiert, daß sie ein Programm anböten, das aus unterschiedlichen Arten von Informationen zusammengesetzt sei, um dadurch das Publikum möglichst lange am Empfangsgerät zu versammeln[158]. Mit dem Begriff "Programm" ist eine geplante und geordnete Folge von Aussagen gemeint[159]. Teilweise wird weiter verlangt, daß sie in zeitlicher Festlegung und periodisch wiederkehrend ausgestrahlt werden muß[160]. Die Bedeutung des Programms sei deshalb entscheidend, weil die Zusammenstellung einzelner Aussagen eine andere Tendenz und Wirkung entfalten könne, als die jeweilige Aussage für sich[161].

Von jenen, die dieses Kriterium für die Begriffsbestimmung des Rundfunks für notwendig erachten, wird es in erster Linie verwandt, um einmalige Übertragungen vom Rundfunkbegriff auszuschließen[162]. Es wird gefolgert, daß insbesondere die von Amateurfunkern verbreiteten Informationen deshalb nicht als Rundfunk einzuordnen seien, weil ihnen die "Universalität und Periodizität" fehlten[163]. Und auch die Übertragung von Partei- und Sportveranstaltungen in entfernt liegende Räume mit Eidophor-Projektionswänden sei mangels Periodizität nicht als Rundfunk zu werten. Schließlich wird dieses Kriterium angeführt, um Lautsprecherdurchsagen bei Rosenmontagszügen und den Einsatz von Megaphonen bei Demonstrationen vom Rundfunkbegriff auszuschließen.

---

[155] So auch Stammler, AfP 1975, S. 742, 750.
[156] Vgl. Scherer, Telekommunikationsrecht, S. 600 ff.
[157] Bullinger, NJW 1984, S. 385, 388; Herrmann, Fernsehen, S. 28; ders., RuF 1971, S. 267, 271; ders., Rundfunkrecht, S. 12; Krause, Zuständigkeit, S. 33; Schwandt, DÖV 1972, S. 693, 695; Geiger, H, S. 38; OVG Münster, DÖV 1978, S. 519 (520); ähnlich auch Scheuner, Grundrecht, S. 48; Klecatzky, S. 12, der auf die zeitliche Gebundenheit des Rundfunks Bezug nimmt.
[158] Bullinger, NJW 1984, S. 385, 387.
[159] Lieb, S. 174 mwN.; Herrmann, Fernsehen, S. 28.
[160] Lieb, S. 174 mwN.; Schwandt, DÖV 1972, S. 693, 695; OVG Münster, DÖV 1978, S. 519 (520).
[161] Herrmann, Fernsehen, S. 28.
[162] Vgl. Lieb, S. 175; Herrmann, Fernsehen, S. 32.
[163] So Herrmann, Fernsehen, S. 32.

Es stellt sich die Frage, ob dieses Kriterium überhaupt notwendig ist. Derlei Veranstaltungen sind nämlich schon vom Rundfunkbegriff ausgeschlossen, weil sie sich nicht an die Allgemeinheit richten. Sowohl die Vorträge als auch die Reden und Megaphondurchsagen richten sich nämlich eben *nicht* an die Allgemeinheit, sondern nur an die kleine Gruppe anwesender Zuhörer. Und auch die Aussagen des Amateurfunkers sind gewöhnlich nicht an die Allgemeinheit, sondern an einen anderen Amateurfunker gerichtet. Auch erfüllen sie nicht das Merkmal der Einseitigkeit. Unabhängig von diesen Überlegungen, gibt es noch weitere Einwendungen. Diese richten sich gegen den Begriff der "Regelmäßigkeit" der Sendungen[164]. So würde ein Sender, der nur eine einzige Sendung übertrüge, über kein Programm verfügen. Aber auch Veranstaltungen, deren Inhalt zufällig oder zumindest kurzfristig bestimmt würden, verfügten über kein Programm und wären danach nicht als Rundfunk zu bezeichnen.

Man wird das Kriterium "Programm" aus der Erfahrung mit den öffentlich-rechtlichen Rundfunkanstalten herleiten können. Es ist jedoch überflüssig. Dieser Einschätzung stimmt auch das Bundesverfassungsgericht zu[165]. Im baden-württembergischen Landesmediengesetz wird zwischen Rundfunk und rundfunkähnlichen Diensten unterschieden. Zu letzteren wurde Videotext gerechnet, dessen Zulassung nur aufgrund einer besonderen rechtlichen Grundlage möglich sein sollte[166]. Eine Verletzung der Rundfunkfreiheit schloß das Land Baden-Württemberg mit der Argumentation aus, daß diese gar nicht möglich sei, da es den Sendungen dieser Unternehmen an einem planmäßigen Programm ermangele, und es sich daher bei den Sendungen auch nicht um Rundfunk im Sinne des Grundgesetzes handele[167]. Demgegenüber wies das Bundesverfassungsgericht darauf hin, daß der in Art. 5 I S. 2 GG verwandte Rundfunkbegriff nicht in einer ein für allemal gültigen Definition gefaßt werden könne[168]. Daher dürfe man nicht von vornherein technische Möglichkeiten zur Weiterentwicklung des Rundfunks ausschließen[169]. Die Festlegung auf ein planmäßiges Programm wäre eine solche unzulässige Festlegung. Daher ist ein solches Krite-

---

[164] Vgl. Stammler, AfP 1975, S. 742, 750.
[165] BVerfGE 74, S. 297 ff. (350 ff.).
[166] § 1 III Nr. 1 iVm. § 45 II LMG Baden-Würtemberg.
[167] Vgl. BVerfGE 74, S. 297 ff. (312 f.).
[168] BVerfGE 74, S. 297 ff. (350 f.): Zur Gewährleistung freier, individueller und öffentlicher Meinungsbildung bedürfe es der Schutzwirkungen des Art. 5 I S. 2 GG auch bei den rundfunkähnlichen Kommunikationsdiensten.
[169] BVerfGE 74, S. 297 ff. (350). Bei dieser Entscheidung wurde deutlich, wie unklar noch die Begriffe und die einzelnen Techniken von einander zu trennen waren: So bezeichnete das Bundesverfassungsgericht das Regelungsobjekt des § 44 III LMG Baden-Württemberg als Bildschirmtext (also Abrufdienst) statt richtig als Videotext (also Zugriffsdienst).

rium zur Definition des Rundfunkbegriffs nicht heranzuziehen[170]. Dies hat zur Folge, daß Videotext dem Rundfunk zugerechnet werden muß[171].

(4) Verbreitungsweise
Mit den oben erläuterten inhaltlichen Kriterien ist die kulturrechtliche Seite des Rundfunks erfaßt, keineswegs aber eine vollständige Definition des kulturrechtlichen Rundfunkbegriffes erfolgt. Wie bereits eingangs erläutert, sind für das Phänomen Rundfunk sowohl die publizistische als auch die technische Seite maßgebend. Beide Aspekte sind eng miteinander verbunden[172]. Die in ihrer Wirkungsweise ähnlichen Massenmedien Presse und Rundfunk können durch das technische Kriterium ihrer Verbreitungsweise abgegrenzt werden. Rundfunk definiert sich auch daher, daß er sich der Fernmeldetechnik bedient. Dabei darf man das Kriterium der Fernmeldetechnik nicht so verstehen, daß Informationssignale in die Ferne gemeldet werden[173]. Es ist nämlich nicht einschätzbar, wann eine ausreichende Entfernung vorliegt, um das Merkmal der Ferne zu bejahen. Vielmehr ist dem Kriterium der Fernmeldetechnik genügt, wenn die Information auch über kürzeste Distanzen mit elektromagnetischen oder entsprechenden Wellen verbreitet wird[174]. So ist das Abspielen einer Videokassette schon aus diesem Grunde kein Rundfunk. Andererseits ändert das Ausdrucken von Informationen oder das Aufnehmen von Tonband- oder Videokassetten nichts an dem Umstand, daß die Informationen mit den Mitteln der Fernmeldetechnik verbreitet wurden. Allerdings ist darauf zu achten, den Rundfunkbegriff nicht starr an die gegenwärtigen technischen Möglichkeiten zu knüpfen. Vielmehr ist der Entwicklungsmöglichkeit Raum zu geben, so daß der Über-

---

[170] So auch Stammler, AfP 1975, S. 742, 750; dito Bethge, Grundlagen, S. 74, 95 ff., der deshalb für die Inkaufnahme von Unschärfen bei der Definition eintritt, weil der "Offenheit der Entwicklung Rechnung zu tragen" sei.

[171] So die ganz herrschende Meinung. Vgl. statt vieler: Tettinger, JZ 1984, S. 400, 406; Paptistella, DÖV 1978, S. 750, 752; Jarass, in: Jarass/Pieroth, GG-Komm. Art. 5 Rn. 29 (der auch den Bildschirmtext dem Rundfunkbegriff zuweist); Berg, AfP 1980, S. 75, 79; Fuhr, ZUM 1987, S. 145, 147; Scherer, Der Staat, Bd. 22, S. 362 ff.; Gornig, Äußerungsfreiheit, S. 560 mwN.; a.A.: Degenhart, in: Bonner Kommentar zum GG, Art. 5 I u. II Rn. 519; Stammler, AfP 1975, S. 742, 750; Klein, Hans H., Rundfunkfreiheit, S. 24.

[172] Vgl. Lieb, S. 30; Lerche, Rundfunkmonopol, S. 15; Scherer, Der Staat, Bd. 22, S. 347, 367.

[173] So aber Herrmann, Fernsehen, S. 33.

[174] Da Hörfunk und Fernsehen auf die gleiche Weise verbreitet werden, zählt somit auch das Fernsehen zum Bereich des Rundfunks. Dies wird etwa vom Bundesverfassungsgericht in E 12, S. 205 ff. (226), als selbstverständlich vorausgesetzt und auch im übrigen weder von Rechtsprechung noch Literatur in Zweifel gezogen; vgl. Degenhart, in: Bonner Kommentar zum GG, Art. 5, I u. II Rn. 508.)

tragungstechnik kein zu großes Gewicht beigemessen werden darf[175]. Daraus folgt auch, daß die Rundfunkeigenschaft einzelner Medien nicht deshalb abgelehnt werden darf, weil die Information, wie bei Btx, Home-page oder T-Online, über das Telefonnetz verbreitet wird. Auch diese Einrichtungen bedienen sich nämlich des Funks als Verbreitungsmittel.

4. Endgültige Definition des Rundfunkbegriffs
Bei dem Definitionsversuch des Begriffs Rundfunk zeigte sich die Gefahr, zu eng an dem herkömmlichen Rundfunkbild festzuhalten. Man kann den Rundfunk nicht mehr pauschal als das definieren, was durch Radio und Fernsehen verbreitet wird. Vielmehr wird man Rundfunk am ehesten verstehen als jede fernmeldetechnische Darbietung von Informationen, die für die Allgemeinheit bestimmt ist. Dabei beschreibt der Begriff der "Allgemeinheit" eine beliebige Öffentlichkeit, also eine Gruppe von Menschen, zwischen deren Mitgliedern keine schuldrechtlichen oder zweckorientierten Verbindungen bestehen. Für den Begriff der "Darbietung" ist entscheidend, daß der Informationsfluß einseitig erfolgt. Weiter gehört es zum Begriff des "Rundfunks", daß eine Mehrheit von Empfängern gleichzeitig mit gleichlautenden Informationen beliefert wird. Und schließlich kommen als technische Verbreitungsformen nur solche in Frage, die dem Bereich des Funks zuzurechnen sind. Zum einen sind daher die Telefonansagedienste, Pay-TV und auch Videotext als Rundfunk einzuordnen. Zum andern ist auch eine Differenzierung in Hörfunk und Fernsehen im Hinblick auf einen einheitlichen Rundfunkbegriff nicht möglich. Vielmehr gehören beide Erscheinungsformen zum Phänomen Rundfunk[176]. So wird der Begriff "Rundfunk" im wissenschaftlichen und internationalen Sprachgebrauch als übergeordneter Begriff für die beiden Formen dieses Massenkommunikationsmittels gebraucht. Die Probleme der beiden Bereiche sind nämlich rechtlich identisch[177]. Daß möglicherweise das Fernsehen publikumswirksamer ist, kann an dieser Einschätzung nichts ändern. Wenn im folgenden von einer Rundfunkkompetenz des Bundes die Rede ist, umfaßt dieser Begriff sowohl den Be-

---

[175] So führte das Bundesverfassungsgericht in der Entscheidung 74, S. 297 (350), aus: "Soll die Rundfunkfreiheit in einer sich wandelnden Zukunft ihre normierende Wirkung bewahren, dann kann es nicht angehen, nur an eine ältere Technik anzuknüpfen, den Schutz des Grundrechts nur auf diejenigen Sachverhalte zu beschränken, auf welche diese Technik bezogen ist und auf diese Weise die Gewährleistung in Bereichen obsolet zu machen, in denen sie ihre Funktion auch angesichts der neuen technischen Möglichkeiten durchaus erfüllen könnte."

[176] So schon BVerfGE 12, S. 205 ff. (226); 57, S. 295 ff.; ebenso: Stammler, ZUM 1988, S. 274, 281; Herrmann, Rundfunkrecht, S. 12; ders., Fernsehen, S. 49; Gornig, Äußerungsfreiheit, S. 176, 560; Schneider, FS. f. Carstens, S. 817, 821;

[177] Anders wohl Jarass, Gutachten, S. G 33, der eine grundsätzliche Bundeskompetenz des Bundes für den Deutschlandfunk annahm, allerdings eine Beteiligung an einer europäischen Fernsehanstalt durch Art. 73 Nr. 1 GG nicht getragen sah. Insoweit differenziert er rechtlich zwischen Hörfunk und Fernsehen. Ähnlich auch Kreile, S. 181, der einen Eingriff in Länderkompetenzen befürchtet, wenn der transnational angelegte Rundfunk als Satellitenfernsehfunk auch im Inland zu empfangen wäre.

reich von Hörfunk und Fernsehen als auch den von Telefonansagediensten, Pay-TV und Videotext.

B. Arten des Rundfunks

I. Grundsätzliches zu den Unterscheidungskriterien

Seitdem es möglich ist, durch die Verwendung von Kurzwellen für das Ausland Rundfunk zu veranstalten, unterschied man zwischen Auslands- und Inlandsrundfunk. Diese an der Verbreitungstechnik orientierte Unterscheidung ist mit der Entwicklung neuer Übertragungstechniken in dieser Form nicht mehr aufrechtzuerhalten. Vor der Entwicklung von Kabel- und Satellitenfunk wurde der Auslandsrundfunk dadurch charakterisiert, daß er über Kurzwelle im wesentlichen im Ausland zu empfangen war. Der über Mittel- oder Ultrakurzwelle verbreitete Inlandsrundfunk konnte demgegenüber hauptsächlich im Inland empfangen werden. Zwar bestand die Möglichkeit im grenznahen Ausland Inlandsrundfunk zu empfangen - wie man auch im Inland mit Hilfe von Weltempfängern Auslandsrundfunk hören konnte. Dabei handelte (und handelt) es sich aber um den unvermeidlichen "over spill" deutscher Sender, der an der grundsätzlichen Differenzierung nichts änderte. Zumindest im Inland hörte man nicht den schlecht zu empfangenden Kurzwellensender. Und jedenfalls im entfernter liegenden Ausland war der Inlandsrundfunk nicht zu empfangen. Mit Hilfe der neuen Techniken sind nunmehr beide Arten des Rundfunks im In- wie im Ausland gleichermaßen gut zu empfangen[178]. Daher scheint eine Differenzierung nach den Empfangsmöglichkeiten des Rundfunks nicht mehr sinnvoll. Neue Kriterien werden gesucht. So versucht etwa Bullinger[179], den Rundfunk nach seinen Funktionen in gebietsbezogenen Rundfunk, Expansionsrundfunk, gebietsneutralen Rundfunk und den elektromagnetischen Versandhandel zu unterscheiden. Diese Differenzierung kann jedoch nicht einfach übernommen werden. Nach der obigen Definition ist der elektromagnetische Versandhandel nämlich nicht als Rundfunk einzuordnen. Jedoch ist Bullinger insoweit zu folgen, als die möglichen Erscheinungsformen des Rundfunks danach zu unterscheiden sind, wer Rezipient sein soll[180]. Dieses Vorgehen ist aus mehreren Gründen sinnvoll. So ist die vom Bundesverfassungsgericht formulierte Rundfunkordnung auf Art. 5 GG gestützt und betrifft nur den nationalen Rundfunk. Weiter hat das Gericht schon im ersten Rundfunkurteil das Problem angesprochen, daß die Regelung des *ins Ausland gerichteten* Rundfunks möglicherweise einer Bundeskompetenz unterfällt. Diese Überlegungen sind auch mit Hilfe des Völkerrechts zu begründen: Jedem Einzelstaat kommt das Recht zu, die internen Rundfunkangelegenheiten zu regeln. Diese Zuständigkeit folgt aus dem Gedanken der Staatssouveränität, die das Recht der inneren Selbstgestaltung beinhaltet. Somit kann jeder einzelne Staat innerhalb seines Hoheitsgebietes staatliche und private

---

[178] Das gilt jedenfalls für jene Auslandssendungen, die für im europäischen Raum gelegene Staaten ausgestrahlt werden.
[179] Bullinger, AfP 1985, S. 257, 260 f.
[180] So auch Reinert, passim, insbesondere S. 27, 173, 239.

Rundfunkveranstalter zulassen, er kann selbst Rundfunksender errichten oder auch die Veranstaltung von Rundfunk allein durch Wirtschaftsunternehmen zulassen. Grundsätzlich steht dem einzelnen Staat jedoch nur soweit eine Regelungskompetenz zu, als er die zu regelnde Materie beherrschen kann. Für den Rundfunk stellt sich damit das Problem grenzüberschreitender Rundfunkwellen. Mit Grenzübertritt besteht nämlich die Gefahr, daß die Souveränitätsinteressen des Sendestaates mit denen des "Empfängerstaates" im Widerspruch stehen. Es ist daher grundsätzlich von zwei Rundfunkarten auszugehen: Rundfunk, der Staatsgrenzen übertritt und Rundfunk, der dies grundsätzlich nicht tut. Während zur ersten Gruppe der Großteil nicht drahtgebundener Rundfunkeinrichtungen zu zählen ist, gehören zur zweiten Gruppe zumindest die über Kabel verbreiteten Programme. Da sich Funkwellen ohne Rücksicht auf Staatsgrenzen nach allen Richtungen ausdehnen, übertritt fast jeder drahtlose Rundfunk zwangsläufig die Grenzen des Hoheitsgebietes, für das er zugelassen ist. Es liegt also in fast allen Fällen des drahtlosen Rundfunks ein "over spill" vor. Diesem Rundfunk kommt also regelmäßig außenpolitische Relevanz zu. Dies könnte zur Folge haben, daß es (fast) keinen "innerstaatlichen" Rundfunk mehr gäbe. Damit entfiele auch die Begründung für die nationale Rundfunkordnung. Es ist daher nicht überzeugend, auf die tatsächliche Empfangbarkeit eines Rundfunksenders abzustellen. Sinnvoller scheint es vielmehr zu sein, den schon erwähnten Gedanken der Finalität des Rundfunks als Abgrenzungskriterium in Betracht zu ziehen[181]. Wenn man den Rundfunk nach dem angestrebten Rezipientenkreis unterscheidet, wendet man wiederum jenes Kriterium an, das schon bei der Definition des Rundfunkbegriffes von wesentlicher Bedeutung war: Dort war zwischen Rundfunk und Funksonderdiensten unterschieden worden, weil der eine für die Allgemeinheit, der andere aber nur für einen bestimmten Rezipientenkreis bestimmt war. Auf die Empfangbarkeit der Sendungen kam es hingegen nicht an. Auch für die Differenzierung in Auslands- und Inlandsrundfunk ist dieser Gedanke der Finalität nutzbar zu machen. Die Finalität entscheidet, ob eine Sendung sich an die einheimische Bevölkerung wendet oder an die des Auslands. In dem einem Fall handelt es sich um Inlands-, in dem andern um Auslandsrundfunk[182]. Da Sendungen schließlich gleichermaßen für die einheimische wie auch für die ausländische Bevölkerung veranstaltet werden können, lassen sich also ingesamt drei je nach der Auslandsrelevanz gestaffelte Rundfunkarten unterscheiden.

---

[181] So weist Herrmann, Fernsehen, S. 272 Fn. 11, darauf hin, daß die *tatsächliche* Empfangbarkeit von für das Inland veranstalteten Rundfunks in den Grenzgebieten keine Kompetenzverlagerung zur Folge habe, wie auch eine geringe Streustrahlung im Inland einen ausschließlich *für das Ausland veranstalteten* Rundfunk nicht zu einem Inlandsrundfunk mache.

[182] Dies wird, wenn auch nicht ausdrücklich, so doch sinngemäß vom Bundesverfassungsgericht vertreten: In E. 12, S. 205 (241), wird von Rundfunksendungen gesprochen, die "für das Ausland oder für die Deutschen bestimmt sind, die außerhalb der Bundesrepublik Deutschland in deutschen Gebieten wohnen". Aus dem Begriff "bestimmt" ist aber eindeutig eine Finalität zu erkennen. Im Ergebnis ebenso Stammler, ZUM 1988, 274, 280 ff.; Reinert, S. 27 ff., 173 ff.

II. Der rein nationale Rundfunk

Ursprünglich ist jeder Rundfunk geprägt durch den Auftrag, das eigene Staatsvolk zu bilden, zu unterhalten und politisch oder gesellschaftlich zu informieren. Diese Rundfunkform dient ausschließlich der nationalen Versorgung. Der Empfang in angrenzenden Staaten ist ein (nicht gewollter) Nebeneffekt. Beispiel eines solchen Senders ist etwa das ZDF oder die Landesrundfunkanstalten. Dabei ist ein ungewollter "over spill" etwa beim WDR gegeben, der auch in den Grenzgebieten der Niederlande und Belgiens zu empfangen ist. Es entspricht dem aus der Staatssouveränität folgenden Selbstgestaltungsrecht des Sendestaates, für die in seinem Sendegebiet wohnenden Personen die Rundfunkversorgung nach eigenen Vorstellungen zu regeln. Die unvermeidbaren Überstrahlungen in fremde Hoheitsgebiete sind von diesem Recht umfaßt, da jeder Staat das Recht hat, auch die Bevölkerung in grenznahen Gebieten mit Rundfunk versorgen zu können[183]. Abgesehen von den sogenannten "Soldatensendern", deren Betrieb in den Bereich der Stationierungsvereinbarungen gehört, wurde die deutsche Rundfunklandschaft in erster Linie von diesem national ausgerichteten Rundfunk geprägt. Von dieser Differenzierung ist auch nicht wegen Kabel- und Satellitenfunk abzusehen. Diese Techniken bieten unerhoffte Möglichkeiten der Verbreitung. Während die konventionellen Sendetechniken nur ein Gebiet von etwa der Größe eines Bundeslandes bestrahlen können[184], ist nämlich das Empfangsgebiet direktstrahlender Satelliten um ein Vielfaches größer. Dennoch wird man einen Rundfunk weiter als rein national bezeichnen können, wenn er von rein nationaler Bedeutung ist und also für die eigene Bevölkerung veranstaltet wird. Unerheblich ist, mit welchen technischen Mitteln dies geschieht.

III. Der transnationale Rundfunk

Das klassische Gegenstück eines rein ins Inland gerichteten Rundfunks ist der über die Grenzen ausschließlich für Rezipienten im Ausland veranstaltete Rundfunk, der transnationale Rundfunk. Seine Veranstaltung ist nicht mehr vom völkerrechtlich anerkannten inneren Selbstgestaltungsrecht des Sendestaates getragen, da er keinen oder nur sehr geringen Einfluß auf die innerstaatliche Rundfunkstruktur des Sendestaates ausübt. Jedoch gibt es neben dem innerstaatlichen Selbstgestaltungsrecht ein daraus abgeleitetes äußeres Selbstgestaltungsrecht der Staaten[185]. Danach kann jeder Staat seine auswärtigen Beziehungen nach Belieben gestalten. Dabei darf aber nicht die Souveränität und das Selbstgestaltungsrecht anderer Staaten verletzt werden.

---

[183] Vgl.: Gornig, Äußerungsfreiheit, S. 411 Fn 3, der darauf hinweist, daß, würde den Staaten das Recht zukommen, dem Sendestaat den Durchgang von Radiowellen zu verbieten, dies das Ende jedes Sendebetriebes sein müßte. Funkwellen breiten sich nämlich ohne Rücksicht auf Staatsgrenzen nach allen Richtungen aus.

[184] Bei bundesweitsendenden Rundfunk, wie dem ZDF oder dem Deutschlandfunk bzw. dem Deutschlandradio, war somit entweder der Bund zuständig oder eine Koordinierung der Länder erforderlich.

[185] Berber, S. 181 - 183.

Der Ätherraum über einem Staat wird nicht zu dessen Staatsgebiet gerechnet. Während der Luftraum der territorialen Souveränität eines Staates untersteht, können die elektromagnetischen Wellen nicht beherrscht werden. Hoheitsrechte des einzelnen Staates wären auch nicht durchsetzbar[186]. Aus dieser Ätherfreiheit folgt notwendigerweise die Funksendefreiheit der Staaten. Jedem Staat steht das Recht zu, durch oder in das Gebiet eines anderen Staates zu senden. Der Empfängerstaat darf den Sendevorgang im Sendestaat nicht beeinflussen. Die Funksendefreiheit hat sich völkergewohnheitsrechtlich durchgesetzt und bindet alle Staaten der Erde[187]. Sie ist Ausdruck des *äußeren* Selbstgestaltungsrechts eines Staates. Da die Empfangsstaaten ihrerseits ein *inneres* Selbstgestaltungsrecht geltend machen können, ist ein reiner Propagandarundfunk, der sich in die inneren Angelegenheiten eines anderen Staates einmischt, nicht von diesem Recht umfaßt[188]. Die einander gegenüberstehenden Souveränitätsrechte des Sende- und des Empfängerstaates sind also zu berücksichtigen. Rechte des Sendestaates überwiegen dabei nicht die des Empfängerstaates. Dessen Interessen dürfen nämlich nicht zu Gunsten der Rechte des Sendestaates vernachlässigt werden. Ausschließlich transnationale Rundfunksendungen finden daher im Souveränitätsprinzip nur eine Stütze, wenn sie ein rein nationales Anliegen darstellen oder Ausdruck nationaler oder kultureller Selbstdarstellung des Sendestaates sind[189]. Transnationale Rundfunksendungen, deren Inhalte sich also etwa aus propagandistisch-ideologischen oder aus kommerziellen Gründen speziell mit Angelegenheiten des Empfängerstaates befassen, finden keine Stütze im Souveränitätsprinzip. Sie bedürfen einer zusätzlichen Grundlage auf der Ebene des Völkervertragsrechts. Beispiel eines transnationalen Rundfunks ist der Hör- und neuerdings auch der Fernsehfunk[190] der Deutschen Welle. Die seinerzeit[191] in Luxemburg veranstalteten und für die deutschen Rezipienten ausgestrahlten Radio- und Fernsehsendungen von RTL sind Beispiele für jene nicht mehr durch das äußere

---

[186] So auch Joeden, JfIR Bd. 3 (1954), S. 85, 96 f.; vgl. hierzu auch Gornig, EuGRZ 1988, S. 1, wonach eine Gebietshoheit im Äther nur dann anzunehmen ist, wenn der einzelne Staat in der Lage ist, seine Macht in diesem Raum effektiv und dauernd ausüben zu können. Das aber sei im Bereich des Rundfunks nicht der Fall, da Funkwellen nicht vernichtet, sondern nur verzerrt werden können.

[187] Vgl. Gornig, ZUM 1992, S. 174, 183 ff; ders. IHB 1994/95, D, S. 1, 6 f.; ders. EuGRZ 1988, S. 1, 2; ders., Äußerungsfreiheit, S. 411.

[188] Vgl. ausführlich dazu Gornig, EuGRZ 1988, S. 1 ff.; ders., Äußerungsfreiheit, S. 411 - 440.

[189] In welchem Fall ein transnationaler Rundfunk ein rein nationales Anliegen vertritt, und in welchem er sich in die inneren Angelegenheiten des Empfängerstaates einmischt, ist häufig umstritten. So klagten seinerzeit die sozialistischen Staaten darüber, daß die Sendungen der Deutschen Welle, von Radio Free Europe und Radio Liberty häufig Einmischungen in die inneren Angelegenheiten dieser Staaten bedeuteten. Vgl. dazu: Lendvai, S. 146 ff.

[190] Am 1. 4. 1991 kam es zum Zusammenschluß von der Deutschen Welle mit RIAS-TV, der der Deutschen Welle den Start von aktuellem Auslandsfernsehen ermöglichte.

[191] Nunmehr agiert die "RTL plus Deutsche Fernsehen GmbH & Co. KG" als deutsche juristische Person mit Sitz in Hannover von deutschem Boden aus. Anders nur noch der luxemburger Hörfunksender CLT (Compagnie Luxembourgoise de Telediffusion) mit Sitz in Luxemburg, der allerdings in Deutschland in Berlin den Sender 104,6 RTL betreibt.

Selbstgestaltungsrecht des Sendestaates gedeckte transnationalen Rundfunksendungen.

IV. Der multinationale Rundfunk

Bei dem multinationalen Rundfunk finden sich sowohl Elemente des transnationalen als auch des nationalen Rundfunks, so daß von einer "Mischform" gesprochen werden kann. Seine Zielrichtung geht zum einen an die eigene Bevölkerung, zum anderen wendet sich dieser Rundfunk gleichzeitig an Rezipienten anderer Staaten.

Während der nationale und der transnationale Rundfunk bisher den Rundfunkbereich umfassend beschrieben, wird angesichts des Zusammenwachsens Europas und angesichts der neuen Techniken mit ihren europaweiten Senderadien zunehmend der multinationale Rundfunk an Bedeutung gewinnen. Daß sich der nationale Rundfunk in Zukunft zu einem jedenfalls partiell multinationalen wandeln werde, wird für möglich gehalten[192]. Die europäische Integration und das sich entwickelnde Bewußtsein der "Regionen" werde zu einer Ausweitung des multinationalen Rundfunks führen[193]. Diese Überlegungen müssen aber auch hinsichtlich des rein transnationalen Rundfunks gelten. Es ist davon auszugehen, daß sich die reinen Auslandssender zu Gemeinschaftsprogrammen mehrerer (europäischer) Länder, wenn nicht gar zu einem Europa-Rundfunk, wandeln werden.

---

[192] Reinert, S. 246.
[193] Reinert, S. 246.

C. Gesetzgebungskompetenz des Bundes

Als Rundfunkkompetenz wird die Gesetzgebungs- und die Verwaltungskompetenz über das Rundfunkwesen verstanden. Gleichzeitig mit der Frage nach einer solchen Bundeskompetenz ist auch das Problem angesprochen, ob der Bund in internationalen Verträgen die Materie "Rundfunk" regeln und er diesen Bereich an eine supra-nationale Organisation, die EG bzw. EU, abtreten dürfe. Aus dem Grundgesetz ergibt sich, daß gewisse Abhängigkeiten zwischen den Zuständigkeitszuweisungen bestehen[1]. Im Zentrum dieser Abhängigkeiten steht die Gesetzgebungskompetenz.

I. Gesetzgebungskompetenz des Bundes im Bereich rein nationaler Rundfunkangelegenheiten.

Historisch beginnt jede Rundfunktätigkeit mit der Ausstrahlung von Sendungen an das eigene Volk. In der Bundesrepublik Deutschland gibt es den ersten Auslandsrundfunk erst seit dem 3. Mai 1953[2]. Ein Inlandsrundfunk existiert hingegen schon seit Ende des ersten Weltkriegs[3].

1. Gesetzgebungskompetenzen kraft ausdrücklicher Kompetenzzuweisung

Nach der in den Art. 30 GG und Art. 70 GG getroffenen Grundgesetzentscheidung fällt grundsätzlich jede Regelungsmaterie in die Gesetzgebungs- und Verwaltungskompetenz der Länder. Daher ist auch der einer Kompetenzzuordnung fähige Sachbereich[4] Rundfunk grundsätzlich der Kompetenz der Länder zuzuordnen. Es kann an dieser Stelle dahinstehen, welche positiven Gründe für eine Länderkompetenz in diesem Bereich sprechen[5]. Schon die Regelungen der Art. 30 GG und Art. 70 GG stellen klar, daß dem Bund nur dann Kompetenzen im Bereich

---

[1] So weist Art. 32 III den Ländern eine Abschlußkompetenz zu, "soweit die Länder zur Gesetzgebung zuständig sind". Und das Bundesverfassungsgericht (E 12, S. 205 ff. (229)) geht davon aus, daß die äußerste Grenze der Verwaltungskompetenz die Gesetzgebungskompetenz des Bundes sei.

[2] Am 3. Mai 1953 hob der damalige Bundespräsident Heuss die Deutsche Welle mit einer Ansprache aus der Taufe, in der er unter anderem sagte: "Die Deutsche Welle, durch die Arbeitsgemeinschaft der westdeutschen Rundfunkanstalten in mühsamen und pfleglichen technischen Vorarbeiten gesichert, geht in fünf Sendungen in alle Welt, zu allen Kontinenten", zit. nach Weirich, S. 111.

[3] Wenn also in Art. 5 I 2 GG der Begriff "Rundfunk" fällt, ist - jedenfalls ursprünglich - nur der Inlandsrundfunk gemeint.

[4] Vgl. dazu BVerfGE 12, S. 205 ff. (249).

[5] Lange Zeit wurde der Rundfunk als Einrichtung der Kultur oder zumindest als "auch kulturelles Phänomen" (so BVerfGE 12, S. 205 ff. (229)) bewertet. Man wird dies gewiß nicht als falsch bezeichnen können, jedoch wird man die Einordnung überzeugender vornehmen können, wenn man, wie heute mehr und mehr geschehen, den Rundfunk als Mittel der Publizistik dem Medienrecht zuordnet (so zuerst wohl Krause, Zuständigkeit, S. 91), das allerdings auch im weiten Rahmen der Kompetenz der Länder unterliegt.

des Rundfunkwesens zustehen können, wenn ihm diese ausdrücklich oder stillschweigend zugewiesen sind.

a. Bundesstaatliche Gesetzgebungskompetenz aus Art. 73 Nr. 7 GG

Als zentrale Norm einer Gesetzgebungskompetenz des Bundes stellt Art. 73 Nr. 7 GG die Telekommunikation unter die ausschließliche Gesetzgebungszuständigkeit des Bundes. Bis zum 3. September 1994 lautete die Norm:

"Der Bund hat die ausschließliche Gesetzgebung über das Post- und Fernmeldewesen".

Mit dem Gesetz zur Änderung des Grundgesetzes vom 30. August 1994[6] ist nunmehr eine Angleichung an den internationalen Sprachgebrauch vorgenommen worden. Nunmehr lautet die Vorschrift:

"Der Bund hat die ausschließliche Gesetzgebung über das Postwesen und die Telekommunikation".

Dieser neugefaßte Wortlaut des Art. 73 Nr. 7 GG beinhaltet jedoch keine materielle Änderung dieser Vorschrift[7]. Daher kann im folgenden auf die inhaltlichen Wertungen und Ansichten bezüglich des Begriffs "Fernmeldewesen" vorbehaltlos zurückgegriffen werden[8], um das Verhältnis zwischen Telekommunikation und Rundfunk zu beschreiben.

Es war umstritten, ob mit Art. 73 Nr. 7 GG auch das Rundfunkwesen erfaßt sein sollte[9]. So wurde zum Teil bis zum ersten Fernsehurteil dogmatisch eine umfassende Kompetenz des Bundes für das Rundfunkwesen aus Art. 73 Nr. 7 GG hergeleitet[10]. Auch Bundesinstitutionen waren von dieser Ansicht überzeugt[11]. Rundfunk und

---

[6] BGBl. 1994 I, S. 2245.

[7] Vgl. dazu Gramlich, NJW 1994, S. 2785, 2788.

[8] Bei der Darstellung von Meinungen, die vor der Gesetzesnovelle formuliert wurden, wird daher der Begriff "Fernmeldewesen" den synonymen der "Telekommunikation" ersetzen.

[9] Diese Problemstellung war in gleicher Form bereits zur Zeit der Weimarer Reichsverfassung virulent. Damals stand gemäß Art. 6 Nr.7 WRV dem Reich die Gesetzgebungszuständigkeit im Telegraphenwesen zu, das unbestritten das Funktelegraphenwesen, und damit in der heutigen Formulierung die Telekommunikation umfaßte.

[10] Vgl. etwa Peters, Rundfunkhoheit, insbesondere S. 13; ders., Zuständigkeit, S. 31; sowie die Gutachten von Lüders und Scheuner, Zuständigkeit; Schneider, Rundfunk und Spanner. Dagegen sprachen sich in ihren Gutachten aus: Krüger, Rundfunk; Mallmann, Rundfunkreform; Maunz, Gutachten und Ridder.

[11] So gab es im Innenministerium ein "Rundfunkdezernat", und auch im Bundestag existierte ein Ausschuß für das Rundfunkwesen.

Fernmeldewesen wurden als unteilbar bezeichnet[12]. Ausdrücklich konstatierte Peters[13], daß die technische wie auch organisatorische Seite des Rundfunks mit Entstehung des Phänomens Rundfunk bis zum Jahre 1945 mit der inhaltlichen, kulturellen Seite so eng verknüpft sei, daß eine Differenzierung faktisch unmöglich sei. Dieser historisch festgelegte Begriff sei auch nach 1945 nicht geändert worden. Aus dieser Einschätzung folgerten die Befürworter einer Bundeskompetenz, daß Art. 73 Nr. 7 GG dem Bund die Gesetzgebungskompetenz auch für den Rundfunk zuweise[14]. Hier liegt dasselbe Problem vor, das auch hinsichtlich der Definition des kulturrechtlichen Rundfunkbegriffs besteht: Die angebliche Unmöglichkeit, telekommunikationsrechtliche Aspekte von den kulturrechtlichen des Phänomens "Rundfunk" zu trennen.

aa. Gesetzgebungskompetenz aus Art. 73 Nr. 7 GG im Bereich konventionell-terrestrisch verbreiteter Rundfunksendungen

(1) Grundsätzlicher Definitionsansatz des Begriffs "Telekommunikation"
Ob sich aus Art. 73 Nr. 7 GG für den konventionell verbreiteten Rundfunk eine Kompetenz zugunsten des Bundes herleiten läßt, hängt von der Auslegung der Begriffsdefinition "Telekommunikation" ab[15]. Der Begriff der "Telekommunikation" ist mit dem früheren des Fernmeldewesens identisch[16]. Der Gesetzgeber wollte mit der Begriffsänderung den Text des Grundgesetzes lediglich an den internationalen Sprachgebrauch anpassen. Mit dieser Änderung sollte keine Zuständigkeit eingegrenzt oder eine neue begründet werden. Bei der Definition des Begriffes der Telekommunikation bzw. des Fernmeldewesens bestehen allerdings die gleichen Schwierigkeiten, wie bei der Definition des Begriffs Rundfunk. Auch das Phänomen "Fernmeldewesen" ist ein Lebensbereich, der durch ihn betreffende Erfahrungen inhaltlich bestimmt wird[17]. Traditionellerweise erfaßt das Fernmeldewesen: Telefon, Telegrammübermittlung sowie verschiedene Funkdienste. Das Fernmeldewesen bzw.

---

[12] So formuliert Peters, Rundfunkhoheit, S. 14: Es gibt nur den ungeteilten Rundfunk, und dieser gehört zum Begriff des "Fernmeldewesens".
[13] Peters, Zuständigkeit, S. 11 ff.
[14] Ausdrücklich: Peters, Zuständigkeit, S. 11; aber auch Huber, Wirtschaftsverwaltungsrecht, S 176 f.
[15] Auch an dieser Stelle ist nicht direkt auf § 1 des Fernmeldeanlagengesetzes einzugehen. Die feste Rangordnung von Verfassungsgesetz und einfachem Gesetz verbietet es, das Grundgesetz durch ein einfaches Gesetz auslegen zu wollen. Dies aber versucht Steinmetz, S. 5, 13, der aus der gesetzlichen Regelung des Fernmeldeanlagengesetz folgert, daß zur Zeit der Weimarer Republik jedenfalls die technische Seite des Rundfunks verfassungsgemäß zur Gesetzgebungszuständigkeit des Reiches gehörte). Im übrigen ist im Fernmeldeanlagengesetz nicht die Telekommunikation bzw. das Fernmelde*wesen*, sondern die Fernmelde*anlage* definiert. Die begriffliche Identität von Anlage und Wesen, also Institution, ist aber unmöglich.
[16] Gramlich, NJW 1994, 2786, 2788.
[17] Vgl. hierzu: Herrmann, Fernsehen, S. 262.

die Telekommunikation ist somit die Summe der Nutzungen elektromagnetischer Schwingungen mit und ohne Zuhilfenahme eines Drahtes[18]. Für eine Bundeszuständigkeit in diesen Fällen gibt es überzeugende Argumente: Da die drahtlos ausgestrahlten Wellen "keine Grenzen kennen", bestehen internationale Bezüge und ein Bedürfnis nach internationaler Regelung. Die Kompetenz zum Vertragsschluß ist dem Bund zugewiesen[19]. Daher scheint es sinnvoll, dem Bund auch im Landesinnern die Kompetenz zuzugestehen, damit er die geschlossenen Verträge dann im Bundesgebiet verbindlich regeln kann. Allerdings ist eine solche Kompetenzverteilung nur sinnvoll, zwingend ist sie nicht[20]. Ungeklärt bleibt jedoch bei diesem restriktiven Begriffsverständnis, ob zu dem Bereich des Fernmeldewesens auch der inhaltliche, also der kulturelle Bereich des Rundfunks zu zählen ist.

(2) Rundfunk und Fernmeldewesen - ein historischer Tatbestand

(a) Entwicklung des Rundfunks bis zum Jahre 1945

In Deutschland entwickelte sich der Rundfunk aus dem rein technischen Bereich des Fernmeldewesens[21], wobei dieser immer dem Gesamtstaat zur Regelung zugewiesen war. Schon im Kaiserreich war es Aufgabe des Reiches, Telegraphenanlagen für die Übermittlung von Nachrichten zu errichten und zu betreuen[22]. Diese Regelungen beruhten auf den Art. 4, 48 und 52 der Reichsverfassung[23] von 1871. Auch in der Weimarer Republik hatte das Reich die Gesetzgebungs- und Verwaltungskompetenz gemäß der Art. 6 Nr. 7 bzw. Art. 88 I WRV[24] inne. Jedoch zeichnete sich schon zu Beginn des Rundfunkwesens ab, daß für die Gestaltung des Programms andere Merkmale im Vordergrund standen als für den Funkbetrieb[25]. Da die publizistische Gestaltung des Rundfunks nicht als "Verkehrsaufgabe" aufgefaßt wurde, lehnte es die Post anfangs ab, sich um diesen Bereich zu kümmern[26]. Lediglich Hans Bredow, einem engagierten Beamten im Postministerium, ist es zu verdanken, daß die Reichspost

---

[18] Vgl. hierzu auch Steinbuch, insbesondere S. 170; in Anlehnung an BVerfGE 12 S. 205 ff. (226), Mangoldt/Klein, Art. 73 Anm. XIV.

[19] Die zu dieser Regelung geschlossenen Fernmeldeverträge, zuletzt Nairobi 1982, BGBl. 1985 II, S. 426 ff., die die Unterzeichnerstaaten verpflichten, in ihrem Bereich schädliche Störungen zu verhindern, sind vom Bund zu schließen.

[20] Vgl. Herrmann, Fernsehen, S. 262

[21] Vgl. Herrmann, Fernsehen, S. 263, der von einer Entwicklung aus dem "Schoße" des Fernmeldewesens spricht.

[22] Reichsgesetz vom 4. August 1892, RGBl. 1892, S. 467 ff.

[23] Text: RGBl. 1871, S. 64.

[24] Text: RGBl. 1919, S. 1383.

[25] Insoweit kann auch nicht von einem "Herauswachsen" des Rundfunks aus dem Fernmeldewesen gesprochen werden, so daß also auch nicht Peters, Rundfunkhoheit, S. 8, zugestimmt werden kann, der den Anschein erweckt, als sei dieses "Herauswachsen" erst in den Fünfziger Jahren festzustellen.

[26] Bredow, Ätherwellen, S. 171; ders., Vier Jahre, S.24.

die Pionierarbeit für den Aufbau eines entsprechenden Programmdienstes leistete[27]. Ministerialbedienstete des Reichspostministeriums veranstalteten mit ihren persönlich zusammengestellten Sonntagvormittagskonzerten aus Königswusterhausen die ersten Programme des deutschen Rundfunks[28]. Mit der technischen Entwicklung von Sende- und Empfangsanlagen, die einen an alle gerichteten Rundfunk möglich machten, begann die Diskussion darüber, wer den Inhalt der Sendungen bestimmen sollte. Am 24. Oktober 1923 hatte der Reichspostminister den bis dahin wegen der Nachkriegszeit verbotenen Rundfunkempfang frei gegeben. Diese Freigabe des Rundfunks führte dazu, daß am 29. Oktober 1923 die "Deutsche Stunde AG" den Rundfunkbetrieb mit einem regelmäßigen täglichen Rundfunkmusikprogramm in Deutschland eröffnete.

Auch wenn die Post die wesentlichen Entscheidungen hinsichtlich des Rundfunks und der Zulassung der Anbieter traf, war dabei keineswegs an einen vom Fernmeldewesen umfaßten Rundfunkbegriff gedacht[29]. So verstand etwa der Verantwortliche Bredow die Programmgestaltung als etwas vom Fernmeldewesen Verschiedenes, das in die Hände Privater gehörte, die musisch interessiert waren und genug organisatorische Erfahrungen in anderen Bereichen gesammelt hatten[30]. Der Grund, weshalb er selber weiterhin die Organisation in Händen hielt, bestand also nicht in der so verstandenen Ressortaufgabe[31], sondern in dem Verantwortungsgefühl eines einzelnen gegenüber dem Medium Rundfunk. Um die politische Neutralität des Rundfunks zu schützen und zu gewährleisten, bemühte sich Bredow, das Reichpostministerium stärker in die Entwicklung des Rundfunks einzubinden[32]. Ein Aufbau durch das Innenministerium bedeutete seiner Ansicht nach nämlich eine Politisierung des Rundfunks[33]. Es war also kein wie auch immer begründeter materieller Zusammenhang, der für die enge Verbindung zwischen Post (Fernmeldewesen) und Rundfunk verantwortlich war, sondern lediglich das Verhalten eines einzelnen. Bredow selbst weist darauf hin[34], daß er bewußt die Grenzen seiner Kompetenzen überschritt, um die Einflußnahme durch das Innenministerium zu verhindern. Der Hinweis auf das Fernmeldewesen war also nur ein Kunstgriff, um die Materie des Rundfunks zu regeln und Gefahren dieses Mediums entgegenzuwirken.

---

[27] Bredow, Ätherwellen, S. 213.
[28] Vgl. Goebel, ArchPF 1950, S. 353, 361.
[29] Vgl. Kämmerer, DÖV 1950, S. 432; .
[30] Bredow, Ätherwellen, S. 215.
[31] Bredow, Ätherwellen, S. 171.
[32] Vgl. Bausch, Weimar, S. 22 ff., der darauf hinweist, daß Bredows Bestreben durchaus als politisch zu werten sei, da von Seiten des RMI lediglich versucht wurde, den Rundfunk in der Weise zu politisieren, daß er genutzt werden konnte, um die Bevölkerung für die junge Republik einzunehmen; vgl. auch Böhmert, JfIR Bd. 7 (1957), S. 423, 424; Krause, Zuständigkeit, S. 78.
[33] Vgl. Bredow, Ätherwellen S. 241; Böhmert, JfIR Bd. 7 (1957), S. 423, 424 f.
[34] Vgl. die bei Pohle, S. 55 Anm. 64 zitierte Äußerung Bredows.

Schon zu diesem Zeitpunkt wurde in der Weimarer Republik von juristischer Seite die Forderung laut, die Verschiedenheit von Rundfunk- und Fernmeldewesen rechtlich zu beachten[35]. Neugebauer wies darauf hin, daß Rundfunkrecht und Funkrecht zwei ihrem Wesen nach völlig unterschiedliche Materien seien[36]. Er nahm dabei eine sehr genaue Differenzierung vor, die von einem dichotomischen Verhältnis von kulturrechtlichen (publizistischen) und technischen Rundfunkbegriff ausging[37].

Neben diesen sehr persönlichen Handlungsweisen und Begründungen der Verantwortlichen gibt es jedoch auch aus anderer Sicht Argumente, die dafür sprechen, Rundfunk und Fernmeldewesen als verschiedene Materien anzusehen. Gemäß Art. 6 Nr. 7 WRV kam dem Reich die Kompetenz im Bereich des Fernmeldewesens zu. Den Ländern war aber im Rundfunkwesen ein erhebliches Mitspracherecht zugestanden worden[38]. Die Reichspost hatte nämlich einen Kompromißvorschlag ausgearbeitet, der einen Ausgleich der Interessen von Reich, Ländern und Rundfunkgesellschaften herbeiführen sollte. Aufgrund dieses Kompromisses wurde am 15. Mai 1925 von fünf Regionalgesellschaften die Reichsrundfunkgesellschaft mbH gegründet, der nach und nach fast alle Rundfunkgesellschaften beitraten[39]. Von dieser Reichsrundfunkgesellschaft hatte die Reichspost die Mehrheit der Geschäftsanteile in der Hand. Die Landesregierungen hatten hingegen das Recht, "Kulturbeiräte" zu bestimmen, deren Entscheidungen von den Rundfunkanstalten bei "Darbietungen auf dem Gebiet von Kunst, Wissenschaft und Volksbildung" zu beachten waren. Auch hatten die Landesregierungen, wie das Reich, die Aufgabe, die Aufsichtsräte der Gesellschaften zu wählen. Dieser Umstand deutet darauf hin, daß auch auf Reichsebene Art. 6 Nr. 7 WRV nicht als (jedenfalls einzige) Grundlage für die Kompetenz im Rundfunkbereich angesehen wurde. Im übrigen darf nicht vergessen werden, daß die Weimarer Republik durch innenpolitische Unsicherheiten geprägt war. Diese bewogen die Verantwortlichen, eine Behandlung der Rundfunkfrage im Reichstag auf jeden Fall zu vermeiden[40]. Vielmehr versuchte man, sich "intern" zu einigen. Daher wurden die einem Rundfunkgesetz entsprechende Regelung über Organisation und Programmgestaltung nicht durch Gesetz, sondern als "Bedingung"[41] für die Genehmigung der Benutzung von Fernmeldeanlagen formuliert. Die aus der Fernmeldekompetenz abgeleitete Regelungskompetenz für das Rundfunkwesen bedeutete demnach nichts anderes als

---

[35] Vgl. hierzu Leiling, S. 19 ff.
[36] Neugebauer, EE, 43 (1926), S. 32, 43.
[37] Neugebauer, EE, 52 (1932), S. 305.
[38] Vgl. Bausch, Weimar, S. 142 mwN.; Böhmert, JfIR Bd. 7 (1957), S. 423, 426; Bredow, Vier Jahre, S. 29.
[39] Als einzige Gesellschaft trat nur die Deutsche-Stunde-in-Bayern-GmbH nicht der Reichsrundfunkgesellschaft bei.
[40] Bausch, Weimar, S. 57; Böhmert, JfIR Bd. 7 (1957), S. 423, 426.
[41] So Krause, Zuständigkeit, S. 80.

die wissentliche Umgehung eines Gesetzes[42]. Es war eine "Fiktion ohne rechtlichen Gehalt"[43]. Daran änderte auch die im Jahre 1932 durchgeführte Rundfunkreform nichts[44]. Vielmehr macht diese Reform deutlich, wie weit sich das Rundfunkwesen vom Fernmeldewesen gelöst hatte: Die mit dieser Novellierung verbundene offizielle Übertragung der Zuständigkeit für einen wesentlichen Teil des Rundfunkbetriebs auf das Innenministerium bedeutet nämlich, daß das Rundfunkwesen endgültig als Teil der Materie der Publizistik anerkannt und rechtlich bewertet wurde. Daß dabei noch einzelne Sachbereiche dem Postministerium zugewiesen blieben, erscheint insofern von untergeordneter Bedeutung, als dies nur Ergebnis politischen Taktierens war, also des Versuchs, zu praktikablen Kompromißlösungen zu gelangen[45].

Die Machtergreifung der Nationalsozialisten veränderte auch das Rundfunkwesen entscheidend: Die nationalsozialistischen Rechtstheoretiker hatten eine Einordnung des Rundfunks unter den Begriff des "Fernmeldewesens" (und somit die Kompetenz des Reichspostministers) abgelehnt[46]. So war nach Friedrich List Rundfunk nicht bloßes Fernmeldemittel wie der Telegraphen- und Telefonverkehr, sondern einerseits Mittler und Träger kultureller Werte, andererseits Organ nationaler Repräsentation und Propaganda[47]. Durch die Verordnung vom 30. Juni 1933[48] wurden zusammen mit anderen kulturellen Bereichen das Rundfunkwesen, mit Ausnahme von Fernmelde- und Sendetechnik[49], auf das "Reichsministerium für Volksaufklärung und Propaganda" übertragen. Damit fand eine deutliche Trennung zwischen Fernmeldetechnik und Rundfunk statt. Spätestens mit dieser Regelung ist die Behauptung nicht mehr haltbar, Rundfunk sei Element des Fernmeldewesens und also der Telekommunikation.

---

[42] Bausch, Weimar, S. 48.
[43] Krause, Zuständigkeit, S. 80.
[44] Die vereinigten Ausschüsse des Reichsrates hatten am 27. Juli 1932 neue Leitsätze des Rundfunks beschlossen. Am 18. November 1932 waren den Landesregierungen neue Formulierungen für die Sitzungen der Gesellschaften zugeschickt worden. Danach wurden die gesamten Geschäftsanteile der Gesellschaften auf die öffentliche Hand übertragen, und zwar zu 49% auf die Länder und zu 51% auf das Reich. Auch die Stellung des Reichsinnenministeriums wurde gestärkt. War schon nach dem Kompromiß von 1925 zwischen Reich, Ländern und den Rundfunkgesellschaften geregelt, daß die Rundfunkgesellschaften für ihre Nachrichtensendungen nur das von der in der Hand des Reichsinnenministers liegenden Drahtloser Dienst AG gelieferte Material verwenden durften, so durfte der Innenminister auch noch einen Reichsrundfunkkommissar ernennen.
[45] Krause, Zuständigkeit, S. 80, weist darauf hin, daß diese Maßnahmen die rechtsbegriffliche Zuordnung nicht berühren sollten.
[46] Insbesondere List, AFR 7/8 (1934/35), S. 13, 19; aber auch Pridat-Guzatis, AFR 7/8 (1934/35) S. 242, 244 ff.
[47] List, AFR 7/8 (1934/35), S. 214, 216.
[48] RGBl. 1933 I, S. 449.
[49] Nr. 4 dieser Verordnung.

In dem ersten Fernsehurteil bedachte das Bundesverfassungsgericht die Entwicklung zwischen 1933 und 1945 mit nur vier Zeilen[50]. Diese Zeit wurde zum einen bei der Frage außer acht gelassen, ob der Fernmeldebegriff den Rundfunk umfasse, zum andern bei der Frage, ob der Rundfunkbetrieb als eine öffentliche Aufgabe zu werten sei[51]. Auch in der Literatur wurde die Ansicht vertreten, daß die Rechtsentwicklung während der nationalsozialistischen Herrschaft nicht berücksichtigt werden dürfe, da der damalige Zustand dem heutigen Verfassungsrecht widerspreche[52]. Dieser Argumentation ist jedoch nicht zu folgen[53]. Es handelt sich dabei nämlich nicht um die Anerkennung nationalsozialistischen Rechts, sondern um den rein tatsächlichen Vorgang einer Begriffsentwicklung[54]. Die Trennung des Rundfunkwesens vom Fernmeldewesen ist weder etwas spezifisch Nationalsozialistisches noch haftet dieser Trennung der Makel des Unrechtssystems an. Das Begriffsverständnis klärte sich, da sich gerade in dieser Zeit nach 1933 der Fernmeldebegriff von dem kulturrechtlichen Rundfunkbegriff trennte. Dieses Ergebnis wird auch hinsichtlich der Entwicklung des Fernsehens in jener Zeit bestätigt. Seit dem 22. 3. 1935 war die Veranstaltung von Fernsehsendungen möglich geworden. Diese Sendungen konnten zunächst in "Gemeinschaftsstuben" und einigen Privathaushalten empfangen werden. Durch "Führererlaß" vom 12. Juli 1935[55] war die Zuständigkeit für das Fernsehen dem Reichsminister für Luftfahrt übertragen worden. Dies geschah wegen der besonderen Bedeutung des Fernsehwesens für die Flugsicherung und den nationalen Luftschutz. Allerdings mußte das Luftfahrtministerium seine Kompetenz im Einvernehmen mit dem Reichspostministerium wahrnehmen. Durch einen weiteren "Führererlaß" vom 11. Dezember 1935 wurde diese Regelung dann dahingehend abgeändert, daß nun auch das "Reichsministerium für Volksaufklärung und Propaganda" gleichberechtigt in den Kreis der Zuständigen aufgenommen wurde. Somit war bis zum Jahre 1945 eine Trennung des technischen vom inhaltlichen Bereich des Rundfunkwesens vollzogen[56].

---

[50] BVerfGE 12, S. 205 ff. (210).
[51] BVerfGE 12, S. 205 ff. (236) bzw. (245).
[52] Peters, Rundfunkhoheit, S. 11 f.
[53] So auch Herrmann, Fernsehen, S. 264; Krause, Zuständigkeit, S. 85; ders., JZ 1962, S. 158, 160.
[54] Lademann, JfIR 8 (1959), S. 307, 315.
[55] RGBl. 1935 I, S. 1059.
[56] Insoweit irrt Kreile, S. 130, der es als unstreitig darstellt, daß bis zum Jahre 1945 der Rechtsbegriff des Fernmeldewesens den technischen, den organisatorischen und auch den kulturellen Aspekt umfaßt habe, wobei er sich auf Peters, Rundfunkhoheit, S. 14, bezieht. Demselben Irrtum unterliegt auch das Bundesverfassungsgericht (E 12, S. 205 (210)), das feststellte, daß es keinen allgemeinen Sprachgebrauch und kein allgemeines Begriffsverständnis gab, als 1948/49 das Grundgesetz entworfen und vom Parlamentarischen Rat beschlossen wurde.

(b) Entstehungsgeschichte des Art. 73 Nr. 7 GG und die Entwicklung bis heute

(aa) Entstehungsgeschichte des Art. 73 Nr. 7 GG
Nach der Niederlage Deutschlands im Zweiten Weltkrieg waren die Siegermächte bemüht, so rasch wie möglich das Rundfunkwesen in Deutschland wieder zu errichten[57]. Dabei schätzten sie die Rolle der Post für die Entwicklung des Rundfunks als nationalsozialistisches Führungsmittel falsch ein[58]. Sie glaubten, die Verbindung zwischen Rundfunk und Post hätte es Hitler erleichtert, den Rundfunk als willfähriges Manipulationsmittel zu mißbrauchen[59]. Man übersah, daß gerade die Reichspost den Rundfunk von allen politischen und privaten Interessengruppen fernzuhalten versucht hatte. Eine bestehende Verbindung zwischen Post und Rundfunk hätte der "Gleichschaltung" eher entgegengewirkt. Erst mit der Eingliederung des Rundfunks in das Innenministerium im Jahre 1932 hatte die Politisierung des Rundfunks begonnen. Infolge dieses Irrtums der Alliierten verlor die Post ihre bis dahin bestehende Zuständigkeit zum Betrieb der Rundfunkanlagen und hatte nur die Wahrnehmung "unwesentlicher Hilfsfunktionen" zur Aufgabe[60]. Gerade in der Zeit zwischen 1945 und 1949 wurde also durch die Politik der Alliierten die Verselbständigung des Rundfunkwesens von der Fernmeldeverwaltung weiter vorangetrieben[61]. Aus dieser Entwicklung folgte konsequent die Auffassung des Verfassungskonvents von Herrenchiemsee, wonach Rundfunkwesen und -technik nicht zum Fernmeldewesen gehörten[62].

Im Parlamentarischen Rat hatte hingegen der Abgeordnete Strauß geäußert, der Rundfunk falle unter den rechtlichen Begriff des Fernmeldewesens[63]. Diese Auffassung dürfte auch dem subjektiven Willen der Mehrheit im Parlamentarischen Rat entsprochen haben[64]. Man argumentierte, der Rundfunk sei ein so wesentliches Mittel zur politischen Willensbildung, daß er nicht den Ländern überlassen bleiben dürfe[65]. Ein entsprechender Beschluß erging jedoch nicht. Man befürchtete den Einspruch der westlichen Alliierten[66]. Vielmehr wollte man die Sache "offen

---

[57] Zuerst wurden die Sender als solche der Militärregierungen eingerichtet, ab Januar 1948 wirkten sie als öffentlich-rechtliche Rundfunkanstalten; vgl. dazu die Ausführungen bei Steinmetz, S. 5, 13 - 20.
[58] Vgl. Kämmerer, DÖV 1950, S. 432, 433.
[59] Vgl. Krause, Zuständigkeit, S. 85.
[60] Ipsen, Rundfunkgebühr, S. 22.
[61] Insoweit ist dem Bundesverfassungsgericht (E 12, S. 205 ff. (236)) zu widersprechen, das der Entwicklung des Rundfunks in den Nachkriegsjahren keine klärende Funktion bei der Frage, ob das Fernmeldewesen den Rundfunk mitumfasse, zugemessen hat.
[62] Bericht Herrenchiemsee, S. 253.
[63] So der Abgeordnete Dr. Strauß, zit. nach Lüders, Zuständigkeit, S. 46.
[64] Vgl. Lademann, JfIR, 8 (1959), S. 307, 317.
[65] So der Abgeordnete Dr. Menzel, zit. nach Lüders, Zuständigkeit, S. 44.
[66] Lüders, Zuständigkeit, S. 46.

lassen"[67]. Zwar war man sich der "Verschleierungstaktik"[68] bewußt, glaubte aber, indem man es bei der Formulierung "das Post- und Fernmeldewesen" beließ, die weitere Regelung dem Bundesgesetzgeber überlassen zu können[69]. Auch wenn die Auffassung, dem Bund die Kompetenz für den Rundfunk zuzuweisen, nicht unbestritten war[70], soll sich die Mehrheit dennoch der Argumentation des Abgeordneten Strauß angeschlossen haben[71]. Man wollte aus taktischen Gesichtspunkten, um die Militärregierung im Unklaren zu lassen, keine ausdrückliche Regelung treffen. Nur stillschweigend behielt man sich vor, das Rundfunkwesen vom Fernmeldewesen als mitumfaßt anzusehen[72]. Ein solcher Vorbehalt hat jedoch keine rechtliche Wirkung. Um allgemeine Verbindlichkeit zu erlangen, hätte jener Wille im Gesetzestext objektiv zum Ausdruck kommen müssen[73]. Auch die Änderung eines rechtlichen Begriffs kann vom Gesetzgeber nur durch eine Legaldefinition erreicht werden. Da das nicht geschehen ist, ist unerheblich, wie sich die Mehrheit der Abgeordneten den Begriff inhaltlich wünschten. Ein Begriff läßt sich nur in der Weise verstehen, wie er historisch bedingt inhaltlich gewachsen ist. Auch durch das Inkrafttreten des Grundgesetzes hat sich demnach an der den Rundfunk ausschließenden Begrifflichkeit des Fernmeldewesens nichts geändert[74].

---

[67] So der Abgeordnete Dr. Strauß, zit. nach Lüders, Zuständigkeit, S. 47.
[68] So die Abgeordneten Dr. Menzel und Dr. Hoch, zit. nach Lüders, Zuständigkeit, S. 46.
[69] Vgl. Lüders, Zuständigkeit, S. 47.
[70] Kritisch insofern die Abgeordneten Dr. Kleindienst und Dr. Laforet, zit. nach Lüders, Zuständigkeit, S. 44 f.
[71] Vgl. Lüders, Zuständigkeit, S. 47.
[72] Daher kann nicht Kreile, S. 131, und Herrmann, Fernsehen, S. 264 f., gefolgt werden. Beide Autoren behaupten, daß es sich zwingend ergebe, daß mit Post- und Fernmeldewesen nicht der Rundfunk als Ganzes erfaßt werden sollte. Die Väter des Grundgesetzes seien sich nämlich im Laufe der Debatte darüber klar geworden, daß die Regelungen der inhaltlichen, also kulturellen Seite, also der Rundfunk, außerhalb des Fernmeldewesens stehen und somit Sache der Länder sein sollten. Auch wenn die Konsequenzen dieser Ansicht mit der hier vertretenen Meinung übereinstimmen, ist doch dieser These nicht zu folgen.
[73] So heißt es in der entsprechenden grundlegenden Entscheidung des Bundesverfassungsgerichtes (BVerfGE 1, S. 299 ff. (312)): "Maßgebend für die Auslegung einer Gesetzesvorschrift ist der in dieser zum Ausdruck kommende objektivierte Wille des Gesetzgebers, so wie er sich aus dem Wortlaut der Gesetzesbestimmung und dem Sinnzusammenhang ergibt, in den diese hineingestellt ist. Nicht entscheidend ist hingegen die subjektive Vorstellung der am Gesetzgebungsverfahren beteiligten Organe oder einzelner ihrer Mitglieder über die Bedeutung der Bestimmung."
[74] So auch Krause, Zuständigkeit, S. 86, der darauf hinweist, daß sogar die Bundesregierung von einer anderen Argumentation nicht überzeugt sein könne, da andernfalls das Bundesrundfunkgesetz nicht im Bundesinnenministerium, sondern im Bundespostministerium hätte ausgearbeitet werden müssen; vgl. hierzu auch BVerfGE 12, S. 205 ff. (230).

(bb) Weitere Entwicklung bis heute

Die Politik des Parlamentarischen Rates führte nach Inkrafttreten des Grundgesetzes zu ständigen Auseinandersetzungen zwischen Bund und Ländern[75]. Am 18. März 1953 wurde aus der Mitte des Bundestages der Entwurf für ein Gesetz über die Wahrnehmung gemeinsamer Aufgaben auf dem Gebiet des Rundfunks eingebracht[76]. Danach sollte "Der Deutsche Rundfunk" als öffentlich-rechtliche Anstalt mit Sitz in Düsseldorf errichtet werden. Er sollte ein Fernseh- und Hörfunkprogramm für das Inland und einen "Deutschen Kurzwellendienst" für das Ausland betreiben. Dieser Entwurf, der auf verfassungsrechtliche Bedenken stieß[77], wurde noch durch Ablauf der Legislaturperiode hinfällig. In der darauf folgenden Zeit ging es der Bundesregierung vor allem darum, ein zweites bundesweites Fernsehprogramm zu schaffen, das neben dem bestehenden ARD-Fernsehen "Sprachrohr" der Regierung sein sollte. Diesen Wunsch begründete man damit, daß Teile der ARD-Sendungen nicht dem allgemeinen Lebensgefühl der bundesdeutschen Bevölkerung entsprächen[78]. Somit gab es vielerlei Versuche, das Rundfunkwesen von Regierungsseite neu zu regeln[79]. Am Ende steht der gescheiterte Versuch Adenauers, die "Fernseh GmbH" als Alternative zum ARD-Fernsehen zu gründen. Mit dem ersten Fernsehurteil stellte das Bundesverfassungsgericht schließlich fest, daß der Rundfunk nicht zum Fernmeldewesen zu rechnen sei[80].

(3) Der Begriff "Fernmeldewesen" unter systematischer, völkerrechtlicher und ordnungspolitischer Betrachtung

Auch eine systematische Auslegung läßt keine andere Interpretation des Begriffs der Telekommunikation bzw. des Fernmeldewesens zu. In Art. 5 GG werden Presse, Rundfunk und Film als die drei wichtigen Massenkommunikationsmittel, also als wesentliche Faktoren der allgemeinen Meinungsbildung, einheitlich betrachtet. Bei der Gesetzgebungszuständigkeit wird hingegen differenziert: Danach hat der Bund gemäß Art. 75 Nr. 2 GG nur hinsichtlich der Presse eine Rahmengesetzgebungskompetenz[81]. Der Bund soll also für den Rundfunk keine weitergehende

---

[75] Vgl. Gabriel-Bräutigam, Rundfunkkompetenz, S. 69.
[76] BT-Drucks. 1953, S. 4198.
[77] Vgl. die Stellungnahmen einzelner Verfassungsrechtler, zit. bei Fischer, Dokumente, S. 126 - 129.
[78] Vgl. Sebastian Haffner in der englischen Zeitung "The Observer" am 24. April 1960, zit. nach Bausch, Rundfunk, S. 404: "Ein linksradikaler Nonkonformismus, ...regierungsfeindlich, geringschätzig gegen das 'Wirtschaftswunder', national selbstkritisch bis zur Grenze des Antideutschen...... beherrscht vollkommen das Deutsche Fernsehen."
[79] Vgl. Bausch, Rundfunk, S. 305 - 428, der ausführlich über diese Versuche in den fünfziger Jahren berichtet.
[80] BVerfGE 12, S. 205 ff.
[81] Die bestehende Rahmengesetzgebungskompetenz des Bundes im Bereich des Filmwesens ist mit der am 15. November 1994 in Kraft getretenen Grundgesetznovelle (BGBl. 1994 I, S. 3146 f.) entfallen. Damit wurde wieder die aus der Kulturhoheit der Länder abgeleitete medienrechtliche Zuständigkeit der Länder gestärkt.

Kompetenz (nämlich über Art. 73 Nr. 7 GG) innehaben. Dort ist mit dem Begriff der "Telekommunikation" allein die Ordnung der überregionalen Verkehrswege gemeint[82]. Auch die früher vertretene These, der Begriff "Fernmeldewesen" sei durch völkerrechtliche Verträge inhaltlich bestimmt und umfasse daher das Rundfunkrecht[83], ist nicht überzeugend. Es ist schon fraglich, ob internationale Verträge zur Auslegung von Begriffen des Grundgesetzes tauglich sind. Selbst wenn man davon ausginge, verkennt diese Argumentation, daß internationale Fernmeldeverträge nur den fernmelderechtlichen Aspekt des Rundfunks betreffen[84]. Die Kompetenz zur gesetzlichen Ordnung der Telekommunikation weist dem Berechtigten auch nicht eine hoheitliche Verfügungsgewalt über die gesamte Materie zu[85]. Wie Herrmann überzeugend darstellt, folgt aus einer Kompetenzzuweisung für den Berechtigten nicht zugleich die Inhaberschaft über die Sache[86]: Art. 73 Nr. 7 GG ermächtige den Bund nur zu Gesetzen, die diesen Lebensbereich ordnen, er verstaatliche aber weder Funkwellen noch andere Elemente des Fernmeldewesens.

(4) Kompetenz des Bundes für die Telekommunikation (als Teilbereich des Rundfunks)
Als Ergebnis kann somit festgehalten werden: Rundfunk ist nicht vom Begriff der "Telekommunikation" in Art. 73 Nr. 7 GG umfaßt[87]. Es läßt sich aus dieser Norm keine Kompetenz des Bundes für das Rundfunkwesen herleiten[88]. Allerdings ergibt sich aus dem engen Zusammenspiel zwischen Telekommunikation und Rundfunkwesen eine gegenseitige Beeinflussung beider Bereiche[89]. Einzelne Teile des

---

[82] Ebenso: BVerfGE 12, S. 205 ff. (228).
[83] Haensel, NJW 1953, S. 365, 367 mwN.
[84] So auch Leiling, S. 35 ff., insbesondere S. 36.
[85] Vgl. Schneider, RuF 1955, S. 358, 359, der diese Überlegung andeutet, ihr aber im Ergebnis nicht folgt.
[86] Herrmann, Fernsehen, S. 267, der das Beispiel anführt, daß die Gesetzgebungskompetenz im Luftverkehr die Luftverkehrstransportmittel keinesfalls verstaatlicht.
[87] Der Gedanke, daß eine Gesetzgebungskompetenz hier aus der Verwaltungskompetenz herrühren könnte (etwa aus Art. 87 I GG a.F, der dem Bund ausdrücklich die Verwaltungskompetenz für die Bundespost zuordnet bzw. dem neuen Art. 87 f II S. 2 GG, wonach Hoheitsaufgaben im Bereich der Telekommunikation in bundeseigener Verwaltung ausgeführt werden), ist nicht weiter zu verfolgen. Da jedenfalls für die "Post" in Art. 87 I GG a.F. bzw. "Telekommunikation" in Art. 87 f II S. 2 GG derselbe Sachbereich gemeint ist, wie mit dem "Postwesen" und der "Telekommunikation" in Art. 73 Nr. 7 GG, ist ein Mehr an Kompetenzen über die Verwaltungskompetenz nicht begründbar; vgl. auch Lerche, in: Maunz/Dürig, Komm. z. GG, Art. 83 Rn. 31; BVerfGE 12, S. 205 ff. (229); 15 S. 1 ff. (16); 78, S. 374 ff. (386).
[88] Kritisch wohl nur noch Peters, Rechtslage, S. 5.
[89] Im Bereich des terrestrischen Rundfunks sind grundsätzlich die Zuständigkeitsbereiche klar zu trennen. Im Bereich des Satelliten- und Rundfunkwesens allerdings ist diese Eindeutigkeit bis heute nicht erreicht. Hier haben Entscheidungen der Post bzw. der Telekom im Rahmen der Telekommunikation unmittelbare Auswirkung auf das Rundfunkrecht.

"Gesamtfeldes"[90] Rundfunk sind nämlich zur Telekommunikation zu rechnen. Daraus folgert das Bundesverfassungsgericht, daß der Bund die Kompetenz für den "sendetechnischen Bereich des Rundfunks unter Ausschluß der Studiotechnik"[91] inne hat.

(a) Frequenzverwaltung des Bundes

Unter Art. 73 Nr. 7 GG fällt demnach die Kompetenz, Regelungen zu erlassen, die eine fernmelderechtliche Ordnung für die Übertragung von Fernseh- und Hörfunkwellen sichern. So war ausdrücklich schon im ersten Fernsehurteil formuliert. Dort heißt es[92]:

"Zum Fernmeldewesen iSv. Art. 73 Nr. 7 GG gehören die technischen Voraussetzungen, deren Regelung für einen geordneten Ablauf des Betriebs der Rundfunksender und des Empfangs ihrer Sendungen unerläßlich ist. Den Sendern müssen bestimmte Wellenbereiche zugeteilt werden, die auf die Frequenzen der anderen Sender abgestimmt sind. Um Überschneidungen und Störungen zu vermeiden, müssen Standort und Sendestärke der Sender nach funktechnischen Gesichtspunkten festgelegt werden. Die Einhaltung der Frequenzen und Sendestärken muß überwacht werden. Es muß Vorsorge getroffen werden, daß Ausstrahlung und Empfang der Sendungen nicht durch andere Fernmeldeanlagen und elektrische Einrichtungen gestört werden, und daß sie nicht ihrerseits den allgemeinen Funkverkehr stören. Entsprechendes gilt für Leitungen und Funkverkehr, durch die Ton- und Bildsignale vom Studio zum Sender übermittelt werden. Diese Dinge gehören zum Fernmeldewesen. Soweit sie einer gesetzlichen Normierung zugänglich sind, kann nur der Bund sie regeln."

Dem Bund soll also in diesem Bereich die bundesweite Regelungskompetenz zustehen, um so ein mögliches Chaos im Funkverkehr zu vermeiden[93]. Damit ist auch der Rundfunkbereich berührt[94]. Der Bund ist nämlich somit zuständig, technische Regelungen zu treffen, die für einen geordneten Ablauf der Veranstaltung und des Empfangs notwendig sind. In seinem Kompetenzbereich liegt also etwa die Regelung über die Zuteilung von Frequenzen, Maßnahmen zur Vermeidung von Störungen und Überwachung von Sendestärken. Damit gehört die Fernmeldeverwaltung auch nach

---

[90] Herrmann, Fernsehen, S. 266.
[91] So BVerfGE 12, S. 205 ff. (226).
[92] BVerfGE 12, S. 205 ff. (227 f.).
[93] Ausführlich hierzu: Herrmann, Fernsehen, S. 266 f., der dem Bund die Kompetenzen zubilligt, die zur Aufgabenerfüllung einer "Ätherpolizei" notwendig sind.
[94] BVerfGE, 12, S. 205 ff. (227 ff.), ebenso BayVerfGH, BayVBl. 1990, S. 620, 621.

den Postreformen der Jahre 1989[95] und 1994[96] zu den Aufgaben des entsprechenden Bundesministeriums[97] und ist nach allgemeiner Ansicht einer der Kernbereiche der Telekommunikation und damit unstrittig Sache des Bundes[98]. Allerdings muß der Bund bei der Wahrnehmung seiner Aufgabe den Grundsatz bundesfreundlichen Verhaltens wahren. Es gilt also die Verfassungspflicht der Bundestreue[99], die insbesondere die Kompetenzausübung betrifft. Sie begründet gegenüber Bund und Ländern zusätzliche Pflichten, die gleichzeitig konkrete Kompetenzbeschränkungen bedeuten können[100]. Eine Verletzung nimmt das Bundesverfassungsgericht insbesondere dann an, wenn Kompetenzen mißbraucht werden[101]. Es besteht daher eine Pflicht des Bundes, bei Regelungen, die auch die Interessen der Länder berühren, diese zuvor zu hören. Insbesondere ist es ausgeschlossen, die Länder vor vollendete Tatsachen zu stellen. Es wird eine Rücksichtnahme auf die Interessen der Länder gefordert. Allerdings greift die Pflicht zum bundesfreundlichen Verhalten auch zu gunsten des Bundes ein. Sein Zweck ist nämlich, daß kein Teil des Bundesstaates Schaden nimmt, weil der andere Teil Maßnahmen ausschließlich im eigenen Interesse trifft[102].

(b) Regelungskompetenz für Rundfunksendeanlagen

Dem Bund steht im Bereich der Frequenzverwaltung die Regelungskompetenz zu, um ein mögliches Chaos im Funkverkehr zu vermeiden. Das bedeutet jedoch nicht, daß er den Betrieb der Sendeanlagen für die Landesrundfunkanstalten regeln darf. Mit Inkrafttreten des Postneuordnungsgesetzes vom 14. September 1994[103] ist in § 1 II FAG ein Monopol der Telekom für die Errichtung und den Betrieb von Sendeanlagen festgelegt. Damit wird lediglich das zuvor dem Bund zustehende Monopol der Telekom überwiesen. Zwar war scheinbar schon mit der Streichung des Begriffes "ausschließlich" in § 1 I FAG durch das Poststrukturgesetz das zuvor für alle Fern-

---

[95] Nach Inkrafttreten des Poststrukturgesetzes vom 8. Juni 1989, BGBl. 1989 I, S. 1026, wurden am 1. Juli 1989 die betrieblich - unternehmerisch orientierten Aufgaben ausgegliedert, so daß nunmehr das neue Bundesministerium für Post und Telekommunikation allein die in diesem Zusammenhang entscheidenden hoheitlichen Aufgaben im Bereich des Post- und Fernmeldewesens wahrnimmt.

[96] Durch Gesetz vom 30. August 1994, BGBl. 1994 I, S. 2245, wurde nunmehr in Art. 87 I S. 1 GG der Begriff "Post" gestrichen und in einem neuen Art. 87 f GG nur noch einzelne wesentliche Aufgaben, wie die Frequenzverwaltung, dem Bund in obligatorischer unmittelbarer Bundesverwaltung belassen.

[97] Nunmehr Bundesministerium für Post und Telekommunikation, das ehemalige Bundespostministerium.

[98] So auch Papier, DÖV 1990, S. 217; Scherer, Frequenzverwaltung, S. 28 f.

[99] Dieser Grundsatz bundesfreundlichen Verhaltens wurde wohl zuerst von Smend, "Ungeschriebenes Verfassungsrecht im monarchischen Bundesstaat" entwickelt.

[100] BVerfGE 12, S. 205 ff. (254); 41, S. 291 ff. (308); 81, S. 310 ff. (337).

[101] BVerfGE 14, S. 197 ff. (215); 81, S. 310 ff. (337).

[102] BVerfGE 43, S. 291 ff. (348).

[103] BGBl. 1994 I, S. 2325, 2363 f.

meldeanlagen bestehende Monopol des Bundes für die Errichtung und den Betrieb von Fernmeldeanlagen aufgehoben. Es wurde aber erneut in § 1 II FAG a.f. normiert. Auch wenn nunmehr in § 1 II FAG vom "Auslaufen des Netzmonopols" die Rede ist[104], ändert das nichts daran, daß derartige Regelungen der Bundeskompetenz unterfallen.

Es erscheint bereits fraglich, ob die Festschreibung eines Monopols mit Art. 5 GG, der Rundfunkfreiheit, zu vereinbaren ist[105]. An dieser Stelle ist jedoch die dem vorgelagerte Frage zu klären, ob dem Bund *überhaupt* eine entsprechende Kompetenz zusteht, eine derartige Festschreibung zu regeln.
Im ersten Fernsehurteil hatte das Bundesverfassungsgericht erklärt[106]:

"Die Gesetzgebungskompetenz des Bundes für das Fernmeldewesen (Art. 73 Nr. 7 GG) läßt auch Regelungen zu, die dem Bund das ausschließliche Recht vorbehalten, Funkanlagen für Zwecke des Rundfunks zu errichten und zu betreiben."

Aus diesem Grund hatte das Gericht das in § 3 III NDR-Staatsvertrag normierte ausschließliche Recht der Anstalt, sendetechnische Anlagen für den Rundfunk zu betreiben, mit Art. 73 Nr. 7 GG für unvereinbar erklärt[107].

Es ist anerkannt, daß Rundfunkanstalten Träger des Grundrechts der Rundfunkfreiheit sind[108]. Grundsätzlich umfaßt der Schutz des Art. 5 I 2 GG sämtliche äußerungsrelevanten Aktivitäten der Rundfunkanstalt[109]. Unstrittig gilt das für die finanziellen Verhältnisse[110] oder die Wahl der Mitarbeiter[111]. Unklar ist aber, ob sich die Rundfunkanstalten auf das Grundrecht der Rundfunkfreiheit auch bezüglich der Entscheidung über den Betrieb von Sendeanlagen berufen können. Auch wenn das Senden ein rein technischer Akt ist, inhaltlich also erst einmal kein Eingriff in die Rundfunkautonomie der Rundfunkanstalt zu befürchten ist, muß bedacht werden, daß es für den Betreiber der Sendeanlagen jedenfalls mit der Nutzungsverweigerung eine Einflußmöglichkeit gibt. Daß die Verweigerung gerade in besonderen Gefahrensituationen erwogen werden kann, läßt die Möglichkeit als

---

[104] Insofern ist man von der offiziellen Begründung in BT-Drucks. XI/2854, wegen der Ungebundenheit der Funksignale und der damit verbundenen Störungsmöglichkeiten sei es notwendig, ein staatliches Monopol auf diesem Sektor beizubehalten, abgewichen.

[105] Insbesondere Hesse, A., Verfassungsmäßigkeit, S. 99 ff., 112, bestreitet dies. Und europarechtliche Vorgaben werden auch hier die Aufgabe des staatlichen Monopols zur Folge haben; vgl. dazu Gramlich, NJW 1994, S. 2785, 2786 f.

[106] BVerfGE 12, S. 205, LS. 4.

[107] BVerfGE 12, S. 205 ff. (207).

[108] Dazu BVerfGE 31, S. 314 ff. (322); 74, S. 297 ff. (317).

[109] BVerfGE 59, S. 231 ff.; 74, S. 297 ff. (317); 83, S. 238 ff. (310).

[110] Dazu BVerfGE 83, S. 238 ff. (310).

[111] Dazu BVerfGE 59, S. 231 ff.

besonders gefährlich erscheinen. Wer nämlich die Entscheidungsmacht über den Sender hat, hat auch die über den Rundfunk[112]. So wird argumentiert, Gesetze müßten auch in schwierigen, kritischen Situationen immer noch ein Funktionieren der Ordnung und also auch des Rundfunks gewährleisten[113]. Wegen seiner Monopolstellung könne das Bundesunternehmen Telekom - das nicht weit aus der staatlichen Bundesexekutive ausgegliedert ist[114] - faktisch darüber entscheiden, ob eine Sendung ausgestrahlt werde. Aus diesem Grund bestehe die Gefahr, daß in solch einer Situation "die die Sendeanlage betreibende (Bundes-) Institution eine 'Stromsperre', einen 'Streik', oder einen 'technischen Ausfall' vorgeben könne, um die Ausstrahlung einer mißliebigen Rundfunksendung zu verhindern"[115]. Ob eine Rundfunkanstalt die Sendeanlagen Dritter benutzt oder eigene betreibt, wird daher als Entscheidung eingestuft werden müssen, die in der Rundfunkorganisation fußt. Daß sich dabei die Aktivitäten der Sendeanstalt im Rahmen der ätherpolizeilichen Fernmeldeordnung zu halten haben, ergibt sich aus dem Grundsatz bundesfreundlichen Verhaltens. Die Normierung der Bestimmungen, über welche fernmeldetechnischen Wege die Rundfunkanstalt ihre Sendungen abstrahlt, gehört demnach zur Aufgabe des Muttergemeinwesens, also zu der des entsprechenden Landes bzw. der entsprechenden Länder. Aus diesem Grund kann Art. 73 Nr. 7 GG dem Bund also nicht die Kompetenz für derartige Regelungen geben. Damit handelten die Länder innerhalb ihrer Kompetenzen, als sie in § 33 RFStV von 1991 festlegten:

"Über die Zuordnung und Nutzung der Übertragungskapazitäten, die zur Verbreitung von Rundfunk dienen, entscheiden die Länder nach Maßgabe dieses Staatsvertrages und des jeweiligen Landesrechts."

Auch die entsprechenden Regelungen in den Landesrundfunkgesetzen[116], die vorschreiben, daß die öffentlich-rechtlichen Rundfunkanstalten die für die Verbreitung des Programms erforderlichen Anlagen des Hörfunks und des Fernsehens selbst zu errichten und zu betreiben haben, sind verfassungsgemäß innerhalb der Länderzuständigkeit ergangen. Entsprechendes gilt hinsichtlich der Regelungen, die das Betreiben von Sendeanlagen privater Anbieter betreffen[117]. Der Bund bleibt für die möglichst effiziente Nutzung entsprechender Frequenzen zuständig. Insbesondere ist es seine Aufgabe, möglichst viele Frequenzen nutzbar zu machen.

---

[112] Darauf weist hin: Herrmann, Rundfunkrecht, S. 190.
[113] Herrmann, Rundfunkrecht, S. 190.
[114] Vgl. hierzu die Regelungen hinsichtlich der Einflußmöglichkeiten des Bundesministers für Post und Telekommunikation, in §§ 13, 16 - 18 und schließlich § 25 PostVerfG.
[115] Herrmann, Rundfunkrecht, S. 191.
[116] Beispielsweise § 2 HR-G, § 2 S. 1 SFB-S, § 2 SDR-G oder § 3 II WDR-G.
[117] Zur Zeit betreiben die privaten Rundfunkunternehmen in der Bundesrepublik Deutschland keine eigenen Rundfunksender, sondern nutzen vielmehr die der Telekom. Herrmann, Fernsehen, S. 285 f. Fn. 16, weist darauf hin, daß die Länder ihre öffentlich-rechtlichen Anstalten dazu verpflichten können, mit ihren Sendeanlagen die Programme der privaten Rundfunkunternehmer fernmeldetechnisch zu verbreiten.

bb. Gesetzgebungskompetenz aus Art. 73 Nr. 7 GG im Bereich des Kabel- bzw. Satellitenwesens

Die Diskussion der letzten Jahre um die neuen Übertragungstechniken bezog sich in erster Linie auf die Probleme, die das Fernsehen[118] - und dort vor allem das private - betrafen. Hauptsächlich ging es dabei um die Frage, wie die Freiheitsrechte aus Art. 5 GG gewahrt werden können. Im Zusammenhang mit der vorliegenden Arbeit ist ein dem vorgelagertes Problem von Interesse, nämlich ob Bund oder Länder für die neuen Übertragungstechniken und ihren Einsatz die Gesetzgebungskompetenz inne haben. Das Bundesverfassungsgericht hatte im ersten Fernsehurteil[119] festgestellt, daß der Rundfunk nicht zum Fernmeldewesen gehöre, sondern dem Rundfunk diene[120]. Das Gericht begründete diese Einschätzung damit, daß der Rundfunk als Massenkommunikationsmittel eine herausragende kulturelle und politische Bedeutung habe. Demgegenüber habe das Fernmeldewesen seine in der Pionierzeit des Rundfunks möglicherweise überragende und prägende Rolle in Deutschland verloren[121]. Auch wenn die These der Prägung des Rundfunks durch das Fernmeldewesen schon für die Anfangszeit des Rundfunks nicht in dieser radikal formulierten Weise aufrechtzuhalten ist[122], könnte sie jedoch im Hinblick auf Kabel- und Satellitenrundfunk erneut und unter Umständen richtigerweise Geltung beanspruchen[123].

---

[118] Es wurde gezeigt, daß das Fernsehen ebenso zum Rundfunkwesen zu rechnen ist, wie der Hörfunk.

[119] BVerfGE 12, S. 205 ff.

[120] BVerfGE 12, S. 205 ff. (227), spricht von der dienenden Funktion der fernmeldetechnischen Einrichtungen gegenüber dem Rundfunk als Ganzes. Da diese Einrichtungen als Ausformung des gesamten Fernmeldewesens zu verstehen sind, ist die These des Gerichts wohl auf sämtliche Bereiche der Telekommunikation zu beziehen.

[121] BVerfGE 12, S. 205 ff. (227).

[122] Zwar stand der technische Gesichtspunkt bei der Entwicklung des Rundfunkwesens in Deutschland wie auch in den anderen Ländern im Vordergrund. Von Anfang an wurde aber klar erkannt, daß der Rundfunk etwas sachlich völlig anderes war als das gewöhnliche Fernmeldewesen.

[123] Entscheidend ist wieder die Auslegung des Art. 73 Nr. 7 GG. Zwar handelte die Post seinerzeit bei den entsprechenden Entscheidungen einzig auf Verwaltungsebene, aber auch hier gilt der Grundsatz, daß die ausdrückliche Gesetzgebungskompetenz der äußerste Rahmen der ausdrücklichen Verwaltungskompetenz ist. Die Post durfte also auf Verwaltungsebene nur insoweit handeln, wie dem Bund die Gesetzgebungskompetenz zustand. Demzufolge sind die Entscheidungen der Post an Art. 73 Nr. 7 GG zu messen.

(1) Die neuen Übertragungstechniken

(a) Die Kabeltechnik (Fernmeldesatelliten)

Ist von Kabelrundfunk die Rede, wird nur zu leicht übersehen, daß es sich auch im Falle des Kabelfunks um eine Form des Satellitenfunks handelt[124]. Bei den Satelliten ist zu unterscheiden zwischen Direktfunksatelliten, Fernmeldesatelliten und neuerdings den Medium-Power-Satelliten. Für den Kabelfunk sind in erster Linie die Fernmeldesatelliten von Bedeutung. Ursprünglich waren diese Satelliten für Richtfunkverbindungen der Fernmeldeverwaltungen gedacht. Sie sollten zwischen zwei Punkten Verbindungen herstellen. Das konnten zwei Ferngesprächteilnehmer sein, aber auch zwei Rundfunkanstalten, die gemeinsam ein Programm senden wollten. Wohl noch immer entscheidend ist, daß sich (bisher) die Signale grundsätzlich mit den im Handel erhältlichen Individualantennen nicht empfangen lassen[125]. Fernmeldesatelliten sind daher nur für die Übertragung von Rundfunkprogrammen zu den Kopfstationen von Breitbandkabelnetzen geeignet. Diesen Kopfstationen liefern die Fernmeldesatelliten Fernseh- und Hörfunkprogramme. Schon aus dem Umstand, daß die Fernmeldesatelliten - anders als die Rundfunksatelliten - in Frequenzbereichen senden, die nach den internationalen Frequenzabsprachen der Verwendung durch die Fernmeldeverwaltung zugeordnet sind, ist zu ersehen, daß es unerheblich ist, ob die Veranstalter an die "Allgemeinheit" senden wollen. Auch wenn die Inhalte der Sendungen letztendlich für die Allgemeinheit bestimmt sind, (was sie möglicherweise als Informationsquelle einem besonderem Schutz unterstellt), sind die Sendungen, bevor sie die Empfangseinrichtungen der Kabelnetzbetreiber erreichen, nicht als Rundfunk zu qualifizieren. Vielmehr entscheiden erst die Kabelnetzbetreiber, ob ein Programm in das Kabelnetz eingespeist wird und damit von der Allgemeinheit empfangen werden kann und zum Rundfunk wird.

---

[124] Der Begriff des "Satellitenfernsehens" ist insoweit ungenau.

[125] Allerdings werden die klaren Grenzen zwischen diesen beiden Formen verwischt: So weist Bullinger, AfP 1985, S. 257, 258, darauf hin, daß der Direktempfang von Fernmeldesatelliten derzeit schon mit besonders leistungsfähigen Individualantennen möglich sein soll, nämlich mit Parabolantennen von mindestens 1,80 m Durchmesser (herkömmliche Direktfunksatellitenantennen haben einen Durchmesser von nur 0,60 - 0,80 m.). Die Abstrahlungen von Fernmeldesatelliten sind daher nicht ortsüblich empfangbar und können daher im Breitbandkabelnetz nur mit Zustimmung des jeweiligen Landes weiterverbreitet werden. Allerdings sehen sich die Länder dem Verlangen des Bundes ausgesetzt, diese Weiterverbreitung grundsätzlich freizugeben. So hat die Bundespost zur Erreichung einer schnelleren Öffnung des Medienmarktes den Einzelempfang von Fernmeldesatelliten durch Allgemeinverfügung freigegeben. Vgl. die Verfügungen des Bundespostministers für das Post- und Fernmeldewesen Nr. 569/85, Amtsbl. BPM 1985, S. 1171; Nr. 519/87, Amtsbl. BPM 1987, S. 1286; Nr. 57/89, Amtsbl. BPM 1989, S. 222.

(b) Direkt strahlende Satelliten (Rundfunksatelliten)

Der herkömmlicherweise als Satellitenrundfunk bezeichnete Funk wird im Gegensatz zum Kabelrundfunk direkt an den Rezipienten ausgestrahlt und ist von diesem mit Hilfe einer Parabolantenne zu empfangen[126]. Dabei bestrahlt der Direktfunksatellit[127] ein Gebiet, das größer ist als die Bundesrepublik Deutschland[128]. Mit einer Wattleistung von zwischen 250 - 300 Watt werden die von irdischen Rundfunkstationen übermittelten programmtragenden Signale nach Verstärkung und Bündelung keulenartig zur Erde abgestrahlt. Dabei entsteht auf der Erde ein ellipsenförmiger Versorgungsbereich. Schon mit der Schlußakte der Weltfunkverwaltungskonferenz[129], die am 1. Januar 1979 in Kraft trat, waren die zur Ausstrahlung verwendeten Frequenzbereiche für den Rundfunkdienst - also für die Allgemeinheit - freigegeben worden. Da also Programme vom Satelliten direkt an die "Allgemeinheit" ausgestrahlt werden, handelt es sich bei ihnen schon von dem Moment der Ausstrahlung an um Rundfunk. Diese "Sendekeulen" können nicht auf das Bundesgebiet beschränkt oder gar in kleinere "Sendekeulen" aufgeteilt werden, um sie den einzelnen Bundesländern zuzuordnen. Vielmehr weitet sich das faktisch betroffene Gebiet der Satelliten in dem Maße aus, wie die Rezipienten leistungsfähigere Satellitenantennen gebrauchen. Das hat zur Folge, daß sich die Veranstalter von Satellitenrundfunkprogrammen in Deutschland - wie auch in den anderen Teilen Europas - auf ein europäisches Sendegebiet einstellen. Man hat sich den Satelliten also als im Weltraum[130] stationierte Sendeanlage vorzustellen, wobei allerdings das Sendegebiet um ein vielfaches größer ist als das des gewöhnlichen terrestrischen Rundfunks. Die Innovation besteht in dem Umstand, daß es bisher

---

[126] Vgl. hierzu: Buecking, ZUM 1985, 144, 145.

[127] Dieser Satellit wird auch häufig als TV-Satellit bezeichnet (so beispielsweise Buecking, ZUM 1985, S. 144 - 151) oder als Rundfunksatellit (so Jutzi, ZUM 1986, S. 21, 22 Fn. 4) mit dem Hinweis, daß nicht allein Fernsehprogramme, sondern auch Rundfunk mit diesen Satelliten verbreitet werden kann.

[128] Fernmelderechtlich haben die Direktfunksatelliten nach den internationalen Vereinbarungen als Versorgungsgebiet die gesamte Bundesrepublik Deutschland.

[129] Auf der weltweiten Funkverwaltungskonferenz von 1977 (World Administrative Radio Conference for Space Telecommunikations, WARC 1977) in Genf sind der Bundesrepublik Deutschland 5 Frequenzen zugewiesen worden. Das sind die Kanäle 2, 6, 10, 14 und 18 eines in der Orbitposition 19 Grad West stehenden Satelliten. Auf diesen Kanälen können je ein Fernsehprogramm bzw. 16 Stereo-Hörfunkprogramme ausgestrahlt werden. Diese Übereinkunft hat eine Geltungsdauer von 15 Jahren. Sie soll jedoch weiter gelten, solange nicht eine entsprechend autorisierte Konferenz eine andere Regelung verabschiedet. Bei der weltweiten Funkverwaltungskonferenz 1992 (Warc 1992) in Malaga/Torremolinos, ging es nunmehr um die Frequenzzuweisung für den digitalen Tonfunk über Satellit und den Kurzwellenrundfunk, der um 790 kHz erweitert ist. Auf dieser Konferenz wurden schließlich auch die Weichen für die Einführung des digitalen terrestrischen Tonrundfunks gestellt.

[130] Die Satelliten sind dabei 36000 km über dem Äquator stationiert, vgl. Buecking, UFITA 98 (1984), S. 31.

nicht möglich war, Programme für so große Gebiete auszustrahlen und dennoch eine gute Empfangsqualität zu gewährleisten[131].

(c) **Medium-Power-Satelliten**
Die technische Entwicklung führt zu einer Angleichung zwischen Rundfunk- und Fernmeldesatelliten. An ihre Stelle treten schon heute "Medium-Power-Satelliten". Das sind Fernmeldesatelliten mit einer etwas höheren Sendeleistung, die sowohl an den einzelnen Haushalt senden als auch die Programmverteilung an Kabelnetze übernehmen können. Mit dieser technischen Entwicklung müssen nun auch die Inhalte des Kabelrundfunks, bevor sie die Empfangsanlagen der Kabelbetreiber erreichen, als Rundfunk bewertet und geschützt werden.

(2) Bundesstaatliche Gesetzgebungskompetenz aus Art. 73 Nr. 7 GG hinsichtlich des Kabelrundfunks

(a) **Kompetenz zur Verkabelung des Bundesgebietes**

(aa) **Begründungsansätze der Post für die Kompetenz zur Verkabelung des Bundesgebietes**
Bei ihrer Entscheidung, die Bundesrepublik Deutschland zu verkabeln, berief sich die Post auf § 1 I 1 FAG. Danach hat der Bund das Recht zur Errichtung und Betrieb von Fernmeldeanlagen. Da Wirtschaftlichkeitserwägungen eine Rolle spielten, für deren Folgen nach der Verfassung die Post bzw. der Bund einzutreten haben, müsse die Post die Entscheidung treffen[132]. Der Post stehe nämlich gemäß Art. 73 Nr. 7 GG die sog. medienrechtliche Planungskompetenz zu. Da die Länder diese Kompetenz nicht für sich in Anspruch nehmen können, habe die Post prima facie deren Rechte nicht verletzt. In diesem Sinne ist auch das erste Fernsehurteil zu verstehen[133]. Für die Errichtung und den technischen Betrieb von Rundfunksendeanlagen ist nach Auffassung des Gerichts der Bund zuständig[134]. Da zu den Rundfunksendeanlagen auch die Kabelanlagen zählen[135], steht auch diesbezüglich dem Bund die medien-

---

[131] Eine entsprechende Reichweite war bisher nur über Lang-, Kurz- und Mittelwelle möglich, wobei die Programme nicht sehr publikumswirksam waren, da ihre Empfangsqualität mäßig bis schlecht war.

[132] Müller-Using, Neue Medien, S. 178, 181.

[133] Urteil von 28. September 1961, BVerfGE 12, S. 205 ff.

[134] BVerfGE 12, S. 205 ff. (248).

[135] Etwaige Zweifel darüber, ob dieser Grundsatz auch für das Kabel- (bzw. Satelliten-) wesen gilt, sind vom Bundesverfassungsgericht beseitigt. Zum Fernmeldewesen gehören danach neben den Fernmeldeanlagen iSd. § 1 I 1 FAG auch neuartige Übertragungstechniken, sofern die körperlose Übertragung von Nachrichten in der Weise erfolgt, daß diese am Empfangsort wiedergegeben werden (BVerfGE 46, S. 120 ff. (139 - 144)).

rechtliche Planungskompetenz zu. Er kann also sowohl Regelungen bezüglich dieser Anlagen normieren, als auch derartige Anlagen selbst errichten und betreiben.

Allerdings ist der Vorwurf erhoben worden, die Post präjudiziere medienrechtliche Entscheidungen der Länder[136]. Man berief sich dabei auf die vom Bundesverfassungsgericht festgestellte dienende Funktion des Fernmeldewesens. Aus dieser untergeordneten Funktion wurde der Vorrang landesrechtlicher Entscheidungen begründet. Diese müßten bei der Frage maßgebend sein, wie die zukünftige deutsche Rundfunklandschaft aussehen solle[137]. Mit der Entscheidung der Post, das Bundesgebiet zu verkabeln (bzw. direktstrahlende Fernmeldesatelliten anzumieten), sei aber dem privaten Rundfunk der Weg geebnet worden[138]. Diese Behauptung erklärt sich nicht allein damit, daß eine - jedenfalls wirtschaftliche - Notwendigkeit bestand, die verlegten Kabel auch mit Inhalt zu speisen[139]. Der Einsatz der neuen Techniken bedeutet vielmehr einen gewichtigen Schritt zur Beendigung des Mangels an Übertragungskapazitäten. Dieser "Frequenzmangel" hatte seinerzeit das staatliche Monopol für den Rundfunk gerechtfertigt erscheinen lassen[140]. Mit der Entscheidung für die Verkabelung der Bundesrepublik Deutschland hatte die Post dem Argument die Grundlage entzogen, ein Privatfunk sei schon aus technischen Gründen nicht möglich. Nunmehr bestand die Möglichkeit, daß eine große Zahl von Anbietern die Pluralität der Meinungen gewährleisten könnte. Dieser Vorwurf der Präjudizierung wurde von den Vertretern des Bundes zugegeben: Schon vor Jahren stellte der damalige Bundespostminister Gscheidle fest, daß die Post Einfluß im Medienbereich habe, da der Ausbau des Kommunikationsnetzes Fakten für die Medienpolitik schaffe[141]. Die Post hatte mit ihren Entscheidungen hinsichtlich der neuen Techniken die Länder in Zugzwang gebracht.

(bb) Verletzung des Grundsatzes länderfreundlichen Verhaltens
Kabelnetze sind Fernmeldeanlagen, so daß dem Bund die Regelungsbefugnis gemäß Art. 73 Nr. 7 GG darüber zusteht. Da jedoch die Interessen der Länder berührt sind, ist zu fragen, ob nicht der Bund zumindest den Grundsatz länderfreundlichen Verhaltens verletzt hat, als er seine Entscheidung ohne Hinzuziehung der Länder, bzw. gegen deren Willen traf. Dieses Problem folgt notwendig aus der Trennung in einen telekommunikationsrechtlichen und einen kulturrechtlichen Teil des Rundfunks. Es ist daher der deutschen Rundfunkordnung immanent. Solche Konflikte können

---

[136] Scherer, Media Perspektiven, 1985, S. 165 ff.; ders., DÖV 1984, S. 52 - 62:"Die Fernmeldeverwaltung (trat) erneut aus der ihr verfassungsrechtlich zugewiesenen Rolle heraus und schuf fernmeldepolitische und ökonomische Sachzwänge für die Medienpolitik."
[137] Ricker, Privatrundfunkgesetze, S. 10.
[138] So Bullinger, Kommunikationsfreiheit, S. 9.
[139] So aber Scherer, Media Perspektiven 1985, S. 165 ff.; ders., DÖV 1984, S. 52 - 61.
[140] BVerfGE 12, S. 205 ff. (261), wobei das Gericht jedoch auch den außergewöhnlich großen finanziellen Aufwand als Argument genannt hatte.
[141] Gscheidle, Jb DBP 1980, S. 9, 37.

vermieden werden, wenn Bund und Länder zusammenarbeiten[142], wenn also der Grundsatz der Bundestreue in den Vordergrund der jeweiligen Entscheidungsfindung tritt. Wenn Bund bzw. Ländern unterschiedliche Bereiche eines einheitlichen Lebenssachverhaltes regeln müssen, ist zweierlei zu beachten: Zum einen dürfen Bund bzw. Länder keine Regelungen treffen, die nur in ihrem eigenen Interesse (also denen der Länder oder denen des Bundes) liegen. Zum andern darf der Umstand, daß zum Teil der Bund, zum Teil die Länder zuständig sind, nicht dazu führen, daß die jeweiligen Kompetenzen nicht wahrgenommen werden können[143]. Die durch die Verknüpfung zwischen den beiden Bereichen Rundfunk und Telekommunikation entstehenden Konflikte zwischen Bund und Ländern sind daher unter Heranziehung des Prinzips der Bundestreue zu lösen. Dieses Prinzip ist nur schwer faßbar und ebenso schwer zu gebrauchen und darf auch nur als Notlösung verstanden werden[144]. Dennoch stellt dieses Prinzip das einzige Verhaltensmuster dar, um Bereiche, die teilweise dem Kompetenzraum des Bundes und teilweise den Ländern zugewiesen sind, für alle zufriedenstellend zu regeln. Der Vorwurf der Präjudizierung bzw. der Verletzung der Bundestreue ist jedoch nur dann begründet, wenn die Länder eine andere als die vom Bund getroffene Entscheidung hätten treffen können. Von einer verfassungswidrigen Präjudizierung kann also nur dann gesprochen werden, wenn ein Mitwirkungsrecht der Länder bei der Entscheidung hinsichtlich der Verkabelung zu einem anderen als dem durch die Post getroffenen Ergebnis hätte führen können.

(cc) Verfassungsrechtliche Rechtfertigung
Die Frage, ob bei der Entscheidung über die Verkabelung der Bundesrepublik Deutschland die Post in die Kompetenzen der Länder eingriff, indem sie sich nicht an das Gebot der Bundestreue hielt, wird in der Literatur zum Teil verneint[145]: Art. 5 I 2 GG bedeute eine grundgesetzliche Verpflichtung des Staates und also auch des Bundes, Privatfernsehen zu ermöglichen. Er sei - nicht zuletzt durch das staatliche Fernmeldemonopol - als einziger in der Lage gewesen, zusätzliche Übertragungskapazitäten zu schaffen. Daher habe er sich dazu verpflichtet, alle Möglichkeiten wahrzunehmen, um diesem Auftrag zu genügen.
Der Rundfunk hat nach Meinung des Bundesverfassungsgerichts höchste Bedeutung für die Demokratie und öffentliche Meinungsbildung[146]. Dies war der Grund, weshalb zur Zeit knapper Kapazitäten zur Rundfunkübertragung die in Art. 5 I 2 GG

---

[142] BVerfGE 12, S. 205 ff. (249).
[143] BVerfGE 12, S. 205 ff. (255).
[144] Lerche, Fernmeldemonopol, S. 142, spricht von dem Prinzip als "Krücken" bzw. "Behelfslösungen"; ähnlich kritisch auch Gabriel-Bräutigam, Rundfunkkompetenz, S. 80; Verhältnis, S. 103, 115.
[145] Gabriel-Bräutigam, Verhältnis, S. 103, 115 ff.
[146] BVerfGE 12, S. 205 f. (260): "Der Rundfunk ist mehr als nur ein 'Medium' der öffentlichen Meinungsbildung; er ist eminenter 'Faktor' der öffentlichen Meinungsbildung." Ähnlich BVerfGE 57, S. 295 ff. (319), wonach der Rundfunk die Aufgabe der Gewährleistung freier, individueller, öffentlicher Meinungsbildung wahrnehme.

verankerte Rundfunkunternehmerfreiheit vollständig zurückgedrängt war[147]. Das ändert jedoch nichts daran, daß dieses Recht - als Auftrag - weiter bestand. Der Staat, der als einziger zur Verwirklichung des Grundrechts der Rundfunkunternehmerfreiheit beitragen kann, könnte also zu einem bestimmten Verhalten verpflichtet sein. Im Numerus-Clausus-Urteil heißt es, daß "aus der grundrechtlichen Wertentscheidung unter Inanspruchnahme des Ausbildungsmonopols ein objektiver sozialstaatlicher Verfassungsauftrag zur Bereitstellung ausreichender Ausbildungskapazitäten für die verschiedenen Studienrichtungen folgt"[148]. Wenn also der Staat ein rechtliches Monopol besitzt, ist er gehalten, alles zu tun, um die in der Verfassung gewährleisteten Rechte wahrnehmbar zu machen. Für den Bereich der Telekommunikation ergibt sich somit eine Verpflichtung von Bund *und* Ländern, innerhalb des finanziell und technisch Machbaren Sendemöglichkeiten so zu erweitern, daß das Grundrecht der Rundfunkunternehmerfreiheit so weit wie möglich verwirklicht werden kann. Es besteht also eine Gesamtverantwortung von Bund und Ländern, diese Möglichkeiten zu schaffen. Wenn der Bund die Techniken in Händen hält, die es den Bürgern ermöglichen, das Grundrecht aus Art. 5 I S. 1 und 2 GG wahrzunehmen, dann müssen die Länder dem zustimmen. Der Bund hat also seine Kompetenzen mit der Entscheidung für eine Verkabelung des Bundesgebietes nicht überschritten. Er hat nicht den Grundsatz länderfreundlichen Verhaltens verletzt.

(b) Kompetenz zur Einspeisung ins Kabelnetz
Seinerzeit erklärte Bundespostminister Schwarz-Schilling in einem Interview, die Post wolle die Programme in die Kabelanlagen einspeisen, die bereits "in der Luft" seien, wie die Dritten oder auch andere europäische Programme[149]. Dabei nahm der Postminister den Standpunkt ein, daß sämtliche Programme, die ohne weitere Übertragungstechniken, wie Satelliten, von der Post aus der Luft empfangen werden können, von ihr auch in das Kabelsystem eingespeist werden dürfen. Nur wo besondere Techniken zur Heranführung der Rundfunksendungen nötig seien, bestehe ein Regelungsbedarf[150], den die Länder wahrnehmen müßten. Es wurde also kein eigener Regelungsanspruch geltend gemacht, sondern lediglich das Bedürfnis nach einer Länderregelung bestritten.

---

[147] So formuliert BVerfGE 12, S. 205 ff. (261): "Es steht mit Art. 5 GG nicht in Widerspruch, wenn einer mit solchen Sicherungen ausgestatteten Institution unter den gegenwärtigen technischen Gegebenheiten ....ein Monopol für die Veranstaltung von Rundfunkdarbietungen eingeräumt wird." Ähnlich Herrmann, Rundfunkrecht, S. 185: Ein staatliches Rundfunkmonopol sei zu rechtfertigen, "wenn technisch nur wenige Übertragungsmöglichkeiten vorhanden sind, und ein Ausgleich nicht durch wirksame Koordination aller relevanten Interessen erreicht werden kann."
[148] BVerfGE 33, S. 303 ff. (333).
[149] Schwarz-Schilling, ZPT 1983, S. 12.
[150] Schwarz-Schilling, ZPT 1983, S. 12, 13.

Gegen diese Auffassung wandten sich die Ministerpräsidenten der Länder in dem Beschluß vom 20. Oktober 1983[151]. Sie stellten fest, daß das ausschließliche Recht zur Regelung der Einspeisung bei den Ländern liege. Dieser Einschätzung entspricht auch die Entscheidung des Bundesverfassungsgerichts im vierten Rundfunkurteil[152]: Danach haben die Länder über das "Ob" und "Wie" der Weiterverbreitung herangeführter Programme in Kabelanlagen zu entscheiden, müssen sich jedoch dabei koordinieren[153]. In der Tat bedarf es einer (landesgesetzlichen!) Regelung, welche Programme in das Kabelnetz der Telekom oder anderer Betreiber eingespeist werden dürfen. Bei durch Fernmeldesatelliten ausgestrahlten Programmen ergibt sich eine Regelungskompetenz der Länder nämlich schon daraus, daß es sich bei diesen Programmen um an die Allgemeinheit gerichtete Darbietungen handelt, wenn sie in das Kabelnetz eingespeist werden[154]. Die Einspeisung ist also als Rundfunkveranstaltung zu bewerten, deren Regelung den Bundesländern obliegt. Aber auch bezüglich der Programme, die von der Post "aus der Luft"[155] in das Kabelsystem eingespeist werden können, muß dies gelten: Bei diesen Funkwellen handelt es sich zwar schon zum Zeitpunkt vor der Einspeisung um Rundfunk, so daß man die Einspeisung solcher Programme nicht als eine weitere Rundfunkveranstaltung werten und einen Regelungsbedarf der Länder verneinen könnte[156]. In die Kabelnetze können aber nicht sämtliche vorhandenen Programme eingespeist werden. Vielmehr muß eine Auswahl erfolgen. Diese Auswahl muß jedoch nach festgelegten Kriterien erfolgen und ist ihrerseits als unmittelbar der Veranstaltung von Rundfunk zugeordnet. Die Normierung der Bewertungskriterien muß daher Aufgabe des Landesgesetzgebers sein.

(3) Bundesstaatliche Gesetzgebungskompetenz aus Art. 73 Nr. 7 GG hinsichtlich des Satellitenrundfunks

Auch Satelliten fallen unter den von Art. 73 Nr. 7 GG zu regelnden Bereich der Telekommunikation. Es handelt sich um Fernmeldeanlagen iSd. § 1 I 1 FAG[157], die im

---

[151] Abgedruckt bei Ring, Medienrecht, F III 1.6.

[152] 4. Rundfunkurteil des Bundesverfassungsgerichtes vom 4. November 1986, BVerfGE 73, S. 118 ff.

[153] BVerfGE 73, S. 118 ff. (199 ff).

[154] Im Ergebnis so auch Kreile, S. 140.

[155] Schwarz-Schilling, ZPF 1983, Nr. 8, S. 12.

[156] So noch der Beschluß der Ministerpräsidenten vom 4. Februar 1981 (abgedruckt bei Ring, Medienrecht, F III 1.4). Dort heißt es, daß es sich rundfunkrechtlich um keine neue Rundfunkveranstaltung handelt, wenn in der Luft vorhandene zum unmittelbaren Empfang durch die Allgemeinheit bestimmte Rundfunkprogramme inhaltlich unverändert, vollständig und zeitgleich in das Kabelnetz eingespeist werden.

[157] Vgl. dazu BVerfGE 46, S. 120 ff. Zum Fernmeldewesen gehören danach neben den Fernmeldeanlagen iSd. § 1 I 1 FAG auch neuartige Übertragungstechniken, sofern es sich um körperlose Übertragung von Nachrichten in der Weise handelt, daß diese am Empfangsort wiedergegeben werden (ebd. S. 139 - 144).

Weltraum stationiert sind[158]. Ihr Bestrahlungsgebiet ist ein ungleich größeres, als bei gewöhnlichen terrestrischen Sendeanlagen. Daher ergibt sich für den Satellitenfunk nichts anderes als beim Kabelfunk. Insbesondere war er bzw. die Bundespost berechtigt, entsprechende Satelliten anzumieten, um der Frequenzknappheit entgegenzuwirken. Der Bund hat also lediglich über die Beachtung der völkerrechtlichen Verpflichtungen, wie die ITU-Regulations[159] über die Positionierung von Satelliten im geostationären Orbit zu wachen und entsprechende Regelungen zu treffen. Dies gibt ihm jedoch keine neuen Rechte. Der Bund hat durch die neue Technik im Rahmen von Art. 73 Nr. 7 GG also keine Kompetenzen hinsichtlich des Rundfunkwesens erlangt.

cc. Ergebnis zu a.
Dem Bund stehen also nur in geringem Rahmen, und zwar hinsichtlich der Telekommunikation - also der Fernmeldetechnik - Regelungskompetenzen zu. Der Rahmen dieser Kompetenzen hat sich für den Bund nicht durch die neu einzusetzenden Techniken vergrößert. Zwar ist jene klassische Einteilung von (inhaltlicher) Rundfunkordnung auf der einen und Technik (Telekommunikation) auf der anderen Seite nicht immer eindeutig. Dieser Umstand führt aber nur dazu, daß Bund und Länder zu einer engeren Zusammenarbeit gezwungen sind. Er hat keine Anhäufung von Zuständigkeiten bei Art. 73 Nr. 7 GG zur Folge.

b. Bundesstaatliche Gesetzgebungskompetenz aus Art. 73 Nr. 1 GG (auswärtige Angelegenheiten)

aa. Bundesstaatliche Gesetzgebungskompetenz aus Art. 73 Nr. 1 GG hinsichtlich konventionell-verbreiteten Rundfunks
Da die Rundfunkwellen sich territorial nicht eingrenzen lassen, besteht als Folge des drahtlos gesendeten Rundfunks fast immer ein Auslandsbezug. Zwar wird in der Bundesrepublik Deutschland der Rundfunk im terrestrischen Bereich zumeist auf UKW mit einer geringen Sendestärke verbreitet, aber auch grenznahe Gebiete werden versorgt, so daß es dort zwangsläufig zu einem "over spill" kommt. Nach ganz h.M. begründet aber der reine Auslandsbezug einer Materie keine Bundeskompetenz nach Art. 73 Nr. 1 GG[160]. Das ist für den hier behandelten Fall des rein nationalen Rundfunks nachvollziehbar, da dieser einen Auslandsbezug nur aufgrund zufälliger Ereignisse erfährt, diese Komponente also nicht beabsichtigt ist.

---

[158] Etwa 36000 km oberhalb des Äquators; vgl. Bueckling, UFITA 98 (1984), S. 31, 32.
[159] Die ITU ist eine Sonderorganisation der UNO mit z. Zt. 165 Mitgliedern. Sie hat die Aufgabe, die für die drahtlose Übertragung infrage kommenden Frequenzen des Funkspektrums den einzelnen Staaten zuzuweisen. In dieser Funktion veranstaltete diese Organisation die Weltfunkverwaltungskonferenz von 1977, in der etwa die gezielte Sendung ins Ausland für unzulässig erklärt wurde. Vgl. ausführlich zu dieser Problematik Gornig, ZUM 1992, S. 174, 179 ff; ders. IHB 1994/95, D, S. 1, 3 ff.
[160] So auch BVerwG, NJW 1982, 194; v. Münch, in: v. Münch, Komm. z. GG, Art. 73 Rn. 6a.

Der Begriff der "auswärtigen Angelegenheiten" umfaßt die Bereiche, die sich aus der Stellung der Bundesrepublik Deutschland als Völkerrechtssubjekt zu anderen Staaten ergeben[161]. Zu diesen Beziehungen gehört auch das Verhältnis zwischen der Bundesrepublik Deutschland und den im Bundesgebiet stationierten ausländischen Streitkräften. Daher wurden auch die entsprechenden Stationierungsvereinbarungen, bei denen es sich um völkerrechtliche Verträge handelt, über Art. 73 Nr. 1 GG in bundesdeutsches Recht transformiert. Regelungen über die Veranstaltung von Rundfunk für diese Truppen sind Teil dieser Stationierungsvereinbarungen. Man wird also über Art. 73 Nr. 1 GG eine Bundeskompetenz für die Regelung der Rundfunkunternehmen bejahen müssen, deren Programme sich an die in Deutschland stationierten ausländischen Soldaten richten.

bb. Bundesstaatliche Gesetzgebungskompetenz gemäß Art. 73 Nr. 1 GG hinsichtlich der neuen Übertragungstechniken

Für den Satellitenfunk stellt sich das Problem des Auslandsbezugs radikaler als bei konventionell verbreitetem Rundfunk. Da hier der faktische Empfang grundsätzlich auch im Ausland möglich ist, das Sendegebiet also nicht nur Randzonen der Nachbarstaaten betrifft, könnte eine Bundeszuständigkeit angenommen werden. So argumentiert Bueckling, daß auch für den direktstrahlenden Satellitenfunk, der Inland gerichtet ist, aber auch ins Ausland abstrahlt, allein der Bund zuständig sei[162]. Er begründet dies unter anderem damit, daß der gemäß Art. 73 Nr. 1 GG für zwischenstaatlichen Probleme zuständige Bund seine völkerrechtlichen Verpflichtungen nicht gewissenhaft erfüllen könne, wenn jedes Bundesland eigene Kompetenzen in Anspruch nähme[163].

Dieser Auffassung ist nicht zu folgen. Der bloße Auslandsbezug begründet keine Bundeskompetenz. Für die Einschätzung einer Sendung als Inlands- oder Auslandsrundfunk ist nämlich die Finalität entscheidend. Daher ist die zusätzliche Empfangbarkeit außerhalb dieser Grenzen als "over spill" hinzunehmen, ohne daß dieses kompetenzrechtliche Folgen hat. Ein zwangsläufiger "over spill" gibt dem Rundfunk nicht ohne weiteres die Bedeutung einer auswärtigen Angelegenheit[164]. Dies gilt auch, weil fernmelderechtlich nur die Bundesrepublik Deutschland das Versorgungsgebiet der Direktfunksatelliten ist. Die Argumentation Buecklings kann daher nur für die Fälle gelten, in denen in erster Linie das Ausland Ziel des Rundfunks ist[165]. Der Unterschied zu dem konventionell verbreiteten Rundfunk ist demnach nur quantitativer Natur. Auch die Überweiten des konventionell terrestrisch

---

[161] BVerfGE 33, S. 52 ff. (60).
[162] Bueckling, ZUM 1985, S. 144 ff.
[163] Bueckling, ZUM 1985, S. 144, 150 f.
[164] So auch Bullinger, AfP 1985, S. 1, 8.
[165] Bullinger, AfP 1985, S. 1, 8, bezeichnet es als erwägenswert, daß eine Bundeskompetenz bestehen könnte, "wenn das Programm inhaltlich im wesentlichen für das europäische Ausland bestimmt wäre".

verbreiteten Rundfunks betreffen die Beziehungen zu den Nachbarstaaten[166]. Im übrigen sind auch die Länder durch zu innerstaatlichem Recht transformierten Verträge gebunden. Das gilt, wenn die Länder selbst die Verträge transformierten. Aber auch im Falle, daß der Bund "Transformator" ist, gilt dies, zumindest, wenn der Bund einen Vertrag durch ein Gesetz transformiert, für das ihm innerstaatlich die Gesetzgebungskompetenz zusteht. Ob es auch gilt, wenn der Bund im Bereich der Länderkompetenzen Verträge abschließt und diese möglicherweise selbst in innerstaatliches Recht transformiert, kann hier dahinstehen. Es bestehen nämlich keine Zweifel, daß dem Bund im Bereich der Telekommunikation die Gesetzgebungskompetenz zusteht. Einem nach Art. 59 II 1 GG transformierten Vertragsvölkerrecht kommt dabei der Rang einfacher Bundesgesetze zu[167]. An diese Gesetze sind Institutionen des Bundes und der Länder, aber auch Private gebunden. Eine Bundeskompetenz für den gesamten Satellitenfunk, wie sie sich nach Meinung Buecklings aus dem Umstand der Grenzüberschreitung notwendig ergibt, ist daraus nicht zu folgern.

c. Bundesstaatliche Gesetzgebungskompetenz aus Art. 75 Nr. 2 GG

Art. 5 I 2 GG behandelt die bekannten Massenmedien Presse, Rundfunk und Film. Wenn es dort heißt:

"Die Pressefreiheit und die Freiheit der Berichterstattung durch Rundfunk und Film werden gewährleistet",

liegt es nahe anzunehmen, diese Bereiche seien auch einheitlich, also entweder vom Bund oder den Ländern, zu regeln. Das Grundgesetz wies bis zum 15. November 1994 dem Bund in Art. 75 Nr. 2 GG für zwei dieser Medien eine Rahmenkompetenz zu: Film und Presse. Von Anfang an war der Rundfunk hier also nicht erwähnt. Daß dies nicht der Fall war (und ist), beruht nicht auf einem Versehen. Vielmehr wollte die Verfassunggebende Versammlung das Rundfunkwesen durch ein einfaches Gesetz regeln, um sich damit der Kontrolle der Alliierten zu entziehen. Im übrigen hätte der Wille des Gesetzgebers, daß außerdem dem Bund die Gesetzgebungskompetenz für den Bereich Rundfunk als Rahmengesetzgebungskompetenz zustehen sollte, in Art. 75 Nr. 2 GG objektiviert sein müssen. Zum einen fehlte es an diesem Willen, da die Verfassungsväter insgeheim davon ausgingen, daß dem Bund eine ausschließliche Gesetzgebungskompetenz über Art. 73 Nr. 7 GG zustünde[168]. Zum

---

[166] Vgl. hierzu den Artikel in der SZ vom 19./20. März 1994, S. 6, nach dem der polnische Rundfunkrat sich besorgt darüber äußerte, daß über 65 auf deutscher Seite auf Sendung gegangene Radiostationen die öffentlichen wie privaten Rundfunkstationen in den Grenz-Wojwodschaften (Amtsbezirken) Wroclaw (Breslau) und Zielona Gora (Grünberg) störten.
[167] Rojahn, in: v. Münch, Komm. z. GG, Art. 59 Rn. 43.
[168] Vielmehr ging wohl die überwiegende Meinung im Parlamentarischen Rat davon aus, daß es sich bei dem Rundfunkwesen um einen Bereich des Fernmeldewesens handelte, vgl. Lüders, Zuständigkeit, S. 46 ff.

andern besteht auch in der Norm kein Anhaltspunkt, den Rundfunk als durch diese Norm erfaßt anzusehen. Daher ist es nicht begründbar zu behaupten, daß der Rundfunk unter diese Norm falle[169]. Vielmehr ist mit dem Bundesverfassungsgericht[170] aus einem Vergleich zwischen Art. 5 I 2 GG und Art. 75 Nr. 2 GG genau das Gegenteil zu folgern: Durch Art. 75 Nr. 2 GG war dem Bund zwar eine Gesetzgebung über die allgemeinen Rechtsverhältnisse der Presse und des Films, nicht aber eine Zuständigkeit zur Gewährleistung der "Freiheit durch Berichterstattung durch Rundfunk" eingeräumt gewesen. Somit lag von Anfang an eine Grundentscheidung der Verfassung vor. Man kann dies folgendermaßen begründen: Da der Rundfunk für die öffentliche Meinungsbildung ein so wesentlicher Faktor ist und gefährdeter als die anderen Massenmedien, wollte die Verfassung diesen Bereich nicht einer zentralen Instanz, die möglicherweise ihre politischen Befugnisse mißbraucht, ausliefern, sondern wollte diese Aufgabe den Ländern überlassen. Es macht nämlich einen entscheidenden Unterschied, ob eine Zentrale handelt oder mehrere Länder kooperieren. Schon vor der Grundgesetznovelle vom 27. Oktober 1994 war also eine Bundeskompetenz für den Bereich des Rundfunks aus Art. 75 Nr. 2 GG nicht herzuleiten. Da nun auch dem Bund die Rahmenkompetenz für den Bereich des Filmwesens entzogen ist[171], erscheint dies Ergebnis noch klarer. Nunmehr ist von einer bewußten Schwächung des Bundes im Bereich des Medienrechts auszugehen. Man wird daher dem Bund keine Rahmenkompetenz für den Rundfunk über Art. 75 Nr. 2 GG zuweisen können[172].

d. Kompetenz kraft Eigentum
Dem Bund steht die Gesetzgebungskompetenz auch nicht deshalb zu, weil er teilweise geltend machen kann, Eigentümer der Rundfunksendeanlagen zu sein[173]. Nachdem im ersten Fernsehurteil die Verfassungsmäßigkeit von § 1 FAG festgestellt worden war[174], hatte die Bundespost begonnen, für sämtliche zukünftigen Rundfunkprogramme die Sendeanlagen zu errichten. Das geschah auch in den Fällen, in denen

---

[169] Krause-Ablaß, JZ 1962, S. 158, 159, kritisiert dieses Ergebnis und fordert, daß auch der Rundfunk in Art. 75 Nr. 2 GG eingegliedert werde: Es sei erforderlich, dem Bund die Gesetzgebungskompetenz für den gesamtdeutschen Rundfunkdienst zu übertragen, da dies jedenfalls *zweckmäßig* sei. Der Rundfunk sei als Massenmedium ähnlich wie Film und Presse zu behandeln. Aber auch nach Ansicht von Krause-Ablaß ist nach der geltenden Verfassungslage dem Bund eine Rundfunkkompetenz über Art. 75 Nr. 2 GG nicht zugewiesen. Dieser Einschätzung ist Maunz, in: Maunz/Dürig, Komm. z. GG, Art. 75 Rn. 92, entgegengetreten und hat vielmehr eine Bundeszuständigkeit auch für die Presse in Frage gestellt. Seit der GG- Novelle v 27. Oktober 1994, BGBl. 1994 I, S. 3146, 3147, muß Krause-Ablaß um so mehr widersprochen werden, als mit ihr die Rahmenkompetenz des Bundes für den Bereich "Film" aufgehoben ist.
[170] BVerfGE 12, S. 205 ff. (228).
[171] BGBl. 1994 I, S. 3146 f.
[172] Statt aller: Maunz, in: Maunz/Dürig, Komm. z. GG, Art. 75 Rn. 92.
[173] So betreibt die Telekom entsprechend Art. 27 Einigungsvertrag die Sendeanlagen in der ehemaligen "DDR".
[174] BVerfGE 12, S. 205 ff. (239).

die Rundfunkgesetze die jeweiligen öffentlich-rechtlichen Rundfunkanstalten beauftragt hatten, die Programme zu verbreiten. Praktisch betreibt die Telekom für die öffentlich-rechtlichen Rundfunkanstalten im terrestrischen Bereich die Fernsehsender von ZDF und die der dritten Fernsehprogramme. Hinzu kommen neuerdings die Sender im Bereich des Hörfunks vom Deutschlandradio und die Sender im Bereich des Satellitenfunks. Wegen seiner Stellung als Eigentümer könnte der Bund daher möglicherweise auch inhaltliche Anforderungen an die Sendungen stellen[175]. Das gleiche könnte für den Kabelrundfunk gelten: Da die Kabelanlagen im Eigentum des Bundes stehen, könnten ihm die Einspeisungs- und Weiterleitungskompetenz für die "in der Luft befindlichen"[176] Programme zustehen. Der Bund müßte sich jedoch bei dieser Argumentation auf das Grundrecht des Eigentums aus Art. 14 GG berufen können. Ob öffentlich-rechtliche Anstalten sich überhaupt auf Grundrechte berufen können, ist strittig[177]. Man wird es jedenfalls ausschließen müssen, wenn sie, wie hier, hoheitlich handeln[178]. Dies ergibt sich schon aus der Natur der Grundrechte als Abwehrrechte des Bürgers gegen den Staat[179]. Grundrechte sind nämlich keine Kompetenznormen, sondern "Kompetenz-Bindungsnormen"[180]. Man kann also aus ihnen keinerlei Rechte des Staates und seiner Institutionen ableiten. Vielmehr liefern sie einen Rahmen für die Kompetenzen, den der Staat als Gesetzgeber nicht überschreiten darf. Aus dem Eigentum an einer Sache darf also nicht die Nutzungskompetenz über diese Sache geschlossen werden. Auch das Bundesverfassungsgericht hat ein solches Recht im ersten Fernsehurteil unmißverständlich verneint: Dem Bund als Eigentümer steht danach nur die Befugnis zu, Regelungen bezüglich der Organisation der Sendeanlagen vorzunehmen[181].

---

[175] Kreile, S. 170 f., behandelt dieses Problem bezüglich des Kabel- und Satellitenfernsehens; die Überlegungen können jedoch auch schon im Hinblick auf den konventionell verbreiteten Rundfunk angestellt werden.
[176] Schwarz-Schilling, ZPF 1983 Nr. 8, S. 12.
[177] Vgl. etwa Dürig, in: Maunz/Dürig, Komm. z. GG, Art. 19 III Rn. 33 ff.
[178] Die Telekom als Nachfolgerin der Bundespost handelt auch nach der Postreform aus dem Jahre 1994 auf diesem Gebiet hoheitlich. Das Postneuordnungsgesetz vom 14. September 1994 (BGBl. 1994 I, S. 2325 ff.) hat zwar das nach § 1 II FAG a.F. normierte Monopol in der Weise relativiert, daß nunmehr grundsätzlich jeder Übertragungswege einschließlich der dazugehörenden Abschlußeinrichtungen errichten und betreiben darf. Gleichzeitig ist aber in S. 2 dieser Regelung der Telekom erst einmal das Netzmonopol zuerkannt worden. Soweit die Telekom als Anstalt des öffentlichen Rechts hier tätig wurde, erfüllte sie eine öffentliche Aufgabe und handelte also hoheitlich.
[179] Dürig, in: Maunz/Dürig, Komm. z. GG, Art. 19 III Rn. 33 ff.; BVerfGE 21, S. 362 ff. (369 ff.); 35, S. 263 ff. (271 f.); 38, S. 175 ff. (184).
[180] Bethge, AöR 110 (1985), S. 169, 218.
[181] Im Ergebnis so auch Kreile, S. 170 ff.

e. Bundesstaatliche Gesetzgebungszuständigkeit für Teilaspekte des Rundfunkwesens

aa. Die Doppelnatur der Regelungsbereiche

Wie das Bundesverfassungsgericht in seinem ersten Fernsehurteil feststellte[182], räumt das Grundgesetz dem Bund im Bereich des Rundfunks außer den bisher erörterten Zuständigkeiten ausdrücklich Gesetzgebungskompetenzen ein, die diesen bevollmächtigen, jedenfalls "Teilaspekte des Programms" bzw. "einzelne Rechtsfragen" zu regeln. Die zu behandelnden Bereiche weisen notwendigerweise immer eine Doppelnatur auf: Sie betreffen etwa neben Wirtschafts- und Urheberrecht und dem Recht der internationalen Fahndung stets auch das Rundfunkrecht. In diesen Bereichen kann daher das Problem der Kompetenz nicht einfach mit einem Hinweis auf die Kompetenz des Bundes oder der Länder erklärt werden. Vielmehr ist abzuwägen, welcher Kompetenz der Vorrang einzuräumen ist.

Diese Frage ist nicht mit der formellen Vorrangregelung, wie sie Art. 31 GG vorsieht, zu klären[183]. Art. 31 GG betrifft den Fall, daß Normen von Bund und Länder konkurrierend für den gleichen Lebenssachverhalt Geltung beanspruchen[184]. Bei den im folgenden zu erläuternden Fällen ist ein solcher absoluter Vorrang nicht feststellbar. Die betreffenden Normen behandeln nämlich eigene Gegenstandsbereiche. Die Gesetzgeber nähern sich dem diesen Bereichen zugrunde liegenden Lebenssachverhalt von unterschiedlichen Seiten. Dieses Problem wird aber von Art. 31 GG nicht erfaßt. Auch ein Rückgriff auf die Art. 70 bzw. Art. 30 GG bietet für die aufgeworfene Frage keine Klärung. Legen diese Normen zunächst eine Vermutung für die Länderzuständigkeit nahe, so kann dies angesichts der ausdrücklichen Bundeszuständigkeit nicht gelten. Eine Lösung der Frage ist denkbar, wenn man sich die grundsätzliche Entscheidung des Grundgesetzes für eine Länderkompetenz im Bereich des Rundfunks deutlich macht. Insofern kann zwischen zwei Gesetzesarten unterschieden werden, die den Rundfunk betreffen: Solche, die grundsätzliche Bereiche des Rundfunkwesens regeln, und solche, die Grenzen der Rundfunkfreiheit festlegen. Rechtsdogmatischer Ausgangspunkt der Überlegung ist dabei Art. 5 I und II GG. Art. 5 GG unterscheidet nämlich zwischen Gesetzen, die eine Rundfunkordnung schaffen, also Gesetze nach Art. 5 I 2 GG, und solchen, die nach Art. 5 II GG

---

[182] BVerfGE 12, S. 205 ff. (241).
[183] So aber für den Bereich des Wirtschaftsrechts: Emmerich, AfP 1989, S. 433, 434; ebenso wohl Jarass, Gutachten, S. G 34, der es für sinnvoll hält, Bund und Ländern mit einer Kollisionslösung durch Art. 31 GG zu einer Regelung zu ermächtigen.
[184] BVerfGE 36, S. 342 ff. (363).

Schrankengesetze darstellen[185]. Ausgangspunkt dieser Differenzierung ist, daß die Rundfunkordnung zwingend einer Ausgestaltung bedarf[186], für die der Gesetzesvorbehalt gilt. Daher sind rundfunkrechtliche Gesetze notwendig, deren Ziel Sicherung und Funktionieren der Rundfunkordnung an sich ist, um so der Meinungsbildung der Bürger zu dienen. Diese Ausgestaltungsgesetze beziehen sich also direkt auf den Rundfunk und können nur vom Rundfunkgesetzgeber, also den Ländern erlassen werden[187].

Schrankengesetze hingegen garantieren in erster Linie nicht die Funktionsfähigkeit der Rundfunkordnung. Sie sollen vielmehr einem mit der Medienordnung kollidierenden Rechtsgut Schutz garantieren. Dies ist etwa der Fall beim Urheber- und Wirtschaftsrecht, aber auch beim allgemeinen Persönlichkeitsrecht. Wenn also eine Bundeskompetenz besteht, die auch für den Bereich des Rundfunks von Bedeutung ist, darf der Bund diese Kompetenz nur insoweit ausüben, als die entsprechenden Gesetze als "allgemeine Gesetze" einzustufen sind. Der Bund darf also nur solche Gesetze erlassen, die nicht in spezifischer Weise den Rundfunk betreffen. Die Gesetze müssen hingegen als allgemeine Regelungen erkennbar sein, die den Rundfunk neben anderen Sachverhalten betreffen[188]. Der Bund darf also den Rundfunk tangierende Normen nur erlassen, wenn dadurch Bereiche geschützt werden sollen, für die ihm die Gesetzgebungskompetenz zusteht. So könnte der Bund im Zusammenhang mit seiner Rahmengesetzgebungskompetenz im Bereich

---

[185] Diese Differenzierung ist nicht unbestritten. So äußern Zweifel an der Kategorie der "Ausgestaltungsgesetze": Kull, AfP 1987, 365, 366; Pestalozza, NJW 1981, S. 2158, 2162; Scholz, JZ 1981, S. 561, 565 ff., während andere, wie etwa Schmitt Glaeser, S. 157, Ausgestaltungsgesetze nur für zulässig erachten, wenn diese auch als Schrankengesetze zulässig wären. Die h.M. nimmt jedoch diese Differenzierung vor, so etwa: Hesse, K., Grundzüge, Rn. 303 ff., 310 ff.; Jarass, in: Jarass/Pieroth, GG-Komm. Art. 5 Rn. 37; Degenhart, in: Bonner Kommentar zum GG, Art. 5 I u. II Rn. 101 f.; Hoffmann-Riem, AK. z. GG, Art. 5 Rn. 38.
[186] BVerfGE 57, S. 295 ff. (322); 74, S. 297 ff. (323 f.).
[187] BVerfGE 12, S. 205 ff. (225).
[188] Es ist ständige Rechtsprechung des Bundesverfassungsgerichts (BVerfGE 4, S. 7 ff. (15); 55, S. 274 ff. (302.)), daß es einen engen Zusammenhang zwischen Grundrechten und Kompetenznormen gibt, insbesondere die Grundrechte die Grenzen der Gesetzgebungskompetenzen darstellen. So hat das Gericht in dem Beschluß zur Pressefusionskontrolle vom 29. August 1983 (BVerfG, AfP 1985, S. 107 ff.) die Normen des GWB als allgemeine Gesetze im Sinn des Art. 5 II GG eingeordnet. Es gehe nämlich um die Anpassung der allgemeinen Fusionskontrolle an Sonderstrukturen der Pressemärkte. Da allgemeine Gesetze weiter ein allgemeines schutzbedürftiges Rechtsgut auch im Verhältnis der Kommunikations- und Medienordnung schützen wollen, sind ihre Regelungsgegenstände nicht die Schutzbedürfnisse speziell der Medien. Handelt es sich also nicht um allgemeine Gesetze, so steht deren Erlaß jedenfalls nur dem Mediengesetzgeber zu (vgl. auch BVerfGE 73, S. 118 ff. (166)). Ähnlich argumentiert auch schon Schneider, NJW 1965, S. 937, 941, der dem Bund nur insoweit eine Kompetenz einräumt, als seine Gesetze "allgemeine Gesetze" sind, worunter er solche versteht, die nicht in "spezifischer Weise die Landesrundfunkanstalten und deren Tätigkeiten betreffen".

des Presserechts ein Gesetz erlassen, das die Ausübung der Pressefreiheit gegenüber der Rundfunkfreiheit schützen soll - etwa durch eine Beschränkung der Rundfunkwerbung zugunsten der wirtschaftlichen Leistungsfähigkeit der Presse. Dabei handelt es sich nämlich um ein allgemeines Gesetz, weil die Regelung den Schutz anderer, ohne Rücksicht auf bestimmte Meinungen zu schützende Rechtsgüter bezweckt[189]. Eine Gesetzgebungskompetenz der Länder als Rundfunkgesetzgeber ist jedenfalls ausgeschlossen[190].

bb. Gesetzgebungskompetenz gemäß Art. 73 Nr. 9 GG (Urheberrecht)
Das Urheberrecht war schon zur Geburtsstunde des Rundfunks ein für dieses Medium entscheidender Teilbereich. In dem Maße, wie die Rundfunkunternehmen Werke musikalischer und literarischer Art zur Gestaltung ihres Programms nutzten, wuchs die Gefahr, daß dadurch die Rechte der Urheber verletzt wurden. Es galt die Interessen der Schöpfer, der Schallplattenproduzenten, der ausübenden Künstler und der Rundfunkunternehmer gegeneinander zum Ausgleich zu bringen[191]. An dieser Bedeutung hat sich bis heute nichts geändert[192]. So ist die Anzahl der Wortbeiträge in manchen Hörfunkprogrammen sehr hoch, während sie in anderen sehr niedrig sind[193] und dafür die Musiksendungen häufig fast 100 % der Sendetätigkeit ausfüllen. Aber auch im Fernsehen werden vom Urheberrecht betroffene Werke gezeigt: Man denke an die zahllosen Spielfilme und Fernsehserien oder auch an die Werke bildender Künstler, die in entsprechenden Sendungen gezeigt und besprochen werden. Art. 73 Nr. 9 GG weist dem Bund die ausschließliche Gesetzgebungskompetenz für das Urheberrecht zu. Damit werden diejenigen Normen umfaßt, die Werke der Literatur, Wissenschaft und Kunst schützen sollen[194]. Es geht also um den "Schutz des geistigen Eigentums"[195]. Neben anderen Bereichen wird dadurch auch der Rundfunk betroffen. Es handelt sich bei diesen Normen also nicht um Ausgestaltungsgesetze, die den Rundfunk an sich bzw. die Rundfunkordnung betreffen, sondern um allgemeine Regelungen. Daher bestehen keine Bedenken, dem Bund hier Kompetenzen zuzuweisen. Der Bund kann also genau regeln, wie das rechtliche Verhältnis zwischen Rundfunkunternehmen und Urheber sein soll. Dies ist auch beispielsweise in § 20 UrhG geschehen, in dem das Senderecht behandelt wird, oder in § 50 UrhG hinsichtlich der Bild- und Tonberichterstattung.

---

[189] So auch BVerfGE 74, S. 297 ff. (343).
[190] Allerdings können auch die Länder aufgrund ihrer Kompetenzen im Presserecht eine derartige Regelung treffen.
[191] Vgl. Brack, GRUR 1960, S. 165 f., der auch die entsprechende Rechtsprechung des Reichsgerichts heranzieht.
[192] Vgl. BVerfGE 12, S. 205 ff. (241); Herrmann, Fernsehen, S. 275 Fn. 2, weist darauf hin, daß die Bundeskompetenz hinsichtlich rundfunkurheberrechtlicher Fragen soweit ersichtlich nie in Zweifel gezogen wurde.
[193] Laut ARD-Jahrbuch 1994, S. 356, etwa bei NDR II 5,2 %.
[194] Vgl. v.. Münch, in: v. Münch, Komm. z. GG, Art. 73 Rn. 56.
[195] So noch die Formulierung in Art. 4 Nr. 6 der Reichsverfassung von 1871.

cc. Gesetzgebungskompetenz gemäß Art. 73 Nr. 10 GG (internationale Fahndungsmeldungen)

Die in Art. 73 Nr. 10 GG erwähnte internationale Verbrechensbekämpfung betrifft die grenzüberschreitende Verfolgung strafbarer Handlungen und die internationale Amtshilfe bei dieser Strafverfolgung[196]. Somit könnte der Bund die Gesetzgebungsbefugnis haben, Regelungen zu erlassen, die die Rundfunkveranstalter verpflichten, etwa internationale Fahndungsmeldungen zu verbreiten[197]. Allerdings ließe sich argumentieren, daß es sich bei derlei Regelungen nicht um allgemeine Gesetze handele. Vielmehr werde mit einer entsprechenden Regelung in die Rundfunkordnung eingegriffen, da die Rundfunkveranstalter zu einem bestimmten Programmverhalten verpflichtet würden. Damit stünde dem Bund keine Regelungskompetenz zu. Allerdings ist zu bedenken, daß ein solcher Eingriff nur von geringer Bedeutung ist. Es würde sich etwa um die Verpflichtung der Sender handeln, bei den Hauptnachrichten die Fahndungsmeldung zu verbreiten. Da aber dem Bund umfassend die Regelung der internationalen Verbrechensbekämpfung zugewiesen ist, steht ihm das Recht zu, entsprechende Regelungen zu erlassen[198]. Bis heute fehlt es jedoch an einer gesetzlichen Regelung, die ein derartiges Verhalten der Rundfunkveranstalter normierte. Vielmehr gibt es "Grundsätze für die bundesweite Ausstrahlung von Fahndungsmeldungen im Fernsehen" vom 24. Juni 1987. Dabei handelt es sich um Leitlinien, die unter Mitwirkung von Bundeskriminalamt und Landeskriminalämtern durch die Rundfunkanstalten mit den Justiz- bzw. Innenministern von Bund und Ländern inhaltlich abgestimmt wurden. Diese Grundsätze wurden in eigener Programmautonomie von ARD und ZDF jeweils intern in Kraft gesetzt[199]. Danach bemühen sich die Fernsehveranstalter, wenn einer Tat etwa bundesweite Bedeutung zukommt, dem Ersuchen der entsprechenden Kriminalämter bzw. der Bundesanwaltschaft um Ausstrahlung einer Suchmeldung Folge zu leisten. Dabei sollen die Rundfunkveranstalter bestrebt sein, diese Aufgabe mit der Ausstrahlung der Hauptabendnachrichten zu verbinden, wobei die Verantwortung der Anstalten jedoch unberührt bleibt. An diesem Beispiel wird deutlich, wie in Regelungsbereichen, die teilweise dem Bund, teilweise den Ländern zugewiesen sind, versucht wird, zwischen den Beteiligten einvernehmlich Regelungen zu treffen, die nicht gesetzlicher Natur sind. Dies gilt besonders dann, wenn auch eine Verletzung von Art. 5 I 2 GG zu befürchten ist.

---

[196] Mangoldt/Klein, Art. 73 Anm. XVII 2c.
[197] Der Bereich internationaler Fahndungsmeldungen wurde bereits im ersten Fernsehurteil, BVerfGE 12, S. 205 ff. (241), als eindeutig dem Bund zustehende Kompetenznorm angesehen.
[198] Kreile, S. 184, weist mit Bezugnahme auf Herrmann, Fernsehen, S. 275, darauf hin, daß diese Norm im Zusammenhang mit der Bekämpfung von Piratensendern eine Rolle spiele.
[199] Die gegenwärtig gültige Fassung ist unveröffentlicht. Vorläuferfassungen sind in FUNK-Korrespondenz v. 12. Dezember 1986 und in der epd/Kirche und Rundfunk v. 12. November 1986 veröffentlicht.

dd. Gesetzgebungskompetenz gemäß Art. 73 Nr. 1 iVm. Art. 115 c GG (Verteidigungsfall)

Im ersten Rundfunkurteil wurde beispielhaft für eine Bundeskompetenz im Bereich des Rundfunks das Recht der Verteidigung und der Schutz der Zivilbevölkerung genannt[200]. Die Art. 73 Nr. 1 und 115 c GG weisen dem Bund nämlich für den Verteidigungsfall eine erweiterte konkurrierende Gesetzgebungskompetenz zu. Der Bund darf in diesem Fall auch Regelungen für Bereiche treffen, die zur Gesetzgebungszuständigkeit der Länder gehören. Diese gilt jedoch nur für den Fall, daß ein besonderes Bedürfnis besteht[201]. Dabei ist das Recht auf diejenigen Bedürfnisse zu beschränken, die im unmittelbaren Zusammenhang mit dem Verteidigungsfall stehen[202]. In diesen Grenzen steht dem Bund ein Teil der Rundfunkkompetenz zu. Allerdings gewährt Art. 115 c GG dem Bund diese Kompetenzen nicht erst im Verteidigungsfall. Laut Art. 115 c IV GG dürfen derartige Regelungen schon vor Eintritt des Verteidigungsfalles erlassen werden. Von dieser Kompetenz hat der Bund auch Gebrauch gemacht: In den §§ 2 II und 4 II Bundesleistungsgesetz in der Fassung vom 27. September 1961[203] und in dem "Gesetz über die vereinfachte Verkündung und Bekanntgabe" vom 18. Juli 1975[204], ist die vereinfachte Verkündung und Bekanntgabe bestimmter Beschlüsse, Rechtsverordnungen u. ä. durch "Rundfunk (Hörfunk und Fernsehen)" im Verteidigungs- und im Spannungsfall vorgesehen.

ee. Gesetzgebungskompetenz gemäß Art. 73 Nr. 6 GG (Luftverkehr)

Für die Satellitentechnik[205] stünde dem Bund eine weitere Teilkompetenz zu, wenn diese dem Luftverkehr zuzurechnen wäre. Da der Begriff des "Luftverkehrs" weit auszulegen ist[206], umfaßt er alle mit dem Flugwesen zusammenhängende Tätigkeiten und Anlagen[207]. Zwar ist keine klare Grenze zwischen Luftraum und Weltraum zu ziehen[208], ein 36000 km über dem Äquator stationierter Satellit wird aber nicht zum Luftraum, sondern zum Weltraum zu zählen sein[209]. Es wird vertreten, die Gesetzgebungsbefugnis des Bundes für den Weltraum ergebe sich aus dem Umstand, daß die Raumfahrzeuge, um in den Weltraum gelangen zu können, den Luftraum

---

[200] BVerfGE 12, S. 205 ff. (241).
[201] BT-Drucks. V/1879, S. 26.
[202] Rauschning, in: Bonner Kommentar zum GG, Art. 115 c Rn. 6.
[203] BGBl. 1961 I, S. 1769.
[204] BGBl. 1975 I, S. 1919.
[205] Eine Differenzierung in direktstrahlende und Fernmeldesatelliten ist deshalb nicht notwendig, da es hier um die Frage geht, ob überhaupt das Senden von Signalen via Satellit von Art. 73 Nr. 6 GG umfaßt ist.
[206] Mangoldt/Klein, Art. 73 Anm. XIII 2; Maunz, in: Maunz/Dürig, Komm. z. GG, Art. 73 Rn. 113; so auch der Hessische StGH, NJW 1982, S. 1141, 1142.
[207] Maunz, in: Maunz/Dürig, Komm. z. GG, Art. 87 d Rn. 11b.
[208] Sontag, S. 186 ff.
[209] Bueckling, ZUM 1985, S. 144, 147; ebenso Kreile, S. 184 f.

durchqueren müssen[210]. Daher bestehe hinsichtlich der Aktivitäten im Weltraum eine stillschweigend mitgeschriebene Kompetenz des Bundes[211]. Teilweise wird dem Bund diese Kompetenz "de lege ferrenda"[212] zugesprochen, teilweise wird eine Kompetenz kraft Sachzusammenhangs angenommen[213]. Ob derartige Begründungen einer Bundeskompetenz überzeugen können, ob sie überhaupt verfassungsgemäß sind, kann hier dahinstehen. Selbst wenn man dieser Einschätzung folgen sollte und die Sendetätigkeit orbitaler Satelliten als "Luftfahrt" wertete, so wäre damit wiederum nur die technische Seite umfaßt[214]. Äußerstenfalls ergänzte diese Kompetenz daher die Zuständigkeit des Bundes aus Art. 73 Nr. 7 GG hinsichtlich der Telekommunikation.

ff. Gesetzgebungskompetenz gemäß Art. 74 Nr. 7 GG (öffentliche Fürsorge, Jugendschutz)
Grundsätzlich ist dem Bund gemäß Art. 74 Nr. 7 GG im Bereich der öffentlichen Fürsorge die konkurrierende Gesetzgebungskompetenz zugewiesen. Dabei umfaßt der Begriff der "öffentlichen Fürsorge" nicht nur die Fürsorge im engeren Sinne, sondern auch den vorbeugenden Jugendschutz[215]. Unstrittig ergibt sich daher aus Art. 74 Nr. 7 GG die Kompetenz des Bundes zum Erlaß des Jugendschutzgesetzes. Selbst bei einer so weiten Auslegung des Begriffes der öffentlichen Fürsorge ist es aber fraglich, ob dem Bund auch die Gesetzgebungskompetenz zusteht, die Veranstaltung von Hörfunk- oder Fernsehsendungen mit jugendgefährdendem Inhalt, etwa die Darstellung von Gewalt und Pornographie, zu regeln[216]. Zwar steht dem Bund diese Kompetenz im Bereich des Films zu[217]. Im Gegensatz zum Rundfunk können beim Film aber Kontrollorgane überwachen, daß Jugendliche ungeeignete Darbietungen nicht besuchen. Der Rundfunk hingegen muß mit seinem gesamten Programmablauf den Anforderungen des Jugendschutzes entsprechen. Insofern besteht eine unauflösliche Verbindung zwischen dem spezifischen Rundfunkrecht und dem Jugendschutz. Diese ist auch wegen der Anpassung der Rechtsfolgen an die rundfunkspezifischen Gegebenheiten (wie etwa rundfunktypische Auflagen oder gar der Entzug der Sendeerlaubnis) so eng mit der Materie "Rundfunk" verbunden, daß

---

[210] Vgl. § 2 II LuftverkehrsG, der Raumfahrzeuge u.ä. zu den Luftfahrzeugen zählt.
[211] A.A.: Kreile, S. 184, 185; ebenso Bueckling, ZUM 1985, S. 144, 147, nach dessen Ansicht sich das Grundgesetz zur Frage der Raumfahrt "ausschweige".
[212] Maunz, in: Maunz/Dürig, Komm. z. GG, Art. 73 Rn. 114.
[213] So wohl v. Münch, in: v. Münch, Komm. z. GG, Art. 73 Rn. 43.
[214] A.A.: Bueckling, ZUM 1985, S. 144, 147 f., der das Senden von Programmen aus dem Weltraum als Raumfahrt ansieht. Die Raumfahrt werde aber nach seiner Ansicht nicht - auch nicht als Annex - von Art. 73 Nr. 6 GG umfaßt.
[215] Maunz, in: Maunz/Dürig, Komm. z. GG, Art. 74 Rn. 106: "nicht eng"; Mangoldt/Klein, Art. 74 Anm. XV 2a: "im weitesten Sinne"; BVerwGE 19, S. 94 ff. (96).
[216] Grundsätzlich zur Kompetenzfrage: VG Köln, NJW 1987, S. 274 ff.
[217] Daran ändert auch nichts der Umstand, daß seit dem 15. November 1994 dem Bund nunmehr keine Rahmenkompetenz im Bereich des Films zusteht. Insofern folgt die Kompetenz nämlich nicht aus Art. 75 GG, sondern aus Art. 74 Nr. 7 GG.

eine Regelung nicht als allgemeines Gesetz, sondern als rundfunkspezifisch einzuordnen ist[218]. Im Bereich des Jugendschutzes überwiegt also deutlich das rundfunkspezische Element gegenüber dem Gedanken der öffentlichen Fürsorge. Daher wird man hier dem Bund keinerlei Teilkompetenzen zugestehen[219].

gg. Gesetzgebungskompetenz gemäß Art. 74 Nr. 1 GG (das bürgerliche Recht)
Mit Art. 74 Nr. 1 GG ist dem Bund die Gesetzgebungskompetenz für das bürgerliche Recht zugewiesen. Das bürgerliche Recht ist im wesentlichen "die Ordnung der Individualrechtsverhältnisse"[220]. Mit den neuen Techniken wurde das Monopol des öffentlich-rechtlichen Rundfunks aufgehoben und private Anbieter auf dem Rundfunkmarkt zugelassen. Der Gedanke liegt daher nahe, für diese privaten Rundfunkveranstalter eine Bundeskompetenz anzunehmen. Jedoch meint die Ordnung der Individualrechtsverhältnisse die Beziehungen *zwischen* diesen Individuen. Allein der Umstand, daß Privaten die Veranstaltung von Rundfunk ermöglicht wird, macht eine solche Regelung noch nicht zu einer des Privatrechts. So ist es Privaten nach der Gewerbeordnung erlaubt, ein bestimmtes Gewerbe zu betreiben. Dennoch ist die Gewerbeordnung deshalb noch kein Gegenstand des bürgerlichen Rechts. Auch für den Bereich des privaten Rundfunks ist eine Bundeszuständigkeit über Art. 74 Nr. 1 GG also ausgeschlossen[221].

Jedoch haben bürgerlich-rechtliche Normen für den Rundfunk Bedeutung, wenn es um den Schutz privater Rechtsgüter wie den Schutz der Persönlichkeit, das Recht am eigenen Namen und am eigenen Bild geht. Hierbei handelt es sich um allgemeine Regelungen, die die Rundfunkordnung nicht spezifisch betreffen. Diese Regelungen betreffen zwar also den Rundfunk. Es besteht aber kein Grund, dem Bund seine Regelungskompetenz zu entziehen.

hh. Gesetzgebungskompetenz gemäß Art. 74 Nr. 11 u. 16 GG (Recht der Wirtschaft und Verhütung wirtschaftlicher Machtstellung)
Gemäß Art. 74 Nr. 11 GG steht dem Bund die konkurrierende Gesetzgebungskompetenz im Bereich der Wirtschaft zu. Der Begriff "Recht der Wirtschaft" erfaßt alle Normen, die das wirtschaftliche Leben und die wirtschaftliche Betätigung als solche regeln[222]. Ergänzend weist Art. 74 Nr. 16 GG dem Bund die konkurrierende Gesetzgebungszuständigkeit im Bereich der Verhütung wirtschaftlicher Machtstellung zu. Diese eng miteinander verbundenen Bereiche werden für das Rundfunkwesen in zweifacher Hinsicht bedeutsam: Zum einen bezüglich einer etwaigen

---

[218] So auch VG Köln, NJW 1987, S. 274 ff.
[219] Das Bundesverfassungsgericht verlangte in seiner E. 57, S. 295 ff. (326), Vorkehrungen vom Landesgesetzgeber, die einen Schutz der Jugend sichern. Inzwischen ist der Jugendschutz durch Art. 10 des Rundfunkstaatsvertrages einheitlich in den Ländern geregelt.
[220] BVerfGE 42, S. 20 ff. (31).
[221] So auch Herrmann, Fernsehen, S. 290 mwN.
[222] BVerfGE 29, S. 402 ff. (409); Maunz, in: Maunz/Dürig, Komm. z. GG, Art. 74 Rn. 131.

Bundeszuständigkeit für Rundfunkwerbung[223], zum andern im Hinblick auf den Unternehmenscharakter von Rundfunkanstalten. Mit Einführung der dualen Rundfunkordnung wuchs die Bedeutung dieser Fragen. Im Gegensatz zu den öffentlich-rechtlichen Anstalten, die vor allem publizistisch miteinander konkurrierten, besteht nämlich zwischen den privaten Anbietern vor allem ein wirtschaftlicher Wettbewerb.

(1) Das Recht der Wirtschaft vor Zulassung des privaten Rundfunks
Rundfunk stellt immer auch einen Wirtschaftsfaktor dar. Dies galt auch schon zu den Zeiten des rein öffentlich-rechtlich organisierten Rundfunks. Im Bereich des Rundfunks sind nämlich viele Künstler, Techniker und Studios der Ton- und Filmindustrie tätig. Der Rundfunk ist darüber hinaus auch Existenzbedingung für die entsprechende Geräteindustrie[224]. Das Problem wirtschaftlichen Wettbewerbs ist jedoch erst mit der dualen Rundfunkordnung aufgebrochen. Der von den öffentlich-rechtlichen Rundfunkanstalten geübte Verzicht auf ökonomischen Wettbewerb vermied nämlich eine Kollision von Rundfunk- und Wettbewerbsrecht[225]. Allerdings konkurrierten die öffentlich-rechtlichen Rundfunkanstalten mit Presseunternehmen, wenn sie Rundfunkwerbung ausstrahlten. Daher war es umstritten, ob dem Bund für die Rundfunkwerbung der öffentlich-rechtlichen Anstalten die Gesetzgebungskompetenz zustehe[226]. Obwohl schon mit der Geburt des Rundfunks die von den Privaten verbreiteten Programme auch aus Werbung für die Wirtschaft bestanden, war nicht geklärt, wer diesen Bereich regeln durfte. Dieses Problem gewann nach dem ersten Fernsehurteil erheblich an Bedeutung. Nachdem die Länder das ZDF gegründet hatten, bemühten sich Zeitungsverleger darum, durch einen Überlassungsvertrag zwischen dieser Anstalt und einer Pressegesellschaft doch noch ihre Interessen im Bereich des Rundfunkwesens zu wahren. Als deutlich wurde, daß ein solches Vorgehen verfassungswidrig war[227], erhoben die Verleger den Vorwurf, es läge insofern eine Wettbewerbsverzerrung vor, als die Zeitungen auf Werbeeinnahmen angewiesen seien, während die Rundfunkanstalten zusätzlich zu den öffentlichen Geldern auch noch Werbeeinnahmen erzielten. Es wurde gefordert, der Bund solle von seinem Recht aus Art. 74 Nr. 11 GG Gebrauch machen und in diesem Bereich eine gerechte Wettbewerbslage im Hinblick auf die Presse her-

---

[223] Vgl. dazu: Arndt, JZ 1965, S. 337 - 341; Schneider, NJW 1965, S. 937 ff.
[224] Darauf weist auch ausdrücklich hin Degenhart, ZUM 1992, S. 449, 451.
[225] Vgl. auch die Argumentation bei Hoffmann-Riem, S. 65.
[226] Im Jahre 1965 hatten die Koalitionsparteien den Entwurf eines Gesetzes über Werbesendungen in Rundfunk und Fernsehen in den Bundestag eingebracht und als Kompetenzgrundlage Art. 74 Nr. 10 GG angegeben. Damals war in der Literatur diese Argumentation als unzutreffend abgewiesen worden; so etwa Schneider, NJW 1965, S. 937 ff.; Arndt, JZ 1965, S. 337 - 341; Leisner, Werbefernsehen, S. 229 ff.
[227] Vgl. zu dem Bestreben der Zeitungsverleger Ipsen, DÖV 1964, S. 793 ff.

stellen[228]. Nachdem zur Klärung dieses Vorwurfs eine Kommission eingesetzt worden war, brachte die damalige Regierungskoalition - ohne das Ergebnis der Kommissionsarbeit abzuwarten - im März 1965 einen Gesetzentwurf ein, der ein Verbot von Werbesendungen in den öffentlich-rechtlichen Rundfunkanstalten vorsah[229]. Mit Ablauf der Legislaturperiode wurde dieser Entwurf allerdings hinfällig.

Dem Zuständigkeitsbereich des Art. 74 Nr. 11 GG werden alle Gesetze zugerechnet, "die ordnend oder lenkend in das Wirtschaftsleben eingreifen"[230]. Der seinerzeit behandelte Entwurf zum Verbot von Rundfunkwerbung[231] betraf jedoch nicht allein die Werbeindustrie als Teil der Wirtschaft, sondern auch das Rundfunkwesen. Er zeigte somit einen weder ausschließlich wirtschaftsrechtlichen noch ausschließlich rundfunkrechtlichen Charakter. Werbesendungen stellen im Rundfunk neben den Rundfunkgebühren die wesentlichen Einnahmequellen der öffentlich-rechtlichen Rundfunkanstalten dar. Für die privaten Anbieter sind sie sogar einzige Einnahmequelle. Herrmann zählt - angesichts der Bedeutung für die Landesrundfunkanstalten - die Regelung der Finanzierung zu dem Teilbereich der Organisationskompetenz, die somit den Ländern zustehe[232]. Aber auch ohne den Gedanken an die Landesrundfunkanstalten und ihre Organisationskompetenz wird deutlich, daß es sich bei einer Regelung der Rundfunkwerbung nicht um ein allgemeines, sondern ein rundfunkspezifisches Gesetz handelte. Zur einheitlichen Regelung des Rundfunkwesens gehört nämlich auch die Entscheidung, wieviel Werbung die Sender verbreiten dürfen. Daher wurde überwiegend eine Kompetenz des Bundes in diesem Bereich zu Recht verneint[233]. Allerdings wird dem Bund dann eine Regelungskompetenz für ein allgemeines die Wirtschaft betreffendes Gesetz zuzuweisen sein, wenn der Rundfunkgesetzgeber die Werbung zugelassen hat und nun die Notwendigkeit des Schutzes der wirtschaftlichen Leistungsfähigkeit der Presse besteht[234]. In dem Falle geht es nämlich um die Sicherung der Tagespresse und also nicht um die Ausgestaltung der Rundfunkordnung. Der Bund dürfte in die-

---

[228] So der Bundesverband deutscher Zeitungsverleger in seiner Denkschrift: Pressefreiheit und Fernsehmonopol. Dort heißt es wörtlich, S. 11:"...der Gesetzgeber sollte von seinem in Art. 74 Nr. 11 des Grundgesetzes festgelegtem Recht Gebrauch machen und eine gerechte Wettbewerbslage herstellen; er sollte den Weg frei machen für politische Entscheidungen, die auf eine Neuordnung des Rundfunk- und Fernsehwesens in der Bundesrepublik Deutschland hinzielen."

[229] BT-Drucks. IV/3156.

[230] BVerfGE 4, S. 7 ff. (13); 8, S. 148 ff.; 29, S. 409 ff.

[231] BT-Drucks. IV/3156.

[232] Herrmann, Fernsehen, S. 283 f.

[233] So auch Krause-Ablaß, JZ 1965, S. 158, 158; ders., RuF 1963, S. 129; Herrmann, Fernsehen, 183; ders., Rundfunkrecht, S. 82 mwN.; Wittig-Terhardt, AfP 1986, S. 298, 301; Leisner, Werbefernsehen, S. 229 ff.; s. aber auch BVerfGE 73, S. 118 ff. (172 ff.), das hinsichtlich des durch die neuen Medien ermöglichten Privatfunks die Steuerung des Wettbewerbs bei der Veranstaltung von Rundfunk in vollem Umfang dem Landesgesetzgeber überträgt.

[234] BVerfGE 74, S. 297 ff. (343).

sem Rahmen eine Regelung etwa in Form einer Beschränkung der Rundfunkwerbung erlassen.

(2) Das Recht der Wirtschaft nach Zulassung des privaten Rundfunks
Satelliten- und Kabelrundfunk waren die notwendigen Voraussetzungen, um den Privaten die Möglichkeit zu eröffnen, selbst Rundfunk zu betreiben. Mit der dualen Rundfunkordnung hat sich der Rundfunk zu einem auch wirtschaftlich interessanten "Rundfunkmarkt" entwickelt. Vereinzelt wird konstatiert, daß mit dem Ende des öffentlich-rechtlichen Rundfunkmonopols auch für den Rundfunk die Gesetze des Marktes gelten[235]. Nicht widersprochen werden kann der These, daß durch die Zulassung Privater im Rundfunkrecht der wirtschaftliche Aspekt stärker hervorgetreten ist, so daß die Bedeutung von Art. 74 Nr. 11 und 16 GG gewachsen ist[236]. Soweit ein wirtschaftlicher Wettbewerb im Rundfunkrecht durch die Landesgesetzgeber zugelassen ist, müssen sich Rundfunk- und Wirtschaftsrecht notwendig überschneiden. Kompetenzrechtlich stellt sich dabei die Frage, wie diese Bereiche voneinander abzugrenzen sind. Gegenständlich wird man hier eine Trennung nicht begründen können[237]. Die Wirtschaftsgesetze sind nämlich auch auf den Rundfunk anwendbar[238]. Nach einem Abgrenzungsversuch von Mestmäcker[239] ist Gegenstand des Rundfunkrechts der publizistisch intermediäre Wettbewerb, während Gegenstand des Wettbewerbsrechts der wirtschaftliche intermediäre, der intermediäre und der medienneutrale Wettbewerb ist.

(a) Unterschiedliche Konkurrenzsituationen für öffentlichrechtlich und private Anbieter
Der öffentlich-rechtliche Rundfunk ist hauptsächlich auf einen publizistischen Wettbewerb ausgerichtet. Er strebt also höhere Einschaltquoten nicht deshalb an, um mit seiner Werbung mehr Menschen erreichen und so eine wirtschaftliche Machtstellung erlangen zu können. Vielmehr strebt er nach höherer Anerkennung gegenüber anderen Rundfunkbetreibern. Nur in eng begrenzten Bereichen (etwa im Werberahmenprogramm des Fernsehens) ist auch ein ökonomischer Wettbewerb zu bejahen[240]. Das gilt auch, weil bis zur Einführung neuer Übertragungstechniken in jedem Bundesland nur ca. 3 Fernseh- und ca. 5 Hörfunkprogramme zu empfangen waren. Im Fernsehen wurden nur von der ARD und vom ZDF Werbung gesendet, und auch hier nur in einem zeitlich eng gefaßten Rahmen, der jedenfalls die Hauptsendezeit nicht betraf. Ähnlich selten wurde im Hörfunk Werbung ausgestrahlt. Darüberhinaus

---

[235] So ausdrücklich Engel, ZUM 1993, S. 557, 558.
[236] So auch: Bullinger, AfP 1985, S. 257, 261 ff.
[237] So auch Hoffmann-Riem, S. 66 mwN.
[238] So hat das Bundesverfassungsgericht, in BVerfGE 73, S. 118 ff. (174) einen Rückgriff des Rundfunkrechts auf das Wirtschaftsrecht zugelassen; restriktiv allerdings Wittig-Terhardt, AfP 1986, S. 298, 298, 302.
[239] Mestmäcker, GRUR Int. 1983, S. 553.
[240] A.A.: Emmerich/Steiner, S. 133.

wurden die in einem Bundesland zu empfangenden Programme meist auch nur von einer Landesrundfunkanstalt veranstaltet. Es konkurrierten demzufolge nicht die Rundfunkveranstalter, sondern lediglich die einzelnen Programme miteinander. Insofern ist deutlich, daß die hauptsächliche Funktion des öffentlich-rechtlichen Rundfunks in der Information der Rezipienten liegt; zudem spielt dieser Rundfunk - wegen der Lokalbezogenheit - eine entscheidende Rolle für die kulturelle Identifikation seiner Rezipienten[241]. Demgegenüber ist der kommerzielle Rundfunk primär auf ökonomischen Gewinn und Wettbewerb ausgerichtet. Sein Ziel ist, durch möglichst hohe Einschaltquoten die Werbeeinnahmen zu optimieren.

(b) Wirtschaftlich relevante Teilbereiche im Bereich des privaten und öffentlich-rechtlichen Rundfunks

Das gleichzeitige Bestehen von privatem neben öffentlich-rechtlichem Rundfunk führt zu einer gegenseitigen Beeinflussung. Der private Rundfunk hat sich an die Vorgaben der Landesgesetzgebung zu halten. Er darf nicht allein aus wirtschaftlichen Erwägungen heraus agieren. Das gilt insbesondere im Hinblick auf die Ausgewogenheit des Programms. Aber auch ansonsten sind Minimalanforderungen zu berücksichtigen, wie etwa die Würde des Menschen, Förderung der internationalen Verständigung, Sachlichkeit der Nachrichtensendungen[242]. Diese besondere Stellung ist offenkundig, wenn der private Rundfunksender Angelegenheiten von öffentlichem Interesse behandelt. Er erfüllt dann wie die öffentlich-rechtlichen Sendeanstalten eine öffentliche Aufgabe[243]. Andererseits ist der öffentlich-rechtliche Rundfunk nolens volens eine Konkurrenz für den privaten. Das gilt zum einen für den publizistischen Wettbewerb. Dieser ist jedoch für den privaten Rundfunk nur insoweit interessant, als er sich auch wirtschaftlich auswirkt. Wird nämlich ein Programm von den Rezipienten akzeptiert, können auch höhere Werbeeinnahmen verlangt und erzielt werden. Der Wettbewerb besteht demzufolge also im Bereich des Werberundfunks. Eine Konkurrenz besteht aber auch für die Bereiche der Programmbeschaffung. Wer nämlich mehr Geld für die Ausstrahlungsrechte erfolgreicher Sendungen (etwa erfolgreiche Filme oder Übertragungsrechte für wichtige sportliche Ereignisse) bieten kann, kann wiederum mehr Geld für die während oder im Umfeld dieser Ausstrahlung gesendeten Werbeblöcke verlangen. Daher stellt sich auch hier die Frage, welche Norm vorrangig Anwendung finden soll[244]. Grundsätzlich können dabei folgende Bereiche getrennt diskutiert werden: Werbung und Programmveranstaltung, wirtschaftliche bzw. meinungspolitische Machtstellung und schließlich die Programmbeschaffung.

---

[241] So auch Bullinger, AfP 1985, S. 257, 258 ff.
[242] Vgl. hierzu etwa § 14 LMG Bremen; §§ 14 ff. LMG Baden-Württemberg; §§ 7 ff. LMG Hamburg; § 11 PRG Hessen; § 11 LRG Niedersachsen; §§ 12 ff. LRG Nordrhein-Westfalen; §§ 10 ff. LRG Rheinland-Pfalz; §§ 3 ff. LRG Saarland.
[243] Ausdrücklich etwa § 15 LMG Baden-Württemberg.
[244] So ausdrücklich Hoffmann-Riem, S. 67.

(aa) Werbung und Programmveranstaltung

Zwischen den privaten und den öffentlich-rechtlichen Rundfunkveranstaltern herrscht in der unmittelbaren Programmveranstaltung ein rein publizistischer Wettbewerb, während im Bereich der Werbung wirtschaftlich konkurriert wird. Es ist jedoch wenig sinnvoll, den einen Bereich durch den Bund, den anderen durch die Länder regeln zu lassen. Anders als in der Presse sind im Rundfunk die Regelungsbereiche eng miteinander verwoben. Privater Rundfunk ist in erster Linie durch Werbung möglich, muß jedoch andererseits als den Ländern zur Regelung zugewiesenes Medium betrachtet werden. Es ist die Gretchenfrage des privaten Rundfunkrmchts, ob man den Programmrundfunk als die Werbung schmückende "Seifenoper" qualifiziert, oder die Werbung nur als Mittel ansieht, niveauvollen Rundfunk zu finanzieren.

Um eine einheitliche Regelung zu sichern, wird von einzelnen Autoren dem Bund die umfassende Kompetenz zugewiesen. Dabei wird darauf verwiesen, daß die Programmtätigkeit des Rundfunks wirtschaftlich motiviert sei[245]. Da der Bund eine umfassende Gesetzgebungskompetenz für das gesamte Recht der Wirtschaft habe, müsse er auch sowohl die wirtschaftlichen Aspekte des privaten, als auch die des öffentlich-rechtlichen Rundfunks regeln[246].

Diesen Überlegungen ist angesichts der wesentlichen kulturellen Bedeutung des nationalen Rundfunks nicht zu folgen. Auch die privaten Rundfunkveranstalter müssen kulturell integrierende Funktionen erfüllen und öffentliche Aufgaben wahrnehmen[247]. Insofern ist es notwendig, ihnen auf der Ebene des Rundfunkrechts die Mittel zu sichern, die sie zur Ausgestaltung der Rundfunkfreiheit benötigen[248]. Im Bereich der Ausgestaltung der Rundfunkordnung kommt aber den Ländern die Regelungskompetenz zu; der Bundesgesetzgeber hat hier keine Kompetenzen. Es liegt nicht in der Macht des Wettbewerbs- und Kartellrechts, den Rundfunk und die Rundfunkfreiheit auszugestalten[249]. Darüber hinaus ist zu bedenken, daß eine Regelung durch den Bundesgesetzgeber nur wirtschaftlich begründet sein dürfte. Wollte man dem Bund also die Regelungskompetenz zuweisen, wäre fraglich, ob die Rundfunkfreiheit noch gewährleistet werden könnte. Denn der Bund müßte wirtschaftliche und keine publizistischen Gesichtspunkte anführen, um seine

---

[245] Kulka, AfP 1985, S. 177, 183; Roth, AfP 1986, S. 287, 289.
[246] Emmerich/Steiner, S. 135.
[247] Vgl. etwa § 14 I, II LMG Baden-Württemberg; Art. 3 MEG Bayern; § 5 LMG Hamburg; § 12 PRG Hessen.
[248] Hendriks, ZUM 1988, S. 209, 214, weist ausdrücklich darauf hin, daß die landesrundfunkrechtlichen Regelungen hinsichtlich der Werbung die Rundfunkfreiheit ausgestalten und sichern sollen.
[249] So ausdrücklich Selmer, S. 39; im Ergebnis ähnlich Roth, AfP 1986, S. 287, 295.

Regelungen zu begründen. Insofern ist es richtig und konsequent, wenn das Bundesverfassungsgericht beide Bereiche dem Landesgesetzgeber zuweist[250].

(bb) Wirtschaftliche Machtstellung
Neben der Frage, wann und wie lange im Rundfunk Werbung ausgestrahlt werden darf, besteht ein weiteres wirtschaftliches Problem in der Machtstellung einzelner Rundfunkveranstalter. Eine Bundeskompetenz für diesen Bereich wird häufig mit dem Argument bejaht, daß der Bund für den ökonomischen Wettbewerb gemäß Art. 74 Nr. 11 und 16 GG zuständig sei. Rundfunkspezifische Regelungen seien nicht notwendig. Man bezieht sich auf die Situation im Pressewesen und konstatiert, daß Meinungsvielfalt schon durch den freien Wettbewerb mehrerer Veranstalter gewährleistet sei[251]. Mit der Zulassung privater Veranstalter sei der marktwirtschaftliche Wettbewerb in den Rundfunk eingekehrt und damit eine Zuständigkeit des Bundes begründet[252]. Nachdem sich angedeutet hatte, daß einzelne Medienkonzerne ihren Einfluß als private Anbieter immer weiter ausdehnten, wurde die Forderung laut, eine wettbewerbsrechtliche Kontrolle vorzunehmen, um diese Konzentration zu verhindern[253]. Gerade im Bereich des Rundfunks, der für die Meinungsbildung im Staat von besonderer Relevanz sei, habe diese Entwicklung katastrophale Folgen. Als geeignet wurde dabei die Vergabe von wettbewerbsrechtlichen Unbedenklichkeitserklärungen des Bundeskartellamts als Voraussetzung für eine Sendelizenz angesehen[254]. Damit sollte bestimmten Unternehmen die Rundfunkveranstaltung untersagt werden können.

Jeder nationale Rundfunk ist gleichzeitig kultureller und wirtschaftlicher Faktor[255]. Jedoch kann man zwischen beiden Bereichen im einzelnen differenzieren. Unternehmenszusammenschlüsse etwa betreffen die wirtschaftliche Seite des Rundfunks. Dies zu regeln, umfaßt die Kompetenz des Bundes. Die Regelung der Folgen eines solchen Zusammenschlusses auf die Meinungsvielfalt im Rundfunk gehört hingegen zum Bereich des Rundfunkrechts. So hat das Bundesverfassungsgericht zwischen dem wirtschaftlichen und dem kulturellen Aspekt unterschieden[256]. Es hat dem Landesgesetzgeber die Aufgabe zugewiesen, Tendenzen zur Konzentration so rechtzeitig und so wirksam wie möglich entgegenzutreten; Fehlentwicklungen seien gerade in diesem Bereich schwer rückgängigzumachen[257]. Die Länder müßten also

---

[250] BVerfGE 73, S. 118 ff. (196); Hendriks, ZUM 1988, S. 209, 214; Wittig-Terhardt, AfP 1986, S. 298, 301; a.A.: Bullinger, AöR 108 (1983), S. 161, 206.
[251] So Mestmäcker, Gutachten, S. O 21 - O 25; ähnlich auch Schmitt Glaeser, DÖV 1987, S. 837, 841 ff.
[252] So Mestmäcker, Gutachten, S. O 21 - O 25.
[253] So das 5. Hauptgutachten der Monopolkommission, BT-Drucks. X/1791, S. 188.
[254] Ebd. BT-Drucks. X/1791, S. 188 Zif.604.
[255] So auch Hümmerich, AfP 1991, S. 591; Degenhart, ZUM 1992, 449, 451 ff.
[256] BVerfGE 73, S. 118 ff. (160 ff.).
[257] BVerfGE 57, S. 295 ff. (323); 73, S. 118 ff. (160).

Regelungen erlassen, um die Rundfunkfreiheit und die Meinungsvielfalt zu gewährleisten[258].

Wird in der Wirtschaft die Verhinderung von Konzentrationen durch Bundesregelungen (etwa das Kartellrecht) gewährleistet, so scheint dies hinsichtlich der Meinungsmacht untunlich. Zum einen erlaubt § 24 I GWB den Kartellbehörden die Untersagung eines Zusammenschlusses erst, wenn dadurch eine marktbeherrschende Stellung entsteht oder verstärkt wird. Im Rundfunkbereich wird dies im Hinblick auf die Bedeutung der öffentlich-rechtlichen Anbieter in nächster Zeit nicht zu erwarten sein. Darüber hinaus ist die Frage nach der Begrenzung von Meinungsmacht eine andere als die nach der Begrenzung von Wirtschaftsmacht. Auch wenn von einer wirtschaftlichen Machtstellung auf eine entsprechende publizistische geschlossen werden kann, sind dies doch unterschiedliche Bereiche, von denen der eine den Ländern, der andere dem Bund zur Regelung zugewiesen ist. Seit der Entscheidung des Bundesverfassungsgerichts zur Verfassungsmäßigkeit der Pressefusionskontrolle[259] ist geklärt, daß die Zuständigkeit über Art. 74 Nr. 16 GG auf den wirtschaftlichen Wettbewerb beschränkt ist. Die Sicherung der Meinungsvielfalt im Rundfunk ist also Sache des Rundfunkrechts und mithin Sache der Länder. Dabei spielt es keine Rolle, ob die vorherrschende Meinungsmacht aus publizistischen, politischen oder wirtschaftlichen Umständen herrührt[260]. Diese Einschätzung wird auch durch die Begründungsmuster einer möglichst weiten Bundeszuständigkeit bestätigt. So war die Begründung der Monopolkommission für eine wirtschaftsrechtliche Regelung durch den Bundesgesetzgeber, daß die Länder die Gefahr der Medienverflechtung unterschätzten[261]. Das Ziel dieses Vorgehens war demnach nicht wirtschaftlich, sondern rundfunkspezifisch. Es sollte nicht die wirtschaftliche Übermacht, sondern die Beherrschung des *Meinungsmarktes* verhindert werden. Daß die Länder nach Ansicht der Kommission diese Gefahren nicht erkannten, kann jedoch grundsätzlich keine Bundeskompetenzen begründen[262]. Daher kann kein Zweifel bestehen, daß die Vergabe von Sendelizenzen unter wirtschaftlichen Gesichtspunkten zu sehen ist. Vielmehr muß die Erlaubnis, wer senden darf, dem Bereich der Kultur und also dem Rundfunkgesetzgeber zustehen.

Ein Vorrang des Rundfunkrechts gegenüber dem Wirtschaftsrecht läßt sich auch mit Art. 5 I 2 GG begründen: Zwar bedeuten wirtschaftliche Monopole für eine freie Wirtschaftsordnung Gefahren. Diese werden aber erst in extremen Situationen zu bejahen sein. Im Vergleich sind Gefahren für die Meinungsvielfalt bei den Rundfunkunternehmen im Vorfeld eines wirtschaftlichen Monopols zu sehen. Der

---

[258] BVerfGE 73, S. 118 ff. (172).
[259] Beschluß vom 29. August 1983 - 13 VR 516/82, abgedruckt in AfP 1985, S. 107, 108.
[260] So auch Hendriks, ZUM 1988, S. 209, 213.
[261] 5. Hauptgutachten der Monopolkommission, BT-Drucks. X/1791, S. 188, Ziff. 605.
[262] Eine solche Ausdehnung ist äußerstenfalls im Zusammenhang mit der natürlichen Kompetenz kraft Eintretenspflicht denkbar.

"Rundfunkmarkt" ist also wesentlich früher durch entsprechend große Rundfunkunternehmen gefährdet als die Wirtschaftsordnung.

Um die Meinungsvielfalt zu sichern, kann sich der Landesgesetzgeber jedoch auf das Bundesgesetz gegen Wettbewerbsbeschränkung beziehen. Nachdem schon der Staatsvertrag zur Neuordnung des Rundfunkwesens vom 3. April 1987 in Art. 8 V RdfStV eine Regelung zur Begrenzung der Medienmacht einzelner enthielt, beziehen sich die Vorschriften des § 21 II u. III des neuen Rundfunkstaatsvertrages vom 31. August 1991 ausdrücklich auf § 23 II Nr. 2a und b GWB. Es werden also wirtschaftliche Gesichtspunkte gewählt, nämlich die Kapital- und Stimmrechtsanteile, um eine rundfunkspezifische Frage zu regeln. In einzelnen landesrechtlichen Regelungen wird sogar das Kartellrecht in den Dienst medienpolitischer Zwecke gestellt. So kann etwa nach § 5 VI LRG Niedersachsen die Erlaubnisbehörde von einem Antragsteller, der als neuer Rundfunkveranstalter zugelassen werden will, verlangen, daß sich dieser beim Bundeskartellamt anmeldet und so beweist, daß die Vorschriften der Zusammenschlußkontrolle des GWB der Zulassung nicht im Wege stehen. Das Bundesverfassungsgericht hatte diese Regelung für unbedenklich eingestuft[263].

Teilweise wird insbesondere hinsichtlich des neuen Art. 21 RdfStaatsV kritisiert - und man wird diese Kritik auch auf die Regelung des niedersächsischen Landesrundfunkgesetzes beziehen können -, daß die Sicherung der Meinungsvielfalt fast ausschließlich an wirtschaftlichen Kriterien gemessen wird[264]. Es wird für bedenklich erachtet, daß solch eine Regelung eine ökonomische Doppelkontrolle darstelle, durchgeführt durch Kartell- und Medienbehörden, wobei die Kartellbehörde ungleich geeigneter sei. Und es wird schließlich für den Vorrang des Wettbewerbsrechts gegenüber dem Rundfunkrecht plädiert[265]. Die Beschränkung von Meinungsmacht im Bereich des Rundfunks ist eine spezifisch rundfunkrechtliche Frage und somit eindeutig der Regelungskompetenz der Länder zugewiesen. Wie die Länder die ihnen zugewiesene Materie regeln, muß ihnen überlassen sein. Sie dürfen Regelungen treffen, die auch wirtschaftliche Erwägungen in die entsprechenden Entscheidungen mit einfließen lassen. Insofern ist der Kritik entgegenzutreten. Allerdings ist zuzugeben, daß die Landesgesetzgeber ihre Aufgabe, ein möglichst weites Meinungsspektrum zu wahren und Meinungsmonopole zu verhindern, nicht so umfassend erfüllt haben, wie es von Art. 5 I 2 GG und dem Demokratieprinzip verlangt wird. Die Programme der großen privaten Rundfunkveranstalter sind nämlich wie die öffentlich-rechtliche Konkurrenz bundesweit zu empfangen. Insofern reicht die Kontrolle durch die einzelnen Landesmedienanstalten, die sich nur auf die landesspezifischen Umstände begründet, nicht aus. Vielmehr bleiben die Länder aufgefordert, eine von allen Ländern getragene Körperschaft zu errichten, die diese Aufgabe bundesweit wahrnimmt.

---

[263] BVerfGE 73, S. 118 ff. (172).
[264] G. v. Wallenberg, ZUM 1992, S. 387 f.
[265] G. v. Wallenberg, ZUM 1992, S. 387 f.

Umstritten ist allerdings, ob das bundesrechtliche Gesetz gegen Wettbewerbsbeschränkung angewendet werden kann, wenn eine öffentlich-rechtliche Anstalt beteiligt ist und die wirtschaftliche Machstellung begründet. Teilweise wird dies bestritten[266]. In dem Beschluß des Kammergerichts[267] zum Verbot der Beteiligung des WDR an der Radio Nordrhein-Westfalen GmbH wandte das Gericht die Regelungen des Gesetzes gegen Wettbewerbsbeschränkung an, wobei es die Konflikte zwischen Kartell- und Rundfunkrecht mit einem Rückgriff auf Art. 31 GG zu lösen versuchte.
Wenn dem Urteil auch im Ergebnis zu folgen ist, so ist doch der Rückgriff auf Art. 31 GG nicht überzeugend. Diese Regelung kann nur eingreifen, wenn landes- und bundesrechtliche Normen den gleichen Bereich regeln. Das ist hier nicht der Fall. Die Anwendung des Bundesgesetzes ist aber dennoch richtig, weil auch eine öffentlich-rechtliche Anstalt wirtschaftlich tätig sein kann. Die Argumentation, öffentlich-rechtliche Anstalten fielen schon per se nicht unter das Wirtschaftsrecht, kann daher nicht überzeugen. Eine Anwendung des Wirtschaftsrechts ist jedoch nur so lange möglich, wie keine landesrechtlichen Regelungen vorliegen, die zur Gewährleistung der Meinungsvielfalt gedacht sind. Zwar wären auch dann die Regelungen des Gesetzes gegen Wettbewerbsbeschränkung anwendbar. Sie dürften aber keine große Bedeutung haben, da die Regelungen zum Schutz der Meinungsvielfalt früher einsetzen müssen als Regelungen zum Schutz der freien Marktwirtschaft.

Insgesamt kann also festgestellt werden: Zwar steht dem Bund wohl eine Regelungskompetenz zum Erlaß solcher Normen zu, mit denen gerade der wirtschaftlichen Konzentration im Bereich des Rundfunks begegnet werden soll[268]. Diese Kompetenz wird aber, wenn der Landesgesetzgeber seine Aufgabe zur Sicherung der Meinungsvielfalt wahrnimmt und landesrechtliche Regelungen trifft, keine große Bedeutung haben. Die Grenzen einer publizistischen Machtstellung müssen nämlich wesentlich enger sein, als die einer wirtschaftlichen. Daher dürfte es dann kein Bedürfnis mehr zur Anwendung des durch wirtschaftliche Erwägungen bestimmten Bundesrechts geben.

(cc) Programmbeschaffung
Unter dem Begriff der "Programmbeschaffung" wird der Ankauf von Filmen und anderen publikumswirksamen Sendungen, aber auch der Erwerb von Senderechten[269]

---

[266] Hümmerich, AfP 1991, S. 591, 594, behauptet, nach allgemeiner Meinung unterlägen die öffentlich-rechtlichen Anstalten nicht den Kartellvorschriften des Gesetzes gegen Wettbewerbsbeschränkung.
[267] Beschluß des Kammergerichts Berlin, abgedruckt in ZUM 1992, S. 436 ff.
[268] Hucko, DB 1985, S. 635, 636, der feststellt, daß dabei auf den Zweck der Regelung abzustellen ist; ebenso wohl Selmer, S. 39, der eine uneingeschränkte Anwendbarkeit des Wettbewerbs- und Kartellrechts außerhalb des Einzugsbereichs der kompetenzkonform getroffenen rundfunkrechtlichen Vorgaben bejaht.

verstanden. Unklar ist, ob dies rundfunkrechtlich oder wirtschaftsrechtlich zu beurteilen ist. Das Problem wurde an folgendem Fall deutlich: Das Bundeskartellamt und später auch der Bundesgerichtshof[269] prüften die Zulässigkeit eines Globalvertrages über die rundfunkmäßige Verwertung sportlicher Ereignisse. Dieser Vertrag war zwischen dem Deutschen Sportbund und den öffentlich-rechtlichen Rundfunkanstalten geschlossen worden. Die Zulässigkeit wurde dabei am Gesetz gegen Wettbewerbsbeschränkung gemessen und dann teilweise für ungültig erklärt. In dem Vertrag hatten der Deutsche Sportbund und 37 seiner Spitzenverbände den Rundfunkanstalten der ARD und dem ZDF das Recht eingeräumt, für die Dauer von fünf Jahren vorrangig vor anderen Rundfunkbetreibern Sportveranstaltungen zu übertragen. Das Kartellamt und das Gericht werteten dabei die Programmbeschaffung als eine unternehmerische Tätigkeit. Unerheblich sei, daß dies von einer öffentlich-rechtlichen Anstalt unternommen werde und zur Erfüllung des öffentlichen Sendeauftrags geschehe. Nicht nur hinsichtlich der Werbung bestehe mit den privaten Anbietern ein Konkurrenzverhältnis, vielmehr habe das Programmangebot auch für die Werbeeinnahmen erhebliche Bedeutung. Durch diesen "Globalvertrag" werde aber der Zugang der privaten Anbieter zum Programmbeschaffungsmarkt behindert.

Diese Entscheidung hat, auch wenn sie als "einleuchtend" bewertet wurde, heftige Kritik erfahren[270]. Es wurde vorgebracht, daß der publizistische Wettbewerb jedenfalls nicht dem Kartellrecht unterliege[271]. Daher dürfe auch nicht auf diesem indirekten Weg der Bereich der Programmveranstaltung dem Bundeskartellamt unterstellt werden[272]. Dem ist zu widersprechen. Die den Ländern zugewiesene Rundfunkordnung umfaßt allein die Bereiche des Sendens. Der Bund darf keine Bereiche regeln, die Organisation, Programmgestaltung oder Programmverbreitung umfassen. Während die Rundfunkwerbung der Regelungskompetenz des Bundes entzogen ist, weil sie in einem unentwirrbaren Zusammenhang mit der Sendetätigkeit des Rundfunks steht, ist dies für das Auftreten der Rundfunksender als "Käufer" von Sendematerial nicht der Fall. Zwar wirkt sich diese Programmbeschaffung auf das Programm aus. Dies geschieht aber zum einen nur mittelbar. Zum andern betrifft die Programmbeschaffung nicht die Rundfunkfreiheit und insbesondere die Frage der Programmbeschaffung nicht die Ausgestaltung der Rundfunkordnung. Ein unmittelbarer und daher engerer Zusammenhang besteht hingegen zum Bereich der Wirtschaft. Es bleibt daher zu fragen, ob die Kritiker eine entsprechende Entscheidung von Bundeskartellamt und Bundesgerichtshof auch dann kritisiert hätten, wenn ein privater Veranstalter einen entsprechenden Globalvertrag mit dem Deutschen Sportbund geschlossen hätte. Denn schließlich geben auch die Gegner der entsprechenden Entscheidung der Einschätzung das Kartellamtes recht, "daß die öffentlich-rechtlichen Anstalten wie die privaten Rundfunkveranstalter bei der Programmbe-

---

[269] BGH, NJW 1990, S. 2815 - 2821.
[270] Hendriks, ZUM 1988, S. 209, 215.
[271] Hendriks, ZUM 1988, S. 209, 215.
[272] Hendriks, ZUM 1988, S. 209, 215.

schaffung auf der Ebene der Gleichordnung auftreten und im wirtschaftlichem Wettbewerb miteinander stehen."[273]

Im Ergebnis wird man daher im Bereich der Programmbeschaffung eine Regelungszuständigkeit des Bundes annehmen. Allerdings ist bei derartigen Regelungen zu beachten, daß den Rundfunkanstalten die Aufgabe der Grundversorgung zugewiesen ist. Sie muß von den Anstalten wahrgenommen werden können. Bundesgesetzliche Regelungen dürfen dies nicht behindern[274].

ii. Gesetzgebungskompetenz gemäß Art. 74 Nr. 21 GG (Bereiche der Schiffahrt sowie der Wetterdienst) und gemäß Art. 74 Nr. 22 GG (Bereiche des Verkehrs)

Wie die internationalen Fahndungs- und Suchmeldungen sind auch "Service-Durchsagen" Beispiele einer "Kooperation" zwischen staatlichen Behörden und Rundfunkveranstaltern. Polizeibehörden geben an die zuständigen Redaktionen (zumeist an die Nachrichtenredaktionen) Informationen über Verkehrsbehinderungen weiter. Diese vergewissern sich in der Regel des Wahrheitsgehalts dieser Information bevor sie sich für die Ausstrahlung entscheiden. Diese erfolgt gewöhnlich im Anschluß an die Nachrichten oder, bei den "Autofahrersendern", im Halb-Stunden-Takt als Straßenzustandsbericht. Ähnliches gilt hinsichtlich der Wasserstandsangaben für die Schiffahrt und für den Wetterdienst, ohne den die Nachrichtensendungen nicht mehr denkbar sind. Das Bundesverfassungsgericht[275] billigte dem Bund in seinem ersten Fernsehurteil zu, diese Teilbereiche des Rundfunks regeln zu dürfen. Dies geschah ohne weitergehende Begründung und mit dem einzigen Hinweis, daß die Kompetenz dem Bund lediglich erlaube, einen "Teilaspekt des Programms" zu regeln[276].

Die Bereiche Schiffahrts- und Wetterdienst, aber auch Verkehrsfunk, gehören eng zusammen, wie sich nicht zuletzt auch aus der Stellung im Kompetenzkatalog des Grundgesetzes ergibt. In allen drei Fällen geht es um die Verbreitung wichtiger Informationen für die Allgemeinheit. Man wird die Begriffe "Hochsee-, Küsten- und Binnenschiffahrt, Wetterdienst und Straßenverkehr" so auszulegen haben, daß deren Regelung nur unter der Voraussetzung denkbar ist, daß diese Informationen an die Öffentlichkeit gelangen. Insofern handelt es sich auch um eine ausdrückliche

---

[273] Hendriks, ZUM 1988, S. 209, 216.
[274] Hendriks, ZUM 1988, S. 209, 216, kritisierte in erster Linie, daß das Bundeskartellamt nicht beachtet habe, daß die öffentlich-rechtlichen Anstalten die Aufgabe der Grundversorgung zu erfüllen haben. Dem ist allerdings entgegenzuhalten, daß diese Aufgabe nur einen Schutz gegenüber den privaten Anbietern bedeutet, nicht aber als Argument dienen kann, die privaten Anbieter von der Verbreitung von Sendungen auszuschließen.
[275] BVerfGE 12, S. 205 ff. (240).
[276] BVerfGE 12, S. 205 ff. (240).

Zuständigkeitszuweisung für den Bund innerhalb des Rundfunkwesens[277]. Dem Bund steht also die Regelungskompetenz zu, wie und unter welchen Umständen Schiffahrts- bzw. Seeschiffahrtsmeldungen im Rundfunk verbreitet werden. Das gleiche gilt für Verkehrsmeldungen. Eine starke Beeinflussung der Sendetätigkeit der Veranstalter wäre insofern nicht zu befürchten, da der Bund bei einer derartigen Bundesregelung die Programmautonomie der einzelnen Sender berücksichtigen müßte[278]. Es dürfte also nur eine grundsätzliche Verpflichtung durch den Bund erfolgen. Einzelheiten, etwa wann und wie häufig derartige Informationen zu senden seien, dürften von ihm nicht geregelt werden.

jj. Gesetzgebungskompetenz gemäß Art. 21 III GG (Parteienrecht)
Nach der Ansicht des Bundesverfassungsgerichts[279] steht dem Bund über Art. 21 III GG die "Kompetenz"[280] zu, die Zuteilung von Sendezeiten an politische Parteien zu regeln. Jedoch liegt die Gefahr eines schweren Eingriffs in das Rundfunkrecht nahe. Im Gegensatz zu den Wetter- oder Verkehrsfunkmeldungen, die nur in sehr geringem Umfang das Rundfunkprogramm beeinflussen, ist dies bei dem "Zu-Wort-Kommen-Lassen" von Parteien nicht der Fall[281]. Besonders in Wahlkampfzeiten bestünde so für den Bund die Möglichkeit, in die Abfolge des Rundfunkprogramms einzugreifen. Es wird daher die Ansicht vertreten[282], daß nur eine Kompetenz des Bundes für die Parteienordnung bestehe, die Sendezeitregelung für Parteien aber klar dem Rundfunkrecht zugeordnet werden müsse. In eine ähnliche Richtung geht die Bemerkung von Arndt[283], daß Parteienrecht in diesem Zusammenhang nur heißen könne, wie die Gleichheit der Parteien untereinander zu wahren sei, wenn ihnen Sendezeiten zugebilligt worden seien. Hingegen obläge das "Ob" solcher Parteien-Werbung und das "Wie", also etwa die Frage der Entgeltlichkeit, den Ländern.

---

[277] Man wird daher auch ohne das Theorem des Sachzusammenhangs oder der Annexkompetenz dem Bund eine Gesetzgebungskompetenz zusprechen können. Allerdings ist vertretbar, daß dem Bund die Kompetenz zur Regelung dieses Bereiches im Zweifel eine Annexkompetenz zur Seite steht. Jedenfalls kann der Bund nämlich die ihm zur gesetzlichen Regelung aufgegebenen Bereiche nicht regeln, wenn ihm nicht auch die Regelung hinsichtlich des Rundfunks in diesem Teilbereich zugestanden ist.

[278] Ohne eine Begründung so auch schon Arndt, JZ 1965, S. 937, 939.

[279] BVerfGE 12, 205 ff. (209, 240 f.)

[280] Es sei darauf hingewiesen, daß es sich bei Art. 21 III GG nicht in Ergänzung des VIII. Abschnitts um eine Kompetenznorm handelt. Diese Norm betrifft lediglich die politische Struktur von Bund und Ländern. Der Bund hat somit nur die Befugnis, die in Art. 21 GG enthaltene Materie zu regeln; vgl. insoweit Maunz, in: Maunz/Dürig, Komm. z. GG, Art. 21 Rn. 51.

[281] Selbst bei der eingeschränkten landesrechtlichen Regelung ist der "Einfluß" der Parteien in die Rundfunkordnung durch ihre Wahlwerbung von erheblicher Bedeutung, vgl. dazu den Artikel von Gunter Hoffmann, "Wenn Politik endgültig zur Schau wird", in: DIE ZEIT vom 23. September 1994, S. 3; und von Bernd Guggenberger, "Das Verschwinden der Politik" ebenfalls in: DIE ZEIT vom 7. Oktober 1994, S. 65.

[282] Krause-Ablaß, JZ 1962, S. 158, 159; ders., Zuständigkeit, S. 95, 96.

[283] Arndt, JZ 1965, S. 337, 339.

Diesen Ansichten ist zuzustimmen: Daß die Regelung des "Wie" Sache der Länder sein muß, ergibt sich schon analog aus der Argumentation hinsichtlich der Werbung kommerzieller Unternehmen im Rundfunk. Den Parteien kommt allerdings eine große Bedeutung für das politische und gesellschaftliche Leben in der Bundesrepublik Deutschland zu; ein Umstand, der möglicherweise für eine Bundeskompetenz spricht. Zum einen kann sich jedoch aus dem Umstand, daß eine Angelegenheit von bundesweitem Interesse ist, keine Bundeskompetenz ergeben. Zum andern ist zu beachten, daß Parteienwerbung für die Rundfunkveranstalter keinen geringeren Eingriff in ihre Autonomie bedeutet als Wirtschaftswerbung. Demnach ist die Regelung der Parteienwerbung unmittelbar dem den Ländern zustehenden Rundfunkrecht zuzuweisen. Art. 5 I 2 GG setzt dabei auch den Ländern materiellrechtlich einen engen Rahmen. Daher greifen die Länder regelmäßig auf auslegungsfähige Formulierungen zurück. Hinsichtlich der Länge der Wahlwerbung fordert etwa § 8 II WDR-G eine "angemessene Sendezeit". Den Rundfunkunternehmen bzw. -anstalten bleibt also das Recht, selbst zu regeln, wie im einzelnen die Parteienwerbung durchzuführen ist.

Wenn die Landesgesetzgeber Wahlwerbungen jedoch für zulässig erklärt haben, ist es Aufgabe des Bundes, den einzelnen Parteien gleiche, beziehungsweise verhältnismäßig gleiche Rechte zu gewähren. Mit der in Art. 21 III GG zugestandenen Kompetenz sollte dieser die allgemeinen demokratischen Prinzipien der Parteien regeln. Darunter fallen nun nicht sämtliche Bereiche, die in irgendeinem Zusammenhang mit den Parteien stehen. Der Bund hat aber das Recht, eine Gleichstellung zu garantieren. Wenn der Rundfunkgesetzgeber die Möglichkeit der Parteienwerbung also eröffnet hat[284], so liegt es im Rahmen der Bundeskompetenz, eine Regelung zu treffen, wie in § 5 ParteienG vorgesehen ist. Liegt hingegen keine landesrechtliche Regelung vor und gewährt der Rundfunkveranstalter ohne gesetzliche Grundlage den Parteien Sendezeiten, so ist es unbedenklich, hier die Bundesregelung des § 5 ParteienG anzuwenden, und insofern zu einer Gleichstellung der Parteien zu gelangen[285].

kk. Weitere Gesetzgebungskompetenzen des Bundes
Weiter steht dem Bund gemäß Art. 74 Nr. 1 GG noch die Regelungskompetenz für das Strafrecht zu. Auch hier handelt es sich um allgemeine Regelungen, die auch den Rundfunk betreffen. Man denke beispielsweise an das Pornographieverbot des § 184 StGB. Weitere Kompetenzen stehen dem Bund aus dieser Kompetenznorm hingegen nicht zu. So ist er etwa nicht zuständig, Vorkehrungen zu treffen, um entstandene Schäden durch ein Gegendarstellungsrecht zu kompensieren oder strafrechtlich zu ahnden. Anders als Straf- und Schadensersatzregelungen betrifft das Gegendarstellungsrecht den Rundfunkveranstalter direkt in seiner Tätigkeit. Die Regelung des Gegendarstellungsrechts ist somit rundfunkspezifisch, so daß dieser Bereich nicht

---
[284] Etwa Art. 4 II BR-G; § 3 Nr. 6 Hr-G; § 2 IV 4 SDR-S; § 3 SFB-S.
[285] Dazu ausführlich: Franke, S. 61 ff.

dem Bürgerlichem Recht oder dem Strafrecht, sondern allein dem Rundfunkrecht der Länder zuzuweisen ist[286].

Schließlich darf der Bund auch nicht über seine Steuerkompetenz entsprechend Art. 105 II GG in die Rundfunkorganisation der Länder eingreifen[287].

f. Ergebnis zu 1.

Dem Bund stehen also nur in wenigen Bereichen, die das nationale Rundfunkwesen tangieren, ausdrückliche Regelungsbefugnisse zu. Diese sind nicht so umfassend, daß sie den Rundfunk als Ganzes betreffen. Als komplexe Materie ist der Rundfunk einer einheitlichen Regelung zugänglich. Man wird daher nicht wegen einzelner Bundeszuständigkeiten im Bereich des Rundfunkwesens behaupten können, daß der gesamte Rundfunk durch den Bund geregelt werden müsse.

---

[286] So auch inzident BVerfGE 63, S. 131 ff.

[287] Das Mehrwertsteuergesetz vom 29. Mai 1967 BGBl. 1967 I, S. 545 ff, enthielt in § 2 III eine Regelung, die auch die Tätigkeit der Rundfunkanstalten als gewerbliche Tätigkeit iSd. Gesetzes einstufte. Ziel dieser Regelung war, endlich auch die Rundfunkanstalten der Umsatzsteuerpflicht zu unterwerfen. Im 2. Rundfunkurteil vom 27. Juli 1971, BVerfGE 31, S. 314, LS. 2, stellte das Bundesverfassungsgericht fest, dem Bundesgesetzgeber stehe nicht das Recht zu, die Tätigkeit der Rundfunkanstalten als gewerbliche Tätigkeiten zu fingieren.

2. Bundesgesetzgebungskompetenz kraft ungeschriebener Kompetenzzuweisung

Das Grundgesetz regelt die Kompetenzen zwischen Bund und Ländern überschneidungsfrei[1]. Ist dem Bund die Kompetenz nicht ausdrücklich zugesprochen, so bleibt die Kompetenz gemäß Art. 30 und 70 GG bei den Ländern. Eine Ausnahme zu diesem Grundsatz stellen die ungeschriebenen Kompetenzen dar.

a. Das Problem der Zulässigkeit ungeschriebener Kompetenzen

Das Bestehen ungeschriebener Kompetenzen wird insbesondere aus Art. 30 GG gefolgert[2]. Dort wird die grundsätzliche Zuständigkeit der Länder festgelegt,

"soweit dies Grundgesetz nichts anderes bestimmt oder zuläßt".

Dem Wort "zuläßt" ist zu entnehmen, daß neben den "bestimmten" Kompetenzregelungen in den Art. 70 ff. bzw. 83 ff. GG noch andere unbenannte aber zugelassene denkbar sind. Zwar ist die Formulierung nur in Art. 30 GG gewählt, die Überlegungen müssen aber auch hinsichtlich Art. 70 GG Anwendung finden. Auch hier spricht die Formulierung nicht gegen die Annahme ungeschriebener Kompetenzen. Zwar heißt es in Absatz 1 dieser Norm:

"Die Länder haben das Recht der Gesetzgebung, soweit dieses Grundgesetz nicht dem Bunde Gesetzgebungsbefugnisse verleiht."

Dies ist aber nur als Ausschluß einer ausdrücklichen oder stillschweigenden Ermächtigung durch eine Instanz außerhalb des Grundgesetzes zu verstehen[3]. Das Grundgesetz kann dem Bund stillschweigend Kompetenzen verleihen. Daß ungeschriebene Kompetenzen vom Grundgesetz weder für die Gesetzgebung noch für die Verwaltung ausgeschlossen sind, ergibt sich auch aus der Entstehungsgeschichte der Formulierung des Art. 30 GG: Sie wurde von der Verfassunggebenden Versammlung *entgegen* eines Wunsches der Alliierten gewählt, die in einem Memorandum die Beschränkung der Bundeskompetenzen auf die im Grundgesetz ausdrücklich genannten gefordert hatten[4]. Der Parlamentarische Rat hat sich diesem Wunsch nicht gefügt. Er wollte also auch mögliche nicht ausdrückliche Zuweisungen zulassen.

Die früher vehement vertretene Gegenansicht[5] versteht den Kompetenzkatalog als abschließend und begreift daher jede Erweiterung der Bundeskompetenzen als eine Veränderung der Verfassung: Der Grundsatz aus Art. 79 I S. 1 GG, nach dem Ver-

---

[1] BVerfGE 36, S. 193 ff. (202).
[2] Vgl. etwa Achterberg, AöR 86 (1961), S.63 ff., insbesondere S. 86; vgl. Dreher, S. 64.
[3] So auch Kölble, DÖV 1963, S. 660, 663 Fn. 38 a.
[4] Memorandum vom 22. November 1948, dem Präsidenten des Parlamentarischen Rats von den Alliierten Verbindungsstäben übergeben, abgedruckt in: Huber, Quellen, S. 208 ff.
[5] Maunz, DÖV 1950, S.643, 645.

fassungsänderungen nur durch Verfassungstextänderungen vorgenommen werden dürfen, verbiete überhaupt die Anerkennung ungeschriebener Bundeszuständigkeiten. Für diese Ansicht spricht, wie für jede, die sich auf den geschriebenen Gesetzestext bezieht, daß sie ein hohes Maß an Klarheit bezüglich Kompetenzfragen gewährleistet. Jedoch wird sie den Bedürfnissen der Verfassungswirklichkeit nicht gerecht. Es gibt Sachbereiche, die unbestritten nur durch den Bund geregelt werden können, für die dieser gleichwohl keine geschriebene Kompetenzzuweisung hat, wie zum Beispiel staatliche Gedenktage, die Bestimmung des Parlamentssitzes oder (gesamt-) staatliche Mahnmale. Diese Tatsache zwingt dazu, ungeschriebene Kompetenzen anzuerkennen[6]. Im übrigen geht die Kritik dann ins Leere, wenn bei den "ungeschriebenen" Kompetenzen Ausgangspunkt nicht ein "überpositives Recht" ist, sondern die ausgelegte Verfassung selbst. Diese Einschätzung wird auch durch die Rechtsprechung des Bundesverfassungsgerichts bestätigt: Nachdem in der Weimarer Republik die Zuständigkeiten kraft ungeschriebenen Verfassungsrechts inflationär benutzt worden waren, hat das Bundesverfassungsgericht diese Kompetenzzuweisungen zwar nur noch in engen Grenzen zugelassen, das Bestehen ungeschriebener Kompetenzen wurde durch das Gericht jedoch nie in Zweifel gezogen.

Bei der Formulierung der ungeschriebenen Kompetenzen hat die Auslegung des Grundgesetzes nach historischen, genetischen, systematischen, komparativen und teleologischen Gesichtspunkten zu erfolgen[7]. Es handelt sich also bei Kompetenzzuweisungen, die auf diese Weise "gefunden" werden, nicht um Verfassungsänderungen. Auch der Sprachgebrauch, diese Kompetenzen als ungeschrieben zu bezeichnen, ist nicht ganz korrekt. Vielmehr resultieren diese Kompetenzzuweisungen aus einer Interpretation der Verfassung und finden also in ihr ihren geschriebenen Ursprung. Daher ist es angezeigt, statt von "ungeschriebenen" von den "stillschweigend mitgeschriebenen Kompetenzen" zu sprechen[8], denn diese Theoreme sind abhängig von ausdrücklich benanntem Recht.

b. Kompetenz kraft Sachzusammenhangs

Als ungeschriebene Kompetenz ist die Kompetenz kraft Sachzusammenhangs anerkannt[9]. Dabei handelt es sich um eine Form der Rechtssatzauslegung. Man geht von

---

[6] Wie Küster, S. 295 zuzustimmen ist, wird dieses Problem in Bundesstaaten hinsichtlich kultureller Bereiche wesentlich.

[7] Achterberg, AöR 86 (1961), S. 63, 67; ders., DÖV 1964, S. 612, 616.

[8] So wohl zuerst Küchenhoff, AöR 82 (1957), S. 413, der "stillschweigende" von "ungeschriebenen" Kompetenzen unterscheidet; folgend Küster, S. 59, 307, der allerdings noch darauf hinweist, daß es sich bei derlei Interpretationen um die Anwendung von Rechtsgewinnungsmitteln der allgemeinen Rechtslehre handele, die jede Auslegung bis hin zur (zulässigen!) Rechtssatzergänzung umfasse.

[9] Die Begrifflichkeiten werden nicht einheitlich gebraucht, vgl. etwa Schneider, NJW 1965, S. 937, 939, der die Begriffe "Annexkompetenz" und "Kompetenz kraft Sachzusammenhangs" synonym verwendet.

ausdrücklich genannten Kompetenzen aus und untersucht, ob neben den dort genannten Regelungsbereichen auch Materien unter die Norm fallen, die nicht ausdrücklich genannt sind. Zwar wurde im Verfassungskonvent von Herrenchiemsee eine Kompetenzableitung mit Hilfe der Figur des Sachzusammenhangs abgelehnt[10]. Wohl wegen politischer Notwendigkeiten ist diese Form der Kompetenzbegründung heute aber grundsätzlich anerkannt[11].

aa. Grundsätzliches zur Rechtsfigur der Kompetenz kraft Sachzusammenhangs

Hinsichtlich der inhaltlichen Bestimmung ist das Bundesverfassungsgericht im "Baurechtsgutachten" von folgender Definition ausgegangen:

"Ein sogenannter Sachzusammenhang vermöchte ... eine Zuständigkeit nur dann zu stützen, wenn eine dem Bund ausdrücklich zugewiesene Materie *verständigerweise* nicht geregelt werden kann, ohne daß zugleich eine nicht ausdrücklich zugewiesene Materie mitgeregelt wird, wenn also ein Übergreifen in nicht ausdrücklich zugewiesene Materien *unerläßlich* Voraussetzung ist für die Regelung einer der Bundesgesetzgebung zugewiesenen Materie[12]".

Mit dieser Formulierung wird die Richtung beschrieben, in die diese (ungeschriebene) Kompetenz die Bereiche der geschriebenen Kompetenz um verwandte Sachgebiete erweitert: Die Kompetenz kraft Sachzusammenhangs wirkt "horizontal"[13], also gewissermaßen in die Breite. Allerdings war mit der Festlegung auf die "Unerläßlichkeit" eine besonders schwer überwindbare Hürde vom Gericht aufgestellt. Eine so strenge Formel konnte in der Praxis nicht taugen[14]. Dieser Umstand dürfte der Grund dafür sein, weshalb die Formulierung vom Bundesverfassungsgericht nur selten in dieser Form verwandt wurde[15]. Später wurden die Grenzen der Kompetenz kraft Sachzusammenhangs immer weiter aufgeweicht. Das Kriterium der "Unerläßlichkeit", das die notwendige Einschränkung einer uferlosen

---

[10] Bericht Herrenchiemsee, S. 248.
[11] Vgl. BVerfGE 3, S. 407 ff. (421); 11, S. 192 ff. (199); 12, S. 205 ff. (237); 15, S. 1 ff. (20); 26, S. 246 ff. (256); 26, S. 281 ff. (300); Achterberg, AöR 86 (1961), S. 63, 64 ff.; Kölble, DÖV 1963, S. 660, 666; Bullinger, AöR 96 (1971), S. 237, 241; Stern, Staatsrecht, Bd. 1, S. 676 ff.; ders., Staatsrecht, Bd. 2, S. 610 ff.; früher grundsätzlich a.A.: Maunz, DÖV 1950, S. 643 ff., insbesondere S. 645, der nun aber in: Maunz/Dürig, Komm. z. GG, Art. 30 Rn. 24 ff., diese Rechtsfigur zumindest als "Auslegungshilfe" anerkennt.
[12] BVerfGE 3, S. 407 ff. (421); Heraushebung vom Verfasser.
[13] Achterberg, JA 1980, S. 210, 215.
[14] So schon Bullinger, AöR 96 (1971), S. 237, 241 f.
[15] BVerfGE 3, S. 407 ff. (421); 12, S. 205 ff. (237 f.); 15, S. 1 ff. (20); vgl. dazu ausführlich Bullinger AöR 96 (1971), S. 237, 242.

Ausweitung der Bundeskompetenzen gewährleisten sollte[16], wurde nicht mehr ausdrücklich erwähnt. Vielmehr genügte zur Bejahung einer Kompetenz kraft Sachzusammenhangs eine enge Verzahnung mit einer Bundeskompetenz[17]. Teilweise ergab sich die Annahme einer ungeschriebenen Kompetenz auch aus der Eigenart der Regelungsmaterie[18]. Bullinger stellt insofern zutreffend fest[19], daß sich das Gericht mit dieser Jurisdiktion von den selbst aufgestellten Voraussetzungen zu lösen begann. Jedoch betonte das Gericht auch jetzt noch, daß Zweckmäßigkeitserwägungen eine Zuständigkeit kraft Sachzusammenhangs nicht begründen konnten[20].

In den Entscheidungen, in denen bisher die Rechtsfigur des "Sachzusammenhangs" verwandt wurde, ging es - soweit ersichtlich - immer um das Aufeinandertreffen von Bundes- und Landeskompetenzen, also um ambivalente Rechtsmaterien. Aus diesem Zusammenhang erklärt sich, daß es bei der Frage, ob eine Kompetenz kraft Sachzusammenhangs besteht, immer um die Auslegung von Kompetenzzuweisungsnormen geht. Dies ist besonders eindeutig in den Fällen zu erkennen, in denen das Bundesverfassungsgericht darauf verzichtet, den Begriff des "Sachzusammenhangs" überhaupt zu erwähnen[21]. Bullinger spricht in diesen Fällen von einem "unbenannten Sachzusammenhang"[22]. Die Zuordnung der umstrittenen Materie erfolgte dabei letztendlich nach dem Kriterium der größeren Sachnähe, wobei die grundsätzliche Länderzuständigkeit als zusätzlicher Gesichtspunkt eine Rolle spielte. Aus diesen Überlegungen ergibt sich, daß bei einer ambivalenten Materie, die also nicht eindeutig unter eine Kompetenznorm des Grundgesetzes fällt, auch eine Kompetenz kraft Sachzusammenhangs zu Gunsten der Länder denkbar ist[23].

Es wurde gerade in jüngerer Zeit argumentiert, daß es der Kompetenz kraft Sachzusammenhangs zur Erkenntnis unbenannter Kompetenzen gar nicht bedürfe[24]. Am Ende sei es nur ein Umgehen von schwierig zu begründenden Argumenten, wenn man sich einfach auf die "notwendige" Sachnähe oder Ähnliches berufe, anstatt die Grundgesetzartikel systematisch auszulegen. Dieser Kritik ist insofern zuzustimmen, als es nicht möglich sein darf, Kompetenzzuweisungen nur aufgrund vermeintlicher

---

[16] Küster, S. 314, weist daraufhin, daß das Ziel klarer Abgrenzbarkeit durch das Bundesverfassungsgericht allerdings nicht glückte.
[17] BVerfGE 15, S. 1 ff. (22); 22, S. 180 ff. (213).
[18] BVerGE 7, S. 29 ff. (38); 36, S. 193 ff. (202 f).
[19] Bullinger, AöR 96 (1971), S. 237, 242.
[20] BVerfGE 41, S. 291 ff. (312).
[21] Vgl. BVerfGE 23, S. 113 ff. (124 f.); 24, S. 300 ff. (353 f.); 61, S. 149 ff. (185 f.); 62, S. 354 ff. (366 f.); 67, S. 256 ff. (274 f.); 68, S. 319 ff. (328 f).
[22] Bullinger AöR 96 (1971), S. 237, 244.
[23] Insofern ist etwa die Begründung einer Länderzuständigkeit für den Jugendschutz im Rundfunk eine, die auf dem Theorem des Sachzusammenhangs basiert; grundsätzlich kritisch zur länderfreundlichen Jurisdiktion des Bundesverfassungsgerichts Wipfelder, DVBl. 1982, S. 477, 479.
[24] So Köstlin, Kulturhoheit, S. 41 f.; Stettner, S. 429.

Sachzwänge hin vorzunehmen. Jedoch muß über die Grenze der üblichen Auslegungskriterien hinaus die Möglichkeit bestehen, eine Materie, die zwischen zwei klar zugewiesenen steht, aufgrund einer Sachnähe der einen oder anderen zuzuordnen. Somit ist der Ursprung einer Kompetenz kraft Sachzusammenhangs die teleologische Interpretation von ausdrücklichen Kompetenzen[25], die über den ausdrücklich bezeichneten Rahmen hinausgreift. Es wird also nicht mit dem Argument bestehender Sachzwänge eine Kompetenz begründet. Vielmehr leitet sich die Kompetenz erst durch systematische, historisch-genetische, komparative und teleologische Interpretation eines von der Verfassung vorgegebenen Begriffs ab. Gleichzeitig wird das zu regelnde Materie mit Interpretationshilfen wie Rechtstradition, Verhältnismäßigkeitsgesichtspunkten und dem Verbot des Rechtsmißbrauchs auf ihren Schwerpunkt hin untersucht. Dieser Schwerpunkt einer Materie ist also entscheidend, ob sie der Bundes- oder der Länderkompetenz untersteht. Eine Materie, die nicht unter den im Gesetz genannten Begriff zu subsumieren ist, wird dann über die Figur des Sachzusammenhangs so behandelt, als ob sie doch darunter fiele. Dies ist aber eine Erweiterung jenes Bereiches, der durch bloße Auslegung eines Begriffes einer bestimmten Kompetenzzuweisungsnorm gefunden werden kann. Daher ist auch Maunz zu widersprechen, für den die Figur "Kompetenz kraft Sachzusammenhangs" eine "bloße Auslegungshilfe" ist[26]. Mittels dieses Theorems soll die Verfassung nicht nur ausgelegt werden. Vielmehr werden durch sie Rechtssätze erschlossen, die auch durch eine weite Auslegung nicht unter den entsprechenden Begriff zu subsumieren sind[27]. Diese Rechtsfigur erweitert also die Möglichkeiten, die im üblichen Auslegungskanon nicht enthalten sind. Die Kompetenz kraft Sachzusammenhangs scheidet daher nicht als eigenständige Form der Kompetenzzuweisung aus. Allerdings ist das Instrument des Sachzusammenhangs nur vorsichtig zu gebrauchen. Es liegt nämlich in der Natur ambivalenter Sachverhalte, daß man sie sowohl der einen, als auch der anderen Seite zusprechen kann[28]. Man wird daher für die Bejahung einer Kompetenz kraft Sachzusammenhangs neben der größeren Sachnähe zu einem bestimmten Bereich auch verlangen

---

[25] Ebenso Jutzi, Schulen, S. 130. Allerdings ist in diesen Fällen schwierig zu unterscheiden, ob das Gericht eine Kompetenz des Bundes wegen eines Sachzusammenhangs annahm, oder ob das Gericht lediglich die Kompetenzzuweisungsnorm in der Weise auslegte, sich also noch innerhalb dieser Norm aufhielt, um dem Bund die Kompetenz zuzuweisen.

[26] Maunz, in: Maunz/Dürig, Komm. z. GG, Art. 30 Rn. 23 ff.

[27] Unklar Wipfelder, DVBl. 1982, S. 477, 478, der dieses Theorem einerseits als Auslegungsbehelf bezeichnet, andererseits aber darlegt, daß dieses Theorem mehr sei, als nur Interpretationshilfe. Zuzustimmen ist Kisker, S. 32 ff., der bei der Festlegung des Schwerpunktes bei einer Materie Rechtstradition, Verhältnismäßigkeit, das Verbot des Rechtsmißbrauchs u. ä. bewerten will.

[28] Vgl. hierzu Giese, DÖV 1953, S. 587, 591, der hinsichtlich des Rundfunks eine Bundeskompetenz kraft Sachnähe zu Art. 73 Nr. 7 GG bejahte, die allerdings maßvoll ausgeübt werden solle; während Moser, DÖV 1954, S. 389 391, ebenfalls über die Figur des Sachzusammenhangs die Kompetenz der Länder auch für den technischen Bereich des Rundfunks bejahte.

müssen, daß die in Frage stehende Materie nur auf diese Weise befriedigend geregelt werden kann.

bb. Mögliche Kompetenzen kraft Sachzusammenhangs

(1) Sachzusammenhang zu Art. 73 Nr. 7 GG
Bis zum ersten Fernsehurteil war die Argumentation verbreitet, dem Bund stehe eine Kompetenz kraft Sachzusammenhangs mit Art. 73 Nr. 7 GG zur Regelung des gesamten Rundfunkwesen zu[29]. Wenn der Rundfunk nicht schon vom Begriff des "Fernmeldewesens" (bzw. der "Telekommunikation") umfaßt sei, bestehe jedenfalls zwischen beiden Bereichen ein so enges Verhältnis, daß dem Bund "sinnvollerweise" auch die Rundfunkkompetenz zustehen müsse. Diese Begründung findet ihre Wurzeln in den Anfängen des Rundfunkwesens in Deutschland. Damals machte die Reichspost die Genehmigung zur Nutzung der Sendestationen von der Anerkennung einer bestimmten Programmgestaltung durch den Veranstalter abhängig, wobei ihr dafür allerdings eine rechtliche Grundlage fehlte. Bei dieser Interpretation des Begriffs Rundfunk bzw. Telekommunikation handelt es sich jedoch um eine Fehldeutung. Rundfunk ist von der Telekommunikation trennbar. Zwar besteht zwischen beiden Bereichen ein Zusammenhang, weil das Rundfunkwesen notwendigerweise der Verbreitungstechnik durch das Fernmeldewesen bedarf. Eine so "enge Verzahnung" zwischen den Materien, daß die nicht ausdrückliche erwähnte Materie durch den Bund "notwendig erscheint" ist aber nicht zu bejahen[30]. Argumente, die es als "sinnvoll" oder "zweckmäßig" bezeichnen, daß die Materie des Rundfunks von einer Instanz geregelt wird[31], können nicht überzeugen. Wie man behaupten kann, daß es "sinnvoll" oder "zweckmäßig" sei, die Materie Rundfunk- und Rundfunktechnik einheitlich durch den Bund regeln zu lassen[32], kann man auch behaupten, daß es "sinnvoll" oder "zweckmäßig", sei, dies unterschiedlich von den Ländern regeln zu lassen[33], also von der Rundfunkkompetenz der Länder auf die Regelungskompetenz für den rundfunktechnischen Bereich zu schließen[34]. Dies gilt in gleichem Maße für den konventionell-terrestrisch verbreiteten Rundfunk wie für die neuen Medien. Hier wie dort läßt sich nämlich Rundfunkrecht von Telekommunikationsrecht trennen. Eine Bundeskompetenz kraft Sachzusammenhangs

---

[29] Giese, DÖV 1953, S. 587, 591.

[30] Diese Argumentation wird auch durch die Entwicklung bestätigt, die Rundfunk und Fernmeldewesen unabhängig voneinander durchgemacht haben und seit diesem Rundfunkurteil auch weiter durchmachen konnten.

[31] So Lüders, Zuständigkeit, S. 66 ff., weil nur auf diese Weise die optimalen Empfangsbedingungen, die kulturelle Regionalgliederung, die Gleichheit der Finanzkraft aller Anstalten und die Berücksichtigung der nach dem Krieg entstandenen Situation in ein ausgewogenes Verhältnis zueinander gebracht werden können.

[32] So Giese, DÖV 1953, S. 587, ff.

[33] Ausführlich dazu Krause, Zuständigkeit, S. 69 ff.

[34] So Moser, DÖV 1954, S. 389, 391.

mit der Telekommunikation in Art. 73 Nr. 7 GG ist für das Rundfunkwesen daher nicht begründbar[35].

(2) Sachzusammenhang zu Art. 75 Nr. 2 GG

(a) Sachzusammenhang des gesamten Rundfunkwesens zur Publizistik
Bis zum 15. 11. 1994 stand dem Bund gemäß Art. 75 Nr. 2 GG die Rahmenkompetenz zu, die Medien Film und Presse gesetzlich zu regeln. Nunmehr ist diese Kompetenz auf das Pressewesen beschränkt. Schon dadurch ist die Bundeszuständigkeit im Bereich der Massenmedien begrenzt. Das Rundfunkwesen war allerdings nie ausdrücklich von dieser Norm umfaßt. Es wurde in der Literatur seinerzeit versucht[36], über die Rechtsfigur des Sachzusammenhangs mit dieser Norm dem Bund die Kompetenz auch für das Rundfunkwesen zuzuweisen. Zur Begründung wurde darauf hingewiesen, daß die in der Norm erwähnten Materien Presse und Film "stellvertretend" für alle Massenmedien stünden. Schon aus historischen Gründen ist diese Argumentation nicht haltbar, da im Parlamentarischen Rat der Wille bestand, das Rundfunkwesen später einheitlich zu regeln[37]. Diesem Gedankengang fehlt somit jeder Anhaltspunkt im Grundgesetz. Im übrigen stünde diese Überlegung auch im deutlichen Widerspruch zu der in den Art. 30 und 70 GG verankerten Struktur der abschließenden Zuständigkeitsverteilung. Wo dem Bund nur ein Teil (jetzt nur noch Presse) einer umfassenden Materie (Massenmedien, zu denen, wie sich aus Art. 5 GG ergibt, auch noch Film und Rundfunk zu zählen sind) als Regelungsmaterie zugewiesen ist, darf gerade nicht auf die Gesamtzuständigkeit des Bundes geschlossen werden[38]. Es ist ferner nicht einmal "zweckmäßig", die Materien des Rundfunks einheitlich mit denen der anderen Bereiche der Publizistik zu regeln. Es ist nämlich offensichtlich, wie unterschiedlich beispielsweise die Regelungen bezüglich der Gegendarstellung in Presse und Rundfunk zu erfolgen haben. Wenn aber schon die "Zweckmäßigkeit" der einheitlichen Regelung zu verneinen ist, wobei diese "bloße Zweckmäßigkeit" nicht ausreicht, um einen Sachzusammenhang zu bejahen[39], so liegt nicht einmal der vom Bundesverfassungsgericht geforderte sinnvolle Zusammenhang vor, der nur angenommen werden kann, wenn die Materien eng "verzahnt" sind[40], damit die Regelung für die nicht ausdrücklich erwähnte Materie durch den Bund notwendig zu sein scheint. Daher ist ein kompetenzbegründender Sachzusammenhang zwischen Art. 75 Nr. 2 GG bezüglich der dort erwähnten Publizistik und dem Rundfunkwesen zu verneinen.

---

[35] So auch schon BVerfGE 12, S. 205 ff. (237 ff.); für die neuen Übertragungstechniken: Bueckling, ZUM 1985, S. 144, 147; Jutzi, ZUM 1986, S. 21, 22.
[36] Lüders, Zuständigkeit, S. 79 f.
[37] Vgl. dazu ausführlich S. 46 ff.
[38] Ausführlich zu dieser Problematik: Krause, Zuständigkeit, S. 93.
[39] BVerfGE 11, S. 6 ff. (17 f.); 41, S. 291 ff. (312).
[40] BVerfGE 15, S. 1 ff. (22); 22, S. 180 ff. (213).

(b) Sachzusammenhang des Werberundfunks zur Publizistik

Im Zusammenhang mit der Diskussion um die Bundeskompetenz bezüglich des Werbefernsehens war auch die Ansicht vertreten worden, das Werbefernsehen gehöre zum Bereich der Publizistik, da ein enger Zusammenhang zwischen Werbung in der Presse und im Fernsehen bestehe, so daß dem Bund, kraft Sachzusammenhangs mit Art. 75 Nr. 2 GG diese Materie zur Regelung zustehe[41]. Jedoch geben mögliche Beeinträchtigungen der Presse durch das Werbefernsehen dem Bund nicht das Recht, umfassende Regelungen für das Werbefernsehen aufzustellen. Dies gilt jedenfalls solange, wie die Presse als Institution gewahrt ist[42]. Im übrigen steht dem Bund für die Presse nur eine Rahmengesetzgebungskompetenz zu, so daß Einzelregelungen des Bundes diesen Rahmen überschreiten würden. Somit ist über den Gedanken des Sachzusammenhangs auch keine Teilkompetenz (nämlich für das Werbefernsehen) des Bundes im Bereich des Rundfunkwesens herzuleiten[43].

(c) Sachzusammenhang zu dem Bund zustehenden Teilbereichen (Fernmeldehoheit, Urheberrecht, Recht der Wirtschaft u.a.)

Bei einer Kompetenzkombination[44] werden einzelne ausdrückliche Kompetenzbereiche verbunden, um die Regelungskompetenz für eine ungenannte Materie herzuleiten. Insofern findet auch diese Argumentationsfigur ihren systematischen Ursprung im Sachzusammenhang[45]. Allerdings ist auch auf diese Weise keine Bundeskompetenz für das nationale Rundfunkwesen zu begründen. Würde man derartigen Überlegungen folgen, so hätte dies die verfassungswidrige Folge, daß der Bund die gesamte Rechtsmaterie schon dann regeln könnte, wenn ihm nur eine Reihe mehr oder minder bedeutender Teilaspekte davon zur Regelung zustünden. Daher ist schon grundsätzlich gegen die Rechtsfigur der Kompetenzkombination Kritik anzumelden, jedenfalls kann mit ihr keine Rundfunkkompetenz des Bundes begründet werden[46].

Dem Bund steht also im Bereich der rein nationalen Rundfunkangelegenheiten durch terrestrische Verbreitung keine Gesetzgebungskompetenz durch die Rechtsfigur des Sachzusammenhangs zu[47].

---

[41] Dies diskutiert etwa Leisner, Werbefernsehen, S. 234 ff.
[42] Kreile, S. 205.
[43] So auch Leisner, Werbefernsehen, S. 236.
[44] Zum Begriff: Schmidt-Aßmann, S. 59 ff.
[45] So hinsichtlich des Satellitenrundfunks ausdrücklich Kreile, S. 207.
[46] Ohne dabei auf den Rechtsgrund einer solchen Argumentation einzugehen, wird dies in der Folge von BVerfGE 12, S. 205 ff. (241) von der ganz h.M. vertreten. So formuliert etwa Herrmann, Rundfunkrecht, S. 151: "Aber auch die Summierung der Einzelkompetenzen ergibt keine umfassende Gesetzgebungszuständigkeit des Bundes für das Rundfunkwesen."
[47] So schon BVerfGE 12, S. 205 ff. (237 f).

c. Annexkompetenz

Die Annexkompetenz kann nur für vorbereitende oder durchführende Maßnahmen solcher Aufgabenregelungen angenommen werden, für die der Bund die Gesetzgebungskompetenz inne hat[48]. Sie ist also eine "Hilfskompetenz", der eine verfassungsrechtliche Hauptkompetenz die Rechtfertigung für ihr Bestehen liefert und greift also im Gegensatz zur Kompetenz kraft Sachzusammenhangs in die "Tiefe"[49]. Wenn das Verhältnis zwischen Annexkompetenz und Kompetenz kraft Sachzusammenhangs auch nicht endgültig geklärt ist[50], so sind trotzdem die unterschiedlichen Richtungen der Kompetenzbegründung anerkannt. Die Annexkompetenz rechtfertigt nur solche Regelungen, die zur Wahrnehmung zugewiesener Kompetenzen unbedingt notwendig sind, weil diese sonst ihren Zweck verfehlten[51]. Somit ist diese Kompetenz das Ergebnis einer effektiven Auslegung des Grundgesetzes. Sie kann damit dem Bund nicht weitergehende Kompetenzen zuschreiben, als diesem schon durch die Hauptkompetenz zustehen.

Zur Begründung einer Annexkompetenz kommt hinsichtlich des Rundfunkwesens nur die Regelungsmaterie der Telekommunikation nach Art. 73 Nr. 7 GG in Betracht. Das Rundfunkrecht betrifft jedoch weder die Durchführung noch vorbereitende Maßnahmen für die Telekommunikation. Beide Bereiche bestehen völlig unabhängig voneinander. Zwar wurde gezeigt, daß die neuen Techniken eine wesentlich stärkere Verflechtung zwischen Rundfunk und Telekommunikation zur Folge haben. Es kann aber immer noch nicht davon gesprochen werden, daß der Bund unbedingt das Rundfunkwesen in diesem Bereich regeln müsse, um seinen Aufgaben im Bereich des Fernmelderechts genügen zu können. Die Entscheidungen der Post zeigen vielmehr, daß diese Aufgaben ebensogut ohne rundfunkrechtliche Regelungen erfüllt werden können. Allerdings wurde dabei auch deutlich, daß es grundsätzlich zu einer Absprache zwischen Bund und Ländern kommen müßte. Möglicherweise wäre es daher zweckmäßig, wenn auch der Rundfunk einheitlich vom Bund geregelt würde. Zweckmäßigkeitserwägungen reichen aber zur Bejahung einer Annexkompetenz nicht aus. Daher ist auch eine Annexkompetenz für die Materie des Rundfunkwesens abzulehnen.

d. Kompetenz kraft Natur der Sache

Was genau unter einer Kompetenz kraft Natur der Sache zu verstehen ist, ist in Rechtsprechung und Literatur heftig umstritten. Grundsätzlich wird man eine

---

[48] BVerfGE 3, S. 407 ff. (433); Köstlin, Kulturhoheit, S. 42; Küster, S. 315.
[49] Kritisch: Achterberg, DÖV 1966, S. 695, 698.
[50] Vgl. Schneider, NJW 1965, S. 337, 339, der die Begriffe synonym verwendet; im Unterschied dazu aber Köstlin, Kulturhoheit, S. 42; Achterberg, DÖV 1966, S. 695, 697; Hesse, K. Grundzüge, S. 98 Rn. 236, der die Bereiche "Sachzusammenhang" und "Annex" völlig trennt; anders Scholz, Festgabe BVerfG II, S. 252, 272 ff., und v. Münch, in: v. Münch, Komm. z. GG, Art. 70 Rn. 20, die die Annexkompetenz als Unterfall der Kompetenz kraft Sachzusammenhangs verstehen.
[51] BVerfGE 3, S. 407 ff. (421).

Bundeskompetenz kraft Natur der Sache bejahen können, wenn sich aus der zu regelnden Materie ergibt, daß diese vom Bundesgesetzgeber geregelt werden muß. Im ersten Fernsehurteil prüfte das Bundesverfassungsgericht, ob dem Bund nicht eine Gesetzgebungskompetenz aus diesem Rechtsgedanken zustehe[52]. Damals verneinte das Gericht eine solche Kompetenz; die Literatur ist dem weitgehend gefolgt[53]. Allerdings wird von den Autoren regelmäßig nur auf die Entscheidung des Bundesverfassungsgerichtes verwiesen[54]. Hier soll die Argumentation des Gerichts ausführlich daraufhin untersucht werden, ob die gegenwärtigen Gegebenheiten eine andere Beurteilung dieser Frage nahelegen. Es handelt sich bei der "Natur der Sache" um eine Argumentationsfigur, eine "juristischen Denkform", die jeweils von der zu regelnden Materie ausgeht, um Kompetenzen zu begründen, wobei dies gleichermaßen für Gesetzgebungs- und Verwaltungskompetenzen kraft Natur der Sache gilt[55]. Das aber ist der Grund, weshalb diese Rechtsfigur auch dem Prinzip des Wandels der politischen und soziologischen Verhältnisse Rechnung tragen muß[56]. Das gilt auch hinsichtlich des technischen Fortschritts. Schließlich hat auch ein wissenschaftlicher Fortschritt stattgefunden, der neue Argumente für und gegen eine natürliche Bundeskompetenz im Bereich des nationalen Rundfunks zur Hand geben kann.

aa. Grundsätzliches zur Natur der Sache

Auch wenn die Kompetenz kraft Natur der Sache allgemein anerkannt ist[57], so ist doch ihre rechtstheoretische Grundlage unsicher. Dementsprechend kann der aus dieser juristischen Denkform ableitbare Inhalt nicht als klar umrissen gelten[58]. Unbestritten ist lediglich, daß diese Rechtsfigur dem Bund nur in engen Grenzen Kompetenzen zuweisen kann. Schlußfolgerungen aus der Natur der Sache müßten "begriffsnotwendig" sein und eine bestimmte Lösung "zwingend" fordern[59]. Daher könne es sich bei natürlichen Kompetenzen nur um solche handeln, die dem Bund

---

[52] BVerfGE 12, S. 205 ff. (251 f).

[53] BVerfGE 12, S. 205, LS. 7 b; folgend Leisner, Werbefernsehen, S. 230; implizit auch Puhl, DVBl. 1992, S. 933 f., soweit es sich nicht um einen Regierungssender handelt; kritisch wohl nur Peters, Rechtslage, S. 21.

[54] Vgl. etwa Leisner, Werbefernsehen, S. 230.

[55] So auch Küster, S. 313; für sämtliche stillschweigend mitgeschriebenen Kompetenzen ähnlich Kölble, DÖV 1963, S. 660, 666, der die Bejahung einer stillschweigend mitgeschriebenen Verwaltungszuständigkeit des Bundes jedenfalls als "Indiz" wertet, daß auch eine entsprechende Gesetzgebungszuständigkeit besteht.

[56] Darauf weist auch hin Wipfelder, DVBl. 1982, S. 477, 478.

[57] Kritisch dazu: Maunz, DÖV 1950, S. 643 ff.; grundsätzlich auch Dreier, S. 86 ff.

[58] So aber Stettner, S. 434.

[59] BVerfGE 11, S. 89 ff. (99); 12, S. 205 ff. (251); 22, S. 180 ff. (217); zustimmend Pieroth, in: Jarass/Pieroth, GG-Komm. Art. 70 Rn. 8; v. Münch, in: v. Münch, Komm. z. GG, Art. 70 Rn. 21.

(oder jedem anderen Staat) ausschließlich zustünden[60]. Bis heute scheint es jedoch nicht gelungen, für die Bejahung einer Kompetenz durch diese Figur klare Kriterien zu nennen.

(1) Rechtsprechung des Bundesverfassungsgerichtes
Das Bundesverfassungsgericht hat nach dem Baurechtsgutachten[61], in dem eine Kompetenz kraft Natur der Sache für solche Aufgaben bejaht werden sollte, "die sich unmittelbar aus dem Wesen und der verfassungsmäßigen Organisation des Bundes ergeben", grundsätzlich die Formel von Anschütz[62] aus den zwanziger Jahren übernommen. Danach ist eine Kompetenz

"nach dem ungeschriebenen, im Wesen der Dinge begründeten, mithin einer ausdrücklichen Anerkennung durch die Reichsverfassung nicht bedürftigen Rechtssatz (anzunehmen), wonach gewisse Sachgebiete, weil sie ihrer Natur nach eigenste, der partikularen Gesetzgebungszuständigkeit *a priori* entrückte Angelegenheiten des Reiches darstellen, vom Reich und *nur* von ihm geregelt werden können."

Dem fügte das Bundesverfassungsgericht noch hinzu, daß solche Schlußfolgerungen aus der Natur der Sache "begriffsnotwendig" seien und "eine bestimmte Lösung unter Ausschluß anderer Möglichkeiten sachgerechter Lösung zwingend fordern" müßten[63]. Allerdings wurde diese zusammengesetzte Formel vom Bundesverfassungsgericht nur selten verwandt[64]. Gewöhnlich wird der Begriff "Kompetenz kraft Natur der Sache" nur schlagwortartig gebraucht[65]. Dabei ist nicht klar, ob das Gericht damit die inhaltlichen Kriterien dieser Rechtsfigur als bekannt voraussetzt, oder ob es im Gegenteil die Kriterien nicht eindeutig festlegen will. Die Folgen dieser unklaren Begrifflichkeit wird deutlich angesichts der Fälle, in welchen das Gericht eine "natürliche Bundeskompetenz" annimmt bzw. bestreitet. So wurde im Baurechtsgutachten[66] für den Bereich des gesamten Baurechts eine natürliche Bundeskompetenz verneint. Gleichzeitig wurde festgestellt, daß für die Bestimmung des Regierungssitzes und die Symbole des Bundes die Rechtsfigur "Kompetenz kraft Natur der Sache" zur Begründung einer Bundeskompetenz eingreifen solle[67].

---

[60] So auch Köstlin, Kulturhoheit, S. 50; Wipfelder, DVBl. 1982, S. 477, 483; a.A.: Kölble, DÖV 1963, S. 660, 665, 667, der auch eine konkurrierende Gesetzgebungskompetenz kraft Natur der Sache für möglich erachtet.
[61] BVerfGE 3, S. 407 ff. (421 ff.).
[62] Anschütz, in: Anschütz/Thoma, S. 367.
[63] BVerfGE 11, S. 89 ff. (98 ff.); 12, S. 205 ff. (251); 22, S. 180 ff. (217); 26, S. 246 ff. (257).
[64] Soweit ersichtlich nur in BVerfGE 11, S. 89 ff. (98 ff.); 12, S. 205 ff. (251); 22, S. 180 ff. (217); 26, S. 246 ff. (257).
[65] Beispielsweise BVerfGE 15, S. 1 ff. (24); 41, S. 291 ff. (312).
[66] BVerfGE 3, S. 407 ff. (421 ff.).
[67] BVerfGE 3, S. 407 ff. (421 f.).

Schließlich wurde im gleichen Gutachten dem Bund kraft Natur der Sache die Gesetzgebungskompetenz für die Raumordnung des gesamten Bundesgebietes zugewiesen[68]. In einem weiteren Urteil[69] ging es um eine natürliche Verwaltungskompetenz[70]. Hier gab das Gericht an, daß "bloße Zweckmäßigkeitserwägungen" nicht genügten, um eine natürliche Bundeskompetenz zu begründen[71]. Vielmehr wird das erste Mal an eine Koordination der Länder, also den kooperativen Föderalismus, an Stelle einer Bundeskompetenz kraft Natur der Sache gedacht. Für natürliche Verwaltungskompetenzen wird der Rahmen eng gesteckt. Es dürfte nämlich immer möglich sein, daß die Länder sich in der Weise organisieren, daß ihre Verwaltungen einheitlich handeln. Ein Tätigwerden des Bundes würde erst subsidiär möglich sein. Dieser Gedanke wurde im ersten Fernsehurteil[72] für den Bereich der Gesetzgebung ausgeführt. Auch hier sei es möglich, daß sich die Länder gemeinschaftlich organisieren, um durch den Abschluß eines Staatsvertrags eine Anstalt für das gesamte Bundesgebiet zu errichten[73]. Dann stellte das Bundesverfassungsgericht in einer weiteren Entscheidung der Begründung einer natürlichen Kompetenz auf Effektivitätsgesichtspunkte ab[74]. Diese Begründung genügte, um eine Bundeszuständigkeit zu bejahen. Später rückte das Gericht einer von derlei Überlegungen ab und stellte fest, ohne dabei ausdrücklich Bezug auf die Natur der Sache zu nehmen, daß "Zweckmäßigkeitserwägungen" grundsätzlich nicht geeignet seien, um eine Bundeskompetenz zu bejahen[75]. Es mag dahinstehen, wieweit dem Bundesverfassungsgericht der Vorwurf der Widersprüchlichkeit zu machen ist[76]. Jedenfalls lassen diese Entscheidungen erkennen, daß das Gericht nur bestimmte, nachfolgend aufgeführte Fallgruppen als Präzisierung einer Kompetenz kraft Natur der Sache anerkannt hat. Nämlich die Überregionalität (Raumordnung), die Repräsentation des Staates (Bundessymbole) und schließlich Effektivitätsgesichtspunkte bei der Umsetzung der Normen (Jugendwohlfahrtsgesetz).

(2) Literatur
Es würde den Rahmen dieser Arbeit sprengen, sollte hier der Ursprung und die nähere inhaltliche Ausgestaltung des Begriffes "Natur der Sache" untersucht werden[77]. Es soll nur deutlich gemacht werden, daß man sich schon uneinig ist, wie diese Figur rechtsdogmatisch einzuordnen und zu bewerten ist: So wird teilweise die Natur der

---
[68] BVerfGE 3, S. 407 ff. (427 f.).
[69] BVerfGE 11, S. 6 ff.
[70] Vgl. zu dem Verhältnis ungeschriebene Gesetzgebungskompetenzen zu ungeschriebenen Verwaltungskompetenzen.
[71] BVerfGE 11, S. 6 ff. (17 f.).
[72] BVerfGE 12, S. 205 ff.
[73] BVerfGE 12, S. 205 ff. (251 f.).
[74] BVerfGE 22, S. 180 ff. (216 f.).
[75] BVerfGE 41, S. 291 ff. (312).
[76] Bullinger, AöR 96 (1971), S. 237, 268 ff., vermißt eine klare Linie der verfassungsgerichtlichen Rechtsprechung.
[77] Vgl. dazu Dreier, S. 83 ff.

Sache als ein grundsätzliches (und im Ergebnis damit der Verfassung vorgegebenes) Rechtsprinzip dargestellt[78]. Die Natur der Sache wäre danach "die den Dingen und Lebensverhältnissen innewohnende Ordnung". In der Rechtsanwendung solle sie dann zur Anwendung gelangen, wenn die positive Rechtsordnung für den umstrittenen Sachverhalt keine Antwort bereitstellt. Mit einer solchen Definition werden Wertungen verwendet, die direkt auf die zu behandelnde Materie oder den entsprechenden Staat reflektieren.

Im Gegensatz dazu hat sich eine Ansicht verbreitet, die in der Rechtsfigur kraft Natur der Sache ein "Hilfsmittel" sieht, um Kompetenzen zu erkennen[79]: Sie sei ein Mittel der Auslegung und Lückenfüllung, soweit der mit ihr erkannte Sinn und die Idee, auf die sich dieser Sinn gründet, mit dem Gesetz nicht im Widerspruch stehe. Die Natur der Sache sei nicht "Rechtsquelle", sondern nur "Rechtserkenntnisquelle"[80]. Daraus wird gefolgert, daß die Natur der Sache ein nie zu kodifizierendes und also nie fertiges, sondern ein "sekundäres" Recht darstelle[81]. Sie sei nämlich dem gesellschaftlichen (und technischen) Wandel unterworfen. Allerdings könne man aus dem Sinnzusammenhang der Verfassung mit der Natur der Sache Rechtssätze gewinnen, die dann ausnahmsweise sogar kodifizierbar seien[82].

Schließlich lehnen auch einige diese Rechtsfigur völlig ab[83]. Es werde mit der Natur der Sache lediglich versucht, was zuvor als verschwiegenes Werturteil in die "Sache" hineingelegt wurde, aus dieser wieder scheinbar zwingend abzuleiten[84]. Jenen, die diese Rechtsfigur anwendeten, unterliefe also eine petitio principii.
Wenn das Rechtsinstitut "Natur der Sache" überhaupt anerkannt wird, so wird in der Literatur deutlich, zu welch unterschiedlichen Ansichten dies führen kann: So gilt es zum Teil als evident, daß der Bundesstaat besonders bedeutsame Kultureinrichtungen fördern darf, wobei als ausreichende Begründungen die "Überregionalität" einer Aufgabe, die gesamtstaatliche Bedeutung bzw. die Repräsentation der Nation bzw. die Selbstdarstellung des Gesamtstaates angesehen werden[85]. Die überwiegende staatsrechtliche Literatur[86] hingegen lehnt eine solch einfache Begründung für Bundeskompetenzen ab. Das Grundgesetz habe die Kompetenzen abschließend zwischen dem Bund und den einzelnen Ländern aufgeteilt, so daß zu befürchten sei, daß mit einer so leichten Begründung das Gesamtgefüge des Staates zu Lasten der Länder

---

[78] Dernburg, Pandekten S. 84.
[79] So Radbruch, FS. f. Laun, S. 157, 171 f.
[80] Henkel, S. 381; ähnlich auch Larenz, S. 320 f., 401 ff.
[81] Wipfelder, DVBl. 1982, S. 477.
[82] Wipfelder, DVBl. 1982, S. 477, 478.
[83] Dreier, S. 127 f. mwN.
[84] Dreier, S. 127 f.
[85] Köttgen, S. 183, 191 ff.; Kölble, DÖV 1963, S. 660, 668; Oppermann, Kulturverwaltungsrecht, S. 597 ff.
[86] Achterberg, AöR 86 (1961), S, 63, 88 ff., insbesondere S. 93; Bullinger, AöR 96 (1971), S. 237, 279 f.

verändert werden könnte. Man will eine Kompetenz kraft Natur der Sache daher nur anerkennen, wenn die abgeleitete Regelung sich (auch) aus dem Zusammenhang der Verfassung ergebe[87]. Es müsse ein Prinzip in der Verfassung zum Ausdruck gekommen sein, das es nahelege, für andere, ähnlich gelagerte Bereiche eine Bundeskompetenz anzunehmen[88].

(3) Verfassungswirklichkeit
Ein Blick auf die Verfassungswirklichkeit macht deutlich, daß sich der Bund selbst auf die Kompetenz kraft Natur der Sache stützt, um beispielsweise im Ausland Schulen einzurichten oder Goetheinstitute zu führen. Aber auch im Inland wird im Bereich der Kultur immer auf diese ungeschriebene Kompetenz verwiesen: sei es, daß es sich um Stiftungen, Forschungseinrichtungen (die weder auf Art. 74 Nr. 13 GG noch auf Art. 91 b GG beruhen), Bibliotheken, Archive, Museen (wie etwa das Historische Museum in Berlin), um Symphonieorchester oder um zu unterstützende Festspiele handelt. In all diesen Fällen begründet der Bund seine Zuständigkeit mit der Natur der Sache[89]. Schon zu Beginn der Bundesrepublik Deutschland hatte der Bund sein Engagement im Bereich der Kultur[90] damit begründet, daß die Länder für die Kulturpflege auf regionaler Ebene zuständig seien, während er als überregionaler Verband für jene Einrichtungen zuständig sei, die einen überregionalen Bezug aufwiesen[91]. So wurden die im ersten Bundeshaushaltsplan bereitgestellten Gelder durch die Erläuterungen für "Bestrebungen von besonderer Bedeutung, die sich auf das gesamte Bundesgebiet erstrecken"[92], festgelegt. Auch in der Antwort der Bundesregierung auf eine große Anfrage von 1969 wird deutlich, in welch weitgehendem Maße der Bund darüber hinaus natürliche Kompetenzen in Anspruch nimmt[93]. Er zählt dazu die politische Bildung im überegionalen Bereich, die Förde-

---

[87] Soweit verliert die von Maunz, DÖV 1950, S. 643 ff., geäußerte Kritik seine Grundlage, da insoweit nicht auf Rechtsquellen außerhalb der Verfassung zurückgegriffen werden muß.

[88] In der Literatur ist dafür gewöhnlich der Begriff der "Analogie" zu finden: Achterberg, AöR 86 (1961), S. 63, 67 ff.; ders., JA 1980, S. 210, 215; Bullinger, AöR 96 (1971), S. 237, 271 ff., 280; Stettner, S. 435. Dieser Begriff wird hier gemieden, da er nahelegt, daß es sich bei den geregelten Bereichen um solche handelt, die Voraussetzungen und Rechtsfolgen, also die Zuständigkeit des Bundes, enthalten. Das aber muß nicht so sein. Vielmehr genügt es, wenn sich aus der Norm ein bestimmtes Prinzip ergibt.

[89] Ausführlich zu diesen kulturellen Bereichen, für die der Bund sich für zuständig erklärt: Köstlin, Kulturhoheit, S. 62 - 115.

[90] Es wurde schon darauf hingewiesen, daß der Rundfunk zum Bereich der Kultur zu zählen ist. Selbst wenn dies bestritten würde, würde sich im folgendem nichts anderes ergeben, da jedenfalls die Argumentationsmuster für die Kompetenz kraft Natur der Sache in jedem Fall die gleichen sind. Ebenso Küster, S. 250.

[91] Mit diesem Argument der "eindeutigen Überregionalität" hatte auch das Bundesverfassungsgericht (Jugendwohlfahrtsurteil, BVerfGE 22, S. 180 ff. (217)) die Zuständigkeit des Bundes bejaht.

[92] Bundeshaushaltsplan für 1950, Einzelplan VI (BMI), Erl. zu Kap 2, Tit. 25 .

[93] BT-Drucks. V/4002, TZ. 1. 8. 7., S. 8.

rung besonders bedeutsamer kultureller Einrichtungen und Veranstaltungen im Interesse gesamtstaatlicher Repräsentation und schließlich die Förderung des Spitzensports[94]. Damit wird der Grundsatz, mit der Rechtsfigur der "Natur der Sache" seien dem Bund nur *ausnahmsweise* Kompetenzen zuzuweisen, teilweise aufgehoben.

(4) Stellungnahme
Ausgangspunkt des "Natur der Sache Begriffs" ist die Anschützsche-Formel und die dazu vom Bundesverfassungsgericht gemachten Erwägungen. Diese Formel steht im Zentrum aller Überlegungen hinsichtlich der juristischen Argumentationsfigur Kompetenz kraft Natur der Sache. Im Zusammenhang mit dem Verfassungsrecht handelt es sich bei der Anschützschen Formel um eine juristische Konstruktion, bei der vom Wesen einer Sache auf deren Regelung durch eine bestimmte Institution geschlossen wird. Sie liefert Argumente, um von einem Sein auf ein Sollen zu schließen. Will man diese Vorgehensweise in der Philosophiegeschichte einordnen, wird man die Anschützsche Formel als Beispiel essentialistischer Positionen anführen müssen, wie sie in der europäischen Geistesgeschichte seit Platons Ideenlehre oft verwendet wurden. Ein derartiger Essentialismus (oder auch Platonismus) gilt in der Gegenwartsphilosophie als überholt. Man hat inzwischen erkannt, daß der Versuch, aus der apriorischen Betrachtung des "Wesens eines Dings" weitreichende normative Schlüsse zu ziehen, nicht gelingen kann. Jedenfalls haben derartige Schlüsse kaum mehr Menschen überzeugen können, als die jeweiligen Urheber und ihre Anhänger. Es wurden bisher keine intersubjektiv überprüfbaren Argumentationsstandards geliefert, um eine derartige essentialistisch-apriorische Überlegung zu etablieren[95]. Dies zeigen auch die Beschreibungen des "Wesens", das im Einzelfall nach Meinung des Bundesverfassungsgerichts eine natürliche Zuständigkeit begründen sollte: So ist es einmal die dem Wesen nach überregionale Bedeutung einer Materie, ein anderes Mal sollen die Bestimmung der Staatssymbole dem Wesen nach Angelegenheit des Bundes sein. Und schließlich soll der Bund natürlicher Weise deshalb zuständig sein, weil eine Regelung effektiv ist, wenn sie von ihm getroffen wird. Bei all diesen Argumentationsmustern wird das erwähnte Problem deutlich: Warum soll der Bund in diesen Fällen zuständig sein? Wo ist aus der Verfassung, die Grundlage aller Kompetenzregelungen sein soll, zu entnehmen, daß etwa Effektivitätsgesichtspunkte eine Regelungszuständigkeit des Bundes begründen können. Und warum sollen nicht auch die Staatssymbole und auch überregional bedeutsame Bereiche durch die Länder geregelt werden?

Diese Überlegungen machen deutlich, daß die Anschützsche Formel nur in einer Version genutzt werden kann, die mit dem gegenwärtigen Stand der philosophischen Forschung und dem Verfassungsstaatsgedanken der Bundesrepublik Deutschland

---

[94] Vgl. Püttner/Kretschmer, S. 163.
[95] So zum Beispiel kritisch Popper, Die offene Gesellschaft und ihre Feinde, Bd. 1, S. 59 - 63; Eine moderne Version von Essentialismus vertritt demgegenüber Kripke, Name und Notwendigkeit, insbesondere S. 59 - 65.

vereinbar ist. Das bedeutet, daß aus der Betrachtung der Natur (also des *Seins*) einer Sache allein keine normativen Schlüsse (über das *Sollen*) gezogen werden sollten. Vielmehr können Überlegungen zur Natur der Sache nur *zusammen* mit aus dem Grundgesetz zu entnehmenden Wertungen eine Kompetenz begründen. Bei einem solchen kombinierten Argumentationsverfahren stellt sich aber die Frage nach dem philosophischen Status des Natur-der-Sache-Gedankens. Da sich aus dieser Argumentationsfigur allein, also ohne Heranziehung des Grundgesetzes, keine Normen ergeben, haben die Schlüsse aus der Betrachtung der Natur der Sache selber keine normative Bedeutung. Das aber ändert nichts an der Tatsache, daß es sich um notwendige Schlüsse handelt, die a priori, also von vornherein ohne Erfahrungsgrundlage gelten. Bei a priori gültigen Urteilen kann man zwischen solchen unterscheiden, die analytisch, und solchen, die synthetisch wahr sind. Analytisch wahre Urteile sind in diesem Zusammenhang ohne Bedeutung. Sie sind nämlich allein aufgrund der Wortbedeutung wahr und haben also überhaupt keinen Informationsgehalt; es sind leerlaufende Tautologien wie etwa der Satz: Alle Junggesellen sind unverheiratet. Bei der hier aufgeworfenen Frage ist nur das synthetische Apriori von Interesse. Dabei wird über einen Gegenstand oder eine Materie etwas Neues ausgesagt, das - anders als beim analytischen Apriori - nicht in seinem Begriff enthalten ist.

In der Philosophie dieses Jahrhunderts wurde die Existenz synthetischer Urteile a priori bezweifelt[96]. Es fragt sich also, ob diese Zweifel am synthetischen Apriori jede Argumentation kraft Natur der Sache ausschließen. Es würde den Rahmen dieser Arbeit sprengen, sollte hier die verzweigte philosophische Diskussion zum synthetischen Apriori nachgezeichnet werden. Vielmehr kann an dieser Stelle nur ein Argument angedeutet werden, am synthetischen Apriori festzuhalten: Die Verneinung des synthetischen Apriori ist nämlich - wenn wahr - selbst ein solches synthetisches Urteil a priori. Damit negiert aber der Satz "Es gibt keine synthetischen Urteile a priori" seine eigene Existenz[97]. Er ist nach dem Sprachgebrauch der Logiker "selbstwiderlegend". Man wird daher im Einzelfall prüfen müssen, wie die Natur einer Sache gelagert ist. Die drei oben vom Bundesverfassungsgericht angenommenen Beispiele bezeichnen dabei die möglichen nach ihrem Wesen zu untersuchenden "Sachen". Die Beispiele beziehen sich nämlich teilweise auf das Wesen der zu regelnden Materie, teilweise auf den Staat an sich und schließlich auf die Regelung selbst. Für die Kompetenzfrage wird aber regelmäßig das im Grundgesetz vorgegebene Staatsverständnis den Ausschlag geben. Anhand der dort vorgegebenen Kriterien ist auf die jeweilige Zuständigkeit zu schließen. Damit läßt sich die Anschützsche Formel folgendermaßen modifizieren: Synthetische Urteile a priori, die sich aus der Betrachtung der Natur einer Sache ergeben, können zusammen mit Regelungen aus dem Grundgesetz zur Begründung von Kompetenzen dienen. Dieses Ergebnis steht im Einklang mit dem Grundgesetz. Im Gegensatz zu der These, die aus der Natur der Sache herzuleitenden Kompetenzen ergäben sich aus dem Wesen der Dinge und bedürften also keiner Anerkennung durch die Verfassung, steht eine

---

[96] So insbesondere die logischen Positivisten des Wiener Kreises, vgl. Stegmüller, S. 357 ff.
[97] So ausdrücklich auch Stegmüller, S. 428.

so begründete Bundeskompetenz nämlich nicht in direktem Widerspruch zur Verfassung. Während die vom Bundesverfassungsgericht angeführte Anschützsche Formel natürliche Bundeskompetenzen aus überpositivem Recht ableitet[98], und somit gegen den Grundsatz, daß in einem Rechtsstaat Kompetenzen nur direkt aus der Verfassung und eben nicht aus überpositiven Recht abgeleitet werden dürfen, verstößt, ist die Basis der hier vorgeschlagenen Begründung einer natürlichen Kompetenz das Grundgesetz. Zu beachten bleibt jedoch ferner die Wertung des Bundesverfassungsgerichts, sich gerade auf die Anschützsche Formel zu beziehen und diese durch die zusätzlichen Merkmale der "Begriffsnotwendigkeit" und der "zwingenden Erforderlichkeit" einzugrenzen. Insofern gibt die Verfassung in den Art. 30 GG und 70 I GG eindeutige Vorgaben. Richtigerweise weist das Gericht einer natürlichen Kompetenz daher einen Ausnahmecharakter zu, der eine jeweilige Annahme besonders zu begründen verlangt. So wurde schon früh erkannt, daß es dem Ausnahmecharakter einer natürlichen Kompetenz widerspricht, wenn mit dem Argument, daß eine Materie von "besonderer Bedeutung" sei und "sich auf das gesamte Bundesgebiet erstrecke"[99], versucht wurde, (kulturelle) Einrichtungen von mehr als nur lokaler Bedeutung unter die natürliche Bundeszuständigkeit zu fassen[100]. Dabei bedarf es nicht einmal eines Rückgriffs auf den Ausnahmecharakter natürlicher Kompetenzen[101]. Dies gilt nämlich schon deshalb, weil es im Grundgesetz keinen Anhaltspunkt dafür gibt, daß Angelegenheiten von überregionaler Bedeutung unter die ausschließliche Bundeszuständigkeit fielen[102].
Gegen die ursprünglich vom Bundesverfassungsgericht verwandte Formel läßt sich ferner anführen, daß sie für eindeutige Schlußfolgerungen zu unbestimmt ist. Anders ist nicht zu erklären, weshalb das Gericht eine Bundeskompetenz für die Raumordnung des Gesamtstaates wegen der "Überregionalität" bejahen konnte[103],

---

[98] Köstlin, Kulturhoheit, S. 45.
[99] Bundeshaushaltsplan für 1950, Einzelplan VI (BMI), Erl. zu Kap 2, Tit 25.
[100] Köttgen, S. 183, 191.
[101] So aber Wipfelder, DVBl. 1982, S. 477, 484; a.A.: Achterberg, AöR 86 (1961), S. 63 ff., 70, der die Evidenz einer Höherwertigkeit des Bundesinteresses zur Bejahung einer solchen Kompetenz genügen lassen will.
[102] Ähnlich Köstlin, Kulturhoheit, S. 51 ff., 55; insbesondere kann sich solch ein Grundsatz nicht aus Art. 72 II Nr. 3 GG ergeben. Dabei handelt es sich nämlich ausdrücklich um eine zusätzliche Voraussetzung zur Begründung einer *konkurrierenden* Gesetzgebungskompetenz des Bundes. Dieser Gedanke kann aber nicht dahingehend umgedeutet werden, daß der Bund eine natürliche Kompetenz darüber gewinnen kann; dies ist deshalb ausgeschlossen, weil es sich bei natürlichen Kompetenzen immer um solche handeln muß, die die Länder der Sache nach nicht erfüllen können, so daß jede natürliche Kompetenz des Bundes eine *ausschließliche* sein muß. So auch Wipfelder, DVBl. 1982, S. 477, 483; a.A.: Kölble, DÖV 1963, S. 660, 665, 667, der auch eine konkurrierende Gesetzgebungskompetenz kraft Natur der Sache für möglich erachtet.
[103] Auch wenn das Bundesverfassungsgericht im Baurechtsgutachten noch nicht die Anschützsche Formel gebrauchte, spricht es doch davon, daß sich die Kompetenz aus dem "Wesen" des Bundes ergeben (BVerfGE 3, S. 407 ff. (421 f.)) und basiert so auf der gleichen Überlegung wie diese Formel.

während später[104] die überregionale Bedeutung einer Materie zur Begründung einer Bundeskompetenz nicht mehr genügt. Zweifelhaft scheint auch das Ergebnis, wenn einerseits dem Bund das Recht zur Repräsentation des Staates aus der Natur der Sache zugewiesen wird, dies aber andererseits nicht für das Rundfunkwesen gelten soll. Und schließlich scheint es völlig unverständlich, daß das Gericht Zweckmäßigkeitserwägungen für die Anerkennung einer natürlichen Bundeskompetenz für unzulässig erachtet, während in der Jugendwohlfahrtsgesetz-Entscheidung bloße Effektivitätsgesichtspunkte zur Begründung einer Bundeskompetenz genügten.

bb. Relevante Fallgruppen natürlicher Kompetenzen
Im folgenden soll auf Ansätze eingegangen werden, mit denen eine Bundeskompetenz im Bereich des Rundfunks begründet werden sollte. Zum einen soll auf diese Weise die Fülle von - auch für den Bereich des Rundfunks angeführten - Argumentationsmustern dargestellt werden. Zum andern soll der hier vorgeschlagene neue Ansatz auf seine Tauglichkeit hin überprüft werden. Dem erläuterten Begründungsmuster folgend ist dabei zu überlegen, ob sich nicht aus dem Grundgesetz Wertungen entnehmen lassen, nach denen dem Bund zusätzliche, nicht ausdrückliche Kompetenzen zustehen müssen. Fallgruppen natürlicher Bundeszuständigkeit, die das Grundgesetz zur Grundlage ihrer Erkenntnisforschung machen, sind also dahingehend zu untersuchen, ob und auf welche Weise sie zu Ergebnissen gelangen. Daher scheinen Kompetenzbegründungen, die sich mit der Eigenschaft des Staates als Staat begründen lassen, mit dem Grundgesetz eher vereinbar als solche, die vom Regelungsgegenstand her abgeleitet werden[105]. So wird aus der Betrachtung der Natur des Staates - respective: des Bundes - ein a priori notwendiger Schluß gezogen, wobei die normative Wertung d.h. die Frage nach der Zuständigkeit aus dem Grundgesetz folgt. Ein Umstand, der sich bei der Betrachtung von Regelungsmaterien nicht zu ergeben scheint[106]. Auch wenn es nämlich gelingt, die Natur der Sache "Rundfunk" zu erfassen, so muß immer noch die Wertung aus dem Grundgesetz belegt werden, daß dafür der Bund und nicht die Länder zuständig sind. Da aber die Wertung des Grundgesetzes dahin geht, hier die Länder für zuständig zu erklären, bestehen erhebliche Zweifel, ob die Natur des Rundfunks etwas anderes fordern wird. Eine solche Forderung stünde nämlich im eindeutigen Widerspruch zur Verfassung.

(1) Kompetenz kraft Überregionalität
Einer dieser aus der Natur der Sache abgeleiteten Regelungsansprüche des Bundes findet seinen Ursprung im Gedanken der Überregionalität. Während diese

---
[104] BVerfGE 11, S. 6 ff.; 12, S. 205 ff.
[105] So wohl schon Kölble, DÖV 1963, S. 660, 667 f., der aber verkennt, daß deshalb diese Kompetenzen notwendig ausschließliche sein müssen.
[106] Vgl. dazu im folgendem die Überlegungen einer natürlichen Bundeskompetenz kraft Überregionalität.

Überlegung im 1. Rundfunkurteil vom Bundesverfassungsgericht hinsichtlich des konventionell-terrestrisch verbreiteten Rundfunks geprüft und abgelehnt wurde, könnte sie für die neuen Übertragungstechniken als Rechtfertigung einer Bundeskompetenz möglicherweise genügen.

(a) Kompetenz kraft Überregionalität für den Satellitenrundfunk
Hatte zur Regelung des konventionell verbreiteten Rundfunks jedes einzelne Land die Kompetenz, so ist zweifelhaft, ob dies auch für den Satellitenrundfunk gilt. Hier ist notwendigerweise das Empfangsgebiet so groß, daß - im Gegensatz zu dem üblichen Übertragungswegen - die einzelnen Länder die Rundfunkwellen gar nicht mehr "beherrschen". Da natürlicherweise das gesamte Bundesgebiet bestrahlt wird, wird für den Satellitenfunk wegen seiner faktischen Überregionalität teilweise eine Bundeskompetenz aus der Natur der Sache angenommen[107]. Teilweise geht man aber auch von der Kompetenz eines jeden einzelnen Landes aus[108], während andere die Länder in ihrer Gesamtheit zur Regelung des Satellitenrundfunks für zuständig erachten[109].

(aa) Natürliche Bundeskompetenz
Für die Bejahung einer bundesstaatlichen natürlichen Kompetenz im Bereich des Satellitenwesens werden folgende Argumente angeführt: Grundsätzlich könne Kompetenz für einen Landesgesetzgeber nur soweit anerkannt werden, wie der zu regelnde Sachverhalt von ihm überhaupt beherrscht werde[110]. Das aber müsse in bezug auf den Satellitenfunk für die Länder angesichts der großen Reichweite bezweifelt werden34[111]. In dem gleichen Maße, wie die Bestimmung von Herrschaftsräumen entscheidend für die Entstehung raumhoheitlichen Rechts sei, könne eine Landeskompetenz nur Rechtskompetenz sein, wenn sie sich von inhaltsgleichen Zuständigkeiten anderer Länder regional abgrenzen lasse. Mit dem sachgebietsbezogenen Ausschließlichkeitsanspruch bedeute Kompetenz nämlich auch immer die Abgrenzung gegenüber den Nachbarkompetenzen bzw. gegenüber den Trägern dieser Kompetenz[112]. Hinsichtlich der bloßen Veranstaltung von Rundfunk sei dies noch möglich. Rundfunk erschöpfe sich aber nicht in der Veranstaltung, sondern erfasse auch die Verbreitung[113]. Hier aber sei eine Abgrenzung nicht mehr denkbar. Die sendetechnischen Merkmale des direktstrahlenden Satellitenfunks stünden allen Abgrenzungsversuchen entgegen. Zwar könnten Programme, die mit direktstrahlenden Satelliten verbreitet würden, in Landesstudios

---
[107] Bueckling, ZUM 1985, S. 144 ff.
[108] Jutzi, ZUM 1986, S. 21, 26.
[109] Gabriel-Bräutigam, Rundfunkkompetenz, S. 85 ff.; Bullinger, AfP 1985, S. 1, 7 f.
[110] Bueckling, ZUM 1985, S. 144, 149.
[111] Bueckling, ZUM 1985, S. 144, 149.
[112] Bueckling, ZUM 1985, S. 144, 149; ders., ZUM 1986, S. 328, 329.
[113] Bueckling, ZUM 1986, S. 328, 329.

produziert werden, ihre Abstrahlung sei aber nicht mehr auf die einzelnen Länder begrenzbar. Im übrigen sei der terrestrisch verbreitete Rundfunk immer länderbezogen gewesen. Die Sendeanlagen seien so eingerichtet, daß jeweils das Land sein Hoheitsgebiet mit den Sendern erreichen könne[114]. Die dabei teilweise auftretende Überreichweiten stellten lediglich zu vernachlässigende Größen dar. Dieser Argumentation stehe auch nicht die Organisation von ZDF und ARD entgegen, da in diesen Fällen sich die Länder bzw. die Landeseinrichtungen gleichsam "freiwillig" zusammengeschlossen hätten, während hinsichtlich des Satellitenfunks sich die bundesweite Verbreitung aufgrund der Überregionalität des Mediums von selbst ergebe, und somit vom Grundsatz her schon keine länderbezogene Funktionsstrukturen erkennen lasse[115]. Darüber hinaus spreche für eine Bundeskompetenz auch der Umstand, daß durch den Satellitenfunk die allein vom Bund gemäß Art. 73 Nr. 1 GG zu regelnden Außenbeziehungen zu anderen Staaten beeinflußt würden[116]. Gerade diese Zuständigkeit könne der Bund aber nicht erfüllen, wenn jedes Bundesland eigene Kompetenzen in Anspruch nehme und eigene Regelungsvorstellungen verwirkliche. Schließlich wird angeführt, daß der direktstrahlende Rundfunk schon vom EG-Vertrag erfaßt sei. Dadurch werde das in diesem Bereich getroffene Gemeinschaftsrecht unmittelbar und ohne Umsetzung nationales Recht und verpflichte den Bund[117]. Wegen all dieser Gründe sei daher eine natürliche Bundeskompetenz kraft Überregionalität anzunehmen[118].

(bb) Kompetenz der einzelnen Länder
Dem wird entgegengehalten[119], daß es zwar schwerfalle, sich mit der Regelungskompetenz der Länder im Bereich der direktstrahlenden Satelliten abzufinden, daß aber eine natürliche Bundeskompetenz nicht zu begründen sei. Vielmehr seien die einzelnen Länder zuständig. Vor allem spreche gegen die Annahme einer Bundeskompetenz, daß es nicht auf die Beherrschbarkeit der Rundfunkwellen ankomme[120], sondern daß lediglich wichtig sei, die Zulassung zum Rundfunk zu regeln[121]. Diese Regelungsmöglichkeit fehle den Ländern aber erst dann, wenn nicht jedes Land seine Vorstellungen im Rahmen der Verfassung verwirklichen könne. Daß diese Möglichkeit bestehe, könne aber nicht ernstlich bezweifelt werden. Jedes

---
[114] Bueckling, ZUM 1985, S. 144, 149 f.
[115] Bueckling, ZUM 1985, S. 144, 147.
[116] Bueckling, ZUM 1985, S. 144, 150, der die Abstrahlungen ins Ausland beim terrestrischen Rundfunk für unerheblich einschätzt.
[117] Bueckling, ZUM 1985, S. 144, 151.
[118] Bueckling, ZUM 1985, S. 144 - 151 passim, ausdrücklich S. 150, obwohl er selbst feststellt (S. 148), daß es jedenfalls schwer sei, "für die Gesetzgebungsmaterie des DBS eine Bundeskompetenz aus der Natur der Sache herzuleiten."
[119] Vgl. hierzu Jutzi, ZUM 1986, S. 21 ff., insbesondere S. 26; ähnlich Kreile, S. 202, der aber die Notwendigkeit einer gemeinschaftlichen Regelung der Länder erkennt und insoweit von einer Selbstkoordinierung der Länder ausgeht.
[120] So aber Bueckling, ZUM 1986, S. 328, 329.
[121] Jutzi, ZUM 1986, S. 21, 24; im Ergebnis ebenso wohl Schardt, ZUM 1986, S. 429, 433.

Land könne nämlich unabhängig regeln, unter welchen Voraussetzungen Rundfunkveranstalter zugelassen würden. Zwar könne es dabei zu Störungen einer ausgewogenen Rundfunkordnung anderer Länder kommen. Das aber betreffe die Kompetenzfrage nicht.

(cc) **Gemeinschaftliche Kompetenz der Länder**
Schließlich wird vertreten, der Satellitenrundfunk sei nur einheitlich von allen Ländern gemeinsam zu regeln[122]: Die Rundfunkkompetenz eines Landes sei nämlich wie alle Eigenkompetenzen zur Gesetzgebung und deren Durchführung auf das Gebiet des jeweiligen Landes beschränkt. Zwar wirke jedes Land (etwa mit seiner Bildungspolitik) *faktisch* auf die anderen Länder ein. Dies gelte aber nicht für ein (Satelliten)-Rundfunkprogramm. Das sei nämlich von vornherein auf das Gebiet aller Bundesländer gerichtet. Man könne nicht rundfunkrechtlich von einer lediglich landesweiten Zulassung ausgehen, während fernmelderechtlich das gesamte Bundesgebiet den Versorgungsbereich ausmache[123]. Dies gelte insbesondere deshalb, weil jedes Land die Verantwortung für die Verfassungskonformität seiner inländischen Programme trage. Diesen Anforderungen könne es nicht entsprechen, wenn ohne seine Einwirkungsmöglichkeit sein Gebiet mit Fernseh- und Hörfunkprogrammen anderer Länder bestrahlt würde. Daher sei zum einen die Kompetenz des einzelnen Landes zu verneinen. Zum andern sei aber auch eine natürliche Bundeskompetenz nicht anzunehmen. Diese komme nur in Frage, wenn eine Materie nur durch den Bund geregelt werden könne, woran es hier aber fehle[124]. Ähnlich lautet auch die Argumentation des Bundesverfassungsgerichts. In seinem vierten Rundfunkurteil[125] stellt es in einem obiter dictum fest, ohne dabei auf den Meinungsstreit einzugehen, daß nur alle Länder gemeinsam die Nutzung von Satellitenkapazitäten regeln dürfen. Dies ergebe sich "aus der Eigenart der Aufgabe".

(dd) **Stellungnahme**
Das Phänomen Rundfunk charakterisiert sich u. a. dadurch, daß es gleichermaßen auf Veranstaltung *und* Verbreitung ankommt[126]. Beide Aspekte müssen gemeinsam bedacht werden, wenn nach der Kompetenz zu ihrer Regelung gefragt wird[127]. Einem einzelnen Land steht die Kompetenz zur Gesetzgebung und deren Durchführung nur im Hinblick auf das eigene Land zu. Das ergibt sich auch aus der Dampfkessel-Entscheidung des Bundesverfassungsgerichts[128]. Dort stellt das Gericht fest, daß ein

---

[122] Bullinger, AfP 1985, S. 1, 4 ff.
[123] Bullinger, AfP 1985, S. 1, 4.
[124] Bullinger, AfP 1985, S. 1, 7 f.; ebenso: Gabriel-Bräutigam, Rundfunkkompetenz, S. 82 - 85.
[125] BVerfGE 73, S. 118 ff. (197).
[126] Der Rundfunk wird u.a. dadurch definiert, daß es sich um eine Darbietung handelt, die gleichzeitig(!) verbreitet wird. Im Ansatz so auch Bueckling, ZUM 1986, S. 328, 329.
[127] Insoweit ist Schardt, ZUM 1986, S. 429 ff., nicht zu folgen, wenn er zwischen Veranstaltung und Verbreitung zu trennen sucht.
[128] BVerfGE 11, S. 6 ff.

Land nur für den landeseigenen Vollzug von *Bundes*gesetzen Verwaltungsakte erlassen darf, die über die Landesgrenzen hinaus Wirkung zeitigen[129]. Hinsichtlich des Vollzuges von Landesgesetzen soll also eine Wirkung über die Landesgrenzen hinweg ausgeschlossen sein. Diese Wertung ist letztendlich wieder auf den Grundsatz länderfreundlichen Verhaltens zurückzuführen. Insoweit kann auch nicht darauf hingewiesen werden, daß zwischen souveränen Staaten derartige Rücksichtsnahmepflichten nicht bestünden. Als Bundesländer sind diese aufgefordert, die anderen Länder nicht zu beherrschen, ein Umstand, der unter souveränen Einzelstaaten nicht zu berücksichtigen wäre. Wenn man dieser Argumentation folgt, ist ferner zu beachten, daß es sich bei der Rundfunkgesetzgebung um Landesrecht handelt, so daß sich der Rundfunk, also die Veranstaltung *und* Verbreitung, in den Landesgrenzen halten muß. Das ist bei der Satellitentechnik nicht möglich. Somit erscheint die These, daß es allein auf die Regelbarkeit einer Materie ankomme, unhaltbar. Daß es auch auf Verbreitung und Beherrschbarkeit der Regelungsmaterie ankommt, ergibt sich aus der Überlegung, daß ein zugelassenes Programm im Land A, wenn es in das Land B strahlt, dort zu einem unausgewogenen Gesamtprogramm führen kann. Daraus folgt grundsätzlich, daß nicht "jedes Land ... seine medienpolitischen Zielsetzungen verfolgen kann"[130]. Von den Befürwortern einer Kompetenz der einzelnen Bundesländer wurde seinerzeit angeführt, als nur öffentlich-rechtlichen Programme zugelassen waren, daß dieses Problem in der Praxis keine Bedeutung hätte. Die Programme müßten nämlich binnenpluralistisch sein. Daher könnte es nicht zu einer Unausgewogenheit in anderen Bundesländern kommen[131]. Das gilt aber auch nach Zulassung von Privaten als Rundfunkveranstalter. Auch sie führen zu keiner nachteiligen Beeinflussung, da auch sie binnenpluralistisch geordnet sein müssen. Im übrigen sind nunmehr in sämtlichen Bundesländern private Anbieter zugelassen.

Jedoch ist dies kein Problem der materiellen Rundfunkordnung[132]. Es ist nämlich gerade die Frage, ob diese Rundfunkordnung von den Bundesländern landesintern geregelt werden kann. Das ist aber nur der Fall, wenn die Regelungen das erwünschte Ziel erreichen können, wenn also die Regelungen nicht dadurch ihren Zweck verlieren, daß von anderen Ländern aus die gewünschte Rundfunkordnung in Frage gestellt wird[133].

Der Hinweis[134] auf das erste Rundfunkurteil, wonach die Überregionalität der Funkwellen nicht eine Bundeskompetenz zu begründen vermag, kann für den Satellitenfunk nur eingeschränkt verwertet werden. Es macht nämlich gerade einen wesentlichen Unterschied aus, ob der Funk nur im näheren Umland eines

---

[129] BVerfGE 11, S. 6 ff. (19).
[130] So aber Jutzi, ZUM 1986, S. 21, 26.
[131] Jutzi, ZUM 1986, S. 21, 25.
[132] So aber Jutzi, ZUM 1986, S. 21, 25.
[133] Im Ergebnis so auch Gabriel-Bräutigam, Rundfunkkompetenz, S. 86.
[134] Jutzi, ZUM 1986, S. 21, 25.

Bundeslandes zu empfangen ist oder im gesamten Bundesgebiet. Voraussetzung einer Gesetzgebungskompetenz auf Landesebene ist nämlich, wie gezeigt, daß die Materie beherrschbar ist, es sich also um eine regionale Rundfunkversorgung handelt. Etwas anderes könnte sich jedoch ergeben, wenn die Rundfunkprogramme verfassungsrechtlich wie Presseerzeugnisse zu behandeln wären[135]. Wenn in einem Land der Bundesrepublik Deutschland eine Zeitschrift gemäß der landesrechtlichen Vorschriften publiziert wird, handelt es sich dabei nämlich um eine Informationsquelle iSv. Art. 5 I 1 GG, so daß eine Verbreitung in andere Bundesländer nicht behindert werden darf. Damit wird aber nicht in die hoheitlichen Befugnisse der anderen Länder eingegriffen[136]. Wäre der Rundfunk wie die Presse zu behandeln, so hätte dies zur Folge, daß die in einem Bundesland zugelassenen Rundfunkveranstalter ihr Programm auch in ein anderes Land "einstrahlen" dürften. Im dritten Rundfunkurteil hat das Bundesverfassungsgericht aber ausdrücklich davon abgesehen, die Rundfunkfreiheit der Pressefreiheit gleichzustellen[137]. Private und öffentlich-rechtliche Rundfunkprogramme zusammen stellen nach dieser Rechtsprechung eine einheitliche "staatliche Veranstaltung" dar, da durch beide Formen der Veranstaltung ein Spiegelbild der Meinungen und kulturellen Betätigungen des Landes erzeugt wird[138]. Die Rundfunkordnung erfüllt somit die Aufgabe einer Repräsentation des jeweiligen Landes vor seinen Bürgern. In diese darf aber nicht von außen eingegriffen werden. Eingriffe hätten nämlich eine Verzerrung dieses "Spiegelbildes" zur Folge, was dazu führte, daß die Aufgaben des Rundfunks nicht mehr erfüllt würden[139]. Diese Überlegung ist auch mit der in Art. 5 I 1 GG verbürgten Informationsfreiheit der Bürger vereinbar. Das Bundesverwaltungsgericht hat seinerzeit festgestellt, daß es sich bei diesem Recht um ein *Abwehr*recht handele[140]. Es sei daher nicht möglich, aufgrund dieses Rechtes, den Staat zu zwingen, allgemein zugängliche Informationsquellen einzurichten. Die Informationsfreiheit gibt dem Bürger nur das Recht, sich aus allgemein zugänglichen Quellen zu unterrichten. Es gibt ihm aber keinen Anspruch, daß diese Quellen an seinem Wohnort vorliegen. Der Rundfunk hat sich also nicht den gleichen Grundsätzen zu unterwerfen wie die Presse[141]. Damit sind die wesentlichen Argumente, die für eine Regelungszuständigkeit jedes einzelnen Landes zu sprechen scheinen, widerlegt. Es ist aber lediglich diese Verpflichtung der Länder, mit ihren Entscheidungen nicht unmittelbar auf andere Länder einzuwirken, die gegen eine Kompetenz der einzelnen Länder im Bereich des Satellitenrundfunks spricht.

---

[135] So Jutzi, ZUM 1986, S. 21, 24.
[136] Vgl. Bullinger, AfP 1985, S. 1, 4.
[137] BVerfGE 57, S. 295 ff. (323).
[138] Bullinger, AfP 1985, S. 1, 5.
[139] Vgl. Bullinger AfP 1985, S. 1, 5.
[140] BVerwG, DÖV 1979, 102.
[141] So auch Bullinger, AfP 1985, S. 1, 5; Gabriel-Bräutigam, Rundfunkkompetenz, S. 87.

Damit ist aber nicht geklärt, ob nun der Bund eine natürliche Bundeskompetenz inne hat, oder ob eine Gemeinschaftskompetenz aller Länder aus der Natur der Sache zu bejahen ist[142]. Auch wenn eine Sache von ihrer Natur her eine bundeseinheitliche Regelung nahelegt, müßte weiter aus dem Grundgesetz eine Wertung entnommen werden können, die den Bund zuständig erscheinen läßt. Eine natürliche Bundeskompetenz kann daher nur in seltenen Ausnahmefällen bejaht werden. Vorzuziehen ist immer die Möglichkeit einer gemeinsam von den Ländern auszuübenden Gesetzgebungszuständigkeit. Eine Bundeskompetenz kommt nur in Frage, wenn sie schlechthin unerläßlich ist, was bei der grundsätzlichen Möglichkeit der Länder zur Zusammenarbeit nur dann der Fall ist, wenn eine kooperative Länderlösung ausgeschlossen ist[143]. Anders als in dem vom Bundesverfassungsgericht im ersten Fernsehurteil entschiedenen Fall handelt es sich bei der Regelung des Satellitenrundfunks um eine *notwendige Gemeinschaftsaufgabe*. Während sich nämlich seinerzeit bei der Durchführung des bundeseinheitlichen Fernsehens die Länder *freiwillig* entschließen konnten, ob sie sich daran beteiligen wollten, sind sie hinsichtlich des Satellitenfernsehens dazu gezwungen[144]. Fraglich ist daher, ob in diesem Fall eine *dritte Ebene* entstünde, wenn die Länder gemeinsam die Materie regelten. Das Grundgesetz kennt zwar den kooperierenden Zusammenschluß der Länder[145]. Dieser ist jedoch nicht Träger eigener Befugnisse. Seine Tätigkeit basiert vielmehr auf der Zuständigkeit der einzelnen Beteiligten. Diese Zuständigkeiten werden lediglich gleichgerichtet. Es ließe sich eine Unzuständigkeit der Länder als Einheit damit begründen, daß sie einzeln unzuständig sind. Aus diesem Grunde ließen sich Zuständigkeiten auch nicht gleichrichten. Eine gemeinsame Länderkompetenz wäre dann auszuschließen[146]. Jedoch ist die verfassungsrechtliche Grundentscheidung zu berücksichtigen, daß kulturelle Angelegenheiten, also auch der Rundfunk, von den Ländern geregelt werden sollen. Würde man dem Bund die natürliche Regelungskompetenz zusprechen, könnte es sich dabei nur um eine aus-

---

[142] So auch Bullinger, AfP 1985, S. 1 ff., insbesondere S. 8; Gabriel-Bräutigam, Rundfunkkompetenz, S. 87 ff.

[143] So ausdrücklich hinsichtlich des Rundfunks auch Bullinger, AfP 1985, S. 1, 7/8, 12; Gabriel-Bräutigam, Rundfunkkompetenz, S. 88; Kreile, S. 202 ff.

[144] Jutzi, Schulen, S. 135, behauptet in diesem Sinne, daß eine Länderzuständigkeit nur dann gegeben sein könne, wenn die Länder einzeln zuständig seien, nicht aber, wenn von vornherein das gemeinsame Handeln Voraussetzung zur Aufgabenbewältigung sei. Vorliegend müßte er daher auch aus anderen als den oben genannten Gesichtspunkten eine Gemeinschaftskompetenz der Länder ablehnen.

[145] Kritisch grundsätzlich Kölble, DÖV 1963, S. 660, 669. Dieser Streit war im Hinblick auf die durch die Bundesländer erfolgte Gründung des ZDF bedeutsam geworden. Kritisch etwa Kratzer, DVBl. 1963, S. 310 ff.; für die Zulässigkeit eines solchen gemeinsamen Handelns aber Maunz, NJW 1962, S. 1641; Herrmann, AöR 90 (1965), S. 286, 294 f.; BVerwGE 22, S. 299 ff. (308 ff).

[146] Anders aber Kreile, S. 202, der davon ausgeht, daß jedes einzelne Land die (Teil-)Kompetenz inne hat, so daß eine gemeinsame Länderkompetenz nur eine Selbstkoordination der Länder bedeute, die einfach zu bejahen ist.

schließliche Gesetzgebung handeln[147]. Eine Rahmengesetzgebung, die jedes Land nach den eigenen Vorstellungen ausfüllen könnte, wäre jedenfalls ausgeschlossen. Würde hingegen eine Gesamtkompetenz der Länder angenommen, so bräuchte in dem Staatsvertrag nur das Minimum an gemeinsam notwendigen Regelungen getroffen zu werden, so daß alles weitere den einzelnen Ländern überlassen bleiben könnte. Dies aber kommt der Rundfunkordnung nahe, wie sie hinsichtlich des terrestrischen Rundfunks entwickelt wurde. Aus diesen Gründen ist eine Gemeinschaftskompetenz der Länder aus der Natur der Sache für das Satellitenwesen zu bejahen[148]. Dem Bund steht somit in diesem Bereich keine natürliche Kompetenz zu[149].

(b) Kompetenz kraft Überregionalität für den Kabelrundfunk
Die für den Satellitenfunk getroffenen Überlegungen gelten hingegen nicht für den Kabelrundfunk. Hier kann nämlich jeder einzelne Landesgesetzgeber durch seine medienrechtlichen Regelungen entscheiden, was in seinem Land in das Kabelsystem eingespeist werden darf. Es liegt also beim Gesetzgeber gleichzeitig die Regelbarkeit und Beherrschbarkeit eines Sachgebietes vor[150]. Dem könnte entgegengehalten werden, daß auch die Signale des Fernmeldesatelliten im gesamten Bundesgebiet zu empfangen seien, und daß die Veranstalter immer eine bundesweite Programmversorgung angestrebt hätten[151]. Der Umstand, daß die Länder einzeln regeln würden, unter welchen Voraussetzungen die Einspeisung in das Kabelnetz möglich wäre, würde sich für den Veranstalter so auswirken, daß es nur noch eine Ja- oder Nein-Entscheidung für sein bereits bestehendes Programm gäbe[152]. Wie das Bundesverfassungsgericht feststellt, ist es für die Veranstalter von Rundfunk, deren Programm in den unterschiedlichen Bundesländern in die Kabelnetze eingespeist werden soll, nur schwer möglich, sich an die unterschiedlichen landesrechtlichen Normierungen zu halten[153]. Auch wird darauf verwiesen, daß der Zuschauer "mehr als nur ein Interesse daran" habe, in allen Bundesländern ein Programm sehen zu können[154]. Der Zuschauer dürfte kein Verständnis dafür haben, wenn im Bundesland A ein Programm nicht zu sehen sei, das aber in den Ländern B und C empfangen werden könne[155]. Daher könnte hier eine Gemeinschaftskompetenz der Länder be-

---
[147] A.A.: Kölble DÖV 1963, S. 660, 667.
[148] So auch Bullinger, AfP 1985, S. 1, 8; Gabriel-Bräutigam, Rundfunkkompetenz, S. 88; BVerfGE 73, S. 118 ff. (196), ohne näher auf das Problem der Notwendigkeit der Gemeinschaftsaufgabe einzugehen.
[149] So auch Bullinger, AfP 1985, S. 1, 8, 12; Degenhart, ZUM 1992, S. 449, 451 Fn. 26; Gabriel-Bräutigam, Rundfunkkompetenz, S. 88; Jutzi, ZUM 1986, S. 21, 25; Kreile, S. 202 f.; BVerfGE 73, S. 118 ff. (196).
[150] Ricker, Einspeisung, S. 113.
[151] Von Sell, RuF 1984, S. 184, 187 f.
[152] Von Sell, RuF 1984, S. 184, 190 f.
[153] BVerfGE 73, S. 118 ff. (196 f.).
[154] Kreile, S. 200 Fn 466.
[155] Kreile, S. 200 Fn 466.

gründet werden. Wenn wegen dieser inhaltlichen Kriterien auch das Bundesverfassungsgericht eine notwendige Zusammenarbeit der Länder postuliert[156], so stößt dies auf Bedenken. Derlei Überlegungen beziehen sich allein auf Gesichtspunkte der Praktikabilität. Zwar ist ein gemeinsames Vorgehen der Länder für Veranstalter und Rezipienten wünschenswert, aber nicht notwendig[157]. Es ist nämlich nicht zwingend, daß alle Rundfunkprogramme, die irgendwo in der Bundesrepublik Deutschland verbreitet werden, überall via Kabel zu empfangen sind. Für die hier zentrale Frage läßt sich aber feststellen, daß jedenfalls eine Bundeskompetenz aus der Natur der Sache für den Kabelfunk ausgeschlossen ist.

(2) Kompetenz des Bundes kraft seiner Verantwortung gegenüber dem Grundgesetz
Dem Grundgesetz läßt sich entnehmen, daß dem Bund wie den Ländern eine Verantwortung für die durch das Grundgesetz begründete Existenz des Staates Bundesrepublik Deutschland aufgegeben ist. Insofern lassen sich nicht ausdrücklich erwähnte Kompetenzen des Bundes herleiten. Hier steht aber im Zentrum der Überlegung nicht die Natur des Rundfunks, sondern die des Staates.

(a) Kompetenz kraft Selbstorganisation des Bundes

(aa) Grundsätzliches zur Kompetenz kraft Selbstorganisation
Es gilt als eines der wenigen unbestrittenen Bereiche im Rahmen der Kompetenz kraft Natur der Sache, daß der Bund das Recht haben muß, den Sitz seiner Organe selbst festzulegen. Gewöhnlich wird diese Kompetenz aus dem Recht zur "umfassenden Selbstorganisation" des Bundes hergeleitet[158], wobei behauptet wird, daß dieses Recht in der Verfassung durch Art. 22 GG ausgedrückt sei[159]. Unter diesen Gesichtspunkt der Selbstorganisation sollen neben der Bestimmung des Sitzes der Bundesorgane auch die Bestimmung der Hauptstadt und die der Staatssymbole fallen[160].

Dieser Einschätzung kann nicht gefolgt werden. Während Regelungen, die die Staatsflagge angehen, eine Form staatlicher *Repräsentation* darstellen, also die Frage angehen, mit welchen Mitteln der Staat sich gegenüber seinen Bürgern bzw. gegenüber dem Ausland darstellt, betrifft die Entscheidung über den Regierungssitz einen

---

[156] BVerfGE 73, S. 118 ff. (196 f.).
[157] Vgl. dazu ausführlich: Gabriel-Bräutigam, Rundfunkkompetenz, S. 89.
[158] So Küster, S. 309 f.; Bullinger, AöR 96 (1971), S. 237, 274, der die Begründung einer Bundeszuständigkeit mit der Unmöglichkeit einer Länderregelung ablehnt und auf den historisch besonderen Gesamtsinn der bundesstaatlichen Kompetenzordnung abstellt.
[159] So Köstlin, Kulturhoheit, S. 56; Bullinger, AöR 96 (1971), S.237, 274; ohne diese Begründung: Maunz, in: Maunz/Dürig, Komm. z. GG, Art. 30 Rn. 22, Art. 70 Rn. 46.
[160] Maunz, in: Maunz/Dürig, Komm. z. GG, Art. 30 Rn. 22, Art. 70 Rn. 46; Küster, S. 309; Bullinger, AöR 96 (1971), S. 237, 274, der allerdings nur die Staatssymbole erwähnt.

anderen Bereich, nämlich den der *Selbstorganisation*. Die Argumentation über Art. 22 GG ist nicht notwendig, wenn man ein Recht des Bundes zur Organisation seiner Organe postulieren will, und dabei nicht ein "überpositives Recht" bemühen möchte. Nämlich schon mit dem Grundgesetz für die Bundesrepublik Deutschland bejaht die Verfassung die Funktionsfähigkeit dieses Staates. Es läßt sich also der Verfassung entnehmen, daß der Staat Bundesrepublik Deutschland seine notwendige Organisation selbst bestimmen können muß. Dies muß für sämtliche, die innere Struktur der Bundesorgane betreffende Regelungen gelten, in erster Linie also für die Arbeitsweise der Organe. Der Begriff der "Arbeitsweise" ist dabei weit zu fassen. Er muß von den Organen selbst bestimmt sein.

Es verkürzt die Sicht, wenn man diese Argumentation unter den Begriff der "Hauptstadtfrage" zusammenfaßt[161]. Denn nach der hier angeführten Argumentation gibt die Verfassung den Bundesorganen nur das Recht, ihren Sitz und ihre Arbeitsweise zu bestimmen. Die Bestimmung, welche Stadt "Hauptstadt" der Republik sein soll, betrifft hingegen noch weitergehende Bereiche. Eine "Hauptstadt" ist nämlich weniger Organisationszentrum eines Staates als vielmehr Repräsentationszentrum. Das aber sind wesentlich verschiedenen Funktionen gegenüber den hier erläuterten[162]. Repräsentative Aufgabenerfüllungen sind nämlich für das Funktionieren der Verfassung nicht notwendig[163].

Es bedarf auch keines Rückgriffs auf die "Unmöglichkeit einer Länderregelung". Entsprechend wird in der Literatur richtigerweise vertreten, daß die Länder sich durchaus gemeinschaftlich auf einen Ort als Hauptstadt einigen könnten[164]. Jedoch ist es im Hinblick auf die Selbstorganisation der juristischen Person Bund ausgeschlossen, daß Außenstehende über seine Organisation und über unmittelbar nur ihn angehende Bereiche entscheiden. Daher muß dem *Bund* die Kompetenz staatlicher Regelung für jene Bereiche zugewiesen sein, die unmittelbar nur ihn betreffen und zum Funktionieren seiner Organisation notwendig sind. Es muß ausgeschlossen sein, den Bundesstaat den Länderstreitigkeiten hilflos auszuliefern, so daß er deren Spielball wäre und selbst seine Funktionen nicht wahrnehmen

---

[161] So aber wohl Köstlin, Kulturhoheit, S. 48; Maunz, in: Maunz/Dürig, Komm. z. GG, Art. 30 Rn. 22, Art. 70 Rn. 46; Küster, S. 309.

[162] Man denke an die Versuche des Bundes, Bonn zu einer "Hauptstadt" von kultureller Bedeutung zu entwickeln, ein Handeln, das nur aus der Überlegung zu verstehen ist, daß selbst eine "provisorische Hauptstadt" über den politischen Rahmen hinaus auch kulturell repräsentativen Charakter haben soll.

[163] Insoweit gibt dem auch die gegenwärtige Situation der Bundesrepublik Deutschland Recht, da die Hauptstadt gemäß Art. 2 I Einigungsvertrag (BGBl. 1990 II, S. 890 ff.) Berlin ist, Regierungs- und Parlamentssitz aber erst nach der Einheit festgelegt wurden und also zuerst einmal in Bonn blieben.

[164] Bullinger, Mineralölfernleitung, S. 73; Köstlin, Kulturhoheit, S. 48, der allerdings von der Hauptstadt spricht, wobei aber aus dem Gesamtzusammenhang zu verstehen ist, daß er jedenfalls auch Regierungs- und Parlamentssitz meint.

könnte. Daher ist ihm aus den Grundsätzen der Verfassung das Recht zuzugestehen, den Sitz seiner Organe selbst festzulegen[165]. Dieses Recht ist nicht mit der oben erläuterten Argumentation abzulehnen, daß solche Entscheidungen auch durch die Länder getroffen werden könnten. Faktisch sind die Länder zwar dazu im Stande, jedoch widerspräche eine Regelung durch sie dem Grundsatz der Eigenständigkeit von Bund und Ländern. Daher darf bei der Überlegung nicht von der zu regelnden Materie ausgegangen werden, um zu klären, ob sie der Bund regeln muß, sondern von der Eigenschaft des Bundes als Träger des Gesamtstaates[166].

(bb) Regelungskompetenz des Bundes für Bereiche des Rundfunkwesens kraft Selbstorganisation
Der Gedanke der Selbstorganisation des Bundes führt bezüglich der Rundfunkkompetenz zu einer grundsätzlichen Verneinung einer Bundeszuständigkeit. Allerdings könnte dem Bund die Kompetenz zustehen, einen Teilbereich zu regeln. Es ist unabdingbar, daß die Bundesorgane die Möglichkeit haben müssen, Gesetze, Verordnungen und andere staatliche Hinweise der Bevölkerung gegenüber äußern zu können. Wenn dem Bund dieses Recht nicht zustünde, könnte er seine Aufgabe des Erlasses und Vollzuges von Gesetzen nicht erfüllen. Mißverständlicherweise wird dieses Recht des Bundes häufig als staatliche Öffentlichkeitsarbeit oder politische Selbstdarstellung bezeichnet[167]. Die aber ist nur zum Teil gemeint. "Politische Selbstdarstellung", wie sie etwa vom Presse- und Informationsamt der Bundesregierung wahrgenommen wird, umfaßt weitaus mehr Tätigkeitsbereiche. Dieses Amt soll die Bürger nämlich nicht nur über ihre Rechte und Pflichten informieren, sondern es soll vielmehr die Arbeit der Bundesregierung unterstützen. Insoweit werden auch repräsentative Aufgaben durch dieses Amt wahrgenommen. An dieser Stelle steht jedoch nur die reine Information der Bevölkerung über Gesetze u. ä. zur Diskussion. So veröffentlicht der Bund etwa Gesetzesbeschlüsse und Ministererlasse in Form von Drucksachen. Man könnte der Auffassung sein, daß eine entsprechende Zuständigkeit des Bundes im Rundfunkbereich ebenso gelten müßte. Selbst von engagierten Verfechtern der Länderzuständigkeit und für die Staatsferne im Rundfunkwesen wird dies verfochten[168]. Insbesondere wegen der neuen Techniken wird diese Verbreitung von Erlassen und ähnlichem durch den Rundfunk bejaht. So

---

[165] Nicht von diesem Gedanken getragen sind aber etwa die Festlegung der Bundesflagge, die Regelung über die Verleihung von Orden und anderen Ehrenzeichen, denn diese sind für das Staatswesen nicht von konstitutiver Bedeutung.

[166] Ob es hinsichtlich der Selbstorganisation einer Gesetzgebungskompetenz bedarf, oder ob nicht eine Verwaltungskompetenz genügt, mag hier dahinstehen. Da sowohl die natürliche Gesetzgebungs-, als auch die natürliche Verwaltungskompetenz die gleichen Voraussetzungen zu erfüllen hat, die die Argumentationsfigur kraft Natur der Sache verlangt, ist davon auszugehen, daß sowohl die eine als auch die andere vorliegen wird.

[167] Vgl. Kordes/Pollmann, S. 16 f.; Krause, Zuständigkeit, S. 104.

[168] Mallmann, JZ 1963, S. 350, 352/354; Krause-Ablaß, RuF 1968, S. 27, 32.

weist Bilstein ausdrücklich daraufhin, daß der Videotext für derartige "Verlautbarungen" besonders geeignet sei[169].

Jedoch kann durch derartige Regelungen des Bundes das Rundfunkwesen entscheidend verändert, in jedem Fall beeinflußt werden. Da zu regeln wäre, ob derartige Bekanntmachungen im Rahmen des laufenden Programms oder außerhalb davon verbreitet werden, aber auch wie lange und zu welcher Zeit, besteht die Gefahr, daß der Bund wesentliche rundfunkrechtliche Bereiche regelte, die, wenn sie nicht schon gegen Art. 5 GG verstoßen, ihm jedenfalls wegen ihrer rundfunkrechtlichen Relevanz nicht zur Regelung zugewiesen sind. Wollte man hier dem Bund umfassende Gesetzgebungszuständigkeiten zuweisen, könnte dies zu einer erheblichen Aushöhlung der bundesdeutschen Rundfunkordnung führen.

Der Bund hat daher keine Möglichkeit, Regelungen zu treffen, die im Bereich des Rundfunks die Veröffentlichung von Gesetzen und Verordnungen festlegen. Dieses Ergebnis bestätigt auch die Verfassungswirklichkeit: Die meisten Länder haben Regelungen erlassen, die die Veröffentlichung von Gesetzen durch den Rundfunk festlegen[170]. In diesen Normen wird allerdings meist ein Katastrophenfall oder eine andere erhebliche Gefahr vorausgesetzt, bevor das Recht zur Veröffentlichung besteht[171]. Hinsichtlich der Art. 5 I 2 GG scheint diese Eingrenzung verhältnismäßig. Es ist nämlich kein Grund ersichtlich, weshalb dem Bund bzw. der Bundesregierung das Recht eingeräumt werden sollte, Rechtsakte zu veröffentlichen, wenn dadurch die Rundfunkautonomie der Rundfunkveranstalter betroffen wird[172]. Da im übrigen - unabhängig von einer natürlichen Kompetenz - dem Bund für derartige Katastrophenfälle über Art. 73 Nr. 1 iVm. 115 c GG eine Regelungskompetenz zusteht, die

---

[169] Bilstein, Rundfunksendezeiten, S. 16, 17. Allerdings versteht Bilstein unter Verlautbarungen mehr als die hier in Rede stehenden Informationssendungen des Bundes, nämlich auch Repräsentationsaufgaben.

[170] So gibt es entsprechende Regelungen in § 19 ZDF-StV; § 2 IV Radio Bremen-Gesetz; § 56 I 1 LMG Baden-Württemberg; § 11 NDR-StV; § 23 PRG Hessen; § 20 LRG Niedersachsen; § 8 I WDR-G; § 19 I LRG Nordrhein-Westfalen; § 9 I LRG Saarland; einzelne Landesrundfunkgesetze sehen hingegen nur ein Verlautbarungsrecht der entsprechenden Landesregierungen vor: Art. 4 Gesetz für den Bayerischen-Rundfunk; § 3 Nr. 5 Gesetz für den Hessischen-Rundfunk; § 6 II Staatsvertrag für den Südwestfunk; dort wird meist davon gesprochen, daß amtliche Verlautbarungen kostenlos vom Rundfunk zu verbreiten sind. Wie Jarass, Rundfunk, S. 69, feststellt, ist der Inhalt dieses Rechtes in den Gesetzen etwa gleichweit zu verstehen, er umfasse neben der Bekanntgabe staatlicher Entscheidungen auch das Recht, auf unmittelbar drohende Gefahren hinzuweisen.

[171] § 56 I 1 LMG Baden-Württemberg: "Katastrophenfälle und andere erhebliche Gefahren für die öffentliche Sicherheit"; § 23 S. 1 PRG Hessen: "in Katastrophenfällen oder bei anderen vergleichbaren erheblichen Gefahren für die öffentliche Sicherheit und Ordnung"; § 20 1 LRG Niedersachsen: Formulierung wie § 23 S. 1 PRG Hessen; § 9 IV LRG Saarland: "im Fall des Zustandes der äußeren oder inneren Gefahr oder des Katastrophenzustandes".

[172] Im einzelnen dazu Bilstein, passim, insbesondere S. 39 - 98.

auch schon durch das Bundesleistungsgesetz[173] und das "Gesetz über vereinfachte Verkündung und Bekanntgabe"[174] wahrgenommen wurde, besteht kein weiteres Regelungsbedürfnis des Bundes[175]. Dieses Ergebnis befriedigt jedoch nicht. Der Bund ist nämlich so gehindert, die Bevölkerung über sämtliche Rechtsakte von bundesstaatlicher Bedeutung umfassend zu informieren. Eine erschöpfende Veröffentlichung von Fakten in dem hier beschriebenen Sinn kann nicht stattfinden. Etwas anderes könnte sich nur ergeben, wenn man dem Bund Verwaltungskompetenzen zugestehen würde, wodurch er unabhängig von anderen Rundfunkveranstaltern diese Informationen veröffentlichen könnte.

(b) Kompetenz kraft Eintretenspflicht

(aa) Grundsätzliches zur Kompetenz kraft Eintretenspflicht
Weiter könnte eine natürliche Kompetenz des Bundes bestehen, wenn die Länder die ihnen gestellten Aufgaben nicht erfüllen. Dies wird teilweise als "Kompetenz kraft Unmöglichkeit einer Länderregelung" bezeichnet. Dafür lautet die Argumentation: Immer wenn die Länder zur Erfüllung einer Aufgabe nicht in der Lage seien, solle der Bund einspringen und die Aufgabe erfüllen. Er könne dann auch nicht in Rechte der Länder eingreifen, da ja diese gar nicht in der Lage seien, selbst tätig zu werden. Denn das Grundgesetz wolle, daß die sich stellenden Aufgaben erfüllt werden. Die entsprechenden Kompetenzregelungen zielen nämlich darauf ab, entweder den Bund oder die Länder für zuständig zu erklären, nicht aber die Erfüllung der Aufgaben zu verhindern[176].

Allerdings müßte eine Länderregelung unmöglich sein. Der Begriff der "Unmöglichkeit" ist dabei so eng zu fassen, daß sie nicht schon dann anzunehmen ist, wenn die Aufgabe die rechtlichen, die finanziellen oder die tatsächlichen Möglichkeiten eines einzelnen Landes überfordert[177]. Entsprechendes gilt für den Gesichtspunkt der Effizienz. Eine Unmöglichkeit kann vielmehr erst angenommen werden, wenn auch eine Kooperation der Länder die gestellte Aufgabe nicht erfüllen kann. Es ist anerkannt, daß die Länder gemeinsam Aufgaben erfüllen können, und daß dies eine legitime und vorzuziehende Alternative zu einer natürlichen Kompetenz des Bundes darstellt[178]. Insbesondere stellt dieser Zusammenschluß keine "dritte Staatsebene" dar[179].

---

[173] BGBl. 1961 I, S. 1769.
[174] BGBl. 1975 I, S. 1919.
[175] Hinsichtlich der Landesrundfunkgesetze, durch die dem Bund ein derartiges Recht nicht zugebilligt wird, greift insoweit das Gesetz über vereinfachte Verkündungen und Bekanntgaben ein.
[176] Wieland, Ausgabenkompetenz, S. 136.
[177] Grundsätzlich: BVerfGE 12, S. 205 ff. (251 f.); ebenso: Mangoldt/Klein, Art. 83 Anm. IV 5e; Köstlin, Kulturhoheit, S. 47 mwN.
[178] Grundsätzlich: BVerfGE 12, S. 205 ff. (251 f.); implizit: 73, S. 118 ff. (196); BVerwGE 22, S. 299 ff. (308); Kisker, S. 94, 114; Pietzcker, S. 57 mwN.

Bei einer so am Faktischen orientierten Auslegung des Begriffs der Unmöglichkeit wird deutlich, daß kein Fall denkbar ist, bei dem die Länder den zu beurteilenden Sachverhalt nicht regeln können. Sogar den Ort der Bundeshauptstadt, die Bundessymbole oder auch den Nationalfeiertag könnten die Länder bestimmen[180]. Unmöglich ist es nicht. Daher ist die Formel von der faktischen Unmöglichkeit einer Länderregelung als Begründungsversuch einer natürlichen Kompetenz untauglich[181].

Jedoch kann eine "Unmöglichkeit" der Regelung durch die Länder und damit eine natürliche Zuständigkeit des Bundes vorliegen, wenn sich die Länder weigern, überhaupt einen Bereich zu regeln. In diese Richtung geht die als "Kompetenz kraft Eintretenspflicht" bezeichnete natürliche Bundeskompetenz. Das Bundesverfassungsgericht hat in seiner Entscheidung bezüglich des "Numerus-Clausus"[182] grundsätzlich festgestellt, daß es eine gemeinsame Verpflichtung von Ländern und Bund gibt. Daher bestehe eine Verpflichtung des Bundes, Regelungen, die grundsätzlich in den Kompetenzbereich der Länder fallen, dann zu treffen, wenn die Länder sich weigern, dies zu tun, obwohl eine verfassungsrechtliche Verpflichtung besteht. Allerdings ist diese Form einer natürlichen Kompetenz nur in sehr engen Grenzen und nur im Einzelfall zu begründen. Es darf also keine politische Entscheidung sein, die der Bund den Ländern aufzwingen will. Vielmehr muß aus dem Grundgesetz die Verpflichtung der Länder zum Tätigwerdenmüssen eindeutig hervorgehen. Und schließlich ist diese Kompetenz auch nur dann möglich, wenn sich die Länder insgesamt einer Regelung verschließen. Anderenfalls wäre eine Regelung der Ländermehrheit einer Bundesregelung vorzuziehen.

(bb) Rundfunkkompetenz des Bundes kraft Eintretenspflicht
Es wurde in Erwägung gezogen, daß dem Bund für den Kabel- und Satellitenfunk eine Kompetenz dann erwachsen könne, wenn der primär Zuständige seine Verfassungspflicht nicht vollständig erfülle, so daß für den jeweils anderen Kompetenzträger eine Eintretenspflicht entstehe[183]. Dieser Gedanke findet seinen Ursprung in der Wertung des Bundesverfassungsgerichtes, wonach sich weder Bund noch Länder ihrer Mitverantwortung mit Hinweis auf ihre fehlende Kompetenz entziehen dürfen[184]. Der Bund sollte demnach dann zuständig sein, wenn die Länder ihre

---

[179] Stern, Aspekte, S. 26, 36, der den "gravierenden Einwand, ... durch dergestalt interföderative Einrichtungen schlichen sich staatenbündische Elemente in das bundesstaatliche Gefüge der Bundesrepublik", überzeugend zurückweist.

[180] Bullinger, Mineralölfernleitung, S. 73; so aber auch Köstlin, Kulturhoheit, S. 48; wobei allerdings zwischen Regierungssitz und Hauptstadt zu differenzieren ist.

[181] Köstlin, Kulturhoheit, S. 48; jedoch ist hier schon darauf hinzuweisen, daß den Ländern begrifflogisch die Repräsentation des Bundes jedenfalls unmöglich ist. Insoweit ist das apodiktische Urteil von Köstlin, es gebe keine Aufgabe, bei der es aus logischen Gründen ausgeschlossen sei, daß die Länder diese wahrnähmen, nicht zu halten.

[182] BVerfGE 33, S. 303 ff. (357 f.).

[183] Kreile, S. 202 f., 208.

[184] BVerfGE 33, S. 303 ff. (357 f.).

Aufgaben im Bereich des Kabel- und Satellitenfunks nicht "voll erfüllten"[185]. In dem Falle nämlich würden die kompetenzgerechten und pflichtgemäßen Investitionen des Bundes in die Satellitentechnik gefährdet[186]. Es ist jedoch zweifelhaft, ob schon aus diesen Gründen dem Bund eine Kompetenz zuwachsen könne: Der Gedanke der Eintretenspflicht ist nur sehr vorsichtig und zurückhaltend zu verwenden[187]. Auch das Nicht-Wahrnehmen einer Kompetenz kann nämlich eine Entscheidung sein, in die der Nichtzuständige sich nicht mit dem Argument einmischen darf, daß seiner Ansicht nach ein Handlungsbedarf bestehe. Wenn man jedoch auf die gemeinsame Verantwortung von Bund und Ländern abstellt, ist erst einmal die Begründung des Bundesverfassungsgerichts überzeugend[188]. Jedoch darf diese Kompetenz kraft Eintretenspflicht nur die ultima ratio sein. Nach den oben aufgestellten Grundsätzen über die Kompetenz kraft Natur der Sache kann daher eine Bundeskompetenz kraft Eintretenspflicht nur mit einer verfassungsrechtlichen Notwendigkeit begründet werden[189]. Für das Satellitenwesen obliegt nun den Ländern die Regelungskompetenz; es besteht keine Bundeskompetenz. Die Länder können sich nicht auf die fehlende Inkompetenz berufen. Im Zweifelsfall müssen sie also durch mehrheitliche Abstimmung auch für jene Länder Regelungen treffen, die sich einer Entscheidung entziehen[190]. Eine Bundeskompetenz ist erst dann zu bejahen, wenn alle Länder die Aufgabe nicht erfüllen[191]. Es wurde darauf hingewiesen, daß die Entscheidung der Post, Satelliten anzumieten und das Bundesgebiet zu verkabeln, verfassungsrechtlich geboten war. Wenn das der Fall ist, muß auch die Nutzung der neuen Techniken verfassungsmäßig geboten sein, woraus sich die Eintretenspflicht des Bundes hätte herleiten lassen. Im Hinblick auf den Kabelrundfunk ergibt sich nichts anderes. Auch wenn hier keine Gemeinschaftsaufgabe der Länder anzunehmen ist, wäre dem Bund eine natürliche Kompetenz nur zugewachsen, wenn sich die Länder geweigert hätten, die Zulassung zu diesem Medium gesetzlich zu regeln.

(3) Kompetenz kraft Analogie
Mit der Argumentation, daß Bereiche zum Funktionieren des Staates geregelt werden müssen, ist nicht zu begründen, daß die Verfassung auch ein Recht des Bundes vor-

---

[185] Dieser Gedanke ist heute nicht mehr aktuell, da sich die Länder schon im Rundfunkstaatsvertrag vom 1.-3. April 1987 (ebenso im geltenden Rdf-StV vom 31. August 1991) grundsätzlich über eine einheitliche Regelung dieser neuen Techniken einigten.
[186] Bullinger, AfP 1985, S. 1, 12; wohl auch Kreile, S. 209 und 211, der allerdings diese Behauptung nicht weiter begründet.
[187] Lerche, FS. f. Maunz, S. 215, 218, stellt fest, daß die Sätze des Bundesverfassungsgerichts "wortgetreu genommen nicht ganz ungefährlich" seien.
[188] So auch Lerche, FS. f. Maunz, S. 215, 218.
[189] Ähnlich wohl Kreile, S. 211.
[190] So auch Kreile, S. 212; Bullinger, AfP 1985, S. 1, 12, der die Anforderungen für ein Reservebundesgesetz für höher erachtet, als die für eine Teileinigung der Länder.
[191] Ähnlich Kreile, S. 212, der an eine Kompetenz kraft Eintretenspflicht jedoch nur "möglicherweise" denken will.

sieht, beispielsweise die Hauptstadt zu bestimmen und die Verleihung von Orden und Ehrenzeichen zu regeln. Ein solches Recht könnte sich jedoch kraft Analogie zu bestehenden verfassungsrechtlichen Vorschriften ergeben.

(a) Kompetenz aus dem Gesichtspunkt nationaler Repräsentation
Dem Bund könnte aus einer analogen Anwendung des Art. 22 GG das Recht zustehen, die Nation zu repräsentieren. Art. 22 GG legt die Farben der Bundesflagge als nationales Symbol fest. Unter dem Schlagwort "nationale Repräsentation" wurde eine politische Meinung zusammengefaßt, die nach dem Zweiten Weltkrieg bis in die 50er Jahre geäußert wurde und eine Vertretung verlangte, die den Spaltungstendenzen zwischen den westlichen und der sowjetischen Besatzungszone entgegenhandeln und die gesamtdeutschen Interessen gegenüber den Besatzungsmächten artikulieren sollte. Dieser Begriff der "nationalen Repräsentation" verselbständigte sich im Laufe der Zeit und wurde schließlich als wesentliche Grundlage einer natürlichen Bundeskompetenz angesehen[192]. Man behauptete, jeder Staat und also auch der Bundesrepublik Deutschland habe das Recht, die Nation gegenüber der eigenen Bevölkerung darzustellen. Als der Bund den 17. Juni als "Tag der deutschen Einheit" zum gesetzlichen Feiertag erklärte, nahm er gerade auf diese Argumentation Bezug[193]. Aber auch im Rahmen der verfassungsrechtlichen Auseinandersetzung um die Deutschland-Fernseh-GmbH[194] bezog sich der Bund auf dieses Argument. Allerdings wurde es vom Bundesverfassungsgericht zurückgewiesen. Küster[195] wird nun mit seiner Einschätzung nicht Unrecht haben, daß die Zurückhaltung des Gerichts auch seinen Ursprung darin findet, daß die Argumentation von "generalklausige(r) Weite" war. So erklärt sich jedenfalls die Kritik des Gerichts, daß mit derlei Argumenten Aufgaben bezeichnet werden, die sich einer näheren Bestimmung entzögen[196].

Als Begründung einer Bundeskompetenz für die nationale Repräsentation könnte auf Art. 22 GG zurückgegriffen werden. Es scheint jedoch fraglich, weshalb der Bund zur Wahrnehmung dieser nationalen Repräsentation zuständig sein soll. Die Regelung hinsichtlich der Staatsflagge bezieht sich nämlich nur auf den Staat Bundesrepublik Deutschland, nicht auf die gesamte deutsche Nation. Der Begriff der "Nation" umfaßt vor allem Bereiche wie Abstammung, Sprache und Kultur[197], die nicht mit einem Staatsganzen identisch zu sein brauchen. Wenn etwa von der deutschen "Kulturnation" die Rede ist, so sind zumindest auch Teile der Schweiz und Österreichs, aber auch Liechtenstein, Südtirol, das Elsaß, Eupen-Malmedy und die Ostgebiete mitumfaßt, also Gebiete, die nicht zur Bundesrepublik Deutschland hinzuzuzählen sind. Ferner manifestiert sich die deutsche Kulturnation auf lokaler

---
[192] Köttgen, S. 183, 191 f.
[193] BGBl. 1953 I, S. 778.
[194] BVerfGE 12, S. 205 ff.
[195] Küster, S. 327.
[196] BVerfGE 12, S. 205 ff. (252).
[197] Wahrig, s.u. "Nation".

Ebene. Jedenfalls ist in Bundesstaaten immer eine enge Verflechtung von Regionalem und Bundesweitem festzustellen. Aus diesen beiden Gründen ist die nationale Repräsentation keine Aufgabe, die nur auf der Ebene des Bundes bewältigt werden kann[198]. Die Beziehungen zwischen den einzelnen Ebenen sind vielmehr so ineinander verwoben, daß die Argumentation eine Kompetenz des Bundes aus der Natur der Sache nicht ausreichend begründen kann. Jedenfalls kann mit dem Bundesverfassungsgericht einer solchen Argumentation entgegengehalten werden, daß Aufgaben nationaler Repräsentation auch von den Ländern erfüllt werden können. Eine Notwendigkeit für die Annahme einer natürlichen Bundeszuständigkeit besteht nicht.

(b) Kompetenz aus dem Gesichtspunkt kontinuitätsbewahrender Tradition
Auch die Argumentationsfigur einer "kontinuitätsbewahrenden Tradition" begründet keine natürliche Bundeskompetenz. Selbst Köttgen, der diesen Gedanken als erster formulierte[199], wollte auf der Grundlage des Grundgesetzes mit solch einem Argument nur sehr vorsichtig arbeiten. In der Betonung der Rechtsstaatlichkeit stellt sich das Grundgesetz nämlich gegen alle zuvor geltenden Verfassungen. Das gilt auch besonders im Hinblick auf die Frage der Kompetenzen, die in den früheren Verfassungen des Reiches, nicht ausdrücklich festgelegt waren. Auch bei Außerachtlassung dieses Gesichtspunktes ist im Grundgesetz für ein solches Kriterium der "Kontinuität" keine Grundlage zu finden. Vielmehr wollte das Grundgesetz einen Bruch mit dem zuvor geltenden Zentralismus des "Dritten Reiches" vollziehen. Aber auch gegenüber der Weimarer Verfassung wollte sich das Grundgesetz abgrenzen. Schließlich hatte jene Verfassung das "Dritte Reich" möglich gemacht. Diese Möglichkeit sollte von vornherein im Grundgesetz ausgeschlossen werden. Das gilt insbesondere für die Machtverteilung zwischen Bund und Ländern.

(c) Kompetenz aus dem Gesichtspunkt der Gesamtstaatlichen Repräsentation

(aa) Grundsätzliches zu einer Bundeskompetenz aus dem Gesichtspunkt "Gesamtstaatlicher Repräsentation"
Nach Ansicht der Troeger-Kommission handelt es sich bei der gesamtstaatlichen Repräsentation um "alle Aufgaben und Befugnisse, in denen der Gesamtstaat sich selbst, d. h. seine Existenz, seine Staatshoheit oder seine besondere Eigenart zur Darstellung bringt"[200].

---

[198] Köstlin, Kulturhoheit, S. 49, stellt fest, daß auch Länder und Gemeinden die Nation wirksam repräsentieren können, wobei er allerdings (ungenau) den Begriff des "Gesamtstaates" verwendet.
[199] Köttgen, S. 183, 192.
[200] Troeger-Gutachten, TZ. 94 f.

((1)) Die Bedeutung des Begriffs "Gesamtstaatliche Repräsentation"

Nach dem ersten Fernsehurteil trat die "gesamtstaatliche Repräsentation"[201] als neues Begründungsmuster für eine natürliche Bundeskompetenz in den Vordergrund. Kölble, der als erster kurz nach dem ersten Fernsehurteil diese Argumentation formulierte[202], behauptete, daß es mit dem Verständnis eines jeden Staates nicht vereinbar sei, wenn man ihm das Recht zur Selbstdarstellung nicht gewähre. Er leitete diesen Gedanken aus der vom Bundesverfassungsgericht verwandten Anschützschen Formel ab. Nun ist eine natürliche Kompetenz nicht allein aus dieser Formel abzuleiten. Insofern bedarf es auch einer Grundlage in der Verfassung. Dennoch ist zu untersuchen, ob die Selbstdarstellung zur Natur eines Staates gehört. Und es ist zu klären, ob es Unterschiede zwischen der "gesamtstaatlichen Repräsentation" und der "nationalen Repräsentation" gibt. Schon Kölble hatte behauptet, daß eine Kompetenz kraft gesamtstaatlicher Repräsentation identisch sei mit der "nationalen Repräsentation". Und auch von Seiten der Föderalisten war die Kritik geäußert worden, es handele sich bei der "nationalen Repräsentation" und der "gesamtstaatlichen Repräsentation" um das gleiche; es handele sich um austauschbare Blankettbegriffe[203].

Soziale Organisationen sind gezwungen, ihr Dasein, die gestellten Aufgaben und die Lösungen dieser Aufgaben aufzuzeigen, um sich vor den Mitgliedern und vor der sonstigen Umwelt als notwendig, vertrauenswürdig und erfolgreich darzustellen. Darüber hinaus besteht auch das Recht, sich gegenüber anderen Organisationen mit möglicherweise ähnlichen Zielen abzugrenzen.

Fraglich bleibt, ob dieses Recht auch jedem *Staats*wesen zusteht. Dies führt zur Kommunitarismusdebatte. Die Kommunitaristen sind Vertreter einer Meinung, deren zentrales Interesse dem Verhältnis des einzelnen zur Gemeinschaft gilt. Im Gegensatz zu einer liberalen Staatstheorie Rawlsscher Prägung[204] wird von ihnen die Bindung zwischen dem einzelnen und der Gemeinschaft betont. Die Identität der einzelnen werde nämlich weitgehend durch die Gemeinschaft geprägt, in denen sie aufwachsen. Erst durch die Besinnung auf die Herkunft aus "einer Familie....oder einer Klasse oder einem Volk oder einer Nation"[205] könnten die Individuen ihre Identität und Ziele erkennen[206]. Erst das Bewußtsein um die gemeinsame Herkunft mache Personen einander verständlich und gewährleiste den Bestand der Ge-

---

[201] Wobei allerdings nicht immer auf eine genaue Differenzierung in der Begrifflichkeit geachtet wurde: im Troeger-Gutachten, Tz. 94 f., werden beispielsweise die Begriffe "gesamtstaatliche Repräsentation" und "Nationale Repräsentation" in einem Atemzug und fast synonym verwendet.

[202] Kölble, DÖV 1963, S. 660, 668.

[203] Hufen, BayVBl. 1985, S. 37.

[204] Vgl. Rawls, passim.

[205] Sandel, S. 143; im Original lautet die Stelle: "a family or community or class or people or nation".

[206] Ähnlich: Taylor, S. 175, der betont, daß die Individuen auf sich allein gestellt ihre Identität nicht entwickeln und ihre Ziele nicht verwirklichen können.

sellschaft. Wenn von staatlicher Seite dieses Bewußtsein nicht gefördert werde, würden die Mitglieder weitgehend unabhängig zu ihrer Gemeinschaft stehen. Dieses Interesse an politischer Beteiligung sei bei den "Atomisten" nicht vorhanden; Folge davon sei Bürokratie[207]. Demokratie sei hingegen nur dann möglich, wenn die politische Betätigung von allen Personen als wesentlicher Bestandteil der eigenen Verwirklichung angesehen werde[208]. Die jeweilige Gesellschaft müsse darüber hinaus von ihren Mitgliedern als wertvoll angesehen werden, damit man sich für deren Erhaltung und Entwicklung einsetze[209].

Die Attraktivität der kommunitaristischen Theorieansätze läßt sich sicherlich daraus ableiten, daß typische Negativerfahrungen von Menschen aufgegriffen werden, wie die Erfahrung der Vereinzelung, Fremdheitsgefühle, Orientierungslosigkeit und Sinnverlust. Sie läßt sich aber auch als periodisch wiederkehrende, romantisch inspirierte Klage über den Verlust an stabiler Zugehörigkeit, den das moderne Leben mit sich bringt, beschreiben. Grundsätzlich liefert der Kommunitarismus eine theoretische Grundlage für das in der juristische Literatur weitgehend anerkannte Recht des Staates zur Selbstdarstellung[210]. Allerdings sind die von den Kommunitaristen ins Auge gefaßten Staatswesen verhältnismäßig klein. Ein Staat wie die Bundesrepublik Deutschland würde diesen Ansprüchen sicherlich nicht genügen. Das ändert jedoch nichts an der theoretischen Bewertung. Der herkömmliche Staat ist nur eine besonders große soziale Organisation, so daß auch für ihn die Rechte, wie sie anderen kleineren Gemeinschaften zugestanden werden, bestehen müssen. Eine Differenzierung ist nicht sinnvoll.

Jeder Staat bedarf der Zustimmung seiner Bürger. Er ist nur funktionsfähig, wenn ihn die Bevölkerung in ihrer Mehrheit stützt, indem sie sich an seinen Einrichtungen beteiligt und Aufgaben erfüllt. Insbesondere gilt dies für demokratische Staaten wie die Bundesrepublik Deutschland. Gerade in Systemen partizipatorischer Selbstregulierung beruht die Funktionsfähigkeit des Staates auf der Loyalität seiner Mitglieder. Daher ist der Staat gezwungen, dieses Gefühl der Bürger durch Integration herzustellen. Insbesondere in einem freien Land wie der Bundesrepublik Deutschland, in dem die Möglichkeit zur Kritik am Staat geschützt ist, muß dem Staat ein Recht zur Selbstdarstellung zugestanden werden. Wegen der Kritik an den Organen des Staates und am Staatswesen im ganzen besteht die Gefahr, daß der Staat seiner Grundfeste verlustig geht. Daher muß ihm die Möglichkeit gegeben sein, sich darzustellen. Er muß auch deutlich machen können, nicht identisch mit seinen Organen zu sein. Diese Überlegung führt zu dem wichtigen Argument, weshalb jedem staatlichem Gebilde die Möglichkeit zur Repräsentation zuzugestehen ist: Die Demokratie definiert sich als eine Staatsform, in der die Macht im Staat von der Regierung auf die Opposition übergehen kann. Ein solcher Machtwechsel darf jedoch

---

[207] Taylor, Negative Freiheit, S. 169.
[208] Ebd. S. 169 ff.
[209] Ebd. S. 177.
[210] Vgl. grundsätzlich Quaritsch, Probleme, passim.

keinen Einfluß auf die Loyalität der Bürger gegenüber dem Staat haben. Dem einzelnen Bürger muß es ermöglicht werden, zwischen den Parteien bzw. politischen Gruppierungen auf der einen, und dem Staat auf der anderen Seite unterscheiden zu können. Dieses Ziel ist aber nur mit dem Mittel der gesamtstaatlichen Repräsentation zu erlangen[211].

((2)) Zuständigkeit des Bundes für die "Gesamtstaatliche Repräsentation"
Mit der Bejahung eines Rechts zur gesamtstaatlichen Repräsentation ist jedoch nicht geklärt, ob der Bund oder die Länder oder Bund und Länder gemeinsam diese Kompetenz wahrnehmen müssen. Man könnte behaupten, daß diese Aufgabe von einzelnen Ländern oder jedenfalls allen Ländern gemeinsam wahrgenommen werden muß. Dies könnte insbesondere deshalb gelten, weil es sich bei derartigen Repräsentationsaufgaben zumeist um Bereiche der Kultur handele, die grundsätzlich den Ländern zugewiesen seien. Köstlin[212] etwa weist darauf hin, daß in der deutschen Geschichte die Länder Preußen und Bayern schon immer ein Selbstverständnis gehabt hätten, nicht nur ihr Staatswesen darzustellen, sondern vielmehr die gesamte deutsche Kulturnation.

Bei der gesamtstaatlichen Repräsentation handelt es sich jedoch um etwas grundsätzlich anderes als bei der nationalen. Während letztere von allen Teilen dieser Kulturnation repräsentiert werden kann - also etwa auch von anderen Staaten wie Österreich oder aber auch von den einzelnen Bundesländern - und es dem historisch gewachsenen föderativen Charakter der Bundesrepublik Deutschland viel eher entspricht, den Ländern dieses Recht zur Repräsentation zuzugestehen, ist dies bei der gesamtstaatlichen Repräsentation ausgeschlossen. Im Gegensatz zur nationalen Repräsentation betrifft die staatliche Selbstdarstellung nämlich die jeweilige Staatlichkeit, sowohl die Staatlichkeit der Gliedstaaten, als auch die des Gesamtstaates. Diese Aufgabe kann also nur vom jeweiligen Staat wahrgenommen werden. Das aber sind im Fall der Bundesrepublik Deutschland jedenfalls nicht die einzelnen Länder[213]. Andernfalls wäre der Gesamtstaat dem Wohlwollen der Gliedstaaten ausgeliefert. Es stünde in ihrer Macht, wesentliche Bereiche der Beziehung Gesamtstaat - Bürger zu torpedieren. Das Bestehen des Gesamtstaates könnte also nur teilweise gesichert werden. Das aber muß ausgeschlossen bleiben. Daher kann auch nicht der Summe aller Gliedstaaten diese Kompetenz zufallen. Zwar wird man in anderen Bereichen ein solches Zusammenwirken der Länder für

---

[211] Zustimmend auch Stern, Staatsrecht, Bd. 1, § 9 III, S. 282 ff.; Köstlin, Kulturhoheit, S. 49.
[212] Köstlin, DVBl. 1986, S. 219, 222.
[213] Insoweit ist Hufen, BayVBl. 1985, S. 37, zu widersprechen, der den Begriff der "gesamtstaatlichen Repräsentation" als austauschbaren Blankettbegriff wertet.

zulässig erachten müssen[214]. Für das hier zu beantwortende Problem ist aber entscheidend, daß der durch die Gliedstaaten gebildete Bund mehr als die Summe seiner einzelnen Teile (also der Gliedstaaten) ist. Darüber hinaus hat dieser Gesamtstaat seine von den Gliedstaaten unabhängige Geschichte und Identität.

Auch eine Bund und Ländern gemeinschaftlich zustehende Kompetenz, den Gesamtstaat zu repräsentieren bzw. entsprechende Regelungen zu erlassen, ist ausgeschlossen. Eine Zusammenarbeit von Bund und Ländern käme nur dann in Frage, wenn die Bundesrepublik Deutschland dreigliedrig aufgebaut wäre, wenn also der Gesamtstaat auf der dritten Ebene durch die Gliedstaaten und den nur in sehr engen Grenzen zuständigen Zentralstaat gemeinsam gebildet würden[215]. Im Grundgesetz findet sich aber für solch eine Annahme kein Hinweis. Insbesondere wird nicht zwischen dem "Bund" und der "Bundesrepublik Deutschland" differenziert. So heißt es in Art. 79 III GG: "die Gliederung des Bundes in Länder" und nicht: "die Gliederung der Bundesrepublik Deutschland in Länder"[216]. Ebenfalls hatte der Parlamentarische Rat kein entsprechendes Staatsverständnis. Und auch das Bundesverfassungsgericht hat, nachdem es anfangs noch für einen dreigliedrigen Staatsaufbau plädierte[217], später dieses Model eindeutig abgelehnt[218]. Insofern ist heute anerkannt, daß der Organisation der Bundesrepublik Deutschland ein zweigliedriger Staatsaufbau zugrunde liegt[219]. Im zweigliedrigen Bundesstaat stehen aber die Kompetenzen für

---

[214] Kritisch grundsätzlich Kölble, DÖV 1963, S. 660, 669. Dieser Streit war im Hinblick auf die durch die Bundesländer erfolgte Gründung des ZDF bedeutsam geworden. Kritisch etwa Kratzer, DVBl. 1963, S. 310 ff.; für die Zulässigkeit eines solchen gemeinsamen Handelns aber Maunz, NJW 1962, S. 1641; Herrmann, AöR 90 (1965), S. 286, 294 f.; BVerwGE 22, S. 299 ff. (308 ff.).

[215] Insbesondere Nawiasky, S. 35 f.; Maunz, Staatsrecht, S. 163 f., der jedoch nur von einer "gedanklichen Hilfskonstruktion" spricht; ders., in: Maunz/Dürig, Komm. z. GG (1. Aufl. 1958), Art. 20 Rn. 5 ff.; nunmehr aber Herzog, in: Maunz/Dürig, Komm. z. GG, Art. 20 Rn. 15.

[216] Darauf weist ausdrücklich hin Küster, S. 331.

[217] BVerfGE 6, S. 309 ff. (340, 364).

[218] So ausdrücklich im Hessen-Urteil, BVerfGE 13, S. 54 ff. (77 f.). Dort verwirft das Bundesverfassungsgericht die Auffassung, "daß zwischen einem Zentralstaat und einem Gesamtstaat als zwei verschiedenen Rechtsträgern und Subjekten gegenseitiger verfassungsrechtlicher Rechte und Pflichten unterschieden werden kann. Es gibt nicht neben dem Bundesstaat als Gesamtstaat noch einen besonderen Zentralstaat, sondern nur eine zentrale Organisation, die zusammen mit den gliedstaatlichen Organisationen im Geltungsbereich des Grundgesetzes als Bundesstaat alle die staatlichen Aufgaben erfüllt, die im Einheitsstaat einer einheitlichen staatlichen Organisation zufallen. Das Grundgesetz hat eine Aufteilung der Kompetenzen nur zwischen den Organen des Bundes und denen der Länder vorgenommen, wobei unter Bund der durch Zusammenschluß der Länder entstandene Gesamtstaat verstanden wird.

[219] So BVerfGE 13, S. 54 ff. (77 f.); 36, S. 342 ff. (360 f.); in der Literatur: Scheuner, DÖV 1962, S. 641 ff.; Hesse, K., Grundzüge S. 89 Rn. 217 f.; Stern, Staatsrecht, Bd. 1, § 19 I 3, S. 650 f.

den Gesamtstaat dem Bund zu; dies muß auch für stillschweigend mitgeschriebene Kompetenzen gelten.

Art. 22 GG ist zu entnehmen, daß dem Bund repräsentative Symbole zustehen[220]. Indem die Farben der Bundesrepublik Deutschland verfassungsrechtlich festgelegt sind, wollten die Verfassungsväter zum einen einen Streit verhindern, wie er in der Weimarer Republik um die Farben des Staates entbrannt war. Zum anderen wird mit dieser Entscheidung deutlich, daß man im Parlamentarischen Rat davon ausging, daß der Staat nicht nur das Recht, sondern sogar die Aufgabe hat, sich als Staat auch gegenüber seinen Bürgern darzustellen, um dieses Identifikationsmittel zur Verfügung zu stellen[221]. Diese Regelung bestätigt ferner die Zuständigkeitsverteilung zugunsten des Bundes. Es handelt sich bei dem Grundgesetz nämlich um ein Bundesgesetz, so daß man in Art. 22 GG den Grundsatz einer Bundeskompetenz bei gesamtstaatlich repräsentativen Aufgaben erkennen kann. Diese Überlegung ist zusätzlich auf den schon oben erläuterten Gedanken zu stützten, daß Bund und Länder verpflichtet sind, den Bestand der Bundesrepublik Deutschland zu wahren. Nach dem Grundgesetz wird nämlich der Gesamtstaat Bund nicht nur als ein "Seiender", sondern vielmehr als ein "Sollender" definiert. Auch der Bund hat somit die Aufgabe, integrierend zu wirken. Allerdings ist dieses Argument nur hilfsweise verwendbar, da gleichermaßen den Ländern diese Verpflichtung auferlegt ist.

Dem Bund steht also die Kompetenz zu, mit Gesetzen auf eine Integration zwischen Gesamtstaat und Bürgern hinzuwirken. Allerdings kann diese Gesetzgebungskompetenz nicht umfassend sein. Aus der Gleichsetzung Bund und Gesamtstaat und der daraus folgenden Kompetenz des Bundes zur gesamtstaatlichen Repräsentation kann nämlich nicht folgen, daß der Bund aufgrund dieser Kompetenz alle von ihm als gesamtstaatlich bedeutsam eingestuften Vorhaben als eigene Materie an sich ziehen darf. Wäre das der Fall, so bewirkte dies eine umfassende Umgestaltung der vom Grundgesetz vorgesehenen Kompetenzverteilung zwischen Bund und Ländern. Fast generalklauselartig könnte der Bund aufgrund dieser Kompetenz seine Zuständigkeiten in Länderbereiche ausdehnen, was dem Ausnahmecharakter einer natürlichen Kompetenz widerspräche.

((3)) **Erscheinungsformen "Gesamtstaatlicher Repräsentation"**
Für die Festlegung der Grenzen einer solchen Gesetzgebungskompetenz bedarf es der Klärung, welche Bereiche unstrittig dem Bund zur Regelung zugewiesen werden. Man wird die anerkannten Arten, nach denen sich der Bund im Innern darstellen darf, in drei Gruppen gliedern können, die jeweils den Staat repräsentieren: Zum

---

[220] Köstlin, Kulturhoheit, differenziert hier nach Kompetenz kraft Analogie (S. 56/57) und Kompetenz kraft nationaler Repräsentation (S. 48 - 51). Er verkennt, daß es sich dabei um dasselbe handelt.
[221] Aus der Erwägung des Art. 22 GG leitet ein Teil der Literatur wegen "Analogie" unabhängig von den oben gemachten Erläuterungen das Recht des Bundes zur gesamtstaatlichen Repräsentation ab. Vgl. Köstlin, Kulturhoheit, 56; Bullinger, AöR 96 (1971), S. 237, 274.

einen ist an die Amtsträger zu denken. Als zweites gibt es die Staatssymbole. Und schließlich kann sich der Staat selbst auch durch Veranstaltungen darstellen, um sich der Loyalität der Bürger zu versichern.

((a)) **Selbstdarstellung durch Amtsträger**
Der Staat wird in seiner Form als Gesamtstaat in erster Linie von seinen Repräsentanten dargestellt. Ein Beispiel hierfür sind die Handlungen des Bundespräsidenten, der einen Staatsgast empfängt. Aber auch Reden etwa des Bundeskanzlers, der Minister oder einzelner Abgeordneter im Parlament erfüllen diese Funktion. Und schließlich ist die Vergabe von Bundespreisen - etwa des Bundesfilmpreises durch den Bundesinnenminister - ein Akt staatlicher Repräsentation. Für die Frage der Gesetzgebungskompetenz des Bundes ist aus diesem Aspekt heraus jedoch unmittelbar keine weitere Erkenntnis zu gewinnen. Es handelt sich in erster Linie um staatliches Handeln, so daß grundsätzlich die (gesetzesfreie) Verwaltung betroffen ist.

((b)) **Selbstdarstellung durch Symbole**
Der Staat wird jedoch auch durch Symbole repräsentiert[222]. Symbole sind einen tieferen Sinn andeutende Zeichen, die für einen Begriff oder Vorgang stehen[223]. Staatssymbole stehen also für den Staat. Schon oben wurde Art. 22 GG erwähnt, wonach der Staat Bundesrepublik Deutschland durch die Bundesflagge schwarz-rot-gold repräsentiert wird. Weiteres Staatssymbol ist die Nationalhymne. Flagge und Hymne dienen der gesamtstaatlichen Identifikation. Selbst wenn in der Bundesrepublik Deutschland die Regelung hinsichtlich der Nationalhymne auf einem Briefwechsel zwischen Bundespräsidenten Heuss und Bundeskanzler Adenauer beruht, hat über den Aspekt der gesamtstaatlichen Repräsentation der Bund die Kompetenz, diesen Bereich durch ein Gesetz zu regeln. Weiter sind als Staatssymbole das Bundeswappen[224], entsprechende Dienstsiegel[225], aber auch die Amtsschilder der Bundesbehörden[226] zu werten. Während all diese Staatssymbole durch Erlasse der jeweiligen Einrichtungen und also im Rahmen einer Verwaltungskompetenz geregelt wurden, erfolgte die Festlegung von Orden und Ehrenzeichen[227] gesetzlich.

---

[222] Vgl. insgesamt zur Frage der Staatssymbole: Stern, Staatsrecht Bd. 1, § 9, II S. 278 - 282.
[223] Wahrig, s.u. "Symbol".
[224] Geregelt aufgrund eines Beschlusses der Bundesregierung durch die Bekanntmachung des Bundesinnenministers vom 20. Januar 1950, BGBl. 1950, S. 26, ergänzt durch Bekanntmachung vom 4. Juli 1952 (BAnz. Nr. 169, vom 2. September 1952).
[225] Geregelt durch Erlaß des Bundespräsidenten vom 20. Januar 1950, BGBl. 1950, S. 26, geändert durch Erlaß vom 28. August 1957 (BGBl. 1957 I, S. 1328).
[226] Geregelt durch Erlaß des Bundespräsidenten vom 25. September 1951, BGBl. 1951, S. 927, geändert durch Erlaß vom 3. Juli 1956 (BAnz. Nr. 129 vom 6. Juli 1956).
[227] Geregelt durch Bundesgesetz vom 26. Juli 1957, BGBl. 1957 I, S. 844, geändert durch Gesetz vom 2. März 1974.

Der Gesamtstaat stellt sich ferner durch seine Gedenkstätten dar. Ihm steht die Kompetenz zu, die "Neue Wache" in Berlin als Mahn- und Gedenkstätte auszuwählen und zu regeln, wie die Gestaltung erfolgen soll. In diesen Zusammenhang ist auch die "Hauptstadtfrage" hinsichtlich des Umzugs der Bundesorgane nach Berlin zu erörtern. Der Bund wird nämlich auch durch das Parlamentsgebäude und andere Staatsbauten repräsentiert. Daher steht dem Bund bzw. seinen Organen die Entscheidung zu, nach welchen Plänen der alte Reichstag umgebaut werden soll, und wie die übrigen Repräsentationsbauten und die damit zusammenhängenden Anlagen auszusehen haben. Obwohl diese Entscheidung von kultureller Bedeutung ist, wird jedenfalls keine Länderkompetenz angenommen.

Auch hier steht wieder der Gedanke der Selbstverwaltung und also der der ungeschriebenen Verwaltungskompetenz im Vordergrund. Der Bund bedürfte keiner Gesetzgebungskompetenz. Jedoch hat er die Gesetzgebungskompetenz dann inne, wenn es notwendig ist, die entsprechende Materie gesetzlich zu regeln, wie etwa im Bonn-Berlin-Gesetz.

((c)) **Selbstdarstellung durch Veranstaltungen**
Als weiterer Aspekt staatlicher Selbstdarstellung kommen staatliche Veranstaltungen in Betracht. Etwa die Regelung eines staatlichen Gedenktages gehört hierher. Die Festlegung des 3. Oktober als Nationalfeiertag im Einigungsvertrag basiert auf dieser Kompetenz[228]. Eng damit verknüpft ist die Repräsentationsfunktion von Staatsakten. Wenn am 23. Mai des Inkrafttretens der Verfassung gedacht wird, so ist dies eine weitere Ausformung des Repräsentationsgedankens. Darüber hinaus steht dem Bund das Recht zu, die gesetzlichen Grundlagen für ein "Staatsfest"[229] zu bestimmen. Solch ein Staatsfest hätte nicht allein die Repräsentation des Staates als Objekt gegenüber den Bürgern zum Ziel, sondern vielmehr die Schaffung eines Gefühls nationaler Integration. Dieser Aspekt scheint sich am weitesten von der oben genannten Forderung zu lösen, daß die Repräsentation unmittelbar durch den Staat erfolgen müsse. Allerdings ist zu bedenken, daß der Staat eben kein den Bürgern gegenüberstehendes Objekt ist, sondern nur auf der Anerkennung und Zustimmung seiner Bürger basiert. Bei einem bundesweiten Staatsfest kann der Staat daher nicht allein durch die Repräsentanten bzw. Symbole repräsentiert werden, sondern bedarf zu seiner Darstellung vielmehr der Bürger selbst. Auch wenn der Begriff "gesamtstaatliche Repräsentation" nicht genau diesen Umstand beschreibt, so ist jedoch mit dem Begriff "gesamtstaatlicher Integration" das Ziel beschrieben, das durch ein Staatsfest unmittelbar verwirklicht würde. Wenngleich seit der Wiedervereinigung entscheidende Versuche unternommen wurden, den 3. Oktober zu solch einem Staatsfest der Bürger zu entwickeln, erfüllen doch heutzutage eher

---

[228] Auch schon die Festlegung des 17. Juni als Nationalfeiertag durch das Gesetz vom 4. August 1953 (BGBl. 1953 I, S. 778) basierte auf dem Gedanken der gesamtstaatlichen Repräsentation.
[229] Vgl. zum Begriff: Krüger, Staatslehre, S. 227; ders., Staatspflege, S. 21, 48 f.

internationale Sportfeste diese Aufgabe[230]. So verstehen sich auch die Subventionen des Bundes in diesem Bereich. Man wird hier aber auch kulturelle Ereignisse nennen müssen wie die Verhüllung des Reichstags durch den Künstler Christo. Nicht allein wegen der Zustimmung des Bundestages bzw. der Bundestagspräsidentin zu dieser Aktion, sondern vor allem, weil hier ein Symbol der Bundesrepublik Deutschland, der Reichstag, im Zentrum der Aufmerksamkeit stand, wird man diesem Ereignis die Bedeutung eines gesamtstaatlich-repräsentativen Aktes beimessen müssen. Und man wird schließlich auch andere kulturelle Begebenheiten so werten müssen, daß sie nicht allein eine Angelegenheit des entsprechenden Landes sind, sondern auch des Gesamtstaates Bundesrepublik Deutschland.

Auffallend ist, daß bei derartigen Ereignissen Fernsehen und Hörfunk von besonderer Bedeutung sind: Nur durch dieses Massenmedium gelingt es, das Volk in unmittelbaren Bezug zu den jeweiligen kulturellen Gegebenheiten zu setzen. Am deutlichsten wird dies in dem angeführten Beispiel des Sports. Hier gelingt es nur durch diese Massenmedien die Identifikation von Bürger und Staat zu schaffen.

(bb) Rundfunkkompetenz des Bundes kraft gesamtstaatlicher Repräsentation
Im ersten Fernsehurteil prüfte das Bundesverfassungsgericht, ob dem Bund die Gesetzgebungskompetenz für das Rundfunkwesen kraft Natur der Sache zustehe. Damals kam das Gericht mit Zuhilfenahme der Anschützschen Formel zu dem Ergebnis, daß dies nicht der Fall sei[231]. Etwas anderes könnte sich mit der hier dargestellten Argumentationsfigur "Bundeszuständigkeit kraft gesamtstaatlicher Repräsentation" ergeben, so daß sich auch für den Rundfunk Bundeszuständigkeiten begründen ließen.

((1)) Die Bedeutung des Rundfunks als Mittler gesamtstaatlich repräsentativer Akte
Das Besondere am Rundfunk ist sein großer Empfängerkreis. Da mittlerweile nicht nur jeder Bürger ein Radio, sondern sogar einen Fernsehapparat nutzen kann[232], können zumindest solche Programme, die konventionell-terrestrisch verbreitet werden, von nahezu der gesamten Bevölkerung des Sendegebietes empfangen werden[233]. Als

---

[230] Darauf weist hin: Winkler, S. 109 f., nach dem Sport zwar nur *eine* Möglichkeit staatlicher Selbstdarstellung sei, er aber (S. 113 f.) durchaus das erfülle, was Krüger für Staatsfeste gefordert hat: Sportfeste erreichen nämlich auch bei unpolitischen Menschen das für jedes politische System notwendige Mindestmaß von Gemeinsamkeit, von Bewußtsein der Zusammengehörigkeit.

[231] BVerfGE 12, S. 205 ff. (251 f.).

[232] So waren laut der NDR-Finanzverwaltung, abgedruckt in epd Nr. 3 vom 16. Januar 1991, S. 14, am 30. September 1990 in der Bundesrepublik Deutschland bei ca. 61 Mio. Einwohnern 27.936.681 Radiogeräte und 24.604.360 Fernsehapparate angemeldet.

[233] Insofern herrscht also nahezu eine 100%ige Versorgung der bundesdeutschen Bevölkerung durch die Landesrundfunkanstalten; vgl. dazu Herrmann, Rundfunkrecht, S. 687 f.

131

zusätzlicher Vorteil des Mediums Rundfunk kommt - auch im Vergleich zum verwandten Medium Presse - hinzu, daß durch die Gleichzeitigkeit von tatsächlichem Geschehen und Empfang der Sendung der Rundfunk besonders geeignet ist, Öffentlichkeit zu vermitteln und zu schaffen. Deshalb ist dieses Medium auch für die Frage gesamtstaatlicher Repräsentation von besonderem Interesse[234].

Im Gegensatz zu den erläuterten allgemein anerkannten Beispielen staatlicher Repräsentation fehlt es dem Rundfunk an einer direkten Bezugnahme zum Staat. Das Medium Rundfunk selbst ist kein nationales Identifikationsmittel. Allerdings hat der Rundfunk besondere Bedeutung durch die Übertragung entsprechender Veranstaltungen. Quaritsch stellt zutreffend fest:

"Den Medien fällt naturgemäß eine erstrangige Darstellungsposition zu. Ob und in welchem Maße auch die Fernseher und -hörer neben den Akteuren und den im Stadion 'aktiven' Zuschauern (...) als dritte und größte Gruppe mit einbezogen wird, hängt simpel ab von der Technik der Übertragung; hier also erfüllen Rundfunk und Fernsehen eine sehr konkrete Staatsaufgabe."[235]

Unmittelbar aus der Aufgabe gesamtstaatlicher Repräsentation wird dem Bund keine Kompetenz, auch nicht für Teilbereiche des Rundfunkwesens, zustehen können. Es ist ausgeschlossen, daß der Gesamtstaat sich allein schon durch das Faktum "Rundfunk" darstellen kann. Vielmehr ist der Rundfunk ein geeignetes Mittel, um die gesamtstaatliche Repräsentation möglich zu machen. Wollte man den Bund darauf beschränken, den Inhalt staatlicher Repräsentationsmittel, nicht aber ihren Einsatz zu regeln, so bestünde die Gesetzgebungskompetenz hinsichtlich dieser gesamtstaatlichen Repräsentation allein darin, eine gesetzliche Festlegung dahingehend zu treffen, daß der Gesamtstaat repräsentiert wird. Es bestünde dann keine Möglichkeit für den Bund auch zu regeln, in welcher Weise er dargestellt wird. Das aber würde den Sinn gesamtstaatlicher Repräsentation in Frage stellen. Wenn dem Staat nämlich das Recht zugestanden wird, sich selbst darzustellen, so muß er auch das Recht haben, zu regeln, wie er sich an die Bevölkerung wendet[236]. Der Begriff der "Repräsentation" umfaßt notwendig nicht nur das Recht, mögliche Mittel der Repräsentation zu bestimmen, sondern auch die Anwendung und Darstellung dieser Mittel. Es könnte also dem Bund als Annex einer natürlichen Kompetenz kraft gesamtstaatlicher Repräsentation eine Regelungskompetenz für den Rundfunk zustehen. Die Begründung könnte dabei etwa folgendermaßen lauten: Um die dem

---

[234] So gab es immer wieder Bestrebungen von staatlicher Seite, sei es von den Ministerpräsidenten, sei es von Mitgliedern der Regierung, Erklärungen oder Reden direkt von den Rundfunkanstalten übertragen zu sehen, vgl. dazu die bei Bilstein, S. 2, aufgeführten Beispiele.

[235] Quaritsch, Probleme, S. 25.

[236] So wird auch für die Flagge der Bundesrepublik Deutschland eine natürliche Kompetenz des Bundes bejaht, nach der er regeln darf, wer diese Flagge zu hissen hat; Vgl. Maunz, in: Maunz/Dürig, Komm. z. GG, Art. 22 Rn. 19.

Bund zugewiesene Aufgabe gesamtstaatlicher Repräsentation umfassend erfüllen zu können, muß der Bund den entsprechenden Bereich im Rundfunk regeln dürfen.

Da die natürliche Kompetenz sich jedenfalls zeitweise[237] kodifizieren läßt, müssen auch die übrigen, für geschriebene Kompetenzen anzuwendenden Rechtsgedanken auf diese Norm Anwendung finden können. Man wird daher eine Annexkompetenz auch bei einer natürlichen Kompetenz annehmen können. Rechtsdogmatisch ist die Argumentation also schlüssig. Allerdings ist auf die vom Bundesverfassungsgericht geforderte "Staatsferne" bzw. "Staatsfreiheit"[238] des Rundfunks zu achten. Der Rundfunk darf nicht dem Staat oder einzelnen Gruppen ausgeliefert werden[239]. Diese Forderung folgt aus der Bedeutung des Rundfunks für den freiheitlichen Prozeß innerstaatlicher Meinungsbildung, der für die Demokratie des Grundgesetzes unabdingbar ist. Die Meinungsbildung soll vor Monopolisierung und Manipulation geschützt werden. Dies gilt besonders für Gefahren, die von Seiten des Staates selbst herrühren. Man könnte diesem verfassungsgerichtlichen Dogma entnehmen, daß eine derartige, hier in Erwägung gezogene Regelung der Erfüllung einer Staatsaufgabe diene und daher gegen diesen Grundsatz verstoße. Allerdings bezeichnet das Bundesverfassungsgericht die Grundversorgung mit Rundfunk als Staatsaufgabe[240]. Würde man das Bundesverfassungsgericht beim Worte nehmen, so dürfte der Staat diese Aufgabe nicht erfüllen. Da aber das Gericht von einer dualen Rundfunkordnung ausgeht, die ohne öffentlich-rechtlichen Rundfunk nicht auskommt, kann eine solch enge Begrenzung nicht gemeint sein. Vielmehr soll mit dem Begriff der "Staatsferne" nur ausgeschlossen werden, daß Regierung oder Opposition unkontrolliert und direkt den Rundfunk beeinflussen können[241]: Staatsfunk wie im "Dritten Reich" darf es nicht wieder geben. Entscheidend ist also bei der Repräsentation des Staates durch den Rundfunk, daß der Staat - und eben keine der politischen Richtungen - zu Worte kommt. Daß dies aber staatspolitisch möglich sein muß, ergibt sich auch aus dem Umstand, daß die klassischen Integrati-

---

[237] Wipfelder, DVBl. 1982, S. 477, 478, der darauf hinweist, so gewonnene Kompetenznormen seien dem Wandel unterworfen und daher nur selten kodifizierbar.

[238] BVerfGE 12, S. 205 ff. (260 ff.); 31, S. 314 ff. (325 ff.); 57, S. 295 ff. (319 ff.); 59, S. 231 ff. (257 ff.); 73, S. 118 ff. (152 f.); 74, S. 297 ff. (323); 83, S. 238 ff. (295 ff.).

[239] BVerfGE 12, S. 205 ff. (260 ff.); 31, S. 314 ff. (325 ff.); 57, S. 295 ff. (319 ff.); 73, S. 118 ff. (152 f.); 74, S. 297 ff. (324); 83, S. 238 ff. (295 ff.).

[240] Ausdrücklich hat das Gericht vor der Einführung der dualen Rundfunkordnung in BVerfGE 7, S. 99, LS. 2; 31, S. 314 ff. (329) die Tätigkeit dieser Medien als Erfüllung einer "öffentlich-rechtlichen Tätigkeit" angesehen. Im Leitsatz 1a des 6. Rundfunkurteils (BVerfGE 83, S. 238 ff.) stellte das Gericht in diesem Sinne fest: "Art. 5 Absatz 1 Satz 2 GG verpflichtet den Staat, die Grundversorgung, die dem öffentlich-rechtlichen Rundfunk in einer dualen Rundfunkordnung zufällt, zu gewährleisten.

[241] Ähnlich Quaritsch, Selbstdarstellung, S. 25 Fn. 53, der dem Gericht und der Literatur sprachliche Ungenauigkeit vorwirft, da diese mit "Staat" die "Regierung" bzw. die "Regierungspartei" meinen.

onsmittel wie Flagge und Deutschlandlied heute kaum mehr ihre Aufgabe erfüllen[242]. Daher scheint es erforderlich, technische Möglichkeiten zu nutzen und das Staatsvolk auch vor den Fernseh- und Hörfunkgeräten anzusprechen. Wenn ausgeschlossen ist, daß parteipolitische Interessen auf diesem Wege in den Rundfunk Eingang finden, muß eine "Staatlichkeit" des Rundfunks möglich sein.

Regelungen hinsichtlich der gesamtstaatlichen Repräsentation sind in zweierlei Hinsicht denkbar: Einerseits könnte der Bund den Rundfunkveranstaltern aufgeben, einzelne gesamtstaatlich repräsentative Akte innerhalb ihres Programmes zu senden. Andererseits könnte umfassend festgelegt werden, daß die Rundfunkprogramme der gesamtstaatlichen Repräsentation dienen sollen.

((2)) Gesetzgebungskompetenz zur Regelung der Sendung gesamtstaatlich repräsentativer Staatsakte

Schon die erste Alternative verstößt offensichtlich gegen das Postulat staatsfreien Rundfunks: Zwar besteht ein großes Interesse der politischen Repräsentanten eines Staates, sich in den Medien darzustellen[243]. Dieser Wunsch kann aber keinen entsprechenden Anspruch begründen. Auf diese Weise könnte nämlich die Autonomie und Verantwortung der Rundfunkbetreiber für ihr Programm in einem hohen Maße von staatlicher Seite reglementiert werden. Die Rundfunkfreiheit würde in einem bisher unbekannten Maße ausgehöhlt werden können[244]. Eine solche Regelung durch den Bund wäre darüber hinaus aber auch schon deshalb verfassungswidrig, weil sie sich an außerhalb der Staatsorganisation Stehende wenden würde. Wenn also die Rundfunkanstalten Statements von Spitzenpolitikern anläßlich bedeutsamer politischer Ereignisse oder besonderer Jahrestage, einschließlich Weihnachten und Neujahr, ausstrahlen, wenn sie die Wahl des Bundespräsidenten durch die Bundesversammlung durch das Fernsehen oder auch die Bundeshaushaltsdebatte durch

---

[242] Vgl. Herzog, S. 81 f.
[243] Vgl.die bei Bilstein, S. 2, erläuterten Beispiele.
[244] Derartige Übertragungen repräsentativer Staatsakte darf nicht mit dem Äußerungsrecht staatlicher Stellen in besonderen Gefahrensituationen verwechselt werden, wie sie etwa Art. 4 BR-G; § 3 SFB-S; § 7 LMG Bremen; § 5 NDR-StV normieren. Die insofern gewährten Rechte haben nämlich keinen repräsentativen Charakter, sondern sollen in erster Linie die Übermittlung von Informationen zur Bewältigung von Katastrophen gewährleisten. Insofern stehen diese Rechte auch unter dem Vorbehalt einer Katastrophe. Das Recht steht den entsprechenden Stellen also nicht umfassend, sondern nur unter bestimmten Umständen zu. Der hier zu bejahende Eingriff in die Rundfunkautonomie der Veranstalter ist insoweit gerechtfertigt, als dieser Eingriff nur in seltensten Fällen erfolgen und durch überragende Interessen des Staates, nämlich Leib und Leben seiner Bürger zu schützen, begründet werden kann.

den Rundfunk übertragen, so tun sie das - korrekterweise - nur in Erfüllung ihrer allgemeinen Informationspflicht[245].

Des weiteren wären auch hinsichtlich der Bundeszuständigkeit für derartige Regelungen Zweifel begründet: Wie schon oben hinsichtlich der Parteien erläutert, würde auch hier der Bund mit entsprechenden Regelungen in die Rundfunkordnung der Länder eingreifen und selber Rundfunkrecht setzen. Er würde wesentliche Teile des Rundfunkprogramms festlegen. Dieses Recht, Gesetze zu erlassen, die die Rundfunkordnung betreffen, steht dem Bund jedoch nicht zu. Insofern würde er nämlich als Rundfunkgesetzgeber agieren.

((3)) Gesetzgebungskompetenz zur umfassenden Aufgabenzuweisung der gesamtstaatlich relevanten Bereiche

Ebensowenig ist eine umfassende an die Rundfunkanstalten gerichtete bundesgesetzliche Aufgabenstellung zu rechtfertigen, ein umfassendes Bild der Bundesrepublik Deutschland zu vermitteln. Der Programmauftrag ist nämlich seinerseits wieder entscheidendes Merkmal der den Ländern zustehenden Rundfunkkompetenz. Wenn in den unterschiedlichen Landesgesetzen festgelegt wird, daß die Rundfunkveranstalter wahrheitsgemäß informieren und an der Meinungsbildung mitwirken müssen, so ist dies der Rahmen, innerhalb dessen derartige Verpflichtungen denkbar sind. Aber auch sie sind nur von den Ländern und nicht vom Bund zu regeln.

((4)) Das Verhältnis von Aufgabenzuweisungen zu Errichtungskompetenzen

Allerdings ist es gemäß § 5 II ZDF-Staatsvertrag Aufgabe des ZDF, die kulturelle Vielfalt Deutschlands angemessen darzustellen und gemäß § 5 III S. 3 die Zusammengehörigkeit im vereinten Deutschland zu fördern. Somit handelt es sich um Regelungen, die die gesamtstaatliche Repräsentation sichern. Die Regelung im ZDF-Staatsvertrag richtet sich an eine Länderanstalt, also an eine öffentlich-rechtliche Anstalt, die durch einen Staatsvertrag zwischen allen Bundesländern geschaffen worden ist. Sie ist darüber hinaus im Zusammenhang mit der Gründung der Anstalt zu lesen. Die Aufgabe ist ein Grund für deren Errichtung. Insofern fallen Gesetzgebungs- und Errichtungskompetenz zusammen. Die Errichtungskompetenz

---

[245] Vgl. Herrmann Rundfunkrecht, S. 262, 263; aber auch der Beschluß des ZDF-Fernsehrats zum Sendeschluß des ZDF-Hauptprogramms das Deutschlandlied zu senden und dabei mit - insoweit geeigneten - bildlichen Motiven zu unterlegen, fällt grundsätzlich in den Kompetenzbereich dieser Anstalt. Zwar haben die Länder und also die Landesrundfunkanstalten keine Kompetenz zur gesamtstaatlichen Repräsentation. Die Verwendung der allgemeinen Bundesflagge ist aber grundsätzlich jedem erlaubt, da durch diese Verwendungsfreiheit die allgemeine Bundesflagge in der Hand der Staatsbürger zu einem Bekenntnis zum Staat werden kann. Daher ist es auch keine Kompetenzverletzung, wenn die Landesrundfunkanstalten sich entschließen, ihr Programm auf die beschriebene Weise zu beenden. Dieses Vorgehen hat nämlich schließlich eine ähnliche Bedeutung und Funktion.

ihrerseits ist jedoch ein spezieller Fall der Verwaltungskompetenz. Es greifen hier also Gesetzgebungs- und Verwaltungskompetenz ineinander. Nicht zu folgen ist daher der Überlegung von Peters[246], der die Schaffung von Rundfunkanstalten als "außerhalb der Rundfunkgesetzgebung" liegend ansieht. Seine These, daß, selbst wenn der Gesetzgeber eine solche Maßnahme treffe, diese materiell-rechtlich ein Akt der Exekutive bleibe, steht im deutlichen Widerspruch zu Art. 87 III GG, wonach der Bund nur durch Gesetz und bei bestehender Gesetzgebungskompetenz eine Anstalt errichten darf. Es ist heute unbestritten, daß öffentlich-rechtliche Rundfunkanstalten nur aufgrund eines Gesetzes geschaffen werden dürfen[247].

((5)) Das Verhältnis stillschweigender Gesetzgebungskompetenzen zu entsprechenden Verwaltungskompetenzen

Dem Bund steht eine Kompetenz zur gesamtstaatlichen Repräsentation zu. Es ist ihm jedoch verwehrt, Dritte zu verpflichten, derartige repräsentative Akte zu publizieren. Daher drängt sich die Frage auf, ob er nicht zumindest die für die Errichtung einer Anstalt erforderliche Gesetzgebungskompetenz innehat. Nur dann könnte er die Aufgabe dieser Anstalt so festlegen, daß sie derartige Akte zu verbreiten hat. Relevant wird dabei das Verhältnis zwischen Gesetzgebungs- und Errichtungs- bzw. Verwaltungskompetenz. Hier ist der besondere Fall der ungeschriebenen Kompetenzen betroffen. Es ist nämlich unbestritten, daß nach der Systematik des Grundgesetzes dort, wo dem Bund keine ausdrücklichen Gesetzgebungszuständigkeiten zugewiesen sind, er auch keine entsprechenden Verwaltungskompetenzen haben kann[248].

Daß stillschweigend mitgeschriebene Verwaltungskompetenzen wie Gesetzgebungskompetenzen existieren, ist heute unbestritten anerkannt[249]. Dies gilt etwa bei überregionalen Verwaltungsakten, die Rechtswirkungen gegenüber dem Ausland haben und bei denen Anknüpfungsmöglichkeiten für die Länderzuständigkeit nicht vorhanden sind[250]. Auch hier ist der Wortlaut des Grundgesetzes eindeutig. So sind zwar grundsätzlich die Länder für die Erfüllung staatlicher Aufgaben zuständig, dies gilt jedoch nur, "soweit dieses Grundgesetz keine andere Regelung trifft oder *zuläßt*"[251]. Es widerspräche also der ratio legis, wollte man dem Bund eine zwar "zugelassene",

---

[246] Peters, Zuständigkeit, S. 25 Fn. 39.
[247] Statt aller Herrmann, Rundfunkrecht, S. 232 mwN.
[248] BVerfGE 12, S. 205, LS. 5; 21, S. 312 ff. (325).
[249] Dazu BVerfGE 11, S. 6 ff. (17 f.); 12, S. 205 ff. (250 f.); 22, S. 180 ff. (216 f.); Achterberg, JA 1980, S. 210, 215; Bullinger, AöR 96 (1971), S. 237 ff.; Klein, Hans H., Bundesverfassungsgerichts-Festgabe II, S. 277, 282; Kölble, DÖV 1963, S. 660 ff.; Ossenbühl, Verwaltungsvorschriften, S. 374 f.
[250] Mangoldt/Klein, Art. 83 Anm IV 5a: "Es gibt Einzelfälle, in denen ein VA dem Landesbereich so sehr entwächst, daß es wenig sinnvoll wäre, ihn dem Bereich eines Landes zuzuordnen. Das kann zum Beispiel für die Verleihung von Körperschaftsrechten an einen Verein mit Sitz im Ausland gelten oder für die Einbürgerung eines Ausländers, zumal dann, wenn dieser weder im Inland lebt, noch irgendeine andere Beziehung zu einem Bundesland hat."
[251] Heraushebung vom Verfasser.

aber nicht ausdrücklich genannte Bundeszuständigkeit verweigern[252]. Unklar ist jedoch, in welchem Rahmen diese Kompetenzen Anwendung finden können. Insbesondere ist das Verhältnis zwischen Gesetzgebungs- und Verwaltungskompetenz für die ungeschriebenen Zuständigkeiten nicht geklärt. Nach der Rechtsprechung des Bundesverfassungsgerichtes reichen die Gesetzgebungskompetenzen des Bundes weiter als dessen Verwaltungskompetenzen [253]. Die Ablehnung stillschweigender Gesetzgebungskompetenzen bedeutete danach gleichzeitig den Ausschluß stillschweigender Verwaltungskompetenzen des Bundes[254]. Mit dem Grundsatz des Bundesverfassungsgerichtes käme man also zu dem Ergebnis, daß auch mögliche stillschweigende Verwaltungskompetenzen nur bis zu der Grenze der ausdrücklich zugewiesenen Gesetzgebungsmaterien angenommen werden könnten. Da umfassende stillschweigende Gesetzgebungszuständigkeiten des Bundes im Bereich des nationalen Rundfunks nicht zu begründen sind, müßte also auch eine Verwaltungskompetenz zu verneinen sein. Für den Bereich des nationalen Rundfunks stünde dem Bund also keine Möglichkeit offen, selbst eine nationale Rundfunkanstalt zu errichten.

Das vom Bundesverfassungsgericht postulierte Verhältnis zwischen Gesetzgebungs- und Verwaltungskompetenzen wird jedoch zum Teil in der Literatur hinsichtlich der ungeschriebenen Kompetenzen bestritten[255]. Küster[256] etwa weist darauf hin, daß die aus diesem Postulat folgenden Ergebnisse für jene Fälle widersinnig wären, bei denen die Wahrnehmung der Aufgaben durch die Länder weder einzeln noch in ihrer Gesamtheit möglich sei. Als Beispiel wird die "Selbstorganisation" des Bundes genannt, also etwa die Bestimmung von Bundeshauptstadt und Bundessymbolen. Dies sei ein Bereich, der in erster Linie Verwaltungsmaterien betreffe.

---

[252] Vgl. die ausführliche Darstellung bei Kölble, DÖV 1963, S. 660, 662 f., was unter den Begriffen "zuläßt" und "trifft" zu verstehen ist.

[253] BVerfGE 12, S. 205 ff. (221); 21, S. 312 ff. (325).

[254] Im übrigen folgt aus dieser Erkenntnis auch, daß sich der Bund über die Verwaltungskompetenz nicht mehr Kompetenzen im Bereich der (ausdrücklich geschriebenen) Gesetzgebung aneignen darf, als ihm aus den ausdrücklichen Zuständigkeitsvorschriften gemäß Art. 72 ff. GG vom Grundgesetz zugewiesen sind; so Lerche, in: Maunz/Dürig, Komm. z. GG, Art. 83 Rn. 31; ebenso Kisker, S. 31.

[255] Kritisch etwa: Peters, Rechtslage, S. 16, der darauf hinweist, daß der Bund finanziell unterstützend in Bereichen tätig ist, die ihm nicht zur Regelung zugewiesen sind und die dennoch nach allgemeiner Ansicht von ihm unterstützt werden müssen. Differenzierend bei ungeschriebenen Kompetenzen: Lerche, in: Maunz/Dürig, Komm. z. GG, Art. 83 Rn. 31, 40; Klein, F., AöR 88 (1963), S. 377, 409 f.; Klein, Hans H., Bundesverfassungsgerichts-Festgabe II, S. 277, 285; Küster, S. 308 ff.; Pieroth, in: Jarass/Pieroth, GG-Komm. Art. 83 Rn. 2; weitergehend noch v. Arnim, in: Isensee/Kirchhof, Hdb. d. StaatsR, Bd. IV, S. 1013, der für mißlich erachtet, bei ungeschriebenen Verwaltungskompetenzen dann auch ungeschriebene Gesetzgebungskompetenzen "konstruieren" zu müssen.

[256] Küster, S. 309, ff.

Dennoch verneinen manche Autoren eine natürliche Verwaltungszuständigkeit des Bundes außerhalb des durch die Gesetzgebungskompetenz gesteckten Rahmens[257]. Es wird an dem Prinzip des Bundesverfassungsgerichtes mit der Begründung festgehalten, daß die Annahme natürlicher Verwaltungszuständigkeiten außerhalb des durch die Gesetzgebungskompetenz gesteckten Rahmens das Verhältnis zwischen Gesetzgebungs- und Verwaltungskompetenz in "Unordnung" bringe[258]. Dabei akzeptiert man aber stillschweigende Verwaltungskompetenzen im Rahmen stillschweigend zugelassener Gesetzgebungszuständigkeiten[259].

Zum Teil beharrt man aber auch auf den scheinbar zwingenden Konsequenzen der Bundesverfassungsgerichtsmaxime: Da etwa das Bundespresseamt keinen Rückhalt im Gesetzgebungskatalog habe, sei seine verfassungsrechtliche Rechtmäßigkeit jedenfalls fragwürdig[260].

Schließlich wird die Ansicht vertreten, daß der vom Bundesverfassungsgericht genannte Grundsatz für ungeschriebene Kompetenzen nicht gelten könne[261]. Im Rahmen ungeschriebener Kompetenzen bestehe eine Akzessorietät der Gesetzgebungsbefugnisse des Bundes gegenüber ungeschriebenen Verwaltungskompetenzen[262]. Die Bundesgesetzgebungskompetenz müsse sich ungeschrieben ausdehnen, weil sie nur so mit einer ungeschriebenen Verwaltungskompetenz den "notwendigen Schritt" halten könne. Wenn nämlich dem Bund eine (natürliche) Verwaltungskompetenz zustehe, dann müsse ihm auch die Gesetzgebungskompetenz zugestanden werden, um diese Aufgabe erfüllen zu können. Für ungeschriebene Kompetenzen beschränke also der Bereich der Verwaltung den Bund in seiner Gesetzgebung und nicht umgekehrt. Das hat zur Folge: Wenn ungeschriebene Verwaltungskompetenzen anzunehmen sind, können weder ausdrückliche noch ungeschriebene Gesetzgebungskompetenzen des Bundes eine Sperre bilden. Dieser komplizierte Zusammenhang soll aber dafür sprechen, derartige ungeschriebene Verwaltungskompetenzen nur behutsam und in engen Grenzen anzuerkennen[263].

Sicherlich ist es ein Mißverständnis, wenn man - wie Köttgen - schon dann eine Zuständigkeit des Bundes für ein Verwaltungshandeln verneint, wenn nur die

---

[257] So aber Maunz, DÖV 1950, S. 643, 644; ähnlich Peters, Rechtslage, S. 16, der diesen Grundsatz nicht uneingeschränkt gelten lassen will; krit. auch Krause-Ablaß, JZ 1962, S. 158, 159, der es als Möglichkeit darstellt, daß die in Frage kommenden Regierungsbefugnisse aus dem Bereich der Verwaltung "auszuklammern" seien.

[258] So Küster, S. 309 f.; Mangoldt/Klein, Art. 70 Anm IIII 4b; Stern, Staatsrecht Bd. 2, § 41 IV 5, S. 783.

[259] So ausdrücklich Küster, S. 310, aber wohl auch Mangoldt/Klein, Art. 70 Anm III 4b.

[260] So Köttgen, JÖR NF 11 (1967) S. 173, 204.

[261] So ausdrücklich Lerche, in: Maunz/Dürig, Komm. z. GG, Art. 83 Rn. 40; ähnlich auch v. Arnim, in: Isensee/Kirchhof, Hdb. d. StaatsR, Bd. IV , S. 1013.

[262] Lerche, in: Maunz/Dürig, Komm. z. GG, Art. 83 Rn. 40.

[263] Lerche, in: Maunz/Dürig, Komm. z. GG, Art. 83 Rn. 40.

ausdrückliche Gesetzgebungskompetenz fehlt. So ist die Kompetenz kraft Sachzusammenhangs mit ausdrücklich anerkannten Verwaltungs- und Regierungskompetenzen oder auch die Kompetenz kraft Natur der Sache im Hinblick auf begriffsnotwendig gesamtstaatliche Aufgaben allgemein anerkannt. Dies gilt sowohl für den Bereich der Verwaltung als auch für den der Gesetzgebung[264]. Mit seiner Argumentation aber schließt Köttgen stillschweigend mitgeschriebene Gesetzgebungskompetenzen aus. Die Argumente, die ungeschriebene Verwaltungskompetenzen begründen können, werden nämlich in aller Regel auch für ungeschriebene Gesetzgebungskompetenzen gelten. Für die Annahme natürlicher Verwaltungskompetenzen werden also die gleichen Voraussetzungen wie für die Annahme natürlicher Gesetzgebungskompetenzen vorliegen. Für das Bundespresseamt wäre daher auch eine ungeschriebene Gesetzgebungskompetenz des Bundes zu bejahen. Für die Errichtung von Anstalten hätte aber die Ansicht Köttgens zur Folge, daß ungeschriebene Verwaltungskompetenzen des Bundes vom Grundgesetz gar nicht vorgesehen wären: Wenn dem Bund schon die ausdrückliche Gesetzgebungskompetenz für eine Materie zusteht, kann er gemäß Art. 87 III GG auch Körperschaften und Anstalten zur Verwaltung dieser Materie errichten. Somit bedarf es keiner ungeschriebenen Verwaltungszuständigkeit. Steht dem Bund aber keine ausdrückliche Gesetzgebungskompetenz zu, dann ist nach Köttgens Auffassung auch eine ungeschriebene Verwaltungszuständigkeit zu verneinen. Beide Ergebnisse widersprechen der hier vertretenen Ansicht, daß es sowohl Gesetz- und Verwaltungszuständigkeiten des Bundes gibt, die nicht ausdrücklich im Grundgesetz genannt sind.

Die Aussage des Bundesverfassungsgerichtes ist daher so zu verstehen, daß der Vollzug von Landesgesetzen durch den Bund in Form der Bundesverwaltung mit der Systematik des Grundgesetzes unvereinbar ist[265]. Darin erschöpft sich aber auch dieses verfassungsgerichtliche Postulat. Für ungeschriebene Kompetenzen und insbesondere das Theorem "Kompetenz kraft Natur der Sache" gilt folgendes: Diese juristische Denkfigur hat sowohl für die Gesetzgebungs- als auch für die Verwaltungskompetenz gleiche Voraussetzungen. Insoweit sind auch die Bedenken von v. Arnim nicht zu teilen, daß es mißlich sei, für ungeschriebene Verwaltungskompetenzen gleichfalls ungeschriebene Gesetzgebungskompetenzen zu konstruieren[266]. Den Ländern wird nämlich nicht, wie er befürchtet, Regelungsmaterie entzogen, sondern vielmehr wird es dem Bund ermöglicht, seine ungeschriebenen Verwaltungsaufgaben zu erfüllen. Aus dem Grundgesetz muß sich also in beiden Fällen ergeben, daß die betroffene Materie ausschließlich dem Bund zugewiesen ist und nur von diesem geregelt bzw. verwaltet werden kann. Die für vertretbar eingestuften Begründungsarten einer natürlichen Kompetenz - sowohl die der Selbstorganisation des Bundes als auch die der gesamtstaatlichen Repräsentation - sind allerdings im weiteren Sinne zum Organisationsbereich des Gesamtstaates

---

[264] So ausdrücklich Klein, Hans H., Bundesverfassungsgerichts-Festgabe II, S. 277, 285.
[265] BVerfGE 12, S. 205 ff. (221); 21, S. 312 ff. (325).
[266] Vgl. v. Arnim, in: Isensee/Kirchhof, Hdb. d. StaatsR, Bd. IV, S. 1013.

Bundesrepublik Deutschland zu zählen. Daher ist ein Großteil dieser Materie nicht durch Gesetz geregelt. So versteht sich auch, daß natürliche Gesetzgebungszuständigkeiten immer nur soweit reichen können, wie die Verwaltungszuständigkeiten reichen. Aus diesem Grunde ist die Gesetzgebungskompetenz des Bundes durch die Verwaltungskompetenz begrenzt. Während seine Gesetzgebungskompetenz es dem Bund ermöglicht, das Tätigwerden der Länderverwaltungen zu bestimmen und entscheidend zu prägen, besteht diese Möglichkeit im Rahmen der Verwaltungskompetenz nicht. Für das schon erwähnte Beispiel des Bundespresseamtes bedeutet dies, daß dem Bund nicht die Gesetzgebungskompetenz für sämtliche Presseämter der Bundesrepublik Deutschland zukommt, sondern daß ihm diese nur im Rahmen der stillschweigend mitgeschriebenen Verwaltungskompetenz zusteht. So hätte der Bund etwa die Gesetzgebungskompetenz, das Bundespresseamt als Amt im Sinne des Art. 87 III GG zu errichten[267]. Daher ist im Rahmen der natürlichen Zuständigkeiten eine Umkehrung des vom Bundesverfassungsgericht genannten Prinzips über das Verhältnis zwischen Gesetzgebungs- und Verwaltungskompetenzen zu fordern.

Die hier angestellten Überlegungen sollten deutlich gemacht haben, daß die Gesetzgebungskompetenz kraft gesamtstaatlicher Repräsentation nicht zur Folge haben kann, daß der Bund Gesetze erläßt, die außerhalb der Bundesorganisation stehenden Dritten zu Adressaten haben. Zum einen würden grundrechtlich relevante Bereiche erheblich verletzt werden können, wie dies ausdrücklich hinsichtlich der Rundfunkfreiheit deutlich wurde. Zum anderen könnte der Regelungsbereich des Bundes zu seinen Gunsten immer weiter ausgedehnt werden[268]. Dies wird auch durch eine einfache Überlegung bestätigt: Wenn man sich das Theorem der gesamtstaatlichen Repräsentation ansieht, wird deutlich, daß es keine außerhalb der Bundesorganisation Stehenden verpflichten kann. So macht etwa Remmele für den Auslandsrundfunk klar, daß die natürliche Aufgabe gesamtstaatlicher Repräsentation nicht von Privaten, sondern nur von den Stellen des Staates selber wahrgenommen werden kann[269]. Es dürfe nämlich nicht ein einzelner bestimmen, wie der Staat dargestellt werde[270]. Dies gilt jedoch im gleichen Maße für das Inland. Wenn der Bund also die gesamtstaatliche Repräsentation zu einer Aufgabe eines Rundfunkveranstalters machen möchte, so kann nur eine Bundesanstalt Adressat dieser Regelung sein.

---

[267] Da hier kein Bedürfnis nach gesetzlicher Regelung angenommen wird, genügt insoweit die Errichtung durch Verwaltungsvorschrift.

[268] Insoweit kann auf die Bemerkung von Herrmann, Fernsehen, S. 273, verwiesen werden, die dieser im Bezug auf einen Bundes-Auslandssender tat: daß nämlich es einen geringeren Eingriff in das Tätigkeitsfeld der Länder bedeute, wenn der Bund einen eigenen Sender errichte, als wenn er gesetzlich den Landesrundfunkanstalten Vorschriften mache, die diese bei Auslandssendungen zu beachten hätten.

[269] Remmele, S. 42.

[270] Remmele, S. 42.

Festzuhalten bleibt: Die Kompetenz kraft gesamtstaatlicher Repräsentation gibt dem Bund kein Recht, gegenüber außerhalb seiner Verwaltung stehende Organisationen und Einrichtungen, Regelungen zu erlassen. Die natürliche Verwaltungskompetenz als äußerster Rahmen der natürlichen Gesetzgebungskompetenz minimiert ein Eingreifen des Bundes in Länderzuständigkeiten. In dem Maße, wie dem Bund also eine natürliche Verwaltungskompetenz zusteht, wird ihm nachfolgend auch eine natürliche Gesetzgebungskompetenz zustehen. Es wird an entsprechender Stelle deutlich zu machen sein, daß eine entsprechende Verwaltungskompetenz besteht, die eine derartige Gesetzgebungskompetenz nach sich zieht. Diese ungeschriebene Verwaltungskompetenz begrenzt dabei die entsprechende Gesetzgebungszuständigkeit. Für den Rundfunk bedeutet dies, daß eine Bundeszuständigkeit nur im Zusammenhang mit der Errichtung einer Bundesanstalt angenommen werden kann. Ob dieser Wertung die im ZDF-Staatsvertrag von den Ländern festgelegten Regelungen entgegenstehen, ist im wesentlichen eine Frage des Verhältnisses der natürlichen Bundesverwaltungszuständigkeiten zu Ländersachen.

3. Ergebnis zu I

Eine umfassende Gesetzgebungskompetenz für den Rundfunk, der nach Deutschland sendet und dessen angestrebte Zuhörerschaft das deutsche Volk ist, steht dem Bund also nicht zu. Die Länder können Regelungen erlassen, die sowohl das öffentliche als auch das private Rundfunkwesen betreffen. Deren Zuständigkeit wird mit der lokalen kulturellen Identifikationsmöglichkeit, wie sie ehemals die konventionell terrestrisch sendenden Landesrundfunkanstalten den Rezipienten anboten, zu begründen sein. Für den nationalen Bereich nimmt der Rundfunk die Aufgabe der Gewährleistung freier, individueller öffentlicher Meinungsbildung wahr[271]. Auch die meinungsbildende Funktion auf möglichst bürgernaher Ebene spricht dafür, diesen Bereich den Ländern zuzuweisen[272]. Die Länder können diese Aufgabe gemeinsam erfüllen. Dies gilt, wenn ein Sender etwa für die gesamte Bundesrepublik Deutschland zuständig sein soll (etwa das "ZDF" oder neuerdings das "Deutschland Radio")[273], oder wenn sie natürlicherweise gemeinschaftlich handeln müssen, wie im Bereich des Satellitenrundfunks. Auch wenn dieses Ergebnis seinerzeit auf die Forderung einer

---

[271] So ausdrücklich BVerfGE 57, S. 295 ff. (319 f).
[272] Ähnlich Herrmann, Fernsehen, S. 281.
[273] Daß die Länder überhaupt zur Koordinierung und Harmonisierung ihrer Aufgaben befugt sind, ist heute allgemein anerkannt, auch wenn im Grundgesetz keine ausdrückliche Ermächtigung wie in der Verfassung Österreichs (Art. 107) besteht, Vgl.dazu Stern, Aspekte, S. 26, 33.

Grundgesetzänderung hinauslief[274], zeigt die heutige Rundfunklandschaft in Deutschland, daß die föderative Regelungsbreite die Aufgabe gut erfüllen kann.

Dieses grundsätzliche Ergebnis ist jedoch durch teilweise in der Regelungskompetenz des Bundes liegende Bereiche zu modifizieren. Hinsichtlich der Selbstorganisation des Staates und der gesamtstaatlichen Repräsentation wird man dem Gesamtstaat, und also dem Bund, umfassende Äußerungsrechte zugestehen müssen.

---

[274] So Krause-Ablaß, JZ 1962, S. 158, 159.

II. Gesetzgebungskompetenz des Bundes im Bereich rein transnationaler Rundfunkangelegenheiten

Im Gegensatz zu Rundfunksendungen, die für die Hörer- und Zuschauerschaft in Deutschland bestimmt sind, hat sich das Bundesverfassungsgericht mit Rundfunksendungen, die final grenzüberschreitend sind, bisher nur in einer Entscheidung, und dort nur am Rande befaßt[1]. Damals ließ es das Gericht offen, ob die Zuständigkeit des Bundes für auswärtige Angelegenheiten und gesamtdeutsche Fragen es erlauben, Teilaspekte des Programms und Einzelfragen des Rundfunks zu regeln, oder ob diese Zuständigkeiten weiter reichen und es dem Bund gestatten, umfassendere Regelungen für solche Rundfunksendungen zu treffen, die ausschließlich oder ganz überwiegend für das Ausland oder für jene Deutsche bestimmt sind, die außerhalb des Bundesgebietes in deutschen Gebieten leben[2]. Das Gericht ließ weiter dahinstehen, inwieweit der Bund auf Grund seiner Zuständigkeit für auswärtige Angelegenheiten bzw. gesamtdeutsche Fragen durch Gesetz eine Bundesoberbehörde oder Anstalt des öffentlichen Rechts zur Veranstaltung von Rundfunk errichten und die sich aus Art. 5 GG ergebenden Leitgrundsätze normieren durfte[3].

1. Zur Bedeutung des transnationalen Rundfunks

Heute ist die Problematik des Auslandsrundfunks zum einen angesichts des Sendegebietes von Satellitenfunk bedeutsam, der weite Teile Europas bestrahlt. Zum anderen rückt der grenzüberschreitende Rundfunk auch wegen des politischen Zusammenwachsens Europas immer mehr in das Blickfeld allgemeinen Interesses. Hier ließen die Möglichkeiten der neuen Techniken die Kompetenzfrage in den Hintergrund treten. Vielmehr geht man davon aus, daß im Hinblick auf den Satellitenrundfunk die Rundfunkunternehmen nicht verpflichtet sind, nur ein Programm für das eigenen Territorium zu schaffen. Es wird die Möglichkeit gesehen, "gezielt ein Programm für Bevölkerungsgruppen am Rande des ellipsenförmigen Ausstrahlungsgebietes zu veranstalten"[4]. Aufgrund der einzelnen Landesmediengesetze sollen also die Möglichkeiten geschaffen werden, einen Auslandsrundfunk zu veranstalten. Die nachfolgenden Erläuterungen beschäftigen sich daher mit der Gesetzgebungskompetenz des Bundes im Bereich rein transnationalen Rundfunks[5]. Beispiel eines reinen Auslandssenders ist die Deutsche Welle. Dieser Sender hat zum einen die Aufgabe, den Rundfunkteilnehmern im Ausland ein umfassendes Bild des politischen, kulturellen und wirtschaftlichen Lebens in Deutschland zu vermitteln; zum andern soll dieser Sender dem Ausland die deutsche Auffassung zu wichtigen Fragen darstellend

---

[1] BVerfGE 12, S. 205 ff. (241 f.,250).
[2] BVerfGE 12, S. 205 ff. (241 f.).
[3] BVerfGE 12, S. 205 ff. (241 f.).
[4] Herrmann, FuR 1980, S. 235, 237.
[5] Das Bundesverfassungsgericht sprach seinerzeit in BVerfGE 12, S. 205 ff. (241 f., 250) von Rundfunksendungen, "die für das Ausland oder für die Deutschen *bestimmt* sind, die außerhalb der Bundesrepublik Deutschland in deutschen Gebieten wohnen" (Heraushebungen vom Verfasser).

erläutern[6]. Derartige Auslandssender gibt es in vielen Staaten - man denke an den Auslandssender der "BBC" oder an die amerikanische "Voice of America".

Grenzüberschreitender Rundfunk kann aus dem Bundesgebiet "heraus", aber auch "herein" gesendet werden. Die Bundesrepublik Deutschland kann also Empfänger- und Sendestaat sein. Während die innerdeutsche Rundfunkordnung nicht durch Sendungen vom Hoheitsgebiet der Bundesrepublik Deutschland ins Ausland betroffen ist, kann sie durch den aus dem Ausland ins Inland gesendeten Rundfunk erheblich beeinflußt werden. Dieser Umstand ist für die Kompetenzverteilung von Bedeutung, so daß nachfolgend zu differenzieren ist. Nachdem das Bundesverfassungsgericht in seinem 1. Fernsehurteil keine Stellung bezüglich des transnationalen Rundfunks bezogen hatte, erstarb auch in der Literatur die Diskussion, ob der Bund eine Kompetenz zur Errichtung der Deutschen Welle oder des Deutschlandfunks habe. Erst mit der Wiedervereinigung der beiden deutschen Staaten traten beide Sender erneut in das Zentrum politischen Interesses. Diese Entwicklung fand seinen Höhepunkt im Abschluß des Hörfunk-Überleitungsstaatsvertrages[7] vom 17. Juni 1993. Dabei gingen Rechte und Pflichten des Deutschlandfunks auf die Körperschaft des öffentlichen Rechts "Deutschlandradio" über, wobei nunmehr an Stelle des Bundes die Länder Träger sind. Durch das Rundfunkneuordnungsgesetz[8] wurde die Aufgabe des Deutschlandfunks "zum 31. Dezember 1993 beendet"[9], und die entsprechenden Bestimmungen im Bundesrundfunkgesetz gestrichen. Nunmehr ist die Deutsche Welle der einzige Rundfunksender des Bundes. Wie die technische, rückt auch diese innerdeutsche bzw. gesamteuropäische Entwicklung den Auslandsrundfunk wieder in den Bereich des allgemeinen öffentlichen und des speziellen juristischen Interesses.

2. Die Bundesrepublik Deutschland als Sendestaat

a. Gesetzgebungskompetenz des Bundes
Die bundesstaatliche Kompetenzverteilung[10] bei transnationalem Rundfunk wurde seinerzeit heftig diskutiert[11]. Heutzutage wird von der Mehrheit im Schrifttum eine

---

[6] Vgl. § 1 BRfG.
[7] Text in ARD-Jahrbuch 1993, S. 354 ff.
[8] BGBl. 1993 I, S. 2246 ff.
[9] Art. 2 I RdfNOG.
[10] Hinsichtlich der Teilbereiche, für die dem Bund schon hinsichtlich des rein nationalen Rundfunks die Kompetenz zugewiesen wurde, ergibt sich für den Auslandsrundfunk nichts anderes.
[11] Lerche, Deutschlandfunk, S. 13 f.; Mallmann, JZ 1963, S. 350 ff.; Ossenbühl, Rundfunkfreiheit, S. 4 ff.; Thieme, AöR 88 (1963), S. 38, 48; Krause-Ablaß, JZ 1962, S. 158 ff.; Lademann, JfIR 8 (1959), S. 307, 321 mwN.

Zuständigkeit des Bundes bejaht[12]. Man stützt sie direkt auf Art. 73 Nr. 1 GG[13]. Manche Autoren bejahen auch eine ungeschriebene Annex-[14] bzw. eine Kompetenz kraft Sachzusammenhangs[15]. Und schließlich wird eine natürliche Bundeskompetenz angenommen[16].

aa. Gesetzgebungskompetenz des Bundes aus Art. 73 Nr. 1 GG (auswärtige Angelegenheiten)

(1) Begriff der auswärtigen Angelegenheiten
Nach Art. 73 Nr. 1 GG steht dem Bund die Gesetzgebungskompetenz für die "auswärtigen Angelegenheiten" zu. Grundsätzlich versteht man unter auswärtigen Angelegenheiten solche, die sich aus der Stellung der Bundesrepublik Deutschland als Völkerrechtssubjekt zu anderen Völkerrechtssubjekten ergeben[17], und zwar auf der Basis der Völkerrechtsordnung[18]. Diese Definition klärt jedoch nicht, was inhaltlich mit der Formulierung der auswärtigen Angelegenheit gemeint ist. Bei weiter Auslegung bietet die Formulierung "auswärtige Angelegenheiten" einen Ansatz dafür, die Bundeskompetenzen zu Lasten der Länder auszudehnen. Man könnte argumentieren, daß jede Materie, die auch nur geringe außenpolitische Bedeutung hat, unter den Begriff falle. Dieser Argumentation entsprechend wird vertreten, daß *jede* Angelegenheit als Gegenstand eines vom Bund gemäß Art. 32 I GG geschlossenen Vertrages zu einer "auswärtigen Angelegenheit" werde[19]. Damit

---

[12] So Bullinger, AfP 1985, S. 257, 259; Dittmann, S. 145; Herrmann, Fernsehen, S. 270 ff., 272; ders., AöR 90 (1965), S. 286, 293 f.; Jarass, Gutachten S. G 32; Köttgen, JÖR 11 (1962), S. 173, 283; Krause, Zuständigkeit, S. 99; ders., JZ 1962, S. 158; ders., RuF 1968, S. 27, 32; Kreile, S. 181; Leisner, Öffentlichkeitsarbeit, S. 108 ff.; Lerche, Deutschlandfunk, S. 13 - 18; Ossenbühl, Rundfunkfreiheit, S. 4 f.; Remmele, S. 15 ff., 18; Scheuner, Zuständigkeit, S. 314, 351; Schneider, FS. f. Carstens, S. 817, 819, 821; Thieme, AöR 88 (1963), S. 38, 48 f.; BVerwGE 75, S. 79 ff. (81 ff.); a.A.: Ridder, S. 292, 304; Leiling, S. 74; wohl auch Stern, Aspekte, S. 26, 29, der bezweifelt, ob sich diese Kompetenzmaterie (Art. 73 Nr. 1 GG) auch auf die Errichtung einer Rundfunkanstalt erstreckt; ähnlich Ricker, NJW 1988, S. 453, 455, der die Frage der Rundfunkkompetenz des Bundes für den Auslandsrundfunk für immer noch umstritten hält.

[13] So Dittmann, S. 145; Herrmann, Fernsehen, S. 270 ff., 272; Krause, Zuständigkeit, S. 99; ders., JZ 1962, S. 158; ders., RuF 1968, S. 27, 32; Lerche, Deutschlandfunk, S. 13, 15; Ossenbühl, Rundfunkfreiheit, S. 5; Puhl, DVBl. 1992, S. 933, 934; Remmele, S. 15 ff., 18; Schneider, FS. f. Carstens, S. 817, 819, 821; Thieme, AöR 88 (1963), S. 38, 48 f.

[14] So Köstlin, DVBl. 1986, S. 219, 221, ohne dieses Ergebnis weiter zu begründen.

[15] So Bullinger, AfP 1985, S. 257, 259.

[16] Lerche, Deutschlandfunk, S. 16.

[17] Maunz, in: Maunz/Dürig, Komm. z. GG, Art. 73 Rn. 29; BVerfGE 33, S. 52 ff. (60); BVerwG, NJW 1982, S. 194.

[18] Maunz, in: Maunz/Dürig, Komm. z. GG, Art. 73 Rn. 29; Mosler, FS. f. Bilfinger, S. 243, 253.

[19] So Grewe, VVDStRL 12 (1954), S. 129, 177.

könnte aber der Bund die Kompetenzverteilung zu seinen Gunsten verschieben[20]. Daher wird diese Ansicht von der wohl überwiegenden Meinung[21] abgelehnt. Vielmehr sei Art. 73 Nr. 1 GG so zu verstehen, daß daraus nur eine begrenzte Kompetenz des Bundes folge; die anderen in Art. 73, 74 und 105 GG erwähnten Kompetenzen wären ansonsten gegenstandslos[22]. Im übrigen stände zu befürchten, daß es über Art. 73 Nr. 1 GG zu einer Aushöhlung der den Ländern in Art. 32 III GG eingeräumten Vertragskompetenz käme[23]. Anderenfalls könnte der Bund mit der Regelung einer Materie durch einen internationalen Vertrag, nicht nur seine Gesetzgebungsbefugnis auf Gebieten der Länderkompetenz begründen, sondern diesen auch noch das Recht zum Vertragsschluß entziehen[24]. Daher ist heute überwiegende Meinung, daß Art. 73 Nr. 1 GG eng ausgelegt werden müsse[25]. Dies entspricht auch der Interpretation des Art. 6 Ziff. 1 WRV, der dem Reich die ausschließliche Gesetzgebungskompetenz über die "Beziehungen zum Ausland" zuwies. Unklar ist jedoch, wo im einzelnen die Grenzen zu ziehen sind.

Jedenfalls die Materie des "auswärtigen Verkehrs" wird als unstrittiger Inhalt der Vorschrift angesehen.[26] Man begründet dieses Ergebnis damit, daß sich die Zuständigkeit des Bundes für diesen Bereich aus der Natur der Sache ergebe[27]. Zu diesem "auswärtigen Verkehr" zählen der deutsche diplomatische und konsularische Dienst im Ausland und die Regelung der Rechtsverhältnisse der entsprechenden ausländischen Vertretungen im Inland. Umfaßt werden aber auch alle Regelungen, die den Schutz der deutschen Staatsbürger im Ausland bezwecken, und solche, die die Anerkennung von Staaten bzw. den Vertragsabschluß mit ihnen betreffen[28]. Dies ergibt sich aus der Beziehung zwischen Art. 73 Nr. 1 GG "auswärtige Angelegenheiten" und Art. 87 I GG "der Auswärtige Dienst"[29]. Zwar ist grundsätzlich ein Schluß von der Verwaltungs- auf die Gesetzgebungskompetenz nicht zulässig, da grundsätzlich der legislative Zuständigkeitsbereich die äußerste

---

[20] So Mallmann, JZ 1963, S. 350, 352; Krüger, Rundfunk, S. 72; Mosler, FS. f. Bilfinger, S. 243, 255; vgl. insoweit auch Reinert, S. 255 ff., der untersucht, ob durch völkerrechtlichen Vertragsschluß eine Rundfunkangelegenheit zu einer Bundessache wird, was er zutreffenderweise verneint;

[21] Blumenwitz, S. 86 ff.; Bernhardt, S. 145 f.; Mosler, FS. f. Bilfinger, S. 243, 255 ff.; Herrmann, Fernsehen S. 271 Fn. 2.

[22] Bernhardt, S. 146; Blumenwitz, S. 87.

[23] Blumenwitz, S. 86.

[24] Mosler, FS. f. Bilfinger, S. 243, 255.

[25] A.A.: Grewe, VVDStRL 12 (1954), S. 129, 172, 177.

[26] Vgl. v. Münch, in: v. Münch, Komm. z. GG, Art. 73 Rn. 6; Blumenwitz, S. 86 ff.; Bernhardt, S. 145 f.; vgl. auch Maunz, in: Maunz/Dürig, Komm. z. GG, Art. 73 Rn. 29 ff.

[27] Mosler, FS. f. Bilfinger, S. 243, 266.

[28] Maunz, in: Maunz/Dürig, Komm. z. GG, Art. 73 Rn. 29, mWN.

[29] Dittmann, S. 146, der allerdings mit seiner Gleichsetzung von auswärtigen Angelegenheiten und auswärtigem Dienst zu weit geht.

Grenze für exekutive Kompetenzen festlegt[30]. Aus diesem Grund muß man aber annehmen, daß Art. 73 Nr. 1 GG jedenfalls die Tätigkeit des Auswärtigen Dienstes umfaßt. Da nämlich die Verwaltungszuständigkeit des Bundes nicht weiter reichen kann als seine Gesetzgebungszuständigkeit, muß diese Tätigkeit von den "auswärtigen Angelegenheiten" erfaßt sein.

Teilweise wird darin der gesamte Inhalt der Vorschrift gesehen[31]: Die Gesetzgebungskompetenz des Bundes für auswärtige Angelegenheiten gestatte nur den Erlaß von solchen Vorschriften, die zur Regelung des Auswärtigen Dienstes, zur Wahrung deutscher Interessen im Ausland und zur Festsetzung der inländischen Rechtsstellung, der ausländischen Vertretungen und der dort Beschäftigten notwendig seien[32]. Dabei wird offenbar befürchtet, daß bei einer weiten Auslegung des Art. 73 Nr. 1 GG über Art. 32 I GG eine innerstaatliche Kompetenzverlagerung zu Ungunsten der Länder erfolgt. Alles was Inhalt eines Völkerrechtlichen Vertrages sei, könnte zu einer auswärtigen Angelegenheit mutieren und so der Regelungskompetenz des Bundes unterliegen. Derartige Befürchtungen sind jedoch zumindest seit dem Lindauer Abkommen[33] nicht mehr relevant. Es besteht kein Grund, den Begriff der "auswärtigen Angelegenheiten" so eng fassen zu wollen. Einer solchen Definition steht auch die unterschiedliche Begrifflichkeit - "auswärtige Angelegenheiten" und "Auswärtiger Dienst" - entgegen[34].

Demgegenüber wird vertreten, daß dem Bund dann die Kompetenz für auswärtige Angelegenheiten zustehe, wenn er diese Kompetenz auch kraft Natur der Sache habe[35]. Ähnlich vertritt Lerche die Ansicht, wonach in einem Fall der gesamtstaatlicher Repräsentation, auch eine (natürliche) Bundeskompetenz bestehe, so daß Art. 73 Nr. 1 GG eingreife, da ja die Kompetenzen dadurch nicht zu Ungunsten der Länder verschoben würden[36]. Schließlich wird verlangt, daß eine Klärung des Begriffs nur im Einzelfall möglich sei; nur so könne eine sachgerechtere Lösung gefunden werden[37]. Dabei wird bei einer Materie, die einen Auslandsbezug aufweist, üblicherweise aber in die Gesetzgebungskompetenz der Länder fällt, geprüft, ob der

---

[30] Vgl. dazu BVerfGE 12, S. 205 ff. (229); ähnlich Klein, F., AöR 88 (1963), S. 377, 406 f., der "die Richtigkeit der Auffassung des Bundesverfassungsgerichtes zu diesem Problem im wesentlichen bestätigt" (S. 409), obwohl er die starre Festlegung für bedenklich hält.

[31] Mallmann, JZ 1963, S. 350, 352.

[32] Das hat weiter zur Folge, daß Mallmann Auslandsrundfunk nur direkt über den Auswärtigen Dienst wahrgenommen sehen möchte; eine Errichtung einer Rundfunkanstalt gemäß Art. 87 III GG wird von ihm zwangsläufig für verfassungswidrig gehalten.

[33] Lindauer Abkommen vom 14. November 1957, abgedruckt in: Maunz/Dürig, Komm. z. GG, Art. 32 Rn. 45.

[34] Vgl. Lerche, in: Maunz/Dürig, Komm. z. GG, Art. 87 Rn. 43 f.; ebenso: Krause-Ablaß, RuF 1968, S. 27, 32 (mwN.), der betont, daß zu den auswärtigen Angelegenheiten nicht nur der Auswärtige Dienst gehöre.

[35] Mosler, FS. f. Bilfinger, S. 243, 266.

[36] Lerche, Deutschlandfunk, S. 14, 16.

[37] Maunz, in: Maunz/Dürig, Komm. z. GG, Art. 73 Rn. 34; Remmele, S. 16 f.

Begriff des "Auswärtigen" es rechtfertige, dem Bund die Materie zur Regelung zuzuweisen.

Der Ansicht[38], wonach eine ungeschriebene Kompetenz zur Annahme einer geschriebenen führen soll, ist entgegenzuhalten, daß damit das Problem auf die Stufe einer ungeschriebenen Kompetenz verlagert wird. Diese Vorgehensweise widerspricht der Systematik des Grundgesetzes: stillschweigend mitgeschriebene Kompetenzen können keine ausdrücklichen Kompetenzen begründen[39]. Ähnliches ist auch Lerche vorzuhalten: Die Behauptung, die gesamtstaatliche Repräsentanz sei Aufgabe des Bundes, läßt sich nur aus der Natur der Sache begründen. Die Natur der Sache kann aber nicht ihrerseits eine geschriebene Kompetenz begründen oder erweitern. Auch die Überlegung, daß eine Bundeskompetenz anzunehmen sei, weil keine Kompetenzverschiebung zu Ungunsten der Länder erfolge, ist nicht nachzuvollziehen: Nach der Kompetenzverteilung des Grundgesetzes ist nämlich der Bund entweder zuständig, oder er ist es nicht. Die Frage einer Kompetenz*verschiebung* ist gar nicht relevant, wenn nur geprüft wird, ob der Bund zuständig ist. Alles andere liefe im Ergebnis vielmehr auf eine petitio principii hinaus.

Auch eine Bundeskompetenz nur im Einzelfall zu bejahen, ist nicht überzeugend. Damit wird der Begriff der "auswärtigen Angelegenheit" wie eine Generalklausel behandelt. Es ist unklar, wann der Einzelfall vorliegt. Für den Umgang mit Normen ist eine abstrakte Definition erforderlich, um bei der anschließenden Prüfung zu untersuchen, ob der Gegenstand die Kriterien erfüllt. Dieser Weg wird auch bei der Bestimmung grundsätzlich unbestimmter Kompetenzzuweisungen wie etwa die Kompetenz kraft Natur der Sache gewählt. Ein anderes Vorgehen entspräche darüber hinaus nicht der Systematik des Grundgesetzes, das dem Bund nur eindeutige Kompetenzen zuweist, damit die verbleibenden Regelungsgegenstände den Ländern zustehen. Allerdings sind auch bei anderen Kompetenznormen eindeutige Definitionen nicht immer möglich. Für einen unklar weit gefaßten Begriff wie den der "auswärtigen Angelegenheiten" muß es daher fast unmöglich erscheinen, klare Grenzen gegenüber anderen Materien zu ziehen. Diese Schwierigkeit ergibt sich nicht zuletzt daraus, daß die Materie des Auswärtigen selbst einem immer stärkerem Wandel unterworfen ist, so daß Innen- und Außenpolitik nicht mehr klar getrennt werden können[40]. Um dennoch eine möglichst klare Eingrenzung zu erreichen, sollte sinnvollerweise, wie es in der Literatur zum Teil vorgeschlagen wird[41], folgendermaßen differenziert werden: Im Falle "unmittelbarer" Außenwirkung ist eine Bundeskompetenz zu bejahen, während eine nur "mittelbare" Außenwirkung die Gesetzgebungskompetenz bei den Ländern beläßt. Unerheblich ist demnach, ob die in Frage stehende Tätigkeit innerhalb oder außerhalb des Bundesgebietes vorgenommen wird[42]. Auch im Regelfall der Landeszuständigkeit unterfallende

---
[38] Mosler, FS. f. Bilfinger, S. 243, 266.
[39] Jutzi, Schulen, S. 81 f.
[40] Vgl. Emge, S. 44 ff.
[41] So Mangoldt/Klein, Art. 73 Anm. III 2 a; Herrmann, Fernsehen, S. 271 f.; zustimmend wohl: Stammler, ZUM 1988, S. 274, 277; Jutzi, Schulen, S. 83.
[42] Kölble, DÖV 1965, S. 145, 146.

Gegenstände können sich nach dieser Definition also als auswärtige Angelegenheiten darstellen und der Bundeskompetenz unterliegen. Allerdings ist auch diese Definition nicht in jedem Fall eindeutig; insbesondere die Frage der "unmittelbaren" und nur "mittelbaren" Außenwirkung mag nicht immer klar zu treffen sein. Im Hinblick auf die Eindeutigkeit des so bestimmbaren Problemfeldes ist die Definition jedoch geeignet. Daß auch hier unterschiedliche Auslegungen denkbar sind, ist unabänderliches Charakteristikum juristischer Begrifflichkeit und muß hingenommen werden.

(2) Auslandsrundfunk als auswärtige Angelegenheit
Zwar zählt der Auslandsrundfunk nicht zu den klassischen Regelungsbereichen von Art. 73 Nr. 1 GG[43]. Nach den erläuterten Kriterien fiele der Auslandsrundfunk aber dennoch unter den Art. 73 Nr. 1 GG, wenn er im Ausland unmittelbare Wirkung zeitigte. Es ist unbestritten, daß der Rundfunk ein "unentbehrliches Mittel der Außenpolitik"[44] ist. Eine derartige Repräsentanz nach außen dient unmittelbar der vorbereitenden Pflege auswärtiger Beziehungen[45]. Der Auslandsfunk kann als erstes Mittel zur politischen Annäherung und Verständigung genutzt werden[46]. Auch fehlt dem Auslandsrundfunk jeder innerstaatliche Bezug. Er betrifft somit nur die Außenbeziehungen[47]. Seine Wirkungen auf das Ausland sind also kein nur mittelbarer Reflex innerstaatlicher Regelungen und Tätigkeiten. Unmittelbare Wirkungen treten nur im Verhältnis zu den auswärtigen Staaten auf, während die Wirkung für das Inland nur mittelbarer Natur ist[48]. Daher ist der Auslandsrundfunk als auswärtige Angelegenheit einzustufen.

Allerdings wird gegen eine Bundeskompetenz eingewandt, daß sie die Kompetenz der Länder aushöhle. Krüger etwa, der die Bedeutung des Rundfunks für die Außenpolitik anerkennt[49], bestreitet die Kompetenz des Bundes[50]. Zwar bestätigt er, daß der Rundfunk ein wichtiges Mittel der Machtausübung sei, und ordnet ihm auch die Aufgabe der Staatspflege zu. Die könne nämlich nicht auf Werbung verzichten, wenn sie gegenüber anderen werbenden Kräften nicht ins Hintertreffen geraten

---
[43] So Herrmann, Fernsehen, S. 271 f., der diesen Bereich jedoch für grundsätzlich auf den Auslandsrundfunk erweiterbar hält; vgl. auch Mallmann, JZ 1963, S. 350, 353; anders Scheuner, Zuständigkeit, S. 314, 351.
[44] Krüger, Rundfunk, S. 72; zustimmend: Dittmann, S. 145; Leisner, Öffentlichkeitsarbeit, S. 118; Remmele, S. 17.
[45] Lerche, Deutschlandfunk, S. 14 f.
[46] Entsprechend: Jutzi, Schulen, S. 131, bezüglich der deutschen Auslandsschulen.
[47] Remmele, S. 17.
[48] Eine Wirkung ist jedenfalls deshalb nicht auszuschließen, weil dieser Rundfunk - sei er durch Langwelle sei er durch Satellitentechnik verbreitet - teilweise auch in Deutschland empfangbar ist.
[49] Krüger, Rundfunk, S. 72.
[50] Bei Krüger Rundfunk, S. 72, wird allerdings nicht ganz klar, ob er sich gegen eine Gesetzgebungs- oder Verwaltungskompetenz wendet; ebenfalls ist nicht ersichtlich, auf welche Kompetenznormen er sich bezieht.

wolle[51]. So wichtig es aber auch für eine erfolgreiche Außenpolitik sei, daß das eine solche Politik tragende Volk im Ausland anerkannt sei, so wenig könne man aus der Wichtigkeit eines solchen außenpolitischen Status den Schluß ziehen, daß der auswärtigen Gewalt deshalb die Kompetenz zustehe[52].

Krüger[53] ist aber zu widersprechen, wenn er den Vertretern einer Bundeszuständigkeit vorwirft, diese schlössen von der Aufgabe auf die Kompetenz. Ob nämlich eine Bundeskompetenz anzunehmen ist, hängt einzig davon ab, ob die Materie "Auslandsrundfunk" als auswärtige Angelegenheit einzustufen ist. Da der Auslandsrundfunk für innerstaatliche Vorgänge keine Rolle spielt, er dem innerstaatlichen Bereich entschwindet[54], ist nur auf die Unmittelbarkeit seiner Wirkung im Ausland abzustellen. Danach ist dieser Bereich des Rundfunkwesens also nicht der Kulturkompetenz der Länder, sondern dem Bereich auswärtiger Angelegenheiten zuzuordnen. Aus den Art. 32 I GG und 73 Nr. 1 GG ergibt sich aber, daß das Grundgesetz im Rahmen des Bund-Länder-Verhältnisses bei Angelegenheiten mit auswärtigem Bezug von einer grundsätzlichen Zuständigkeit des Bundes ausgeht[55]. Eine Aufgabenteilung zwischen Bund und Ländern, wie sie Leisner[56] vorschlägt, ist daher als verfassungsfremd zurückzuweisen. Damit soll die Teilnahme der Länder an der kulturellen "Repräsentation" der Bundesrepublik Deutschland nicht ausgeschlossen werden; eine solche Beteiligung der einzelnen Länder ist vielmehr schon aus praktischen Gründen sinnvoll. Einzelne Wortbeiträge etwa können von den Landesrundfunkanstalten übernommen werden. Das gesamte Konzept des Auslandssenders muß jedoch in der Bundesrepublik Deutschland einheitlich von der Deutschen Welle verantwortet werden. Die Interessen der Länder haben sich somit immer dem außenpolitischen Gesamtstaatsinteresse unterzuordnen[57].

Aus diesen Gründen kann der Grundsatz, wonach den Ländern die Rundfunkkompetenz als Bereich ihrer Kulturhoheit zusteht, für den Auslandsrundfunk nicht gelten. Daß die den Rundfunk betreffenden Regelungen die jeweilige landesspezifische Kultur widerspiegeln, sie also auch zur Meinungsvielfalt d.h. demokratischen Organisation des Staates Bundesrepublik Deutschland beitragen, kann nur für das Inland gelten. Es besteht kein Grund, diese Differenzierungen auch für das Ausland vorzunehmen. Vielmehr muß der Gesamtstaat gegenüber dem Ausland einheitlich auftreten[58]. Insoweit ist grundsätzlich Peters zuzustimmen, wonach "es für alle Welt nur eine 'deutsche Kultur', nicht aber Sonderkulturen der Länder gibt"[59]. Damit ist je-

---

[51] Krüger, Rundfunk, S. 39 ff., 41 f.
[52] Krüger, Rundfunk, S. 72 f.
[53] Krüger, S. 72 f.
[54] Remmele, S. 18.
[55] So auch Jutzi, Schulen, S. 134 mwN.
[56] Leisner, Öffentlichkeitsarbeit, S. 110.
[57] So auch mit Bezugnahme auf die Enquête-Kommission: Jutzi, Schulen, S. 132 Fn. 198.
[58] BVerfGE 2, S. 347 (ff. 379), wonach eigene politische Beziehungen der Länder zu auswärtigen Staaten, die im Gegensatz zur Politik des Bundesstaates stehen, dem Wesen des Bundesstaates widersprächen; ebenso Bernhardt, S. 12 f., 131.
[59] Peters, FS. f. Kaufmann, S. 281, 282.

doch nicht ausgeschlossen, daß die einzelnen Länder ihrerseits sich bemühen, den an sie angrenzenden Staaten ein umfassendes Bild ihres Landes zu vermitteln. Nur eine Repräsentation des Gesamtstaates durch die Länder ist ausgeschlossen. Da es bei dieser Auslegung des Begriffs der auswärtigen Angelegenheiten die umfassende Zuständigkeit der Länder für den nationalen Rundfunk nicht berührt wird, die innerstaatliche Kompetenzordnung also nicht zu Ungunsten der Länder verschoben wird, ist kein verfassungswidriger Eingriff in Länderzuständigkeiten zu bejahen[60]. Daher ist dem Bund die umfassende Kompetenz für den Auslandsrundfunk gemäß Art. 73 Nr. 1 GG zuzusprechen.

Diese Ausführungen beziehen sich in erster Linie auf den staatlichen, "Repräsentationsrundfunk". Sie gelten aber entsprechend auch für den privaten Rundfunk. Denn auch ein privater Rundfunk, der mit seiner Sendetätigkeit *allein* auf das Ausland ausgerichtet ist, also nur dort empfangen werden soll, entfaltet nur unmittelbare Außenwirkung[61]. Ein innerstaatlicher Reflex ist demgegenüber - wenn der Sender nur transnational ausgerichtet ist - nicht gewollt. Auch kann nicht darauf abgestellt werden, daß die Sendetätigkeit im Inland erfolgt. Denn nicht der Ort der Tätigkeit, sondern der des "Wirkungserfolges" ist entscheidend, also der Ort des Empfangs[62]. Zwar will solch ein privater Rundfunksender nicht den Sendestaat darstellen. Vielmehr spielen bei ihm wirtschaftliche Aspekte eine Rolle. Aber auch diese Interessen sind für die auswärtigen Belange von besonderer Bedeutung. Letztendlich ist der Betreiber eines solchen Auslandssenders daran interessiert, Werbegelder aus dem Empfängerland abzuziehen. Das aber wirkt unmittelbar in den Bereich auswärtiger Angelegenheiten, so daß auch ein solcher transnationaler privater Rundfunk der Gesetzgebungskompetenz des Bundes zuzuweisen ist[63].

Zusammenfassend läßt sich somit feststellen: Dem Bund steht die ausschließliche Gesetzgebungskompetenz für den öffentlich-rechtlichen, aber auch für den privaten[64] Auslandsrundfunk gemäß Art. 73 Nr. 1 GG zu.

---

[60] So auch Lerche, Deutschlandfunk, S. 14; für den Satellitenrundfunk so auch Kreile, S. 178.

[61] Ein solcher Rundfunk bedarf daher - anders als der Repräsentationsrundfunk - eines völkerrechtlichen Vertrages zwischen Sende- und Empfangsland. Völkerrechtlich ist nämlich anerkannt, daß ein Staat sich nach außen darstellen darf, nicht aber, daß er mit privaten Sendern in die Rundfunk- und Wirtschaftsordnung anderer Staaten eingreifen darf.

[62] So auch Kölble, DÖV 1965, S. 145, 146.

[63] Ebenso Stammler, ZUM 1988, S. 274, 285 f., der darauf hinweist, daß zwar gegenwärtig in der Bundesrepublik Deutschland ähnliche Aktivitäten nicht ersichtlich sind, gegebenenfalls aber die Zuständigkeitsverteilungen auch für den Privatfunk gelten. Etwas anders Bullinger, AfP 1985, S. 257, 262, der auch für diesen Rundfunk, den er für den Fall, daß er auch im Inland zu empfangen ist, als "gebietsneutral" bezeichnet, grundsätzlich eine Zuständigkeit der Länder bejaht; da jedoch ein solcher Rundfunk eher als übernationaler, audiovisueller Markenartikel zu werten sei, werde die Rundfunkkompetenz der Länder weitgehend von der Wirtschaftskompetenz des Bundes überlagert.

[64] Dazu ausführlicher folgend unter bb.

bb. Gesetzgebungskompetenz für das Recht der Wirtschaft und Mißbrauch der wirtschaftlichen Machtstellung (Art. 74 Nr. 11 und 16 GG)

Ein rein transnationaler Rundfunk entfaltet keine innerstaatlichen Wirkungen. Ein privater transnationaler Rundfunk ist für das Inland also nicht als Massenmedium von Bedeutung, sondern nur als Wirtschaftsfaktor. Er ist nämlich in allererster Linie darauf ausgerichtet, Gewinne zu erzielen; er will also weder das Sendeland repräsentieren noch dem Empfängerland ein Gefühl kultureller Identität vermitteln. Ihm fehlt von vornherein jede "demokratische Funktion"[65], sondern agiert wie jedes Wirtschaftsunternehmen, wobei seine Waren allerdings Informationen und Unterhaltung sind. Aus diesem Grund ist der private rein transnationale Rundfunk Regelungsgegenstand von Art. 74 Nr. 11 GG, dem Recht der Wirtschaft.

cc. Ungeschriebene Kompetenzzuweisungen

Grundsätzlich ist eine Kompetenz kraft Sachzusammenhangs oder eine Annexkompetenz nach der Bejahung einer ausdrücklichen Kompetenzzuweisung rechtstechnisch nicht denkbar. Insofern bestehen nämlich gewisse Interferenzen zwischen den Kompetenzzuweisungen[66]. Bei der Überlegung, ob auch eine ungeschriebene Kompetenz vorliegt, können aber Umstände herangezogen werden, die weitere Argumente für das bereits bejahte Ergebnis liefern. Aus diesem Grunde bietet sich eine weitere Prüfung an. Dabei muß allerdings die Erfolglosigkeit der Untersuchung einer ausdrücklichen Zuständigkeit unterstellt werden.

(1) Kompetenz kraft Sachzusammenhangs und Annexkompetenz

Wie angeführt, wird teilweise dem Bund kraft Sachzusammenhangs[67] zu Art. 73 Nr. 1 GG bzw. durch eine entsprechende Annexkompetenz[68] der Auslandsrundfunk zur Regelung zugesprochen. Wie erläutert steht dem Bund aber schon direkt aus Art. 73 Nr. 1 GG die Gesetzgebung für den Auslandsrundfunk zu. Eine nur subsidiär eingreifende Kompetenz kraft Sachzusammenhangs bietet insofern keine anderen Aspekte als die schon angesprochenen.

Hinsichtlich der Sendungen, die in das Ausland gerichtet sind, die aber aus technischen Gründen notwendigerweise im Inland mitzuhören sind, kann sich der Bund jedoch nicht auf die Kompetenzen der Auswärtigen Gewalt berufen. Hier besteht aber eine Annexkompetenz zur Regelung des im Inland zu empfangenden Bereiches über Art. 73 Nr. 1 GG. Die Annexkompetenz rechtfertigt nämlich solche Regelungen, die zur Wahrnehmung zugewiesener Kompetenzen unbedingt notwendig sind, weil diese sonst ihren Zweck verfehlten[69]. Da dem Bund die Regelung des transnationalen

---

[65] Vgl. Bullinger, AfP 1985, S. 257, 262.
[66] Entsprechend argumentieren hinsichtlich der von ihnen behandelten Probleme Jutzi, Schulen, S. 137, mit Berufung auf Achterberg, DÖV 1964, S. 612, 619; anders aber Lerche, Deutschlandfunk, S. 16, der das Verhältnis von geschriebenen Kompetenzen und natürlichen Kompetenzen offenläßt.
[67] Vgl. Bullinger, AfP 1985, S. 257, 259.
[68] Vgl. etwa Köstlin, DVBl. 1986, S. 219, 221.
[69] BVerfGE 3, S. 407 ff. (421).

Rundfunks zugewiesen ist, er diesen Bereich aber nicht regeln kann, wenn er nicht auch den "over spill" mitregelt, steht ihm somit auch für dessen Regelung die Kompetenz zu[70].

(2) Kompetenz kraft Natur der Sache
Dem Bund soll auch neben der ausdrücklichen Kompetenz aus Art. 73 Nr. 1 GG eine Kompetenz kraft Natur der Sache zustehen[71]. Daß die vom Bundesverfassungsgericht favorisierte und erweiterte Anschützsche Formel zu keinen klaren Ergebnissen führt, zeigen die verschiedenen Ergebnisse, die mit ihr erzielt werden: Lerche[72] und Remmele[73] bejahen eine natürliche Kompetenz, da die Vermittlung eines sachgerechten Deutschlandbildes seiner Natur nach ureigene Angelegenheit des Bundes sei und nur von ihm geregelt werden könne. Demgegenüber betont Reinert[74], daß die Länder durchaus in der Lage seien, ein transnational angelegtes und koordiniertes Rundfunkprogramm zu veranstalten, das ein der Wirklichkeit entsprechendes Bild Deutschlands im Ausland vermittelt. Bei dieser Argumentation wird von einer *faktischen* Unmöglichkeit einer Länderregelung ausgegangen, die richtigerweise als Begründungsmuster für eine natürliche Bundeskompetenz nicht taugt. Damit werden nämlich die Grundsätze des Theorems "Kompetenz kraft Natur der Sache" verkannt. Faktisch sind einer umfassenden Länderkompetenz keine Grenzen gesetzt. Als Ausgangspunkt für die Begründung einer natürlichen Kompetenz ist vielmehr neben dem Gedanken der Selbstorganisation des Staates in erster Linie auf den Aspekt der "gesamtstaatlichen Repräsentation" abzustellen. Wie nach innen, tritt die Bundesrepublik Deutschland auch nach außen als einheitlicher Staat auf. In der Literatur wird dieses Recht des Bundes auf Außen-Repräsentation - im Gegensatz zur Repräsentation im Inland - vehement vertreten. Dem könnte man entgegenhalten, daß es für das Verhältnis Bürger - Gesamtstaat zwar notwendig sei, daß der Staat sich seinen Bürgern gegenüber repräsentiere, also ein Gefühl der Zusammengehörigkeit schaffe. Wenn der Rundfunk aber nur ins Ausland sendet, kann es um dieses Ziel gerade nicht gehen, da die eigenen Staatsbürger nach der Definition des Auslandsrundfunks eben keine Rezipienten dieses Rundfunks sind.

---

[70] So auch Köstlin, Kulturhoheit, S. 74, Ihlefeld, ZUM 1987, S. 604, 606; Remmele, S. 18/19, wobei das dort jeweils genannte Beispiel - der Deutschlandfunk - nicht einschlägig ist, da es sich hierbei nicht, wie die angeführten Autoren meinen, um einen transnationalen, sondern um einen multinationalen Rundfunk handelt. Die Empfangbarkeit dieses Senders in der Bundesrepublik Deutschland war gewünschtes Ziel und nicht ungewollte technische Notwendigkeit. Als Beispiel würden sich vielmehr die über Satelliten auch in der Bundesrepublik Deutschland empfangbaren Auslandsprogramme der Deutschen Welle eignen.

[71] Lerche, Deutschlandfunk, S. 16, weist darauf hin, daß ungeachtet Art. 73 Nr. 1 GG der Auslandsfunk eine natürliche Bundesaufgabe sei und daß es sich um einen unverzichtbaren Bestandteil gesamtstaatlicher Repräsentanz nach außen handele. Zustimmend: Remmele, S. 19; zu beachten ist auch der Regierungsentwurf zum Bundesrundfunkgesetz (BT-Drucks. III/1434, S. 14), der eine natürliche Bundeszuständigkeit zur überregionalen Rundfunkversorgung bejaht.

[72] Lerche, Deutschlandfunk, S. 16.

[73] Remmele, S. 19.

[74] Reinert, S. 244 f.

Auch gegenüber dem Ausland hat aber ein Staat das Recht sich darzustellen. Diese Form der Darstellung ist die "andere Seite" der nach innen gerichteten gesamtstaatlichen Repräsentation. Indem der Staat sich gegenüber anderen Staaten nach außen abgrenzt, also seine Identität darzustellen sucht, erreicht er einerseits, daß dieser Staat auch von außen als Einheit wahrgenommen wird, andererseits besteht ein Reflex der innerstaatlich zum gleichen Gefühl gesamtstaatlicher Identität beiträgt. Daher ist ein so ausgeformter Rundfunk durchaus geeignet, den Gedanken gesamtstaatlicher Repräsentation wahrzunehmen[75]. Festzuhalten bleibt also zunächst, daß dem Bund auch gegenüber dem Ausland ein Recht zur "Gesamtstaatlichen Repräsentation" zusteht. Aber auch hier gilt, was schon oben hinsichtlich des Verhältnisses von stillschweigend mitgeschriebenen Verwaltungs- und Gesetzgebungskompetenzen erläutert wurde. Wie in rein nationalen Bereichen gibt der Gedanke gesamtstaatlicher Repräsentation dem Bund kein Recht, außerhalb seiner Verwaltung stehende Dritte durch Vorschriften zu binden[76]. Im Gegensatz zum Inlandsrundfunk ist hier zwar eine umfassende Gesetzgebungskompetenz des Bundes (und eben nicht der Länder) aus Art. 73 Nr. 1 GG zu bejahen; das ändert jedoch nichts daran, daß der Bund auch hier, wollte er umfassend oder zumindest teilweise die Rundfunkveranstalter zur Verbreitung gesamtstaatlich repräsentativer Akte verpflichten, in die Grundrechte dieser Veranstalter eingriffe. Auch bezüglich des Auslandsrundfunks steht den Veranstaltern nämlich jedenfalls subjektiv das Recht auf Rundfunkfreiheit zu. Daher gibt die Kompetenz kraft gesamtstaatlicher Repräsentation wie auch hinsichtlich des rein nationalen Rundfunks nur das Recht, eine Bundesanstalt zu errichten, deren Tätigkeit die Erfüllung dieser Aufgabe ist. Die notwendige Gesetzgebungskompetenz folgte dabei, wie beschrieben, einer entsprechenden Verwaltungskompetenz. Für außerhalb seiner Verwaltung stehende Dritte, also sowohl für die privaten als auch für die öffentlich-rechtlichen Rundfunkveranstalter, können derartige Regelungen nur über Art. 73 Nr. 1 GG und über Art. 74 Nr. 11 und 16 GG begründet werden. Allerdings hat der Bund auch bei derartigen Regelungen den Grundsatz bundesfreundlichen Verhaltens zu beachten. Dies gilt insbesondere deshalb, weil er mit der Deutschen Welle eine Bundesanstalt errichtet hat und insofern nur am Rande Gründe bestehen[77], Reglementierungen für die übrigen ins Ausland sendenden Veranstalter zu treffen[78].

b. Flankierende Gesetzgebungskompetenz der Länder
Hinsichtlich des Auslandsrundfunks besteht für die Länder eine ähnliche Situation wie für den Bund hinsichtlich des nationalen Rundfunks. Hier wie dort können sich die Gebietskörperschaften auf ein Recht zur Selbstdarstellung berufen. Allerdings

---

[75] Im Ergebnis so auch Lerche, Deutschlandfunk, S. 15, 16.
[76] So auch Remmele, S. 42; anders Reinert, S. 251, hinsichtlich des multinationalen Rundfunks, der sich nicht zu dem rechtstheoretischen Problem äußert, es allerdings für möglich hält, daß Private ein Land nach außen repräsentieren können.
[77] Solche Gründe sind etwa anzunehmen, wenn die Landesrundfunkanstalten ins Ausland senden.
[78] Vgl. insofern auch Herrmann, Fernsehen, S. 273, der die Errichtung der Deutschen Welle als Möglichkeit ansieht, daß der Bund in nur geringem Maße in die Rundfunkhoheit der Länder eingreift.

folgt bei ungeschriebenen Kompetenzen die Gesetzgebungskompetenz der Verwaltungskompetenz. Die Frage, in welchem Umfang den Ländern also flankierende Gesetzgebungskompetenzen im Bereich des transnationalen Rundfunks zustehen, soll daher an dieser Stelle dahingestellt bleiben und erst im Zusammenhang mit den Verwaltungskompetenzen erläutert werden. Zunächst läßt sich als Ergebnis festhalten, daß der Bund eine umfassende Gesetzgebungskompetenz für den deutschen Auslandsrundfunk inne hat. Dies gilt sowohl im Hinblick auf die konventionell terrestrisch gesendeten Programme als auch für die neuen Techniken[79]. Daneben scheint es jedoch ferner denkbar, daß auch den Ländern in einem engen Rahmen Gesetzgebungskompetenzen zur Seite stehen, um sich nach außen selbst darstellen zu können.

3. Die Bundesrepublik Deutschland als Empfängerstaat

a. Abwehrkompetenz des Bundes

Jahrzehntelang strahlte der luxemburgische Sender RTL ein terrestrisches, grenzüberschreitendes Rundfunkprogramm in die Bundesrepublik Deutschland aus[80]. Dem war am 2. Januar 1984 ein deutschsprachiges Fernsehprogramm hinzugetreten, das anfangs ebenfalls nur konventionell terrestrisch verbreitet wurde und im Saarland sowie in Teilen von Rheinland-Pfalz bzw. Nordrhein-Westfalen empfangen werden konnte. Seit dem 28. August 1985 wird dieser Rundfunk nun über Satellit verbreitet. Dieser Umstand bezeugt, daß die Bundesrepublik Deutschland seit geraumer Zeit als interessantes Werbegebiet für ausländische Rundfunkanbieter wahrgenommen wird. Die Probleme für die innerstaatliche Rundfunkordnung sind jedoch vor allem mit dem Aufkommen des Satellitenfunks besonders virulent geworden. Die Bundespost wollte alle Frequenzbereiche nutzen. Es wurde angekündigt, daß dies auch für den Fall der Nutzung eines Frequenzbereichs durch ausländische Rundfunkveranstalter mit der Satellitentechnik gelte; wenn hierdurch Schwierigkeiten entstünden, müßten Lösungen unter Berücksichtigung des Frequenzbedarfs mit dem Ziel gefunden werden, die gegenseitige Beeinflussung so gering wie möglich zu halten[81]. Schon im Jahre 1979 hatte der damalige Bundespostminister Gscheidle erklärt, es würden Maßnahmen erwogen, um den Empfang von Satellitenprogrammen der westlichen bzw. südlichen Nachbarstaaten in der Bundesrepublik Deutschland zu behindern[82]. In der Folge wurde der sozialliberalen Regierung der Vorwurf gemacht, sie wolle den Empfang von Rund-

---

[79] Dies gilt für den Satellitenfunk aber nur insoweit, als er *nicht* für das Inland veranstaltet wird.

[80] Die RTL plus Deutsche Fernsehen GmbH & Co. KG handelt nunmehr als deutsche juristische Person mit Sitz in Hannover. Anders der luxemburger Hörfunksender CLT (Compagnie Luxembourgeoise de Telediffusion) mit Sitz in Luxemburg, der allerdings in Deutschland in Berlin den Sender 104,6 RTL betreibt.

[81] Kabinettbeschluß vom 13. Mai und 24. Juni 1983, abgedruckt bei: Ring, Medienrecht, Bd. III, F-I 2.4.

[82] Vgl. Deutscher Bundestag, Stenographische Berichte, 175. Sitzung, Plenarprotokoll 8/175, S. 13820.

funkprogrammen aus Luxemburg durch den Einsatz von Störsendern (Jamming) unterbinden[83], um die inländische Rundfunkstruktur zu sichern.

Dem Bund steht die Gesetzgebungskompetenz im Bereich der Telekommunikation zu. Daher könnte ihm auch eine Kompetenz zuzusprechen sein, sich gegen Störungen seiner inländischen Frequenzordnung durch ausländische Sender zu wehren. Ein direkter Zugriff auf den ausländischen Sender ist nämlich nicht möglich. Zwar verbietet das völkerrechtliche Interventionsverbot jedem Staat, sich in die innerstaatlichen Angelegenheiten eines anderen Staates einzumischen, und jeder Staat hat also das Recht, sich gegen ausländische Einflußnahme auf die innere Ordnung abzuschirmen. Dieses Verbot trifft aber nur den Staat, nicht das einzelne Rundfunkunternehmen. Darüber hinaus ist damit nur ein Verhalten verboten, das dazu bestimmt ist, die Regierung eines anderen Staates in Frage zu stellen[84]. Ansonsten gilt für die Bundesrepublik Deutschland das Prinzip des "free flow of information" also das Recht, des freien Informationsflusses. Dieses Recht wird durch Art. 10 EMRK und durch Art. 5 I 1 GG geschützt. Dieser Grundsatz gilt jedoch nur im Hinblick auf die inhaltliche Seite des Rundfunks. Hinsichtlich der fernmelderechtlichen Interessen greift Art. 30, Abschnitt II, § 3 Nr. 2674 der Funkvollzugsordnung 1982[85] ein. Danach sind die Aussendungen von Rundfunksatelliten über dem Gebiet anderer Länder auf ein Minimum zu beschränken, wenn nicht zuvor mit den betroffenen Ländern Vereinbarungen getroffen wurden. Ob eine Zustimmung erteilt oder versagt wird, hat der nach Art. 73 Nr. 7 GG für die Telekommunikation zuständige Bund zu entscheiden. Diese Genehmigung darf allerdings nur aus fernmeldetechnischen Gründen versagt werden. Rundfunkrechtliche Gründe dürfen nicht herangezogen werden. Sollte ein ausländischer Sender ohne eine solche Genehmigung die deutsche Frequenzordnung stören, sollte er also beispielsweise durch seine Sendetätigkeit den Empfang von in Deutschland zugelassenen Programmen beeinträchtigen, dann steht dem Bund, als ultima ratio das Recht zu, die Frequenzordnung auch durch den Einsatz von Störsendern zu schützen[86]. Allerdings müßten zuvor andere Versuche, Einfluß auf diesen Sender zu nehmen - etwa durch Intervention bei der Regierung des entsprechenden Sendestaates -, ohne Erfolg geblieben sein. Bei solch einem Vorgehen würde auch nicht Art. 5 I 1 GG verletzt. Es sind nämlich Eingriffe in Grundrechte aus Art. 5 I 1 GG durch allgemeine Gesetze denkbar; also durch Gesetze, die nicht eine Meinung als solche verbieten, sondern dem Schutz eines Rechtsgutes dienen "ohne Rücksicht auf eine bestimmte

---

[83] Abgeordneter Klein, Deutscher Bundestag, Stenographische Berichte, 182. Sitzung, Plenarprotokoll 8/182, S. 14330.

[84] Vgl. Schwarze, Rundfunk, S. 11, 14 f.; Delbrück, Satellitenrundfunk S. 52 ff.

[85] Sie gilt gemäß Art. 42 des Internationalen Fernmeldevertrages als Anlage für den Internationalen Fernmeldevertrag 1982 von Nairobi, der durch Gesetz vom 4. März 1985, BGBl. 1985 II, S. 426 ff., in innerstaatliches Recht transformiert wurde.

[86] Allerdings ist fraglich, ob dieses "Gegenstören" die erwünschten Folgen zeitigen kann. Dieses "Gegenstören" bedeutet nämlich, daß durch Heul- und Pfeifgeräusche eine unerwünschte Sendung unhörbar gemacht wird. Das aber hätte in dem hier erläuterten Fall zur Folge, daß sowohl ausländische, als auch der (zu schützende) inländische Sender nicht zu hören wären. Damit aber wird das angestrebte Ziel nicht erreicht.

Meinung (...), dem Schutz eines Gemeinschaftswertes, der gegenüber der Betätigung der Meinungsfreiheit den Vorrang hat"[87]. Ein solcher Gemeinschaftswert ist die Frequenzordnung, so daß auch der Einsatz von Störsendern rechtmäßig wäre, wenn diese Maßnahme aufgrund eines Gesetzes vorgenommen würde und geeignet wäre, die Frequenzordnung zu schützen. Auch das Völkerrecht steht dem nicht entgegen. Grundsätzlich gilt zwar im Bereich des Rundfunks die als universelles Völkerrecht anerkannte Funksendefreiheit und gilt gleichermaßen für konventionel oder via Satellit verbreitete Sendungen[88]. Danach dürfen Informationen ohne Rücksicht auf Grenzen mittels elektromagnetischer Wellen verbreitet werden. Da die große Ausstrahlungszone des Satellitenrundfunks jedoch mehrere Länder nicht nur betreffen, sondern deren Fernmeldeordnung auch stören kann, wurde in Art. 30 Abschnitt II, § 3 Nr. 2674 der Funkvollzugsordnung 1982 die Vorschrift des Art. 7 § 2a Nr. 428 A der Radio Regulations 1971 aufgenommen. Dort heißt es:

"Bei der Festlegung der Merkmale einer Weltraumfunkstelle des Rundfunkdienstes über Satelliten sind alle verfügbaren technischen Mittel einzusetzen, um Aussendungen über dem Hoheitsgebiet anderer Länder auf ein Mindestmaß zu beschränken, sofern mit den Verwaltungen dieser Länder nicht zuvor ein Übereinkommen getroffen wurde."

Diese Vorschrift soll den transnationalen Rundfunk nicht von der Genehmigung des Empfängerlandes abhängig machen. Vielmehr bezweckt sie nur, eine gegenseitige technische Störung des Funkverkehrs zu verhindern. Wenn nämlich jeder Staat seine Ausstrahlungszone rücksichtslos auf andere Staaten ausdehnen würde, wäre ein funktionierender Satelitenrundfunkdienst ausgeschlossen. Die Vorschrift des Art. 7 § 2a Nr. 428 der Radio Regulations 1971 untersagt also die Nutzung eines Satellitenstandorts oder eines Satelliten zur Bestrahlung eines fremden Staatsgebietes, wenn die Bestrahlung auf einer Frequenz erfolgt, die das Empfängerland selbst verwendet. In diesem fernmelderechtlichen Rahmen verstößt ein Handeln zum Schutze der Frequenzordnung also nicht gegen das Völkerrecht und insbesondere Art. 10 EMRK.

Zu untersuchen bleibt, ob die für den Betrieb einer Empfangseinrichtung gemäß § 2 I FAG erforderliche Genehmigung verweigert werden darf, um auf diese Weise den Direktempfang von Fernmeldesatelliten zu unterbinden[89]. Zwar wird hier Art. 5 I 1 GG nicht tangiert, da die durch Fernmeldesatelliten verbreiteten Programme nicht an die Allgemeinheit gerichtet sind[90], es sich also nicht um Rundfunk als eine

---

[87] BVerfGE 7, S. 198 ff. (209).
[88] Vgl. dazu ausführlich Gornig, IHB 1994/95, D, S. 1, 6 f.; ders. ZUM 1992, S. 174, 179 ff.
[89] Vgl. Hesse, A., Rundfunkrecht, S. 237.
[90] Anders wohl Gornig, IHB 1994/95 D, S. 1, 7, der derartige Sendungen unter Art. 10 EMRK subsumiert, da die Rundfunkwellen mit Ausstrahlung von der Sendeantenne wahrnehmbar seien. Danach würde also diese völkerrechtliche Norm ein Handeln des Bundes verbieten.

allgemeinzugängliche Quelle handelt[91]. Der Bund darf aber hinsichtlich der Fernmeldesatelliten nur aus technischen Erwägungen heraus Maßnahmen zum Schutz der Frequenzordnung treffen. Insofern kann er sich auf Art. 30 Abschnitt II, § 3 Nr. 2674 der Funkvollzugsordnung 1982 berufen. Jedoch ist nicht erkennbar, daß durch Fernmeldesatelliten verbreitete Sendungen die Frequenzordnung gestört haben. Darüber hinaus ist nicht erkennbar, wieso die Verweigerung der Empfangsgenehmigung hier einer Störung entgegenwirken sollte. Wohl auch deshalb hat die Bundespost seinerzeit von dieser theoretischen Möglichkeit keinen Gebrauch gemacht. Vielmehr hat sie durch Allgemeinverfügung den Einzelempfang von Fernmeldesatellitenprogrammen erst in dem weiten Umfang ermöglicht[92]. Allerdings können rundfunkspezifische Gründe ein Eingreifen staatlichen Handelns verlangen. Zwar gewährleisten Art. 5 I 1 GG und darüber hinaus Art. 10 EMRK das Recht, sich aus allgemein zugänglichen Quellen ungehindert zu unterrichten. Insofern ist es ausgeschlossen, daß der Empfang von Rundfunksendungen aus Nachbarstaaten durch deutsche Störsender in Deutschland verhindert wird. Eingriffe in die Grundrechte aus Art. 5 I 1 GG sind nur durch allgemeine Gesetze denkbar. Da die Medienordnung aber kein Rechtsgut ist, das durch ein allgemeines Gesetz geschützt werden kann, ist der Einsatz von Störsendern wegen der Verletzung der deutsche Medienkultur durch einen ausländischen Sender ausgeschlossen[93]. Diese Situation stellt sich jedoch anders dar, wenn die ausländischen Rundfunksendungen andere Schutzgüter verletzen, wie sie beispielsweise in Art. 10 II EMRK und Art. 19 III IPbürgR normiert sind. Veranstalter, die aus dem Ausland in die Bundesrepublik Deutschland senden, sind zwar nicht zur Einhaltung der deutschen Rundfunkordnung verpflichtet. Jedoch ergeben sich aus den genannten völkerrechtlichen Verträgen klare Grenzen ihres Senderechts. Auf EG-rechtlicher Ebene bestehen darüber hinaus aus dem Gebot der Gemeinschaftstreue gewisse Rücksichtnahmepflichten für Sendestaat und Veranstalter.

Dem Bund stehen gemäß Art. 73 Nr. 7 GG die Kompetenzen für die Bereiche der Telekommunikation und gemäß Art. 73 Nr. 1 GG für den Auslandsrundfunk zu. Beide Kompetenznormen berechtigen ihn jedoch nicht, den Einsatz von Störsendern zu regeln[94]. In jedem Fall würden nämlich Bereiche der Rundfunkordnung betroffen sein. Daher muß den Ländern ein Mitspracherecht zugestanden werden. Dieses Mitspracherecht ist eine Ausprägung des justitiablen Verfassungsgrundsatzes der Bun-

---

[91] Um Rundfunk bzw. eine allgemein zugängliche Quelle handelt es sich allerdings dann, wenn diese Informationen mit "Medium-Power-Satelliten" verbreitet werden und also auch direkt empfangbar sind.
[92] Um eine schnelle Öffnung des Medienmarktes zu erreichen, hat die Deutsche Bundespost den Empfang von Fernmeldesatellitenprogrammen durch Allgemeinverfügungen freigegeben; Vgl. Amtsblatt BPM 1985, S. 1171, die Verfügung des Bundesministers für das Post- und Fernmeldewesen, Nr. 569/85.
[93] So auch Reinert, S. 282.
[94] Diese Einschätzung wird auch nicht durch die Möglichkeit einer internationalen Regelung gemäß Art. 32 I GG in Frage gestellt. Insoweit ist der Streit, ob Art. 32 GG dem Bund auf dem Umweg über internationale Verträge innerstaatlich mehr Rechte zuwachsen läßt, durch das Lindauer Abkommen de facto befriedet.

destreue. Danach sind Bund und Länder zur gegenseitigen Rücksichtnahme und Unterstützung verpflichtet. Im einzelnen folgt aus diesem Prinzip, daß Bund und Länder bei der Ausübung ihrer Gesetzgebungskompetenzen, aber auch bei dem Erlaß von Regierungs- und Verwaltungsakten auf die jeweilig anderen Interessen Rücksicht zu nehmen haben[95]. Hinsichtlich der hier erläuterten Problemgruppen wird auf die Wertung des Lindauer Abkommens[96] zurückgegriffen werden können. Dabei ist insbesondere auf die Ziffer 3 des Abkommens abzustellen. Dort ist eine Zuständigkeit des Bundes zum Abschluß internationaler Verträge auch für Bereiche, die die ausschließliche Länderkompetenz berühren, insoweit anerkannt, als ein Einverständnis der Länder im Vorfeld herbeigeführt wird. Ein Einsatz von Störsendern ist daher nur denkbar, wenn der Bund im Einverständnis mit den Ländern entschieden hat.

Weder Bund noch Länder haben also die Kompetenz, die *Rundfunkordnung* durch Abwehr ausländischer Sender zu sichern. Zum Schutz besonderer Rechtsgüter ist der Einsatz von Störsendern durch den Bund nur dann denkbar, wenn die Länder zugestimmt haben.

b. Einspeisungskompetenz des Bundes
Die über Fernmeldesatelliten verbreiteten Programme werden erst dann Rundfunk, wenn sie in das Kabelnetz eingespeist werden[97]. Bis zu diesem Zeitpunkt steht dem Bund also aus *fernmelderechtlichen* Erwägungen eine Regelungskompetenz zu. Wie nämlich schon hinsichtlich der innerstaatlichen Programme festgestellt, sind die Regelungen der Einspeisung rundfunkrechtliche Fragen. Da somit die nationale Rundfunkordnung betroffen ist, sind auch hier die Länder zuständig.

Eine Zuständigkeit des *Bundes* zur Regelung der Einspeisung ausländischer Programme in das Kabelnetz ergibt sich auch nicht aus dem EG-Vertrag. Zwar handelt es sich nach Auffassung von EU-Kommission und EuGH bei Rundfunkprogrammen um Dienstleistungen[98], so daß gemäß Art. 59 und 62 EG-Vertrag sämtliche Diskriminierungen unzulässig sind[99]. Daraus kann aber nicht gefolgert werden, daß der Bund als vertraglich Verpflichteter innerstaatlich die Aufgabe zur Regelung be-

---

[95] Zu den Einzelheiten Maunz/Zippelius, Deutsches Staatsrecht, § 14 II 2; vergleiche auch die Formulierung in BVerfGE 21, S. 312 ff. (326).
[96] Text in: Maunz/Dürig, Komm. z. GG, Art. 32 Rn. 45.
[97] Anders bei "Medium-Power-Satelliten".
[98] Vgl. Grünbuch, S. 112.
[99] Vgl. Grünbuch, S. 116 ff.

sitzt. Auch die Länder sind nämlich an das Recht der EU gebunden. Zwar sind sie nicht Vertragspartner der EU. Als Teil der Bundesrepublik Deutschland sind sie aber ebenso wie der Gesamtstaat an die Regelungen des Vertrages gebunden. Sie dürfen also von ihren Kompetenzen nur in dem von der EU gewährten Rahmen Gebrauch machen. Da somit die für den Rundfunk grunndsätzlich zuständigen Länder an das EU-Recht gebunden sind, ist auch von daher keine Bundeskompetenz zu begründen.

III. Gesetzgebungskompetenz des Bundes im Bereich multinationaler Rundfunkangelegenheiten

1. Grundsätzliches zum multinationalen Rundfunk

Der multinationale Rundfunk[1] soll sowohl im In- als auch im Ausland empfangen werden[2]. Entscheidend ist die Finalität, also der Wille des Veranstalters, wen er mit seinem Rundfunk erreichen will, und nicht der Aspekt, wer faktisch erreicht wird bzw. erreicht werden kann. Der multinationale Rundfunk liegt also gleichsam an der Schnittstelle zwischen dem nationalen und transnationalen Rundfunk. Daher auch ist seine Einordnung in das Gesamtgefüge der bundesdeutschen Verfassungsordnung schwierig. Hinsichtlich der Verbreitungstechnik ist bei diesem Rundfunk - wie auch schon bei dem transnationalen - nicht zu differenzieren, denn es ist vom Grundsatz her unerheblich, ob die Sendungen via Satellit oder konventionell verbreitet werden: Es kommt *nur* darauf an, daß sie sowohl für die Bundesrepublik Deutschland als auch für das Ausland bestimmt sind[3].

Die Frage der Regelungszuständigkeit für den multinationalen Rundfunk ist in der Literatur bisher fast gar nicht behandelt worden. Die wenigen Abhandlungen beschäftigen sich gewöhnlich mit den Problemen des Deutschlandfunks. Hier ging es vor allem um das Verhältnis zur ehemaligen DDR. Ansonsten hat eine kompetenzmäßige Einordnung dieses Rundfunkbereichs keine besondere Beachtung gefunden. Dies lag in erster Linie daran, daß es - abgesehen von einzelnen Eurovisionssendungen - auf mehrere Staaten gerichtete Hörfunk- bzw. Fernsehsendungen nicht gab.

Im Zusammenhang mit den neuen Techniken gewinnt dieser Bereich jedoch an Gewicht, die Zahl derartiger multinationaler Sender nimmt zu. Ein Beispiel ist das 3-SAT-Programm. Träger dieses Programms sind ARD, ZDF, ORF und SRG und ist also auf all die entsprechenden Länder ausgerichtet. Diesem Programm war auch das Satellitenprogramm Eins-Plus ähnlich, das ebenfalls auf Europa ausgerichtet war[4]. Alleinige Veranstalter waren die ARD und die SRG. Bei diesem Programm handelte

---

[1] Hinsichtlich der Teilbereiche, für die dem Bund schon hinsichtlich des nationalen Rundfunks die Kompetenz zusteht, ergibt sich auch für den multinationalen Rundfunk nichts anderes.

[2] Ebenso Bullinger, AfP 1985, S. 1, 8, der auf das Merkmal des "Bestimmtsein" abstellt.

[3] Puhl, DVBl. 1992, S. 933, 935, ist daher jedenfalls ungenau, wenn er das über Direktfunksatelliten verbreitete Programm als an das In- und Ausland gerichtet betrachtet. Die Art des Rundfunks ist eben nicht nach dem Empfangsort zu bestimmen, sondern einzig danach, für wen es bestimmt ist. Die Empfangbarkeit ist lediglich ein Indiz dafür, an wen das Programm gerichtet ist.

[4] Die ARD-Landesrundfunkanstalten hatten 1985 die gemeinsame Veranstaltung eines über Satellit zu verbreitenden europäisch orientierten deutschen Fernsehprogramms vereinbart; Text der Verwaltungsvereinbarung in ARD-Jahrbuch 1986, S. 405.

es sich um das in Art. 2 Rundfunkstaatsvertrag von 1987 und von 1991 genannte Fernsehprogramm mit kulturellem Schwerpunkt. Die Tätigkeit dieses Programms wurde beendet, nachdem am 8. Juli 1993 die ARD und das ZDF die Zusammenlegung der beiden öffentlich-rechtlichen Satellitenprogramme "ARD Eins-Plus" und "3-SAT" vereinbart hatten[5]. In dieser Form wird das 3-SAT-Programm seit dem 1. Dezember 1993 ausgestrahlt. Ebenfalls als europaweites Fernsehprogramm wird das seit dem 30. Mai 1992 veranstaltete Satellitenfernsehprogramm "Arte" ausgestrahlt[6]. Aber auch Private Veranstalter nutzen immer mehr die Möglichkeit, mit ihren Programmen mehrere Länder zu erreichen. Man denke an Fernsehmusikkanäle oder auch an Sender wie "Eurosport". Im Zuge der technischen Weiterentwicklung und der Einigung Europas ist eine Zunahme derartiger multinationaler Programme anzunehmen.

Da sich der Satellitenfunk (noch) nicht auf einzelne Staatsgebiete beschränken läßt, ist diese Technik für den multinationalen Rundfunk von besonderem Interesse. Die hier bestehenden Möglichkeiten für private Anbieter werden eine Verlagerung von den reinen Formen des nationalen bzw. transnationalen Rundfunks zum multinationalen Rundfunk zur Folge haben. Da auch das anzusprechende Publikum zahlenmäßig größer ist, und also, wirtschaftlich betrachtet, mehr Gewinnchancen eröffnet, ist davon auszugehen, daß diese Art des Rundfunks die Rundfunklandschaft mehr und mehr bestimmen wird. Die Frage, wem für einen solchen Rundfunk die Kompetenz zusteht, ist also von erheblicher Wichtigkeit.

Der wichtigste und in der Literatur am heftigsten diskutierte multinationale Rundfunk in Deutschland war der Deutschlandfunk. Dabei ist das Hauptaugenmerk auf jene Sendungen zu richten, die sowohl für die ehemalige DDR als auch für die Bundesrepublik Deutschland veranstaltet wurden. Zwar spielten in diesem Fall noch die Besonderheiten des deutsch-deutschen Verhältnisses eine Rolle, aus denen die Anstalt ihre besondere Aufgabe herleitete. Aber dennoch ist der Deutschlandfunk der Sache nach unter die Kategorie des multinationalen Rundfunks einzuordnen. Sein Programm war nicht allein an die Rezipienten *eines* Staates gerichtet, sondern an die von *zweien*[7]: Der Deutschlandfunk strahlte seine Sendungen sowohl für die Empfänger in der ehemaligen DDR als auch an die der Bundesrepublik Deutschland

---

[5] Text der Vereinbarung in ARD-Jahrbuch 1993, S. 382.
[6] Basierend auf einem Vertrag zwischen den Bundesländern und Frankreich, wurde am 13. März 1991 von den deutschen Rundfunkanstalten die "Arte" Deutschland TV GmbH gegründet. Zusammen mit einem französischen Unternehmen gründete diese GmbH dann die Zentrale "Arte" G.E.I.E. in Straßburg, die nun den deutschen Programmteil koordiniert.
[7] Wobei hier dahinstehen kann, ob es sich bei der DDR im Verhältnis zur Bundesrepublik Deutschland um einen eigenen Staat handelte.

aus[8]. Andernfalls hätte seinerzeit für die Länder auch kein Grund bestanden, sich an der Finanzierung des Deutschlandfunks zu beteiligen. Zwar sind nach der Wiedervereinigung und durch den entsprechenden Staatsvertrag[9] vom 17. Juni 1993 die Rechte und Pflichten dieser Anstalt von den Ländern in der Form des Deutschlandradios übernommen und die Aufgaben des Deutschlandfunks durch das Rundfunkneuordnungsgesetz[10] vom 20. Dezember 1993 beendet worden. Da aber die Diskussion um die Zuständigkeit für den Deutschlandfunk die einzige war, die den multinationalen Rundfunk betraf, ist auf sie exemplarisch einzugehen.

2. Gesetzgebungskompetenz des Bundes für den Deutschlandfunk
Nach fast einhelliger Meinung ist der Deutschlandfunk als Anstalt des öffentlichen Rechts gemäß Art. 87 III GG errichtet worden[11]. Dies ist jedoch nur mit einer entsprechenden Gesetzgebungskompetenz denkbar.

a. Gesetzgebungskompetenz des Bundes aus Art. 73 Nr. 1 GG
Da der multinationale Rundfunk final sowohl ins In- wie auch ins Ausland sendet, liegt es nahe, auch für ihn eine Bundeskompetenz aus Art. 73 Nr. 1 GG anzunehmen. Eine Materie ist dann als auswärtige Angelegenheit einzustufen, wenn sich Entscheidungen auf diesem Gebiet unmittelbar im Ausland auswirken. Das ist bei einem multinationalen Rundfunk zu bejahen. Damit wären jene Bereiche von der Gesetzgebungskompetenz des Bundes umfaßt, die den ins Ausland gerichteten Aspekt des multinationalen Rundfunks ausmachen.

---

[8] So auch Lerche, Deutschlandfunk, S. 18 ff.; Mallmann, JZ 1963, S. 350, 351; Ossenbühl, Rundfunkfreiheit, S. 6; Ihlefeld, ZUM 1987, S. 604, 606; Reinert, S. 241; A.A.: BVerwGE 75, S. 79 ff. (81 ff.), wonach die Sendungen des Deutschlandfunks nur für Deutsche außerhalb des Bundesgebiets bestimmt sind. Dieser Ansicht ist jedoch nicht zu folgen: Schon aus § 5 BRfG a.F. ergibt sich, daß der Deutschlandfunk für "Deutschland und das europäische Ausland" Rundfunksendungen zu veranstalten hat. Wenn so auch in erster Linie die Bevölkerung der DDR angesprochen war, richteten sich die Sendungen jedenfalls *auch* an die bundesdeutsche Bevölkerung. Die Möglichkeit des Empfangs der Sendungen des Deutschlandfunks stellt sich insoweit nicht als bloßer "Reflex" eines transnationalen Rundfunks dar. Auch die Errichtung von Sendeanlagen des Deutschlandfunks an der Westgrenze der Bundesrepublik Deutschland, die nach Osten ausgerichtet waren anstatt an der Grenze zur DDR, spricht gegen die Auffassung des Bundesverwaltungsgerichts.

[9] BGBl. 1993 I, S. 2248 ff., geschlossen zwischen Bund und Ländern, der die Überleitung von Rechten und Pflichten des Deutschlandfunks bzw. des RIAS auf die Körperschaft "Deutschlandradio" regelt.

[10] BGBl. 1993 I, S. 2246 f.

[11] So Herrmann, Fernsehen, S. 273; Fastenrath, S. 177; Stammler, ZUM 1988, 274, 280, 283; Puhl, DVBl. 1992, S. 933, 936; Köstlin, Kulturhoheit, S. 171 ff; Jarass, Gutachten, S. G 35.

aa. DDR als Materie auswärtiger Angelegenheiten

Im Hinblick auf den Deutschlandfunk war für die Bejahung des Art. 73 Nr. 1 GG schon umstritten, ob man die mit der DDR zusammenhängenden Fragen überhaupt als auswärtige Angelegenheiten werten konnte.

(1) DDR als Inland

Zielgebiet des Deutschlandfunks war gemäß § 5 I BRFG "Deutschland und das europäische Ausland". Danach waren unter Ausland alle Gebiete mit Ausnahme der DDR zu verstehen, die jenseits der Grenzen der Bundesrepublik Deutschland liegen. Der DDR wurde also mit der Einordnung als "Deutschland" eine besondere Position zugewiesen. Diese Bewertung der deutsch-deutschen Beziehung beruhte auf der Ansicht, daß das Deutsche Reich bei Kriegsende 1945 weder durch Debellation, noch Annexion, noch Dismembration untergegangen war, sondern vielmehr handlungsunfähig weiter bestand[12]. Allein aus diesem Grund wurde die Gesetzgebungskompetenz des Bundes für einen Rundfunk, der die DDR als Sendegebiet hatte, nicht unter Art. 73 Nr. 1 GG subsumiert und also verneint. Es wurde argumentiert, daß "die gesamtdeutschen Beziehungen über den eisernen Vorhang hinweg nicht zur auswärtigen Gewalt gehören" und, "da es auch keine umfassende Zuständigkeit für gesamtdeutsche Angelegenheiten gibt", es an einer (Gesetzgebungs-) Zuständigkeit des Bundes für den Deutschlandfunk fehle[13]. Nicht der Bund, sondern die Länder wären danach für die Gesetzgebung eines für die DDR bestimmten Rundfunks zuständig[14].

(2) DDR als Quasi-Ausland

Auch wenn rechtstheoretisch die DDR jedenfalls nicht als Ausland zu bewerten war[15], so gestaltete sich das Verhältnis zwischen den beiden deutschen Staaten in der politischen Realität durchaus so, daß sich die DDR - was auch von den Machthabern dort forciert wurde - gegenüber der Bundesrepublik Deutschland als Ausland darstellte. Eine andere Einschätzung, wonach die Länder hinsichtlich der Beziehungen zur DDR zuständig wären, hätte im übrigen jede diplomatische Auseinandersetzung mit dem kommunistischen Regime unterbunden oder zumindest erschwert.

Diese Überlegungen werden auch von Rechtsprechung und Literatur bestätigt: Zwar ließ es das Bundesverfassungsgericht in seinem ersten Fernsehurteil ausdrücklich of-

---

[12] Vgl. dazu: BVerfGE 36, S. 1 ff. (15); 37, S. 64 ff.; Rojahn, in: v. Münch, Komm. z. GG, Art. 32 Rn. 11.; Bernhardt DÖV 1979, S. 783; ders. VVDStRL 38 (1980), S. 7 ff; Ress, S. 226; Schmid, S. 34 ff.
[13] Krause-Ablaß, JZ 1962, S. 158, 158; ders., RuF 1968, S. 27, 32 mwN.
[14] Krause-Ablaß, RuF 1968, S. 27, 32.
[15] BVerfGE 36, S. 1 ff. (15/16).

offen, ob der Bund aufgrund seiner Zuständigkeit für auswärtige Angelegenheiten den Deutschlandfunk errichten durfte[16]. Das Gericht wollte damit aber lediglich die Zuständigkeit des Bundes zur Errichtung einer Rundfunkanstalt offen lassen. Aus der Bemerkung des Gerichts läßt sich nicht folgern, daß der Bund grundsätzlich für die gesamtdeutschen Angelegenheiten unzuständig war. Spätestens seit dem Grundlagenvertrag und dem hierzu ergangenen Urteil des Bundesverfassungsgerichts[17] konnte aber diese Zuständigkeit nicht mehr in Frage gestellt werden. In diesem Urteil erkannte das Gericht explizit eine Kompetenz des Bundes für gesamtdeutsche Angelegenheiten an. Auch wenn die deutsch-deutschen Beziehungen nicht als auswärtige, sondern als "inter se Beziehungen" zu betrachten seien[18], sei für sie dennoch eine analoge Anwendung des Art. 73 Nr. 1 GG zu bejahen. Ähnlich argumentierte auch die h.M in der Literatur, die die Beziehungen zur DDR als "quasi auswärtige" Beziehungen beschrieb[19]. Insoweit wurde auch eine Gesetzgebungskompetenz des Bundes für einen Rundfunk anerkannt, dessen Zielgebiet die DDR war[20]. Man wird daher Art. 73 Nr. 1 GG so auslegen müssen, daß auch die innerdeutschen Beziehungen dazuzuzählen waren. Somit griff also Art. 73 Nr. 1 GG auch im Hinblick auf Materien ein, die die DDR betrafen.

bb. Der multinationale Rundfunksender Deutschlandfunk als Materie auswärtiger Angelegenheiten

Eine Bundeskompetenz für einen auch in die Bundesrepublik Deutschland gerichteten Rundfunk kann jedoch nicht unter dem Aspekt der auswärtigen Angelegenheit bejaht werden. Um die Bundeskompetenz zu bejahen, darf sich die Angelegenheit nämlich unmittelbar *nur* im Ausland auswirken. Bei einem multinationalen Rundfunk soll der Rundfunkempfang jedoch auch unmittelbar im Inland möglich sein. Eine uneingeschränkte Zuständigkeit des Bundes aus Art. 73 Nr. 1 GG könnte hier zur Aushöhlung der Länderkompetenzen für den innerstaatlichen Rundfunk führen. Der Bund hätte nämlich so für jeden Rundfunk, der von seinem Programm sowohl das bundesdeutsche als auch das ausländische (europäische) Publikum ansprechen soll, die Gesetzgebungskompetenz. Die Befürchtung liegt nahe, daß diese Bewertung zu einer völligen Umkehrung der grundsätzlich Länderzuständigkeit für den Inlandsrundfunk führte.

---

[16] BVerfGE 12, S. 205 ff. (241 f., 252).
[17] BVerfGE 36, S. 1 ff.
[18] BVerfGE 36, S. 1 ff. (23).
[19] So die Formulierung bei Herrmann, Fernsehen, S. 273; dem Sinn entsprechend etwa: v. Münch, in: v. Münch, Komm. z. GG, Art. 73 Rn. 7; Maunz, Staatsrecht,§ 2 III 3, S. 14/15.
[20] So etwa Herrmann, AöR 90 (1965), S. 286, 293; Thieme, AöR 88 (1963), S. 38, 48.

(1) Annahme einer Bundesgesetzgebungskompetenz für den Deutschlandfunk als auswärtige Angelegenheit

In der Literatur wurde eine Gesetzgebungskompetenz des Bundes aus Art. 73 Nr. 1 GG dennoch bejaht, indem man den Empfang in der Bundesrepublik Deutschland als einen technisch nicht zu verhindernden "over spill" einschätzte[21]: der Deutschlandfunk strahle nicht gezielt Rundfunksendungen für die Bundesrepublik Deutschland aus. Dies folge schon aus dem Umstand, weil dem Bund keine Kompetenz für einen ins Inland gerichteten Rundfunk zustehe[22]. Die Mithörmöglichkeit im Inland werde nämlich nur soweit von dieser Kompetenz umfaßt, als sie zwangsläufig mit dem Sendevorgang verbunden war[23]. Letztendlich wurde eine Bundeskompetenz mit "günstigen atmosphärischen Bedingungen"[24] begründet. Dieser Einschätzung kann jedoch nicht gefolgt werden. Dabei wird nämlich die Besonderheit des multinationalen Rundfunks verkannt: die "Mithörmöglichkeit" des Deutschlandfunks in der Bundesrepublik Deutschland bestand eben nicht nur aufgrund technischer Zwänge; sie war Programm dieses Senders.

(2) Keine Rundfunkkompetenz des Bundes aus Art. 73 Nr. 1 GG

Auch wenn man Art. 73 Nr. 1 GG weit auslegt[25], stehen dem Bund nur für jene Bereiche Kompetenzen zu, die sich eindeutig auf das Ausland richten. Eine gleichzeitige Inlandsrelevanz ist daher nicht als auswärtige Angelegenheit einzustufen. Art. 73 Nr. 1 GG weist dem Bund daher keine Gesetzgebungskompetenz für den Deutschlandfunk als einem multinationalen Rundfunk zu[26].

---

[21] Puhl, DVBl. 1992, S. 933, 934.
[22] Herrmann, Fernsehen, S. 272; ders., in AöR 90 (1965), S. 286, 293 f.
[23] Herrmann, AöR 90 (1965), S. 286, 294 Fn. 41; mit Hinweis auf eine insoweit angeblich bestehende Annexkompetenz: Ihlefeld, ZUM 1987, S. 604, 606; Remmele, S. 18/19; Köstlin, Kulturhoheit, S. 74; im Ergebnis ebenso BVerwGE 75, S. 79 ff. (81 ff.).
[24] So Remmele, S. 18.
[25] Anders Mallmann, JZ 1963, S. 350, 352; der unter Art. 73 Nr. 1 GG nur Regelungen des auswärtigen Dienstes fallen läßt.
[26] So etwa Herrmann, Fernsehen, S. 272; ders., AöR 90 (1965) S. 286, 294, hinsichtlich der in die Bundesrepublik Deutschland gesendeten Inhalte; hinsichtlich der ins Ausland gesendeten Inhalte nahm er jedoch eine Bundeskompetenz aus Art. 73 Nr. 1 GG an.

b. Gesetzgebungskompetenz des Bundes aus anderen ungeschriebenen Kompetenzzuweisungen

aa. Gesetzgebungskompetenz des Bundes kraft Sachzusammenhangs zu Art. 73 Nr. 1 GG

Aus der Unzuständigkeit des Bundes für den nationalen Rundfunk wurde häufig eine fehlende Bundeskompetenz für den multinationalen Rundfunk und also die Verfassungswidrigkeit des Deutschlandfunks gefolgert[27]. Diese Bewertung läßt jedoch die Besonderheiten dieser Rundfunkart außer acht. Der multinationale Rundfunk steht zwischen nationalem und transnationalem. Die Regelungsmaterie ist doppeldeutig und daher weder ausschließlich dem Bund noch den Ländern zugewiesen. Bei einer derartigen "Gemengelage", ist die Zielrichtung des Programmes entscheidend. Für den Deutschlandfunk hat Lerche in diesem Sinne eine Bundeszuständigkeit auch für die Sendungen angenommen, die für die Bevölkerung des Inlands bestimmt sind, wenn nur *Hauptadressat* die Bevölkerung in der DDR ist[28]. Es ist also nicht auf der Ebene der Technik zwischen den anvisierten und den nicht anvisierten Empfängerkreisen zu differenzieren. Vielmehr ist entscheidend, wer Hauptzielgruppe des Programms ist. Der Bund ist demnach dann zuständig, wenn diese im Ausland liegt. In diese Richtung weist auch die Äußerung des Bundesverfassungsgerichts im ersten Fernsehurteil. Dort wird von Rundfunksendungen gesprochen, die "ausschließlich oder doch *ganz überwiegend für das Ausland* .... bestimmt sind"[29]. Demnach sind diese Arten Rundfunk, also der transnationale und der multinationale, vom Bund zu regeln, sofern es sich um einen Rundfunk handelt, dessen Sendungen jedenfalls *überwiegend* für das Ausland bestimmt sind. Die Bundeszuständigkeit ist also auch für einen Rundfunk gegeben, dessen Sendungen auch für die Rezipienten in der Bundesrepublik Deutschland bestimmt sind (und nicht nur Folge eines technisch nicht zu verhindernden "over spills" ist), selbst wenn diese nur sekundäres Ziel sind.

Daß der Deutschlandfunk in erster Linie für die DDR, bestimmt war, ergibt sich aus seiner Geschichte und seinem Zweck, die Bevölkerung der DDR über Vorgänge in

---

[27] Puhl, DVBl. 1992, S. 933, 935,
[28] Lerche, Deutschlandfunk, S. 23, der allerdings eine Bundeszuständigkeit unmittelbar aus Art. 73 Nr. 1 GG bejaht.
[29] BVerfGE 12, S. 205 ff. (250); Hervorhebungen vom Verfasser.

der Bundesrepublik Deutschland und der DDR zu informieren. Eine Gesetzgebungskompetenz des Bundes für diesen Sender steht daher außer Frage[30].

bb. Gesetzgebungskompetenz des Bundes kraft Natur der Sache

Daß dem Bund auch für die in die Bundesrepublik Deutschland gerichteten Sendungen eine Gesetzgebungskompetenz zustand[31], wurde teilweise auch mit dem Wiedervereinigungsgebot des Grundgesetzes begründet[32]:

(1) Wiedervereinigungsgebot als Begründung der Gesetzgebungskompetenz des Bundes

So konstatierte Lerche, daß der Deutschlandfunk zwar teilweise verfassungswidrig sei, daß dieses Problem allerdings durch verfassungskonforme Auslegung zu beheben sei[33]. Dabei berief er sich auf eine natürliche Bundeskompetenz und griff auf das in der Präambel des Grundgesetzes verankerte Wiedervereinigungsgebot zurück[34]. Dieses Gebot verpflichte Bund und Länder, staatliches Handeln auf dieses Ziel hin auszurichten. Zur Erreichung dieses Ziels sei auch der Rundfunk ein wichtiges Mittel. Dem Gesamtstaat Bund falle die Kompetenz für diese gesamtdeutschen Aufgaben zu, da die Länder nicht die Gewähr böten, diese Aufgabe wahrzunehmen[35]. Es komme nämlich nicht darauf an, ob die Länder in dieser Sache koordiniert vorgehen könnten, sondern darauf, ob dies tatsächlich garantiert werden könne[36]. Da das Wiedervereinigungsgebot nur wachgehalten werden könne, wenn auch in der Bundesrepublik Deutschland die für die DDR bestimmten Sendungen zu hören

---

[30] Im Ergebnis ebenso, wenn auch mit jeweils anderer Begründung: Köttgen, JÖR NF 11 (1962), S. 173, 283; Lerche, Deutschlandfunk, S. 13 ff.; Ossenbühl, Rundfunkfreiheit, S. 6; Thieme, AöR Bd. 88 (1963), S. 38, 48 f., mit Hinweis auf die Bundeszuständigkeit für gesamtdeutsche Fragen; Schneider, FS. f. Carstens, S. 817, 821. Ähnlich auch Köstlin, Kulturhoheit, S. 74; und Ihlefeld, ZUM 1987, S. 604, 606, die eine Annexkompetenz zu Art. 73 Nr. 1 GG jedenfalls sinngemäß bejahen. A.A.: Mallmann, JZ 1963, S. 350, 353; Krause-Ablaß, JZ 1962, S. 158; ders., RuF 1968, S. 27, 32; ähnlich Ricker, NJW 1988, S. 453, 455.

[31] Dies war immer wieder das systematisch schwierig zu begründende Kompetenzproblem des Deutschlandfunks, vgl. Ossenbühl, Rundfunkfreiheit, S. 5 f.; Lerche, Deutschlandfunk, S. 18 ff.

[32] Lerche, Deutschlandfunk, S. 18 f.; Reinert, S. 251 wohl auch Badura Rn. D 76.

[33] Lerche, Deutschlandfunk, S. 18.

[34] Wobei Lerche, Deutschlandfunk, S. 22, dahinstehen läßt, ob es sich bei der Bundesgesetzgebungskompetenz um eine natürliche Bundesaufgabe handelt, oder ob die Kompetenz aus Art. 73 Nr. 1 GG herzuleiten sei; Reinert, S. 251, stellt hingegen auch auf das Wiedervereinigungsgebot der Präambel ab, macht jedoch nicht deutlich, wie er diesen Gedanken systematisch zur Begründung der Gesetzgebungskompetenz verwendet.

[35] Lerche, Deutschlandfunk, S. 19 ff., 21.

[36] Lerche, Deutschlandfunk, S. 21.

wären, müsse dem Bund also auch dafür die Gesetzgebungskompetenz natürlicherweise zustehen. Dies gelte jedenfalls, wenn die Gewähr bestünde, daß die Sendungen in erster Linie für die Bevölkerung der DDR bestimmt seien[37]. Auch Stern, der im übrigen einer Bundeszuständigkeit im Bereich des Rundfunkwesens skeptisch gegenübersteht, erwog seinerzeit, aus der Präambel eine Bundeskompetenz herauszulesen[38]. Allerdings ließ er diese Frage wegen der nicht zu erwartenden Zustimmung des Bundesverfassungsgerichtes offen. Er selbst scheint jedoch einer Bejahung zugeneigt gewesen zu sein.

Gerade die Rechtsprechung des Bundesverfassungsgerichts könnte aber diese Argumentation bestätigen. In der Entscheidung über den Grundlagenvertrag hatte das Gericht aus dem Wiedervereinigungsgebot der Präambel eine Verpflichtung aller Verfassungsorgane abgeleitet, die Wiedervereinigung anzustreben. Das bedeutete auch, den Gedanken der Wiedervereinigung in der Bundesrepublik Deutschland wachzuhalten und nach außen zu vertreten[39]. In der Literatur wurde daraus gefolgert, daß der Bund die Gesetzgebungskompetenz für einen Rundfunk(-Sender) habe, der auch im Bundesgebiet empfangen werden sollte: Das Wiedervereinigungsgebot verlange, daß nicht nur den Bürgern in der DDR ein umfassendes Bild der Bundesrepublik Deutschland geliefert werde, sondern anderseits auch den Bürgern der Bundesrepublik Deutschland ein Bild der DDR; die Aufgabe, das Bewußtsein um die besondere deutsche Situation, das Wiedervereinigungsbestreben auf beiden Seiten des eisernen Vorhangs wachzuhalten, könne aber am besten durch einen Sender erfüllt werden, der sowohl von den Bundesbürgern als auch von den Bewohnern der DDR empfangen werden konnte. Damit stand nach dieser Ansicht fest, daß die für die DDR und die Bundesrepublik Deutschland ausgestrahlten Programme des Deutschlandfunks nicht gegen die bundesstaatliche Kompetenzordnung verstießen[40]. Aus dieser Argumentation folgt, daß diese Kompetenz mit der Wiedervereinigung entfallen mußte[41].

Man könnte aber für einen auf Europa gerichteten multinationalen Rundfunk in entsprechender Argumentation auf den neu formulierten Art. 23 GG verweisen. Danach ist es das Ziel deutscher Politik, die Einigung Europas voranzutreiben. Da dieses Ziel auch durch einen Rundfunk gefördert würde, dessen Programm sowohl in der

---

[37] Lerche, Deutschlandfunk, S. 23.
[38] Stern, Aspekte, S. 26, 29 f.
[39] BVerfGE 36, S. 1 ff. (18).
[40] Vgl. etwa Lerche, Deutschlandfunk, S. 18 f.; Ossenbühl, Rundfunkfreiheit, S. 5 f.; Reinert, S. 251; Schneider, FS. f. Carstens, S. 817, 821; Dittmann, S. 146; ähnlich Ihlefeld, ZUM 1987, S. 604, 606, der jedoch auf den verfassungsrechtlichen Grundsatz der Annexzuständigkeit zurückgreift.
[41] So konsequent Puhl, DVBl. 1992, S. 933, 934 f.

Bundesrepublik Deutschland, als auch im europäischen Ausland zu empfangen wäre, wäre mit den für den Deutschlandfunk angeführten Argumenten auch hier eine Bundeskompetenz zu begründen. Diese Argumentation könnte heute etwa angeführt werden, um eine Gesetzgebungs- und Errichtungskompetenz des Bundes - und eben nicht der Länder - für einen multinationalen Kulturkanal, wie er heute in der Form von "Arte" existiert, zu begründen[42]. Demgegenüber bestritt Mallmann eine natürliche Bundeskompetenz für den multinationalen Rundfunk Deutschlandfunk[43]. Schon für den nationalen als auch für den rein transnationalen Rundfunk hatte er eine natürliche Gesetzgebungskompetenz weitgehend abgelehnt, so daß er auch hier eine natürliche Kompetenz verneint.

(2) Stellungnahme
Das Wiedervereinigungsgebot des Grundgesetzes in seiner ursprünglichen Fassung begründete keine Kompetenz zur gesetzlichen Regelung des multinationalen Rundfunks. Es wandte sich nämlich an das "gesamte Deutsche Volk"[44]. Es verpflichtete somit zwar alle Verfassungsorgane des Bundes, den Wiedervereinigungsgedanken im Innern wachzuhalten und nach außen beharrlich zu vertreten[45]. Damit war jedoch nicht gesagt, daß dies einzig Sache des Bundes war. Vielmehr ist aus dem zur natürlichen Kompetenz Gesagten zu folgern, daß der Verpflichtungsgehalt der Präambel nicht die Kompetenzordnung des Grundgesetzes überspielen sollte[46]. Die Länder waren in gleicher Weise wie der Bund aufgefordert, den Gedanken an die Wiedervereinigung im Innern wachzuhalten. Eine ausschließliche Zuständigkeit des Bundes bestand daher nicht. Ebenso hätten die Länder für den Rundfunk Regelungen festsetzen können, der sowohl in der Bundesrepublik Deutschland als auch in der DDR zu empfangen gewesen wäre[47].
Auch die Argumentation Lerches, die Länder böten keine Gewähr, die Aufgabe gesamtdeutscher Angelegenheiten wahrzunehmen[48], kann keine natürliche Bundeskompetenz begründen. Der Umstand der "Unsicherheit" bezüglich der Länder kann näm-

---

[42] So etwa Stammler, ZUM 1988, S. 274, 285, der die Sendetätigkeit des "Arte"-Programmes als "bilateralen Kulturaustausch (....) mit den Mitteln des Rundfunks" und diese als das typische Aufgabenfeld auswärtiger, dem Bund zugewiesener, Kulturangelegenheiten bewertet.
[43] Mallmann, JZ 1963, S. 350, 352; Kreile, S. 180.
[44] Präambel des Grundgesetzes.
[45] BVerfGE 36, S. 1 ff. (17 f.).
[46] Puhl, DVBl. 1992, 933, 934.
[47] Insofern ist Reinert entgegenzuhalten, daß er einerseits eine natürliche Kompetenz des Bundes für rein transnationale Rundfunksendungen mit der Feststellung ablehnt, daß dies die Länder ebenso gut könnten (S. 244 f.); andererseits jedoch eine natürliche Gesetzgebungskompetenz für die Regelungen des Deutschlandfunks bejaht(S. 251), obwohl auch hier die Argumentation gelten muß, daß dies die Länder ebenso gut könnten.
[48] Lerche, Deutschlandfunk, S. 21.

nämlich keine Bundeskompetenz begründen. Man wird daher den Gedanken einer natürlichen Bundeskompetenz aus dem Wiedervereinigungsgebot der Präambel nicht begründen können. Das gleiche gilt entsprechend für die auf ähnlichen Argumentationsmustern beruhende Begründung einer Kompetenz gemäß Art. 23 GG. Auch hier ist nicht allein der Bund, sondern sind auch die Länder angesprochen.

Etwas anderes ergibt sich nur aus dem Gedanken gesamtstaatlicher Repräsentation. Nachdem eine solche Kompetenz für den nationalen als auch für den transnationalen Rundfunk insoweit bejaht wurde, als sie sich im Rahmen einer entsprechenden Verwaltungskompetenz hält, muß dies auch für den multinationalen Rundfunk gelten. Die Errichtung des Deutschlandfunks ist daher - wie auch die Errichtung der Deutschen Welle - ein Beispiel dafür, daß hier der entsprechenden natürlichen Verwaltungskompetenz die für die Errichtung notwendige Gesetzgebungskompetenz nachfolgte. Diese Zuständigkeit erlangt also nur im Rahmen der Verwaltungskompetenzen Bedeutung. Sie gibt kein Recht, Dritten gegenüber Regelungen zu erlassen. Allerdings machen diese Überlegungen deutlich, daß die Gesetzgebungskompetenz des Bundes für einen Sender wie den Deutschlandfunk nicht mit der Wiedervereinigung weggefallen ist[49]. Im Rahmen einer entsprechenden Verwaltungskompetenz besteht weiterhin die Gesetzgebungskompetenz des Bundes für einen multinationalen Rundfunk aus dem Gedanken der gesamtstaatlichen Repräsentation.

3. Gesetzgebungskompetenz des Bundes für weitere multinationale Rundfunksendungen

a. Ausdrückliche Kompetenzzuweisungen

Der Deutschlandfunk war eine öffentlich-rechtliche Anstalt. Die Beziehungen zwischen Gesetzgebungs- und Verwaltungskompetenz wurden nicht immer eindeutig geklärt. Mit den neuen Techniken ist jedoch gerade für Private der multinationale Rundfunk in seiner Bedeutung gestiegen. Als ausdrückliche Kompetenzzuweisungen kommen hier zugunsten des Bundes nur die Art. 73 Nr. 1 und 74 Nr. 11 und 16 GG in Betracht.

Auch hier ist zweifelhaft, ob es sich bei dem nach (Gesamt-) Europa ausgerichteten Rundfunk um eine auswärtige Angelegenheit handelt. Für den europäischen Rundfunkmarkt, der sich moderner Techniken bedient, sind Programmformen typisch, die sich schon durch ihre Konzeption der tradierten Einordnung in In- und Auslandsfunk entziehen. Sie können nicht nur technisch im In- und Ausland empfangen werden, sondern sie zielen auch auf in- und ausländische Rezipienten ab. Wenn ihr Bezugspunkt Europa ist, zählt auch die Bundesrepublik Deutschland als integraler

---

[49] Insoweit ist der Ansicht von Puhl, DVBl. 1992, S. 933, 935, zu widersprechen.

Bestandteil dazu. Es handelt sich hier aber um eine Gemengelage zwischen klassischer Außen- und Innenpolitik[50]. Wenn sich der EG-Raum jedenfalls teilweise dem Auswärtigen entzieht, verliert der europäische Rundfunk dennoch nicht den Aspekt des Auswärtigen[51] und wird nicht zu einer Länderangelegenheit. Man wird den multinationalen Rundfunk jedoch umfassend weder der einen noch der anderen Kompetenzzuweisungsnorm zuordnen können. Dies gilt auch für den Bereich der Wirtschaft. Im Gegensatz zum rein transnational sendenden Rundfunk, der innerstaatlich nur als wirtschaftliches Phänomen Wirkung entfaltet, wirkt der multinationale Rundfunk hier auch als Massenmedium. Hinsichtlich der Kompetenz aus Art. 74 Nr. 11 und 16 GG sind dem Bund also nur die Kompetenzen zuzusprechen, die ihm auch schon oben hinsichtlich des rein national sendenden Rundfunks zugesprochen wurden.

b. Stillschweigend mitgeschriebene Gesetzgebungskompetenzen des Bundes
Im folgenden sollen natürliche Kompetenzen außer Betracht bleiben, da sich diese nur aus dem Grundsatz gesamtstaatlicher Repräsentation ergeben können. Diese Argumentationsfigur wurde aber schon hinsichtlich der Gründung bzw. des Fortbestands des Deutschlandfunks behandelt. Daher ist hier nur noch auf die ungeschriebenen Kompetenzen kraft Sachzusammenhangs einzugehen.

aa. Kompetenz kraft Sachzusammenhangs zu Art. 73 Nr. 1 GG
Ohne auf die oben favorisierte Differenzierung nach dem Schwerpunkt eines Rundfunks einzugehen, könnte man gerade für einen Satellitenrundfunk eine Bundeszuständigkeit damit begründen, daß durch den via Satellit verbreiteten multinationalen Rundfunk wesentlich mehr Ausländer angesprochen würden als Deutsche. Da eine größere sachliche Nähe dieses Rundfunks zu den auswärtigen Bereichen als zu den inländischen besteht, könnte weiter eine Gesetzgebung des Bundes kraft Sachzusammenhangs zu Art. 73 Nr. 1 GG gefolgert werden[52]. Mit dieser Argumentation negiert man allerdings den Unterschied zwischen multinationalem und transnationalem Rundfunk. Daß die inländische Rundfunkordnung weniger gravierend tangiert wird, kann damit begründet werden, daß weniger In- als Ausländer das Programm empfangen können. Schon die von den Sendern verwendeten Sprachen bewirken, daß in der Regel nur die Programme von Ausländern gehört werden, die auch für sie bestimmt sind. Die deutsch ausgestrahlten und in erster Linie für Deutsche bestimmten Pro-

---

[50] Vgl. Oppermann, Europarecht, S. 22 Rn. 45, der so die EG-Binnenbeziehungen beschreibt.
[51] Stammler, ZUM 1988, S. 274, 278.
[52] Diese Argumentation darf nicht mit der Ansicht Bucklings, (vgl. ZUM 1985, S. 144 ff., bzw. ZUM 1986, S. 328 ff.) verwechselt werden. Buckling befürwortet nämlich generell eine Bundeskompetenz für das Satellitenwesen, also auch hinsichtlich des rein nationalen Rundfunks, wenn dieser per Satellit verbreitet wird.

gramme werden aber, auch wenn sie in ganz Europa zu empfangen sind, mehrheitlich von Deutschen wahrgenommen. Allerdings ist zuzugeben, daß beim Satellitenfunk eher ein ausländisches Publikum angesprochen werden kann als durch den konventionell-terrestrischen. Diese Möglichkeit ist schon durch die Reichweite dieser Technik vorgegeben. Während nämlich ein konventionell-terrestrisch verbreiteter multinationaler Rundfunk meist ein Grenzgebiet versorgt, bei dem zwischen den Bevölkerungsgruppen gewisse Ähnlichkeiten bestehen, so daß also häufig nicht mehr zwischen In- und Ausländer zu unterscheiden ist, kann sich der per Satellit verbreitete multinationale Rundfunk an eine nur noch durch sehr grobe Merkmale bestimmbare "internationale" Gruppe von Menschen wenden. Die Verwendung der Satellitentechnik im Bereich des multinationalen Rundfunks ist daher als Indiz zu werten, daß das Programm eher eine Auslands- als eine Inlandsrichtung hat.

Welche Gebietskörperschaft zur Regelung des multinationalen Rundfunks zuständig ist, richtet sich nach dem Schwerpunkt des jeweiligen Zielgebietes. Für multinationale Rundfunksendungen, die in erster Linie ins Ausland gerichtet sind, ist eine stärkere Bezogenheit dieser Rundfunkart zu den auswärtigen Angelegenheiten zu konstatieren. Daher wird man für einen multinationalen Rundfunk, der in erster Linie ins Ausland sendet, eine Regelungskompetenz des Bundes kraft Sachzusammenhangs zu Art. 73 Nr. 1 GG annehmen müssen, einerlei, ob es sich um einen staatlichen oder einen privaten Rundfunksender handelt. Ob aber ein Sender hauptsächlich ins In- oder Ausland sendet, ist letzlich nur danach zu bestimmen, wer Rezipient des Programms sein soll. Sind es vor allem bundesdeutsche Bürger, die ein Programm empfangen sollen, unterliegt dieser Rundfunk der Kompetenz der Länder. Werden statt dessen in erster Linie Rezipienten fremder Staaten angesprochen, ist dieser Rundfunk der Gesetzgebungskompetenz des Bundes zugewiesen.

bb. Kompetenz kraft Sachzusammenhangs zu Art. 74 Nr. 11 und 16 GG
Für den nationalen Rundfunk ist die Wirtschaftskompetenz des Bundes beschränkt, weil dort in erster Linie die politische und kulturelle Bedeutung dieses Mediums im Vordergrund steht. Im Gegensatz dazu sind transnationale Rundfunkunternehmen im Inland nur von wirtschaftlicher Bedeutung. Sie sind dem Medienrecht vollständig entzogen. Auch in dieser Hinsicht stellt sich der multinationale Rundfunk als Mischform dar. Zum einen sei an die kleinen Anbieter gedacht, die in grenznahen Gebieten für die Bevölkerung diesseits und jenseits der Grenze die wesentlichen Informationen verbreiten wollen. Ein solcher Rundfunk, den man nach der oben getroffenen grundsätzlichen Unterscheidung wohl als in erster Linie ins Inland ausgerichtet betrachten muß, erfüllt eine wesentliche meinungsbildende Funktion im Sendegebiet. Der Bevölkerung wird ein Gefühl kultureller (grenzüberschreitender) Zusammengehörigkeit und Identität vermittelt. Die wirtschaftliche Ambition des Senders tritt in den Hintergrund. Solch ein Rundfunk mit nur geringer wirtschaftlicher Bedeutung ist daher nicht dem Wirtschaftsrecht zu unterstellen. Vielmehr ist er wie

ein rein nationaler, der Kulturkompetenz der Länder unterstellter Sender zu behandeln[53]. Anderes gilt für jene Sender, die ganz Europa bestrahlen und vom Inhalt her ganz Europa bestrahlen wollen: Bei dieser auch als "gebietsneutral"[54] bezeichneten Form multinationalen Rundfunks handelt es sich um eine in starkem Maße auf das Ausland ausgerichtete Rundfunkart, die jedoch auch den nationalen Rezipientenkreis ansprechen soll. Ein solcher Rundfunk steht weder in einer inhaltlichen Verbindung zu dem Sende- noch zu irgendeinem Empfängerland. Allerdings wird dieser Rundfunk teilweise nicht allein dem Wirtschaftsrecht zugewiesen. Für den deutschen Rezipienten bestehe eine "Funktionsgleichheit" mit den übrigen rein nationalen Programmen; es mache keinen Unterschied, ob per Knopfdruck ein nationaler oder ein gebietsneutraler Rundfunk empfangen werde[55]. Mit dieser Argumentation wird man für diesen Rundfunk dann von einer grundsätzlichen Länderkompetenz auszugehen haben.

Dieser Auffassung ist aber mit folgender Überlegung entgegenzutreten: Auch bei einem in der Bundesrepublik Deutschland zu empfangenden *transnationalen* Rundfunkprogramm besteht für den Rezipienten kein Unterschied des Empfangs zu einem *nationalen* Sender. Man wird diesen Medien dennoch nicht die gleiche Relevanz für die deutsche Rundfunkordnung zubilligen. Schon von den Aufgaben her streben beide Rundfunkarten unterschiedliche Ziele an[56]. Das gilt auch für den multinationalen Rundfunk. Da derartige multinationale Sender, wie etwa "Sky-chanel" oder "M-TV", nicht in deutscher Sprache ausgestrahlt werden, werden sie von der deutschen Zuschauerschaft nur im geringen Maße rezipiert. Diese Sender müssen nämlich, um in *ganz* Europa gesehen zu werden, ein möglichst neutrales allgemein akzeptables Programm anbieten. Daher ist der Aussage nicht zuzustimmen, derartige Sender hätten für die deutsche Rundfunkordnung eine ähnliche Bedeutung wie die deutschen nationalen Rundfunkprogramme. Allein aus diesem Grund ist schon eine Länderkompetenz nicht zu begründen. Darüber hinaus soll aber nach Ansicht der Befürworter eine "demokratische Funktion" Grund für die Rundfunkkompetenz der Länder sein[57]. Diese Funktion erfüllen derartige Sender jedoch gerade nicht. Ihr Informationsgehalt beschränkt sich regelmäßig auf Sport und populäre Musik. Politische Informationen verbreitet solch ein Rundfunk nicht. Bei Zugrundelegung dieser Kriterien, wird man also eine Kompetenz der Länder für einen derartigen Rundfunk, dessen vornehmliches Zielgebiet im Ausland liegt, bestreiten müssen. Für diese

---

[53] Die für den Bund bestehende Wirtschaftskompetenz für die nationalen Sender bleibt dabei jedoch unangetastet.
[54] Bullinger, AfP 1985, S. 257, 262.
[55] Bullinger, AfP 1985, S. 257, 262.
[56] Vgl. zu den Unterschieden zwischen nationalem, transnationalem und multinationalem Rundfunk.
[57] Bullinger, AfP 1985, S. 257, 262 f.

Rundfunkveranstaltungen ist vielmehr eine Bundeskompetenz kraft Sachzusammenhangs mit dem Regelungsbereich der Wirtschaft zu bejahen.

4. Flankierende Gesetzgebungskompetenz der Länder

Aus den obigen Erläuterungen ergibt sich, daß die Länder umfassend den Bereich des multinationalen Rundfunks zu regeln haben, der in erster Linie an die Rezipienten innerhalb der Bundesrepublik Deutschland gerichtet ist. Das sind Veranstaltungen von Sendungen regional, grenzüberschreitenden Charakters, aber auch Sendungen, wie sie seinerzeit von "1-Plus" oder noch heute von "3-SAT" veranstaltet werden. Ob den Ländern daneben auch die Kompetenz zur Darstellung eigener Staatlichkeit durch den multinationalen Rundfunk zusteht, kann an dieser Stelle noch unerläutert bleiben[58].

5. Ergebnis zu IV.

Dem Bund steht die Gesetzgebungskompetenz im Rahmen des multinationalen Rundfunks zu, wenn hauptsächlich das Ausland angesprochen sein soll. Soweit multinational angelegte Rundfunksendungen aber regionalen Charakter haben, und in erster Linie ins Inland gerichtet sind, steht den Ländern die Regelungsbefugnis zu[59].

---

[58] Ohne dies rechtstheoretisch zu begründen ebenso Reinert, S. 251.
[59] Im übrigen sind die Länder für jenen multinationalen Rundfunk zuständig, soweit sie nach der hier vertretenen Auffassung zur Regelung eines auf Repräsentation nach außen angelegten Rundfunkprogramms zuständig sind. Auch den Ländern kann das Recht, sich selbst zu repräsentieren, nämlich nicht genommen werden. Wenn dieses Recht aber für den reinen transnationalen Rundfunk zutrifft, muß es erst recht für multinational angelegte Rundfunksendungen gelten.

D. Verwaltungskompetenz des Bundes

Vor Zulassung privater Anbieter verstand man unter dem Begriff der "Rundfunkkompetenz" ein umfassendes Tätigwerdenkönnen von Bund bzw. Ländern. Die Bejahung einer Gesetzgebungskompetenz hatte geradezu zwangsläufig auch eine entsprechende, jedenfalls fakultative Verwaltungskompetenz zur Folge. Mit Zulassung des privaten Rundfunks stellt sich die Problematik nach der Verwaltungskompetenz neu. Neben der wichtigen Frage, ob der Bund Rundfunkanstalten betreiben darf, steht nun auch die Frage im Vordergrund, auf welche Weise er mit seinen für den Rundfunk relevanten Verwaltungsorganisationen zumindest Teilbereiche des Rundfunks regeln darf.

I. Verwaltungskompetenz des Bundes im Bereich rein nationaler Angelegenheiten

Die Verwaltungskompetenz des Bundes ist der ausdrücklichen Gesetzgebungskompetenz nachgeordnet[1]. Das Bundesverfassungsgericht[2] hat in ständiger Rechtsprechung mit Zustimmung der Literatur[3] zum Ausdruck gebracht, daß nach der Systematik des Grundgesetzes die Gesetzgebungskompetenz des Bundes die äußerste Grenze seiner Verwaltungszuständigkeit sei. Es bestehe im deutschen Verfassungsrecht der Grundsatz, wonach die Gesetzgebungskompetenzen des Bundes weiter reichten als die Verwaltungskompetenzen. Die Verwaltungskompetenzen folgten also den Gesetzgebungskompetenzen und nicht umgekehrt. Dem ist hinsichtlich ausdrücklich genannter Kompetenzen zuzustimmen, hinsichtlich ungeschriebener kehrt er sich um.

1. Verwaltungskompetenz des Bundes gemäß Art. 87 I 1 GG a. F. (Post) bzw. Art. 87 f. GG (Post und Telekommunikation)

Bis zur Änderung[4] im Jahre 1994 lautete Art. 87 I S. 1 GG:

"In bundeseigener Verwaltung mit eigenem Verwaltungsunterbau werden geführt....die Bundespost...."

Nunmehr ist dieser Passus in Art. 87 I S. 1 GG weggefallen. Statt dessen ist ein neuer Art. 87 f. GG in das Grundgesetz eingefügt[5]. Diese Änderung war notwendig, um die Privatisierung weiter Teile der Bundespost zu ermöglichen. Für die Telekommunikation hat dies jedoch keinerlei Konsequenzen zur Folge. Nach wie vor gehören Bereiche wie die Frequenzverwaltung oder die Erteilung der Genehmigungen von Funkanlagen zu den Aufgaben, die in obligatorischer, unmittelbarer Bundesver-

---

[1] Dies gilt nicht hinsichtlich stillschweigender Kompetenzen.
[2] BVerfGE 12, S. 205 ff. (229); 15, S. 1 ff. (16).
[3] Ossenbühl, Verwaltungsvorschriften, S. 375 Fn. 64. Differenzierend: Klein, F., AöR 88 (1963), S. 377, 409; für die geschriebenen Kompetenzen Lerche, in: Maunz/Dürig, Komm. z. GG, Art. 83 Rn. 31.
[4] Geändert durch Gesetz vom 30. August 1994, BGBl. I, S. 2245.
[5] Durch Gesetz vom 30. August 1994, BGBl. I, S. 2245.

waltung wahrzunehmen sind[6]. Die Gesetzesänderung hat auch keine Erweiterung der Bundesaufgaben bezweckt. Wenn also in dem neuen Art. 87 f. GG die Begriffe "Postwesen" und "Telekommunikation" gebraucht werden, so wird damit auf die Begriffe "Post" bzw. "Fernmeldewesen" Bezug genommen, wie sie bisher in Art. 87 I S. 1 GG bzw. in Art. 73 Nr. 7 GG verwendet wurden. Die Änderung des Grundgesetzes ist also für die hier behandelte Frage ohne Bedeutung. Somit gelten die Argumente für oder gegen einen Bundesrundfunk nach Art. 87 I S. 1 GG gleichermaßen für Art. 87 f. GG.

Es wurde vertreten, daß das Rundfunkwesen zum Verwaltungsbereich der Bundespost gehöre, so daß der Bund diesen Bereich in eigener Verwaltung betreiben könne[7]. In seinem ersten Rundfunkurteil stellte das Bundesverfassungsgericht fest, daß unter dem Begriff "Bundespost" in Art. 87 I 1 GG (a.F.) derselbe Sachbereich gemeint sei, der in Art. 73 Nr. 7 GG (a.F.) als "Post- und Fernmeldewesen" bezeichnet ist. Das Rundfunkwesen als kulturrechtliches Phänomen fällt nicht unter den Begriff des "Fernmeldewesens" bzw. der "Telekommunikation". Dem Bund steht daher aus Art. 73 Nr. 7 GG auch keine Gesetzgebungskompetenz für einen rein nationalen Rundfunk zu. Wenn aber die Inhalte des Bereiches Telekommunikation identisch mit denen des Fernmeldewesens sind, kann dem Bund über Art. 87 I 1 GG (a.F.) keine weitere Kompetenz für die Verwaltung zustehen. "Rundfunk" als kulturelles Medium fiel nie in die Zuständigkeit der Postverwaltung. Selbst wenn in der Anfangszeit des Rundfunks die Post eine entscheidende Rolle spielte, so wurde der Rundfunk doch immer als ein separates, nämlich kulturrechtliches Phänomen bewertet.

Zum Aufgabenbereich der Post gehört jedoch nach dem alten Art. 87 I S. 1 GG als auch nach dem neuen Art. 87 f. GG die Funkfrequenzverwaltung und die Genehmigung von Funkanlagen. Diese Handlungsräume haben durch die neuen Übertragungstechniken für den Rundfunk an Gewicht gewonnen. Damit wuchs gleichzeitig die Einflußmöglichkeit der Post auf die Rundfunklandschaft. Das Verdikt des Bundesverfassungsgerichts, im Verhältnis zu der politischen und kulturellen Bedeutung des Massenkommunikationsmittels Rundfunk komme den fernmeldetechnischen Einrichtungen nur eine untergeordnete, dienende Funktion zu[8], ist daher in dieser Entschiedenheit hinsichtlich der neuen Übertragungstechniken nicht haltbar. Letztendlich hat nämlich die Post durch ihre Politik der systematischen Verkabelung und Anmietung von Satelliten die Länder gezwungen,

---

[6] Vgl. die Erläuterungen in BT-Drucks. XII/7269, S. 5.
[7] So Peters, Zuständigkeit, S. 33 ff.
[8] BVerfGE 12, S. 205 ff. (227).

ihre skeptische Haltung gegenüber diesen Techniken aufzugeben[9]. Im Schrifttum wurde daher Kritik an dieser Telekommunikationspolitik geäußert[10]. Zwar wurde anerkannt, daß die "Organisation" der Übertragungswege Aufgabe der Post sei; es wurde aber kritisiert, daß die in den Kompetenzbereich der Länder fallende Medienpolitik durch die Fernmeldepolitik des Bundes präjudiziert worden sei. Die mit der Anmietung von Satelliten und die Verkabelung des Bundesgebietes zum Ausdruck gekommene Fernmeldepolitik der Post habe zu Sachzwängen geführt, die den Ländern keine Freiheit mehr hinsichtlich der medienpolitischen Entscheidung gelassen habe. Die Brisanz der von der Post getroffenen Entscheidungen lag darin, daß durch die Schaffung der technischen Voraussetzungen für zusätzliche Rundfunkprogramme das Argument technischer Unmöglichkeit unhaltbar wurde, mit dem die Länder die Unzulässigkeit privaten Rundfunks begründet hatten; somit hat die Politik der Post dem Privatfunk den Weg geebnet[11].

Die Post hatte aber keine Entscheidungsalternative: Zum einen sind die neuen Techniken, auch wenn ihre Bedeutung für den kulturellen Aspekt von stärkerem Einfluß sind als die konventionellen, dem technischen und fernmelderechtlichen Bereich zuzuordnen. Indem die Post diesbezügliche Entscheidungen traf, handelte sie im Rahmen ihrer Kompetenzen. Zum andern besteht der aus Art. 5 I 2 GG herzuleitende grundrechtlicher Auftrag, die Rundfunkfreiheit so umfassend wie möglich zu gewähren. Das bedeutet auch eine Pflicht der Post, entgegenstehende technische Hindernisse aus dem Weg zu räumen. Ein anderes Verhalten der Post wäre also verfassungswidrig gewesen. Der im Schrifttum geäußerte Verdacht der Verfassungswidrigkeit ist daher nicht aufrechtzuerhalten. Die Post hat vielmehr im Rahmen ihrer Zuständigkeit gehandelt. Der Klarheit halber sei jedoch nochmals darauf hingewiesen, daß sowohl der alte Art. 87 I 1 GG wie auch nunmehr Art. 87 f. GG dem Bund keine Verwaltungskompetenz zuweisen, einen Bundessender in eigener Verantwortung zu führen.

2. Verwaltungskompetenz des Bundes gemäß Art. 87 I 1 GG (Auswärtiger Dienst)
Insbesondere für den Bereich des Satellitenrundfunks könnte eine Kompetenz gemäß Art. 87 I 1 GG, dem Auswärtigen Dienst bestehen. Allerdings kann sich diese Kompetenz nur auf Auslandssendungen beziehen. Für die Kompetenzzuweisungen im Bereich des Rundfunks ist entscheidend die Finalität der Sendung. Ein - mit welcher

---

[9] Schneider, FS. f. Carstens, S. 817, 828, formuliert beispielsweise, daß der fortschreitende Ausbau von Breitbandkabelnetzen, die bereits begonnene Verlegung von Glasfaserleitungen und die damit einhergehende Erhöhung der Kapazitäten für die Übertragung von Hörfunk- und Fernsehprogrammen, die Länder zwängen, sich über die Zulassung von Rundfunkveranstaltern schlüssig zu werden. Vgl. bezüglich der Entwicklung zusammenfassend Gabriel-Bräutigam, Rundfunkkompetenz, S. 47 - 63.

[10] So Scherer, Telekommunikationsrecht, S. 485 f. und 502 ff.; ders., Media Perspektiven 1985, S. 165 - 180; DÖV 1984, S. 52 - 61; Lange, ZUM 1986, S. 441, 442.

[11] Vgl. Scherer, Telekommunikationsrecht, S. 650; Bullinger, Kommunikationsfreiheit, S. 9; Lange, ZUM 1986, S. 441, 442.

Technik auch immer verbreiteter - auch im Ausland zu empfangender Rundfunk ist daher nicht *allein* aus diesem Grund als Auslandsrundfunk zu bewerten. Vielmehr entscheidet der Wille des Veranstalters, ob er Rundfunk für das Ausland betreibt. Für einen nationalen Rundfunk kann dem Bund also keine Verwaltungskompetenz über den Begriff des "Auswärtigen Dienstes" zuerkannt werden[12].

3. Stillschweigend mitgeschriebene Verwaltungskompetenzen des Bundes

Hinsichtlich des nationalen Rundfunks lassen sich Verwaltungskompetenzen des Bundes nur aus der Natur der Sache begründen. Bei natürlichen Kompetenzen sind bezüglich der Gesetzgebungs- und Verwaltungskompetenz die gleichen Begründungsmuster anwendbar. Es kann also auf die hinsichtlich der Gesetzgebungskompetenz herausgearbeiteten natürliche Kompetenzen begründende Kriterien zurückgegriffen werden. Eine Errichtungskompetenz für einen nationalen Rundfunk könnte dem Bund infolge seiner Kompetenz zur Selbstorganisation und infolge seiner Kompetenz zur gesamtstaatlichen Repräsentation zustehen.

a. Verwaltungskompetenz des Bundes für einen Bundesrundfunk

In der Literatur wurde dem Bund für den nationalen Rundfunk eine umfassende Kompetenz zumeist abgesprochen, jedoch wurde ihm teilweise das Recht zuerkannt, einen Bulletinrundfunk einzurichten und zu betreiben[13]. Auf diese Weise soll der Regierung die Möglichkeit eröffnet werden, sich mit Stellungnahmen, Einschätzungen politischer Verhältnisse, aber auch der Veröffentlichung von Gesetzen und ähnlicher Regelungen an die Bevölkerung zu wenden[14]. Sie soll mit einem Bulletinrundfunk auch "unpopuläre Maßnahmen" nach außen vertreten. Auch die Übertragungen von Bundestagssitzungen[15] und sogar Bereiche auswärtiger Kulturpolitik[16] sollen Inhalt eines solchen Rundfunks sein können.

Angesichts dieser Aufgabenvielfalt stellt sich die Frage, was verfassungsrechtliche Grundlagen eines Bundesrundfunks sein können. Auch ist zu klären, ob solch ein Rundfunk mit dem Demokratieprinzip und insbesondere mit Art. 5 GG vereinbar ist, und welche Aufgaben ein Bundesrundfunk überhaupt haben kann.

aa. Begründungsansätze einer Bundeskompetenz für einen umfassenden Rundfunk

(1) Das Verhältnis zwischen Bulletin und Bulletinrundfunk

Allgemein wird es als legitimes Anliegen eines Staates bezeichnet, ein Bulletin in unmittelbarer staatlicher Verwaltung herauszugeben[17]. Die Bundeszuständigkeit

---

[12] Für den Satellitenrundfunk ebenso Kreile, S. 141.
[13] Vgl. Krause, Zuständigkeit, S. 103 f.; ders., RuF 1968, S. 27, 32; ders., JZ 1962, S. 158 f.; Herrmann, Fernsehen, S. 246 - 250, 289; Giese, DÖV 1953, S. 587, 593.
[14] Krause, Zuständigkeit, S. 103 f.
[15] Giese, DÖV 1953, S. 587, 593 mwN.; Krause, Zuständigkeit, S. 104; Herrmann, Fernsehen, S. 250.
[16] Giese, DÖV 1954, S. 587, 593.
[17] Krüger, Rundfunk, S. 56.

folge aus der Natur der Sache[18]. Bei derartigen publizistischen Äußerungen in eigener Sache handele es sich um "politische Selbstrepräsentation" und "Selbstdetermination", die dem Bereich der Selbstorganisation des Bundes oder dem der reinen Bundesorganisation zuzurechnen sei[19].

Nach anderer Ansicht liegt die verfassungsrechtliche Grundlage für das Äußerungsrecht der Regierung in der Entscheidung des Grundgesetzes für die Demokratie[20]. Insbesondere Wahlen setzten einen informierten Bürger voraus, der über die politischen Grundfragen, die politischen Parteien und insbesondere über die Arbeit der Regierung Bescheid wissen müsse; da nur eine informierte Gesellschaft auch eine demokratische Gesellschaft sein könne, obliege der Regierung nicht nur das Recht, sondern sogar eine Pflicht, die Bevölkerung zu informieren[21].

Auch das Bundesverfassungsgericht hat der Regierung die Kompetenz zugestanden, mit Hilfe eines Presse- und Informationsamtes ihre Politik in der Öffentlichkeit zu vertreten[22]. Insbesondere sei die Öffentlichkeitsarbeit der Regierung mit dem demokratischen Grundsatz der offenen Meinungs- und Willensbildung vom Volk zu den Staatsorganen vereinbar[23]. Die Öffentlichkeitsarbeit der Regierung sei nicht nur zulässig, sondern sogar notwendig[24]. Jede Regierung habe im Rahmen ihrer Organtätigkeit Öffentlichkeitsarbeit zu leisten. Dabei sollte sie ihre Politik erläutern, Zusammenhänge darstellen und das Recht haben, auch unpopuläre Maßnahmen zu begründen[25]. Schließlich habe die Regierung die Pflicht, sachgerechte, objektiv gehaltene Informationen über Rechte der Bürger darzustellen, wie etwa die Erörterung von anstehenden Problemlösungen oder die von bestehenden Gesetzen.

Neben Presseerklärungen oder den Stellungnahmen der Bundesregierung, die von den jeweiligen Bundespressesprechern abgegeben werden, kommt die Bundesregierung dieser Aufgabe nach, indem sie - neben anderen Presseerzeugnissen[26] - ein Bulletin verbreitet. Es erscheint vier- bis fünfmal wöchentlich mit einer Auflage von 25000 Exemplaren und verfolgt vornehmlich Dokumentationszwecke[27]. In dieser an jedermann gerichteten "Zeitschrift" wird versucht,

---

[18] Krause, Zuständigkeit, S. 103 f.; ohne explizite rechtstheoretische Begründung: Herrmann, Fernsehen, S. 250.
[19] Krause, Zuständigkeit, S. 104.
[20] So Kordes/Pollmann, S. 16 ff.
[21] Kordes/Pollmann, S. 17.
[22] BVerfGE 20, S. 56 ff. (99 f.); 44, S. 125 ff.
[23] BVerfGE 20, S. 56 ff. (99 f.).
[24] BVerfGE 44, S. 125 ff. (138).
[25] BVerfGE 44, S. 125 ff. (138).
[26] Zum Beispiel: "Aktuelle Beiträge zur Wirtschafts- und Finanzpolitik" (jährlich etwa 100 Ausgaben, Auflage: 2000 Stück); "Informationen für Werkredakteure" (monatlich, Auflage: 650 Stück); "Politik-Informationen aus Bonn" (jährlich 8 Ausgaben, Auflage: 195000 Stück).
[27] Vgl. die Angaben von Kordes/Pollmann, S. 77 f., 79.

die erläuterten Aufgaben (Darstellung der Politik der Bundesregierung und Begründung) publizistisch zu erfüllen. Während die Presseerklärungen den Bürger erst durch regierungsfremde Medien (etwa Tageszeitungen oder Rundfunknachrichten) erreichen und insofern "gefiltert" sind, liegt die Besonderheit des Bulletins der Bundesregierung darin, daß es sich direkt von der Regierung an die Öffentlichkeit wendet.

In der Literatur wird aus der Zulässigkeit eines Presseerzeugnisses "Bulletin" gefolgert, daß dem Bund auch hinsichtlich eines "Bulletinrundfunks der Bundesregierung", eine Rundfunkkompetenz zustehen müsse[28]. Diese Schlußfolgerung ist jedoch nicht so zwingend, wie sie auf den ersten Blick scheint. Sie verkennt die Unterschiede zwischen Presse und Rundfunk. Die Wirkungsweise dieser Medien ist nämlich völlig unterschiedlich. Stünde dem Bund ein "Bulletinrundfunk der Regierung" zu, so würde damit ein wesentlich größerer Bevölkerungsteil angesprochen, als mit dem gewöhnlichen Bulletin. Wenn das Bulletin nämlich eine Auflagenstärke von nur 25000 hat, so könnte der Rundfunk Millionen von Menschen erreichen. Aus dem "Dritten Reich" sind die möglichen Folgen eines "Staatsfunks" bekannt. Ein staatlicher Bulletinrundfunk in der oben dargestellten Art birgt die Gefahr in sich, ein "Propagandasender" zu werden. Es muß daher sowohl hinsichtlich der Organisation als auch hinsichtlich der Inhalte im einzelnen untersucht werden, wie diese kompetenzrechtlich zu begründen sind.

(2) Verwaltungskompetenz des Bundes wegen der Kompetenz zur Selbstorganisation

In der Literatur wird in der Regel die Kompetenz für einen Bulletinrundfunk aus dem Gedanken der Selbstorganisation hergeleitet[29]. Daraus ergibt sich für den Bund jedoch nur eine beschränkte Aufgabenzuständigkeit[30]. Der Bund hat danach das Recht, die von seinen Organen getroffenen Entscheidungen der Öffentlichkeit zu vermitteln. Dabei ist er nicht allein auf das Medium der Presse beschränkt. Er könnte etwa die Möglichkeiten des Videotextes nutzen[31]. Da es zur technischen Eigenart dieses Mediums gehört, daß der Rezipient die ihn jeweils interessierende Information auswählen kann, bietet der Videotext gute Voraussetzungen für eine sachliche Darstellung entsprechender Regelungen. Das gleiche gilt für andere Formen der neuen Medien, die hier allerdings nicht weiter untersucht werden sollen, da es sich dabei nicht um Rundfunk handelt.

Allerdings ist mit der Argumentationsfigur "Kompetenz kraft Selbstorganisation" nicht der weite Aufgabenraum umfaßt, der von den Befürwortern eines Bulletinrundfunks beschrieben wird. Stellungnahmen der Regierung oder politische Einschätzun-

---

[28] Krause, Zuständigkeit, S. 104; Giese, DÖV 1953, S. 587, 593.
[29] So Krause, Zuständigkeit, S. 104 f.
[30] Dem Bund stehen danach nur die Kompetenzen zu, unmittelbar seine Organisation betreffende Maßnahmen zu treffen; Vgl. S. 129 ff., insbesondere S. 131 ff.
[31] So auch Bilstein, S. 16 f.

gen und Bewertungen können nicht mit der "Selbstorganisation" des Bundes begründet werden.

(3) Verwaltungskompetenz des Bundes wegen der Kompetenz zur gesamtstaatlichen Repräsentation

Die gesamtstaatliche Repräsentation nach innen ist für das Funktionieren eines jeden Gemeinwesens und also auch für jeden Staat notwendig. Der einzelne Bürger muß die Möglichkeit haben, sich mit seinem Gemeinwesen identifizieren zu können[32]. Diese Identifikationsmöglichkeit geht einher mit dem Kenntnisstand bezüglich politischer aber auch kultureller Angelegenheiten.

Auch die Befürworter eines Bulletinrundfunks greifen teilweise - ohne dies als Begründungsmuster deutlich zu machen - auf den Gedanken der gesamtstaatlichen Repräsentation zurück, um dem Bund eine Teilkompetenz im Bereich der Rundfunkverwaltung zuzusprechen[33]. So wird von der "politischen Selbstrepräsentation" oder der "Selbstrepräsentation des Bundes" gesprochen[34]. Bei den so benannten Inhalten handelt es sich also um Teilbereiche des Gesamtstaates. Diese Aufgabe dürfe der Bund mit seiner eigenen Verwaltung wahrnehmen. Daher sei dem Bund das Recht zuzuerkennen, einen Rundfunksender zu betreiben, der jedenfalls staatliche Festakte, Ansprachen von Bundespolitikern - etwa zu Weihnachten und Silvester - und Regierungsmeinungen veröffentliche.

Im Ergebnis ist dieser Einschätzung zuzustimmen. Jedoch ist darauf hinzuweisen, daß eine derartige Kompetenz nicht unmittelbar aus der Kompetenz kraft gesamtstaatlicher Repräsentation folgt. Beispiele einer solchen gesamtstaatlichen Repräsentation wurden bereits erläutert. Das Rundfunkwesen kann demnach nicht unmittelbar der gesamtstaatlichen Repräsentation zugeordnet werden. Vielmehr ist es nur als Mittel zu verwenden, um Akte gesamtstaatlicher Repräsentation massenwirksam zu verbreiten. Die Veranstaltung von Rundfunk ist insoweit ein Annex zur gesamtstaatlichen Repräsentation, als nur auf diesem Wege die entsprechenden Akte überhaupt wirksam werden können. Wie das Recht zur Selbstorganisation bestimmt auch das Recht zur gesamtstaatlichen Repräsentation gleichzeitig Inhalte und Grenzen eines entsprechenden Bundesrundfunks. Zur Auffindung möglicher Sendeinhalte ist daher auf diese Kompetenzzuweisung näher einzugehen.

bb. Aufgaben eines Bundesrundfunks

Aus dem Gedanken der Selbstorganisation ergibt sich die Aufgabe, Gesetze und Verordnungen der Bundesorgane zu verbreiten. Ungeklärt ist jedoch, welche Aufgaben

---

[32] Insoweit stehen beide Begründungsmuster natürlicher Kompetenzen, Selbstorganisation und Repräsentation, in engem Zusammenhang, denn beide zielen darauf, daß der Staat "funktioniert". Das ist nämlich nur dann zu erwarten, wenn die Mitglieder die Regeln des Gesamtstaates kennen und sich ihm zugehörig fühlen.

[33] Vgl. Krause, Zuständigkeit, S. 104, der dabei die politische Selbstdarstellung des Staates mit der Regierung gleichsetzt.

[34] Krause, Zuständigkeit, S. 104.

ein Rundfunksender des Bundes im Zusammenhang mit der Aufgabe zur gesamtstaatlichen Repräsentation wahrnehmen kann.

(1) Politische Repräsentation
Von den Verfechtern einer Bundeszuständigkeit für einen Bulletinrundfunk wird die Hauptaufgabe eines solchen Rundfunks in der "politischen Selbstrepräsentation" des Bundes gesehen. Ein entsprechender Bundessender habe die Aufgabe, etwa Bundestagssitzungen zu übertragen[35]. Die Bundesregierung könne mittels eines solchen Rundfunks ihre Ansichten veröffentlichen; und auch Reden politischer Repräsentanten der Bundesrepublik Deutschland könnten auf diesem Wege verbreitet werden[36]. Da die grundlegende Kompetenz eine gesamtstaatliche Repräsentation meint, müßten gleichermaßen Regierungsvertreter, aber auch Oppositionsführer zu Worte kommen.
Insoweit würde die Aufgabe des Rundfunks, den Bund politisch darzustellen, diesen Sender von anderen herkömmlichen öffentlich-rechtlichen Sendern unterscheiden. Damit stellt ein derartig handelnder Rundfunk keine staatliche Einflußnahme in der Form einer "Intervention" dar[37]. Die einzige Form der Einflußnahme läge darin, daß nur Dinge berichtet und kommentiert werden dürfen, die in unmittelbarem Zusammenhang mit der politischen Selbstdarstellung des Bundes stehen. Zweck eines solchen Bundesrundfunks wäre also die Verbreitung von Äußerungen und Auffassungen bundesstaatlicher Stellen und Einrichtungen. Im übrigen würden damit auch die Tätigkeitsbereiche der Landesrundfunkanstalten erweitert. Sie wären bei Bestehen eines Bundesrundfunks nicht mehr gehalten, Bundespolitikern die Möglichkeit zu bieten, sich bei entscheidenden Ereignissen[38] oder bei Ansprachen zu Weihnachten und Neujahr über diese Sender an die Öffentlichkeit zu wenden. Von den oben erläuterten allgemein akzeptierten Formen gesamtstaatlicher Repräsentation würden im Zentrum der Tätigkeit dieses Rundfunks also die Selbstdarstellung des Bundes durch Amtsträger stehen. Die Selbstdarstellung durch andere Veranstaltungen, deren Regelung dem Bund zugewiesen ist, wäre damit nicht umfaßt.

(2) Kulturelle Repräsentation
In der Literatur beschränken sich die Stimmen auf derartige politisch-repräsentative Aufgaben eines solchen Senders. Auch die Bezeichnung als "Bulletinrundfunk" bzw. "Regierungssender"[39] scheint gewählt, um eine entsprechende Einseitigkeit zu beto-

---

[35] So auch - unter der Bezeichnung "Bulletinrundfunk" - Giese, DÖV 1953, S. 587, 593; Krause, Zuständigkeit, S. 104; Herrmann, Fernsehen, S. 246 ff., insbesondere S. 250.
[36] Ausdrücklich Herrmann, Fernsehen, S. 246 ff.
[37] Zu diesem Begriff: Jarass, Massenmedien, S. 74, 109.
[38] So gab im Dezember 1987 Helmut Kohl bei dem Abschluß des amerikanisch-sowjetischen Vertrages über die Vernichtung der Mittelstreckenraketen eine Erklärung ab, die gegen den Willen der Chefredakteure im Rahmen der ARD "Tagesschau" ausgestrahlt wurde. Vgl. den entsprechenden Bericht der Süddeutschen Zeitung vom 11. Dezember 1987.
[39] So Krause, Zuständigkeit, S. 104; ders., RuF 1968, S. 27, 32; ders., JZ 1962, S. 158 f.; Puhl, DVBl. 1992, S. 933, 936.

nen. Zwar wird zum Teil einem Bundessender auch das Recht zugewiesen, Unterhaltungssendungen zu veranstalten, weil dies zum Wesen der Publizistik gehöre[40]. Gleichzeitig wird aber bestritten, daß dem Bund eine Kompetenz zustehe, einen Deutschlandrundfunk zu errichten mit dem Ziel, "den Rundfunkteilnehmern in ganz Deutschland.....ein umfassendes Bild Deutschlands zu vermitteln". So sah es aber § 17 I des Entwurfs 1959 für ein Bundesrundfunkgesetz vor[41], und so war auch ursprünglich § 2 des Staatsvertrages über die Errichtung der Anstalt des öffentlichen Rechts "Zweites Deutsches Fernsehen" vom 6. Juni 1961 formuliert[42]. Es wird kritisiert, daß ein solcher Rundfunk weder aus dem Grunde staatlicher Selbstäußerung, noch aus dem der Selbstrepräsentation des Bundes zu rechtfertigen sei[43]. Für einen Deutschlandrundfunk, der Deutschland als Ganzes darstelle, seien nach Art. 30 GG die Länder zuständig[44].

Auch hier ist wiederum ein Vergleich mit den Presseerzeugnissen von Seiten des Bundes nützlich: Staatliche Stellen geben regelmäßig Zeitschriften heraus, die sich keineswegs auf die reine Information von Handlungen und Vorgängen in der staatlichen Organisation beschränken. Man denke etwa an die Wochenzeitung "Das Parlament" zusammen mit der Beilage "Aus Politik und Zeitgeschichte", die von der zum Geschäftsbereich des Bundesinnenministeriums gehörenden Bundeszentrale für politische Bildung herausgegeben werden.

Dem Bund steht im Rahmen der Verwaltung das (stillschweigend mitgeschriebene) Recht zu, den "Gesamtstaat", also die Bundesrepublik Deutschland, zu repräsentieren. Zu den Bereichen, mit denen sich der Gesamtstaat repräsentiert, zählen aber nicht nur politische Repräsentationsakte, sondern auch (kulturelle) Veranstaltungen, wie internationale Sportwettkämpfe, olympische Spiele, Welt- und Europameisterschaften. Insofern wäre ein möglicher Sendeinhalt eines solchen Bundesrundfunks jedenfalls auch dieser - im weitesten Sinne: kulturelle - Bereich.

Dies ist auch nicht etwa deshalb abzulehnen, weil kulturelle Ereignisse allein auf Länderebene stattfänden. Die Ansicht, es gäbe keine kulturellen Ereignisse auf Bundesebene, ist nämlich irrig. Wenn etwa der Reichstag von dem amerikanischen Künstler Christo "eingehüllt" wird, so ist dies ein kulturelles Ereignis der gesamten Bundesrepublik Deutschland, für die hier der Bund handelte. Weiter ist zu bedenken, in wie vielen kulturellen Bereichen der Bund finanziell engagiert ist[45]. Das - von den Ländern geduldete - Engagement des Bundes wird dabei gewöhnlich mit eben der Formulierung, daß es sich dabei um gesamtstaatlich repräsentative Angelegenheiten handele, begründet. Da die Tätigkeit des hier erläuterten Bundessenders als

---

[40] Krause, Zuständigkeit, S. 104.
[41] So ausdrücklich Krause, Zuständigkeit, S. 104; implizit: Krüger, Staatslehre, S. 218.
[42] Baden-Württemberg- GBl. 1961, S. 215.
[43] Krause, Zuständigkeit, S. 104.
[44] Krause, Zuständigkeit, S. 104.
[45] Vgl. die ausführliche Darstellung bei Köstlin, Kulturhoheit, S. 62 - 115.

(notwendiger) Annex der gesamtstaatlichen Repräsentation wirkt, muß sich seine Sendetätigkeit auch auf derartige Bereiche erstrecken können. Darüber hinaus ist zu beachten: Die Bundesrepublik Deutschland besteht in ihrer Eigenstaatlichkeit aus mehr als nur den auf Bundesebene agierenden Repräsentanten. Dazu zählen auch Bevölkerung und Land, Kultur und Historie, die zusammen der Bundesrepublik Deutschland ihre Geschichte geben. Wenn der Staat "Bundesrepublik Deutschland" repräsentiert werden soll, so können und müssen wohl auch diese Bereiche als Mittel der Repräsentation verwendet werden. Da dazu der Bund die Kompetenz inne hat, ist der These einer Länderzuständigkeit zu widersprechen. Auch bei jenen Bereichen, die in erster Linie kulturelle Ereignisse eines Bundeslandes betreffen, handelt es sich nämlich in gleichem Maße um die Kultur der Bundesrepublik Deutschland. Wenn ein Bundessender über derartige Dinge berichtet, so berichtet er über etwas originär Bundesdeutsches, das auch Teil des Gesamtstaates ist und ohne auch zum Zwecke seiner Repräsentation verwendet werden kann. Allerdings hätte ein Bundessender mit dem Ziel gesamtstaatlicher Repräsentation zu beachten, daß alle Teile des Gesamtstaates berücksichtigt werden. Ausgeschlossen wäre es also, wenn ein derartiger Sender nur oder in erster Linie über eine bestimmte Region Deutschlands berichtete.

Auch im kulturellen Bereich sind demnach die Sendeinhalte begrenzt. So wäre es nicht zu begründen, wenn ein solcher Rundfunk Unterhaltungsmusik und ähnliches sendete, wie es für zulässig gehalten wird[46]. Nicht überzeugen kann das Argument, es müsse die Verwendung von derartiger Unterhaltung als Anreiz und zur Vermeidung publizistischer Sättigung auch dem "Bulletinrundfunk" offen stehen, da diese Bereiche zum Wesen der Publizistik schlechthin gehörten und als Voraussetzung der Wirksamkeit eines publizistischen Instruments nicht entbehrt werden könnten[47]. Zwar wird gefordert, daß dieses "Beiprogramm" den Rundfunk nicht zu einem "Vollrundfunk" machen dürfe[48]. Dies ändert aber nichts daran, daß das Senden derartiger Inhalte kompetenzrechtlich nicht zu begründen wäre. Diese Zulässigkeit ist deshalb zu bestreiten, weil dem Bund eine Zuständigkeit im Bereich des Rundfunks nicht aufgrund des Wesens bzw. der Natur der Publizistik zugewiesen wurde, sondern aufgrund seiner Eigenschaft als Gesamtstaat.

Aus dem gleichen Grunde wäre es einem Bundessender nicht erlaubt, sich durch Werbesendungen zu finanzieren. Auch ein solches Verhalten wäre nämlich nicht durch die entsprechende Kompetenz gedeckt. Im übrigen würde der Sender dann mit den übrigen durch die Länder errichteten bzw. zugelassenen Rundfunkveranstaltern ökonomisch konkurrieren. Damit würde mittelbar auf die Rundfunkordnung der Bundesrepublik Deutschland eingewirkt werden, eine Handlungsmöglichkeit, die dem Bund, dem keine umfassende Rundfunkkompetenz zusteht, verwehrt sein muß.

---

[46] Krause, Zuständigkeit, S. 104.
[47] Krause, Zuständigkeit, S. 104.
[48] Krause, Zuständigkeit, S. 104.

Festzuhalten bleibt, daß ein Bundessender durch die Sendung gesamtstaatlich relevanter (auch kultureller) Ereignisse die Aufgabe erfüllen würde, den Bürgern der Bundesrepublik Deutschland Kenntnisse über diesen Bundesstaat und schließlich ein identifikatorisches Gefühl für den Gesamtstaat Bundesrepublik Deutschland zu vermitteln. Wenn beklagt wird, daß die Staatssymbole ihre Aufgaben nicht mehr erfüllen[49], so liegt die Hauptaufgabe eines Bundesrundfunks in der Vermittlung eines "gesamt-deutschen" Gefühls. Gerade nach der Wiedervereinigung am 3. Oktober 1990 besteht ein Bedürfnis nach staatlicher Identifikation und Identität. Ein Bundessender, dessen Aufgabenfeld in dieser Weise abgesteckt wäre, könnte das Bedürfnis nach gesamtstaatlicher Identifikationsmöglichkeit erfüllen. In diesem Zusammenhang ist auch zu bedenken, daß unter den öffentlich-rechtlichen Sendern, abgesehen vom "Norddeutschen Rundfunk"[50], vom "ZDF"[51] und vom "Deutschlandradio"[52], keiner existiert, dessen Zielgebiet sowohl die alten als auch die neuen Bundesländer betrifft. Ein Bundesrundfunk der beschriebenen Art könnte dazu beitragen, die immer noch bestehenden Ressentiments zwischen den Bürgern der neuen und der alten Bundesländer aufzuheben. Daher erscheinen auch die seinerzeitigen Überlegungen in den Kreisen der Regierungsparteien nicht völlig abwegig, wonach für ein Fortbestehen des Deutschlandfunks[53] als Bundesanstalt plädiert wurde, bis die Einheit vollständig, also in den "Köpfen der Menschen", erfolgt sei[54]. Zwar ist mit der Wiedervereinigung die Begründung einer Bundeskompetenz mit dem Hinweis, es sei die Aufgabe des Bundes, den Glauben der Menschen diesseits und jenseits des eisernen Vorhanges an die Überwindung der Teilung Deutschlands zu stärken und wachzuhalten, weggefallen. Der Bund hätte aber nach der hier vertretenen Ansicht mit einer geänderten Aufgabenregelung den Sender durchaus weiterführen können.

cc. Verletzung von Länderkompetenzen durch einen umfassenden Bundesrundfunk

Würde dem Bund somit die Verwaltungskompetenz für einen umfassenden Bundessender zugewiesen werden, stellt sich die Frage, ob somit nicht faktisch allzu weitgehend in die Kompetenzbereiche der Länder eingegriffen würde. Mit solch einem Sender könnte zumindest der Grundsatz überschneidungsfreier Aufgabenverteilung zwischen Bund und Ländern verletzt sein. Dieser Verdacht drängt sich besonders im Vergleich mit § 5 ZDF-Staatsvertrag auf.

---

[49] Herzog, S. 81 f.
[50] Seit Inkrafttreten des NDR-Staatsvertrags vom 18. Dezember 1991 am 1. März 1992.
[51] Seit Inkrafttreten am 1. Januar 1993 des "Staatsvertrags über den Rundfunk im vereinten Deutschland" vom 31. August 1991.
[52] Seit Inkrafttreten am 1. Januar 1994 des Staatsvertrags über die Körperschaft des öffentlichen Rechts "Deutschlandradio" vom 17. Juni 1993.
[53] Mit der Wiedervereinigung hatte sich nämlich der Charakter des Deutschlandfunks - abgesehen von den Sendungen für Europa - faktisch zu einem rein nationalen Sender gewandelt.
[54] Zit. nach Puhl, DVBl. 1992, S. 932, 934 Fn. 16, der diese Argumentation jedoch als einen unzulässigen Schluß von der Aufgabe zur Kompetenz bewertet.

(1) Verletzung der Gesetzgebungskompetenz der Länder

Die umfassende Gesetzgebungskompetenz der Länder wird durch einen Bundessender nicht in Frage gestellt. Wenn dem Bund die Kompetenz zur Errichtung einer Rundfunkanstalt zugestanden wird, so ist er damit gerade auf die eigene Verwaltung beschränkt. Die Gesetzgebungskompetenz der Länder für ihre eigene Verwaltung bzw. für Dritte ist damit nicht eingeschränkt. Der Bund und seine Verwaltung kann nämlich kein Adressat von Ländergesetzen sein. Ein Eingriff in die Gesetzgebungskompetenzen der Länder ist daher ausgeschlossen. Andererseits ist dem Bund nicht das Recht gegeben, seinerseits zur Verwirklichung der gesamtstaatlichen Repräsentation Gesetze zu erlassen, die auch die Rundfunkanstalten der Länder oder die privaten Rundfunkanbieter zu Adressaten hat. Diese würden in unerträglich hohem Maße die Rundfunkordnung betreffen und nicht nur in die Kompetenzen der Länder eingreifen[55], sondern schon wegen einer Verletzung von Art. 5 I 2 GG auf unüberwindliche Bedenken stoßen. Allerdings ist der Grundsatz, daß im Medienbereich die Länder zuständig sind, in der Weise zu beachten, daß sich der Bund bei der Errichtung eines Bundessenders länderfreundlich verhalten müßte. Auf den Ausschluß etwaiger Werbesendungen wurde bereits hingewiesen.

(2) Verletzung des Grundsatzes überschneidungsfreier Kompetenzverteilung

Jedoch könnte solch ein umfassender Bundesrundfunk inhaltlich in die Kompetenzen der Länder eingreifen, wenn er über kulturelle Veranstaltungen in Deutschland berichtete, die auch von einer Landesrundfunkanstalt verbreitet würden. Die Zuständigkeiten im Bundesstaat sind vom Grundgesetz überschneidungsfrei angelegt. Daher könnte dieser Grundsatz verletzt sein. Derartige Bedenken müssen gleichermaßen im Rahmen der politischen als auch der kulturellen Repräsentation gelten. Im Bereich der politischen Repräsentation kann es deshalb zu Überschneidungen kommen, weil auch die Landesrundfunkanstalten die vom Bundessender ausgestrahlte Bundestagsdebatte übertragen. Es ist jedoch anerkannt, daß sich die Landesrundfunkanstalt in solch einer Situation verfassungsgemäß verhält. Sie ist beauftragt, die Bevölkerung zu informieren. Und auch das entsprechende Land handelt im Rahmen seiner Kompetenzen: Wie ausgeführt, steht den Ländern die Rundfunkkompetenz als Teil der Medienkompetenz zu. Wollte man den Bereich des Rundfunks eindeutig in Bundes- und Landeszuständigkeiten trennen, so müßte man die Verfassungsmäßigkeit des Bundesrundfunks bezweifeln. Dann aber verstieße auch ein Bulletinrundfunk gegen die Länderkompetenzen bzw. den Grundsatz überscheidungsfreier Zuständigkeiten. Das aber wird auch von den strengsten Verfechtern für die Rundfunkzuständigkeit der Länder nicht vertreten. Vielmehr finden sich diese Befürworter eines Bulletinrundfunks stillschweigend damit ab, daß hier Bund und Länder hinsichtlich eines (Bundes-!) Bereichs aktiv werden können.

---

[55] Insoweit ist auf die Wertung von Herrmann, Fernsehen, S. 273, hinsichtlich des Auslandsrundfunks hinzuweisen, daß es ein geringerer Eingriff sei, wenn dem Bund die Errichtung einer eigenen Anstalt zugewiesen werde, als wenn er den Landesrundfunkanstalten gegenüber Gesetze erließe. Zwar kann im vorliegenden Beispiel der Bund überhaupt keine Gesetze erlassen, im Grundsatz ist Herrmann aber zuzustimmen und seine Wertung wohl auch auf das vorliegende Problem anwendbar.

Das muß dann aber wie gezeigt auch für die kulturellen Bereiche gelten. Wenn eine kulturelle Einrichtung gesamtstaatliche Bedeutung hat, so wird man dem Bundessender ein Recht zugestehen müssen, darüber berichten zu können. Dieses Ergebnis wird sich auch mit einem Hinweis auf den Auslandsrundfunk bekräftigen lassen: Im gleichen Maße, wie in der Literatur eine Sendekompetenz der Länder für den Auslandsrundfunk befürwortet wird[56], muß dies für das Inland und den Bund gelten. So wie das Agieren mehrerer Hoheitsträger der Kulturverwaltung nebeneinander im Ausland kein Schaden ist[57], ist es auch im Inland keiner. Die Situation hinsichtlich der Kompetenzverteilung ist durchaus vergleichbar: Während für den rein nationalen Rundfunk den Ländern die umfassende Kompetenz zusteht, so steht dem Bund diese umfassend für den rein transnationalen Rundfunk zu. Und wenn dort den Ländern eine "flankierende" Kompetenz zugesprochen wird[58], so ist nicht einzusehen, weshalb dies nicht auch für den Bund im rein nationalen Rundfunkbereich gelten soll. Wie den Ländern (auch) für das Ausland ein Recht auf die Repräsentation zusteht, steht dem Bund dieses Recht (auch) für das Inland zu.

Darüber hinaus ist das Tätigkeitsfeld eines solchen Bundessenders durch die Aufgabe zur gesamtstaatlichen Repräsentation begrenzt[59]: Anders als die übrigen Anbieter, also die Landesrundfunkanstalten und auch die privaten Rundfunkunternehmen, dürfte ein Bundessender nur Informationen verbreiten, die den Gesamtstaat betreffen. Unterhaltungsfilme, sogenannte "Seifenopern", Spielshows oder Informationsfilme über andere Länder und Kulturen dürfte er nicht senden. Wenn aber Landes- und Bundesrundfunk von den gleichen Dingen berichteten, würde dies jedenfalls aus unterschiedliche Blickwinkeln geschehen.

(3) Beschränkung der faktischen Sendemöglichkeit anderer Rundfunkveranstalter durch einen Bundesrundfunk
Bedenken können allerdings bestehen, solange es an den notwendigen Sendekapazitäten mangelt. Der Frequenzmangel war wesentliche Basis der Bundesverfassungsgerichtsrechtsprechung[60], die den Ländern die umfassende Rundfunkkompetenz zuwies. Dies mag seine Berechtigung gehabt haben. So wäre es 1961, zur Zeit des ersten Rundfunkurteils[61], nicht rechtmäßig gewesen, dem Bund die Veranstaltung eines Bundessenders zu ermöglichen. Zu diesem Zeitpunkt war das Rundfunkwesen nämlich durch eine erhebliche Frequenzknappheit geprägt. Gerade in dieser Hinsicht hat sich die Situation aber verändert: Heute sind durch den

---

[56] Fastenrath, S. 175 f., der diese Wertung jedoch nur auf das Ausland beschränken will; Reinert, S. 245 bzw. S. 251.
[57] Fastenrath, S. 175 f.
[58] Fastenrath, S. 175 f.; Reinert, S. 245; 251.
[59] Daher ist der Behauptung, in einem derartigen Fall würden öffentlich-rechtliche Verwaltungsträger im Rahmen der gleichen Aufgabe tätig (so ausdrücklich, aber befürwortend: Peters, Zuständigkeit, S. 34), eindeutig zu widersprechen. Ein Bundessender würde nämlich nicht umfassend informieren, sondern vornehmlich die Bundesperspektive beleuchten.
[60] Darauf weist hin Delbrück, ZUM 1989, S. 373.
[61] BVerfGE 12, S. 205 ff.

Einsatz neuer Techniken die Sendekapazitäten in hohem Maße gestiegen. Während seinerzeit die Anerkennung der Verwaltungskompetenz des Bundes für einen Bundessender ein deutliches Minus an Möglichkeiten für die Länder bedeutet hätte, ist heutzutage die Anerkennung eines Bundessenders nur noch ein geringer Eingriff in die Möglichkeiten der Länder und der Privaten, da diese - technisch gesehen - nahezu im gleichen Maße fortbestehen wie zuvor.

Dieses Ergebnis kann mit folgender Überlegung bestätigt werden: Teilweise bejahen auch Verfechter einer Unzuständigkeit des Bundes im Rundfunkwesen jedenfalls die Befugnisse des Bundes für einen fiskalischen Rundfunk, wenn die technische Entwicklung eine hinreichende Vermehrung von für den Rundfunk verfügbaren Funkfrequenzen gebracht hat[62]. Da dieser Fall eingetreten ist, dürfte der Bund nach dieser Ansicht also einen solchen Rundfunk betreiben. Damit würde aber der Bund auf Umwegen doch die Veranstaltung von Rundfunk offen stehen, wobei er nicht gebunden wäre, bestimmte Maßstäbe zu wahren, wie sie durch die Anerkennung eines Rundfunks zur gesamtstaatlichen Repräsentation ihm auferlegt wären. Im Gegensatz zu diesem Rundfunk wäre ein "fiskalischer" Rundfunk umfassend. Dem Bund stünde wie Privaten damit das Recht zu, einen Rundfunksender in eigener Verwaltung zu betreiben. Dieser Sender würde damit geringeren Anforderungen entsprechen müssen, als sie für die öffentlich-rechtlichen Rundfunkanstalten bestehen. Und auch sein Aufgabengebiet könnte von den Ländern nicht in dem Maße begrenzt werden, wie dies durch eine begrenzte Aufgabenzuweisung einer entsprechenden Kompetenz möglich ist. Der Versuch, einen Bundessender von Länderseite her zu überwachen und seine Meinungsmacht zu beschränken, würde damit ins Gegenteil verkehrt. Schließlich wäre dabei nicht einmal offenkundig, daß es sich bei einem solchen Sender um einen des Bundes handelte. Die Einflußmöglichkeiten des Bundes auf die Meinungsbildung könnten somit höher sein, als sie durch einen Bundesrundfunk wären. Der einzige Unterschied zu dem hier dargestellten Bundessender bestünde darin, daß ein fiskalischer Rundfunk den Rundfunkgesetzen der Länder unterworfen wäre.

(4) Notwendigkeit eines Bundesrundfunks
Wegen des Ausnahmecharakters ungeschriebener Kompetenzen kann eine natürliche Kompetenz nur bejaht werden, wenn sie nur vom Bund wahrgenommen werden kann. Die Bundeskompetenz muß *notwendig* sein. Allerdings können Übertragungen gesamtstaatlich repräsentativer Akte auch von Landesrundfunkanstalten und sogar von Privaten wahrgenommen werden. Die Anstalten nehmen schon jetzt einen großen Teil derartiger Aufgaben wahr. Die Notwendigkeit eines *Bundes*senders ist daher zu bezweifeln.

Die Veranstaltung von Rundfunk ist nicht unmittelbar über den Gedanken gesamtstaatlicher Repräsentation zu begründen. Wenn in diesem Zusammenhang dem Bund Zuständigkeiten auf der Verwaltungsebene zugewiesen werden, so nur, damit er seine Kompetenz hinsichtlich der gesamtstaatlichen Repräsentation umfassend

---

[62] So Krause, Zuständigkeit, S. 107; Krüger, Rundfunk, S. 39 ff.

wahrnehmen kann. Die Veranstaltung von Bundesrundfunk ist demnach lediglich ein notwendiger Annex zu der Kompetenz zur gesamtstaatlichen Repräsentation. Es bedarf des Mediums "Rundfunk", damit sich der Gesamtstaat Bundesrepublik Deutschland überhaupt gegenüber seinen Bürgern präsentieren kann. Wollte man hier den Bund auf die Zuständigkeit der Länder im Bereich des Rundfunks verweisen, so bedeutete dies eine umfassende Einschränkung seiner Aktivitäten im Zusammenhang mit diesen Repräsentationszielen. Bei der Beantwortung der Frage, ob die Länder diese Aufgabe regeln oder zumindest wahrnehmen können, ist nämlich nicht auf die faktische Unmöglichkeit abzustellen. Entscheidend für die Annahme einer natürlichen Bundesrundfunkkompetenz ist die Kombination von logisch notwendiger Zuständigkeit des Bundes im Bereich der gesamtstaatlichen Repräsentation auf der einen und dem Annex einer möglichst umfassenden Umsetzung dieser Kompetenz auf der anderen Seite. Im übrigen macht es einen Unterschied, ob die Landesrundfunkanstalten den Bund darstellen, oder ob diese Aufgabe von einer Bundesanstalt wahrgenommen wird. Die Aufgaben einer Bundesrundfunkanstalt kann der Bund nämlich selbst regeln, während er bei den Landesrundfunkanstalten den Ländern "ausgeliefert" wäre. Der Bund kann nur gegenüber einer Bundesrundfunkanstalt festlegen, durch welche Inhalte der Gesamtstaat repräsentiert werden soll. Dabei muß er sich an die Grundsätze von Demokratieprinzip und Art. 5 I 2 GG halten. Er hätte aber die Möglichkeit zu entscheiden, ob dieser Rundfunk als Koordinationsrundfunk[63], wie man ihn etwa aus den Niederlanden kennt, oder als Integrationsrundfunk eingerichtet wird[64].

(5) Ergebnis
Man wird dem Bund sowohl wegen seiner Kompetenz zur Selbstorganisation, als auch wegen seiner Kompetenz zur gesamtstaatlichen Repräsentation ein Recht zur Errichtung einer Bundesrundfunkanstalt zubilligen müssen. Das Bestehen eines solchen Bundessenders würde nicht die Existenz der übrigen Landes- bzw. von den Ländern und deren Anstalten errichtete Rundfunkanstalten berühren. Es gäbe lediglich ein Nebeneinander von Bundes- und Länderanstalten[65], so daß ferner auch keine Mischverwaltung bestünde. Vielmehr würden die Rundfunkanstalten unabhän-

---

[63] Bei einem solchen Rundfunk würde den verschiedenen Kräften und Gruppen des Bundes - also etwa der Regierung als auch der Opposition, den Parteien und ähnlichen Einrichtungen - Sendezeit zur Verfügung gestellt, den diese in eigener Verantwortung gestalten können.

[64] Dabei wird der Sendeinhalt allein von der Rundfunkanstalt verantwortet. Dann ist allerdings die Aufgabe "Repräsentation der Bundesrepublik Deutschland" festzuschreiben, während Einwirkungen der Regierung oder anderer politischer Gruppierungen so weit wie möglich auszuschließen sind.

[65] So weist schon Peters, Zuständigkeit, S. 34, darauf hin, daß es eine Reihe von Tätigkeitsfeldern gibt, bei denen es zu einem Nebeneinander von Bundes- und Landeseinrichtungen kommt. Dem ist hinzuzufügen, daß in gleicher Weise keine Bedenken bestehen, wenn die Rundfunkprogramme der Länder zielgerichtet auch in den übrigen Bundesländern empfangen werden sollen und empfangen werden.

gig von einander ihre Aufgaben selbständig erfüllen[66]. Die durch die neuen Übertragungstechniken geschaffenen Möglichkeiten einer ungeahnten Programmvielfalt lassen somit die in den 50er Jahren geäußerte Bemerkung von Peters neu und richtig erscheinen:

> "Wenn man grundsätzlich anerkennt, daß Rundfunkanstalten, die Länder begründen, und Private Wellen für Rundfunk- und Fernsehsendungen zugeteilt bekommen können, dann fragt sich, ob der Bund das *einzige* Rechtssubjekt in der Bundesrepublik sein soll, das keine Rundfunkanstalten errichten darf. Wenn man nämlich feststellt, die Länder dürfen Rundfunkanstalten errichten, ihre Anstalten müssen freilich für den Betrieb vom Bunde Wellen zugeteilt bekommen, daß ferner auch Private Rundfunkanstalten errichten dürfen, müssen auch potentiell dem Bunde oder einer von ihm errichteten Rundfunkanstalt Wellen zugeteilt werden können. Sonst bliebe der Bund als einziges deutsches Rechtssubjekt übrig, das - nach Ansicht mancher - keine Welle für sich in Anspruch nehmen könnte. Diese Ansicht erscheint doch wohl absurd."[67]

Das bedeutet jedoch nicht, daß der Bund von diesem Recht Gebrauch machen muß. Indem eine Kompetenz des Bundes zur Errichtung eines Repräsentations- bzw. eines Faktenrundfunks bejaht wurde, ist damit nur eine *Möglichkeit*, aber keine *Pflicht* zum Handeln beschrieben. Wenn der Bund bzw. seine Organe sich als durch die Rundfunkanstalten der Länder und die privaten Anbieter genügend zu Worte gekommen sehen und kein weitergehendes Bedürfnis nach Verbreitung gesamtstaatlich relevanter Sachverhalte besteht, so bedarf es nicht der Errichtung eines Bundesrundfunks. Auch besteht keine Pflicht, einen Rundfunk zu errichten, der zugleich die Aufgaben der Repräsentation und der Verbreitung von Fakten wahrnimmt. Insgesamt wird man dem Bund jedoch nur *einen* Sender zubilligen dürfen, mit dem er die hier beschriebenen Ziele erreichen kann. Es ist nämlich auch an dieser Stelle der Grundsatz länderfreundlichen Verhaltens zu beachten. Der Eingriff des Bundes in die Rundfunkordnung muß danach so gering wie möglich sein.

dd. Errichtung und Organisation des Bundesrundfunks

(1) Literaturansichten zur Organisation eines Bulletinrundfunks

Die Errichtung und Organisation eines nationalen Bundesrundfunks muß sich innerhalb der Wegmarken des Art. 5 I 2 GG und der Kompetenzzuweisung "Gesamtstaatliche Repräsentation" halten. Dies wird teilweise bestritten. Ein "Bulletinrundfunk" könne als einziger innerstaatlicher Rundfunk in unmittelbarer

---

[66] So auch Schneider, Rundfunk, S. 417, 433 f., der allerdings eine Gesetzgebungskompetenz des Bundes aus Art. 73 Nr. 7 GG begründet, so daß ein Widerspruch in der Weise besteht, daß den Ländern eine entsprechende Zuständigkeit in der Weise entzogen wäre.

[67] Peters, Rundfunkhoheit, S. 15.

Verwaltung durchgeführt werden, weil er nicht an Art. 5 I 2 GG gebunden sei[68]. Zu den Aufgaben eines Staates gehöre nämlich auch die publizistische Unterrichtung der Bevölkerung. Die Wahrnehmung dieser Aufgabe aber gehöre zum Bereich der Selbstorganisation des Bundes oder der reinen Bundesorganisation. Sie müsse daher in bundeseigener, unmittelbarer Verwaltung wahrgenommen werden. Teilweise wird auch ausdrücklich von einem "Regierungssender" gesprochen[69]. Derartigen Überlegungen ist der Grundsatz zu entnehmen, daß es möglich und rechtens sein soll, den "Bulletinrundfunk" wie das Presse- und Informationsamt in die Verwaltung der Bundesregierung einzugliedern.

(2) Organisation eines umfassenden, die Aufgabe gesamtstaatlicher Repräsentation wahrnehmenden, Bundesrundfunks

Hinsichtlich der Organisation des Bundesrundfunks könnte dem für den Bulletinrundfunk in der Literatur entwickelten Grundsatz der Massenwirksamkeit nach differenziert werden. Die Massenwirkung und Einflußmöglichkeit eines Repräsentationsrundfunks dürfte nämlich höher einzuschätzen sein, als die eines reinen Faktenrundfunks. Ob daraus folgt, daß der Sender auch - je nach Art, Inhalt und Zielrichtung - eine unterschiedliche Staatsferne gewährleisten muß, soll im folgenden untersucht werden.

Das Bundespresseamt ist dem Bundeskanzleramt zugewiesen und also keine Anstalt iSd. Art. 87 III GG. Es ist denkbar, ebenso einen Bundessender bezüglich der "politischen Repräsentation" dem Bundeskanzleramt zu unterstellen. Allerdings ist die Bedeutung von Art. 5 I 2 GG und Art. 20 GG zu beachten. Während Art. 5 I 2 GG die Rundfunkfreiheit sichert, sichert das in Art. 20 GG normierte Demokratieprinzip die politische Willensbildung von unten nach oben.

Schon im ersten Rundfunkurteil hat das Bundesverfassungsgericht entschieden, daß die Mitwirkung des Rundfunks an der öffentlichen Meinungsbildung besonderer Erfordernisse bedürfe, um die in Art. 5 I 2 GG garantierte Rundfunkfreiheit zu gewährleisten[70]. So verlange Art. 5 I 2 GG, daß der Rundfunk weder dem Staat noch einer einzelnen gesellschaftlichen Gruppe ausgeliefert werde[71]. Wenn das Bundesverfassungsgericht auf diese "Staatsferne" achtet, meint es damit nicht die Abstinenz des Staates vom Rundfunk. Der Begriff der "Staatsferne" meint vielmehr, daß der Einfluß auf den Rundfunk durch Regierung, politische Parteien oder andere gesellschaftliche Interessensverbänden so gering wie möglich sein sollte. Für die Organisation eines Bundesrundfunks hat das zur Folge, daß nicht der Regierung allein die Kompetenz zum Betrieb eines Senders zugestanden werden kann. Auch

---

[68] Krause, Zuständigkeit, S. 103 f.
[69] Puhl, DVBl. 1992, S. 933, 936.
[70] BVerfGE 12, S. 205 ff. (260 f.); vgl. auch BVerfGE 57, S. 295 ff. (319).
[71] BVerfGE 12, S. 205 ff. (262).

wenn die Regierung sich aus den Parteien gelöst hat, ist sie doch noch mit den Parteien insofern verbunden, als sie von den Regierungsparteien getragen wird[72].

Auch die verfassungsrechtlichen Streitigkeiten hinsichtlich des Bundespresseamtes, die zu dem erwähnten Bundesverfassungsgerichtsurteil[73] führten, haben ihren Ursprung in dem Spannungsverhältnis von Informationsrecht der Regierung und dem Grundsatz der Meinungsbildung vom Volk zu den Staatsorganen. Dieser Grundsatz scheint für den Bereich der Presse durch das Bulletin gewahrt oder zumindest verfassungsrechtlich gerechtfertigt. Für einen Rundfunk der oben beschriebenen Art ist dies jedoch nicht anzunehmen[74]. Diese unterschiedliche Wertung folgt letztendlich aus der unterschiedlichen Verbreitungsweise von Presseerzeugnissen und Rundfunk. Die Nutzung von Presseerzeugnissen setzt nämlich ein unvergleichlich stärkeres Tätigwerden des Rezipienten voraus als die des Rundfunks. Der Rundfunk wäre ohne besondere Voraussetzungen von jederman zu empfangen, während das Bulletin nur auf Anfrage und also nur an den Interessierten verschickt wird. Daher wäre ein Rundfunksender schon allein durch die Art seiner Verbreitung massenwirksamer als Printmedien. Insofern ist den Befürwortern eines staatsnahen Bulletinrundfunks zu widersprechen: Es ist nicht einzusehen, daß Rundfunkanstalten, die ein möglichst breites Programm zu bieten suchen, staatsfern zu organisieren sind, während politisch relevante Bereiche von einem Regierungsrundfunk verbreitet werden dürfen. Gerade Akte "politischer Repräsentation" sind geeignet, die Bürger auf emotionale Weise zu beeindrucken. Daher besteht hier die Gefahr der Manipulation. Wenn ein solcher Rundfunk darüber hinaus auch kulturelle Akte von gesamtstaatlicher Bedeutung überträgt, so wird diese Gefahr zwar nicht gesteigert. Das Senden derartiger Akte kann zu einer höheren Akzeptanz eines Bundessenders führen, als sie durch das Ausstrahlen bloßer politisch repräsentativer Akte möglich wäre. Ein in die Regierung integrierter "Bundesrundfunk" würde Gefahr laufen, die Regierungsmeinung unkommentiert durch kritische Stimmen zu verbreiten. Gerade dadurch erhöht sich die Gefahr, daß der Regierung auf diese Weise ein "Propagandasender" an die Hand gegeben würde. Wie Peters seinerzeit formulierte ist daher der Versuch, einer einmal errichteten selbständigen Rundfunkanstalt eine Staatsleitung aufzuzwingen, sowohl für den Bund wie auch für die Länder verfassungswidrig[75]. Im übrigen darf nicht außer acht gelassen werden, daß eine Bundeskompetenz zur *gesamtstaatlichen* Repräsentation besteht. Das

---

[72] Jarass, Rundfunk, S. 71, macht deutlich, daß zwischen zwei Arten staatlicher Äußerung im Rundfunk unterschieden werden muß: Herkömmlicher Weise werden staatliche Äußerungen nur übertragen, sofern zuständige Redakteure sie für "sendewürdig" halten. Die Äußerungen durchlaufen also die üblichen Mechanismen von Selektion und Transformation. Es ist aber auch denkbar, daß die Äußerung ohne eine solche Auswahl und Bearbeitung direkt von staatlicher Seite geleistet wird. Im ersten Falle handelt der Staat als Belieferer, während er im zweiten direkt als Handelnder sendet.

[73] BVerfGE 44, S. 125 ff.

[74] So aber Krause, Zuständigkeit, S. 104; Puhl, DVBl. 1992, S. 933, 936.

[75] Peters, Rundfunkhoheit, S. 16.

bedeutet, daß durch diesen Sender *alle* politischen Gruppierungen auf Bundesebene zur Geltung kommen sollten. Daher ist darauf zu achten, daß alle Meinungen, die für den Bund relevant sind, die Möglichkeit zur Äußerung haben. Man wird daher dieses Medium nicht der Regierung überlassen dürfen[76]. Anders als das Bulletin der Bundesregierung muß der Bulletinrundfunk auch den übrigen Bundestags-Parteien zur Darstellung ihrer unterschiedlichen Ansichten zu Bundesangelegenheiten offenstehen. Auch diese sind Teil des politischen Wesens "Bundesrepublik Deutschland". Schon dieser Umstand spricht gegen eine Einordnung eines solchen Rundfunks in das Gefüge der Regierung. Aber auch im Hinblick auf sonstige Aufgaben einer Bundessendeanstalt bedarf es einer gewissen Selbständigkeit des Rundfunks, um dem Demokratieprinzip und den Anforderungen von Art. 5 I 2 GG zu entsprechen. Das aber ist nur bei einer direkten oder zumindest sinngemäßen Anwendung von Art. 87 III GG möglich. Dabei ist die enge Verknüpfung natürlicher Verwaltungs- mit der entsprechenden Gesetzgebungs-kompetenz zu beachten. Zwar wurde eine umfassende Bundesgesetzgebungskompetenz für den nationalen Rundfunk verneint. In dem Rahmen aber, in dem dem Bund eine natürliche Verwaltungskompetenz zusteht, steht ihm gleichzeitig die Gesetzgebungskompetenz zur Errichtung dieses Bundesrundfunks zu. Eine entsprechende Gesetzgebungskompetenz genügt, um eine Anstalt in Anlehnung an Art. 87 III GG zu errichten[77].

Zusammenfassend läßt sich also feststellen: Der Bund hat die Verwaltungskompetenz für einen den Gesamtstaat darstellenden Rundfunksender inne. Zur Erfüllung dieser Aufgabe stehen ihm gleichermaßen Verwaltungs- und Gesetzgebungskompetenz zu. Jedoch ist der Aufgabenbereich eines solchen Bundessenders durch den Rahmen natürlicher Kompetenzen eng gefaßt. Ein derartiger Repräsentationsrundfunk darf nur ein entsprechendes Spartenprogramm ausstrahlen und also nicht die Tätigkeiten eines Vollrundfunks wahrnehmen. Im übrigen hat der Bund bei der Veranstaltung das Prinzip landesfreundlichen Verhaltens zu wahren. Da für den nationalen Rundfunk die Länder die umfassende Kompetenz inne haben, muß der Bund auf deren Regelungen Rücksicht nehmen. Innerhalb dieses Rahmens steht dem Bund eine Rundfunkkompetenz zu.

(3) Organisation eines Faktenrundfunks
Ein "unmittelbarer staatlicher Rundfunkbetrieb" ist denkbar, wenn dieser keinen Beitrag zur innerstaatlichen Gestaltung des publizistischen Meinungskampfes liefert.

---

[76] So aber Puhl, DVBl. 1992, S. 933, 936, der von einem "Regierungssender" spricht; ebenso Krause, Zuständigkeit, S. 104 Fn. 11, der den Bulletinrundfunk als einzigen Rundfunkdienst bezeichnet, der in unmittelbarer Verwaltung geführt werden könne.

[77] Diese Verknüpfung von Gesetzgebungs- und Verwaltungskompetenz wird weitgehend verkannt. Es ist daher der h. M. zu widersprechen, die - da dem Bund keine umfassende Gesetzgebungskompetenz für den nationalen Rundfunk zusteht - auch die Errichtung einer Bundesanstalt für unzulässig hält; aber auch Peters, Zuständigkeit, S. 25 Fn. 39 und S. 34 Fn. 50 a, der die Errichtung einer Anstalt ohne gleichzeitige Aufgabenzuweisung als - von der Gesetzgebung unabhängigen - Exekutivakt betrachtet, verkennt die in Art. 87 III GG mit der Bezugnahme auf die Gesetzgebungskompetenz vorgenommene Wertung.

Vielmehr sollten seine Aussagen ihrer Natur nach allein objektiven staatlichen Zwecken dienen. Solche Aussagen können nur Informationen über politische Tatsachen wie Maßnahmen und Gesetze sein[78]. Während eine Aussage oder Handlung, die der politischen Repräsentation des Staates dienen soll, Wertungen enthält, könnte dies etwa bei der Veröffentlichung beschlossener Gesetze nicht der Fall sein. Hier könnte die Publizierung in der Tat als nur "objektiven staatlichen Zwecken" dienend einzuschätzen sein. Es ist somit klärungsbedürftig, ob die Bundesregierung - und als Verband also der Bund - unmittelbar einen Rundfunk betreiben darf, um Fakten zu verbreiten. Unter diesem Gesichtspunkt scheint nämlich die Gefahr einer Meinungsmanipulation unwahrscheinlich[79], so daß solch ein Sender unmittelbar durch die Ministerialverwaltung betrieben werden könnte. Einzige Aufgabe dieses Senders wäre es, Gesetze und Verordnungen zu veröffentlichen. Daß der Bundesregierung diese Aufgabe zugewiesen wird, wäre verständlich, weil diese über die Fakten bestens informiert wäre, und es jedenfalls nicht darauf ankäme, welches Organ diese verbreitet.

Jedoch ist der Überlegung entgegenzutreten, Art. 5 I 2 GG sei für solch einen Rundfunk als Maßstab nicht einschlägig. Denn Art 5 I 2 GG gewährt nicht allein die interne Rundfunkfreiheit, sondern ein freiheitliches Rundfunksystem insgesamt. Dagegen verstieße aber ein derartiger "Staatsrundfunk". Auch die Verbreitung von Fakten, also von Tatsachenbehauptungen wirkt zumindest meinungsbildend. Angesichts der Fülle von Verordnungen und Gesetzen, die durch den Bund erlassen werden, ist nicht erkennbar, wie der (herkömmliche) Rundfunk sie alle verbreiten soll. Er wird auswählen müssen. Das aber ist wiederum ein Akt der Meinungsbildung. Der Bund, bzw. die Bundesregierung, könnte so bei der konventionellen Rundfunktechnik populäre und weniger populäre Informationen mit verschiedenen Akzentuierungen verbreiten. Aber auch die Plazierung innerhalb des Programms kann Akzente setzten Diese Umstände bieten den Veranstaltern die Möglichkeit zur Massenbeeinflussung. Um also auch hier eine Meinungsmanipulation durch die Regierung zu unterbinden, muß der Regierung die Kompetenz abgesprochen werden, einen solchen Rundfunk "unmittelbar" zu betreiben. Vielmehr ist gesetzlich zu regeln, daß eine öffentlich-rechtliche Anstalt, die also von den Staatsorganen unabhängig ist, diese Informationen verbreiten soll.

Anderes könnte sich im Hinblick auf die neuen Medien ergeben. Diese können dem Bund - und faktisch der Regierung - die Möglichkeit bieten, über Videotext[80] die einzelnen Informationen so anzubieten, daß der Bürger jene Daten abrufen kann, die ihn

---

[78] Anders Krause, Zuständigkeit, S. 103 f., der darunter auch Informationen repräsentativer Natur versteht.

[79] So wird etwa von Puhl, DVBl. 1992, S. 933, 936, anerkannt, daß die Organe des Bundes im Rahmen ihrer Kompetenzen die Befugnis zur Öffentlichkeitsarbeit besitzen und also amtliche Verlautbarungen auch über einen Regierungssender verbreitet werden dürfen.

[80] Insoweit ist auch der Einsatz von BTX bzw. T-Online denkbar, der im Rahmen dieser Arbeit jedoch keine Rolle spielt, da es sich dabei nicht um Rundfunk handelt.

interessieren. Da bei dieser Verbreitungsform die einzelnen Informationen gleichberechtigt nebeneinanderstehen, und somit keine Rangfolge zwischen den einzelnen Informationsteilen besteht, ergeben sich auch keine Möglichkeiten der Einflußnahme der Regierung auf die Meinungsbildung, die über die Verbreitung der reinen Faktenlage hinausgeht. Hier greift Art. 5 I 2 GG und der Gesetzesvorbehalt nicht ein. Es läßt sich somit festhalten, daß bei der Verwendung der neuen Techniken die Möglichkeit besteht, Gesetze und Verordnungen durch eine unmittelbare Bundesverwaltung zu verbreiten.

b. Verwaltungskompetenz des Bundes zur kostenlosen Bereitstellung einzelner (Rundfunk-) Beiträge

In der Bundesrepublik Deutschland existiert weder ein reiner "Faktenrundfunk" noch ein umfassender "Bundes-Repräsentations-Rundfunk". Seit dem ersten Rundfunkurteil hat sich die verfassungsrechtliche Problematik eines solchen Rundfunks nicht mehr aufgedrängt[81]. Das Presse- und Informationsamt der Bundesregierung läßt aber von privaten Agenturen gegen Entgelt sendefertige Beiträge produzieren, die privaten und öffentlich-rechtlichen Anstalten zur Ausstrahlung kostenlos angeboten werden. An einer grundsätzlichen Kompetenz des Bundes für ein solches Verhalten mangelt es nicht. Wenn oben aus dem Gesichtspunkt der Selbstorganisation des Bundes und dem der gesamtstaatlichen Repräsentation eine umfassende Bundeskompetenz für den Betrieb eines Rundfunksenders angenommen wurde, so muß dies erst recht gelten, wenn nur einzelne Beiträge gefertigt und Rundfunkunternehmen zur Verfügung gestellt werden. Wie von der Opposition dargestellt[82], sollen diese Beiträge aber angeblich "regierungsfreundlich und oppositionskritisch" sein. Es ist daher zu untersuchen, ob dies gegen den Grundsatz der Staatsferne im Bereich des Rundfunks verstößt. Indem Sendungen ausgestrahlt werden, von denen der Rezipient nicht weiß, daß sie von der Regierung in Auftrag gegeben wurden, gelingt es der Regierung, sich direkt an den Bürger zu wenden, ohne daß dieser davon etwas bemerkt.

In seinem Gutachten untersucht Krause eine Zuständigkeit des Bundes für einen fiskalischen Rundfunkbetrieb[83]. Er verneint eine Kompetenz, wenn mit solch einem fiskalischen Rundfunkbetrieb die publizistische Selbstäußerung des Staates bezweckt ist. Er vertritt die Ansicht, daß ein solcher Rundfunk in unmittelbarer staatlicher Verwaltung betrieben werden müsse, weil "ein solches Instrument gegenüber dem Publikum nicht verschleiert werden darf"[84]. Nur ein offenes Bekenntnis zum staatlichen Zweck verhindere, daß staatlicher Publizistik zur geistigen "Gleichschaltung" mißbraucht werden könne[85]. Auch wenn diese Wertungen sich explizit auf einen fiskalischen Rundfunkbetrieb beziehen, sind sie in ihrem Grundsatz

---
[81] Vgl. nun aber die Streitigkeiten um die Auflösung der ARD; darstellend: Gunter Hofmann, Machtversessen, Kohl, Stoiber und Biedenkopf attakieren die ARD, in: Die Zeit, vom 3. Februar 1995.
[82] BT-Drucks. XII/7418.
[83] Krause, Zuständigkeit, S. 106 f.
[84] Krause, Zuständigkeit, S. 106 f.
[85] Krause, Zuständigkeit, S. 106 f.

auch auf die anstehende Frage zu beziehen. Die angesprochenen Probleme sind vergleichbar: Bei dem in Deutschland üblichen Integrationsrundfunk, bei dem die Verantwortung der Sendungen in den Händen des Veranstalters liegt, geht der Rezipient davon aus, daß staatliche Äußerungen nur über die Mechanismen der Selektion und Transformation an ihn gelangen, daß also staatliche Äußerungen nur dann an ihn ausgestrahlt werden, wenn diese von Redakteuren für "sendewürdig" erachtet werden[86]. Das aber ist bei diesen in Rede stehenden Beiträgen - wie in dem von Krause beschriebenen Beispiel - gerade nicht der Fall. Die Äußerungen stehen im Verdacht, nicht weil sie "sende-", sondern weil sie "preiswert" sind, ausgestrahlt zu werden. Anders als in Krauses Beispiel des fiskalischen Rundfunkbetriebes genügt es hier jedoch, wenn der Bürger darüber informiert wird, daß diese Beiträge im Auftrag der Regierung erstellt wurden. Im übrigen müßte weiter gewährleistet sein, daß Veranstalter diese Beiträge nicht deshalb senden, weil sie kostenlos zu erhalten sind. So könnte die Regierung - wenn auch nicht mehr unerkannt - mit Hilfe ihrer Finanzen Einfluß auf die Meinung in der Bevölkerung nehmen. Es ist absehbar, daß zum Sparen veranlaßte Sendeunternehmen kostenlose Beiträge häufiger senden, als selbst die Kosten aufzubringen, um entsprechende Beiträge zu produzieren. Somit steht dem Bund, und das heißt hier: der Bundesregierung, eine Kompetenz zu, Sendebeiträge zu schaffen, die ihre Einschätzung der politischen Lage beschreiben. Aber diese dürfen nur unter der Bedingung gesendet werden, daß die Regierung auch als Urheberin dieses Beitrags deutlich wird, und daß sie den privaten und öffentlich-rechtlichen Anstalten nicht kostenlos angeboten werden.

---

[86] Vgl. dazu Jarass, Rundfunk, S. 71 f.

II. Verwaltungskompetenz des Bundes im Bereich rein transnationaler Rundfunkangelegenheiten

Im Gegensatz zum rein nationalen Rundfunk, für den eine Gesetzgebungszuständigkeit des Bundes grundsätzlich verneint und nur beschränkt im Rahmen seiner natürlichen Verwaltungskompetenz angenommen werden kann, steht dem Bund für den rein transnationalen, ins Ausland sendenden Rundfunk die umfassende Gesetzgebungskompetenz zu. Dieser Umstand ist es, der in der Literatur zur Annahme einer Verwaltungskompetenz des Bundes führt[1]. Selbst wenn über Art. 87 III GG dem Bund die Möglichkeit offensteht, eine Bundesanstalt öffentlichen Rechts zu errichten, so ist dies nur *eine* Möglichkeit. Es könnte für den Bereich des reinen Auslandsfunks auch eine ungeschriebene Verwaltungskompetenz des Bundes bestehen. Im übrigen könnte eine obligatorische Verwaltung über Art. 87 I GG vom Grundgesetz vorgesehen sein. Sollte die bestehen, so wäre das Verhältnis zwischen dieser und einer fakultativen zu klären. Insbesondere wäre zu untersuchen, ob eine derartige Kompetenz eine Errichtung nach Art. 87 III GG ausschlösse.

1. Verwaltungskompetenz gemäß Art. 87 I GG (Auswärtiger Dienst)

Nachdem eine Gesetzgebungskompetenz des Bundes für den ins Ausland gerichteten Rundfunk bejaht wurde, liegt die Annahme einer entsprechende Verwaltungskompetenz des Bundes über Art. 87 I GG nahe[2]. Dort heißt es:

"In bundeseigener Verwaltung mit eigenem Verwaltungsunterbau werden geführt der Auswärtige Dienst..."

Für den Auslandsrundfunk hätte dies zur Folge, daß er in unmittelbarer Bundesverwaltung geführt werden müßte, wenn er zum Auswärtigen Dienst gezählt wird. Der Begriff des "Auswärtigen Dienstes" ist in dem der "auswärtigen Angelegenheiten" jedenfalls enthalten. Teilweise wird in der Literatur vertreten, daß diese Begriffe sogar identisch seien[3]. Indem der Auslandsrundfunk zu den auswärtigen Angelegenheiten gezählt, und der Begriff der "auswärtigen Angelegenheiten" mit dem des "Auswärtigen Dienstes" gleichsetzt wird, folgert man, daß der Auslandsrundfunk *zwingend* in bundeseigener Verwaltung zu führen sei. Die Verselbständigung des Auslandsrundfunks als rechtsfähige Anstalt, wie dies bei der Deutschen Welle der Fall ist, sei daher verfassungswidrig; Art. 5 I GG greife von seinem Anwendungsbereich für den Auslandsrundfunk nicht ein[4]. Dieses Ergebnis wird auch

---

[1] Lerche, Deutschlandfunk, S. 13 ff.; Ossenbühl, Rundfunkfreiheit, S. 4 f.; Herrmann, Fernsehen, S. 270, 273 ff.; Dittmann, S. 145 f.; Fastenrath, S. 177; Jarass, Gutachten, S. G 32; Schneider, FS. f. Carstens, S. 817, 821; Stammler, ZUM 1988, S. 274, 277, 280; Reinert, S. 243 f.; kritisch: Stern, Aspekte, S. 26, 29.

[2] Vgl. insbesondere Dittmann, S. 146 ff.; zuvor ähnlich Mallmann, JZ 1963, S. 350, 352, die daraus die Verfassungswidrigkeit der (verselbständigten) Bundesrundfunkanstalt herleiten.

[3] Dittmann, S. 146 ff.

[4] Dittmann, S. 146 ff.; ähnlich Mallmann, JZ 1963, S. 350, 352, der zwar Art. 5 I 1 GG für relevant, aber mit einem ins Ausland sendenden unmittelbaren Regierungssender für vereinbar hält.

durch das Gesetz über den Auswärtigen Dienst vom 30. August 1990[5] scheinbar bestätigt. Allerdings wird dort in § 2 der Begriff des "Auswärtigen Dienstes" lediglich organisatorisch bestimmt:

> "Der Auswärtige Dienst besteht aus dem Auswärtigen Amt (Zentrale) und den Auslandsvertretungen, die zusammen eine einheitliche Bundesbehörde unter der Leitung des Bundesministers des Auswärtigen bilden."

Die Aufgaben des Auswärtigen Dienstes bestimmt das Gesetz dann in § 1 I 1, 2. Dort heißt es:

> "Der Auswärtige Dienst nimmt die auswärtigen Angelegenheiten des Bundes wahr. Er pflegt die Beziehungen der Bundesrepublik Deutschland zu auswärtigen Staaten sowie zwischenstaatlichen und überstaatlichen Einrichtungen."

Allerdings sind aus untergesetzlichen Normen keine Rückschlüsse auf die Verfassung erlaubt. Die erläuterte Norm kann also lediglich als *Versuch* einer inhaltlichen Bestimmung des Begriffs herangezogen und bewertet werden. Dieser Auslegung ist jedoch entscheidend entgegenzuhalten, daß das Grundgesetz zwei unterschiedliche Begriffe hierfür verwendet, nämlich "Auswärtiger Dienst" und "auswärtige Angelegenheiten"[6]. Auch wenn der Auslandsrundfunk zu den "auswärtigen Angelegenheiten" gehört, folgt daraus nicht, daß man ihn auch zum "Auswärtiger Dienst" zählen muß. Wie bei der Definition des Begriffes "auswärtigen Angelegenheiten" deutlich wurde, ist der "Auswärtige Dienst" nur als "Kern" zu verstehen, dessen Umfeld, die auswärtigen Angelegenheiten, näher konkretisiert werden muß. Somit nimmt Art. 87 I 1 GG - anders als Art. 73 Nr. 1 GG - auf eine bestimmte Behördenorganisation Bezug, deren spezieller Sachbereich dem Bund zugeordnet ist. Diese Behörde kann aber nicht mit dem Inhalt der "auswärtigen Angelegenheiten" gleichgesetzt werden. In diesem Sinne wird auch in der Literatur diese Meinung kritisiert[7], die vom Ergebnis her zu argumentieren scheint. Insbesondere die Bezugnahme auf die Rechtsprechung des Bundesverfassungsgerichtes zur Begründung einer so weiten Auslegung des Begriffs des "Auswärtigen Dienstes"[8] überzeugt nicht. Das Gericht hatte nämlich nur für den speziellen Fall der Post festgestellt, daß sich die Begriffe "Post und Fernmeldewesen" in

---

[5] BGBl. I, S. 1842 ff.
[6] So auch Lerche, in: Maunz/Dürig, Komm. z. GG, Art. 87 Rn. 42; Krause-Ablaß, RuF 1968, S. 27, 32, (mwN.) der betont, daß zu den auswärtigen Angelegenheiten nicht nur der Auswärtige Dienst gehöre.
[7] Puhl, DVBl. 1992, S. 933, 935 Fn. 27.
[8] Dittmann, S. 114 ff.

Art. 73 Nr. 7 GG (a.F.) und "Bundespost" in Art. 87 I 1 GG (a.F.) decken[9]. Es hatte nicht den Grundsatz vertreten, die Grenzen von Gesetzgebungs- und Verwaltungskompetenz seien immer identisch. Vielmehr hat es nur bestimmt, daß die Bundeskompetenzen zur Gesetzgebung weiter reichten als die zur Verwaltung[10]. Aus dem vom Gericht aufgestellten Grundsatz folgt also nicht, daß die Begriffe "Auswärtiger Dienst" und "auswärtige Angelegenheiten" identisch sind[11].

Wenn demnach nicht alle auswärtigen Angelegenheiten durch den Auswärtigen Dienst wahrgenommen werden müssen, ist noch nicht geklärt, ob der Auslandsrundfunk zum *Tätigkeitsfeld* des Auswärtigen Dienstes zu zählen ist und also auch von diesem verwaltet werden muß. Nach den obigen Ausführungen liegt es nahe, den "Auswärtigen Dienst" als jenen Verwaltungsbereich zu definieren, der traditionell innerhalb des Außenressorts geführt wird[12]. Zum Auswärtigen Dienst zählt also nur, was klassischerweise im Rahmen auswärtiger Diplomatie als Aufgabengebiet wahrgenommen wird. Das Argument Lerches, daß bei einer derartig engen Begriffsbeschreibung die über diesen engen Bereich hinaus arbeitende Bundesverwaltung "im Felde des Auswärtigen" in der Luft hänge, soweit nicht Art. 87 III 1 GG eingriffe, steht dem nicht entgegen. Zum einen *wird* nämlich regelmäßig Art. 87 III 1 GG eingreifen. Zum anderen ist auch an ungeschriebene Verwaltungskompetenzen aus dem Gedanken des Sachzusammenhangs zu denken. Derartige Kompetenzen werden im "Felde des Auswärtigen" regelmäßig anzunehmen sein. Daher ist der Begriff des "Auswärtigen Dienstes" eng zu fassen. Nur so kann ausgeschlossen werden, daß ein Bereich nach der weiten Definition zum "Auswärtigen Dienst" zu zählen ist, aber nicht umfassend staatlich organisiert werden darf[13].

Der klassische Aufgabenbereich des Auswärtigen Dienstes ist der "auswärtige Verkehr". Er ist historisch gewachsen. Zu ihm zählen der deutsche diplomatische und konsularische Dienst im Ausland und die Beziehungen zu den entsprechenden ausländischen Vertretungen im Inland. Darunter fallen aber auch alle Tätigkeiten, die den Schutz der deutschen Staatsbürger im Ausland bezwecken. Der Auslandsrundfunk gehört nicht zu diesen Bereichen. Schließlich spricht für diese Überlegungen auch der Umstand, daß die Deutsche Welle beim Bundesministerium

---

[9] BVerfGE 12, S. 205 ff. (229).
[10] BVerfGE 12, S. 205 ff. (229).
[11] So auch Puhl, DVBl. 1992, S. 933, 935 Fn. 27.
[12] So Fastenrath, S. 110 ff.; ebenso Jutzi, Schulen, S 135, der darauf hinweist, daß nicht alle Angelegenheiten mit auswärtigen Bezug nur durch die traditionell vorgegebene Formen des Auswärtigen Dienstes zulässig sein sollten. Kritisch: Lerche, in: Maunz/Dürig, Komm. z. GG, Art. 87 Rn. 55.
[13] Lerche, in: Maunz/Dürig, Komm. z. GG, Art. 87 Rn. 55, der den Begriff des "Auswärtigen Dienstes" weit faßt, beklagte die daraus resultierende Unschärfe, nimmt sie aber als seiner Ansicht nach notwendig hin.

des Innern und nicht beim Auswärtigen Amt ressortiert[14]. Somit ist der Auslandsrundfunk jedenfalls nicht unmittelbar als "Auswärtiger Dienst" iSv. Art. 87 I GG einzustufen.

2. Ungeschriebene Verwaltungskompetenzen des Bundes

Wie bei den Gesetzgebungskompetenzen muß die Überlegung, ob dem Bund in einem Sachbereich eine stillschweigende Verwaltungskompetenz zukommt, mit der Prüfung der Kompetenz kraft Sachzusammenhangs beginnen, da es sich bei dieser Rechtssatzergänzung um eine noch eng am Gesetzestext orientierte Rechtssatzauslegung handelt, die der Kompetenz aus der Natur der Sache voransteht[15].

a. Verwaltungskompetenz des Bundes kraft Sachzusammenhangs mit Art. 87 I GG

Die Frage, ob zwischen dem Auslandsrundfunk und dem Auswärtigen Dienst ein so enger Sachzusammenhang besteht, daß auch dieser durch jenen wahrgenommen werden muß, ist durch eine teleologische Interpretation des Begriffs bzw. des Aufgabenfeldes zu klären[16]. Der Auswärtige Dienst hat die Aufgabe, im deutschen Interesse liegende Verwaltungsakte im Ausland durchzuführen. Indem diese Aufgabe dem Gesamtstaat Bund zugewiesen wird, soll verhindert werden, daß die einzelnen Länder selbsttätig einen eigenen "Auswärtigen Dienst" einrichten[17]. Der Auswärtige Dienst soll also für den Gesamtstaat Bund tätig werden und nicht für dessen Gliedstaaten. Das Bundesverfassungsgericht stellte schon sehr früh fest[18]: "Eigene politische Beziehungen der Länder zu auswärtigen Staaten, die im Gegensatz zur Politik des Bundesstaates stehen, widersprechen dem Wesen des Bundesstaates. Ob aus dem Grundgesetz ein entsprechender Rechtssatz abzuleiten ist, kann dahingestellt bleiben." Ob diese Aussage rechtssystematisch begründbar ist, ob insbesondere mit dem "Wesen" des Staates zu argumentieren ist, soll hier nicht behandelt werden. Jedenfalls entspricht es der Organisation von Bundesstaaten, daß diese nach außen als Einheit auftreten, während sie nach Innen die Staatsgewalt auf den Gesamtstaat und jeweilige Untergliederungen aufteilen[19].

---

[14] Vgl. dazu Bundeshaushalt 1994 Kap. 0602, Tit. 68508.

[15] Vgl. dazu Achterberg, DÖV 1964, S. 612, 619; zustimmend: Jutzi, Schulen, S. 130.

[16] Im Ergebnis ebenso Jutzi, Schulen, S. 130, der feststellt, daß Zuständigkeiten kraft Sachzusammenhangs sich durch systematische, historische, genetische komperative und teleologische Interpretation von ausdrücklichen Kompetenzen ableiten. A.A.: Fastenrath, S. 174, der den Begriff des "Sachzusammenhangs" zu eng faßt und ihn im Bereich der Verwaltung nur annimmt, wenn ein Hoheitsträger eine ihm ausdrücklich zugewiesene Aufgabe nicht anders erfüllen kann, als daß er seine Tätigkeit auf eine andere, ihm nicht ausdrücklich zugewiesene Materie ausdehnt.

[17] So ausdrücklich: Mangoldt/Klein, Art. 87 Anm. III 5 a bb Fn. 80, der darauf hinweist, daß es zweifelhaft ist, dieses Ergebnis allein aus Art. 32 I GG herzuleiten.

[18] BVerfGE 2, S. 347 ff. (379).

[19] So auch Bernhardt, S. 12 f., 131.

Die Tätigkeit von Rundfunkanstalten, die ins Ausland senden, stellen ein unentbehrliches Mittel für die Außenpolitik eines Staates dar[20]. Dieses Auftreten nach außen dient unmittelbar der vorbereitenden Pflege auswärtiger Beziehungen[21]. Der Auslandsfunk kann - wie der gesamte Kulturbereich - als erstes Mittel zur politischen Annäherung und Verständigung genutzt werden[22]. Ein einheitliches Auftreten des Bundesstaates ist hier ebenso notwendig, wie im Bereich der typischen Aufgaben des Auswärtigen Dienstes[23]. Es wird hier zwar nicht der Forderung gefolgt, daß Deutschland nach außen nur mit einer Stimme auftreten dürfe[24], weil "es für alle Welt nur eine 'deutsche Kultur', nicht aber Sonderkulturen der Länder gibt"[25]. Man wird dem Bund als Gesamtstaat jedoch auch für den Auslandsrundfunk das Recht nicht aberkennen dürfen, sich darzustellen. In der Tat reicht dieses Recht hier weiter als im nationalen Bereich, wo dem Bund nur in sehr engen Grenzen Gesetz- bzw. Verwaltungskompetenzen zugestanden werden können.

Allerdings wird gegen eine Bundeskompetenz eingewandt, daß so die Kompetenz der Länder ausgehöhlt werde. Krüger etwa, der die Bedeutung des Rundfunks für die Außenpolitik anerkennt[26], bestreitet die Kompetenz des Bundes[27]. Zwar sei der Rundfunk ein wichtiges Mittel der Machtausübung und diene der Staatspflege, die gerade nicht auf Werbung verzichten könne, wenn sie nicht gegenüber anderen werbenden Kräften ins Hintertreffen geraten wolle[28]. So wichtig es aber auch für eine erfolgreiche Außenpolitik sei, daß das diese Politik tragende Volk im Ausland anerkannt sei, so wenig könne man aus der Wichtigkeit eines solchen außenpolitischen Status den Schluß ziehen, daß der auswärtigen Gewalt deshalb die Kompetenz dazu zustehe[29]. Zuzustimmen ist Krüger, daß es keine Kompetenz aus einer Aufgabe heraus gibt. Das ist hier allerdings nicht das Problem. Dem Bund soll nämlich gerade keine Kompetenz aufgrund einer Aufgabe zuwachsen. Hier ist lediglich zu klären, ob die Materie "Auslandsrundfunk" in so engem sachlichem Zusammenhang mit dem Tätigkeitsfeld des Auswärtigen Dienstes steht, daß eine Verwaltungskompetenz des Bundes anzunehmen ist.

---

[20] Krüger, Rundfunk, S. 72; zustimmend: Dittmann, S. 145; Leisner, Öffentlichkeitsarbeit, S. 118; Remmele, S. 17.
[21] Lerche, Deutschlandfunk, S. 14 f.
[22] Vgl. entsprechend: Jutzi, Schulen, S. 131, bezüglich der deutschen Auslandsschulen.
[23] So Jutzi, Schulen, S. 131 hinsichtlich der deutschen Auslandsschulen.
[24] Vgl. insoweit BVerfGE 2, S. 347 ff. (379); Bernhardt, S. 12 f., 131.
[25] Peters, FS. f. Kaufmann, S. 281, 282.
[26] Krüger, Rundfunk, S. 72.
[27] Bei Krüger, Rundfunk, S. 72, wird allerdings nicht ganz klar, ob sich gegen eine Gesetzgebungs- oder Verwaltungskompetenz wendet; insoweit ist auch nicht ersichtlich, auf welche Kompetenznormen er sich bezieht.
[28] Krüger, Rundfunk, S. 39 ff., 41 f.
[29] Krüger, Rundfunk, S. 72 f.

Der Auslandsrundfunk spielt für innerstaatliche Vorgänge keine Rolle. Er "entschwindet" dem innerstaatlichen Bereich[30], so daß der Bereich nicht der Kulturkompetenz der Länder, sondern dem vom Bund zu verwaltenden Bereich des Auswärtigen zuzuordnen ist. Es fehlt dem Auslandsrundfunk nämlich jeder innerstaatliche Bezug, und auch seine Wirkungen betreffen nur die Außenbeziehungen[31]. Es ergibt sich systematisch aus den Art. 32 I GG, 73 Nr. 1 GG und 87 I GG, daß das Grundgesetz im Rahmen des Bund-Länder-Verhältnisses bei Angelegenheiten mit auswärtigem Bezug von einer grundsätzlichen Zuständigkeit des Bundes ausgeht[32]. Es ist daher nicht nur unnötig, sondern sogar verfassungswidrig, wenn Leisner[33] vorschlägt, daß die Aufgabe zwischen den Ländern und dem Bund "geteilt" werden könne. Solange es um die auswärtigen Belange der Bundesrepublik Deutschland geht, ist allein der Bund zuständig. Damit ist auch der Gedanke an eine Zusammenarbeit der Länder, also etwa die staatsvertraglich geregelte Gründung einer Anstalt ähnlich dem ZDF ausgeschlossen, dessen Aufgabe es wäre, ins Ausland zu senden. Da ein enger Zusammenhang mit den Tätigkeiten des Auswärtigen Dienstes besteht, wäre es verfassungswidrig, wenn die Länder über die Rundfunkkompetenz sich das Recht nähmen, hier gemeinschaftlich für den Gesamtstaat tätig zu werden. Insbesondere kann für den gesamtstaatlich repräsentierenden Auslandsrundfunk das Argument, den Ländern stehe die Rundfunkkompetenz als Bereich ihrer Kulturhoheit zu, nicht gelten. Vielmehr entspricht es der Organisation eines Bundesstaates, daß der Gesamtstaat die Möglichkeit hat, nach außen hin geschlossen aufzutreten. In dem Maße aber, wie im Inland auch dem Bund eine Kompetenz zur Repräsentation des Gesamtstaates zusteht, kommt auch den Ländern nach außen die Repräsentation ihrer Eigenstaatlichkeit zu. Dem Bund stünde dann wohl die "Hauptstimme Deutschlands" nach außen zu, diese Stimme würde aber von denen der Länder begleitet.

Im Ergebnis ist die Verwaltungskompetenz des Bundes kraft Sachzusammenhangs mit dem Auswärtigen Dienst zu bejahen. Dabei ist der Sinn dieser obligatorischen Verwaltung so zu verstehen, daß der Bund nicht zur Aufgabenwahrnehmung gezwungen ist. Diplomatische Überlegungen könnten dies von Fall zu Fall als inopportun erscheinen lassen. Eine obligatorische Verwaltung bedeutet vielmehr, daß diese Aufgabe vom Bund und nicht von den Ländern wahrgenommen werden darf[34]. Damit soll die Teilnahme der Länder an dieser "kulturellen Repräsentation" der Bundesrepublik Deutschland nicht ausgeschlossen werden; eine solche Teilnahme ist vielmehr schon aus praktischen Gründen notwendig, muß sich jedoch immer dem außenpolitischen Gesamtstaatsinteresse unterordnen[35]. Insoweit gilt das

---

[30] Remmele, S. 18.
[31] Remmele, S. 17.
[32] So auch Jutzi, Schulen, S. 134 mwN.
[33] Leisner, Öffentlichkeitsarbeit, S. 110.
[34] So auch Mangoldt/Klein, Art. 87 Anm. II 4 b aa.
[35] So auch mit Bezugnahme auf die Enquête-Kommission: Jutzi, Schulen, S. 132 Fn. 198.

von Stammler[36] geprägte Bild des Auslandsrundfunks als "Schaufenster": Während für dieses "Schaufenster" der Bund zuständig ist, stammen die Ausstellungsstücke zu einem wesentlichen Teil aus der rundfunk- und kulturpolitischen Sphäre der Länder.

Somit ist der Bund für die Errichtung und Unterhaltung eines Deutschland im Ausland repräsentierenden Auslandssenders kraft Sachzusammenhangs mit Art. 87 I GG ("Auswärtiger Dienst") zuständig[37].

b. Verwaltungskompetenz des Bundes kraft Natur der Sache

Es wird auch vertreten, daß die Bundeskompetenz sich aus der Natur der Sache ergebe[38]. Wie bei der Gesetzgebungskompetenz ist auch bei der Verwaltungskompetenz eine Kompetenz kraft Sachzusammenhangs einer natürlichen Kompetenz systematisch vorgelagert. Dennoch kann ergänzend untersucht werden, ob sich das Ergebnis auch aus dem Gedanken der Natur der Sache herleiten bzw. bestätigen läßt. Dabei ist davon auszugehen, daß eine Kompetenz kraft Sachzusammenhangs nicht besteht. In erster Linie interessieren also solche Überlegungen, die sich spezifisch aus dem Gedanken der Natur der Sache ergeben.

Das Recht eines Gemeinwesens, sich nach Innen bzw. nach Außen zu repräsentieren, bedeutet immer das Recht zur umfassenden Selbstdarstellung[39]. Hinsichtlich des Inlands wurde eine entsprechende Bundeskompetenz bejaht. Im Hinblick auf das Ausland gilt diese Einschätzung erst recht. Auch hier ist der Gesamtstaat Bundesrepublik Deutschland zu repräsentieren. Für die Repräsentation des Bundes nach außen ist der Bund zuständig. Allerdings kann auch hier diese Kompetenz dem Bund Rechte wieder nur in den Grenzen zuweisen, wie sie das Recht zu Selbstdarstellung festlegt. Es greift also dieselbe Argumentation ein, die für eine natürliche Verwaltungskompetenz des Bundes nach Innen angeführt wurde. Somit kommt dem Bund also für

---

[36] Stammler, ZUM 1988, S. 274, 286.
[37] Ebenso: Mangoldt/Klein, Art. 83 Anm. IV 4 c bb mwN.; Dittmann, S. 146, und Mallmann, JZ 1963, S. 350, 352, die jedoch zum einen eine direkte Anwendung von Art. 87 I 1 GG vertreten und zum andern aus Umstand der Verfassungswidrigkeit der rechtlichen Verselbständigung der Rundfunkanstalt Deutsche Welle nach Art. 87 III 1 GG herleiten; anders Kölble, DÖV 1963, S. 660, 668, der der Auffassung ist, das Bundesverfassungsgericht leite die Bundeszuständigkeit aus der Natur der Sache ab.
[38] So ausdrücklich Kölble, DÖV 1963, S. 660, 668; Lerche, Deutschlandfunk, S. 16 ff.; für die ähnliche Materie der Auslandsschulen auch Köttgen, S. 183, 191; ablehnend: Stern, Aspekte, S. 26, 29; ohne auf das Problem der natürlichen Verwaltungskompetenzen einzugehen: Reinert, S. 244 f.; ähnlich Fastenrath, S. 175 f., dessen Ausführungen sich jedoch (nur) gegen die Annahme einer (ausschließlichen) Bundeskompetenz kraft Natur der Sache "mangels Anknüpfungspunkt" im Inland wenden.
[39] Diesen Zusammenhang verkennt Puhl, DVBl. 1992, S. 933, 936, der den Auslandsrundfunk von der "Öffentlichkeitsarbeit" der Bundesorgane abgrenzen will. Dabei übersieht er, daß für den Bereich des Rundfunks die "Öffentlichkeitsarbeit" der Bundesorgane eingeschränkt und (wie hinsichtlich des Auslandsrundfunks) nur zulässig ist als Selbstdarstellung des Bundes - und nicht einzelner Organe.

den Bereich des Auslandsrundfunks neben einer Kompetenz kraft Sachzusammenhangs auch eine natürliche Verwaltungskompetenz unter dem Aspekt der Repräsentation des Gesamtstaates nach außen zu[40]. Im Gegensatz zum rein nationalen Rundfunkbereich stellt sich dem Bund hier die Situation einfacher dar, weil ihm für den Bereich des Auslandsrundfunks auch die umfassende Gesetzgebungskompetenz zusteht.

3. Das Verhältnis zwischen obligatorischer und fakultativer Bundesverwaltung im Rahmen der Rundfunktätigkeit
Weitgehend ist die Zuständigkeit des Bundes zur Errichtung und Unterhaltung eines Auslandsrundfunks anerkannt[41]. Allerdings ist man sich nicht einig, ob der Bund diese Aufgabe durch obligatorische oder fakultative Bundesverwaltung wahrzunehmen hat. Wenn der Rundfunksender in obligatorischer Bundesverwaltung geführt werden müßte, wäre er in die Verwaltungsstruktur eingegliedert. Die Aufgabe würde also in unmittelbarer Bundesverwaltung wahrgenommen werden müssen. Könnte die Aufgabe des Auslandsrundfunks jedoch auch durch eine fakultative Bundesverwaltung wahrgenommen werden, so könnte dies ein ausgegliederter Rechtsträger tun. Entscheidend ist deshalb, auf welcher kompetenzrechtlichen Grundlage eine Errichtung erfolgen muß. Teilweise wird dafür Art. 87 III 1 GG herangezogen[42]. Teilweise wird nur eine direkte Anwendung von Art. 87 I 1 GG für verfassungsgemäß erachtet[43] bzw. verlangt, daß dieser Artikel kraft Sachzusammenhangs angewandt werden müsse[44].

Die Bundesrundfunkanstalt "Deutsche Welle" ist als Anstalt iSv. Art. 87 III GG errichtet worden. Dies ist auch in der staatsrechtlichen Literatur einhellig anerkannt[45]. Jedoch ist umstritten, ob dies rechtmäßig ist, wenn die Verwaltungskompetenz aus Art. 87 I GG, dem Auswärtigen Dienst, folgt. Nach der hier vertretenen Auffassung sind Bedenken allenfalls deshalb angebracht, weil sich die Zuständigkeit des Bundes

---

[40] Dabei ist nicht mit Jutzi, Schulen, S. S. 138 ff., für den Bereich der Verwaltung als "analogiefähige" Normen auf die Art. 87 I 1 und 32 I GG zurückzugreifen. Zum einen ist nämlich fraglich, ob bei einem solchen Vorgehen überhaupt noch ein Unterschied besteht zwischen einer Kompetenz kraft Sachzusammenhangs und einer natürlichen Kompetenz; zum andern ist schon mit Art. 22 GG dem Erfordernis einer solchen "Analogie" des Grundgesetzes genügt.

[41] Herrmann, Fernsehen, S. 273; Fastenrath, S. 177; Puhl, DVBl. 1992, S. 933, 936; Stammler, ZUM 1988, S. 274, 280, 283; Kölble, DÖV 1963, S. 660, 668; Köstlin, Kulturhoheit, S. 171, 173 f.; Jarass, Gutachten, S. G 35; ähnlich aber eingeschränkt: Mallmann, JZ 1963, S. 350, 353; Dittmann S. 146; a.A.: Stern, Aspekte, S. 26, 29, der eine Kompetenz des Bundes zur Errichtung einer Anstalt wie der Deutschen Welle ablehnt.

[42] Herrmann, Fernsehen, S. 273; Fastenrath, S. 177; Lerche, Deutschlandfunk, S. 16 ff.; Stammler, ZUM 1988, S. 274, 280, 283; Köttgen, JÖR NF 11 (1962), S. 173, 283; Jarass, Gutachten, S. G 35; Köstlin, Kulturhoheit, S. 73 Fn. 72 und S. 171, der eine Anwendung von Art. 87 III GG für gleichermaßen rechtmäßig hält, wie die von Art. 87 I GG.

[43] Mallmann, JZ 1963, S. 350, 353; Dittmann, S. 146.

[44] So Mangoldt/Klein, Art. 83 Anm. IV 4 c bb; Stern, Staatsrecht Bd. 2, § 41 VII a, S. 830.

[45] Vgl. Köstlin, Kulturhoheit, S. 73, 171; Puhl, DVBl. 1992, S. 933, 935 f.

für den Auslandsrundfunk aus dem Sachzusammenhang mit der *ausschließlichen* Kompetenz des Bundes für den Auswärtigen Dienst ergibt, während bei Heranziehung von Art. 87 III GG diese Aufgabe durch die der *fakultativen* Bundesverwaltung angehörenden Deutschen Welle wahrgenommen wird. Probleme bestünden dann, wenn die Zuständigkeiten innerhalb der Verwaltungskompetenzen in organisatorischer Hinsicht fest verteilt wären[46]. Für eine solche Betrachtung gibt die Formulierung des Grundgesetzes Anlaß: Dort werden die einzelnen Organisationen aufgezählt, also Auswärtiger Dienst oder Bundesfinanzverwaltung, aber auch, nach Maßgabe des Art. 89 GG die Verwaltung der Bundeswasserstraßen und der Schiffahrt. Es wird darauf verzichtet, die Kompetenzzuweisung nach sachlichen Kriterien zu bestimmen. Sollten durch Art. 87 I GG Verwaltungsaufgaben nicht auch entsprechenden Funktionsträgern zugewiesen werden, wäre dies in der Tat mit einer anderen Formulierung deutlicher geworden. Art. 87 I GG hätte etwa lauten können: "Der Bund ist für die Verwaltung der auswärtigen Angelegenheiten, der Finanzen, der Eisenbahn usw. zuständig."[47] Wenn von einer festen Verteilung der Zuständigkeiten des Bundes in der Verwaltung ausgegangen wird, so wird also der anerkannte Grundsatz, daß Bund und Länder sich nicht ohne Grundgesetzänderung über Kompetenzzuweisungen einigen dürfen[48], entsprechend im internen Bereich des Bundes angewandt. Danach dürften also die Verwaltungsaufgaben nur streng getrennt von den einzelnen Funktionsträgern wahrgenommen werden. Jedoch ist diese entsprechende Anwendung bedenklich. Anders als im Verhältnis von Bund und Ländern besteht *innerhalb* der Bundesverwaltung keine Notwendigkeit, daß eine Aufgabe nur von einem bestimmten Amt ausgeübt wird. Während im Verhältnis zwischen Bund und Ländern verhindert werden soll, daß die Länder - auch mit ihrer Zustimmung - ihre Kompetenzen an den Bund abtreten können, womit nämlich eine Änderung des gesamten Bundesstaates einhergehen könnte, kann dieses Argument im Bereich der internen Bundesverwaltung nicht überzeugen. Darüber hinaus sagt auch Art. 87 I GG nichts darüber aus, in welchem Verhältnis die einzelnen Verwaltungen des Bundes zueinander stehen. Es ist nicht festgelegt, daß die genannten Materien völlig unabhängig voneinander verwaltet werden müssen. Wie Jutzi[49] feststellt, hätte mit einer anderen Formulierung eine klare Trennung der Verwaltungseinheiten deutlich gemacht werden können: Seiner Ansicht nach wäre der Satz: "Der Bund errichtet eine Währungs- und Notenbank als Bundesbank", eindeutiger gewesen, als der im Grundgesetz gewählte. Bei einer solchen Formulierung wäre nämlich deutlich, daß dem Bund nicht allein die Verwaltungskompetenz für diesen Bereich zugewiesen wäre, sondern eine Verpflichtung zur Errichtung der organisatorischen Einrichtung "Bundesbank" bestünde[50].

---

[46] Davon gehen sowohl Mallmann, JZ 1963, S. 350, 352, als auch Dittmann, S. 146, aus, die nur eine direkte Verwaltung des Auslandsrundfunks durch den Auswärtigen Dienst bejahen.
[47] So die Formulierung bei Jutzi, Schulen, S. 142.
[48] Statt aller: Maunz, in: Maunz/Dürig, Komm. z. GG, Art. 71 Rn. 10.
[49] Jutzi, Schulen, S. 143.
[50] Jutzi, Schulen, S. 143.

Auch aus der Entstehungsgeschichte des Art. 87 GG ist kein Hinweis zu entnehmen, daß klare Organisationszuständigkeiten festgelegt werden sollten. Vielmehr behandelt der Artikel nur "die Sachgebiete der bundeseigenen Verwaltung"[51]. Somit sollte allein die Zuweisung von Sachgebieten geregelt werden und eben nicht ihre Organisation. Darüber hinaus haben im Bereich der Ministerien, also der obersten Bundesbehörden, die Zuständigkeitsbereiche im Grundgesetz keine Abgrenzung gefunden. Hier ist es Aufgabe des Bundeskanzlers, die Kompetenzbereiche der einzelnen Ministerien festzulegen[52]. Würde man davon ausgehen, daß Art. 87 I GG die Aufgaben bestimmten Verwaltungseinheiten zuweist, käme man zu dem Ergebnis, daß für die obersten Bundesbehörden der Bundeskanzler die Zuständigkeiten frei bestimmen kann, während die Verteilung von Kompetenzen innerhalb nachgeordneter Bundesbehörden eine Verfassungsänderung notwendig machen würde[53]. Ein solches Ergebnis kann nicht überzeugen. Weiter spricht auch Art. 87 III GG gegen eine enge Auslegung des Art. 87 I GG. Hier wird die Errichtung von Bundesoberbehörden nämlich nur davon abhängig gemacht, daß der Bund die nach sachlichen Kriterien abgegrenzte Gesetzgebungskompetenz innehat. Art. 87 III GG soll somit die Möglichkeiten des Bundes, eigene Verwaltungen auszuformen, erweitern und nicht Art. 87 I GG eine Sperre setzen.

Schließlich wurde für den Bereich des Auslandsrundfunks nicht allein die Kompetenz des Bundes kraft Sachzusammenhangs mit Art. 87 I GG bejaht, sondern auch kraft Natur der Sache. Insoweit ist eine klare Organisationszuweisung nicht getroffen. Und es ist auch nicht einzusehen, daß gerade der Auswärtige Dienst zuständig sein sollte. Vielmehr ist aus dem Gedanken gesamtstaatlichen Repräsentation auch innerstaatlich eine Kompetenz des Bundes abzuleiten. Dieser Aspekt wird auch durch die Staatspraxis bestätigt: So ressortiert die Bundesrundfunkanstalt haushaltsmäßig nicht beim Auswärtigen Amt, sondern beim Bundesinnenminister[54], und § 22 Bundesrundfunkgesetz weist die Rechtsaufsicht nicht einem Bundesminister, sondern der gesamten Bundesregierung als Kollegialorgan zu[55]. Schließlich ist es nach der Satzung der Deutschen Welle die Aufgabe des Bundesinnenministers, die Vorsitzenden des Rundfunkrates und des

---

[51] Vgl. JÖR Bd. 1, S. 644.
[52] Vgl. § 9 S. 1 GeschOBReg: "Der Geschäftsbereich der einzelnen Bundesminister wird in den Grundzügen durch den Bundeskanzler festgelegt."
[53] Siehe auch Jutzi, Schulen, S. 144, der noch darauf hinweist, daß allerdings auch durch einfache Organisationsakte des Bundeskanzlers oberste Bundesbehörden errichtet werden können, während die Errichtung von Behörden nach Art. 87 III GG eines Gesetzes bedürfen. Allerdings ist dieser Fall nicht vergleichbar mit dem hier behandelten, da es sich insoweit um die Frage der *verfassungsrechtlich* abgesicherten Zuständigkeits-Organisations-Zuweisung handelt, während bei Art. 87 III ein *einfaches* Gesetz genügt.
[54] Im Bundeshaushalt 1994 Kap. 0602, Tit. 68508; Ausnahmen geringen Umfangs bestehen nur hinsichtlich der Projektförderungsmittel aus den Einzelplänen des Auswärtigen Amtes und des Bundesministers für wirtschaftliche Zusammenarbeit.
[55] Vgl. dazu die Begründung der Bundesregierung, BT-Drucks. III 1434, S. 25, zu § 48.

Verwaltungsrates gemäß § 19 Bundesrundfunkgesetz zu verpflichten (Art. 6 IV der Satzung). Er ist es auch, der über die Vermögensverwendung bei Auflösung der Anstalt entscheidet (Art. 13 IV der Satzung).

Im Ergebnis läßt sich die Annahme, durch Art. 87 I GG sei eine bestimmte Organisationsform für bestimmte Aufgaben festgeschrieben, aus dem Grundgesetz nicht herleiten. Vielmehr ergibt die Einordnung der Organisationsgewalt in die Konzeption des Grundgesetzes, daß die Zuständigkeitswahrnehmung durch die Behörden weitgehend frei geregelt werden kann[56].

Während einerseits die Meinung vertreten wird, der Auslandsrundfunk dürfe nur durch den Auswärtigen Dienst betrieben werden[57], so wird andererseits gefordert, verfassungsrechtliche Gründe verlangten für den Auslandsrundfunk zwingend eine Organisationsform nach Art. 87 III 1 GG[58]. Es wird argumentiert, auch für den Auslandsrundfunk gelte der vom Bundesverfassungsgericht[59] als objektives Prinzip der Gesamtrechtsordnung entwickelte Grundsatz der Staatsferne im Bereich des Rundfunks. Aus diesem Postulat der Staatsferne folgert man, daß Art. 5 I 2 GG die Eingliederung eines Auslandssenders in die Behördenorganisation des Bundes verbiete. Nur durch die Organisationsform des Art. 87 III GG könne der Grundsatz der Staatsferne gewährleistet werden[60].

---

[56] So auch Jutzi, Schulen, S. 143.
[57] So Dittmann, S. 146 ff; Mallmann, JZ 1963, S. 350, 352.
[58] So wohl Lerche, Deutschlandfunk, S. 16; Herrmann, Fernsehen, S. 108 - 110, 172; ähnlich Mallmann, JZ 1963 S. 350, 353, der jedoch andererseits eine Bundeskompetenz nur dann annimmt, wenn der Bund den Auslandssender direkt nach Art. 87 I GG in den Auswärtigen Dienst eingliedert.
[59] In BVerfGE 74, S. 297 ff. (323) heißt es: "Die Rundfunkfreiheit dient der gleichen Aufgabe wie alle Garantien des Art. 5 Abs. 1 GG: der Gewährleistung freier, individueller und öffentlicher Meinungsbildung, dies in einem umfassenden, nicht auf bloße Berichterstattung oder die Vermittlung politischer Meinung beschränkten Sinn... Freie Meinungsbildung vollzieht sich in einem Prozeß der Kommunikation. Sie setzt auf der einen Seite die Freiheit voraus, Meinungen zu äußern und zu verbreiten, auf der anderen Seite die Freiheit, geäußerte Meinungen zur Kenntnis zu nehmen, sich zu informieren. Indem Art. 5 Abs. 1 GG Meinungsäußerungs-, Meinungsverbreitungs- und Informationsfreiheit als Menschenrechte gewährleistet, sucht er zugleich, diesen Prozeß verfassungsrechtlich zu schützen. Er begründet insoweit subjektive Rechte; im Zusammenhang damit normiert er Meinungsfreiheit als objektives Prinzip der Gesamtrechtsordnung, wobei subjektiv- und objektivrechtliche Elemente einander durchdringen und stützen (vgl. BVerfGE 7, S. 198 ff. (204))."
[60] So implizit Lerche, Deutschlandfunk, S. 16; Herrmann, Fernsehen, S. 108 - 110, 172; ähnlich Mallmann, JZ 1963 S. 350, 353, der jedoch andererseits eine Bundeskompetenz nur dann annimmt, wenn der Bund den Auslandssender direkt nach Art. 87 I GG in den Auswärtigen Dienst eingliedert.

Dagegen wird eingewandt, daß die vom Bundesverfassungsgericht aus Art. 5 1 2 GG entwickelten organisatorischen Vorgaben auf Auslandssendungen überhaupt nicht angewandt werden können[61]. Die verfassungsrechtlich geforderte Staatsunabhängigkeit des Rundfunks beziehe ihre Rechtfertigung aus der Bedeutung des Rundfunks für den freiheitlichen Prozeß der Meinungsbildung im Inland. Im übrigen habe es bei der Formulierung des Art. 5 I 2 GG noch gar keinen Auslandsrundfunk gegeben. Diese Art Rundfunk könne daher auch nicht von der Formulierung des Artikels 5 I 2 GG erfaßt sein[62]. Zwar wird diese Aussage teilweise relativiert: Auch für den Auslandsrundfunk könne der vom Bundesverfassungsgericht als objektives Prinzip der Gesamtrechtsordnung entwickelte Grundsatz der Staatsferne gelten, wenn es sich dabei um ein dem Inlandsrundfunk "vergleichbares Sujet" handele[63]. Was unter einem "vergleichbaren Sujet" zu verstehen ist, wird aber nicht recht klar. Dies kann auch offen bleiben. Es wird nämlich bestritten, daß dies bei Auslandsrundfunk der Fall sei[64]: Für den Inlandsrundfunk sei objektiv-rechtliche Gewährleistung eines freien Rundfunks die Sicherung der freien Information aller Bürger und ihrer Meinungsbildung. Es handele sich dabei um einen für die Verwirklichung der Demokratie unabdingbaren Prozeß der freien Willensbildung. Dieser Prozeß sei daher vor Manipulationen und kleinsten Gefahren zu schützen. Für das Ausland könne diese Begründung nicht angewandt werden. Ein Auslandsrundfunk arbeite gezielt für fremde Staaten. Da seine Programme allein ins Ausland ausgestrahlt würden, schienen Manipulationen der innerdeutschen Willensbildung undenkbar[65].

Soweit vom Hoheitsgebiet der Bundesrepublik Deutschland Rundfunksendungen final ins Ausland ausgestrahlt werden, stellt sich die Frage, ob die von der Rechtsprechung für den rein nationalen Rundfunk entwickelten Grundsätze auch für den Auslandsrundfunk gelten können. Hierbei handelt es sich um eine Ausformung des Problems, ob und in welcher Weise Grundrechte bei Sachverhalten mit Auslandsbezug wirken[66]. In der Literatur gibt es hinsichtlich des Rundfunks zwei mögliche Betrachtungsweisen: Herrmann[67] legt das Gewicht seiner Überlegung auf die Frage der individuellen Rundfunkfreiheit. Dem einzelnen Redakteur stehe - wie bei jedem anderen Rundfunk - auch beim Auslandsrundfunk Art. 5 I 2 GG zur Seite. Ossenbühl[68] betrachtet hingegen allein die Frage nach der institutionellen

---

[61] So Gabriel-Bräutigam, DVBl. 1990, S. 1031, 1034; Ossenbühl, Rundfunkfreiheit, S. 7 - 14; Remmele, S. 39 ff., insbesondere S. 44 f.; kritisch auch Reinert, S. 278 f.
[62] So Remmele, S. 39, mit dem Hinweis, daß die Deutsche Welle als erster Auslandssender am 3. Mai 1953 mit dem regelmäßigen Programm begonnen habe.
[63] Remmele, S. 39 - 40.
[64] So Gabriel-Bräutigam, DVBl. 1990, S. 1031, 1034 f.; Dittmann, S. 147 f.; Remmele, S. 40 ff.; vgl. auch die ausführliche Zusammenstellung bei Puhl, DVBl. 1992, S. 933, 936 ff.
[65] So ausdrücklich Remmele, S. 44 f.
[66] Vgl. dazu: Schröder, FS. f. Schlochauer, S. 137 ff.
[67] Herrmann, Fernsehen, S. 108 - 110.
[68] Ossenbühl, Rundfunkfreiheit, S. 7 - 14.

Rundfunkfreiheit und verneint diese hinsichtlich des Auslandsrundfunks, da dieser keinen Einfluß auf die Willensbildung in Deutschland habe. Für die Errichtung eines Auslandssenders hätten beide Ansichten zur Folge, daß jedenfalls keine Notwendigkeit für eine staatsferne Organisation nach Art. 87 III GG bestünde, wie es bei der Deutschen Welle der Fall ist.

Im ersten Fernsehurteil ging das Bundesverfassungsgericht davon aus, daß auch der Auslandsrundfunk sich an den Grenzen des Art. 5 I 1, 2 GG messen müsse[69]. Diese Einschätzung muß jedenfalls dann gelten, wenn die Sendungen auch das Inland berühren[70]. Das ist regelmäßig der Fall. Auch ein final ins Ausland gerichteter Sender kann häufig auch im Inland empfangen werden. Das Phänomen des "over spill" stellt die Eigenschaft des Auslandsrundfunks nicht in Frage, es verlangt aber gewisse Rücksichtnahmen auf grundrechtliche Standards in der Bundesrepublik Deutschland. Das gilt sowohl für die herkömmlichen Techniken, also für Sendungen, die auf Kurzwellenfrequenzen, wie sie die Deutsche Welle benutzt, ausgestrahlt werden, als auch und gerade für den Satellitenrundfunk. Zwar kann hinsichtlich der über Kurzwellenfrequenzen verbreiteten Sendungen argumentiert werden, diese hätten wegen ihrer schlechten Empfangsqualität nur eine geringere Akzeptanz im deutschen Hörerkreis, so daß sie im Inland nur theoretisch wirken. Hinsichtlich der neuen Techniken kann diese Argumentation aber nicht überzeugen. Bei deren Verwendung entspricht die Empfangsqualität nämlich den Standards der nationalen Sender. Und es ist fast unmöglich, daß die mit dieser Technik verbreiteten Sendungen im Inland nicht empfangen werden. Dieser Umstand kann nicht dazu führen, daß ein Auslandssender auf diese Technik völlig verzichten muß[71]. Vielmehr hat der Bund bzw. die Bundesrundfunkanstalt ein Recht auf Mitbenutzung der der Bundesrepublik Deutschland auf der Genfer Fernsehverwaltungskonferenz zugewiesenen Satellitenkanäle. Der Auslandsrundfunk ist kein Rundfunk zweiter Klasse. In dem gleichen Maße wie die ins Inland gerichteten Rundfunkanstalten der Länder darf auch die ins Ausland gerichtete Bundesrundfunkanstalt umfassend tätig werden. Angesichts des "over spills" muß daher eine Anwendbarkeit des aus Art. 5 I 2 GG entwickelten objektiven Prinzips staatsferner Rundfunkorganisation auch für den Auslandsrundfunk bejaht werden[72]. Auch kann für Sendungen, die in Gebiete der Europäischen Union gesendet werden, eine restriktive Auslegung des Anwendungsbereichs von Art. 5 I 1, 2 GG nicht mehr überzeugen. Wie Puhl[73] schlüssig darlegt, schließt es die im Grundgesetz über Art. 24 GG angelegte Öffnung der Bun-

---

[69] BVerfGE 12, S. 205 ff. (241 f.).
[70] So wohl auch Ossenbühl, Rundfunkfreiheit, S. 7 - 14; Remmele, S. 44 f.; a.A.: Gabriel-Bräutigam, DVBl. 1990, S. 1031, 1034.
[71] Wie die Deutsche Welle zur Zeit auf Drängen der Länder, auf gewisse Sendefrequenzen verzichtet, um im Inland nicht empfangen werden zu können, vgl. insoweit Weirich, S. 111, 144.
[72] Darauf weist auch Remmele, S. 45, hin, dies allerdings nur unter der Voraussetzung, daß die Sendungen nicht mehr (allein) über Kurzwellenfrequenzen verbreitet werden.
[73] Puhl, DVBl. 1992, S. 933, 938.

desrepublik Deutschland für Einflußnahmen anderer Demokratien aus, die Freiheit der Kommunikationsprozesse an den Grenzen zu diesen Staaten enden zu lassen. Zwar ist die Bundesrepublik Deutschland weder verpflichtet noch überhaupt in der Lage, Rundfunkfreiheit als objektive Ordnung auch im Ausland zu gewährleisten[74]. Die Rundfunkordnung der Bundesrepublik Deutschland ist aber so freiheitlich eingerichtet, daß die ihrer Partner in der EU nicht beeinträchtigt wird. Dies gilt um so mehr, wenn zielgerichtet auch für diese Staaten Rundfunk veranstaltet wird. Auch entspricht es nicht den gegenwärtigen Gegebenheiten, wenn man behauptet, der Auslandsrundfunk habe keinerlei Bedeutung für die nationale Willensbildung[75]. Die Rundfunkfreiheit muß wirksam sein, wo die Mithörmöglichkeit erheblichen Einfluß auf die Willensbildung zu nehmen vermag. Die Bundesregierung[76] schätzte im Jahre 1987 die Zahl der im Ausland lebenden Deutschen, die im Inland wählen können, auf 478000, was etwa 1% der Wahlberechtigten ausmacht. Schon jetzt wird daher ein erheblicher politischer Einfluß der Deutschen Welle anzunehmen sein. Diese Entwicklung wird sich verstärken, seit ab dem 1. 7. 1995 die Deutsche Welle ihr Fernsehprogramm von derzeit täglich 14 auf 24 Stunden ausgebaut hat[77]. Mit einem unmittelbaren "Staatsrundfunk für das Ausland" wäre also ein direkter Einfluß auf die Meinungsbildungsprozesse im Inland möglich. Ein Umstand, dem Art. 5 I 2 GG entgegensteht.

Schließlich ist es angesichts des Selbstbildes der Bundesrepublik Deutschland naheliegend, den Auslandsrundfunk staatsfern zu organisieren. Indem weder Parteien noch die Regierung direkten Einfluß auf die Inhalte des Auslandssenders haben, demonstriert ein Staat Liberalität und Toleranz, gibt also ein Beispiel seiner Werte. Gerade kritische und nicht regierungsfreundliche Stimmen im Auslandsrundfunk tragen also zur mittelbaren positiven Darstellung des Staates bei[78]. Das bedeutet: Je staatsferner ein Auslandsrundfunk organisiert ist, um so überzeugender ist seine Tätigkeit und seine Bedeutung für die Anerkennung des Sendestaates. So kann ihm schwerlich vorgeworfen werden, ein reiner Regierungssender zu sein.

Wenn somit gute Gründe bestehen, auch den Auslandsrundfunk staatsfern zu organisieren, stellt sich die Frage, ob dies notwendigerweise nur über Art. 87 III GG möglich ist. Köstlin[79] vertritt die Meinung, daß die organisatorischen Vorgaben nicht von der Behördenstruktur abhängen. So könnte man der möglichen Einflußnahme des Staates - sprich der Regierung - durch entsprechende Vorkehrungen entgegentreten. Das Weisungsrecht des Ministers könnte ausgeschlossen werden, und es könnten pluralistisch besetzte Kontrollgremien eingerichtet werden, die die Tätigkeit des

---

[74] So Ossenbühl, Rundfunkfreiheit, S. 12; Dittmann, S. 147; Köstlin, Kulturhoheit, S. 173 f.
[75] So aber ausdrücklich Remmele, S. 45, im Bezug auf mögliche "Rückwirkungen" des Auslandsrundfunks durch Reisende.
[76] Stenographische Berichte 30 Sitzung vom 8. Oktober 1987, S. 1996.
[77] FAZ vom 12. November 1994.
[78] Quaritsch, Probleme, S. 33.
[79] Köstlin, Kulturhoheit, S. 73 Fn. 72.

Senders überwachten. Auf diese Weise könnte das Gebot der Staatsferne auch innerhalb der bundeseigenen Verwaltung erfüllt werden. Der Auslandsrundfunk wäre unter diesen Prämissen dem Auswärtigen Amt oder dem Innenministerium einzugliedern.

Jedoch ist der nach außen entstehende Eindruck einer ausgegliederten Anstalt vorteilhafter als der einer innerministerialen Verwaltung. Der Verdacht, daß es sich um einen "Propagandarundfunk" handelt, wäre schwierig zu widerlegen. Nach diesem Argument müßte der Auslandsrundfunk jedoch nicht zwingend durch eine Anstalt wahrgenommen werden. Dies kann nur mit einem Gesetzesvorbehalt begründet werden. Da für den Auslandsrundfunk ein Konflikt mit Art. 5 GG zu befürchten ist, hat die Errichtung einer Rundfunkanstalt zwingend durch Gesetz und Parlament zu erfolgen. Auslandsrundfunk läßt sich also nicht durch einfache Verwaltungsvorschriften auf Ministerialebene regeln. Daher wäre es auch nicht rechtmäßig, den Auslandsrundfunk in bundesunmittelbarer Verwaltung wahrzunehmen. All diese Überlegungen bestätigen, daß die nach Art. 87 III GG erfolgte Errichtung der Deutschen Welle als Anstalt des öffentlichen Rechts die einzig rechtmäßig mögliche war[80].

4. Aufgaben des Auslandssenders (Deutsche Welle)

Der Aufgabenbereich der Deutschen Welle bemißt sich nach der Aufgabe der *politischen* aber auch der *kulturellen* Selbstdarstellung der Bundesrepublik Deutschland. Der Sender hat für die Politik dieses Staates zu werben und so einen Beitrag zur Förderung deutscher Interessen im Ausland zu leisten[81]. Allerdings ist diese Aufgabe nicht als reine Öffentlichkeitsarbeit der Regierung zu verstehen. Die Deutsche Welle ist kein ins Ausland sendender "Bulletinrundfunk" und auch keine Unterart davon. Wie im Inland steht dem Bund das Recht zu, Bereiche der Kultur der sozialen Gegebenheiten, der bundesdeutschen Probleme und ähnliches darzustellen. Auch für den Auslandsrundfunk wird die Aufgabe des Senders durch die entsprechenden Kompetenznormen des Art. 87 III GG iVm. der natürlichen Kompetenz zur gesamtstaatlichen Repräsentation formuliert und begrenzt. Diese Auffassung wird durch das Errichtungsgesetz der Deutschen Welle bestätigt: Die Sendungen der Deutschen Welle sollen den Rundfunkteilnehmern im Ausland nämlich ein "umfassendes Bild des politischen, kulturellen und wirtschaftlichen Lebens in Deutschland vermitteln". Darüber hinaus sollen sie ihnen aber auch "die deutsche

---

[80] So auch Puhl, DVBl. 1992, S. 933, 936; Herrmann, Fernsehen, S. 273; Fastenrath, S. 177; Stammler, ZUM 1988, S. 274, 280; Köstlin, Kulturhoheit, S. 73; Jarass, Gutachten, S. G 35.

[81] Dies legt jedenfalls die Begründung des Regierungsentwurfs, BT-Drucks. III/1434, S. 12, nahe, nach dem die Anstalt (dort wird das gleiche auch auf den Deutschlandfunk bezogen) dem Bund die Möglichkeit geben sollte, "seine außenpolitischen ...Aufgaben auch durch den Rundfunk angemessen wahrzunehmen". Der Bundesrat stimmte der Errichtung von den Bundesrundfunkanstalten aus übergeordneten Gesichtspunkten der auswärtigen und gesamtdeutschen Politik zu - trotz verfassungsrechtlicher Bedenken (Bundesrat, 222 Sitzung vom 17. Juli 1960, Stenographische Berichte S. 445 f).

Auffassung zu wichtigen Fragen darstellen und erläutern"[82]. Aus dieser Formulierung kann jedoch nicht gefolgert werden, daß die Deutsche Welle die Aufgabe hat, Regierungsmeinungen im Ausland zu vertreten. Diesbezüglich kann auf die §§ 23 f Bundesrundfunkgesetz verwiesen werden. Dort heißt es, daß die Sendungen einer "unabhängigen Meinungsbildung" dienen und "nicht einseitig eine Partei, eine Religionsgemeinschaft, einen Berufsstand oder eine Interessengemeinschaft unterstützen" dürfen. Weiter soll die Berichterstattung "umfassend, wahrheitsgetreu und sachlich" sein. Mit derartigen Leitlinien kann unter dem Begriff der "Darstellung der deutschen Auffassung" nicht verstanden werden, daß eine Bindung an regierungsamtliche Themen und Vorgaben besteht. Vielmehr muß der Deutschen Welle in diesen Bereichen jede Freiheit zustehen[83]. Die Deutsche Welle nimmt also nicht Öffentlichkeitsarbeit irgendwelcher Bundesorgane wahr. Durch sie wird vielmehr der Gesamtstaat umfassend repräsentiert. Diese Aufgabe darf der Sender in jeder geeigneten Weise wahrnehmen. So kann er ohne Bedenken auch Fernsehen veranstalten[84]. Nachdem die Deutsche Welle seit mehr als 25 Jahren Fernsehprogramme (mit-)produziert hatte, ist es daher verfassungsgemäß, daß sie durch den Zusammenschluß mit RIAS-TV[85] auch eigenständig Fernsehsendungen verbreitet. Daß der Abschnitt im Bundesrundfunkgesetz über die Deutsche Welle mit "Sendungen über Kurzwelle" überschrieben war, konnte äußerstenfalls[86] als einfachgesetzliche Regelung verstanden werden; verfassungsrechtlich war diese Formulierung ohne Bedeutung. Als durch das Rundfunkneuordnungsgesetz[87] vom 20. Dezember 1993 das Bundesrundfunkgesetz geändert wurde, und diese Überschrift entfiel, war dies eine verfassungsrechtlich unbedenkliche,

---

[82] § 1 S. 2 Bundesrundfunkgesetz.

[83] So auch die Stellungnahme Weirichs, S. 111, 112, der die Staatsfreiheit und Unabhängigkeit der Deutschen Welle herausstellt und darauf hinweist, daß es zu Einflußnahmen der Regierung oder der Opposition bzw. der sie tragenden Parteien bisher nicht gekommen sei.

[84] So auch Stammler, ZUM 1988, S. 274, 281 f.; ähnlich wohl Schneider, FS. f. Carstens, S. 817, 821 Fn. 11, dessen Bedenken sich wohl allein auf die Geschichte der Deutschen Welle beziehen und also keine Aussage über die verfassungsrechtlichen Gegebenheiten treffen; vgl. auch Kreile, S. 181, dessen Begründung, die Satellitenfernsehprogramme der Deutschen Welle strahlten auch ins Inland, nicht überzeugt. Diese trifft nämlich ebenso auf die über KW gesendeten Hörfunk zu, so daß einer Differenzierung zwischen diesen beiden Formen des Rundfunks nicht gefolgt werden kann. Insbesondere ist ein Eingriff in die nationale Rundfunkordnung schon deshalb nicht zu befürchten, weil der Auslandssender auch inhaltlich hinsichtlich seiner Themen und der verwendeten Sprache(n) in das Ausland gerichtet ist.

[85] Durch das am 10. November 1986 inkraftgetretene Statut wurde RIAS-TV als Einrichtung der United States Information Agency gegründet. Aufgrund Art. 2 eines Übereinkommens vom 25. September 1990 (BGBl. II, S. 1274) war dieses Statut eines nach deutschem Recht. Nach der deutschen Vereinigung wurde RIAS-TV dann von der Deutschen Welle übernommen. Seit dem 1. April 1992 arbeitet dieser Fernsehsender für die Deutsche Welle.

[86] Allerdings ist die Formulierung wohl eher aus der Enstehungsgeschichte bzw. den Zeitpunkt der Entstehung des Gesetzes zu erklären.

[87] BGBl. I, S. 2246.

untergesetzlich aber notwendige Regelung. Die Deutsche Welle ist also nicht auf den Verbreitungsweg der Kurzwellen angewiesen. Daher kann sie auch die Möglichkeiten der neuen Techniken nutzen. Aus diesen Gründen muß die Deutsche Welle keineswegs darauf verzichten, einen Kanal auf dem ASTRA-Satelliten anzumieten, auf den die übergroße Mehrheit der Parabolantennen in Deutschland ausgerichtet ist[88]. Der Bund besitzt im gleichen Maße wie für den Auslandsrundfunk auch für den Inlandsrundfunk eine Kompetenz zur Errichtung einer Rundfunkanstalt. Und auch die von Art. 5 I 2 GG genannten verfassungsrechtlichen Vorgaben sind für beide Arten des Rundfunks identisch. Schon aus diesem Grund kann eine Differenzierung, wie sie derzeit vorgenommen wird, nicht überzeugen. Auch wenn man nicht der hier vertretenen Annahme einer Bundeskompetenz zur gesamtstaatlichen Repräsentation folgte, stellt auch im Inland empfangbarer Rundfunk noch keinen Inlandsrundfunk dar. Wie Weirich richtig feststellt, ist es angesichts der mit dem Satellitenrundfunk verbundenen technischen Möglichkeiten nicht mehr zeitgemäß, die Interessen des Bundes gegen die der Länder auszuspielen[89]. Wie sich schon im Zusammenhang mit der Gesetzgebungskompetenz des Bundes für den Auslandsrundfunk ergab, ist auch im Rahmen der Verwaltung zu überlegen, inwieweit eine Zusammenarbeit mit den Landesrundfunkanstalten möglich ist[90]. Die Deutsche Welle ist keine "zweitklassige" Rundfunkanstalt, die in ihren Möglichkeiten auf veraltete Techniken beschränkt bleiben muß[91]. Vielmehr hat auch diese Anstalt das Recht, zur Erfüllung ihrer Aufgaben sämtliche Möglichkeiten wahrzunehmen.

Die Ausstrahlung eines umfassenden Unterhaltungsprogramms, dessen Inhalt keinen Bezug zu Deutschland aufweist, könnte damit zu begründen sein, daß der Auslandsrundfunk umfassend dem Bund zugewiesen ist. Daher könnte wie im Innern den Länder nach außen dem Bund das Recht zustehen, einen Rundfunk zu veranstalten, dessen Tätigkeit über die bloße Repräsentation der Bundesrepublik Deutschland hinausgeht. Dem steht das Völkerrecht entgegen. Bei dem rein transnational angelegten Rundfunk werden in erster Linie Souveränitätsbelange des Empfängerstaates berührt. Völkerrechtlich ist neben dem inneren Selbstgestaltungsrecht auch ein äußeres Selbstgestaltungsrecht anerkannt[92]. Dies berechtigt jeden Staat, seine auswärtigen Beziehungen nach den eigenen Interessen zu gestalten, solange dadurch nicht korrespondierende Rechte anderer Staaten

---

[88] Vgl. Weirich, S. 111, 144 f., der darauf hinweist, daß diese Entscheidung nur zu dem Zwecke erfolgte, um sich nicht dem Vorwurf der Bundesländer auszusetzen, die Deutsche Welle betreibe Inlandsfernsehversorgung.
[89] Weirich, S. 111, 144.
[90] Weirich, S. 111, 145, spricht davon, daß "eine Bündelung der Kräfte im Interesse der Verbreitung deutscher Themen in der Welt statt einer kurzsichtigen Pflege von Einzelinteressen" möglich sein muß.
[91] Allerdings ist zu beachten, daß Kabel-, Satelliten- und begrenzt auch terrestrischer Rundfunkempfang von den Empfängerstaaten behindert werden kann, während dies bei der Kurzwelle nicht möglich ist (vgl. Weirich, S. 111, 159).
[92] Vgl. dazu Berber, S. 181 ff.

beeinträchtigt werden[93]. Dieses Recht findet seine Grenzen im Grundsatz von Treu und Glauben, guter Nachbarschaft und dem Verbot des Rechtsmißbrauchs. Als zulässige Auslandssendungen werden daher nur solche anerkannt, die in das Souveränitätsrecht des jeweiligen Empfängerlandes nicht unzulässig eingreifen. Somit müssen sich Auslandssender auf die nationale Selbstdarstellung beschränken[94]. Die Sendemöglichkeiten der Deutschen Welle sind damit beschränkt. Es kann also kein "Vollrundfunk" durch den Auslandssender veranstaltet werden, wenn nicht mit dem entsprechenden Empfängerstaat auf der Ebene des Völkervertragsrechts entsprechende Regelungen erfolgt sind.

5. Weitere Verwaltungskompetenzen des Bundes und flankierende der Länder
Wie die Organe des Bundes im Inland das Recht haben, sich, ihre Aufgaben und ihre Arbeit darzustellen, steht dem Bund im Rahmen der ihm zugewiesenen Kompetenzen diese Befugnis zur Öffentlichkeitsarbeit auch gegenüber dem Ausland zu[95]. Der Bund hat also auch gegenüber dem Ausland die Kompetenz, Fakten zu veröffentlichen, wie beispielsweise amtliche Verlautbarungen. Aber auch diese Veröffentlichung müssen in mittelbarer Staatsverwaltung erfolgen[96]. Eine solche Kompetenz ist jedoch von der umfassenden Kompetenz zur Repräsentation des Gesamtstaates mitumfaßt und hat daher keine eigenständige Bedeutung.

Wichtiger ist die Frage, ob nicht neben dem Bund auch die Länder die Kompetenz haben, transnationale Rundfunkprogramme zu veranstalten[97]. Grundsätzlich sind die Kompetenzbereiche des Grundgesetzes überschneidungsfrei angelegt. Es ist den Ländern also benommen, einen Bereich zu regeln, wenn dem Bund die entsprechende Kompetenz zusteht[98]. Es ist jedoch ein Trugschluß zu folgern, die Kompetenz des Bundes gemäß Art. 73 Nr. 1 GG und kraft Natur der Sache schlössen eine flankierende Länderkompetenz aus[99]. Der Gedanke ungeschriebener Kompetenzen kann nämlich nicht nur zugunsten des Bundes, sondern auch zugunsten der

---

[93] Vgl. dazu Berber, S. 182.

[94] Reinert, S. 31 f., weist darauf hin, daß weitergehende Sendungen auch rechtmäßig sein können, wenn der entsprechende Empfängerstaat aufgrund völkerrechtlicher Normen eine Beschränkung seiner Selbstgestaltungsfreiheit hingenommen hat.

[95] Mit Hinweis auf die Zulässigkeit eines Bulletinrundfunks: Lerche, Deutschlandfunk, S. 16 f.; Puhl, DVBl. 1992 S. 933, 936; in einem weiteren Sinne: Ossenbühl, Rundfunkfreiheit, S. 13; Wufka, S. 105; Dittmann, S. 148; Köstlin, Kulturhoheit, S. 174; vgl. auch Mallmann, Rundfunkreform, S. 234, 260.

[96] Auch hier verhindert jedoch, Art. 5 I 2 GG die Wahrnehmung dieser Aufgabe in unmittelbarer Staatsverwaltung; a.A.: Lerche, Deutschlandfunk, S. 16 f.; Puhl, DVBl. 1992, S. 933, 936; in einem weiteren Sinne: Ossenbühl, Rundfunkfreiheit, S. 13; Wufka, S. 105; Dittmann, S. 148; Köstlin, Kulturhoheit S. 174.

[97] Vgl. Reinert, S. 245. Fastenrath, S. 176, bejaht zumindest ein Tätigwerden der Landesrundfunkanstalten und der ARD hinsichtlich Sendungen für das benachbarte Ausland; a.A.: Köstlin, Kulturhoheit, S. 57 f.

[98] BVerfGE 36, S. 193 ff. (202 f.); BVerfG, DVBl. 1982, S. 1135, 1143.

[99] Vgl. Reinert, S. 245.

Länder eingreifen. Eine derartige Länderkompetenz kommt aus dem Gesichtspunkt der Selbstdarstellung in Betracht. Diese Überlegung wird im Rahmen eines sich europaweit entwickelnden Bewußtseins[100] der kulturellen Eigenständigkeit der Länder und dem damit verbundenem Wunsch der Selbstdarstellung im Ausland in der Zukunft immer wichtiger werden[101]. Jedoch ist zu klären, ob die Anerkennung solcher flankierenden Kompetenzen der Länder nicht zu Kompetenzkonflikten führt.

Es wird argumentiert, daß in Europa die Bedeutung von Ländern und Regionen anerkannt sei[102]. Das habe zur Folge, daß den Ländern der Bundesrepublik Deutschland die Möglichkeit zur Selbstdarstellung im (nahen) Ausland nicht genommen werden dürfe, um dieses kulturelle und politische Bild ihrer Eigenständigkeit nach außen zu präsentieren[103]. Allerdings wird nicht begründet, wie sich dieses Ergebnis dogmatisch aus der Ordnung des Grundgesetzes herleiten läßt. Zumindest die Vorschriften der Art. 73 Nr. 1 GG und Art. 32 I GG sprechen gegen die Annahme einer solchen Kompetenz[104]. Wenn dem Bund die ausschließliche Gesetzgebungs- und Verwaltungskompetenz für den Auslandsrundfunk zugewiesen ist, bleibt nämlich in dem dem Bund zugewiesenen Rahmen kein Raum für ein Tätigwerden der Länder. Ein flankierendes Tätigwerden der Länder kann nur in Frage kommen, wenn es sich bei rein transnational angelegtem Rundfunk des Bundes einerseits und der Länder andererseits um unterschiedliche Materien handeln sollte.

Die Grundsätze, die dem Bund eine natürliche Kompetenz zuweisen, können in dem gleichen Maße auch für die Länder Anwendung finden. Hier kommt das Recht der Länder zur Selbstdarstellung in Betracht. Daran ändert auch der Umstand nichts, daß die Deutsche Welle etwa mit dem Magazin "D16", das die regionalen, wirtschaftlichen landschaftlichen und kulturellen Besonderheiten der 16 deutschen Bundesländer zum Thema hat, entsprechende Sendungen veranstaltet. So, wie die Bundesrepublik Deutschland nur durch den Bund repräsentiert werden kann, kann auch das jeweilige Land nur durch sich selbst nach außen dargestellt werden. Gleichermaßen wie diese natürliche Kompetenz dem Bund nur das Recht gibt, sich hinsichtlich bundesspezifischer Dinge darzustellen, so dürfen auch ihrerseits die Länder ihre Kompetenzen über diese Rechtsfigur nicht zu Lasten des Bundes ausdehnen. In der Literatur wird daher argumentiert, daß es den Ländern nicht verwehrt werden könne, ihre Eigenstaatlichkeit nach außen darzustellen[105]. Die Gefahr einer Auflösung klarer Kompetenzzuweisungen zwischen Bund und Ländern, wird von den Vertretern dieser Meinung damit relativiert, daß hinsichtlich auswärtiger Tätigkeiten im Bereich der Leistungsverwaltung keine solch engen

---

[100] Vgl. Art. 198a EG-Vertrag (= Art. 263 Vertrag v. Amsterdam).
[101] Reinert, S. 245.
[102] Reinert, S. 245.
[103] Reinert, S. 245.
[104] Reinert, S. 245.
[105] Fastenrath, S. 175 f.

Grenzen vom Grundgesetz vorgegeben seien[106]. Nur im Rahmen der Eingriffsverwaltung sei ein nach außen einheitliches Handeln der Bundesrepublik Deutschland erforderlich[107]. Im Rahmen der Leistungsverwaltung schade ein gleichzeitiges Tätigwerden von Bund und Ländern nicht, vielmehr fördere es die Vielfalt des Angebotes[108]. Im übrigen würden die entstehenden Kosten zur Folge haben, daß die Länder von diesem Recht nur dort Gebrauch machten, wo es für sie sinnvoll sei[109].

Dem wird entgegengehalten, daß eine so klare Trennung von Leistungs- und Eingriffsverwaltung kaum möglich und vom Grundgesetz nicht vorgesehen sei[110]. Man könne auch nicht zwischen den Bereichen Inland und Ausland in der vorgeschlagenen Weise differenzieren, um im Ausland die Kompetenzzuweisungen aufzuweichen[111]. Im übrigen könne man mit der dargestellten Argumentation die gesamte Kompetenzverteilung auch im Inland für den Bereich der Leistungsverwaltung mit der Begründung aufheben, daß ein gleichzeitiges Agieren mehrerer Hoheitsträger nebeneinander kein Schaden sei.

Die Befürworter einer flankierenden Länderkompetenz sind einzig dort zu kritisieren, wo nach ihrer Argumentation nur Kompetenzen hinsichtlich des Auslands betroffen sein sollen. Die natürliche Kompetenz zur Repräsentation steht nämlich jedem Gemeinwesen nach innen *wie* nach außen zu. Die Darstellung wäre also dann schlüssig, wenn sie auch hinsichtlich des Inlands Anwendung fände. Jedenfalls ist der Ansicht zuzustimmen, daß ein Tätigwerden der Länder im Bereich des Auslandsrundfunks die Kompetenzzuweisungen zwischen Bund und Ländern nicht aufweichen müßte. Den Ländern stünde nur die Veranstaltung eines landesspezifischen Rundfunks zu, während der Bund die umfassende Darstellung des Gesamtstaates Bundesrepublik Deutschland wahrnehmen dürfte. Es überschneiden sich also nicht die Kompetenzen von Bund und Ländern, sondern sie haben lediglich beide partiell das Recht, über ähnliche Dinge zu informieren. Somit ist schon der These zu widersprechen, hier überschnitten sich die Kompetenzen. Wenn die bestehenden faktischen Überschneidungen die Verbreitung ähnlicher Informationen zur Folge hätte, so wäre dies allerdings, wie mit Recht angemerkt wird[112], kein Schaden. Im übrigen ist zu beachten, daß eine ausschließende Kompetenzzuweisung nur dort sinnvoll ist, wo der Bürger Rechtssicherheit erwarten darf. Das ist jedoch nicht hinsichtlich der Verbreitung von Informationen durch Rundfunk der Fall.

---

[106] Fastenrath, S. 175 f.
[107] Fastenrath, S. 175.
[108] Fastenrath, S. 175 f.
[109] Fastenrath, S. 176.
[110] Köstlin, Kulturhoheit, S. 57 f.
[111] Köstlin, Kulturhoheit, S. 58.
[112] Fastenrath, S. 175.

Schließlich ist den Ländern in der Praxis schon seit geraumer Zeit ein breiter Handlungsspielraum eingeräumt worden, um etwa als Werbeträger für die heimische Wirtschaft oder im kulturellen Bereich ihre "auswärtigen Angelegenheiten" selbständig zu gestalten[113]. In diesen Bereichen könnte man noch viel eher als für den Rundfunk Überschneidungen von Kompetenzen befürchten. Daß dieses Faktum trotzdem nicht kritisiert wird, ist daher als weiterer Hinweis zu werten, eine parallele, enggefaßte Kompetenz der Länder anzuerkennen. Dies muß jedenfalls solange gelten, wie die entsprechenden Sendeinhalte einen lokalen Bezug aufweisen und nicht zu den klassischen Bereichen des Auswärtigen Dienstes zu zählen sind. Den Ländern wird also die Kompetenz zur Veranstaltung von Auslandsrundfunk zuerkannt werden müssen, soweit das Programm landesspezifisch gestaltet ist[114]. Die Länder haben nach außen die Kompetenz, ein wahrheitsgetreues Bild des politischen, kulturellen und wirtschaftlichen Geschehens in ihrem Land zu präsentieren. Allerdings können sich Begrenzungen dieser, die Bundeskompetenz ergänzenden, Landeskompetenz aus dem Grundsatz des bundesfreundlichen Verhaltens ergeben. Während es im Inland vor allem der Kompetenz der Länder unterliegt, das Rundfunkwesen zu regeln, und der Bund Rücksicht zu wahren hat, ergibt sich für den Auslandsrundfunk, der in erster Linie Sache des Bundes ist, eine solche Pflicht für die Länder. Daher müssen diese auf bundesstaatliche Regelungen Rücksicht nehmen[115]. Um diese Verwaltungskompetenz wahrnehmen zu können, steht den Ländern auch eine entsprechende Gesetzgebungskompetenz zu. Diese reicht jedoch nicht soweit, um private Auslandssender zu reglementieren. Vielmehr haben die Länder nur die Möglichkeit, gesetzlich zu regeln, daß die Landesrundfunkanstalten ins Ausland ein Programm senden, durch das die Länder nach außen dargestellt werden.

6. Ergebnis zu II.

Zusammenfassend läßt sich sagen, daß für den Auslandsrundfunk dem Bund die Verwaltungs und auch die Gesetzgebungskompetenz umfassend zugewiesen ist. Die aufgrund dieser Kompetenz errichtete Deutsche Welle hat dabei die Aufgabe, den Gesamtstaat Bundesrepublik Deutschland in all seinen Facetten darzustellen. Bei der Erfüllung dieser Aufgabe hat die Deutsche Welle die gleichen Rechte wie die Landesrundfunkanstalten. Insbesondere steht der Deutschen Welle das Recht zu, Fernsehen zu senden und - auch in Deutschland empfangbare - Satelliten zu nutzen, wenn nur das Programm für das Ausland bestimmt bleibt. Parallel dazu steht auch

---

[113] Darauf weist hin: Reinert, S. 245.
[114] A.A.: Rojahn, in: v. Münch, Komm. z. GG, Art. 32 Rn. 2b, der aus der Kompetenzverteilung des Art. 32 I und III GG folgert, daß es den Ländern nicht gestattet sei, "Sendungen speziell für das Ausland auszustrahlen, die der *landes-* und bundesstaatlichen Repräsentanz dienen."
[115] So auch mit Bezugnahme auf die Enquête-Kommission: Jutzi, Schulen, S. 132 Fn. 198.

den Ländern das Recht zu, sich nach außen mit Hilfe des Rundfunks darzustellen. Bei einer entsprechenden durch die Länder erfolgte Gesetzgebung können die Landesrundfunkanstalten das Ausland über die spezifische Situation des jeweiligen Landes bzw. der jeweiligen Länder informieren.

III. Verwaltungskompetenz des Bundes im Bereich multinationaler Angelegenheiten

1. Zuständigkeit des Bundes

Die Bedeutung des multinationalen Rundfunks steigt in dem Maße, wie die Staaten Europas zusammenwachsen. Die Zusammenarbeit der Staaten innerhalb Europas hat durch die Organisationen der Europäischen Union, des Europarates und der KSZE eine nicht mehr nur als rein auswärtige Angelegenheit einzustufende Relevanz erlangt. Diese Entwicklung hat ihren bisherigen Höhepunkt im Wegfall des "eisernen Vorhangs" und in der Unterzeichnung der "Maastrichter Verträge"[1] gefunden. In diesem Zusammenhang ist klärungsbedürftig, ob der Bund eine Rundfunkanstalt errichten darf, die nicht *nur* das Inland versorgt oder *nur* final auf das Ausland gerichtet ist, sondern gleichermaßen das In- *und* das Ausland versorgt. Der auf Dauer multinational angelegte Rezipientenkreis wäre demzufolge charakteristisches Merkmal einer solchen Anstalt.

Der bisher einzige öffentlich-rechtliche multinationale Sender in Deutschland, der Deutschlandfunk, sendete sowohl in die DDR als auch in die Bundesrepublik Deutschland[2]. Er war zusammen mit der Deutschen Welle durch Bundesgesetz[3] vom 29. November 1960 während des Prozesses um die Deutschland-Fernseh-GmbH vor dem Bundesverfassungsgericht errichtet worden. Entscheidender Zweck des Deutschlandfunks war es, den Gedanken der Wiedervereinigung im Bewußtsein der Bürger der DDR und der der Bundesrepublik Deutschland wach zu halten. Nach der deutschen Einigung am 3. Oktober 1990 war der Fortbestand des Deutschlandfunks durch eine Art "Zweckerreichung" nicht mehr gesichert. Durch das Rundfunkneuordnungsgesetz[4] vom 20. Februar 1993 wurden dann seine Aufgaben gemäß Art. 2 I "zum 31. Dezember 1993 beendet". Die den Deutschlandfunk betreffenden Regelungen im Bundesrundfunkgesetz wurden aufgehoben. Das Gesetz trat am 1. Januar 1994 in Kraft. Damit hat dieser erste multinationale Rundfunk in Deutschland seine Arbeit eingestellt. Seine Programmpotenzen wurden durch einen Staatsvertrag auf das "Deutschlandradio" übertragen[5]. Diese Körperschaft des öffentlichen Rechts, deren Mitglieder ausschließlich die Landesrundfunkanstalten und das ZDF sind, ist somit dem Bund zur Regelung entzogen und veranstaltet rein nationalen Rundfunk.

---

[1] Am 7. Februar 1992 wurde in Maastricht der Vertrag über die Europäische Union unterzeichnet, veröffentlicht in BGBl. 1992 II, S. 1253 ff., gemäß der Bekanntmachung vom 19. Oktober 1993, BGBl. 1993 II, S. 1947, 1. November 1993 in Kraft getreten am. Dieser Vertrag ist nunmehr modifiziert durch den Vertrag von Amsterdam vom 2. Oktober 1997, der - neben weitreichenden inhaltlichen und formalen Änderungen - eine vollständige Neunummerierung des EG-Vertrages vorsieht.

[2] Unberücksichtigt kann an dieser Stelle seine Sendetätigkeit ins nachbarliche europäische Ausland bleiben, da diese Veranstaltungen nicht auch für das Inland bestimmt waren.

[3] BGBl. 1960 I, S. 862 ff.

[4] BGBl. 1993 I, S. 2246 f.

[5] BGBl. 1993 I, S. 2248 ff.

Die Notwendigkeit einer solchen Regelung mag hier dahinstehen[6]. An dieser Stelle ist nur die grundsätzliche Kompetenz des Bundes zur Verwaltung eines multinationalen Rundfunks zu untersuchen. Dazu sind die Erkenntnisse heranzuziehen, die für den rein transnationalen Rundfunk gefunden wurden. Wenn schon dort eine direkte Anwendung des Art. 87 I GG verneint werden muß, der transnationale Rundfunk also nicht unmittelbar dem Auswärtigen Dienst zugerechnet werden kann, dann muß dies um so mehr für den multinationalen Rundfunk gelten. Es ist nämlich nicht einsehbar, daß eine Form des Rundfunks, die *nur* nach außen gerichtet ist, nicht unter den Begriff des "Auswärtigen Dienstes" zu subsumieren ist, während eine, die auch für das Inland sendet, darunterfallen sollte.

Daher ist zu untersuchen, ob nicht dem Bund kraft Sachzusammenhangs mit dem "Auswärtigen Dienst" eine Verwaltungskompetenz für den multinationalen, wie schon für den transnationalen Rundfunk zusteht. Das wäre im Falle von Sendungen anzunehmen, die in erster Linie für das Ausland bestimmt sind. Bei der Beantwortung dieser Frage sind zwei Punkte von relevanter Bedeutung. Zum einen ist der Rundfunk ein für die Außenpolitik unentbehrliches Mittel. Zum andern fällt der multinationale Rundfunk, wenn er in erster Linie auf das Ausland gerichtet ist, gemäß Art. 73 Nr. 1 GG in die Gesetzgebungskompetenz des Bundes. Er muß mithin zu den auswärtigen Angelegenheiten gezählt werden. Da bestimmte außenpolitische Verhältnisse einen direkten innenpolitischen Bezug aufweisen, wie seinerzeit die deutsch-deutschen Beziehungen oder nunmehr die zwischen den Staaten der Europäischen Union, ist mit der gleichen Begründung wie bei der Gesetzgebungskompetenz für den Teilbereich des multinationalen Rundfunks auch hier eine Verwaltungskompetenz des Bundes zu begründen. Wenn nämlich die Sendeinhalte primär für das Ausland gemacht sind, und nur in zweiter Linie das bundesdeutsche Publikum angesprochen werden soll, steht diese Materie in engem Sachzusammenhang mit der dem Bund zur Verwaltung zugewiesenen Materie des "Auswärtigen Dienstes". Für jenen Bereich des multinationalen Rundfunks, der vor allem ins Ausland sendet, steht dem Bund neben der Gesetzgebungskompetenz auch die Verwaltungskompetenz über die Figur des Sachzusammenhangs mit Art. 87 I GG zu. Soweit der multinationale Rundfunk überwiegend ins Inland sendet, ist dies allerdings nicht der Fall. Hier ist vielmehr die Kompetenz der Länder gegeben.

In der Literatur wird darüberhinaus vertreten, daß dem Bund für den multinationalen Rundfunk und jedenfalls für den Deutschlandfunk auch eine natürliche Kompetenz zustehe[7]. Dabei wurde als analogiefähige Norm auf die ehemalige Präambel verwiesen, die dem Bund alle Kompetenzen geben sollte, um auf die Wiedervereinigung hinzuwirken. In diesem Sinne könnte nunmehr auf den neu

---

[6] Es wurde gezeigt, daß der Bund unter gewissen Einschränkungen die Kompetenz hat, einen rein nationalen Rundfunk zum Zwecke gesamtstaatlicher Repräsentation zu betreiben. Somit hätte auch die Möglichkeit bestanden, daß der Bund durch einfache Gesetzesänderung die Aufgaben des Deutschlandfunks in der Weise geändert hätte.

[7] Vgl. etwa Reinert, S. 251; Lerche, Deutschlandfunk, S. 18 ff.

formulierten Art. 23 I GG hingewiesen werden, um eine entsprechende Kompetenz des Bundes für Sendungen, die die europäischen Nachbarstaaten betreffen, zu begründen. Die hinsichtlich einer solchen Begründung natürlicher Gesetzgebungskompetenzen geübte Kritik gilt jedoch auch im Rahmen der Verwaltungskompetenz. Weder die ehemalige Präambel noch Art. 23 I GG n.F. wenden sich allein an den Bund. Insbesondere handelt es sich bei der Veranstaltung von multinationalem Rundfunk um keine Aufgabe, die (natürlicherweise) *allein* der Bund bzw. die Bundesverwaltung erfüllen kann. Daher ist eine natürliche Verwaltungskompetenz für diesen Bereich abzulehnen. Allerdings steht dem Bund sowohl für den nationalen als auch für den rein transnationalen Rundfunk die Kompetenz zu, den Gesamtstaat auch mit Hilfe des Rundfunks zu repräsentieren. Daraus folgt, daß dem Bund das gleiche Recht für den multinationalen Rundfunk zustehen muß, unabhängig davon, ob er hauptsächlich ins Inland oder ins Ausland gerichtet ist. Es steht dem Bund jedoch im Rahmen einer fakultativen Verwaltung frei zu entscheiden, ob, und wie er seine Aufgabe wahrnehmen will. Wenn er sie allerdings wahrnimmt, hat er Art. 5 I 2 GG zu beachten[8]. Sowohl für den nationalen als auch für den transnationalen Rundfunk wurde nämlich die unmittelbare Beeinflussung von Meinungsbildungsprozessen in der Bundesrepublik Deutschland bejaht. Die institutionelle Rundfunkfreiheit verlangt, daß der Gesetzesvorbehalt einzuhalten ist. Daher war die Errichtung des Deutschlandfunks über Art. 87 III GG durch Gesetz nicht nur *eine*[9], sondern die *einzig* denkbare Möglichkeit[10]. Dies gilt für jeden anderen multinationalen Bundesrundfunk auch für die Zukunft.

2. Aufgaben und Möglichkeiten der Bundesanstalten

Die Möglichkeiten eines solchen Bundessenders müssen sich in dem Rahmen halten, der die Verwaltungskompetenz des Bundes begrenzt. Dies hat zweierlei zur Folge: Zum einen ergibt sich daraus, daß der ehemalige Deutschlandfunk auch in das Bundesgebiet senden durfte. Es war also nicht rechts-, oder genauer: verfassungswidrig, wenn der Sender in erster Linie Sendeanlagen an der Westgrenze der Bundesrepublik Deutschland nutzte. Auch die in der Literatur[11] nicht gebilligte Zuweisung einer UKW-Frequenz für das Hamburger Stadtgebiet war rechtmäßig. Und schließlich war der Bund bzw. der Deutschlandfunk bei der Erfüllung seines Auftrages nicht an be-

---

[8] So auch die Vertreter, die für einen transnationalen Rundfunk ein Eingreifen von Art. 5 I 1 GG verneinen, wie Ossenbühl, Rundfunkfreiheit, S. 14; Reinert, S. 279; Puhl, DVBl. 1992, S. 933, 936 f.
[9] So aber Köstlin, Kulturhoheit, S. 73 Fn. 72.
[10] Lerche, Deutschlandfunk, S. 16; wohl auch Remmele, S. 44.
[11] Jarass, Gutachten, S. G 33 Fn. 129.

stimmte Techniken gebunden[12]. Denn wie die Deutsche Welle und die übrigen Landesrundfunkanstalten handelte es sich bei ihm um einen vollwertigen Rundfunk. Für problematisch wurde allerdings gehalten, ob sich die Kompetenz des Senders auch auf Hinweise über den Straßenzustand, -verkehr und das Wetter in der Bundesrepublik Deutschland erstreckte. Es wurde die Ansicht vertreten, daß diese Sendeinhalte zumindest am Rande des Kompetenzrahmens des Bundessenders lägen[13]. Demgegenüber wurde die Ansicht vertreten, daß das Programm des Deutschlandfunks in seinem äußeren Erscheinungsbild und seiner Attraktivität anderen Programmen bundesdeutscher Sender ebenbürtig sein müsse[14]. Andernfalls könne das Ziel, auch der bundesdeutschen Bevölkerung die Situation der Menschen in der DDR bewußt zu machen, nicht gelingen. Dieser Argumentation ist entgegenzuhalten, daß es fragwürdig und jedenfalls nicht notwendig scheint, das Zusammengehörigkeitsgefühl der Deutschen durch den Straßenzustandsbericht zu erzeugen. Dieser Begründung bedarf es aber auch gar nicht. Dem Bund steht nämlich auch für das Inland eine natürliche Verwaltungskompetenz zum Zweck gesamtstaatlicher Repräsentation zu. Innerhalb dieser Kompetenz ist es jedoch rechtmäßig, die in Frage stehenden Informationen zu verbreiten. Die Verbreitung derartiger Sendeinhalte waren also zu keinem Zeitpunkt als Kompetenzverletzungen einzuordnen.

Die durch das Bundesrundfunkgesetz festgelegten Aufgaben des Senders, Rundfunk für das europäische Ausland einschließlich der DDR zu veranstalten, fielen mit dem 3. Oktober 1990 zwar hinsichtlich der DDR fort, blieben allerdings hinsichtlich der Versorgung des europäischen Auslands bestehen. Diese Aufgaben überschnitten sich jedoch unmittelbar mit denen der Deutschen Welle. In § 1 Bundesrundfunkgesetz wird der Deutschen Welle nämlich die Aufgabe zur Veranstaltung von Rundfunk für

---

[12] Für den Deutschlandfunk war bestritten, daß dem Bund auch eine "Fernsehkompetenz" zustünde. (So wohl Jarass, der eine Beteiligung des Deutschlandfunks an einer europäischen Fernsehanstalt als nicht gedeckt ansieht. Vgl. dazu auch : Schneider, FS. f. Carstens, S. 817, 821 Fn. 11, der sich nicht auf Kompetenzregelungen bezieht, sondern nur auf die Vorgeschichte der Anstalt, und darauf, daß bezüglich der Deutschen Welle die Überschrift Rundfunksendungen über Kurzwelle laute. Kreile, S. 181, sieht hingegen die Veranstaltung von Fernsehsendungen als vom Auftrag des Deutschlandfunks mitumfaßt an, hegt aber insofern Bedenken, als Satellitenfernsehsendungen auch im Inland empfangbar seien). Aus den Rundfunkgesetzen läßt sich jedoch für die verfassungsrechtlichen Fragen nichts herleiten. Der Rundfunkbegriff ist für das Verfassungsrecht jedenfalls einheitlich zu verstehen. Es werden von ihm also Fernsehen und Hörfunk umfaßt. Daher ist eine Differenzierung nicht möglich; befürwortend auch: Stammler, ZUM 1988, S. 274, 281 f. Ebenso ist für den Satellitenrundfunk eine Unterscheidung in Fernsehen und Hörfunk nicht nachvollziehbar, wie sie wohl Bueckling, ZUM 1985, S. 144 ff. annimmt, der dem Bund (nur) für das Fernsehen die Kompetenz zusprechen will. Vgl.dazu auch Jarass, Gutachten S. G 36, der eine Bundeszuständigkeit im Bereich des Fernsehens für möglicherweise notwendig erachtet.

[13] So kritisch Herrmann, AöR 90 (1965), S. 286, 294 Fn. 41.
[14] Reinert, S. 251.

das Ausland zugewiesen. Eine Differenzierung in "Ausland" und "europäisches Ausland" stößt auf erhebliche Abgrenzungsschwierigkeiten. Wenn man diese Differenzierung aber so auffassen wollte, daß die Deutsche Welle nur für das außereuropäische Ausland Rundfunk veranstalten soll, wäre dies technisch schwierig zu regeln. Somit lag es nahe, die Auslandsbereiche des Deutschlandfunks der Deutschen Welle zuzuordnen und den Deutschlandfunk von den Ländern übernehmen zu lassen. Es war jedoch nicht zwingend, die (innerdeutschen) Programmpotenzen dieser Rundfunkanstalt auf die Länder zu übertragen. Mit der Vereinigung der beiden deutschen Staaten entfiel nämlich nicht die Kompetenz des Bundes, den Deutschlandfunk zu führen. Zumindest als nationalen Repräsentationsrundfunk hätte er mit einer neuen Aufgabe betraut weiter tätig sein können. Allerdings war es auch nicht zwingend, daß der Bund von diesem Recht Gebrauch machte. Da die institutionelle Rundfunkgarantie nur den Fortbestand von Rundfunkanstalten überhaupt, nicht aber den von einzelnen sichern soll, stellt auch die Beendigung der Tätigkeit des Deutschlandfunks als Anstalt kein Eingriff in dieses Recht dar[15].

3. Flankierende Kompetenzen der Länder

Auch im Rahmen des multinationalen Rundfunks bestehen Kompetenzen der Länder. Dies folgt zwingend aus der den Ländern zugewiesenen Gesetzgebungskompetenz hinsichtlich des hauptsächlich ins Inland gerichteten multinationalen Rundfunks. Aber auch für den vornehmlich ins Ausland gerichteten multinationalen Rundfunk stehen den Ländern natürliche Verwaltungskompetenzen zu. Dadurch wird auch nicht die Kompetenzordnung zwischen Bund und Ländern verletzt. Die Darstellung eigener Hoheitlichkeit kann nämlich nur durch den Hoheitsträger selbst wahrgenommen werden. Die entsprechenden Gesetzgebungskompetenzen finden insoweit ihre Schranken in den Verwaltungskompetenzen. Wie bei dem transnationalen Rundfunk sind inhaltlich derartige Tätigkeiten der Landesrundfunkanstalten durch die Aufgabe der "Repräsentation" des Sendelandes beschränkt. Die Sendeinhalte müssen also landesspezifischen Charakters sein.

---

[15] Kritisch zum Begriff der "Institutsgarantie": Herrmann, Rundfunkrecht, S. 198.

E. Die Vertragsabschluß- und die Abtretungskompetenz des Bundes im Hinblick auf das Rundfunkrecht

I. Die Bedeutung des internationalen Einflusses auf die deutsche Rundfunkordnung

Durch die neuen Techniken hat sich der rundfunkrechtliche Rahmen zwar nicht erweitert, aber doch in seinen Formen verändert. War früher die Reichweite der zur Verfügung stehenden technischen Verbreitungsmittel der Rundfunksender im wesentlichen deckungsgleich mit den nationalen Grenzen der einzelnen Staaten, konnten diese also souverän ihre eigenen Rundfunkordnungen regeln, so hat sich dies durch die neuen Techniken grundlegend gewandelt. Das gilt auch im Hinblick auf die Auslandssender. Zwar hatten und haben auch Kurzwellensender im Bereich des Hörfunks sehr große Reichweiten, ihre Übertragungsqualität ist aber eher schlecht. Im Vergleich zu UKW-Hörfunk und zum Fernsehen haben und hatten sie daher für die nationale Rundfunkordnung nur geringe Bedeutung. Sie konnten daher nie Auswirkungen zeitigen, wie sie jetzt durch die neuen Techniken hervorgerufen werden. Das Bestrahlungsgebiet eines direkt empfangbaren Rundfunksatelliten umfaßt jedoch nicht mehr allein den Nationalstaat, sondern weite Teile Europas. Er beeinflußt damit unmittelbar die innerstaatliche Rundfunkordnung der einzelnen Staaten: Ein Umstand, der zu einem Wettbewerb zwischen den ansässigen und den auswärtigen Rundfunkveranstaltern führt. Solche Auswirkungen auf die innerstaatliche Rundfunkstruktur sind insbesondere dann zu erwarten, wenn die in- und ausländischen Rundfunkveranstalter nicht den gleichen rechtlichen Bedingungen unterworfen sind. Bei geringeren Anforderungen bezüglich des Inhalts oder der Finanzen für einen Betreiber im Ausland[1] oder bei wirtschaftlich besseren Möglichkeiten, durch Werbesendungen einen Wettbewerbsvorteil zu gewinnen, liegt es nahe, daß Sender ins Ausland abwandern und mit Hilfe eines Satelliten das deutsche Publikum erreichen. Damit ist der Veranstalter dem Zugriff des deutschen Gesetzgebers entzogen. Dadurch mindert sich wiederum die Effektivität bundesdeutscher Steuerungsmittel. Um die negativen Folgen dieses Einflusses einzudämmen, kommt es auf eine engere Zusammenarbeit mit dem Ausland an. Insofern bleiben nur zwei Möglichkeiten: Es können völkerrechtliche Verträge abgeschlossen werden, und es kann durch eine supranationale Einrichtung eine Angleichung der rundfunkrechtlichen Standards der europäischen Nachbarstaaten erfolgen. Damit nimmt der Einfluß des Auslands auf die inländische Rundfunkstruktur zu[2], die auswärtige Politik gewinnt an Bedeutung. Dabei nimmt die Europäische Union eine besondere Stellung ein. Sie kann durch die Auslegung des primären EG-Rechts durch den Europäischen Gerichtshof und entsprechende Richtlinien direkt auf die nationale Rundfunkordnung einwirken.

---

[1] Man denke an die Festlegung von Eigenproduktionsquoten oder die Regelungen, die eine Meinungspluralität in den einzelnen Anstalten gewährleisten sollen.
[2] Vgl. dazu Bullinger, AfP 1985, S. 257 ff.

II. Die Kompetenz des Bundes und der Bundesanstalten zu Vereinbarungen mit auswärtigen Staaten und anderen ausländischen juristischen Personen

Um die Einflußmöglichkeiten ausländischer Rundfunkordnungen in Deutschland so gering wie möglich zu halten, versucht man, die rechtlichen Standards durch völkerrechtliche Verträge anzugleichen. Mit solchen Verträge können allerdings auch internationale Rundfunkanstalten errichtet werden. Zu klären ist, ob dem Bund oder den Ländern für den Abschluß derartiger Verträge die Kompetenz zusteht. Dabei muß auch erörtert werden, wie weit die Kompetenz der einzelnen Rundfunkanstalten zum Abschluß internationaler Vereinbarungen reicht. Zwar handelt es sich bei den von diesen Anstalten mit anderen ausländischen Rundfunkveranstaltern oder Staaten geschlossenen Abmachungen nicht um völkerrechtliche Verträge. Der Rahmen der Kompetenzen dieser Anstalten kann aber nicht weiterreichen als der jener Körperschaften, die sie errichtet haben.

1. Kompetenz des Bundes zum Abschluß völkerrechtlicher Verträge

a. Grundsätzliches zur Vertragsabschlußkompetenz des Bundes gemäß Art. 32 GG

Die entscheidende Norm für die Frage, wem die Abschlußkompetenz für völkerrechtliche Verträge zusteht, ist Art. 32 GG. Während Art. 73 Nr. 1 GG (auswärtige Angelegenheiten) und 87 I GG (Auswärtiger Dienst) regeln, wer im Inland die Gesetzgebungs- bzw. Verwaltungskompetenz innehat, regelt Art. 32 GG die Kompetenzverteilung zwischen Bund und Ländern auf dem Gebiet der auswärtigen Beziehungen. Das ist die Frage, welchem der beiden Verbände die Pflege der Beziehungen zu auswärtigen Staaten zukommt. Nach Art. 32 I GG ist dies Aufgabe des Bundes. In Absatz 2 dieser Bestimmung wird der Bund verpflichtet, vor Abschluß eines Vertrages, der die besonderen Verhältnisse eines Landes berührt, dieses Land zu hören. Art. 32 III GG legt schließlich fest, daß auch die Länder - die Zustimmung der Bundesregierung vorausgesetzt - mit auswärtigen Staaten Verträge abschließen dürfen, wenn ihnen für die im Vertrag behandelte Materie die Gesetzgebungskompetenz zusteht. Die grundsätzliche Regelung enthält demnach Art. 32 I GG. Danach gestaltet der Bund die Außenbeziehungen[3] der Bundesrepublik Deutschland zu den anderen Völkerrechtssubjekten[4].

aa. Die Vertragsabschlußkompetenz des Bundes hinsichtlich der dem Bund zugewiesenen Regelungsmaterien

Aus Art. 32 I und III GG folgt die alleinige Zuständigkeit des Bundes für den Abschluß von Verträgen, die die ausschließliche Bundesgesetzgebung, die Rahmengesetzgebung und die Bundesverwaltung betreffen. Fällt die im Vertrag zu regelnde Materie innerstaatlich unter die konkurrierende Gesetzgebung, so verlieren

---

[3] Dazu gehören neben dem Abschluß von Staatsverträgen Staatsbesuche und ans Ausland adressierte Erklärungen, vgl. dazu Rojahn, in: v. Münch, Komm. z. GG, Art. 32 Rn. 2; Menzel, VVDStRL 12 (1954), S. 179, 187.

[4] Dies gilt nicht für die Beziehungen zum Heiligen Stuhl. In diesem Fall werden die allgemeinen Kompetenzvorschriften herangezogen.

die Länder ihre nach Absatz 3 des Artikels zustehende Abschlußkompetenz, wenn der Bund die Materie gesetzlich regelt oder einen völkerrechtlichen Vertrag darüber abschließt.

bb. Die Vertragsabschlußkompetenz des Bundes hinsichtlich den Ländern zugewiesener Regelungsmaterien

Darüber hinaus könnte dem Bund aber auch die Vertragsabschlußkompetenz für Materien zustehen, die, wie das nationale Rundfunkrecht, innerstaatlich den Ländern zugewiesen sind. In diesen Fällen sind für die innerstaatliche Umsetzung der Vereinbarungen die Länder zuständig. Sollte also der Bund auch für die angesprochene Materie die Kompetenz innehaben, würden Vertragsabschlußkompetenz und Transformationskompetenz auseinanderfallen. Damit ist einer der umstrittensten Punkte des deutschen Staatsrechts angesprochen. Es ist nicht geklärt, ob der Bund durch außenwirksames Handeln jene Bereiche beeinflussen darf, die nach dem Grundgesetz innerstaatlich den Ländern zur Regelung vorbehalten sind. Daher stellt sich die Frage, ob sich der Bund für den Bereich des innerstaatlichen Rundfunks durch völkerrechtliche Verträge zu einem bestimmten Verhalten verpflichten darf, so daß die Länder nur vollziehen müssen, was der Bund mit anderen Staaten vertraglich vereinbart hat[5]. Entscheidend für die Beantwortung dieser Frage ist das Verhältnis von Art. 32 I und III GG.

(1) Die föderalistische Interpretation des Art. 32 GG

Nach der von einigen Ländern[6], aber auch in der Literatur[7] vertretenen föderalistischen Ansicht ist Art. 32 III GG eine Ausnahme zu dem Art. 32 I GG festgelegten Grundsatz einer umfassenden Bundeskompetenz. Für die ausschließlich den Ländern zur Gesetzgebung zugewiesenen Bereiche müßte danach den Ländern die ausschließliche Abschlußkompetenz für Verträge mit anderen Völkerrechtssubjekten zustehen. Dem Bund wäre die Abschlußkompetenz entzogen.

---

[5] Vgl. insoweit Grewe, VVDStRL 12 (1954), S. 129 ff.; Menzel, VVDStRL 12 (1954), S. 179 ff.; Rojahn, in: v. Münch, Komm. z. GG, Art. 32 Rn. 37 ff.; Maunz, in: Maunz/Dürig, Komm. z. GG, Art. 32 Rn. 42 ff.; Rudolf, FS. f. Armbruster, S. 59 f.

[6] Dafür traten seinerzeit die Länder Baden-Württemberg, Bayern, Hessen und Nordrhein-Westfalen ein, vgl. Bundesrat, 176. Sitzung vom 3. Mai 1957, S. 642; vgl. Rudolf, FS. f. Armbruster, S. 59, 63.

[7] So Maunz, in: Maunz/Dürig, Komm. z. GG, Art. 32 Rn. 29 ff.; Reichel, S. 240; Rojahn, in: v. Münch, Komm. z. GG, Art. 32 Rn. 38; Geiger, Grundgesetz, S. 149; Blumenwitz, S. 93 ff.

(2) Die zentralistische Interpretation des Art. 32 GG

Nach der zentralistischen Ansicht[8] eröffnet Art. 32 III GG den Ländern nur die Möglichkeit, neben dem Bund, völkerrechtliche Verträge abzuschließen. Die Länderkompetenz steht demnach konkurrierend neben der in Art. 32 I GG bestimmten grundsätzlichen Bundeskompetenz. Der Bund hätte also das unbeschränkte Recht zum Vertragsabschluß auch für innerstaatlich den Ländern zur Regelung zugewiesene Materien. Unter den Vertretern dieser Ansicht ist jedoch umstritten, ob der Bund auch das Recht zur Ergreifung der notwendigen Maßnahmen hat, um den Inhalt des Vertrages umzusetzen[9], oder ob Vertragsabschluß- und -Transformationskompetenz auseinanderfallen[10].

(3) Stellungnahme

Der umfassenden Kompetenzzuweisung in Art. 32 I GG steht in Art. 32 III GG ein "Können" der Länder gegenüber. Nach dem üblichen Sprachgebrauch ist schwierig zu begründen, daß den Ländern damit eine ausschließliche Kompetenz zugewiesen werden soll. Wäre dies gewollt, so hätte man formuliert:

> "Soweit die Länder für die Gesetzgebung zuständig sind, schließen sie mit Zustimmung der Bundesregierung mit auswärtigen Staaten Verträge ab."

Da dies nicht geschehen ist, liegt es nahe, von einer umfassenden Abschlußkompetenz des Bundes auszugehen, neben der die der Länder steht. In diese "zentralistische" Richtung weist auch der Umstand, daß ein von den Ländern abzuschließender Vertrag der Zustimmung der Bundesregierung bedarf. Durch diese Regelung wird deutlich, daß die Bundeskompetenz neben der Länderkompetenz besteht, ja ihr vorgelagert ist[11]. Auch die historische Auslegung spricht für diese Ansicht: Der Entwurf von Herrenchiemsee hatte noch an der zwar nicht unbestrittenen, so doch herrschenden Meinung zur Weimarer Reichsverfassung angeknüpft[12]. Man hatte die Vertragsabschlußkompetenz direkt an die Gesetzgebungskompetenz gekoppelt[13]. Im Parlamentarischen Rat wurde mit ausdrücklichem Hinweis darauf, daß der Bund in der Lage sein soll, Kultur-

---

[8] Diese Ansicht vertraten die Länder Bremen, Hamburg, Niedersachsen und Schleswig-Holstein, vgl. Bundesrat, 176. Sitzung vom. 3. 5. 1957, S. 642; vgl. dazu Rudolf, FS. f. Armbruster, S. 59, 64. In der Literatur wird die Ansicht vertreten von Grewe, VVDStRL 12 (1954), S. 129, 172; Menzel, VVDStRL 12 (1954), S. 179, 206; Mangoldt/Klein, Art. 32 Anm. V 2b, S. 785; Dreher, S. 44; Hirsch, S. 140; Oppermann, Kulturverwaltungsrecht, S. 608 f.; Friehe, JA 1983, S. 117, 118 ff.

[9] So Grewe, VVDStRL 12 (1954), S. 129, 172; Menzel, VVDStRL 12 (1954), S. 179, 205 ff.

[10] So Kölble, DÖV 1965, S. 145, 147 Fn. 20; Mangoldt/Klein, Art. 32 Anm. V 2 b; Dreher, S. 44; Hirsch, S. 140, 179 f.

[11] Darauf weisen hin: Dreher, S. 34; Fastenrath, S. 120 f.

[12] Vgl. Hirsch, S. 47 ff. mwN.

[13] Art. 41 HChE, in: Bericht Herrenchiemsee, S. 587.

abkommen zu schließen[14], dieser Artikel in der heute gültigen Fassung beschlossen. Man wird daher der zentralistischen Ansicht folgen müssen.

(4) Das Lindauer Abkommen

Allerdings ist die Bedeutung dieses Streites durch das Lindauer Abkommen vom 14. November 1957[15] in den Hintergrund getreten und hat in der Staatspraxis keine große Bedeutung mehr. In diesem Abkommen haben sich Bund und Länder geeinigt, wie sie bei völkerrechtlichen Verträgen im Bereich von Länderkompetenzen verfahren wollen:

"Soweit völkerrechtliche Verträge auf Gebieten der ausschließlichen Zuständigkeit der Länder eine Verpflichtung des Bundes oder der Länder begründen sollen, soll das Einverständnis der Länder herbeigeführt werden. Dieses Einverständnis soll vorliegen, bevor die Verpflichtung völkerrechtlich verbindlich wird. Falls die Bundesregierung einen solchen Vertrag dem Bundesrat gemäß Art. 59 Abs. 2 GG zuleitet, wird sie die Länder spätestens zum gleichen Zeitpunkt um die Erteilung des Einverständnisses bitten.

Bei den in Abs. 1 Satz 2 genannten Verträgen sollen die Länder an den Vorbereitungen für den Abschluß möglichst frühzeitig, in jedem Fall rechtzeitig vor der endgültigen Festlegung des Vertragstextes beteiligt werden."[16]

Bei diesem Vorgehen handelt es sich um eine politisch-pragmatische Lösung, die gleichzeitig umständlich und zeitraubend ist. Es können hier nicht die Vor- und Nachteile des Lindauer Abkommens erörtert werden[17]. Festzustellen ist lediglich, daß es sich dabei um ein kompetenzinterpretierendes Abkommen handelt, das dem Bund zum einen nach außen den Handlungsspielraum nicht beschränkt und zum anderen die innerstaatlichen Kompetenzen der Länder aushöhlt. Allerdings reichen die Rechte der Länder nicht so weit, daß die Abschlußkompetenz des Bundes von dem Einverständnis der Länder abhängt. Da dem Bund die umfassende Abschlußkompetenz zusteht, ist das Abkommen als Ausprägung des Grundsatzes bundesfreundlichen Verhaltens zu verstehen. Es sollen durch dieses Abkommen lediglich die Interessen von Bund und Ländern ausgeglichen werden. Diese Auslegung kann auch auf den Vertragstext gestützt werden. Wenn es dort heißt, daß das Einverständnis der Länder herbeigeführt werden *soll*, so bedeutet dies, daß das Einverständnis nicht herbeigeführt werden *muß*. Die Kompetenzausübung soll also nicht von diesem Einvernehmen abhängen. Daß das Abkommen verfassungsrechtlich zulässig ist, ergibt sich aus folgender Überlegung: Stehen Bund und Ländern

---

[14] Friehe, JA 1983, S. 117, 121; Hirsch, S. 53 ff.
[15] Abgedruckt in: Maunz/Dürig, Komm. z. GG, Art. 32 Rn. 45.
[16] Ziffer 3 des Lindauer Abkommens.
[17] Vgl. dazu Köstlin, Kulturhoheit, S. 65 - 67.

gleichermaßen konkurrierende Abschlußkompetenzen zu, können sie sich auch dahingehend einigen, ihre Interessen zu koordinieren. Bei dieser Auslegung wird man das Abkommens insgesamt als geeigneten modus vivendi werten, das die entgegenstehenden Interessen von Bund und Ländern zum Ausgleich bringt.
Aus dem Lindauer Abkommen folgt, daß der Bund die Länder bei der Vorbereitung der Verhandlungen einbeziehen muß. Er darf sie nicht zum bloßen innerstaatlichen Vollzugsorgan degradieren. Wenn allerdings die Länder ihr Einverständnis zum Abschluß eines völkerrechtlichen Vertrages erklärt und den Vertragsentwurf gebilligt haben, sind sie verpflichtet, diesen Vertrag in innerstaatliches Recht zu transformieren. Das folgt aus dem Prinzip bundesfreundlichen Verhaltens.

Somit gewährt Art. 32 I GG dem Bund im Lichte des Lindauer Abkommens die Kompetenz im Zusammenwirken mit den Ländern völkerrechtliche Verträge auch bezüglich des rein nationalen Rundfunks bzw. überwiegend ins Inland gerichteten multinationalen Rundfunks abzuschließen. Gemäß Art. 32 III GG steht aber auch den Ländern für diese Bereiche die Abschlußkompetenz zu. Hinsichtlich des rein transnationalen und des multinationalen Rundfunks, der in erster Linie ins Ausland gerichtet ist, bleibt es hingegen bei der ausschließlichen Zuständigkeit des Bundes.

b. Vertragsabschlußkompetenz des Bundes im Bereich des Rundfunkrechts
Bei völkerrechtlichen Verträgen müssen drei Arten unterschieden werden: Zum einen die politischen Verträge, die die politischen Beziehungen des Bundes regeln. Zum andern Verträge über Gegenstände der Verwaltung. Beide sind für den Bereich des Rundfunks irrelevant. Entscheidend ist die dritte Gruppe, Verträge über die Gesetzgebung.

aa. Abschlußkompetenz des Bundes im Bereich ausschließlicher oder konkurrierender Gesetzgebungskompetenz des Bundes
Dem Bund steht die Vertragsabschlußkompetenz für innerstaatlich von ihm zu regelnden Materien zu. Das sind in erster Linie die Bereiche Telekommunikation, das Recht der Wirtschaft und des Urheberschutzes aber auch der reine Auslandsrundfunk bzw. der ins Ausland gerichtete multinationale Rundfunk.

(1) Die internationalen Fernmeldeverträge, Funkordnungen und Funkverwaltungskonferenzen
Für die internationale Koordinierung der Telekommunikation sind die Fernmeldeverträge, Funkordnungen und die Funkverwaltungskonferenzen mit den jeweils abschließenden Verträgen entscheidend.

(a) Internationale Fernmeldeverträge
Da Funkwellen sich an keine nationalen Grenzen halten, regelte man schon früh in internationalen Ordnungen die Frequenzbereiche[18]. Auch heute sind die internationalen Fernmeldeverträge Grundlage für die Regelungen des Fernmeldedienstes. Diese

---
[18] Internationaler Funktelegraphenvertrag vom 3. März 1906, RGBl. 1908, S. 411 sowie Funktelegraphenvertrag vom 5. Juli 1912, RGBl. 1913, S. 373.

von praktisch allen Staaten der Erde geschlossenen Verträge werden in mehrjährigen Perioden aktualisiert. Sie sind Grundlage für die Internationale Fernmeldeunion (International Telecommunikation Union, ITU[19]), für allgemeine und besondere Bestimmungen über den Fernmeldedienst. Da Regelungsmaterie das Telekommunikationsrecht ist, stehen hier dem Bund sowohl Abschluß- als auch Transformationskompetenz zu.

(b) Funkordnung und Wellenplan
Konsequenz der internationalen Fernmeldeverträge sind internationale und regionale Konferenzen, bei denen auf der Grundlage des geltenden Fernmeldevertrages zum einen weitere Begriffsbestimmungen erfolgen. Zum andern wird aber auf diesen Konferenzen in den Wellenplänen und Funkordnungen die Verteilung vorhandener Frequenzen vertraglich geregelt. Wie bei den Fernmeldeverträgen werden dabei nicht nur der Rundfunk, sondern alle Funksonderdienste berücksichtigt[20].

(2) Internationale Urheberrechtsabkommen
Nicht nur im Bereich der Telekommunikationsordnung steht dem Bund sowohl die Abschluß-, als auch die Transformationskompetenz zu. Dasselbe gilt auch für das Urheberrecht. Die Verbreitung von urheberrechtlich schützenswerten Werken über nationale Grenzen hinweg hatte internationale Verträge zur Folge, die den Schutz dieser Werke bezwecken sollen. Die Bundesrepublik Deutschland hat zahlreiche internationale Urheberrechtsabkommen unterzeichnet. Diese machen Prinzipien der Inländerbehandlung verbindlich. An erster Stelle steht die "Berner Übereinkunft". Die vertragsschließenden Staaten bilden gemäß Art. 1 dieser Übereinkunft die Berner Union "zum Schutz der Rechte der Urheber an ihren Werken der Literatur und der Kunst"[21]. In Art. 11bis Abs. 1 der Berner Übereinkunft ist für das Rundfunkwesen der Schutz des Urhebers gewährleistet. Jedes Rundfunkunternehmen in Deutschland muß danach auch solche Urheberrechte beachten, die an den in ausländischen Verbandsmitgliederstaaten geschützten Werken bestehen[22].

---

[19] Die ITU ist eine Sonderorganisation der UNO mit z. Zt. 165 Mitgliedern. Sie hat die Aufgabe, die für die drahtlose Übertragung infrage kommenden Frequenzen des Funkspektrums den einzelnen Staaten zuzuweisen. In dieser Funktion veranstaltete diese Organisation die Weltfunkverwaltungskonferenz von 1977, in der etwa die gezielte Sendung ins Ausland für unzulässig erklärt wurde. Vgl. ausführlich zu dieser Problematik Gornig, ZUM 1992, S. 174, 179 ff; ders. IHB 1994/95, D, S. 1, 3 ff.

[20] Vgl etwa: Vollzugsordnung für den Funkdienst, VO Funk, Genf, 1982.

[21] Da diese Übereinkunft mehrmals novelliert wurde, gilt zwischen den einzelnen Unterzeichnerstaaten die Fassung, der diese Staaten zuletzt beigetreten sind. Für die Bundesrepublik Deutschland gilt danach gegenüber den meisten Mitgliedstaaten die Pariser Fassung vom 24. Juli 1971 (BGBl. 1973 II, S. 1071), teilweise jedoch auch ältere Fassungen.

[22] Auch wenn Art. 11bis Abs. 1 Nr. 1 von "drahtloser Verbreitung" spricht (im verbindlichen französischen Text also von "radiodiffusion"), ist doch international anerkannt, daß auch kabelgebundene Verbreitung eines Werkes unter das ausschließliche Recht des Urhebers fällt; Rumphorst, FS. f. Roeber, S. 329 ff.; Rehbinder, UFITA 95 (1983), 91, 95.

Das ebenfalls relevante Welturheberrechtsabkommen[23] vom 6. September 1952 ist in der Bundesrepublik Deutschland am 16. September 1955 in Kraft getreten. Gemäß Art. 1 ist es Ziel dieses Abkommens, die Inländerbehandlung durch einen ausreichenden Schutz der Urheber zu gewährleisten. Auch werden die Vertragsstaaten verpflichtet, den Urhebern die grundlegenden Rechte im Bereich des Rundfunks zu sichern[24]. Aus einer Zusatzerklärung ergibt sich, daß dieses Abkommen in keiner Weise die Bestimmungen der Berner Übereinkunft berührt. Es ist daher im Umfang und in der Bedeutung geringer einzuschätzen als jenes[25].

Weiter ist an das Europäische Fernsehabkommen[26] zu denken. In diesem Vertrag wird den Fernsehunternehmen der vertragsschließenden Staaten das Recht zur Weitersendung, Speicherung, Vervielfältigung und zur Übertragung von Sendungen durch Drahtfunk und andere Techniken zugesichert[27].

Von größerer Bedeutung als dieses Abkommen ist die Rom-Konvention[28] vom 26. Oktober 1961. Grundsätzlich geht dieses Abkommen von der Inländerbehandlung aus. Es gewährt aber selbst auch einen gewissen Mindestschutz. Vertragspartner dieses Abkommens können nämlich nur Unterzeichner des Welturheberrechtsabkommens oder der Berner Übereinkunft sein. Die Konvention stellt damit einen umfassenden Schutz für den angesprochenen Personenkreis und also auch für die Sendeunternehmen dar[29].

Ein solches multilaterales Urheberrechtsabkommen ist das Brüsseler Satelliten-Abkommen[30] vom 21. Mai 1974. Danach[31] haben

---

[23] BGBl. 1955 II, S. 101 ff.; gültig in der Pariser Fassung vom 24. Juli 1971, BGBl. 1973 II, S. 1069/1111.
[24] Art. 4bis Abs. 1 Welturheberrechtsabkommen.
[25] Vgl. dazu Katzenberger, in: Schricker, Urheberrecht Rn. 21 ff. vor §§ 120 ff. UrhG.
[26] Abkommen vom 22. Juni 1960, BGBl. 1965 II, S. 1234 ff., inkraftgetreten am 9. Oktober 1967 (BGBl. 1968 II, S. 134).
[27] So Art. 1 Nr. 1 a - e Europäisches Fernsehabkommen.
[28] Internationales Abkommen über den Schutz ausübender Künstler, der Hersteller von Tonträgern und der Sendeunternehmen, vom 26. Oktober 1961, BGBl. 1965 II, S. 1245; Bundesgesetz vom 15. September 1965 BGBl. II, S. 1243, inkrafttreten am 21. Oktober 1966, BGBl. II, S. 1473.
[29] Vgl. dazu ausführlich Katzenberger, in: Schricker, Urheberrecht Rn. 41 ff. vor §§ 120 ff. UrhG.
[30] BGBl. 1979 II, S. 114 ff.; Bundesgesetz vom 14. Februar 1979 BGBl. II, S. 113.
[31] Art. 2 des Brüsseler Satellitenabkommens.

"Sendeunternehmen mit Sitz in einem Vertragsstaat des Übereinkommens ...das ausschließliche Recht, Sendungen....., die sie über außerirdische, zur Übertragung von Signalen geeignete Vorrichtungen (Satelliten) an andere Sendeunternehmen übertragen, an die Allgemeinheit oder einen Teil der Allgemeinheit weiterzusenden"[32].

(3) Der EG-Vertrag

Bei dem EG-Vertrag handelt es sich um einen völkerrechtlichen Vertrag, dessen Inhalt wirtschaftliche Aspekte innerhalb der Beziehungen der Mitgliedstaaten der EU betrifft. Durch diesen Vertrag ist zum einen die Jurisdiktion für die Auslegung dieses Vertrages auf ein Organ der EU, den Europäischen Gerichtshof, abgetreten[33], zum andern darf der Rat im Rahmen dieses Vertrages selbst unmittelbar Recht setzen. Insoweit reicht der Inhalt dieses Vertrages über den eines gewöhnlichen völkerrechtlichen Vertrages weit hinaus. Die Frage, ob sich eine derartige Abtretung noch im Rahmen der Kompetenzen des Bundes hält, soll daher gesondert untersucht werden.

(4) Europäische Rundfunkanstalt

Die Vertragsabschlußkompetenz aus Art. 32 I GG bedeutet jedoch auch, daß der Bund berechtigt ist, vertraglich mit anderen europäischen Staaten eine für Gesamt-Europa sendende europäische Rundfunkanstalt zu errichten. Ein solcher Sender hätte die Aufgabe, alle Unterzeichnerstaaten innerhalb eines Programmes darzustellen. Der dem deutschen Staat zugewiesene Programmteil diente in erster Linie der gesamtstaatlichen Repräsentation. Dabei wäre irrelevant, ob dieses Programm auch in Deutschland zu empfangen wäre. Für die Erfüllung dieser Aufgabe steht dem Bund nämlich sowohl für das In- wie das Ausland die Kompetenz zu. Daher kann der Bund, ohne auf die Regelungen des Lindauer Abkommens eingehen zu müssen, eine derartige Rundfunkanstalt errichten. Das gilt selbst dann, wenn man der hier vertretenen Ansicht, daß dem Bund die Kompetenz zur gesamtstaatlichen Repräsentation zusteht, nicht folgte. Die Tätigkeit eines solchen Senders wäre nämlich als ein multilateraler Kulturaustausch mit den Mitteln des Rundfunks einzuschätzen. Das aber ist ein typisches Betätigungsfeld auswärtiger Kulturangelegenheiten, für die nach herrschender Ansicht dem Bund die Abschlußkompetenz zusteht[34].

---

[32] Vgl. auch hier Katzenberger in: Schricker, Urheberrecht Rn. 54 ff. vor §§ 120 ff. UrhG.
[33] Vgl. Ipsen, Europäisches Gemeinschaftsrecht, S. 770, der klarstellt, daß aus der Befugnis des Europäischen Gerichtshofes nach Art. 177 EG-Vertrag (= Art. 234 AV) zu Vorabentscheidung folgt, daß das vorlegende staatliche Gericht an die Entscheidung des Europäischen Gerichtshofs gebunden ist; ebenso Tomuschat, S. 171 f.; Feige, AöR 1975, S. 530, 536.
[34] So auch Stammler, ZUM 1988, S. 274, 285.

Allerdings wird in der Literatur vereinzelt in Bezug auf die Gründung einer europäischen Rundfunkanstalt auch auf Art. 24 GG GG verwiesen[35]. Ein Rückgriff auf die Kompetenznorm des Art. 24 GG ist jedoch nur dann erforderlich, wenn Hoheitsrechte an eine von mehreren Staaten getragenen Organisation abgetreten werden sollen[36]. Die europäische Rundfunkanstalt müßte also Hoheitsrechte des Bundes bzw. der Länder wahrnehmen und so unmittelbar auf die Rechtsordnung der Bundesrepublik Deutschland einwirken. Im Gegensatz zur in der Literatur[37] als vergleichbar apostrophierten Eurocontrol[38], bei der es sich in der Tat um eine zwischenstaatliche mit Hoheitsrechten ausgestattete Einrichtung handelt, sind einer solchen Rundfunkanstalt nicht notwendigerweise Hoheitsrechte übertragen. Die Übertragung von Aufgaben hoheitlicher Natur enthält Art. 18 ECV, der die Agentur für die Luftverkehrssicherungsdienste ermächtigt, den Luftfahrzeugführern alle notwendigen Weisungen zu erteilen und so unmittelbar in die Rechtsordnung der Mitgliedstaaten einzuwirken. Bei einer Rundfunkanstalt ist dies nicht notwendig. Vielmehr müssen Regelungen nur für das Tätigwerden dieser Anstalt bestimmt werden. Soweit also diese Einrichtung nicht koordinierend anderen Weisungen erteilt, bedarf es keines Rückgriffes auf Art. 24 I GG. Die Kompetenz zur Errichtung einer europäischen Rundfunkanstalt steht dem Bund also schon aus Art. 32 I GG zu.

Allerdings haben auch die Länder gemäß Art. 32 III GG die Abschlußkompetenz für den rein nationalen bzw. den in erster Linie ins Inland gerichteten multinationalen Rundfunk. Klärungsbedürftig ist insoweit, ob diese Kompetenz auch die Gründung multinationaler Rundfunkanstalten durch Verträge aller oder einzelner Länder mit anderen Staaten umfaßt, oder ob hier der Bund zuständig ist. Dabei handelt es sich auch nicht um ein theoretisches Problem. Etwa der deutsch-französische- Fernsehkulturkanal "Arte", der seit Ende Mai 1992 in Straßburg seinen Sendebetrieb aufgenommen hat, ist aufgrund eines Vertrags zwischen den Bundesländern und Frankreich ins Leben gerufen worden[39]. Im Bereich des multinationalen Rundfunks steht den Ländern die Gesetzgebungs- und also Vertragsabschlußkompetenz dann zu,

---

[35] So Puhl, DVBl. 1992, S. 933, 935, der von einer Kompetenzübertragung auf eine bestehende Einrichtung oder die Neugründung einer europäischen Rundfunkanstalt durch einfaches Bundesgesetz gemäß Art. 24 I GG spricht. Ähnlich auch Schneider, FS. f. Carstens, S. 817, 822, der Art. 24 I GG allerdings nur als zusätzliches Argument neben Art. 73 Nr. 1 GG anführt, um dem Bund die Kompetenz zur Gründung einer europäischen Rundfunkanstalt durch internationale Verträge zuzusprechen.

[36] An dieser Stelle kann der Streit dahinstehen, wie weit der Bund über Art. 24 GG Kompetenzen der Länder an supranationale Einrichtungen abtreten kann, da es sich bei dem hier in Rede stehenden Beispiel um eines handelt, für das ohnehin dem Bund die Gesetzgebungskompetenz zusteht.

[37] Schneider, FS. f. Carstens, S. 817, 822 Fn. 12.

[38] Eurocontrol-Vertrag, BGBl. 1962 II, S. 2273 ff.

[39] Vertrag vom 2. Oktober 1990, GBl. Baden-Württemberg 1991, S. 789; ungenau Herrmann, Rundfunkrecht, S. 389, der von einem "völkerrechtlichen Vertrag zwischen Deutschland und Frankreich" spricht.

wenn die Programme vor allem ins Inland senden. Für die Frage, ob den Ländern die Kompetenz zusteht, ist entscheidend, daß das deutsche Programm dieses Senders gerade nicht auf Deutschland gerichtet ist. Zielgruppe des deutschen Programmes sollten vielmehr Franzosen sein. Auch sollen mit diesem Programm nicht die einzelnen Länder, sondern die Bundesrepublik Deutschland als Gesamtstaat gegenüber Frankreich repräsentiert werden. Umgekehrt soll mit den auf Frankreich bezogenen Programmteilen die französische Nation gegenüber der deutschen Bevölkerung repräsentiert werden. Die Kompetenz zur gesamtstaatlichen Repräsentation nach außen ist jedoch nach ganz herrschender Ansicht ausschließlich dem Bund zugewiesen. Daher ist Stammler[40] zuzustimmen, wenn er solche Aufgaben und Tätigkeiten eines Programms als "bilateralen Kulturaustausch (....) mit den Mitteln des Rundfunks" bewertet und als typisches Aufgabenfeld auswärtiger Kulturangelegenheiten bezeichnet. Durch ein Tätigwerden des Bundes wäre auch hinsichtlich der innerstaatlichen Rundfunkordnung keine Verletzung von Länderkompetenzen anzunehmen. Da dem Bund auch für den multinationalen Bereich die Kompetenz zur Veranstaltung eines derartigen Repräsentationsrundfunk zukommt, besteht kein Grund, ihm das Recht für einen Rundfunk, an dessen Verbreitung auch ein anderes Land beteiligt ist, abzusprechen. Es würde also nicht in die Länderkompetenzen eingegriffen werden. Den Ländern standen zum Abschluß des Vertrags und zur Umsetzung keinerlei Kompetenzen zu[41]. Als europäische Rundfunkanstalt hätte der Sender "Arte" vielmehr durch den Bund errichtet werden müssen. Aus einer Unzuständigkeit der Länder folgt nämlich zwingend, daß der Bund zuständig ist.

bb. Abschlußkompetenz des Bundes im Bereich der Gesetzgebungskompetenz der Länder

Beispiel eines völkerrechtlichen Vertrages, der in erster Linie die nationale Rundfunkordnung betrifft, ist die Fernsehkonvention. Am 5. Mai 1989 schlossen die Mitglieder des Europarates - also auch die Bundesrepublik Deutschland - und darüber hinaus noch die Mitglieder des europäischen Kulturabkommens das "Europäische Abkommen über das grenzüberschreitende Fernsehen"[42]. Dabei ging man von Art. 10 EMRK und der Überzeugung aus, daß die Freiheit der Meinungsäußerung und Information eine der wesentlichen Voraussetzungen einer demokratischen Gesellschaft sei. Es handelt sich bei dieser Konvention um einen gewöhnlichen völkerrechtlichen Vertrag, da dem Europarat keine Hoheitsrechte abgetreten wurden. Nachdem die Bestimmungen des Lindauer Abkommens beachtet

---

[40] Stammler, ZUM 1988, S. 274, 285.
[41] A. A. Puhl, DVBl. 1992, 933, 935, der keine Unterscheidung hinsichtlich der Zielrichtung eines Programms trifft, sondern global von der Reichweite eines Senders auf dessen Zielgebiet schließt und auch nicht differenziert, in welchen Fällen eine Sendetätigkeit eher dem Auslandsrundfunk und also dem Bund zuzuordnen ist und in welchen Fällen dem Inlandsrundfunk.
[42] Text abgedruckt in UFITA 113, S. 59, sowie in RuF 1989, S. 335; vgl. die Ausführungen von Engel, ZRP 1988, S. 240 ff., der der Auffassung ist, daß sich diese Konvention gegen den EG-Richtlinienentwurf richte, und darüber hinaus befürchtet, daß die Rundfunkfreiheit auf dem niedrigen Niveau dieser Rundfunkkonvention zementiert werde (ebd. S. 246).

worden waren, mußten daher die Länder diesen vom Bund geschlossenen Vertrag umsetzen. Dies geschah, indem die 16 Bundesländer die wesentlichen Grundsätze des Vertrages im Rundfunkstaatsvertrag vom 31. August 1991 in innerdeutsches Recht transformierten[43].

2. Kompetenz des Bundes zum Abschluß von Verwaltungsabkommen

a. Art. 32 GG als Kompetenznorm auch für Verwaltungsabkommen

Auch die internationalen Verwaltungsabkommen sind für das Rundfunkrecht von Bedeutung. Verwaltungsabkommen sind Verträge über Gegenstände, für die keine gesetzgeberischen Akte weiter erforderlich sind, und die auch nicht das politische Verhältnis zu anderen Staaten angehen[44]. Vertragsgegenstände können also nur solche sein, die allein mit den Mitteln des Verwaltungsrechts ohne Gesetze transformiert werden können. Allerdings ist nicht geklärt, ob sich diese Kompetenz aus Art. 59 II GG iVm. den Art. 83 ff. GG ergibt[45], oder aus Art. 32 I GG[46]. Nach einer Ansicht betrifft Art. 32 GG keine Verwaltungsabkommen. Vielmehr sei Art. 59 II GG die entscheidende Kompetenznorm, nach der die Abschlußkompetenz für Verwaltungsabkommen der Verwaltungskompetenz entsprechend geregelt sei[47]. Nach einer anderen Ansicht umfaßt die in Art. 32 I GG dem Bund zugewiesene Abschlußkompetenz auch Verwaltungsabkommen[48]. Dieser Ansicht ist zu folgen. Aus der Systematik des Grundgesetzes ergibt sich nämlich, daß Art. 59 II GG nicht Bundes- von Länderkompetenzen abgrenzen soll. Vielmehr regelt diese Vorschrift die Zuständigkeit von Bundesorganen. Art. 59 GG betrifft also nicht die Verbands-, sondern allein die Organkompetenz[49]. Daher wird man Art. 32 GG als entscheidende Kompetenznorm auch hinsichtlich der Verwaltungsabkommen ansehen müssen.

b. Der Kompetenzrahmen des Bundes für Verwaltungsabkommen

Unstreitig steht dem Bund für Verwaltungsabkommen die ausschließliche Abschlußkompetenz zu, wenn die Regelungsmaterie der Bundesverwaltung zugewiesen ist. Daher handelte der Bund im Rahmen seiner Kompetenzen, als er die Schlußakte der Weltfunkverwaltungskonferenz (World Administrative Radio Conference for Space

---

[43] Vgl. etwa die §§ 3 - 8, 13, 15, 26, 27 RFStV 1991, abgedruckt in Niedersächsiches GVBl. 1991, S. 311 ff.; inwieweit die Länder dabei auch die Fernsehrichtlinie der EG in innerdeutsches Recht umsetzen, ist nicht erkennbar, da Fernsehrichtlinie und Konvention in weiten Teilen gleich lauten. Bezüglich des Verhältnisses zwischen dieser Konvention und der Fernsehrichtlinie, s. ausführlich: Delbrück, ZUM 1989, S. 373, 375 f.
[44] Maunz, in: Maunz/Dürig, Komm. z. GG, Art. 59 Rn. 37.
[45] Maunz, in: Maunz/Dürig, Komm. z. GG, Art. 32 Rn. 68, 69; Maunz/Zippelius, § 31 II 8, S. 287; Hamann/Lenz, GG-Komm, Art. 59 Anm. B 9 und Art 32 Anm. B 4.
[46] Rojahn, in: v. Münch, Komm. z. GG, Art. 32 Rn. 14, 31 und Art. 59 Rn. 60; Zuleeg, AK. z. GG, Art. 59 Rn. 27.
[47] Maunz, in: Maunz/Dürig, Komm. z. GG, Art. 32 Rn. 68, 69; Hamann/Lenz, GG-Komm, Art. 32 Anm. B 4.
[48] Mangoldt/Klein, Art. 32 Anm. VI 3 b; Blumenwitz, S. 107.
[49] Rojahn, in: v. Münch, Komm. z. GG, Art. 59 Rn. 1.

Telecommunikations, WARC), ein Verwaltungsabkommen, das in dem Abkommen von 1977 zum Beispiel die Vergabe von 1000 Rundfunksatellitenkanälen behandelt, unterzeichnete[50]. 1992 fand dann die weltweite Funkverwaltungskonferenz in Malaga/Torremolinos statt. Diese Konferenz beschäftigte sich mit der Frequenzzuweisung für digitalen Tonfunk bzw. mit der Weichenstellung für die Einführung von terrestrischem und digitalem Tonfunk[51]. Auch wenn sich derartige Regelungen unmittelbar auf spezifische Rundfunkbelange auswirken[52], bleibt es unstreitig bei der Abschluß- und Transformationskompetenz des Bundes. Es handelt sich hierbei nämlich um fernmelderechtliche Regelungen, deren Umsetzung durch Gesetz innerstaatlich dem Bund zugewiesen sind.

Nicht geklärt ist hingegen, wie die Kompetenzverteilung jener Bereiche geregelt ist, die die Länder als eigene Angelegenheit (Art. 84 GG) oder im Auftrag des Bundes (Art. 85 GG) wahrnehmen. Das Recht der Länder, Verwaltungsabkommen mit dem Ausland abzuschließen, wird insoweit aus Art. 32 III GG gefolgert[53]. Die Formulierung in Art. 32 III GG, "soweit die Länder für die Gesetzgebung zuständig sind" wird dabei nicht auf den Gegensatz zwischen Gesetzgebung und Verwaltung bezogen, sondern verstanden als Umschreibung des sachlichen Zuständigkeitsbereichs der Länder im Gegensatz zu dem des Bundes.

aa. Die zentralistische Ansicht

Nach einer Meinung folgt aus der Bezugnahme auf die Gesetzgebung in Art. 32 III GG, daß eine Abschlußkompetenz der Länder für Verwaltungsabkommen nur dann besteht, wenn ihnen auch die Gesetzgebungskompetenz für diesen Bereich zusteht[54]. Anderenfalls gelte der Grundsatz des Art. 32 I GG, der dem Bund die Pflege der auswärtigen Beziehungen zuweise. Danach darf der Bund also auch dort Verwaltungsabkommen abschließen, wo die Länder Landesgesetze ausführen. Den Ländern steht hingegen keine Abschlußkompetenz zu, wenn sie Bundesgesetze ausführen. Der Bund kann also nach dieser Meinung für alle Bereiche des Rundfunks Verwaltungsabkommen abschließen. Unerheblich ist, ob es sich bei der in Rede stehenden Materie um reinen Inlandsrundfunk, um multinationalen oder um

---

[50] Vgl. zu diesem Abkommen ausführlich Gornig, ZUM 1992, S. 174, S. 180 ff; ders. IHB 1994/95, D, S. 1, 3 ff..

[51] Vgl. dazu Schrogl, RuF 1992, S. 378, 383 f.

[52] Deutlich wurde dies als auf der "Weltweiten Funkverwaltungskonferenz für die Planung des Rundfunkdienstes über Satelliten im 12 GHz-Bereich 1977" (WARC 1977) über die Nutzung des für den Satellitenrundfunk zur Verfügung stehenden Frequenzbereichs 11,7 - 12,5 GHz verhandelt und entschieden wurde. Dieses Abkommen hatte zum einen zur Folge, daß der Bundesrepublik Deutschland - wie den anderen europäischen Nationen - fünf Satellitenkanäle für die Abstrahlung je eines Fernseh- bzw. 16 Hörfunkprogramme zugewiesen wurden. Zum andern ist dieses Abkommen aber Rechtsgrundlage für das Faktum, daß die Bundesrepublik Deutschland mit ausländischen Rundfunkprogrammen "überstrahlt" wird.

[53] So BVerfGE 2, S. 347 ff. (369 f.); Mangoldt/Klein, Art. 32 Anm. VI 3 b; Blumenwitz, S. 106 ff.

[54] Rojahn, in: v. Münch, Komm. z. GG, Art. 32 Rn. 31 mwN.

transnationalen Rundfunk handelt. Den Ländern hingegen steht lediglich eine Abschlußkompetenz dort zu, wo sie eigene Gesetze ausführen, also im Bereich des rein nationalen Rundfunks. Allerdings besteht die in diesem Bereich konkurrierende Abschlußkompetenz des Bundes nur respective des Lindauer Abkommens. Da insoweit auf die Gesetzgebung der Länder abgestellt wird, sollten diese also vor dem Abschluß eines solchen Vertrages ihre Zustimmung erteilt haben. Denn im Gegensatz zu der Länderverwaltung von Bundesgesetzen hat der Bund in diesem Fall keine Möglichkeit, seine außenpolitischen Verpflichtungen innerstaatlich durchzusetzen.

bb. Die föderalistische Ansicht
Nach der Gegenmeinung dürfen Länder auch Verwaltungsabkommen über Bereiche abschließen, in denen sie Bundesgesetze als eigene Angelegenheiten (Art. 84 GG) oder im Auftrag des Bundes (Art. 85 GG) ausführen[55]. Dies wird mit der "Symetrie von innerer und äußerer Zuständigkeit, die das Grundgesetz anstrebt" begründet[56]. Verwaltungsabkommen des Bundes seien hingegen nur dort zulässig, wo der Bund die Einhaltung der Abkommen selbst gewährleisten könne, also innerhalb der Kompetenz der Art. 84 ff. GG. Nach dieser Meinung ist es für den rein nationalen Rundfunk und für den Bereich des in erster Linie ins Inland gerichteten multinationalen Rundfunk ausgeschlossen, daß der Bund Verwaltungsabkommen abschließen kann. Die Länder haben hingegen, da der Bund die Bereiche des Auslandsrundfunks und des in erster Linie nach außen gerichteten multinationalen Rundfunks in eigener Verwaltung wahrnimmt bzw. wahrnehmen muß, hier keine Abschlußkompetenz.

cc. Stellungnahme
Für die hier interessierende Frage kommen die Meinungen nur insoweit zu unterschiedlichen Ergebnissen, als nach der ersten der Bund auch im Bereich der Landesverwaltung von Landesgesetzen Abkommen abschließen darf, während die zweite Meinung dies verneint. Für eine Streitentscheidung muß man sich vergegenwärtigen, daß das Grundgesetz hinsichtlich der auswärtigen Angelegenheiten von einem Auftreten der Bundesrepublik Deutschland als geschlossenem Staatswesen ausgeht. Angesichts der internationalen Praxis wird deutlich, daß den Verwaltungsabkommen eine weitaus größere Bedeutung zukommt, als Staatsverträgen, die noch einer gesetzgeberischen Umsetzung bedürfen[57]. Wollte man hier den Ländern eine so weit reichende Einflußmöglichkeit zugestehen, wie das nach der föderativen Ansicht der Fall wäre, würde dies eine Umkehrung der Wertung des Grundgesetzes zur Folge haben. Wie bei der Gesetzgebung gilt auch bei der Verwaltung, daß die auf die innerstaatlichen Erfordernisse ausgerichtete Kompetenzverteilung im Bereich der auswärtigen Gewalt gerade keine Rolle spielen soll. Schon der Wortlaut von Art. 32 III GG verbietet den Rückgriff auf die Verwaltungsbefugnisse. Dieser Artikel stellt nämlich allein auf die Gesetzgebungskompetenz ab. Dem Bund steht also auch

---
[55] Maunz, in: Maunz/Dürig, Komm. z. GG, Art. 32 Rn. 70; Blumenwitz, S. 106 ff.
[56] Blumenwitz, S. 108.
[57] So auch Rojahn, in: v. Münch, Komm. z. GG, Art. 32 Rn. 32.

hinsichtlich solcher Verwaltungsabkommen die Vertragsabschlußkompetenz zu, deren Materie in die Gesetzgebungskompetenz der Länder fällt. Allerdings hat der Bund auch hinsichtlich derartiger Abkommen die Vereinbarungen des Lindauer Abkommens zu beachten.

3. Die Kompetenz der Bundesrundfunkanstalt zu Verträgen mit internationalen Einrichtungen in Abgrenzung zu den Kompetenzen der Landesrundfunkanstalten

Im Bereich des Rundfunks sind neben den klassischen völkerrechtlichen auch solche Verträge von Bedeutung, die direkt von den deutschen mit ausländischen Rundfunkanstalten geschlossen werden. Bei derartigen Verträgen können die Kompetenzen der vertragsschließenden leutschen Rundfunkanstalten nicht weiter reichen, als die die Körperschaft, aus der sie hervorgegangen sind. Die Landesrundfunkanstalten können also nur Verträge über solche Materien schließen, für die auch den Ländern eine Abschlußkompetenz zusteht. Das Gleiche gilt entsprechend für die Bundesrundfunkanstalt. Weiter müssen sich die Anstalten mit dem Vertragsschluß im Rahmen ihres gesetzlich festgelegten Aufgabenfeldes halten.

Klassisches Beispiel ist die Mitgliedschaft in der Europäischen Rundfunkunion[58]. Dabei handelt es sich um eine nichtstaatliche Organisation (non-governmental organizations - NGO), die von den unterschiedlichen Rundfunkveranstaltern, also nationalen Einzelpersonen bzw. Vereinigungen, getragen wird. Für diese Union gilt das schweizerische Recht. Sie hat eine eigene Rechtspersönlichkeit mit Sitz in Genf[59]. Die Aufgabe dieser Vereinigung ist, die Interessen ihrer Mitglieder zu unterstützen[60]. Es würde den Rahmen dieser Arbeit sprengen, sollte auf die Einzelheiten diesesVertrages eingegangen werden[61]. Es soll lediglich darauf hingewiesen werden, daß den Rundfunkanstalten durch diesen Eurovisionsvertrag die Möglichkeiten gegeben werden, ihre Aufgaben gegenüber dem inländischen Publikum besser zu erfüllen. Dabei ist die entscheidende Aktivität dieser Vereinigung der Programmaustausch[62]. Seit 1960 gibt es zusätzlich einen regelmäßigen Nachrichtenaustausch zwischen den Mitgliedern. Inhalt und Zweck des Vertrages halten sich also im Rahmen dessen, was als Aufgabe den Länder bzw. Landesrundfunkanstalten zugewiesen ist. Somit war der Beitritt der Landesrundfunkanstalten, also von ARD und ZDF, rechtmäßig erfolgt. Eine Mitgliedschaft sowohl eines nationalen Repräsentationsrundfunks als auch der Deutschen Welle ist hingegen problematisch. Der Zweck der europäischen Rundfunkunion, Programm und Nachrichten zu beschaffen und auszutauschen, wider-

---

[58] Im Jahre 1950 wurde diese Organisation von westeuropäischen Rundfunkunternehmen unter dem Namen "European Broadcasting Union" (EBU) bzw. "Union Européenne de Radiodiffusion" (UER) gegründet. Der offizielle Name lautet nunmehr: Union Européenne de Radio-Télévision.
[59] Art. 1 der Statuten.
[60] Art. 2 der Statuten.
[61] Vgl. dazu Hesse, A., Rundfunkrecht, S. 238 ff. mwN.
[62] Zu den Einzelheiten: Gressmann, S. 397 ff.

spricht nämlich dem Aufgabenfeld derartiger Rundfunkanstalten. Es ist nicht einzusehen, weshalb zur Repräsentation des Gesamtstaates weitere ausländische Programme und Nachrichten notwendig sein sollten.

Schwieriger werden jedoch die Kompetenzprobleme bei der vertraglichen Gründung einer multinationalen Rundfunkanstalt durch deutsche und ausländische Rundfunkanstalten. Es wurde schon auf den Sender 3-SAT und das ehemalige Programm 1-Plus hingewiesen. Aber auch das Projekt Europa-TV gehört zu diesem Problemkreis. Den Ländern steht die Kompetenz zur Regelung bzw. mittelbaren Veranstaltung durch Landesrundfunkanstalten im Rahmen des multinationalen Rundfunks zu, sofern dieser primär inländische Bedeutung hat. Andernfalls stünde nicht den Ländern, sondern dem Bund diese Kompetenz zu. Bei Vertragsabschlüssen müssen sich die Rundfunkanstalten also an diese Grenze halten.

Der Sender 1-Plus wurde von den in der ARD zusammengeschlossenen Landesrundfunkanstalten geführt. Ausländischer Veranstalter war allein die SRG. Sie war an der Programmgestaltung beteiligt und lieferte auch Programmbeiträge. Das Konzept des Senders war allerdings auf Europa ausgerichtet. So sollte das Programm "zu einem Zeitpunkt, zu dem jenseits der Grenzen der Bundesrepublik Deutschland empfangen werden kann, deutschsprachige Kulturleistungen ausländischen Zuschauern"[63] vermitteln. Diese Aufgabe war parallel zu der weiteren formuliert, "Europa in seiner Vielfalt"[64] dem deutschen Zuschauer zu vermitteln. In diesen Formulierungen wird das Spannungsfeld deutlich, in dem der multinationale Rundfunk steht. Zur Zeit des Bestehens dieses Senders wird man schon aus technischen Gründen keine Schwierigkeiten gehabt haben, zu begründen, daß das Programm auf das Inland gerichtet war. Insoweit stand den Landesrundfunkanstalten auch die Kompetenz zur Gründung dieser neuen Anstalt zu. Das angestrebte Ziel, dem europäischen Ausland umfassend die deutsche Kultur vorzustellen, hätte hingegen als verfassungswidrig eingestuft werden müssen. Denn um einen derartigen Rundfunk zu veranstalten bzw. mitzuveranstalten, steht nicht den Ländern (den Landesrundfunkanstalten), sondern dem Bund (der Bundesrundfunkanstalt) die Kompetenz zu.

Das 3-SAT-Programm wird von den Rundfunkanstalten ARD, ZDF, ORF und SRG getragen und auch in die Kabel dieser drei Länder eingespeist[65]. Dabei stammen mehr als 50% der Beiträge vom ZDF in Mainz, dem Sitz der Programmveranstaltung. Das Programm selbst wird jedoch in gemeinsamer Abstimmung von allen drei Rundfunkveranstaltern bestimmt. Es wohnt diesem Sender also eine "grenzüberschreitende Dimension" inne[66]. Allerdings handelt es sich bei den beteiligten Staaten um deutschsprachige. So wird die Abgrenzung schwierig, ob in erster Linie ins Ausland (also die Schweiz und Österreich) oder ins

---

[63] Schwarzkopf, ARD-Jahrbuch 1986, S. 19.
[64] Schwarzkopf, ARD-Jahrbuch 1986, S. 19.
[65] Einzelheiten bei: Hagen, ZDF-Jahrbuch 1984, S. 111.
[66] Vgl. insoweit Stammler, ZUM 1988, S. 274, 284.

Inland gesendet wird. Wenigstens die Sprache entfällt als abgrenzendes Kriterium. Darüber hinaus sind die Schweiz, Österreich und Deutschland zwar eigenständige Staaten, sie sind jedoch Teil der deutschen "Kulturnation". Damit entfällt aber auch das Kriterium der unterschiedlichen Kultur. Fragwürdig erscheint jedoch, deshalb diesem Programm die Qualität der "Außendarstellung" Deutschlands abzusprechen[67]. Allein gleiche Kultur und Sprache genügen nämlich nicht, um den Gedanken der "Außendarstellung" zu verneinen. Andernfalls hätte auch die Tätigkeit des Deutschlandfunks gegenüber der DDR keine Außendarstellung sein können. Das aber ist unbestritten. Entscheidend ist vielmehr, daß es überhaupt nicht Ziel von 3-SAT ist, die Bundesrepublik Deutschland in irgendeiner Weise gegenüber den beiden anderen Staaten darzustellen, während gerade dies das erklärte Ziel des Deutschlandfunks war. Nur unter diesem Aspekt ergibt sich, daß auch ein Hinweis auf die Größe der in den Staaten angesprochenen Zuschauerzahl als Kriterium erlaubt sein muß, um zu entscheiden, ob der Sender eher nach innen oder nach außen gerichtet ist. Im Gegensatz zum Deutschlandfunk, der in erster Linie die Bevölkerung der DDR ansprechen sollte, will das 3-SAT-Programm in gleicher Weise Deutsche wie Österreicher und Schweizer ansprechen. Da die Deutschen also die größte Gruppe sind, ist dies ein Indiz, eine Inlandsrichtung für das Programm zu bejahen. Weiter ist der Umstand zu beachten, daß der weitaus größte Anteil des Programmangebots dieses Senders vom ZDF stammt. Wenn man sich also innerhalb der deutschen Sprachraumgrenze hält, und nicht beginnt, vor allem ins fremdsprachige Ausland zu senden, ist die Beteiligung der Landesrundfunkanstalten bzw. des ZDF verfassungsgemäß.

Schließlich ist noch das Projekt des Europa-TV zu erwähnen. Es wurde von den ARD und einigen anderen europäischen Rundfunkanstalten unter dem Dach der europäischen Rundfunkunion ins Leben gerufen. Die Träger hatten es sich zum Ziel gesetzt, europaweit ein in Hilversum zusammengestelltes Programm zu senden. Dabei sollten die beteiligten Anstalten eigene Beiträge beisteuern. Weiter gab es Eigenproduktionen der Zentralredaktion. Das Programm wurde in mehreren Sprachen gesendet. Aus finanziellen Gründen wurde jedoch das Projekt 1986 wieder eingestellt[68]. Ziel war es, durch das Programm die Einheit Europas deutlich zu machen. Der Gedanke der Selbstdarstellung des einzelnen Staates wandelte sich durch die Kombination von mehreren Staaten zu einem europäischen Anliegen. Die Empfangbarkeit in Deutschland, die zwar auch beabsichtigt war, trat in den Hintergrund gegenüber der Zielsetzung, ein gesamteuropäisches Verständnis bei den Rezipienten erzielen zu wollen. Und gerade die deutschen Beiträge, also die über Deutschland informierenden, sollten im Ausland ein Kennenlernen dieses Staates ermöglichen. Damit aber ist das Programm vornehmlich ins Ausland gerichtet. Der Umstand der Mehrsprachigkeit ist ein weiteres Indiz für die Annahme eines ins Ausland gerichteten multinationalen Senders. Und schließlich bestätigt auch die Zahl der Nicht-Deutschen Zuschauer diese Wertung. Den Ländern und ihren Rundfunk-

---

[67] Stammler, ZUM 1988, S. 274, 284.
[68] Vgl. Schwarzkopf, Media Perspektiven, 1986, S. 74.

anstalten steht aber für einen solchen Rundfunk keine Kompetenz zu. Das gilt auch dann, wenn der in Rede stehende Rundfunk im Rahmen der Europäischen Rundfunkunion veranstaltet wurde. Dieser Umstand ist für die innerstaatliche Kompetenzverteilung unerheblich. Somit war für die Vertretung der deutschen Interessen bei diesem Rundfunk nicht die ARD oder das ZDF zuständig, sondern der Bund mit den damaligen Bundesrundfunkanstalten Deutsche Welle und Deutschlandfunk[69].

---

[69] Sollte in nächster Zeit ein ähnliches Europa-Programm wieder überlegt und projektweise veranstaltet werden, so wäre hierfür allerdings, nachdem durch das "Gesetz über die Neuordnung der Rundfunkanstalten des Bundesrechts und des RIAS Berlin", dem Rundfunkneuordnungsgesetz vom 20. Dezember 1993, BGBl. I, S. 2246 f., und durch den Hörfunküberleitungsstaatsvertrag vom 17. Juni 1993, BGBl. I, S. 2248 ff., die Aufgaben des Deutschlandfunks "zum 31. Dezember 1993 beendet sind", nur die Deutsche Welle zuständig.

III. Die Kompetenz des Bundes zur Abtretung von Hoheitsrechten im Bereich des Rundfunkwesens an supranationale Einrichtungen

In den bisher erörterten internationalen Verträgen kann sich die Bundesrepublik Deutschland lediglich zu einem bestimmten Verhalten verpflichten. Von größerer Bedeutung sind Vereinbarungen, mit denen die Bundesrepublik Deutschland bestimmte Hoheitsrechte an eine supranationale Einrichtung abtritt. Bedeutendster Anwendungsfall einer solchen Abtretung von Hoheitsrechten ist die Gründung der EG. Da diese Gemeinschaft auch hinsichtlich des Rundfunkrechts von Bedeutung ist, soll im folgenden an ihr die Bedeutung der Art. 23 und 24 GG verdeutlicht werden. Dabei müssen im Rahmen dieser Arbeit zwei Probleme auseinandergehalten werden: Zum einen muß der Bund bei der Übertragung der Hoheitsrechte innerhalb seiner Kompetenzen agieren. Zum andern muß er dies aber auch bei der Mitwirkung sekundären Gemeinschaftsrechts[1].

1. Kompetenz des Bundes zur Abtretung von hoheitlichen Befugnissen im Bereich des Rundfunkrechts gemäß Art. 24 I GG

a. Grundsätzliches zur Abtretungskompetenz gemäß Art. 24 I GG

Die EG galt und gilt als Grundfall einer Einrichtung nach Art. 24 I GG. Auf der Grundlage des Vertrages von Maastricht ist die EU aus dem Anwendungsbereich des Art. 24 I GG herausgewachsen. Mit Art. 23 GG ist für sie nun eine eigene Verfassungsnorm geschaffen worden, die in Zukunft für die EU allein maßgebend sein wird[2]. Die Bedeutung von Art. 24 I GG ist damit wesentlich eingeschränkt. Art. 24 I GG ist jedoch nicht völlig irrelevant. Die im Zusammenhang mit Art. 24 I GG entwickelten Grundsätze und dogmatischen Wertungen sind nämlich auch für Art. 23 GG nutzbar zu machen. Weiter beurteilt sich nach Art. 24 I GG, ob die europäische Integration bis zum Inkrafttreten des Vertrages zur Europäischen Union[3] verfassungsgemäß erfolgte. Darüber hinaus ist Art. 24 I GG nicht nur (bisherige) Grundlage der EG. Diese Norm bleibt weiter von Bedeutung für die Übertragung von Hoheitsrechten auf zwischenstatliche Einrichtungen, die nicht Bestandteil der EU sind. Bei Art. 24 I GG handelt es um eine Ermächtigungsnorm[4]. Wie weit diese Ermächtigung reicht[5], ist hier nur dahingehend zu klären, ob der Bund berechtigt war, die gesamte oder Teilbereiche der Rundfunkkompetenzen über Art. 24 I GG auf die EG zu übertragen.

---

[1] Insoweit regelt nunmehr Art. 23 VI GG, daß in bestimmten Fällen Landesvertreter diese Aufgaben wahrnehmen.

[2] Im folgenden soll es hinsichtlich Art. 24 I GG bei der vormaligen Bezeichnung "EG" verbleiben.

[3] Dieser Vertrag wurde am 7. Februar 1992 von den 12 Mitgliedstaaten der EG in Maastricht unterzeichnet, mit Gesetz vom 28. Dezember 1992 durch den Bundestag mit Zustimmung des Bundesrates ratifiziert (BGBl. I S. 1251) und ist am 1. November 1993 in Kraft getreten.

[4] Ipsen, Europäisches Gemeinschaftsrecht, S. 48 ff.; Geiger, Grundgesetz, S. 203.

[5] Fastenrath, S. 150 f., vertritt etwa die Ansicht, es handele sich bei Art. 24 um eine Ermächtigung zur Veränderung der grundgesetzlichen Kompetenzordnung.

aa. Zwischenstaatliche Einrichtungen iSd. Art. 24 I GG

Art. 24 I GG bestimmt, daß "der Bund (...) durch Gesetz Hoheitsrechte auf zwischenstaatliche Einrichtungen übertragen kann." Zusammen mit der Präambel und Art. 23 GG bringt Art. 24 GG die Verfassungsentscheidung für eine offene Staatlichkeit[6] zum Ausdruck. Dies ist eine Entscheidung für die Einordnung der Bundesrepublik Deutschland in die internationale Staatengemeinschaft und die Bejahung einer engen Zusammenarbeit mit anderen Staaten. Hinter dieser Entscheidung steht die Erkenntnis, daß die Bundesrepublik Deutschland ihre Existenz nur im kooperativen Verbund mit den andern Staaten Europas sichern kann[7].

Der Begriff der "zwischenstaatlichen Einrichtung" wird im Grundgesetz weder definiert noch an anderer Stelle verwandt. Er verweist auch nicht auf eine eigene völkerrechtliche Kategorie. Vielmehr sind mit diesem Begriff internationale Organisationen[8] gemeint. Da Art. 24 I GG von einer zwischenstaatlichen Einrichtung spricht, müssen diese Organisationen aufgrund eines völkerrechtlichen Vertrages errichtet worden sein[9], der Völkerrechtsordnung unterliegen und völkerrechtsfähig sein. Nichtstaatliche Organisationen (non-governmental organizations), wie die Europäische Rundfunkunion, sind daher keine zwischenstaatlichen Einrichtungen. Sie sind nämlich nicht im Rahmen des Völkerrechts errichtet, und sind auch nicht völkerrechtsfähig. Diese Organisationen müssen Organe haben, um handlungsfähig zu sein und die abgetretenen Hoheitsrechte wahrnehmen zu können. All diese Voraussetzungen werden von der EG erfüllt: Die Gemeinschaft ist aufgrund eines völkerrechtlichen Vertrages errichtet[10] worden. Sie kann ferner durch ihre Organe - den Rat, die Kommission, das Parlament und den Europäischen Gerichtshof - handeln. Wie das Bundesverfassungsgericht in ständiger Rechtsprechung annimmt[11], handelt es sich bei der EG um eine supranationale Einrichtung.

bb. Hoheitsrechte

Der Begriff "Hoheitsrecht" findet seinen Ursprung im innerstaatlichen Verfassungsrecht[12]. Dort bedeutet die Wahrnehmung von Hoheitsrechten das Gleiche wie die Ausübung der öffentlichen Gewalt. Ein Hoheitsrecht im Sinne von Art. 24 I GG bzw. von Art. 23 GG ist also das Recht, Rechtsverhältnisse im Über- und Unterordnungs-

---

[6] So Ipsen, Europäisches Gemeinschaftsrecht, S. 52; Jarass, in: Jarass/Pieroth, GG-Komm. Art. 24 Rn. 1; Vogel, S. 42 ff.; Tomuschat, in: Bonner Kommentar zum GG, Art. 24 Rn. 3.

[7] So ausdrücklich Tomuschat, in: Bonner Kommentar zum GG, Art. 24 Rn. 2.

[8] Jarass, in: Jarass/Pieroth, GG-Komm. Art. 24 Rn. 5; Randelzhofer, in: Maunz/Dürig, Komm. z. GG, Art. 24 I Rn. 43; Rojahn, in: v. Münch, Komm. z. GG, Art. 24 Rn. 7.

[9] BVerfGE 2, S. 347 ff. (377).

[10] Die Hoheitsrechte wurden übertragen durch die Verträge über die Gründung der "Europäischen Gemeinschaft für Kohle und Stahl" vom 18. April 1951, BGBl. 1952 II, S. 447 ff., und die sogenannten "römischen Verträge" vom 25. März 1957, BGBl. 1957 II, S. S. 766, bzw. 1014 ff.; nach dem "Fusionsvertrag" vom 8. April 1965, BGBl. 1965 II, S. 1454 ff., handeln für die EG neben dem Europäischen Gerichtshof nur noch ein Ministerrat und eine Kommission.

[11] BVerfGE 22, S. 293 ff. (296); 37, S. 271 ff. (278); 73, S. 339 ff. (375).

[12] Vgl. Ipsen, Europäisches Gemeinschaftsrecht, S. 54.

verhältnis zwischen Staat und Privaten zu regeln[13]. Es ist also die Befugnis des Staates, den in ihm zusammengeschlossenen Personen oder Verbänden ein Verhalten zu befehlen und es mit Zwang durchzusetzen[14]. Diese Hoheitsrechte können gleichermaßen solche der Legislative, der Judikative oder der Exekutive sein, wobei hier die Befugnisse sowohl solche der Eingriffs-, als auch der Leistungsverwaltung sein können. Entscheidend dabei ist, daß ein Hoheitsrecht im Sinne von Art. 24 I GG den Durchgriff in den innerstaalichen Bereich gewährt. Art. 24 GG kann nämlich nur dann eine eigene Bedeutung haben, wenn eine aufgrund dieses Artikels errichtete Organisation über die Wirkungsweise einer ohne Hoheitrechte ausgestatteten internationalen Organisation hinausgehen[15]. Dies ist der Fall: Während die "Rechtssetzung" gewöhnlicher Organisationen der Transformation bedürfen, um innerstaatlich wirken zu können[16], entfalten Hoheitsrechte unmittelbar, also ohne besonderen staatlichen Umsetzungsakt Rechtswirkung im innerstaatlichen Bereich. Die Rechtsakte sind also nicht an das Völkerrechtssubjekt, sondern unmittelbar an die Rechtssubjekte und Rechtsanwendungsorgane des einzelnen Staates gerichtet[17]. Das Bundesverfassungsgericht hat es bisher unterlassen, den Begriff der "Hoheitsrechte" positiv zu definieren. Regelmäßig wurde stattdessen Art. 24 I GG einer Gesamtbetrachtung unterzogen. Entscheidendes Merkmal des Hoheitsrechts ist dabei aber, die Befugnis zur einseitigen Gestaltung von Rechtsverhältnissen, die der staatlichen Rechtsordnung unterliegen.[18] . Da die Regelung des Rundfunkwesens und die Veranstaltung von Rundfunk durch die mittelbare Staatsverwaltung ein Hoheitsrecht ist, kann dies auch auf eine supranationale Einrichtung übertragen werden.

b. Kompetenz des Bundes zur Abtretung von dem Bund zustehenden Hoheitsrechten im Bereich des Rundfunkrechts

Der Bund kann Hoheitsrechte, die ihm innerstaatlich zugewiesen sind, an eine supranationale Einrichtung abtreten. Das gilt grundsätzlich gleichermaßen für solche Kompetenzen, die ihm ausschließlich zustehen, als auch für solche, für die eine konkurrierende Zuständigkeit von Bund und Ländern vorgesehen ist. Für den Rundfunk bedeutet dies, daß die dem Bund zustehenden Kompetenzen an die EG über Art. 24 I GG abgetreten werden konnten. Der Bund konnte also die Regelungskompetenz für den transnationalen und teilweise auch die für den multinationalen Rundfunk an die EG übertragen. Desweiteren konnte er die

---

[13] So auch Randelzhofer, in: Maunz/Dürig, Komm. z. GG, Art. 24 I Rn. 33; Tomuschat, in: Bonner Kommentar zum GG, Art. 24 Rn. 21.
[14] Klein, Karl H., Hoheitsrechte, S. 22; zustimmend: Birke, S. 89 f.; Emrich, S. 114.
[15] So ausdrücklich auch Randelzhofer, in: Maunz/Dürig, Komm. z. GG, Art. 24 I Rn. 12.
[16] Vgl. Geiger, Grundgesetz, S. 162.
[17] Ipsen, Europäisches Gemeinschaftsrecht, S. 69; Jarass, in: Jarass/Pieroth, GG-Komm. Art. 24 Rn. 4; Randelzhofer, in: Maunz/Dürig, Komm. z. GG, Art. 24 I Rn. 30; Rojahn, in: v. Münch, Komm. z. GG, Art. 24 Rn. 11 u. 16; Tomuschat, in: Bonner Kommentar zum GG, Art. 24 Rn. 8 mwN.; Stern, Staatsrecht, Bd. 1, § 15 II 3, S. 524; ders., Staatsrecht 3, Teibd. 1, S. 1234; Zuleeg, in: AK. z. GG, Art. 24 I Rn. 16.
[18] BVerfGE 37, S. 271 ff. (280 f.); 73, S. 339 ff. (374); anders aber erweiternd: BVerfGE 68, S. 1 ff. (93).

Regelungsbereiche des nationalen Rundfunks abtreten, die vom Grundgesetz dem Bund zur Regelung zugewiesen sind. Dies wären etwa die Regelung der Telekommunikation oder das Recht der Wirtschaft. Allerdings konnte und kann der Bund nicht alle ihm zustehenden Kompetenzen abtreten. Hoheitsrechte, die ihrer Natur nach nur von einem *einzigen* Rechtsträger wahrgenommen werden können, können nicht abgetreten werden, ohne daß sie dadurch ihrer Natur verlustig gingen. Steht dem Bund also kraft Natur der Sache die Kompetenz zur gesamtstaatlichen Repräsentation zu, besteht also ein zwingendes Erfordernis für eine Bundeskompetenz, so kann begriffsnotwendig keine andere Organisation diese Kompetenz wahrnehmen. Könnte sie es, würde die die natürliche Kompetenz begründende Voraussetzung, eine Angelegenheit kann *nur* vom Bund geregelt werden, widerlegt sein. Die Aufgabe gesamtstaatlicher Repräsentation kann daher weder von den Bundesländern noch von der EG wahrgenommen werden. Einzig der Bund kann diese Kompetenz wahrnehmen.

Zur Errichtung einer europäischen Rundfunkanstalt ist allerdings kein Rückgriff auf Art. 24 I GG notwendig[19]. Eines Rückgriffs auf diese Vorschrift bedürfte es nur, wenn es sich bei einer europäischen Rundfunkanstalt um eine zwischenstaatliche Einrichtung handelte, die Hoheitsrechte wahrnimmt. Fragwürdig ist schon, ob eine europäische Rundfunkanstalt eine zwischenstaatliche Einrichtung im Sinne von Art. 24 I GG sein muß. Es ist nämlich denkbar, daß eine solche Anstalt als nichtstaatliche Organisation (non-governmental organization) durch Rundfunkanstalten gegründet werden kann[20]. Dann aber handelte es sich nicht um eine zwischenstaatliche Einrichtung im Sinne von Art. 24 I GG. Jedenfalls aber würde eine Rundfunkanstalt keine Hoheitsrechte im Sinne von Art. 24 I GG wahrnehmen. Entscheidend ist insoweit, daß eine Rundfunkanstalt den in einem Staat zusammengeschlossenen Personen und Verbänden kein Verhalten befehlen oder mit Zwang durchsetzen will. Das aber ist das als "Durchgriffswirkung" bezeichnete entscheidende Merkmal eines Hoheitsrechtes. Zwar können zwischenstaatliche Einrichtungen Verwaltungsbefugnisse sowohl in Form der Leistungs-, als auch der Eingriffsverwaltung wahrnehmen, und es ist auch denkbar, daß sie im Bereich der Daseinsvorsorge tätig ist. Das aber ist nicht wesentlich für die Frage, ob eine Rundfunkanstalt nur auf der Grundlage des Art. 24 I GG errichtet werden kann. Die Kompetenz zur Gründung einer multinationalen Europäischen Rundfunkanstalt steht dem Bund vielmehr schon gemäß Art. 73 Nr. 1 GG in Verbindung mit Art. 59 II 1 GG zu. Eine Gründung kann allein durch einen einfachen völkerrechtlichen Vertrag erfolgen. Eines Gesetzes nach Art. 24 I GG bedarf es dafür gleichwohl nicht. Dies gilt jedoch nun allerdings

---

[19] So aber Puhl, DVBl. 1992, S. 933, 935, der von einer Kompetenzübertragung auf eine bestehende Einrichtung oder die Neugründung einer europäischen Rundfunkanstalt durch einfaches Bundesgesetz gemäß Art. 24 I GG spricht. Ähnlich auch Schneider, FS. f. Carstens, S. 817, 822, der Art. 24 I GG allerdings nur als zusätzliches Argument neben Art. 73 Nr. 1 GG anführt, um dem Bund die Kompetenz zur Gründung einer europäischen Rundfunkanstalt durch internationale Verträge zuzusprechen.

[20] Vgl. dazu und zu der Zuständigkeit der Bundesrundfunkanstalt Deutsche Welle, S. 236.

nicht, wenn die Rundfunkanstalt als eine Einrichtung verstanden werden soll, die über die Ausstrahlung eines europäischen Programms hinaus weiter die Aufgabe wahrnimmt, ein einheitliches europäisches Rundfunkrecht zu schaffen und somit Behörden und Rechtssubjekte unmittelbar rechtlich zu binden. Dann nämlich würden Hoheitsrechte wahrgenommen werden, so daß also die Übertragung nur gemäß Art. 24 I GG erfolgen könnte.

c. Die Kompetenz des Bundes zur Abtretung von ausschließlich den Ländern zustehenden Hoheitsrechten im Bereich des Rundfunkrechts

Die wesentlichen Bereiche des nationalen Rundfunkwesens fallen in den Kompetenzbereich der Länder. Von Bedeutung ist daher, ob der Bund auch diese Hoheitsrechte an die EG zumindest teilweise abgetreten hat, und ob eine Abtretung rechtmäßig war bzw. gewesen wäre.

aa. Zur Zulässigkeit der Abtretung von ausschließlich den Ländern zustehenden Hoheitsrechten

Ob und in welchem Umfang der Bund berechtigt ist, auch Kompetenzen der Länder an zwischenstaatliche Einrichtungen zu übertragen ist eines der grundsätzlichen Probleme von Art. 24 I GG. Wenn immer häufiger das Ende dieses Streites proklamiert wird[21], so liegt das nicht zuletzt daran, daß die Bedeutung von Art. 24 I GG durch Art. 23 GG zurückgedrängt worden ist. In Art. 23 GG ist nämlich detailliert geklärt, in welchem Umfang und in welcher Form Länderkompetenzen abgetreten werden können. Die Neufassung von Art. 23 I GG macht aber die Frage nach der Übertragbarkeit von den Ländern zustehenden Hoheitsrechten nach Art. 24 I GG nicht überflüssig. Für die Vergangenheit ist aufgrund dieser Norm zu entscheiden, ob und in welchem Umfang Übertragungen rechtmäßig erfolgten.

(1) Theorie der umfassenden Abtretungskompetenz des Bundes

Nach herrschender Meinung ist es dem Bund gestattet, auch solche Hoheitsrechte zu übertragen, die nach der bundesstaatlichen Kompetenzverteilung der ausschließlichen Gesetzgebungskompetenz der Länder zustehen. Es wird argumentiert, daß Art. 24 I GG eine Grundentscheidung für die "offene Staatlichkeit" treffe[22]. Dieses Ziel könne nur erreicht werden, wenn der Bund auch Länderkompetenzen abtreten dürfe[23]. Neben dieser teleologischen Interpretation des Art. 24 I GG wird auch aufgrund einer systematischen Auslegung eine umfassende Abtretungskompetenz des Bundes angenommen. Art. 24 GG sei im zweiten Kapitel "Bund und Länder" des

---

[21] Hailbronner, JZ 1990, S. 149, 150; Kewenig, JZ 1990, S. 458 f.; Knopf, DVBl. 1980, S. 106; Rudolf, FS. f. Partsch, S. 357, 366; Riegel, DVBl. 1979, S. 245, 246.

[22] Vogel, S. 32, 42; Grabitz, AöR 111 (1986) S. 1, 5; Mosler, ZaöRV 16 (1955/56), S. 1, 20 f., sprechen von einer "Staatszielbestimmung".

[23] Birke, S. 88 ff., insbesondere S. 97; Bleckmann, RIW 1978, S. 144, 145; Grabitz, AöR 111 (1986), S. 1, 5/6; Rojahn, in: v. Münch, Komm. z. GG, Art. 24 Rn. 39; Stern, Staatsrecht, Bd. 1, § 15 II 7, S. 534 f.; Schwan, S. 70 ff.; ähnlich Ruppert, S. 273.

Grundgesetzes eingeordnet und gehe daher als lex specialis den generellen Kompetenznormen der Art. 70 ff. GG vor[24].

(2) Theorie der ausschließlichen Abtretung bundesstaatlicher Hoheitsrechte
Dem steht die Auffassung gegenüber, Art. 24 I GG gestatte nur die Abtretung von Bundeskompetenzen[25]. Zur Begründung wird auf den Wortlaut der Norm verwiesen. Hätte der Bund auch zur Übertragung von Länderkompetenzen ermächtigt werden sollen, so hätte dies ausdrücklich in Art. 24 I GG erwähnt werden müssen. Da dies nicht geschehen sei, sei der Bund also zu der Übertragung derartiger Hoheitsrechte nicht ermächtigt.

(3) Stellungnahme
Der Meinung, dem Bund stehe allein das Recht zu, eigene Kompetenzen zu übertragen, kann nicht gefolgt werden. Aus der offenen Formulierung des Art. 24 I GG kann nämlich gleichermaßen eine beschränkte, als auch eine umfassende Abtretungskompetenz des Bundes herausgelesen werden. Es wird mit Recht darauf hingewiesen, daß eine Abtretungskompetenz grundsätzlich nur im Hinblick auf eigene Rechte bestehen könne, so daß die Zugriffsmöglichkeit auf Länderrechte einer besonderen Hervorhebung bedurft hätte; andererseits deutet aber das Fehlen einer Beschränkung auf die Bundes-Hoheitsrechte in Art. 24 I GG - insbesondere bei einem Vergleich mit dem nachfolgenden Absatz der Bestimmung - auf die Übertragbarkeit von Länderkompetenzen hin[26]. Aus der pauschalen Formulierung des Art. 24 I GG läßt sich also nicht das ausschließliche Recht des Bundes zur Übertragung von Bundeskompetenzen herleiten. Weitere Begründungen werden von den Vertretern dieser Meinung jedoch nicht angeführt und sind auch nicht ersichtlich. Vielmehr erschöpft sich die Argumentation in der Kritik an der herrschenden Meinung.

Dies spricht für die herrschende Meinung. Jedoch kann auch sie in ihrer Argumentation nicht vollständig überzeugen. So ist dem Argument, Art. 24 GG sei im zweiten Buch eingeordnet und gehe daher den allgemeinen Kompetenznormen vor, nicht zu folgen. Zwar lautet die Überschrift dieses Kapitels "Bund und Länder", so daß es nicht fernliegend ist, hier spezielle Regelungen für das Verhältnis zwischen diesen Körperschaften zu vermuten. In diesem Kapitel sind aber auch Vorschriften zu finden, die das Verhältnis zwischen Bund und Ländern gar nicht betreffen[27]. Insofern wird man der Überschrift keine große Bedeutung beimessen dürfen. Jedenfalls wird man aufgrund dieser Kapitelüberschrift die Regelungen des Art. 24 I GG gegenüber den Kompetenzzuweisungen der Art. 70 ff. GG nicht als spezieller einstufen dürfen. Auch aus der Entstehungsgeschichte der Norm können keine Hinweise für die

---
[24] Scheuner, Wehrbeitrag, S. 94, 138 f.
[25] Maunz, in: Maunz/Dürig, Komm. z. GG, Erstbearbeitung des Art. 24 Rn. 18; Hamann/Lenz, GG-Komm, Art. 24 Anm. B 1.
[26] Darauf weist hin Birke, S. 88 f.
[27] Grabitz, AöR 111 (1986), S. 1, 4.

Auslegung gefunden werden[28]. Die Abgeordneten im Hauptausschuß des Parlamentarischen Rates haben nämlich die Implikationen für den Föderalismus in diesem Kontext nicht erläutert[29]. Desweiteren kann aus der fehlenden Ermächtigung der Länder[30] zur Übertragung von Hoheitsrechten nicht gefolgert werden, daß dem Bund dieses Recht zustehen müsse[31]. Zum einen wird nämlich vertreten, daß auch den Ländern die Abtretungskompetenz zustünde[32], so daß gar keine Notwendigkeit für eine Bundeskompetenz bestünde. Zum andern kann aber, und das ist entscheidend, aus der Unzuständigkeit der Länder zur Übertragung von eigenen Hoheitsrechten keine Zuständigkeit des Bundes hergeleitet werden. Dem Grundgesetz ist eine solche Zuständigkeitsregelung nämlich fremd. Schließlich überzeugt auch nicht der Gedanke an die normative Kraft des Faktischen, wonach der Bund entsprechende Länderkompetenzen abgetreten habe, so daß sich Gedanken über die Rechtmäßigkeit dieser Abtretung erübrigten. Bei Unzuständigkeit des Bundes wären diese Übertragungen des Bundes nämlich rechtswidrig und im Ergebnis nichtig.

Von Bedeutung ist allein die Entscheidung des Grundgesetzes für die internationale Integration, wie sie in der Präambel und in Art. 24 I GG zum Ausdruck kommt. Durch Art. 24 I GG soll nicht nur die Zusammenarbeit zwischen den Staaten ermöglicht werden. Vielmehr ist Art. 24 I GG so zu lesen, daß die angestrebte Zusammenarbeit auch erleichtert werden soll. Diese Tendenz zur Erleichterung wird auch dadurch deutlich, daß für die Übertragung von Hoheitsrechten ein einfaches Bundesgesetz genügt[33]. Insbesondere bedarf es keiner Zustimmung des Rundesrates. Weiter ist bei der Auslegung des Art. 24 I GG zu beachten, daß die Bundesrepublik Deutschland nach außen als ein geschlossenes Rechtssubjekt auftritt[34]. Hätte der Bund bei der Abtretung von Kompetenzen jeweils darauf zu achten, nur eigene zu übertragen, würde dieser Eindruck in Frage gestellt werden. Darüber hinaus bestehen zwischen den Kompetenzbereichen von Bund und Ländern häufig Interferenzen. Wenn Bundeskompetenzen abgetreten werden, führt dies nicht selten zu mittelbaren Beeinflussungen von Länderkompetenzen. Wollte man hier eine feinsinnige Unterscheidung treffen, ob die jeweilige Abtretung noch zuzulassen sei, würde jedenfalls die Zusammenarbeit der Staaten durch Art. 24 I GG nicht erleichtert werden. Dies aber stünde im Widerspruch zu der Wertung des Grundgesetzes.

---

[28] So auch Grabitz, AöR 111 (1986), S. 1, 4 ff.

[29] Darauf weisen auch hin: Grabitz, AöR 111 (1986) S. 1, 5; Rojahn, in: v. Münch, Komm. z. GG, Art. 24 Rn. 39; Ruppert, S. 266; vgl. aber auch Hirsch, S. 129.

[30] Diese Argumentation kann nur für die Vergangenheit gelten, da im Zuge der Änderung des Art. 23 GG nunmehr auch den Ländern über Art. 24 Ia GG eine entsprechende Befugnis zusteht.

[31] Grabitz, AöR 111 (1986), S. 1, 6.

[32] Fastenrath, S. 152; wobei dieses Ansicht vor Inkrafttreten des Art. 24 a GG geäußert wurde, als das Grundgesetz also noch keine ausdrückliche Kompetenz der Länder vorsah.

[33] Der Parlamentarische Rat lehnte die Anwendung von Art. 79 I GG bzw. 79 II GG auf ein Gesetz nach Art. 24 I GG ausdrücklich ab, vgl. JöR n.F. 1 (1951) S. 222, 228.

[34] BVerfGE 2, S. 347 ff. (378); Bernhardt, S. 131.

Schließlich ist noch zu beachten, daß das Grundgesetz dem Bund in auswärtigen Angelegenheiten eine umfassende Kompetenz zuweist. Auch das spricht für einen gewissen Beurteilungsspielraum des Bundes darüber, ob und in welchem Maße Länder-Hoheitsrechte übertragen werden müssen. Allerdings liefert Art. 24 I GG keinen Hinweis, wie weit der Bund Länderkompetenzen abtreten darf. Das ist jedoch kein Argument gegen die hier erfolgte teleologische Interpretation, sondern vielmehr ein Problem der Beschränkung der Abtretungskompetenz von Art. 24 I GG.

bb. Schranken der umfassenden Abtretungskompetenz des Bundes
Art. 24 I GG gestattet dem Bund, auch solche Hoheitsrechte zu übertragen, die nach der bundesstaatlichen Verteilung der Gesetzgebungszuständigkeiten ausschließlich den Ländern zustehen. Es bleibt jedoch fraglich, ob diese Kompetenz dem Bund unbeschränkt zusteht. Die Verfassung trifft diesbezüglich zwei wesentliche Grundentscheidungen: Zum einen die Entscheidung für "offene Staatlichkeit" in Art. 24 I GG und zum andern in Art. 79 III GG und Art. 20 GG die für die Gliederung des Bundes in Länder. Das Grundgesetz will beides, den Bundesstaat und die europäische Integration[35].

(1) Theorie der unbegrenzten Abtretungskompetenz
Es wird vertreten, daß Art. 24 I GG überhaupt keinen verfassungsrechtlichen Schranken unterliege; es handele sich bei der Übertragung um einen Akt der Verfassungsgebung, der den Grundsätzen des Art. 20 GG entzogen sei[36]. Dieser Auffassung wird mit Recht entgegengehalten, daß auch Übertragungsakte im Rahmen des Grundgesetzes ergehen. Sie müßten daher den Grenzen des Art. 79 III GG unterliegen. Darüber hinaus handele es sich bei der Schaffung einer zwischenstaatlichen Einrichtung oder bei der Übertragung von Hoheitsrechten an diese um einen innerstaatlichen Akt. Erst durch das in Art. 24 GG vorgeschriebene Gesetz werde das Wirksamwerden der zwischenstaatlichen Einrichtung ermöglicht[37]. Als innerstaatlicher Akt sei die Übertragung jedoch den Grenzen des Art. 79 III GG unterworfen. Dieses Ergebnis läßt sich auch damit begründen, daß nach der Wertung des Grundgesetzes Art. 79 III GG die ranghöchste Norm ist. Es kann dem Übertragungsgesetzgeber nicht erlaubt sein, was dem Verfassungsgesetzgeber versagt ist. Daher ist heute anerkannt, daß jede Übertragung von Hoheitsrechten nach Art. 24 I GG ihre Schranken in den Grundsätzen des Art. 79 III GG findet[38].

(2) Theorie der beschränkten Abtretungskompetenz
Die Frage nach den Schranken der Übertragungskompetenz des Art. 24 I GG ist ein Hauptproblem dieser Vorschrift. An dieser Stelle ist nur zu klären, inwieweit der

---

[35] Birke, S. 101; Isensee, in: Isensee/Kirchhof, Hdb. d. StaatsR, Bd. IV, S. 675.
[36] Emrich, S. 125 f.; ähnlich auch Kaiser, VVDStRL 23 (1966), S. 1, 18.
[37] Ruppert, S. 280 f.
[38] Herdegen, EuGRZ 1992, S. 589, 592 mwN.

Bund in seiner Übertragungskompetenz eingeschränkt wird[39]. Rechtsprechung und Literatur behandeln in erster Linie infolge der "Solange I"[40] und "Solange II"[41]-Entscheidung des Bundesverfassungsgerichtes die Frage nach der Gewährleistung von Grundrechten. Im folgenden soll untersucht werden, ob die insoweit gewonnenen Erkenntnisse auch für den Bereich der vertikalen Gewaltenteilung Geltung beanspruchen können.

(a) Rechtsprechung des Bundesverfassungsgerichtes
Auch das Bundesverfassungsgericht geht davon aus, daß zumindest Art. 79 III GG als "Ewigkeitsklausel" die Abtretungsmöglichkeiten des Art. 24 I GG begrenzt. Bereits in der "Solange I"-Entscheidung[42] konstatierte das Gericht, daß die "Grundstruktur der Verfassung, auf der ihre Identität beruht", nicht geändert und die "Identität" der geltenden Verfassung nicht aufgehoben werden dürfe[43]. Dabei bezieht sich das Gericht jedoch nicht ausdrücklich auf Art. 79 III GG. In der "Solange II"-Entscheidung führte das Gericht dann aus[44], daß Art. 24 I GG den Bund nicht dazu ermächtige, "im Wege der Einräumung von Hoheitsrechten für zwischenstaatliche Einrichtungen die Identität der geltenden Verfassungsordnung der Bundesrepublik Deutschland durch Einbruch in ihr Grundgefüge, in die sie konstituierenden Strukturen aufzugeben." Allerdings ist wohl nach Ansicht des Bundesverfassungsgerichtes Art. 79 III GG nicht die einzige Norm, die diese Identität ausmacht. Auch hinsichtlich der Grundrechtsteils der Verfassung stellt das Gericht nämlich fest, daß dies ein "unaufhebbares ... Essential der geltenden Verfassung" sei und nicht durch Art. 24 I GG relativiert werden dürfe[45]. Welche Bedeutung dabei dem "Wesensgehalt" der Grundrechte zukommen soll, ist nicht geklärt. Diese "Rechtsprinzipien" werden nämlich mit dem "Wesensgehalt" gleichgesetzt. Das hätte zur Folge, daß in diesen "Wesensgehalt" der Grundrechte also nicht eingegriffen werden dürfte. Das Bundesverfassungsgericht hält aber die Beeinträchtigung des "Wesensgehaltes" der Grundrechtsgewährleistung für möglich. Nur könnten derartige Beeinträchtigungen durch Grundrechtsgarantien auf zwischenstaatlicher Ebene gewahrt bzw. "kompensiert"[46] werden. Nachdem das Gericht im Maastricht-Urteil[47] als einzige Übertragungsschranke Art. 79 III GG untersucht

---

[39] Davon zu unterscheiden ist das Problem, welche Schranken für das gesetzgebende Organ der zwischenstaatlichen Einrichtung, in der EU also für den Rat bestehen. Diese Unterscheidung verkennt etwa Hess, AfP 1990, S. 95, 99.
[40] BVerfGE 37, S. 271 ff.
[41] BVerfGE 73, S. 339 ff.
[42] BVerfGE 37, S. 271 ff.
[43] BVerfGE 37, S. 271 ff. (279).
[44] BVerfGE 73, S. 339 ff. (375 f.).
[45] BVerfGE 37, S. 271 ff. (280).
[46] Zum Begriff der "Kompensation" vgl. S. 251 f.
[47] BVerfG, NJW 1993, S. 3047, 3050.

hatte, ging das Gericht im jüngsten Rundfunkurteil[48] auf diese Problematik überhaupt nicht ein. Aus der Rechtsprechung des Bundesverfassungsgerichtes läßt sich also nur erkennen, daß zumindest Art. 79 III GG eine Norm ist, aus der sich die Rechtsprinzipien herleiten lassen, die unverzichtbare Essentiale der Verfassung sind. Unklar ist jedoch, nach welchen Kriterien zu bestimmen ist, ob Art. 79 III GG schon oder noch nicht verletzt ist.

(b) Literaturmeinungen
Nach der herrschenden Meinung in der Literatur gibt es einen grundgesetzlichen Kernbereich, der nicht abtretbar ist. Auch hier ist unklar, wo die Grenze dieses Bereiches liegt. Es wird vertreten, daß nur Art. 1 I GG diesen unantastbaren Bereich bezeichne[49]. Andere nennen Art. 79 III GG[50]. Dabei soll Art. 79 III GG so ausgelegt werden, daß er der integrierenden Anwendung von Art. 24 I GG am wenigsten entgegenstehe[51]. Schließlich wird Art. 79 III GG als fundamentale Begrenzungsnorm verstanden, in derem Vorfeld jedoch schon eine absolute Übertragungsgrenze bestehe[52]. Diese Ansichten behandeln jedoch lediglich das Verhältnis zwischen Art. 24 I GG und Grundrechten. Für die Frage vertikaler Gewaltenteilung im Bundesstaat können diese Überlegungen nur sinngemäß herangezogen werden.

(c) Stellungnahme
Bei der Untersuchung nach Grenzen der Übertragbarkeit von Hoheitsrechten ist der besondere Rang des Art. 79 III GG zu beachten. Da die Verfassung als Einheit verstanden und ausgelegt werden muß, wäre eine Abtretung über die Grenzen des Art. 79 III GG nicht zulässig. Wenn diese Norm nämlich die Grenzen festlegt, die für den nationalen Verfassungsgesetzgeber gelten sollen und auch nicht mit einer 2/3-Mehrheit überwunden werden können, so muß dies erst recht für den deutschen Integrationsgesetzgeber gelten. Der nämlich bedarf nur einer einfachen Mehrheit für ein entsprechendes Gesetz nach Art. 24 I GG. Art. 79 III GG bildet daher als Grenze der Übertragbarkeit von Landeskompetenzen den einzig sinnvollen Ansatzpunkt. In Art. 79 III GG wird das bundesstaatliche Prinzip in zwei Weisen geschützt: Ausdrücklich

---

[48] BVerfG - Urteil vom 22. März 1995, 2 BvG 1/89, noch nicht veröffentlicht, erwähnt allerdings Art. 79 III GG nur hinsichtlich der Verpflichtung der Bundesregierung "das aus der Gemeinschaftstreue folgende Gebot wechselseitiger Rücksichtnahme zur Geltung zu bringen", wenn nach dem Gemeinschaftsrecht eine Mehrheitsentscheidung zulässig ist, einer solchen jedoch das Verfassungsprinzip der Bundesstaatlichkeit (Art. 79 III GG) entgegensteht.

[49] Kaiser, ÖZöR n.F. 10 (1959/60), S. 413, 419; Erichsen, Verw.Arch. 64 (1973), S. 101, 108.

[50] Birke, S. 101; Groß, Jura 1991, S. 575 f.; Hess, AfP 1990, S. 95, 99; Klein, Karl H., Hoheitsrechte, S. 44; Ruppert, S. 283; Oppermann, Integration, S. 85, 100; Stern, Staatsrecht, Bd. 1, § 15 II 9, S. 535; Tettinger, RIW 1992, Beilage, S. 7; Zuleeg, AK. z. GG, Art. 24 I Rn. 39; Mosler, ZaöRV 16 (1955/56), S. 1, 22; Bleckmann, RIW 1978, S. 144, 145.

[51] So Ipsen, Europäisches Gemeinschaftsrecht, S. 65 f.; ähnlich auch Isensee, in: Isensee/Kirchhof, Hdb. d. StaatsR, Bd. V, § 115 Rn. 69.

[52] Kirchhof, EuR 1991, Beiheft 1, S. 11, 19 - 20; Bieber, RuP 1991, S. 204, 212; ähnlich Herdegen, EuGRZ 1992. S. 589, 592, nach dessen Ansicht der Rückgriff auf Art. 79 III GG der "Nuancierung" bedarf.

als "Gliederung des Bundes in Länder" und durch Verweisung auf die in Art. 20 I GG festgeschriebene Staatsform des Bundesstaates. Diese Garantie der Bundesstaatlichkeit bedeutet, daß der Bund die Kompetenzen der Länder jedenfalls nicht vollständig abtreten kann. Von einer Bundesstaatlichkeit kann nämlich nur dann gesprochen werden, wenn den Ländern im Bundesstaat eine eigene Bedeutung zukommt, wenn sie also eigenständig Aufgaben wahrnehmen können[53]. Ihnen muß also ein Mindeststandard an Kompetenzen und die Mitwirkung im Bundesstaat gesichert sein.

Damit ist nicht geklärt, wann eine Verletzung des Art. 79 III GG durch Abtretung von Länderkompetenzen schon gegeben wäre. Würde allein auf eine verbleibende Bedeutung der Länder abgestellt werden, könnte der Bund Länderkompetenzen solange abtreten, bis er an an die Grenze stieße, hinter der die Länder nur noch reine Verwaltungsaufgaben erfüllten. Wenn die Länder fast keine Bedeutung mehr hätten, läge also erst eine Verletzung von Art. 79 III GG vor. Damit würde die Frage nach der Rechtmäßigkeit zukünftiger Kompetenzabtretungen entscheidend davon bestimmt werden, in welchem Maße bereits Länderkompetenzen abgetreten wären. Es befriedigt nicht, daß somit die Abtretung von Hoheitsrechten zu einem früheren Zeitpunkt zulässig gewesen wäre, während sie später, da zwischenzeitlich eine Reihe anderer Hoheitsrechte abgetreten wurden, unzulässig geworden ist[54]. Aus diesem Grunde bedarf es einer zusätzlichen Konkretisierung der Grundsätze aus Art. 79 III GG.

Als zusätzliche Grenze ließe sich an das "Erforderlichkeitsprinzip" denken. Dieses Prinzip wird auch bei der Frage nach der Notwendigkeit sekundären Gemeinschaftsrechts für sinnvoll erachtet[55] und ist nun in Art. 23 I GG kodifiziert. Danach dürfen nur jene Hoheitsrechte übertragen werden, die für die europäische Kooperation bzw. Harmonisierung erforderlich sind. Zwar scheint dieses Prinzip auf den ersten Blick die Bundeskompetenz begrenzen zu können. Dieser Eindruck täuscht aber. Es bleibt dem politischen Kalkül überlassen, was diesem Erfordernis entspricht. Der Rahmen des Erforderlichen kann sehr weit, aber auch sehr eng gefaßt werden. Dem Ermessen des Bundesgesetzgebers ist mit dem Erforderlichkeitsprinzip also keine eindeutige Grenze gesetzt. Dieses Prinzip kann sogar als Rechtfertigungsgrund genutzt werden, um weitere Kompetenzen zu übertragen. Man kann nämlich argumentieren, eine Abtretung von Hoheitsrechten sei deshalb rechtmäßig, weil sie "erforderlich" sei. Das Prinzip stellt somit keine hinreichende Eingrenzung neben Art. 79 III GG dar.

Als Konkretisierung der in Art. 79 III GG gesetzten Schranke könnte jedoch das Prinzip vertikaler Gewaltenteilung im Bundesstaat genutzt werden. Als

---

[53] Insoweit wird die Entwicklung zu einem "gouvernementalen Einheitsstaat" befürchtet, wobei die Länder zu bloßen "Verwaltungseinheiten" degenerieren; so Schröder, JÖR NF 35 (1986), S. 83, 90.
[54] Ausführlich dazu Kewenig, JZ 1990, S. 458, 461.
[55] So Frohne, ZUM 1989, S. 390, 394.

Wertungskriterium soll diese vertikale Gewaltenteilung die sachliche Einflußnahme der Länder im Bundesstaat sichern und eine ungehemmte Kompetenzausweitung des Bundes verhindern[56]. Nach der vom Bundesverfassungsgericht[57] entwickelten Kernbereichstheorie wäre jeweils zu untersuchen, ob durch die Übertragung von Länderkompetenzen, der Bund ein von der Verfassung nicht vorgesehenes Übergewicht erhält. Dieser Kernbereich ist nicht a priori zu benennen. Vielmehr muß er im Einzelfall herausgearbeitet werden. Bei einer solchen Kernbereichsbestimmung ist auf folgende Kriterien abzustellen: Zum einen ist zu beachten, wie "*tief*" in eine Länderkompetenz durch die Abtretung eingegriffen wird. Werden nur Teilbereiche abgetreten, so wäre dies also eher mit Art. 79 III GG zu vereinbaren, als wenn eine Materie vollständig abgetreten würde. Weiter muß möglichst umfassend das "*Prinzip der Bundesstaatlichkeit*" erhalten bleiben. Die historisch gewachsenen Unterschiede zwischen den Ländern - und das sind in erster Linie die kulturellen Verschiedenheiten im Bundesgebiet - sollten gewährleistet werden. Als dritten Aspekt der Kernbereichsbestimmung ist an die Wahrung einer möglichst "*vielfältigen Landeszuständigkeit*" zu denken. Die Länder sollten also in möglichst vielen Bereichen ihre Kompetenzen behalten. Dieser so herausgearbeitete Kernbereich ist unveränderbar und darf und durfte auch nicht im Zuge der europäischen Integration abgetreten werden. Allerdings ist auch hier der vom Bundesverfassungsgericht herangezogene Gedanke der "Kompensation" zu beachten[58]. Hinsichtlich der Grundrechte hatte das Bundesverfassungsgericht angemerkt, daß die Zurückdrängung der bundesdeutschen Grundrechtsgarantien durch entsprechende europäische "kompensiert" werden können[59]. Diese Wertung kann bei der Frage nach den Grenzen der Abtretungskompetenz des Bundes genutzt werden. Zwar besteht kein Recht der Länder aus Art. 24 I GG auf den Ausgleich erlittener Kompetenzeinbußen[60]. Es ist aber das Verhältnis zwischen Bund- und Länderkompetenzen zu berücksichtigen[61]. In dem Maße, wie der Bund ihm zustehende Hoheitsrechte abtritt, gewinnen die Länder innerhalb des bundesstaatlichen Kompetenzgefüges an Gewicht. Wenn der Bund also eigene Hoheitsrechte abtritt, wächst seine Befugnis, auch solche der Länder abtreten zu können. Einer Übertragung dieser Befugnisse, folgt nämlich kein Bedeutungszuwachs des Bundes. Die Bundesstaatlichkeit wäre also gewährleistet. Der Bund ist also hinsichtlich der EG über Art. 24 I GG berechtigt gewesen, Hoheitsrechte der Länder an die EG abzutreten. Ausdrücklich ist das den Ländern zugewiesene Rundfunkrecht nicht an die EG abgetreten worden. Dennoch beeinflussen primäre Regelungen des Gemeinschaftsrechtes die innerdeutsche Rundfunklandschaft. Darüber hinaus hat die

---

[56] Stern, Staatsrecht, Bd. 1, § 5 IV 5, S. 170.
[57] BVerfGE 34, S. 9 ff. (20), dort heißt es: "...Die Länder im Bundesstaat sind nur dann Staaten, wenn ihnen ein Kern eigener Aufgaben als 'Hausgut' unentziehbar verbleibt....."
[58] So auch Hess, AfP 1990, S. 95, 99.
[59] BVerfGE 73, S. 339 ff. (378 ff.).
[60] Isensee, in: Isensee/Kirchhof, Hdb. d. StaatsR, Bd. IV, § 98 Rn. 291; a.A. Schwan, S. 106 f.
[61] Kruis, in: FS. f. Geiger, S. 155, 172; Ruppert, S. 285, der von einem "Gleichgewicht zwischen Bund und Ländern spricht.

EG mit der Fernsehrichtlinie sekundäres Gemeinschaftsrecht geschaffen, das Bereiche des Rundfunkrechts regelt. Daher wird zu untersuchen sein, ob und wie weit Abtretungen rechtmäßig erfolgt sind.

2. Kompetenz des Bundes zur Abtretung von Hoheitsrechten im Bereich des Rundfunkwesens an die EU gemäß Art. 23 GG

Durch das Gesetz zur Änderung des Grundgesetzes[62] wurde Art. 23 n.F. GG in das Grundgesetz eingefügt. Es trat am 25. Dezember 1992 in Kraft. Diese Regelung bildet die Grundlage für die Ratifikation des Maastrichter Vertrages. Man war nämlich zu der Auffassung gelangt, daß das durch diesen Vertrag zu schaffende Integrationsstadium der Europäischen Union ein "aliud"[63] zu der in Art. 24 I GG genannten "zwischenstaatlichen Einrichtung" sei. Daher wollte man diesen Vertrag nicht durch ein Gesetz nach Art. 24 I GG verabschieden, sondern wollte eine Gesetzesgrundlage schafffen, die dieser neuen Situation angemessen sein sollte[64]. Diese Gelegenheit nahm man wahr, um Unklarheiten zu beseitigen, die bei Art. 24 I GG bestanden.

a. Kompetenz des Bundes zur Abtretung von dem Bund zustehenden Hoheitsrechten im Bereich des Rundfunkwesens gemäß Art. 23 GG

Rundfunkbereiche, deren gesetzliche Regelung dem Bund zugewiesen sind, kann dieser ohne weiteres auch über Art. 23 GG an die EU abtreten. Dies muß gemäß Art. 23 I S. 1 GG lediglich zum Zweck der "Verwirklichung eines vereinten Europas" geschehen. In formeller Hinsicht erfolgt die Abtretung durch Zustimmungsgesetz. Es ist also die Mitarbeit des Bundesrates und somit eine grundsätzliche Beteiligung der Länder gewährleistet[65]. Dies war und ist bei der Anwendung des Art. 24 I GG nicht notwendig. Ein Übertragungsgesetz nach Art. 24 I GG bedarf nämlich nicht der Zustimmung des Bundesrates. Dem Bundesrat steht lediglich ein Einspruchsrecht zu. Jedoch kann es auch bei der Anwendung des Art. 24 I GG geschehen, daß der Bundesrat zustimmen muß. Da die Abtretung von Hoheitsrechten durch völkerrechtlichen Vertrag geschieht, bedarf es nämlich eines Übertragungsgesetzes nach Art. 24 I GG und eines Vertragsgesetzes nach Art. 59 II GG. Man ist sich jedoch einig, daß nur ein Gesetz nötig ist, das in den Anwendungsbereich von Art. 59 II GG und Art. 24 II GG fällt[66]. Dabei beschränkt sich das Einspruchsrecht des Bundesrates auf die

---

[62] Gesetz vom 21. Dezember 1992, BGBl. I, S. 2086

[63] So der Vorsitzende Scholz in der 8. Sitzung der Gemeinsamen Verfassungskommission, Stenographische Berichte S. 2 f.

[64] Nachdem der Vertrag am 7. Februar 1992 von den Mitgliedstaaten unterzeichnet worden war, und am 21. Dezember 1992 (BGBl. I, S. 2086) Art. 23 n.F. GG in das Grundgesetz eingefügt und am 25. Dezember 1992 in Kraft getreten war, stimmte der Bundestag mit Zustimmung des Bundesrates nach Art. 23 n.F. GG am 28. Dezember 1992 (BGBl. I, S. 1251 ff.) diesem Vertrag zu. Am 1. November 1993 trat dann der Vertrag in Kraft.

[65] Die Brisanz einer solchen Regelung steckt allerdings darin, daß der Bundesrat kein Länder-, sondern ein Bundesorgan ist, und er ferner nicht die Landesgesetzgeber, sondern die Landesregierungen vertritt.

[66] Tomuschat, in: Bonner Kommentar zum GG, Art. 24 Rn. 28; Zuleeg, AK. z. GG, Art. 24 I Rn. 19; Ipsen, Europäisches Gemeinschaftsrecht, S. 60 f.

völkerrechtlichen Teile des Vertrages, die die Durchgriffsbefugnisse der zwischenstaatlichen Einrichtung betreffen. Hinsichtlich anderer Regelungen kann darüber hinaus auch ein Zustimmungsrecht des Bundesrates bestehen[67]. Art. 23 I S. 2 GG verlangt nunmehr in jedem Fall die Zustimmung des Bundesrates.

Materielle Grenze dieser Übertragungskompetenz des Bundes ist Art. 79 II GG und Art. 79 III GG. Die Regelung des Art. 79 II GG spielt deshalb eine Rolle, weil weitere Abtretungen an die Union als Verfassungsänderungen einer 2/3 Mehrheit von Bundestag und Bundesrat bedürfen. Diese Regelungen sind für die Zukunft deshalb von besonderem Gewicht, weil das Bundesverfassungsgericht im Maastricht-Urteil ausdrücklich darauf hingewiesen hat, daß die Aufgaben der Europäischen Union und die zu ihrer Wahrnehmung eingeräumten Befugnisse durch das Prinzip der Einzelermächtigung begrenzt seien[68]. Das Gericht konstatierte, daß die Inanspruchnahme weiterer Befugnisse daher einer weiteren Entscheidung der nationalen Parlamente bedürfe[69].

b. Kompetenz des Bundes zur Abtretung von den Ländern zustehenden Hoheitsrechten im Bereich des Rundfunkwesens gemäß Art. 23 GG
Nach Art. 24 I GG ist die Bundeskompetenz zur Übertragbarkeit von Länderkompetenzen schwierig zu begründen bzw. zu begrenzen[70]. Dieses Problem sollte durch Art. 23 GG für zukünftige Übertragungen an die EU geklärt werden. Zwar regelt Art. 23 I GG nicht ausdrücklich, daß Landeskompetenzen durch den Bund abgetreten werden dürfen. Da der Kernbereich deutscher Bundesstaatlichkeit durch einen direkten Hinweis auf Art. 79 III GG ausdrücklich geschützt wird, ist aber von der Möglichkeit einer solchen Kompetenz auszugehen. Die Aushöhlung dieser Bundesstaatlichkeit wird nämlich zudem dadurch gewährleistet, daß der Bundesrat an dem Zustandekommen neuer Regelungen beteiligt werden muß. Für das Rundfunkwesen hat dies zur Folge, daß weiterhin Teilbereiche an die EU abgetreten werden können. Diese Abtretung muß allerdings für die Schaffung eines vereinten Europas notwendig sein. Einem entsprechenden Abtretungsgesetz müßte aus formellen Gründen der Bundesrat zustimmen. Äußerste Grenze der Abtretbarkeit bildet Art. 79 III GG. Da also die Bundesstaatlichkeit der Bundesrepublik Deutschland gewährleistet werden muß, darf der Kernbereich der Länder nicht verletzt werden. Dabei sind die oben herausgearbeiteten Kriterien der Bundesstaatlichkeit, der Vielfältigkeit der Länderkompetenzen und der Tiefe des Eingriffs zu berücksichtigen. Da eine umfassende Abtretung des Rundfunkrechts einen wesentlichen Bereich der Länderkompetenzen beträfe, wäre dieser Eingriff als so tiefgreifend bewertet worden, daß man darin eine Verletzung von Art. 79 III GG sehen müßte. Der Kernbereich der Länder würde auch deshalb verletzt werden, weil

---

[67] Zu der Problematik, daß so im Ermächtigungsbereich des Art. 24 I GG nur ein Einspruchsrecht des Bundes besteht, während weniger bedeutende Verträge der Zustimmungspflicht unterliegen können, vgl Weber, DVBl. 1986, S. 800, 803.
[68] BVerfG, NJW 1993, S. 3047, 3050.
[69] BVerfG, NJW 1993, S. 3047, 3050.
[70] Vgl. S. 244 ff bzw. S. 247 ff.

dadurch die Vielfältigkeit der Länderkompetenzen erheblich eingeschränkt würde. Eine umfassende Abtretung des Rundfunkrechtes bliebe also auch nach Art. 23 I GG weiterhin verfassungswidrig.

3. Rechtmäßigkeit der das Rundfunkwesen betreffenden Regelungen im Primärrecht der Gemeinschaft unter dem Aspekt der Kompetenzregelungen der Bundesrepublik Deutschland

Die Frage, ob sich der Bund hinsichtlich des Primär-Rechtes innerhalb seiner Kompetenzen hielt, ist an Art. 24 I GG bzw. Art. 23 GG zu messen. Dabei ist die Jurisdiktion des Europäischen Gerichtshofs zu berücksichtigen. Der Europäische Gerichtshof ist nämlich allein befugt, die der EU zugrundeliegenden Verträge verbindlich auszulegen[71]. Da der Gerichtshof sich selbst als Integrationsfaktor erster Ordnung versteht und auch so verstanden wird[72], neigt er dazu, die Normen des EG-Vertrages weit auszulegen, so daß ursprünglich nicht absehbare Bereiche von dem Vertrag erfaßt werden. Verfassungsrechtlich kann der Inhalt des Vertrages jedoch nur so weit ausgedehnt werden, wie dies durch den Inhalt des entsprechenden Zustimmungsgesetzes noch getragen wird[73]. Zu klären ist daher, ob sich die Rechtsprechung des Europäischen Gerichtshofs also in den Grenzen des deutschen Zustimmungsgesetzes hält. Wenn sich dabei herausstellte, daß ohne systemsprengende Erweiterungen des Vertrages das Rundfunkrecht bereits vom primären Europarecht erfaßt wird, läge nach den oben erläuterten Kriterien eine Verletzung des Art. 79 III GG vor. Das Zustimmungsgesetz wäre verfassungswidrig und nichtig. Die Untersuchung nach den Grenzen des Primärrechtes ist jedoch auch deshalb wesentlich, weil sie auch für die Ermächtigungsnormen des Vertrages und also für die Möglichkeiten des Sekundärrechtes bestimmend sind[74].

a. Die Kulturkompetenz der Gemeinschaft (Art. 128 EG-Vertrag (= Art. 151 Vertrag v. Amsterdam))

Im ursprünglichen EWG-Vertrag befaßt sich keine Norm in irgendeiner Weise mit der Kultur. Weder in der Präambel noch in Art. 2 des Vertrages wird darauf Bezug genommen. Erst im Maastrichter-Vertrag[75] regelt Art. 128 EG-Vertrag, daß die Gemeinschaft die Aufgabe hat, sowohl die kulturelle Vielfalt Europas als auch das gemeinsame europäische Erbe zu sichern und zu fördern. Art. 128 II EG-Vertrag be-

---

[71] Art. 177 EG-Vertrag (= Art 234 AV).

[72] Vgl. Oppermann, Europarecht, S. 134 Rn. 341.

[73] So BVerfG, NJW 1993, S. 3047, 3052; BVerfGE 75, S. 223 ff. (235, 242); 58, S. 1 ff. (30 f.), wonach die aus der Fortbildung des EG-Vertrages durch Organe der Union folgenden Rechtsakte, die von dem Vertrag, wie er dem deutschen Zustimmungsgesetz zugrundeliegt, nicht mehr gedeckt sind, im deutschen Hoheitsgebiet unverbindlich wären.

[74] Diese Prüfung kann auch nicht mit dem Argument, die Länder hätten im Zustimmungsgesetz zum Vertrag über die Europäische Wirtschaftsgemeinschaft diese Übertragung ebenfalls gebilligt (so aber Deringer, ZUM 1986, S. 627, 637). Der Bestand der Bundesstaatlichkeit ist nach Art. 79 III GG nämlich weder Bund noch Ländern zur Disposition gestellt.

[75] In der Fassung vom 7. Februar 1992, BGBl. 1992 II, S. 1253 ff., in Kraft getreten am 1. November 1993 gemäß der Bekanntmachung vom 19. Oktober 1993, BGBl. 1993 II, S. 1947.

schränkt die Tätigkeiten der Union auf die Förderung der Zusammenarbeit zwischen den Mitgliedstaaten. Sie darf diese Tätigkeiten nötigenfalls unterstützen, um die Ziele der Gemeinschaft zu erreichen. In Art. 128 I EG-Vertrag heißt es:

> "Die Gemeinschaft leistet einen Beitrag zur Entfaltung der Kulturen der Mitgliedstaaten unter Wahrung ihrer nationalen und regionalen Vielfalt sowie gleichzeitiger Hervorhebung des gemeinsamen kulturellen Erbes."

Der nationale Rundfunk ist in erster Linie als Kulturgut zu bewerten. Aus der Formulierung des Art. 128 EG-Vertrag könnte daher gefolgert werden, daß mit dem Kulturbegriff auch der Rundfunk umfaßt ist und in den Kompetenzbereich der EG einbezogen werden sollte. Jedoch muß schon aus der Verwendung des Begriffes "Kulturen" entnommen werden, daß mit dem neuen Artikel keine Kulturkompetenz der EG begründet werden sollte. Ziel der Regelung ist vielmehr, die einzelnen Kulturpolitiken der Mitgliedstaaten unterstützen zu können. Für den Rundfunk ist von besonderem Interesse Absatz 2 der Regelung. Dort heißt es:

> "Die Gemeinschaft fördert durch ihre Tätigkeit die Zusammenarbeit zwischen den Mitgliedstaaten und unterstützt und ergänzt erforderlichenfalls deren Tätigkeit in folgenden Bereichen: ... künstlerisches und literarisches Schaffen, einschließlich im audiovisuellen Bereich."

Die Norm sieht also nicht nur eine Unterstützung von Kunst und Literatur vor, auch der audiovisuelle Bereich wird ausdrücklich erwähnt. Man wird diese Regelung dahingehend auslegen müssen, daß es der EG ermöglicht werden soll, einen integrationsfördernden europäischen Kulturkanal (wie er ansatzweise in dem deutsch / französischen Sender "Arte" besteht) zu unterstützen oder gar selber ins Leben zu rufen. Ob die Norm auch die Gründung eines europäischen Nachrichtenkanals rechtfertigt, ist hingegen zweifelhaft[76]. Bei systematischer Auslegung der Norm wird deutlich, daß der audiovisuelle Bereich nur als Teilaspekt des künstlerischen bzw. literarischen Schaffens gemeint ist. Allein in diesem Zusammenhang soll der EG also eine Förderungstätigkeit erlaubt sein. Der Rundfunkbereich insgesamt fällt daher nicht in den Kompetenzbereich der EG.

Des weiteren ist der EG gemäß Art. 128 III EG-Vertrag erlaubt, die Zusammenarbeit mit Drittstaaten und für den Kulturbereich zuständigen internationalen Organisationen, insbesondere dem Europarat zu fördern. Die Kompetenzen des Rates sind dabei in der Weise eingeengt, daß der Rat die finanziellen oder organisatorischen Fördermaßnahmen nur einstimmig beschließen kann, und zwar im Verfahren der Mitentscheidung des Europäischen Parlaments und nach Anhörung des Ausschusses der Regionen. Im übrigen kann der Rat lediglich einstimmig

---
[76] Verneinend: Eberle, AfP 1993, S. 422, 425.

Empfehlungen erlassen. Für den Bereich des Rundfunks ist diese Regelung von geringem Interesse. Vielmehr bleibt die Rundfunkpolitik Sache der Einzelstaaten. Bei den Regelungen des Art. 128 EG-Vertrag handelt es sich lediglich um "komplementäre Kompetenzen", deren Ausübung durch die Gemeinschaft den Mitgliedstaaten keine Zuständigkeit in dem betroffenen Bereich entzieht[77]. Gemäß Art. 93 III Buchst. d EG-Vertrag ist ausdrücklich anerkannt, daß Subventionen von Mitgliedstaaten als mit dem gemeinsamen Markt vereinbar angesehen werden können, wenn sie nicht diskriminierend wirken. Unterstützungen des Rundfunks bzw. von Teilbereichen (etwa Film oder Hörspiele) werden also nicht als grundsätzlich gemeinschaftsschädigend angesehen. Die Gemeinschaft hat nur die Möglichkeit erhalten, unterstützend tätig zu werden. Für die Regelung eines europäischen Rundfunks enthält Art. 128 EG-Vertrag keine weiteren Kompetenzen. Art. 128 EG-Vertrag greift nicht in Art. 79 III GG und den Kernbereich der Länder ein und ist von daher rechtmäßig.

b. Rundfunk als Bereich der gemeinsamen Politiken
Wie zuvor der EWG-Vertrag hat der EG-Vertrag in erster Linie die Aufgabe, einheitliche Regelungen für die Wirtschaft in Europa zu gewährleisten[78]. Wesentliche Bereiche der die Wirtschaft betreffenden Hoheitsrechte sind deshalb von der Bundesrepublik Deutschland auf die EG übertragen worden. Für den Rundfunk stellt sich die Frage, wie weit er in seinen wirtschaftlichen Aspekten vom EG-Vertrag betroffen wird oder durch das Sekundärrecht betroffen werden kann. Der EWG-Vertrag wies den Organen der Gemeinschaft ausdrücklich vier "gemeinsame Politiken" zu: für Landwirtschaft, Verkehr, Außenhandel und Berufsausbildung und nannte fünf Politiken der Gemeinschaft, nämlich für Binnenmarkt, Wettbewerb, wirtschaftlichen und sozialen Zusammenhalt, Forschung und technologische Entwicklung. Die Kultur- und also auch die Rundfunkpolitik gehörten daher nicht zu den Politiken der Gemeinschaft[79]. Dies bedeutet jedoch nicht, daß deshalb der EU sämtliche Regelungen, die auch das Rundfunkwesen betreffen entzogen wären. In diesem Sinne hat der Europäische Gerichtshof wiederholt festgestellt, daß der EWG-Vertrag die Bildungs- und Kulturpolitik zwar nicht als solche der Zuständigkeit der Organe unterstellt habe, daß daraus aber nicht gefolgert werden könne, daß die Ausübung der der Gemeinschaft übertragenen Befugnisse zur Verwirklichung der Freizügigkeit des Niederlassungsrechts, des freien Dienstleistungsverkehrs und der Nichtdiskriminierung aus Gründen der Staatsangehörigkeit eingeschränkt wäre[80].

---

[77] Vgl. Stauffenberg/Langenfeld, ZRP 1992, S. 252, 254 - 255.
[78] Vgl. insofern die Präambel und die Regelungen in den Art. 2, 3 und 3a EG-Vertrag, aber auch die entsprechenden Regelungen im EWG-Vertrag.
[79] Die Regelungen von EWG- und EG-Vertrag sind in dieser Hinsicht identisch. Eine Differenzierung ist insoweit nicht erforderlich.
[80] EuGH 3. 7. 1974 (Casagrande), Rs. 9/74, Slg. 1974, S. 773 ff. (779 Rn. 6); EuGH 13. 7. 1983 (Forcheri), Rs. 152/82, Slg. 1983, S. 2323 ff. (2336 Rn. 17); EuGH 13. 2. 1985 (Gravier), Rs. 293/83, Slg. 1985, S. 593 ff. (612 Rn. 19); EuGH 27. 9. 1988 (Matteucci), Rs. 235/87, Slg. 1988, S. 5589 ff. (5610 Rn. 13, 14 und S. 5611 f. Rn. 19, 23).

Das gelte insbesondere, wenn sich diese Ausübung auf die Ausbildungs- und Kulturpolitik auswirke.

c. Wirtschaftsbereiche des Rundfunks als Regelungsmaterie des EG-Vertrages
Der Rundfunk als Massenmedium stellt auch eine wirtschaftliche Größe dar[81]. Somit können auch die auf eine Liberalisierung des grenzüberschreitenden Wirtschaftsverkehrs zielenden Bestimmungen des EG-Vertrages den Rundfunk betreffen. Dies wird in der Literatur und Rechtsprechung in erster Linie in Bezug auf Art. 59 ff. EG-Vertrag[82], den freien Dienstleistungsverkehr, diskutiert. Die insoweit geäußerten Meinungen sind jedoch auch heranzuziehen, wenn die diesem vorgelagerte Frage erläutert wird, ob einzelne Bereiche des Rundfunks überhaupt dem Reglement des EG-Vertrages unterstehen können. Die Anwendbarkeit der Vorschriften des EG-Vertrages auf den Rundfunk hängt davon ab, ob der Rundfunk als kulturelles Phänomen dem EG-Vertrag überhaupt unterstehen kann. Schon früh bemühte sich die Kommission, durch Entscheidungen des Europäischen Gerichtshofes den Rundfunkmarkt zu öffnen und zu einer Sache der EG zu machen[83]. Sie argumentierte, daß der EWG-Vertrag nicht nur rein wirtschaftliche, sondern alle Tätigkeiten erfasse, die gegen Entgelt erbracht würden; dabei spiele es keine Rolle, ob diese Tätigkeit rein wirtschaftlicher, kultureller, sportlicher oder sonstiger Natur sei[84]. Im übrigen habe die Gemeinschaft schon immer kulturelle Bereiche in den einzelnen Mitgliedstaaten umfaßt[85]. Auch der Europäische Gerichtshof hat den Rundfunk als wirtschaftliches Phänomen dem EG-Vertrag unterstellt. Diese Rechtsprechung des Europäischen Gerichtshofs hat in der Literatur jedoch zu unterschiedlichen Reaktionen geführt. Während zum Teil die Einordnung dieses rundfunkrechtlichen Sachverhaltes in das Gemeinschaftsrecht befürwortet wird[86], bewerten andere diese Rechtsprechung kritisch[87]. Es wird auf die Gefahr verwiesen, daß die Europäische Gemeinschaft auf diesem Wege in einen Kernzustän-

---

[81] Dies wird auch in europäischen Dimensionen bestätigt: So nahmen bereits 1983 - ohne Luxemburg - die europäischen Rundfunkanstalten 7, 756 Mrd. ECU ein, und in der Gemeinschaft waren 1987 126000 Personen im Bereich der Produktion für audiovisuelle Verbraucherelektronik beschäftigt, einem Bereich, in dem 18,4 Mio. ECU umgesetzt wurden.
[82] Diese Regelung ist identisch mit Art. 49 des Vertrages von Amsterdam.
[83] Vgl. EuGH 18. 3. 1980 (Debauve), Rs. 52/79, Slg. 1980, S. 833 ff.
[84] Vgl. Grünbuch, S. 6 und 106.
[85] Vgl. Grünbuch, S. 7.
[86] Bueckling, EuGRZ 1987, S. 97, 100 f.; Ipsen, Rundfunk, S. 84 - 89; ders., EuR 1982, S. 205, 209-212; Seidel, Gedächtnisschrift f. Sasse, I, S. 351; ders., Europa, S. 121, 133; Schwarze, Medien, S. 119, 146 - 148; Schwartz, Rundfunk, S. 45 - 49; ders., ZUM 1989, 381 ff.; ders., ZUM 1991, S. 155, 164; Emmerich/Steiner, S. 133, die ausdrücklich auch den öffentlich-rechtlichen Rundfunk dem Bereich des Wirtschaftsrechts und also der EG unterstellen; Delbrück, Satellitenrundfunk, S. 65, der jedoch die Dienstleistungseigenschaft nur für Werbesendungen bejaht.
[87] Berg, S. 197, 198 ff.; Börner, ZUM 1985, S. 577, 586 f.; Herrmann, Statement, S. 159, 163 ff.; ders., Rundfunkrecht, S. 217; Ossenbühl, Verfassungsrecht S. 20, 23, wonach die Rechtsprechung des Europäischen Gerichtshofs "lapidar" sei.

digkeitsbereich der Länder eingreifen könne, was nicht im Sinne deutschen Verfassungsrechts sei[88]. Es handele sich bei dem Phänomen Rundfunk nicht um ein wirtschaftliches, sondern in erster Linie um ein kulturelles Phänomen[89]: Auch wenn der Rundfunk wirtschaftliche Bezüge aufweise, seien diese doch nicht so gewichtig, daß der Rundfunk dem Sachbereich der Wirtschaft zuzuordnen sei. Weiter wurde kritisiert, daß der Europäische Gerichtshof das Phänomen Rundfunk lediglich auf seine Eigenschaft als Ware oder als Dienstleistung untersucht habe[90]. Die dieser Problematik vorgelagerte Frage, ob der Rundfunk überhaupt zum Bereich der Wirtschaft zu zählen sei, sei von dem Gericht aber nicht beachtet worden[91]. Mit diesen Ansichten gingen auch jene kritischen Stimmen konform, die die wirtschaftliche Zielrichtung des EWG-Vertrages betonten und daraus folgerten, daß die Kultur, zu der der Rundfunk gezählt wurde, von den Kompetenzen einer Wirtschaftsgemeinschaft nicht erfaßt werde[92].

Den Ausführungen von Gericht und Kommission kann gefolgt werden; dies gilt um so mehr, als nunmehr in Art. 3 Buchst. p EG-Vertrag und Art. 128 EG-Vertrag die Kultur weiter ins Zentrum gemeinschaftlicher Aufgaben gerückt ist. Im übrigen kann nicht jede kulturelle Angelegenheit per se dem Anwendungsbereich des Vertrages entzogen sein. Wenn es sich um Leistungen handelt, die regelmäßig gegen Entgelt erbracht werden, haben sie wirtschaftliche Bedeutung. Grundsätzlich kann also der EG-Vertrag zur Anwendung gelangen. Diese Auffassung wird auch vom Europäischen Gerichtshof vertreten. Das Gericht nutzte bereits mehrmals in anderen Zusammenhängen die Möglichkeit, um sich über die Anwendbarkeit des EG-Vertrags auf Sachgebiete zu äußern, die grundsätzlich dem einzelnen Mitgliedstaat verblieben sind. So unterfallen etwa auch sportliche Betätigungen dem Gemeinschaftsrecht, wenn sie nur von wirtschaftlicher Bedeutung sind[93]. Es kommt demnach nicht darauf an, ob eine Tätigkeit in erster Linie durch wirtschaftliche Ziele bestimmt ist. Es genügt, wenn die Tätigkeit überhaupt als wirtschaftliche Leistung aufgefaßt werden kann. Dazu bedarf es also keiner ausdrücklichen Aufzählung der Sachgebiete, insbesondere keiner Einzelermächtigung. Vielmehr enthält der Vertrag horizontale Querschnittsaufgaben, die in alle denkbaren (wirtschaftlich relevanten) Bereiche einwirken können. Die Bedeutung des Zugriffs wächst dabei mit dem Zuwachs der Bedeutung, die der Rundfunk als entscheidender Integrationsfaktor für

---

[88] Siehe Ossenbühl, Verfassungsrecht, S. 32 f.
[89] Berg, S. 197, 198, 200; dagegen Schwartz, AfP 1987, S. 375, 376 f.
[90] Ossenbühl, Verfassungsrecht, S. 21.
[91] Ossenbühl, Verfassungsrecht, S. 23: "Die Aussagen des Gerichts ... behandeln fallnah bestimmte Konflikte, ohne jemals die grundsätzliche Frage danach zu stellen, ob der Rundfunkbereich wegen seiner dominierend kulturrechtlichen Komponente aus dem Regime des EWG-Vertrages herausfällt." Vgl. etwa EuGH 30. 4. 1974 (Sacchi), Rs. 155/73, Slg. 1974, S. 409 ff. (428 ff.).
[92] Berg, S. 198, 200; Herrmann, Statement, S. 159, 163 - 165.
[93] EuGH 12. 12. 1974 (Walrave und Koch), Rs. 36/74, Slg. 1974, S. 1405 ff. (1418 Rn. 4/10); EuGH 14. 7. 1976 (Donà), Rs. 13/76, Slg. 1976, S. 1333 ff. (1340 Rn. 12/13).

die Gemeinschaft erfährt. Das bedeutet aber nicht, daß die Gemeinschaft den kulturellen Bereich vollständig umfaßt. Sie betrifft ihn nur insoweit, als sich dieser Bereich *auch* als wirtschaftlich relevant darstellt[94]. Damit ist der Rundfunk als wirtschaftlich relevantes Phänomen dem EG-Vertrag nicht grundsätzlich entzogen[95]. Wenn die Voraussetzungen der einzelnen Normen des EG-Vertrages vorliegen, untersteht der Rundfunk also hinsichtlich seiner wirtschaftlichen Bedeutung diesen Vorschriften. Es gibt keinen allgemeinen "Kulturvorbehalt" oder eine "Bereichsausnahme" Kultur, durch die die Gemeinschaftszuständigkeit ausgeschlossen wäre, sofern eine Regelung auch die Kultur betrifft[96]. Wenn somit EG-Kompetenzen bestehen, die *auch* den Bereich der Kultur betreffen, kann die EG auch diesen Kulturbereich hinsichtlich seiner wirtschaftlichen Bedeutung regeln.

aa. Rundfunk als Gegenstand des freien Dienstleistungsverkehrs (Art. 59 ff. EG-Vertrag (= Art. 49 des Vertrages v. Amsterdam))

Für den grenzüberschreitenden Rundfunk könnten von wesentlicher Bedeutung die Regelungen der Art. 59 ff. EG-Vertrag sein. Diese Regelungen betreffen die Förderung des freien Dienstleistungsverkehrs. Man müßte den Rundfunk also zum einen als "Dienstleistung" werten. Zum andern müßte der "Übertritt" über die jeweiligen Landesgrenzen als "Verkehr" eingestuft werden.

(1) Die Rechtsprechung des Europäischen Gerichtshofs und Literaturmeinungen

Der Europäische Gerichtshof hat bereits in einer Entscheidung vom 30. April 1974 erklärt, daß die Ausstrahlung von Fernsehsendungen einschließlich jener zu Werbezwecken unter die Vertragsvorschriften über Dienstleistungen fielen[97]. Bei dieser Einschätzung blieb das Gericht im Debauve-Urteil[98] und auch in der Bond van Adverteeders-Entscheidung[99]. Dabei wurden sämtliche Arten der Verbreitung gleich behandelt. Ausdrücklich heißt es, daß die Ausstrahlung von Fernsehsendungen Dienstleistungen seien. Keinen Grund gebe es, derartige Mitteilungen im Wege des Kabelfernsehens anders zu behandeln[100]. Damit ist jedoch nicht gesagt, daß die Art. 59 ff. EG-Vertrag das gesamte Rundfunkrecht umfassen. Die Rechtsprechung des Europäischen Gerichtshofs muß vielmehr dahingehend verstanden werden, daß die Ausstrahlung von (Werbe-) Sendungen als Dienstleistungen gegenüber dem Auftraggeber anzusehen ist. Man ginge zu weit, wollte man den Europäischen Gerichtshof so verstehen, daß der Rundfunk bzw. die Ordnung des Rundfunkwesens als Materie des EG-Rechts auffassen wollte. Das aber wurde dem Europäischen Gerichtshof durch die Literatur unterstellt. Darüber hinaus wurde angeführt, daß eine

---

[94] So auch Jarass, Gutachten, S. G 46 ff.; Ossenbühl, Verfassungsrecht, S. 20; Delbrück, Rundfunkhoheit S. 52; Kewenig, JZ 1990, S. 458, 464.
[95] So auch Degenhart, ZUM 1992, S. 449, 452.
[96] So ausdrücklich Oppermann, Europarecht, S. 735 Rn. 1983.
[97] EuGH 30. 4. 1974 (Sacchi), Rs. 155/73, Slg. 1974, S. 409 ff.
[98] EuGH 18. 3. 1980 (Debauve), Rs. 52/79, Slg. 1980, S. 833 ff.
[99] EuGH 26. 4. 1988 (Bond van Adverteeders), Rs. 352/85, Slg. 1988, S. 2085 ff.
[100] EuGH 18. 3. 1980 (Debauve), Rs. 52/79, Slg. 1980, S. 833 ff. (855 Rn. 8).

Dienstleistung schon mangels regelmäßiger Erbringung eines Entgelts für die Rundfunksendungen nicht anzunehmen sei[101]. Die Befürworter hingegen legten dar, daß der EWG-Vertrag der Kulturindustrie die gleichen Freiheiten einräume wie anderen Industriezweigen; daher müßten diese auch dem Rundfunk gewährt sein[102]. Es gebe in dem Vertrag keine Bereichsausnahme für die Kultur; das bedeute aber, daß die Grundfreiheiten des Vertrages auch für die Kulturschaffenden und also den Rundfunk gelten müßten[103].

(2) Die Voraussetzungen der Art. 59 ff. EG-Vertrag (= Art. 49 Vertrag v. Amsterdam) im einzelnen

(a) Rundfunk als Dienstleistung
Damit der Rundfunk als Dienstleistung gewertet werden könnte, müßte diese Leistung, also die Rundfunkveranstaltung, gemäß Art. 60 EG-Vertrag[104] in der Regel gegen ein Entgelt erbracht werden[105].

(aa) Der weite Dienstleitsungsbegriff
Generalanwalt Mancini hat in der Rechtssache "Bond van Adverteeders"[106] zu Recht darauf hingewiesen, daß sich die bisherigen rundfunkrechtlichen Urteile des Europäischen Gerichtshofs - obwohl die Sendungen regelmäßig als Dienstleistungen aufgefaßt wurden - nie das Problem der Entgeltlichkeit der Fernsehtätigkeit behandelten[107]. Daraufhin hat der Europäische Gerichtshof das erste Mal im Hinblick auf dieses Problem Stellung bezogen: Die Weiterleitung ausländischer Fernsehprogramme in Kabelnetze stellt nach Auffassung des Gerichtshofes mindestens zwei Dienstleistungen dar. Zum einen liege diese in der Einspeisung von Programmen ins Kabelnetz; zum andern sei das Senden von Werbung innerhalb dieses Programms eine Dienstleistung des Programmveranstalters zum Vorteil der Werbefirmen. Die "Entgeltlichkeit" liege im einen Fall in der Bezahlung der Kabelgebühren durch den Konsumenten. Daß diese Zahlungen an die Verbreitungsgesellschaft und nicht direkt an den Programmveranstalter entrichtet werden, sei dabei unbeachtlich. In andern Fall sei die Entgeltlichkeit offensichtlich. Wörtlich lautet die Begründung in dem Urteil:

---

[101] So die Stellungnahme von ARD und ZDF zu dem von der Kommission vorgelegten Grünbuch "Fernsehen ohne Grenzen", ZUM 1985, S. 314/315, ähnlich auch Börner, ZUM 1985, S. 577, 580 ff.
[102] Schwartz, AfP 1987, S. 375, 376.
[103] Roth, ZUM 1989, S. 101, 103; Jarass, Gutachten, S. G 46 ff.
[104] Diese Regelung ist identisch mit Art. 50 des Vertrages von Amsterdam.
[105] Schwartz, ZUM 1991, S. 155, 164 weist mit Recht darauf hin, daß Dienstleistung *entgeltliche* und nicht *wirtschaftliche* Leistung bedeutet.
[106] EuGH 26. 4. 1988 (Bond van Adverteeders), Rs. 358/85, Slg. 1988, S. 2085 ff.
[107] EuGH 26. 4. 1988 (Bond van Adverteeders), Rs. 358/85, Slg. 1988, S. 2085 ff. (2101).

"Beide Leistungen werden im Sinne des Art. 60 EWG-V - gegen Entgelt erbracht. (...) Dabei ist es unerheblich daß sie (die Kabelbetreiber) für diese Weiterleitung in der Regel nicht von den Sendeanstalten selbst bezahlt werden. Art. 60 verlangt nicht, daß die Dienstleistung von demjenigen bezahlt wird, dem sie zugute kommt. Zum andern werden die Sendeanstalten von den Werbefirmen für die Dienste bezahlt, die sie ihnen leisten, indem sie deren Mitteilungen in ihr Programm aufnehmen"[108].

Ähnlich hat regelmäßig die Kommission argumentiert: Es komme für die Bejahung der Eigenschaft als Dienstleitung nur darauf an, daß das als Gegenleistung entrichtete Entgelt von *irgendeiner* Person erbracht werde[109]. Auch ein Dritter könne diese Leistung entrichten. Es müsse weder ein Rechtsverhältniss zwischen dem Leistenden und dem Empfänger bestehen, noch müsse sich das Verhältnis wirtschaftlich als eines von Leistung und Gegenleistung darstellen[110]. Auch sei die Form der Leistungserbringung unerheblich: sie könne zur Erfüllung eines Vertrages, als Gebühr, als Abgabe o.ä. ausgestaltet sein; das Entgelt könne demzufolge also entweder privatrechtlich oder öffentlich-rechtlich erbracht werden[111].

Nach dieser Auslegung des Art. 60 I EG-Vertrag wäre der größte Teil des grenzüberschreitenden Rundfunk entgeltlich und als Dienstleitung einzustufen[112]. Das gälte sowohl für den öffentlich-rechtlich veranstalteten, als auch für den privaten Rundfunk. Im ersten Fall wären die Gebühren zahlenden, im Inland wohnenden Empfänger als Leistende anzusehen. Daß die Sendungen auch im Ausland empfangen werden können, ändere an der Annahme der Entgeltlichkeit nichts. Es käme allein darauf an, daß irgendeine Person eine Gegenleistung erbringe. Auch der kommerzielle Rundfunk wäre nach dieser Definition entgeltliche Dienstleistung. Wird die Finanzierung dieser Rundfunkunternehmen über die Werbeeinnahmen gewährleistet, so wäre es der Auftaggeber, der das Entgelt entrichtet. Wie der Gerichtshof postuliert, können nämlich auch Dritte, die dafür noch eine andere Leistung erhalten, das Entgelt entrichten. Der Empfänger von Pay-TV muß die anfallenden Kosten direkt an den Rundfunkveranstalter zahlen. Hier läge also der Fall vor, daß zwischen Veranstalter und Rezipienten Leistung und Gegenleistung erfolgen.

---

[108] EuGH 26. 4. 1988 (Bond van Adverteeders), Rs. 358/85, Slg. 1988, S. 2085 ff. (2131).
[109] Vgl. Grünbuch, S. 107.
[110] Vgl. Grünbuch, S. 107.
[111] Vgl. Grünbuch, S. 107.
[112] Zwar kann eingewandt werden, daß die Deutsche Welle nicht durch ein Entgelt bzw. eine Gebühr finanziert wird. Da aber in Art. 60 I EG-Vertrag davon die Rede ist, daß "in der Regel" die Dienstleistung gegen ein Entgelt erbracht wird, ist auch die Rundfunktätigkeit der Deutschen Welle als Dienstleistung zu qualifizieren.

(bb) Der enge Dienstleitsungsbegriff

Die Gegenansicht versteht unter dem Begriff der "entgeltlichen" Dienstleistung nur solche Dienstleistungen, denen ein klassischer synallagmatischer Vertrag zugrunde liegt. Die Gegenleistung müßte demnach einzig zur Erfüllung der Verbindlichkeit, die aus der Leistung entstand, erbracht werden[113]. Der öffentlich-rechtliche Rundfunk würde nach dieser Definition also nicht unter die Art. 59 ff. EG-Vertrag fallen. Jede öffentlich-rechtlich erbrachte und auf keinem Vertrag beruhende Gebühr wird nämlich schon mit dem Begriff des "Synallagmas" ausgeschlossen[114]. Im übrigen können sich die Vertreter dieser Auslegung auch auf die Rechtsprechung des Bundesverfassungsgerichtes beziehen: Danach ist die Rundfunkgebühr gerade keine Nutzungsgebühr, sondern ein Beitrag zur Finanzierung des Rundfunks als öffentlicher Aufgabe[115]. Aber auch der größte Teil des privaten Rundfunks fiele nach dieser Definition nicht unter den Begriff der "Entgeltlichkeit", namentlich nicht jene Programme, die durch Werbeeinnahmen finanziert werden. Für sie zahlt der in- wie der ausländische Rezipient nichts. Es besteht nicht zwischen Empfänger und Betreiber ein synallagmatisches Verhältnis, sondern zwischen Betreiber und Auftraggeber der Werbung. Lediglich das Pay-TV würde den gestellten Anforderungen entsprechen. Nur hier besteht zwischen dem Empfänger und dem Veranstalter ein synallagmatisches Verhältnis.

(cc) Stellungnahme

Hinsichtlich der Begründung und den daraus folgenden Ergebnissen kann der enge Dienstleistungsbegriff nicht überzeugen. Dem EG-Vertrag ist nicht zu entnehmen, daß nur privatrechtliche synallagmatische Verhältnisse von den entsprechenden Regelungen erfaßt sein sollen. Zwar legen die in Art. 60 Buchst. a - d EG-Vertrag angeführten Beispiele von Dienstleistungen eine solch enge Begriffsdefinition nahe. Es handelt sich hier um Tätigkeiten, die der einzelne zur Sicherung seines Lebensunterhaltes wahrnimmt. Es ist aber zu beachten, daß nach Art. 60 I EG-Vertrag schon dann eine Dienstleistung vorliegt, wenn die Leistung "in der Regel" gegen ein Entgelt erbracht wird. Es heißt also nicht, daß Dienstleistungen im Sinne dieser Vorschrift *nur* dann vorliegen, wenn für die Leistung ein Entgelt erbracht wird. Gerade bei freiberuflichen Tätigkeiten, die ausdrücklich von Art. 60 Buchst. d EG-Vertrag erwähnt und also von den Art. 59 ff. EG-Vertrag mitumfaßt werden sollen, liegt nämlich häufig kein synallagmatisches Austauschverhältnis vor[116]. Bei einer zu engen Auslegung käme es darüber hinaus auch zu entscheidenden Lücken im System personeller Freiheiten. Schon um das zu vermeiden, wird man daher die die einzelnen Regelungen des Vertrages und also auch Art. 60 EG-Vertrag weit auslegen müssen[117]. Die Art. 59 ff. EG-Vertrag sollen nämlich alle juristischen und natürlichen Personen erfassen, die grenzüberschreitende entgeltliche Leistungen erbringen und somit am Erwerbsleben teilnehmen. Dies muß auch im Bereich des

---

[113] Börner, ZUM 1985, S. 577, 578.
[114] Börner, ZUM 1985, S. 577, 580.
[115] BVerfGE 31, S. 314 ff. (330); ähnlich auch Scharf, Fernsehen S. 147, 157.
[116] Im Ergebnis so auch Mestmäcker/Engel/Bräutigam/Hoffmann, S. 40; Reinert, S. 179.
[117] Grds. für eine weite Auslegung des EG-Vertrages Bleckmann, S. 482 Rn. 1161.

privaten, durch Werbeeinnahmen finanzierten Rundfunks der Fall sein. Die Dienstleistungseigenschaft eines solchen Rundfunks kann auch nicht deshalb bestritten werden, weil mit der Ausstrahlung kein bestimmter Personenkreis begünstigt werden sollte[118]. Als Leistungsempfänger kommen nämlich nicht nur Rundfunkrezipienten, sondern auch Kabelbetreiber und Werbetreibende in Betracht[119]. Die Rundfunkausstrahlung erfolgt daher zum Zweck der Begünstigung eines bestimmten Personenkreises. Schließlich kann auch der Überlegung nicht gefolgt werden, daß jedenfalls die öffentlich-rechtlichen Anstalten schon wegen des Begriffs der Dienstleistung aus dem Anwendungsbereich der Art. 59 ff. EG-Vertrag herausfielen[120]. Ein Ausschluß könnte sich nur über die Art. 66 und 55 EG-Vertrag herleiten. Dann müßte die Tätigkeit - die Veranstaltung von Rundfunk - dauernd oder zeitweise mit der Ausübung öffentlicher Gewalt verbunden sein. Seitdem jedoch in der Bundesrepublik Deutschland private Anbieter zugelassen sind, kann ein Ausschluß der öffentlich-rechtlichen Anbieter nicht mehr angenommen werden. Dieses Ergebnis gilt auch für die Deutsche Welle, die einseitig vom Staat finanziert wird. Zwar kann man hier keine irgendwie geartete wirtschaftliche Beziehung zwischen zwei Seiten annehmen. Für die Anwendung der Art. 59 ff. EG-Vertrag genügt es aber, daß "in der Regel" eine Gegenleistung erbracht wird. Das aber wurde für den Rundfunk angenommen. Als Ergebnis ist somit der Meinung der Kommission zu folgen: Rundfunk ist eine Dienstleistung.

(b) Rundfunk als grenzüberschreitendes Phänomen

(aa) Zum Begriff der Grenzüberschreitung
Die Dienstleistung müßte auch grenzüberschreitend sein[121]. Die bisherige Rechtsprechung des Europäischen Gerichtshofs hat sich mit diesem Kriterium nur ansatzweise beschäftigt[122]. Das Gericht stellt jedoch klar, daß die vertraglichen Regelungen keine Anwendung auf solche Betätigungen finden, deren *wesentliche* Elemente nicht über die Grenzen eines Mitgliedstaates hinausweisen[123]. Diese Beschränkung muß wohl so verstanden werden, daß - wie im Falle eines geringen, technisch nicht zu verhindernden "over spill" - eine Grenzüberschreitung zu verneinen ist. Da von *wesentlichen Elementen* die Rede ist, kann das Merkmal der Grenzüberschreitung nur bei konventionell verbreiteten Rundfunk fehlen. Satellitenrundfunk kann schon

---
[118] So aber Börner, ZUM 1985, S. 577, 579 f.
[119] So auch Mestmäcker/Engel/Bräutigam/Hoffmann, S. 40.
[120] So auch Mestmäcker/Engel/Bräutigam/Hoffmann, S. 40, die auf einen Widerspruch bei Börner verweisen, der selbst erkenne, daß öffentlich-rechtliche Verträge unter die Voraussetzungen des EG-Vertrags fallen können.
[121] Randelzhofer, in: Grabitz, Komm. z. EG-Vertrag, Art. 60 Rn. 3.
[122] Ansätze liegen lediglich hinsichtlich grenzüberschreitenden Kabelrundfunks vor; vgl. EuGH 18. 3. 1980 (Debauve), Rs. 52/79, Slg. 1980, S. 833 ff. (855); EuGH 18. 3. 1980 (Coditel I), Rs. 62/79, Slg. 1980, S. 881 ff. (886); EuGH 26. 4. 1988 (Bond van Adverteeders), Rs. 352/85, Slg. 1988, S. 2085 ff. (2131 Rn. 15).
[123] EuGH 18. 3. 1980 (Debauve), Rs. 52/79, Slg. 1980, S. 833 ff. (855 Rn. 9); herausgehoben vom Verfasser.

wegen seiner Technik nicht mit seinen wesentlichen Elementen auf das Inland begrenzt werden: er erreicht seinem Wesen nach ganz Europa. Danach müßte dieser "over spill" in der Argumentation des Europäischen Gerichtshofs von Art. 59 ff. EG-Vertrag mitumfaßt sein. Ohne auf diese Differenz hinzuweisen, geht aber auch der Europäische Gerichtshof von einer grenzüberschreitenden Dienstleistung aus, wenn konventionell verbreiteter Rundfunk zielgerichtet Informationen in ein Nachbarland sendet[124]. Insofern beachtet der Europäische Gerichtshof also nicht nur die Faktizität sondern auch die Finalität einer Handlung, um das Merkmal der Grenzüberschreitung zu fassen.

In der Literatur ist diesbezüglich keine einheitliche Linie festzustellen. So sollen teilweise solche Handlungen vom Anwendungsbereich der Vorschriften des freien Dienstleistungsverkehrs ausgeschlossen sein, die nicht ihrer "Natur nach" grenzüberschreitend sind, sondern nur "zufällig" eine Grenze überschreiten[125]. Ausdrücklich vertrat die Bundesrepublik Deutschland in der Rechtssache Debauve die Ansicht, daß der Begriff des "Dienstleistungsverkehrs" zumindest ein zweckgerichtetes Handeln voraussetze[126]. Die Ausstrahlung von Fernsehen könne nur dann als grenzüberschreitend eingestuft werden, wenn die Ausstrahlung gerade zu dem Zweck erfolge, die Zuschauer jenseits der Grenze anzusprechen und zu erreichen. Sei der Empfang im Nachbarland lediglich als unumgängliche Nebenwirkung einer ausschließlich national ausgerichteten Sendung zu werten, so könne nicht von einer für Angehörige eines anderen Mitgliedstaates bestimmten Dienstleistung gesprochen werden[127]. Nach dieser Ansicht wäre die Verwendung europaweit wirksamer Techniken wie der Satellitentechnik nicht als grenzüberschreitend iSd. EG-Vertrages einzuordnen, wenn der angezielte Rezipientenkreis einzig im Inland läge. Demgegenüber wird auch vertreten, daß das Gemeinschaftsrecht schon dann betroffen sei, wenn zwar keine Auslandstendenz bezweckt sei, faktisch aber ein Auslandsbezug bestehe[128]. Dem ist zu widersprechen: Wenn nämlich den sonstigen grenzüberschreitenden Dienstleistungen diese Qualität nur zugesprochen wird, wenn sie *nicht* zufällig ist, sondern nur zielgerichtetes Überschreiten nationaler Hoheitsgrenzen das Kriterium der Grenzüberschreitung erfüllt, dann muß dies auch für den Rundfunk gelten. Insoweit entscheidet auch in diesem Zusammenhang wieder das Kriterium der *Finalität*.

(bb) Transnationaler Rundfunk als grenzüberschreitendes Phänomen
Das Merkmal ins Ausland gerichteter Finalität ist bei direkt empfangbaren, transnational angelegten Rundfunksendungen gegeben, die ihr Programm in die Mitglied-

---
[124] So EuGH 26. 4. 1988 (Bond van Adverteeders), Rs. 352/85, Slg. 1988, S. 2085 ff. (2130 Rn. 15).

[125] Vgl. Randelzhofer, in: Grabitz, Komm. z. EG-Vertrag, Art. 60 Rn. 3/5, wonach die Grenzüberschreitung erfolgt, *um* eine Leistung von einem Mitgliedstaat in einen andern zu erbringen.

[126] EuGH 18. 3. 1980 (Debauve), Rs. 52/79, Slg. 1980, S. 833 ff. (847).

[127] EuGH 18. 3. 1980 (Debauve), Rs. 52/79, Slg. 1980, S. 833 ff. (847 ff.).

[128] Ipsen, Rundfunk, S. 84.

staaten der Europäischen Union ausstrahlen. Mit Gesetz über die Errichtung von Bundesrundfunkanstalten vom 29. November 1960, durch das der Bund zwei Rundfunkanstalten, die Deutsche Welle und den Deutschlandfunk gründete[129], war es die Aufgabe des Deutschlandfunks, "Rundfunksendungen für Deutschland und das europäische Ausland" zu veranstalten. Durch das Gesetz über die Neuordnung der Rundfunkanstalten des Bundesrechts und des RIAS Berlin (Rundfunkneuordnungsgesetz) vom 20. Dezember 1993 wurden die Aufgaben des Deutschlandfunks zum 31. Dezember 1993 für beendet erklärt[130]. Damit hat die Deutsche Welle, die laut dem Bundesrundfunkgesetz zur "Veranstaltung von Rundfunksendungen für das Ausland" bestimmt ist, auch diese Aufgabe übernommen. Zumindest diese Sendungen sind final grenzüberschreitend. Für sie gelten somit die gemeinschaftsrechtlichen Vorschriften der Art. 59 ff. EG-Vertrag. Aber auch für private Veranstalter, die einen transnationalen Rundfunk veranstalten, wie der ursprünglich in Luxemburg ansässige und nach Deutschland hereinsendende Sender RTL, gelten diese Vorschriften. Dabei ist es unerheblich, welcher Techniken sich diese Sender bedienen, solange es nur dem Willen des Veranstalters entspricht, daß seine Sendungen im Ausland empfangen werden.

(cc) Multinationaler Rundfunk als grenzüberschreitendes Phänomen
Zum gleichen Ergebnis wird man auch hinsichtlich multinationaler Sendungen gelangen, die direkt empfangen werden können. Hier wird immer dann ein grenzüberschreitendes Element anzunehmen sein, solange nur der Wille vorhanden ist, daß die Sendungen *auch* im europäischen Ausland empfangen werden. Ist dies der Fall, so handelt es sich um eine grenzüberschreitende Dienstleistung, so daß die Art. 59 ff. EG-Vertrag Anwendung finden.

(dd) Nationaler Rundfunk als grenzüberschreitendes Phänomen
Rein nationale Rundfunksendungen sind nur für den Empfang im Inland gedacht. Bei ihnen kann ein grenzüberschreitender Charakter nicht festgestellt werden. Wenn zufälligerweise durch den konventionellen oder notwendigerweise durch den direktempfangbaren Satelliten-Rundfunk verbreitete Sendungen auch im Ausland zu empfangen sind, so ändert dies nichts daran, daß diese Sendungen nicht final, also zielgerichtet ins Ausland gesendet werden[131]. Daher wird man sie in den Fällen

---

[129] BGBl. 1960 I, S. 862 ff.
[130] BGBl. 1993 I, S. 2246 f.
[131] So wohl auch Reinert, S. 182, und 185 f., der nur dann eine Grenzüberschreitung annimmt, wenn diese auch von dem Veranstalter intendiert ist, wobei er bei konventionell verbreitetem Rundfunk dies in geringerem Maße annimmt, als bei auf extraterrestrisch verbreiteten Sendungen.

direkter Empfanbarkeit nicht dem Reglement der Art. 59 ff. EG-Vertrag unterstellen dürfen[132].

(ee) Innerstaatliche Verbreitung herangeführter, ausländischer, trans- oder multinational angelegter Sendungen

Fraglich ist, ob auch dann eine grenzüberschreitende Dienstleistung vorliegt, wenn ein im Empfangsstaat ansässiger Unternehmer ausländische trans- oder multinationale Rundfunksendungen mittels besonderer Empfangsanlagen aufnimmt, verstärkt und mittels Kabel unbearbeitet an seine Abonnenten weiterleitet. Nach Auffassung des Europäischen Gerichtshofs[133] handelt es sich dabei um mehrere Dienstleistungen: Eine Dienstleistung bestehe darin, daß der inländische Kabelbetreiber seinen Kabelabonnenten Fernsehprogramme aus dem Ausland anbiete. Eine weitere Dienstleistung erbringe zusätzlich der ausländische Sender gegenüber den Auftraggebern, indem er zielgerichtet mit entsprechenden Werbemitteilungen versehene Sendungen speziell für die Öffentlichkeit des Empfangsstaates veranstalte[134]. Der Europäische Gerichtshof bejaht ferner auch den grenzüberschreitenden Charakter beider Leistungen[135]. Kritisch wird in der Literatur dazu angemerkt, daß es der Natur derartiger Rundfunkveranstaltungen widerspreche, sie in zwei Dienstleistungen aufzuspalten; vielmehr sei auf das Wesen dieser Leistung abzustellen, so daß lediglich *eine* grenzüberschreitende Leistung vorliege[136].

Dieser Einschätzung der Literatur ist im Ergebnis zuzustimmen: Ginge man von zwei Dienstleistungen aus, so müßten beide die Voraussetzungen der Art. 59 ff. EG-Vertrag erfüllen. Dem ist nicht zuzustimmen: Die Verbreitung im Kabelnetz ist zwar eine Dienstleistung, ihr mangelt es aber am Merkmal der Grenzüberschreitung. Wollte man dennoch mit dem Europäischen Gerichtshof eine Differenzierung in unterschiedliche Dienstleistungen vornehmen, stellte sich die Veranstaltung derartiger Sendungen, auch wenn sie ursprünglich trans- oder multinational angelegt waren, im Inland als rein nationaler Rundfunk dar. Ein solches Ergebnis ist wenig überzeugend. Es liegt daher nahe nur von *einer* Dienstleistung auszugehen. Es kann nämlich keinen Unterschied in der Wertung bedeuten, ob die Kabelrundfunkgesellschaft ihren Sitz im Nachbarstaat hat und die Kabel zielgerichtet die Grenze

---

[132] Auch eine von Reinert, S. 182, geforderte mittelbare Geltung des EG-Rechtes über den in Art. 59 EG-Vertrag normierten Gedanken des Diskriminierungsverbotes ist auszuschließen. Hinsichtlich der nationalen Rundfunkprogramme ist eine Inländerdiskriminierung zulässig. Ansonsten ist eine Diskriminierung nur bei solchen Sendungen möglich, die auch im Ausland empfangen werden sollen. Das aber sind jene Fälle, bei denen schon das finale Moment zu bejahen ist, mit der Folge, daß derartige Rundfunkveranstaltungen von vornherein und unmittelbar unter die Regelungen des EG-Rechtes fallen. Allerdings kann die EU über sekundäres Gemeinschaftsrecht auch auf Regelungen für den rein nationalen Rundfunk einwirken.

[133] EuGH 26. 4. 1988 (Bond van Adverteeders), Rs. 352/85, Slg. 1988, S. 2085 ff., insbesondere S. 2130.

[134] EuGH 26. 4. 1988 (Bond van Adverteeders), Rs. 352/85, Slg. 1988, S. 2085 ff. (2130 Rn. 14).

[135] EuGH 26. 4. 1988 (Bond van Adverteeders), Rs. 352/85, Slg. 1988, S. 2085 ff. (2130 Rn. 15).

[136] Reinert, S. 188.

"überschreiten" oder ob es Funkwellen sind, die ebenso zielgerichtet die Grenze überqueren und erst im Inland in ein Kabelnetz eingespeichert werden. Mit der Argumentation des Europäischen Gerichtshofs würde man aber in diesen Fällen zu unterschiedlichen Ergebnissen kommen. Das kann nicht überzeugend begründet werden.

Eine andere Bewertung wäre nur dann gerechtfertigt, wenn das entsprechende nachbarstaatliche Rundfunkprogramm inhaltlich verändert oder zeitversetzt oder unvollständig weiterverbreitet würde. Unter solchen Umständen wird man die Verbreitung der Sendungen im Kabelnetz nicht als grenzüberschreitenden, sondern als rein nationalen Rundfunk einordnen müssen[137].

(ff) Innerstaatliche Verbreitung herangeführter, ausländischer, rein national angelegter Sendungen
Klärungsbedürftig sind weiter die Fälle, in denen die Kabelrundfunkgesellschaft rein nationale Programme aus den Nachbarstaaten im Inland verbreitet. In der Debauve-Entscheidung argumentierte die Bundesrepublik Deutschland, daß es auch im Bereich des Kabelfunks für die grenzüberschreitende Dienstleistung auf die Finalität ankomme[138]. Wenn sich die Empfangbarkeit einer Sendung über die Grenze hinweg allein als unumgängliche Nebenwirkung darstelle, könne nicht von einer grenzüberschreitenden Dienstleistung im Sinne von Art. 59 EG-Vertrag gesprochen werden[139]. Dem widersprach die Kommission und vertrat die Auffassung, daß eine ausgestrahlte Sendung lediglich im Nachbarland empfangbar sein müsse, um in den Anwendungsbereich der Art. 59 ff. EG-Vertrag zu fallen. Der Europäische Gerichtshof ist auf diese Argumentation nicht weiter eingegangen. Er stellt nur fest, daß die Vertragsbestimmungen nicht auf solche Betätigungen anwendbar seien, deren wesentliche Elemente nicht über die Grenzen eines Mitgliedstaates hinausreichten[140]. Das hier angesprochene Problem wurde vom Europäischen Gerichtshof offen gelassen.

Es wird vertreten[141], daß das finale Moment für den Kabelfunk keine maßgebliche Bedeutung habe: Angesichts des Liberalisierungsgebotes des Art. 59 EG-Vertrag müßten auch derartige Sendungen dem EG-Recht unterworfen sein, wenn sie zum einen einem Personenkreis im europäischen Ausland zugänglich gemacht werden, indem sie dort ins Kabelnetz eingespeist werden, auf Akzeptanz beim Publikum stoßen und in Wettbewerb mit inländischen Programmen treten.
Dieser Argumentation kann nicht gefolgt werden, wenngleich sie im Ergebnis regelmäßig zu zutreffenden Ergebnissen gelangen wird. Es liegt nämlich in den beschriebenen Fällen nahe, daß die Sendeanstalt, deren Programm ohne ihren Willen im Ausland via Kabel verbreitet wird, einen multinationalen Rundfunk veranstaltet. Das

---

[137] Diese Differenzierung wird etwa auch von § 37 I und III LRG Nordrhein-Westfalen vorgenommen.
[138] EuGH 18. 3. 1980 (Debauve), Rs. 52/79, Slg. 1980, S. 833 ff. (847 ff.).
[139] EuGH 18. 3. 1980 (Debauve), Rs. 52/79, Slg. 1980, S. 833 ff. (847).
[140] EuGH 18. 3. 1980 (Debauve), Rs. 52/79, Slg. 1980, S. 833 ff. (855 Rn. 9).
[141] Reinert, S. 189.

aber führt ohne weiteres zur Anwendung der Art. 59 ff. EG-Vertrag. Wendet sich diese Anstalt jedoch ausdrücklich gegen die Verbreitung ihrer Sendungen im Ausland, käme es auf das von der Rundfunkanstalt unabhängige Verhalten eines Dritten an, ob die Art. 59 ff. EG-Vertrag zur Anwendung kommen. Das aber führte zur Auflösung des an den Veranstalter geknüpften Maßstabs der Finalität. Wie die Finalität des Rundfunks nämlich zu bewerten ist, darf einzig der Entscheidung der Rundfunkveranstalter obliegen.

(c) Möglichkeiten der rechtlichen Beeinflussung trans- und multinationalen Rundfunks aus dem europäischen Ausland
Der Einfluß ausländischer Rundfunksendungen kann für die nationale Rundfunkordnung von erheblicher Bedeutung sein. Zu fragen ist daher, ob die für die nationale Rundfunkordnung zuständigen Bundesländer die aus dem europäischen Ausland final nach Deutschland ausgestrahlten Sendungen akzeptieren und wie inländischen Rundfunk behandeln müssen. Es ist anerkannt, daß jeder Mitgliedstaat allgemeine Anforderungen an die Rundfunkbetreiber stellen. In der Debauve-Entscheidung[142] hatte der Europäische Gerichtshof klargestellt, daß solche Anforderungen mit dem EG-Recht vereinbar seien, die durch das Allgemeininteresse geboten und für alle in dem betreffenden Mitgliedstaaten ansässigen Personen und Unternehmen gelten. Damit hatte er die Erfolgschancen von Vertragsverletzungsverfahren im Bereich des Rundfunks zunichte gemacht. Mit einem so weitgehenden Spielraum für die Mitgliedstaaten konnten über die Art. 59 EG-Vertrag Vertragsverletzungsverfahren nur angestrengt werden, wenn Rundfunkanbieter aus anderen Mitgliedstaaten offen oder versteckt diskriminiert wurden.

In jüngerer Zeit ist der Gerichtshof von diesem weiten Beurteilungsspielraum der Mitgliedstaaten abgewichen[143]. Nunmehr verlangt er höhere Anforderungen als nur das bloße Allgemeininteresse. Wie schon hinsichtlich der Warenverkehrsfreiheit werden zwingende Gründe verlangt, wobei die beschränkenden Maßnahmen nicht über das zur Erreichung dieses Ziels Erforderliche hinausgehen dürfen. Diese Regelungsmöglichkeit steht den einzelnen Staaten nur insoweit zu, als nicht schon Rechtsvorschriften des Staates, in dem der Leistungserbringer ansässig ist, diesem Interesse Rechnung tragen[144]. Im Bereich des Rundfunks werden also nunmehr die Ausnahmevorschriften, die eine Diskriminierung ausländischer Programme

---

[142] EuGH 18. 3. 1980 (Debauve), Rs. 52/79, Slg. 1980, S. 833 ff. (856 Rn. 12).
[143] EuGH 25. 7. 1991 (Stichting Collectieve Antennevoorziening Gouda), Rs. 288/89, Slg. 1991, S. 4007 ff. (4040 f. Rn. 12 f); EuGH 25. 7. 1991 (Nederlands Omroepproductie Bedrijf), Rs. 353/89, Slg. 1991, S. 4069 ff. (4093 f. Rn. 17 ff.).
[144] EuGH 4. 12. 1986 (Kommission/Deutschland), Rs. 205/84, Slg. 1986, S. 3755 ff. (3802 Rn. 27); EuGH-Urteile vom 26. Februar 1991 (Kommission-Italien), Rs. 180/89, Slg. 1991, S. 709 ff. (723 Rn. 20); (Kommission-Frankreich), Rs. 154/89, Slg. 1991, S. 659 ff. (687 Rn. 17); (Kommission-Griechenland), Rs. 198/89, Slg. 1991, S. 727 ff. (741 Rn. 21); EuGH 25. 7. 1991 (Stichting Collectieve Antennevoorziening Gouda), Rs. 288/89, Slg. 1991, S. 4007 ff. (4040).

rechtfertigen können, vom Europäischen Gerichtshof sehr eng gefaßt[145]. Man wird daher zwischen der Warenverkehrsfreiheit und der Dienstleistungsfreiheit hinsichtlich der vorgenommenen Wertungen keinen Unterschied mehr sehen können. Indem der Gerichtshof - entsprechend der "Cassis de Dijon-"Formel - nun auch bei der Dienstleistungsfreiheit unterschiedslose Beschränkungen verbietet, wenn sie nicht zwingend erforderlich sind, gibt er dem Primärrecht seine marktöffnende Bedeutung zurück. Der Europäische Gerichtshof hat eine Reihe solch zwingender Erfordernisse anerkannt[146]. Für den Rundfunk könnten folgende Erfordernisse relevant sein: Erhaltung des nationalen historischen und künstlerischen Erbes[147], Schutz des geistigen Eigentums[148], Schutz der Verbraucher[149], Aufwertung der archäologischen, historischen und künstlerischen Reichtümer und bestmögliche Verbreitung von Kenntnissen über das künstlerische und kulturelle Erbe eines Landes[150]. Dabei muß beachtet werden, daß bei all diesen Argumentationsmustern strenge Maßstäbe an die Erforderlichkeit der Regelungen zu legen sind, die diese Werte sichern sollen[151]. Mit dieser Formulierung eröffnet sich der Gerichtshof die Möglichkeit, gegebenenfalls mit dem Primärrecht in die Rundfunkordnung der einzelnen Länder einzugreifen. So hat der Europäische Gerichtshof zwar festgestellt, daß die Monopolisierung des Fernsehens aus nicht kommerziellen Gründen gerechtfertigt sein könne[152]; ein Mißbrauch dieses Monopols sei jedoch dann anzunehmen, wenn einer solchen Rundfunkanstalt auch die Entscheidung über die Einspeisung ausländischer Programme ins Kabelnetz vorbehalten sei[153]. Auch Werbebeschränkungen sind

---

[145] Besonders deutlich ist dies geworden in der Kabelregeling-Entscheidung, EuGH 26. 4. 1988 (Bond van Adverteeders), Rs. 352/85, Slg. 1988, S. 2085 ff. (2134 Rn. 31 ff.).

[146] Vgl. die Aufzählung in EuGH 25. 7. 1991 (Stichting Collectieve Antennevoorziening Gouda), Rs. 288/89, Slg. 1991, S. 4007 ff. (4040).

[147] EuGH-Urteile vom 26. Februar 1991 (Kommission-Italien), Rs. 180/89, Slg. 1991, S. 709 ff. (723 Rn. 20); (Kommission-Frankreich), Rs. 154/89, Slg. 1991, S. 659 ff. (687 Rn. 17); (Kommission-Griechenland), Rs. 198/89, Slg. 1991, S. 727 ff. (741 f. Rn. 21).

[148] EuGH 18. 3. 1980 (Coditel I), Rs. 62/79, Slg. 1980, S. 881 ff. (903 Rn. 15/16).

[149] EuGH 4. 12. 1986 (Kommission-Frankreich), Rs. 220/83, Slg. 1986, S. 3663 ff. (3709 Rn. 20); EuGH 4. 12. 1986 (Kommission-Dänemark), Rs. 252/83, Slg. 1986, S. 3713 ff. (2748 f. Rn. 20); EuGH 4. 12. 1986 (Kommission-Deutschland), Rs. 205/84, Slg. 1986, S. 3755 ff. (3802 Rn. 27); EuGH 26. 2. 1991 (Kommission-Italien), Rs. 180/89 Slg. 1991, S. 709 ff. (723 Rn. 20).

[150] EuGH 26. 2. 1991 (Kommission-Italien), Rs. 180/89, Slg. 1991, S. 709 ff. (723 Rn. 20); EuGH 25. 7. 1991 (Stichting Collectieve Antennevoorziening Gouda), Rs. 288/89, Slg. 1991, S. 4007 ff. (4043 Rn. 23).

[151] EuGH 25. 7. 1991 (Stichting Collectieve Antennevoorziening Gouda), Rs. 288/89, Slg. 1991, S. 4007 ff. (4043 Rn. 24 und S. 4044 Rn. 27).

[152] EuGH 18. 6. 1991 (Elliniki Radiophonia), Rs. 260/89, Slg. 1991, S. 2925 ff. (2957 Rn. 10 - 12); zuvor schon EuGH 30. 4. 1974 (Sacchi), Rs. 155/73, Slg. 1974, S. 409 ff. (430 f. Rn. 14 f.); EuGH 3. 10. 1985 (Telemarketing), Rs. 311/84, Slg. 1985, S. 3261 ff. (3275 Rn. 17).

[153] EuGH 18. 6. 1991 (Elliniki Radiophonia), Rs. 260/89, Slg. 1991, S. 2925 ff. (2957 Rn. 19 - 26).

grundsätzlich zum Schutz der Kultur zulässig. Ein Staat darf Werbung an bestimmten Tagen oder für ausgewählte Produkte verbieten. Er darf auch die Dauer von Werbung beschränken, um den Verbraucher gegen ein Übermaß an kommerzieller Werbung zu schützen[154]. Derartige Regelungen sind jedoch dann als unverhältnismäßig einzuschätzten, wenn dadurch der zwischenstaatliche Wettbewerb beeinträchtigt wird[155]. Man wird die Rechtsprechung des Europäischen Gerichtshofs so interpretieren müssen, daß grundsätzlich ein Mitgliedstaat den Empfang und die Einspeisung ausländischer Programme nur aus besonders schwerwiegenden Gründen behindern darf.

(d) Regelungen der Landesrundfunkgesetze hinsichtlich trans- und multinationalen Rundfunks aus dem europäischen Ausland
Manche Landesrundfunkgesetze verlangen von den herangeführten Rundfunkprogrammen, daß diese hinsichtlich der Ausstrahlung von Werbung den Vorschriften entsprechen müssen, die auch für die im Land veranstalteten Programme gelten[156]. Man könnte hier vermuten, daß derartige Vorschriften Art. 59 ff. EG-Vertrag verletzen. Würden die ausländischen Anbieter via direktstrahlendem Satellit oder konventionell-terrestrisch ihre Programme nach Deutschland senden, so wären sie einem solch strengen Reglement nicht ausgesetzt. Zwar sind derartige Programme, die final nach Deutschland gesendet, aber erst hier ins Kabelnetz eingespeist werden, als einheitliche grenzüberschreitende Dienstleistung einzuordnen. Im Inland ist aber eine weitere Tätigkeit, nämlich das Einspeisen notwendig, so daß also eine weitere, wenn auch nicht grenzüberschreitende Dienstleistung vorliegt. Sicherlich entspricht es eher den Zielen der EU, wenn ausländische Sendungen nur die wesentlichen Programmgrundsätze beachten müssen, wie dies in einzelnen bundesdeutschen Rundfunkgesetzen vorgesehen ist[157]. Aber auch die strengeren Regelungen sind als rechtmäßig zu bewerten, da sie eine Gleichbehandlung von In- und Ausländern vorsehen.

Hinsichtlich des direkt zu empfangenden Rundfunks sind die Regelungsmöglichkeiten der Länder noch geringer. Es wurde gezeigt, in welch hohem Maße in der Bundesrepublik Deutschland der Empfang von direkt ausgestrahltem ausländischem Rundfunk geschützt ist. Die Möglichkeit der Länder, über Art. 66 iVm. Art. 56 I EG-Vertrag die Auflösung der deutschen Rundfunkordnung zu verhindern, ist nur im Extremfall für den direkt empfangbaren Rundfunk anwendbar. Auch wenn die öffentliche Ordnung durch einen Rundfunkbetreiber wesentlich schwerer verletzt werden kann, als durch einen "Messerstecher"[158], ist nur im Extremfall den Ländern die Möglichkeit gegeben, hier den Direktempfang zu behindern. Daß diese Möglich-

---

[154] EuGH 25. 7 1991 (Kommission-Niederlande), Rs. 353/89, Slg. 1991, 4069 ff. (4101 Rn. 45).
[155] EuGH 25. 7. 1991 (Stichting Collectieve Antennevoorziening Gouda), Rs. 288/89, S. 4007 ff. (4045 Rn. 29).
[156] § 38 IV LRG Nordrhein-Westfalen.
[157] § 44 III LRG Niedersachsen; § 22 III u. § 21 I S. 1 LRG Rheinland-Pfalz.
[158] Herrmann, Rundfunkrecht, S. 217.

keit eingeschränkt ist, ist nicht allein Folge des EG-Rechtes. Insofern sind die Länder auch durch das Grundgesetz und Art. 10 EMRK gebunden.

Insgesamt läßt sich für die Anwendbarkeit der Art. 59 ff. EG-Vertrag festhalten: Der Rundfunk unterfällt insofern den Art. 59 ff. EG-Vertrag, als er final ins europäische Ausland gerichtet ist. Das gilt auch für den multinationalen Rundfunk. Am Merkmal der Grenzüberschreitung fehlt es jedoch bei den national ausgerichteten Rundfunkprogrammen, die im Ausland von einem Unternehmen mittels besonderer Empfangstechniken und dann via Kabel im Heimatland verbreitet werden. Der überwiegend den Ländern zugewiesene Bereich des nationalen Rundfunks ist daher von den Art. 59 ff. EG-Vertrag *nicht* erfaßt. Die Länder sind durch das primäre EG-Recht nur verpflichtet, ausländischen Rundfunk, der ins Inland sendet, nicht zu diskriminieren. Dieses Gebot kann jedoch nicht als so wesentlicher Eingriff in die Länderkompetenzen gelten, daß eine Verletzung von Art. 79 III GG bejaht werden kann. Der Kernbereich der Länderkompetenzen ist nicht betroffen. Damit wird auch der These widersprochen, daß der Europäische Gerichtshof in der Bond van Adverteeders-Entscheidung klargestellt habe, daß die Rechtsangleichungsbefugnis der Organe der Gemeinschaft sich nicht nur auf die wirtschaftlichen Aspekte des Rundfunks bezögen, sondern auch das Gebiet des Rundfunkrechts vollständig umfaßten[159].

bb. Die Niederlassungsfreiheit (Art. 52 ff. EG-Vertrag (= Art 43 Vertrag v. Amsterdam))

Der EG-Vertrag könnte auch insoweit die nationale Rundfunkordnung betreffen, als die Vorschriften des Art. 52 ff. EG-Vertrag, die die umfassenden Niederlassungsfreiheit für ausländischen Unternehmen festlegen, auch für die Rundfunkunternehmer gelten würden. Während die Art. 59 ff. EG-Vertrag jene Fälle betreffen, bei denen der Rundfunk im Ausland veranstaltet und mit Hilfe der Technik ins Inland gesendet wird, könnte den Art. 52 ff. EG-Vertrag dann Bedeutung zukommen, wenn der Rundfunk im Inland veranstaltet werden soll.

(1) Zum Geltungsbereich der Art. 52 ff. EG-Vertrag (= Art 43 Vertrag v. Amsterdam)

Art. 52 ff. EG-Vertrag garantiert den Angehörigen eines Mitgliedstaates das Recht, in einem anderen EG-Staat eine selbständige Erwerbstätigkeit in Form einer Niederlassung unter den Bedingungen aufzunehmen, wie sie für Inländer gelten. Der Begriff der "Niederlassungsfreiheit" umfaßt gemäß Art. 52 II EG-Vertrag - vorbehaltlich der Regelungen über den freien Kapitalverkehr - die Aufnahme und Ausübung selbständiger Erwerbstätigkeit. Außerdem fallen unter diese Norm die Gründung und Leitung von Unternehmen, insbesondere von Gesellschaften im Sinne von Art. 58 II EG-Vertrag. Dabei gelten die Bestimmungen, die der Aufnahmestaat für seine eigenen Angehörigen vorsieht. Gemäß Art. 58 II EG-Vertrag gelten die Vorschriften über die Niederlassungsfreiheit für bürgerlich-rechtliche Gesellschaften und für solche des Handelsrechts. Darüber hinaus fallen auch Genossenschaften und

---

[159] So aber Schwartz, ZUM 1989, 381, 389.

sonstige juristischen Personen des öffentlichen und privaten Rechts unter diese Regelungen, soweit sie einen Erwerbszweck verfolgen.

(2) Zur Geltung der Art. 52 ff. EG-Vertrag für Rundfunkanstalten
Die Regelungen der Art. 52 ff. EG-Vertrag könnten für private als auch für öffentlich-rechtliche Rundfunkunternehmen gelten. Dann müßten sie mit ihrer Tätigkeit einen Erwerbszweck verfolgen. Der Begriff "Erwerbszweck" darf nicht mit dem des "Gewinnstrebens" gleichgesetzt werden. Da Art. 58 II EG-Vertrag natürliche und juristische Personen gleich behandelt[160], liegt es nahe, Art. 52 EG-Vertrag so auszulegen, daß alle auf den Erwerb von Einkünften ausgerichtete Tätigkeiten, auch wenn sie ohne Gewinnerzielungsabsicht erfolgen, von dieser Regelung erfaßt sind. Auch aus anderen Gründen ist zur Definition des Begriffes "Erwerbszweck" das Merkmal des "Gewinnstrebens" unzureichend[161]: Andernfalls wären - entgegen des Vertragszwecks - Genossenschaften als Objekte der Art. 52 ff. EG-Vertrag ausgeschlossen[162]. Man wird also den Begriff des "Erwerbszwecks" nicht als "auf Gewinnerzielung gerichtet" verstehen dürfen[163]. Vielmehr soll mit dem Begriff "Erwerbszweck" klargestellt werden, daß die Gesellschaft am Erwerbsleben beteiligt ist, also irgendeine Leistung wirtschaftlicher Art erbringt[164]. Da die Rundfunkveranstalter Dienstleistungen erbringen, nehmen sie am Wirtschaftsleben teil. Das gilt gleichermaßen für die privaten Rundfunkveranstalter, als auch für die öffentlich-rechtlichen Rundfunkanstalten. Beide fallen also unter die Regelungen der Art. 52 ff. EG-Vertrag. In Deutschland sendende ausländische Rundfunkveranstalter müssen also in der gleichen Weise behandelt werden wie deutsche. Weitergehende Ansprüche bestehen nicht. Art. 52 ff. EG-Vertrag kann nicht entnommen werden, daß die jeweiligen Mitgliedstaaten privaten Rundfunk erlauben müssen. Insoweit hat es der Europäische Gerichtshof für zulässig gehalten, aus Gründen der kulturellen Identifikation den privaten Rundfunk gänzlich zu verbieten[165]. Dies ist insoweit unerheblich, weil die für den nationalen Rundfunk zuständigen Bundesländer in Deutschland das öffentlich-rechtliche Rundfunkmonopol abgebaut haben. Sowohl in den Landesrundfunkgesetzen[166], als auch in den §§ 19 ff. des Staatsvertrag über den Rundfunk im vereinten Deutsch-

---

[160] Darauf stellt ab Bühnemann, S. 20.
[161] Everling, S. 33.
[162] Everling, S. 34.
[163] Randelzhofer, in: Grabitz, Komm. z. EG-Vertrag, Art. 58 Rn. 6; Troberg, in: von der Groeben, Komm. z. EWG-Vertrag, Vorb. zu Art. 52 - 58 Rn. 7.
[164] Bleckmann, S. 462 Rn. 1114, sieht es daher als geboten an, das Merkmal "Erwerbszweck" generell aufzugeben, weil es allein darum gehe, die wirtschaftliche von der nichtwirtschaftlichen Tätigkeit abzugrenzen.
[165] EuGH 18. 6. 1991 (Elliniki Radiophonia), Rs. 260/89, Slg. 1991, S. 2925 (2957 Rn. 10 - 12).
[166] Vgl. etwa: §§ 5 ff. LRG Rheinland-Pfalz; §§ 5 ff. LRG Nordrhein-Westfalen; §§ 5 ff. LRG Niedersachsen; LMG Baden-Württemberg; § 16 LMG Hamburg; § 38 ff. LRG Saarland; § 7 ff. LRG Schleswig-Holstein; § 3 ff. PRG Hessen; § 5 ff. LMG Bremen.

land[167] ist nun die Zulassung privaten Rundfunks geregelt. Damit besteht die "duale" Rundfunkordnung von öffentlich-rechtlichen und privatem Rundfunk. Die Frage, ob die Länder die gemeinschaftsrechtliche Niederlassungsfreiheit durch staatliche Veranstaltungsmonopole[168] beschränken können, ist daher in der Bundesrepublik Deutschland nur noch von rein theoretischem Interesse.

Von Bedeutung ist die Regelung der Art. 52 ff. EG-Vertrag für den Aspekt der Zulassung ausländischer Anbieter. Eine Gleichbehandlung mit den inländischen muß nach den oben erfolgten Erläuterungen bejaht werden. Daher müssen die landesgesetzlichen Normen so ausgelegt werden, daß sie die ausländischen Anbieter nicht diskriminieren. Es müssen also die ausländischen Anbieter die gleichen Chancen für die Erlangung einer Genehmigung haben wie die inländischen.
Einen Eingriff in die Länderkompetenz könnte dies dann bedeuten, wenn bei Frequenzknappheit deutschsprachige Rundfunkprogramme fremdsprachigen nicht vorgezogen werden dürfen. Bei herangeführten Programmen, die in ein Kabelnetz eingespeist werden sollten, wurde die Zulässigkeit einer solchen Wertung abgelehnt[169]. Dies muß wegen der nicht bestehenden Frequenzknappheit auch für im Inland veranstaltete, über Kabel verbreitete Programme gelten. Es ist aber nicht klar, ob diese Wertung auch für den direkt empfangbaren Rundfunk gelten kann, wenn die Veranstaltung im Inland stattfindet. Die Veranstaltung von Rundfunk, der nicht über Kabel verbreitet wird, hängt ganz wesentlich von den den einzelnen Staaten zugewiesenen Frequenzen ab. Auch wenn Rundfunksendungen im Nachbarland direkt empfangbar sind, geschieht dies auf den, dem Sendestaat in internationalen Wellenplänen zugewiesenen Frequenzen. Bei im Ausland veranstaltetem direkt empfangbaren Rundfunk besteht somit nicht das Problem der Frequenzknappheit. Die Veranstaltung führt also nicht zu einer Verknappung der inländischen Frequenzen. Veranstaltet aber ein Angehöriger eines EU-Mitgliedstaates in Deutschland den Rundfunk, führt dies notwendig zu einer Verknappung der Frequenzen. Für die Bevorzugung deutschsprachiger Sendungen spricht daher, daß es für die Wahrung des deutschen Kulturerbes notwendig sein kann, bei der Verteilung von Frequenzen deutschsprachige Rundfunkprogramme fremdsprachigen vorzuziehen[170]. Das begründet jedoch keine Bevorzugung nationaler Anbieter, wenn die ausländischen

---

[167] Staatsvertrag vom 31. August 1991, in Kraft getreten am 1. Januar 1992, vgl. etwa das entsprechende Zustimmungsgesetz Niedersachsens, GVBl. 1991, S. 311 ff.

[168] Vgl. hierzu EuGH 30. 4. 1974 (Sacchi), Rs. 155/73, Slg. 1974, S. 409 (430 ff.); EuGH 18. 6. 1991 (Elliniki Radiophonia), Rs. 260/89, Slg. 1991, S. 2925 ff. (2953 ff.), wobei die Formulierung so gewählt wird, daß die Wertung gleichermaßen für terrestrisch verbreiteten Rundfunk gelten wird.

[169] Vgl. EuGH 25. 7. 1991 (Stichting Collectieve Antennevoorziening Gouda), Rs. 288/89, Slg. 1991, S. 4007 ff. (4043 f. Rn. 23 f).

[170] So Reinert, S. 211 f., der eine Bevorzugung zugunsten nationaler Anbieter nicht beanstandet, sofern zumindest eine partielle Einbeziehung fremdsprachiger Programme und ausländischer Anbieter erfolgt. Dies gelte insbesondere, da ausländische Anbieter die Möglichkeit haben, auf nationale Satellitenpositionen und Kanäle zurückgreifen zu können.

Anbieter ebenfalls in deutscher Sprache senden. Darüber hinaus haben die öffentlich-rechtlichen Rundfunkanstalten die Aufgabe der Grundversorgung wahrzunehmen. Es handelt sich bei ihnen also um Unternehmen mit besonderen Rechten, die mit der Wahrnehmung von Dienstleistungen betraut sind, indem sie Rundfunkgebühren einnehmen und auch Werbung zeigen. Angesichts der Wahrnehmung einer öffentlichen Aufgabe sind sie auch von allgemeinem Interesse; für sie greift also Art. 90 II EG-Vertrag[171] ein. Dieser Umstand rechtfertigt es, daß diese Anstalten bevorzugt mit terrestrischen Frequenzen ausgestattet werden. Andernfalls bestünde die Gefahr, daß die Aufgabe der Grundversorgung nicht erfüllt werden könnte, weil die öffentlich-rechtlichen Anbieter den größten Teil der Bevölkerung nicht erreichten. Damit kann die Bevorzugung der öffentlich-rechtlichen Anstalten begründet werden[172]. Jedoch folgt daraus nicht, daß auch die privaten deutschen Anbieter den ausländischen bei der Frequenzvergabe vorgezogen werden dürfen. Man könnte argumentieren, daß diese Aufgabe nicht von privaten Anbietern zu erbringen ist, wenn die Wahrung des kulturellen Erbes schon durch die öffentlich-rechtlichen Anstalten wahrgenommen wird. Gerade das aber ist nach den einzelnen Rundfunkgesetzen der Fall. So heißt es beispielsweise in § 11 LRG Nordrhein-Westfalen:

"Die Veranstalter betreiben Rundfunk als Medium und Faktor des Prozesses freier Meinungsbildung und als Sache der Allgemeinheit; sie nehmen insofern eine öffentliche Aufgabe wahr...."

Das gilt jedoch für die in Deutschland zugelassenen ausländischen Programme im gleichen Maße wie für deutsche.

Aus diesen Überlegungen folgt, daß eine Bevorzugung deutschsprachiger Programme nicht im Widerspruch zu Art. 52 EG-Vertrag stehen muß. Des weiteren können die Länder Regelungen zur Sicherung der Rundfunkfreiheit erlassen (Art. 56 EG-Vertrag). So ist es rechtmäßig, den Anspruch eines Angehörigen eines Mitgliedstaates zur Veranstaltung von Rundfunk in der Bundesrepublik Deutschland davon abhängig zu machen, daß dieser gerichtlich ebenso verfolgt werden kann wie ein deutscher Rundfunkbetreiber[173]. Dabei handelt es sich auch nicht um eine Diskriminierung, sondern vielmehr wird durch eine derartige Regelung der ausländische Anbieter erst dem deutschen gleichgestellt. Bei umfassender Betrachtung stellt sich also heraus, daß die einzelnen Bundesländer weiterhin die Möglichkeit haben, zur Wahrung der Rundfunkordnung Anforderungen an die Unternehmen zu stellen, die in Deutschland Rundfunk veranstalten wollen. Damit greift das (wirtschaftlich motivierte) Gemeinschaftsrecht nur begrenzt in die Rundfunkkompetenz der Länder ein. Auch im Hinblick auf die

---

[171] Diese Regelung entspricht der neuen aus Art 86 des Vertrages von Amsterdam
[172] Kritisch, im Ergebnis aber ebenso: Engel, in: Wirtschaft und Recht, S. 243, 270.
[173] Dies ist beispielsweise geschehen in § 5 Nr. 2 LRG Nordrhein-Westfalen; § 5 IV LRG Niedersachsen; § 5 I Nr. 2 PRG Hessen.

277

Niederlassungsfreiheit kann nicht angenommen werden, daß in den Kernbereich der Länderkompetenzen eingegriffen wurde. Der Kernbereich der Länder ist nicht betroffen. Daher ist auch insofern eine Verletzung des Art. 79 III GG ausgeschlossen. Der Bund hat mit den Regelungen der Art. 52 EG-Vertrag seine Abtretungskompetenzen nicht verletzt.

cc. Europäische Wettbewerbsregeln für Rundfunkunternehmen (Art. 85 ff. EG-Vertrag (= Art. 81 ff AV))

Mit der Öffnung des Rundfunkmarktes für private Anbieter konkurrieren in- und ausländische Anbieter um die Gunst des Publikums. Daher könnte auch das in Art. 85 EG-Vertrag normierte Kartellverbot in die Kernzuständigkeit der Länder eingreifen. Nach diesen Vorschriften sind Absprachen zwischen Unternehmen unzulässig, die den Wettbewerb im gemeinsamen Markt verfälschen. Diese Normen sind für die Frage nach dem Eingriff in die Rundfunkkompetenz der Länder deshalb interessant, weil ihretwegen Unterstützungshandlungen gegenüber öffentlich-rechtlichen Anstalten verboten sein könnten.

(1) Rundfunkanstalten als Unternehmen iSv. Art 85 ff. EG-Vertrag (= Art. 81 AV)

Der Begriff des "Unternehmens" ist im EG-Vertrag weit auszulegen. Immer wenn erbrachte Leistungen auch von wirtschaftlicher Bedeutung sind, ist eine Einrichtung als Unternehmen zu werten. Zwar hatte die Bundesrepublik Deutschland vor dem Europäischen Gerichtshof die Ansicht vertreten, daß Rundfunkanstalten wegen ihres öffentlichen, kulturellen und informatorischen Charakters nicht als Unternehmen iSd. Regelung einzustufen seien[174]. Der Europäische Gerichtshof hatte sich aber dieser Ansicht zu Recht nicht angeschlossen[175]. Die von den Rundfunkveranstaltern erbrachten Dienstleistungen dienen nämlich *nicht nur* rein karitativen, fürsorglichen, sozialen oder kulturellen Zwecken[176]. Ihnen kommt auch eine erhebliche wirtschaftliche Bedeutung zu. Das aber muß genügen, um ein Unternehmen iSv Art. 85 ff. EG-Vertrag anzunehmen.

(2) Unzulässigkeit staatlich gewährter Beihilfen gemäß Art. 92 I EG-Vertrag (= Art. 87 I AV)

Ein Eingriff in Landeskompetenzen wäre dann anzunehmen, wenn aufgrund entsprechender europäischer Regelungen gezielte staatliche Unterstützungen von öffentlich-rechtlichen oder privaten Rundfunkunternehmen[177] als unzulässige Einflußnahmen der Mitgliedstaaten zu werten wären. In erster Linie ist dabei an die Rundfunkgebühr

---

[174] EuGH 30. 4. 1974 (Sacchi), Rs. 155/73, Slg. 1974, S. 409 ff. (418 f.).
[175] EuGH 30. 4. 1974 (Sacchi), Rs. 155/73, Slg. 1974, S. 409 ff. (430 f. Rn. 14).
[176] Vgl. Hochbaum, in: von der Groeben, Komm. z. EWG-Vertrag, Art. 90 Rn. 33; Pernice, in: Grabitz, Komm. z. EG-Vertrag, Art. 90 Rn. 8.
[177] So sieht etwa § 38 I LRG Schleswig-Holstein eine Bevorzugung von in Schleswig-Holstein zugelassener Programme bei der Einspeisung in das Kabelnetz vor; ähnlich etwa § 41 I LMG. Hamburg.

und die Bevorzugung der öffentlich-rechtlichen Anstalten bei der Vergabe von Frequenzen zu denken.

Art. 92 I EG-Vertrag verbietet staatliche Unterstützungen für Wirtschaftsunternehmen. "Beihilfen gleich welcher Art" sind verboten. Auch der Begriff "Beihilfe" wird also weit gefaßt. Daher könnten Rundfunkgebühren und auch die Bevorzugung von öffentlich-rechtlichen Rundfunkanstalten als unzulässige Beihilfen zu werten sein. Damit eine "Beihilfe" angenommen wird, ist die begünstigende Wirkung[178] und die fehlende Gegenleistung[179] entscheidend. Beides muß jedenfalls für die Bevorzugung bei der Frequenzvergabe bejaht werden: Auch faktische Leistungen, die einen Geldwert darstellen, sind nämlich als Beihilfen zu werten[180]. Da also die öffentlich-rechtlichen Programme leichter zu empfangen sind und die Bevorzugung bei der Frequenzvergabe ohne Gegenleistung erfolgt, haben sie gegenüber privaten Anbietern eine güstigerere Wettbewerbssituation.

Fraglich ist aber, ob auch die Rundfunkgebühren Beihilfen im Sinne des EG-Vertrages sind. Bis zum siebten Rundfunkurteil[181] des Bundesverfassungsgerichts war anerkannt, daß nicht die Rundfunkanstalten selbst, sondern daß die Länder in einem Gebührenstaatsvertrag die Höhe der Gebühren festsetzten. Bis dahin waren die Gebühren folgendermaßen festgelegt worden: Nachdem eine - politischen Tendenzen geneigte - Kommission zur Ermittlung des Finanzbedarfs (KEF) die Höhe der Gebühren vorgeschlagen hatte, wurde dieser Vorschlag durch einen Staatsvertrag der Länder beschlossen. Jedem Land stand jedoch ein Vetorecht zu, durch das der Vertrag verhindert werden konnte. Der abgeschlossene Vertrag mußte dann von den einzelnen Länderparlamenten transformiert werden. Dieses Verfahren lief darauf hinaus, daß die *Länder* eine Empfängergebühr erhoben, die anschließend an die Rundfunkanstalten verteilt wurde. An dieser Einschätzung wird sich auch zukünftig - nach der Festsetzung eines neuen Gebührenfindungsverfahrens - nichts ändern. Das Bundesverfassungsgericht hat den Landesparlamenten aufgegeben, bis 1996 die Voraussetzungen für ein neues, staatsfernes Gebührenfindungsverfahren zu schaffen. Auch wenn nicht absehbar ist, wie dies geregelt werden wird, wird jedoch in jedem Fall den Rundfunkanstalten weiter das Recht zustehen, Gebühren zu erhalten. Und auch wenn die Rundfunkanstalten die Gelder selbst eintreiben sollten, die Länder also nicht mehr unmittelbar beteiligt wären, stellte diese Art der Finanzierung funktional eine Beihilfe iSv. Art. 92 I EG-Vertrag dar[182].

---

[178] Von Wallenberg, in: Grabitz, Komm. z. EG-Vertrag, Art. 92 Rn. 6, mwN.; EuGH 23. 2. 1961 (Bergmannsprämie), Rs. 30/59, Slg. 1961, S. 7 ff. (43).

[179] Von Wallenberg, in: Grabitz, Komm. z. EG-Vertrag, Art. 92 Rn. 7, mwN.; vgl. auch EuGH 23. 2. 1961 (Bergmannsprämie), Rs. 30/59, Slg. 1961, S. 7 ff. (43).

[180] Engel, in: Wirtschaft und Recht, S. 243, 269.

[181] Entscheidung vom 22. Februar 1994; teilweise abgedruckt in NJW 1994, S. 1942 - 1948.

[182] Im Ergebnis ebenso Engel, in: Wirtschaft und Recht, S. 243, 268 f.

Diese Unterstützungen fließen nur den öffentlich-rechtlichen Rundfunkanstalten zu, also nur bestimmten Unternehmen[183]. Da die Programme dieser Sender dadurch finanziell unabhängiger sind, erlangen sie gegenüber privaten Anbietern eine günstigere Wettbewerbssituation. Derartige Handlungen des Staates sind daher als wettbewerbsverfälschende staatliche Beihilfen iSd. Art. 92 I EG-Vertrag zu werten und grundsätzlich verboten, wenn keine vom EG-Vertrag anerkannten Rechtfertigungsgründe bestehen.

(3) Rechtfertigungsgründe für die Unterstützung öffentlich-rechtlicher Anbieter
Diese Beihilfen könnten sowohl gemäß Art. 92 III Buchst. d EG-Vertrag als auch gemäß Art. 90 II EG-Vertrag[184] gerechtfertigt sein.

(a) Rechtfertigungsgrund gemäß Art. 92 III Buchst. d EG-Vertrag (= Art 87 III d AV)
Nach Art. 92 III Buchst. d EG-Vertrag sind Beihilfen zur Förderung der Kultur und der Erhaltung des kulturellen Erbes erlaubt, wenn sie die Handels- und Wettbewerbsbedingungen in der Gemeinschaft nicht in einem Maß beeinträchtigen, das dem gemeinsamen Markt zuwider läuft. Das ist anzunehmen, wenn diese Beihilfen im Verhältnis zu ihrem Zweck unverhältnismäßig sind. Es bedarf daher einer Abwägung zwischen dem Interesse der Gemeinschaft an der Beseitigung von Hindernissen für die Verbreitung auch kultureller Güter und dem Interesse des Einzelstaates, seinen Bürgern den Zugang zur eigenen Kultur zu erleichtern[185]. Die Finanzierung der öffentlich-rechtlichen Anstalten durch die Rundfunkgebühren und die Bevorzugung der Anstalten bei der Frequenzvergabe sind im Zusammenhang mit dem Auftrag zur Grundversorgung zu sehen. Dieser Auftrag verlangt eine weitestgehende Empfangbarkeit mit konventioneller Technik. Daher ist die Bevorzugung dieser Programme bei der Frequenzvergabe rechtmäßig. Da auch zum Zwecke der kulturellen Förderung ein gewisses Niveau der öffentlich-rechtlichen Sendungen gewahrt werden muß, die Grundversorgung also auch "in Sendungen bestehen soll, für die hohe Einschaltquoten nicht zu erwarten sind"[186], müssen diese Sendungen finanziell unterstützt werden. Dabei sollte das gesamte Programm diesem Niveau entsprechen. Eine Begrenzung staatlicher Unterstützung für einzelne Sendungen dieser Programme, wie sie teilweise gefordert wird[187], ist hingegen nicht zu rechtfertigen. Wenn es Aufgabe der Rundfunkanstalten ist, ein kulturell respektables *Programm* zu senden, so bedeutet dies eben nicht nur die Ausstrahlung einzelner wenig akzeptierter Sendungen. Vielmehr haben die Anstalten, ungeachtet der Publikumsgunst, dem kulturellen Auftrag zu dienen und eine möglichst umfassende Darstellung der für die deutsche Bevölkerung relevanten Belange zu gewährleisten. Aus diesem Grunde

---

[183] Die Beihilfevorschriften gelten auch, wenn die betroffenen Unternehmen öffentliche sind; vgl. von Wallenberg, in: Grabitz, Komm. z. EG-Vertrag, Art. 92 Rn. 10 mwN.
[184] Die beiden Vorschriften sind kumulativ anwendbar, wobei allerdings Art. 90 II EG-Vertrag Sondervorschriften enthält; vgl. Geiger, EG-Vertrag, Art. 92 Rn. 4.
[185] Vgl. Geiger, EG-Vertrag, Art. 92 Rn. 30.
[186] Engel, in: Wirtschaft und Recht, S 243, 270.
[187] Engel, Kommunikation Rn. 52, S. 20.

muß es den Rundfunkanstalten überlassen werden, wie sie dem Kultur-Auftrag entsprechen wollen. Im übrigen fragt sich, wie die Finanzierung einzelner Sendungen zu verwirklichen wäre, ohne daß dadurch die Unabhängigkeit der Rundfunkanstalten verletzt würde. Aus diesen Gründen ist sowohl die Rundfunkgebühr als auch die bevorzugte Frequenzvergabe für die öffentlich-rechtlichen Anstalten durch Art. 92 III Buchst. d EG-Vertrag gerechtfertigt.

(b) Rechtfertigungsgrund gemäß Art. 90 II EG-Vertrag (= Art 86 II AV)
Die Unterstützung kann ferner gerechtfertigt sein, wenn die Voraussetzungen von Art. 90 II S. 1 EG-Vertrag vorliegen[188]. Art. 90 I EG-Vertrag bestimmt, daß die Regelungen über den freien Wettbewerb und das Diskriminierungsverbot auch für die öffentlich-rechtlichen Unternehmen und für solche Unternehmen gelten, denen besondere Rechte gewährt werden. Art. 90 II EG-Vertrag stellt dazu eine Ausnahme dar: Danach finden die Regelungen der Art. 85 ff. EG-Vertrag für solche Unternehmen keine Geltung, die mit Dienstleistungen von allgemeinem wirtschaftlichen Interesse betraut sind oder den Charakter eines Finanzmonopols haben. Allerdings müßten die Regelungen der Art. 85 ff. EG-Vertrag die Erfüllung der zugewiesenen besonderen Aufgaben verhindern.

Die öffentlich-rechtlichen Rundfunkanstalten sind aufgrund der nur beschränkten staatlichen Aufsichtsrechte keine öffentlichen Unternehmen iSd. Art. 90 I EG-Vertrag[189]. Die Regelung des Art. 90 II EG-Vertrag könnte dennoch auf sie angewandt werden, wenn diesen Anstalten besondere Rechte gewährt würden. Da die öffentlich-rechtlichen Rundfunkunternehmen die Grundversorgung sichern müssen und mit ihrer Tätigkeit eine öffentliche Aufgabe wahrnehmen, sind ihnen besondere Rechte gewährt. Es ist jedoch nicht offensichtlich, daß sie mit Dienstleistungen von allgemeinem wirtschaftlichen Interesse betraut sind, wie es Art. 90 II EG-Vertrag verlangt. Von wirtschaftlichem Interesse ist eine Leistung, wenn sie nicht nur aus karitativen, kulturellen und ähnlichen Gründen erfolgt[190]. Dieses Kriterium nimmt die Kommission nur hinsichtlich des Werbefunks an und bejaht hier ein wirtschaftliches Interesse[191]. Dieses Interesse sei allerdings kein allgemeines, so daß nach Ansicht der Kommission Art. 90 I EG-Vertrag nicht anwendbar ist. Hinsichtlich des sonstigen Rundfunks nimmt die Kommission dann zwar ein allgemeines, aber kein wirtschaftliches Interesse an. Art. 90 I EG-Vertrag käme also in keinem Fall zur Anwendung. Die Bundesregierung[192] vertritt die gegenteilige Auffassung: Den

---
[188] Diese Regelung ist auch im Verhältnis zu Art. 92 EG-Vertrag anwendbar; so auch von Wallenberg, in: Grabitz, Komm. z. EG-Vertrag, Art. 92 Rn. 35.
[189] So aber der EuGH 30. 4. 1974 (Sacchi), Rs. 155/73, Slg. 1974, S. 409 ff. (430 f.), mit der Begründung, daß der Begriff des "öffentlichen Unternehmens" kein juristischer, sondern ein wirtschaftlicher sei. A.A.: die Bundesregierung, "weil sie [die Rundfunkanstalten] eine Aufgabe der öffentlichen Verwaltung ausüben und ihnen nach der Verfassung zu dieser Aufgabe die institutionelle Freiheit gewährt werden müsse", abgedruckt ebd. S.419.
[190] Vgl. Hochbaum, in: von der Groeben, Komm. z. EWG-Vertrag, Art. 90 Rn. 33.
[191] EuGH 30. 4 1974 (Sacchi), Rs. 155/73, Slg. 1974, S. 409 ff. (415 f.).
[192] EuGH 30. 4 1974 (Sacchi), Rs. 155/73, Slg. 1974, S. 409 ff. (418 f.).

Rundfunkanstalten seien Dienstleistungen von allgemeinem wirtschaftlichen Interesse anvertraut. Da Werberundfunk nur im Zusammenhang mit allgemeinen Programmen möglich sei, sei eine Differenzierung, wie sie die Kommission treffen wolle, nicht angebracht[193]. Dieser Einschätzung ist zuzustimmen. Schon hinsichtlich der Gesetzgebungskompetenzen wurde es abgelehnt, den Rundfunk vom Werbefunk trennen zu wollen. Diese Unmöglichkeit der Differenzierung muß dort wie hier gelten. Man wird daher der Veranstaltung von Rundfunk ein wirtschaftliches Interesse zugestehen müssen.

Diese Veranstaltung ist auch von allgemeinem Interesse. Zwar bestritt die Kommission auch dies[194]. Da aber die öffentlich-rechtlichen Rundfunkanstalten eine öffentliche Aufgabe wahrnehmen, liegt die erbrachte Dienstleistung nicht allein im Interesse einzelner, sondern ist vielmehr von allgemeinem Interesse. Schließlich sind die Rundfunkanstalten auch mit diesen Dienstleistungen, die von allgemeinem wirtschaftlichen Interesse sind, betraut. Nach den Rundfunkgesetzen haben die Anstalten nämlich den Auftrag, Rundfunk zu veranstalten, also eine wirtschaftlich relevante Dienstleistung zu erbringen. Da die Rundfunkanstalten ferner zur Ausgewogenheit des Programms[195], zur Pluralität[196], zur Beteiligung gesellschaftlicher Gruppen[197] und ähnlichem angehalten werden, ist diese Dienstleistung auch von allgemeinem Interesse. Daher greifen auch die Regelungen von Art. 90 II EG-Vertrag ein. Da als Rechtsfolge die entsprechenden Unternehmen lediglich von der Beachtung der Vertragsvorschriften soweit entbunden sind, wie diese der Aufgabenerfüllung entgegenstehen, ist Art. 90 II EG-Vertrag zwar eng auszulegen. Im Ergebnis wird man aber auch hier die Bevorzugung der öffentlich-rechtlichen Rundfunkanstalten als gerechtfertigt ansehen müssen.

d. Verletzung von Länderkompetenzen durch Übertragung der Regelungskompetenz des Rundfunkwesens als Ganzes

aa. Grundsätzliches zu einer Rundfunkkompetenz der EU im Bereich des sekundären Gemeinschaftsrechts
Die Regelungen des primären Gemeinschaftsrechts betreffen die Rundfunkordnung der Länder nicht in so schweren Maße, daß eine Verletzung der Länderkompetenzen zu bejahen wäre. Der Bund würde aber die Grenzen seiner Übertragungskompetenz dann verletzt haben, wenn aufgrund der Normen des EG-Vertrages die EG das Rundfunkwesen vollständig regeln könnte. Dieser Eingriff müßte als so schwerwiegend bewertet werden, daß eine Verletzung des Art. 79 III GG

---

[193] So die Ansicht der Vertreter der Bundesrepublik Deutschland, EuGH 30. 4 1974 (Sacchi), Rs. 155/73, Slg. 1974, S. 409 ff. (419).
[194] EuGH 30. 4 1974 (Sacchi), Rs. 155/73, Slg. 1974, S. 409 ff. (415 f.), hinsichtlich des Werbefunks.
[195] Z. B. § 12 LRG Rheinland-Pfalz; § 15 LRG Niedersachsen; § 12 II LRG Nordrhein-Westfalen.
[196] Z. B. § 6 LRG Nordrhein-Westfalen.
[197] § 15 LRG Rheinland-Pfalz; § 19 LRG Nordrhein-Westfalen.

anzunehmen wäre. Mit einer so weitgehenden Abtretung wäre nämlich "tief" in die Länderhoheit eingegriffen worden. Auch verletzte eine solche Abtretung das "Prinzip der Bundesstaatlichkeit". Landesunterschiede könnten dann nämlich unter Umständen nicht mehr berücksichtigt werden. Und auch eine möglichst "vielfältige Landeszuständigkeit" würde jedenfalls erheblich beeinträchtigt, da das Rundfunkwesen als wichtige, den Ländern zugewiesene, Zuständigkeit gewertet wird. An dieser Einschätzung ändert auch der Umstand nichts, daß erst ein weiteres Tätigwerden der Gemeinschaft erforderlich ist. Schon ab dem Zeitpunkt der Übertragung liefen die Länder nämlich Gefahr, ihren eigenen Vorstellungen zuwiderlaufende Regelungen der supranationalen Einrichtung, der EU also, in nationales Recht umsetzen oder zumindest vollstrecken zu müssen.

Insbesondere im Zuge der "Fernsehrichtlinie" wurde diskutiert, ob der Bund Kompetenzen an die EG abgetreten hatte, so daß diese rechtmäßigerweise eine entsprechende Richtlinie erlassen konnte. Der EWG-Vertrag enthielt seinerzeit keine ausdrückliche Handlungsermächtigung zur Regelung des Rundfunkwesens. Es fehlte an einer ausdrücklichen Ermächtigung zur Regelung rein kultureller Bereiche[198]. Auch Art. 128 EG-Vertrag kann aus den erwähnten Gründen nicht angeführt werden, um der EU Durchgriffsrechte im Rundfunkbereich zuzuweisen. Mit der in Art. 128 I EG-Vertrag genannten "Wahrung" der "nationalen und regionalen Vielfalt" kann wohl begründet werden, daß diese Regelung die föderale Rundfunkordnung stärken will. Nicht zu begründen sind weitere Regelungskompetenzen der EU[199]. Das gilt auch für Art. 235 EG-Vertrag[200]. Danach kann der Rat geeignete Vorschriften zur Erreichung der Marktziele erlassen. Zwar ist im EG-Vertrag - anders als im alten EWG-Vertrag - unter Art. 3 Buchst. p EG-Vertrag auch die Entfaltung des Kulturlebens in den Mitgliedstaaten als Aufgabe im Sinne des Art. 2 EG-Vertrag vorgesehen. Aber auch diese Regelung ist nicht dahingehend auszulegen, daß das Kulturleben in der Gemeinschaft vereinheitlicht werden soll. Im Gegenteil soll es den einzelnen Mitgliedstaaten möglich sein, ihre kulturelle Identität zu bewahren. Auch diese Vorschrift ist daher nicht geeignet, um eine umfassende Kompetenz der EU für den Erlaß von Regelungen hinsichtlich des Rundfunkrechts zu begründen. Auch wenn es erstrebenswert wäre, das Rundfunkwesen ausdrücklich der Gemeinschaft zur Regelung zuzuweisen, um es gemeinschaftsweit einheitlich zu regeln, bedürfte es einer Kompetenzerweiterung. Dieser Wertung entspricht auch die ständige Rechtsprechung des Bundesverfassungsgerichts[201]. Danach sind die der EU eingeräumten Befugnisse durch das Prinzip der Einzelermächtigung begrenzt. Der Gemeinschaft steht keine Kompetenz-Kompetenz zu. Die Inanspruchnahme weiterer Aufgaben und Befugnisse durch die EU sind von Vertragsergänzungen bzw. -änderungen abhängig. Zwar eröffnet Art. N EU-Vertrag diese Möglichkeit. Daß man von ihr Gebrauch machen wird, ist aber unwahrscheinlich. Die Möglichkeit zu einer

---

[198] Vgl. insoweit die folgenden Ausführungen.
[199] So auch Herrmann, Rundfunkrecht, S. 224.
[200] Diese Regelung entspricht Art. 308 AV.
[201] BVerfGE 58, S. 1 ff. (30 f.); 75, S. 223 ff. (242); BVerfG, NJW, 1993, S. 3047, 3050/3052.

derartigen Kompetenzerweiterung im Bereich des Rundfunks bestand nämlich schon über Art. 236 EWG-Vertrag. Daß eine solche Kompetenzerweiterung nicht erfolgte, mag als Indiz gelten, daß auch in Zukunft eine derartige Abtretung nicht erfolgen wird. Hinsichtlich der Setzung sekundären Gemeinschaftsrechts im Bereich des Rundfunks muß daher auf die schon abgetretenen Regelungskompetenzen zurückgegriffen werden. Bei der Erläuterung nach einer Rundfunkkompetenz der EU im Bereich des sekundären Gemeinschaftsrechts ist zu beachten, daß diese Frage vor allem hinsichtlich der Fernsehrichtlinie diskutiert wurde. Diese Richtlinie basierte auf dem EWG-Vertrag. Insofern muß auf die Regelungen dieses Vertrages und auf die EG verwiesen werden. Da diese Regelungen jedoch mit den heute geltenden identisch sind, sind die Meinungen auf den EG-Vertrag übertragbar.

bb. Erläuterung von Begründungsansätzen für eine umfassende Rundfunkkompetenz der EU im Bereich des sekundären Gemeinschaftsrechts
Delbrück stellt in seinem Gutachten drei sich argumentativ unterscheidende Begründungsansätze für eine umfassende Rundfunkkompetenz der EU dar[202]. Zum einen wird mit der integrierenden Wirkung des Rundfunks argumentiert. Danach ist im Zeitalter von Massendemokratie und Kommunikationsgesellschaft die Einrichtung von Rundfunk ein unentbehrliches Mittel zur Erreichung demokratischer Willensbildungsprozesse. Daraus folgert er, daß auch die Gemeinschaft eine Kommunikationsgemeinschaft sein müsse[203]. Der Rundfunk sei dabei ein wesentlicher Integrationsfaktor. Die Argumentation lautet also etwa: Wenn man den Binnenmarkt oder sogar die politische Union verwirklichen wolle, bedürfe es auf europäischer Ebene der Rundfunkkompetenz. Dem ist entgegenzuhalten: Zwar können die Ziele der Gemeinschaft als kompetenzerweiternde Auslegungshilfen für den EG-Vertrag herangezogen werden[204]. Sie sind aber nicht in der Lage, neue Kompetenzen zu begründen. Andernfalls würde der EU über den Umweg des integrationspolitischen Ansatzes doch eine Kompetenz-Kompetenz zugesprochen. Die EU dürfte dann all das, was ihren Nah- und Fernzielen förderlich scheint, regeln und darüber hinaus entscheiden, welche Bereiche ihren Zielen dienen. Ein solcher Ansatz kann daher nicht überzeugen.

Auch die Überlegung, nach der die EU nicht eine bloße Wirtschafts-, sondern eine Kulturgemeinschaft[205] sei, kann keine Rundfunkkompetenz der EU begründen. Möglicherweise kann die EU auf den freien europäischen Medienmarkt nicht verzichten, wenn sie diese Kulturgemeinschaft sichern möchte. Zum einen ist aber schon der These zu widersprechen, daß die EU eine "Kulturgemeinschaft" ist. Die kulturellen Aspekte der Union zielen nur darauf, die kulturellen Lebensbereiche in den einzelnen Mitgliedstaaten zu fördern. Es soll keine einheitliche europäische "Durchschnittskultur" angestrebt werden. Im übrigen gilt der schon hinsichtlich des

---
[202] Delbrück, Rundfunkhoheit, S. 24.
[203] Seidel, Europa, S. 121 ff.
[204] Vgl. Degenhart, ZUM 1992, S. 449, 453.
[205] So die Begründung im Grünbuch, S. 6.

integrationspolitischen Ansatzes geäußerte Grundsatz, daß von einer einzelnen Zielrichtung keine Kompetenzen abzuleiten sind.

Auch die Begründung einer Regelungszuständigkeit der EU für rundfunkrechtliche Bereiche aus dem gemeinschaftsrechtlichen Grundrecht der Meinungsfreiheit ist abzulehnen. Wie im nationalen Recht, kann auch im Rahmen des EG-Rechts aus Grundrechten keine Kompetenz abgeleitet werden. Dies sind nämlich keine objektiven Aufgabennormen, sondern lediglich subjektive Rechte[206].
Der letzte, das Rundfunkwesen als Ganzes erfassende Begründungsversuch hat seinen Kern in der wirtschaftlichen Bedeutung des Rundfunks bzw. der Kultur. Es wird argumentiert, daß in der Bundesrepublik Deutschland rund 45 Mio. DM im Bereich Presse, Rundfunk und Film umgesetzt werden[207]. Aus dieser immensen wirtschaftlichen Bedeutung des Rundfunkbereichs wird gefolgert, daß sich die Zuständigkeit der EG von selbst ergebe[208]. Dieser Argumentationsansatz wird gerade im europäischen Rahmen Geltung beanspruchen können. Hier stellten sich nämlich die wirtschaftlichen Dimensionen schon 1983 noch gewaltiger dar: Damals nahmen die europäischen Rundfunkanstalten - ohne die Sender Luxemburgs - 7, 756 Mrd. ECU ein. Angesichts der weitgehenden Zulassung privater Anbieter und der technischen Entwicklung des Satelliten- und Kabelwesens, wird diese Zahl heute noch um einiges größer sein. Dennoch kann auch dieser Begründungsansatz zumindest im Verhältnis zur Bundesrepublik Deutschland nicht überzeugen: Dies ergibt sich aufgrund folgender Überlegung: Wollte man den Rundfunk nur als wirtschaftliches Problem erfassen, so stünde dies im wesentlichen Widerspruch zu Art. 5 GG. Die grundrechtlich garantierte Rundfunk- und Informationsfreiheit verlangt von den Rundfunkbetreibern, auch dort Leistungen zu erbringen, wo dies unwirtschaftlich ist. Insofern widerspricht die kulturelle Bedeutung des Rundfunks einer rein wirtschaftlichen Betrachtungsweise. Im übrigen können wirtschaftliche Bezüge nicht genügen, um eine Materie vollständig dem Recht der Wirtschaft zu unterstellen. Dies gilt im Recht der EU wie im nationalen Recht. Darüber hinaus wäre es nicht konsequent, daß die Bereiche Umweltschutz und Forschungspolitik, bei denen ein wirtschaftlicher Bezug offensichtlicher ist, als im Rundfunkbereich, ausdrücklich durch die EEA in den EG-Vertrag aufgenommen wurden, während der Rundfunk ohne einen ausdrücklichen Hinweis von dem EG-Recht erfaßt sein sollte. Daß also der Rundfunk als Ganzes ohne eine solche Ergänzung unter die Normen des Vertrages fallen soll, ist daher nicht begründbar.

Man könnte aus diesen Überlegungen folgern, daß der Bund überhaupt keinen Bereich des Rundfunkwesens an die EG zur Regelung übertragen hat. Die EU dürfte dann keinerlei rundfunkbezogenen Regelungen wie etwa die Fernsehrichtlinie[209] er-

---

[206] So auch Ossenbühl, Verfassungsrecht, S. 17.
[207] Schwartz, AfP 1987, S. 375, 376 f.
[208] Schwartz, AfP 1987, S. 375, 376 f.
[209] RL 89/552 EWG, abgedruckt in Amtsbl. d. EG L 298/23 ff.

lassen[210]. Aber auch das überzeugt nicht. Es wurde bereits erläutert, daß für Rundfunk und Kultur keine Bereichsausnahmen gelten. Wie Kewenig[211] griffig formuliert, kann der Hinweis, "eine bestimmte Materie gehöre dem besonders hehren und heiligen Bereich kulturellen und wissenschaftlichen Lebens an" nicht ausreichen, um eine Zuständigkeit der EU zu verneinen.

Insofern hat der Streit wenig Sinn, ob man den Rundfunk dem kulturellen oder dem wirtschaftlichen Bereich zurechnen muß. Es kommt nur darauf an, ob Rundfunk mit seinen ökonomischen und kulturellen Komponenten von den Ordnungsprinzipien des gemeinsamen Marktes erfaßt wird. Dies muß im Hinblick auf die Ziele der Gemeinschaft untersucht werden. Für den Rundfunk stehen dabei die Warenverkehrs-, die Niederlassungs- und die Dienstleistungsfreiheit im Vordergrund. In diesen Bereichen hat die EU die Aufgabe, einen einheitlichen Binnenmarkt zu schaffen, und zwar durch die Gewährung von Freizügigkeit bzw. Dienstleistungs-, Kapitalverkehrs- und Wettbewerbsfreiheit. Zur Regelung dieser Bereiche steht der EU eine Fülle von Ermächtigungsnormen zu. Für deren Anwendbarkeit muß sich der zu regelnde Lebenssachverhalt als Ware, Person oder Dienstleistung darstellen. Hinzukommen muß ferner ein grenzüberschreitendes Element. Unerheblich ist, ob die Ware, Person oder Dienstleistung zum Bereich der Technik, der Kultur oder der Wirtschaft zu zählen ist. Insofern ist kein Sachbereich dem Regelungsanspruch der EU von vornherein entzogen. Ihr steht vielmehr eine Querschnittszuständigkeit zu[212].

Der Rundfunk als kulturrechtliches Phänomen kann also vom Anwendungsbereich des EG-Vertrages nur in seiner wirtschaftlichen Wirkung erfaßt werden[213]. Dies bestätigt auch Art. 128 IV EG-Vertrag. Dort wird die Union verpflichtet, bei ihrer Tätigkeit den kulturellen Aspekten aufgrund anderer Bestimmungen dieses Vertrages Rechnung zu tragen. Daraus ist zu folgern, daß die Tätigkeiten der Gemeinschaft durchaus kulturelle Bereiche betreffen dürfen. Weiter ist daraus auch der Schluß zu ziehen, daß eine Materie nicht bereits deshalb unter Art. 128 EG-Vertrag fällt, weil mit ihr auch kulturelle Ziele verfolgt werden[214]. Vielmehr muß jede Einbeziehung des Rundfunks bei einer auf Harmonisierung gerichteten Regelung der Gemeinschaft

---

[210] So der Beschluß der Regierungschefs der Länder zum Vorschlag für eine EG-Rundfunk-Richtlinie, ZUM 1986, S. 600 ff.; Bundesratsstellungnahme gemäß Art. 2 II EEAG vom 20. Februar 1987, BR-Drucks. 259/86; Stellungnahme von ARD und ZDF zum Vorschlag einer Rundfunkrichtlinie, Media Perspektiven Dokumentation 1986, S. 121; Berg, S. 197, 200, 203; Börner, ZUM 1985, 577, 580.

[211] Kewenig, JZ 1990, S. 458, 464.

[212] So zu Recht auch Schwartz, ZUM 1989, 381, 382; Mestmäcker/Engel/Bräutigam/Hoffmann, S. 37 ff.

[213] So auch Ossenbühl, Verfassungsrecht, S. 20, 49; Delbrück, Rundfunkhoheit, S. 52 ff; Kewenig, JZ 1990, S. 458, 464; Jarass, Gutachten, S. G 46 ff.; Mestmäcker/Engel/Bräutigam/Hoffmann, S. 37 ff.

[214] So ausdrücklich der Europäische Rat, zit. nach Schwartz, AfP 1993, S. 409 ff. Fn 2.

besonders begründet werden[215]. Dies ergibt sich aus der kompetenzmäßigen Begrenzung der Gemeinschaft auf den wirtschaftlichen Aspekt. Auch der Grundsatz der Verhältnismäßigkeit schränkt die Gemeinschaft ein: Es ist genau zu begründen, weshalb die Vereinheitlichung der mitgliedstaatlichen Rundfunkordnungen notwendig ist[216]. Schließlich ist auch das Prinzip der Erforderlichkeit zu beachten. Zwar reicht das Recht der EU soweit, den "Binnenmarkt" zu schaffen. Derartige Regelungen sind aber nur dann begründbar, wenn sie zur effektiven Durchsetzung der Freiheiten in diesen Bereichen erforderlich sind[217].

Als Harmonisierungsinstrumente kommen die Art. 56 II, 57 II, EG-Vertrag bzw. ihre Anwendung über Art. 66 EG-Vertrag, sowie die Art. 87 I EG-Vertrag und 100, bzw. 100a EG-Vertrag in Betracht. Diese Normen erfassen die Angleichung der Rechts- und Verwaltungsvorschriften der Mitgliedstaaten aus wirtschaftlich motivierten Gründen. Da der wirtschaftliche Aspekt, der der Gesetzgebungskompetenz des Bundes zugewiesen ist, bei diesen Kompetenzen im Vordergrund steht, hat der Bund durch die Übertragung dieser Regelungskompetenzen die Grenzen des Art. 79 III GG nicht verletzt. Lediglich die einzelne Regelung im sekundären Gemeinschaftsrecht könnte Länderkompetenzen verletzen. Das primäre Gemeinschaftsrecht greift also in die Rundfunkhoheit der Länder nicht in dem Maße ein, daß eine Verletzung von Art. 79 III GG anzunehmen ist. Insbesondere ist den Ländern hinsichtlich des nach Deutschland gesendeten Rundfunks keine Möglichkeit genommen, die nicht auch das Grundgesetz beschneidet. Für den in Deutschland veranstalteten Rundfunk steht weiterhin den Ländern die Kompetenz zu. Der EU sind keine umfassenden Rechte abgetreten.

---

[215] Vgl. etwa Schröder, JÖR NF 35 (1986), S. 83, 87.
[216] Ähnlich Reinert, S. 229.
[217] So auch Frohne, ZUM 1989, S. 390, 394; vgl. auch Art. 3 lit. h EG-Vertrag, wonach es Aufgabe der EG ist, die innerstaatlichen Rechtsvorschriften, "soweit dies für das ordnungsgemäße Funktionieren des gemeinsamen Marktes erforderlich ist", anzugleichen.

VI. Mitwirkungskompetenzen des Bundes innerhalb zwischenstaatlicher Einrichtungen

Es bleibt zu klären, ob der Bund berechtigt ist, die bundesdeutschen Interessen in der EG bzw. EU zu vertreten, wenn Bereiche wie das Rundfunkrecht betroffen sind, die innerstaatlich der Länderkompetenz unterfallen. Auch hier muß zwischen den Art. 24 und 23 GG unterschieden werden. Während Art. 24 GG sich zu diesem Problem ausschweigt, sieht der neue Art. 23 GG in den Artikeln 2 - 6 ausführliche Regelung dazu vor.

1. Mitwirkungskompetenz des Bundes bei der Festsetzung von Regelungen im Bereich nach Art. 24 I GG abgetretener Hoheitsrechte

Das entscheidende Mittel zur Schaffung einer europäischen Rundfunkordnung, durch die die einzelstaatlichen Regelungen aneinander angeglichen werden sollen, ist die Richtlinie. Sie verpflichtet die einzelnen Mitgliedstaaten der EG auf bestimmte Grundentscheidungen, die der innerstaatliche Gesetzgeber mit der Anpassung der innerstaatlichen Gesetze auszufüllen hat. Es hatte schon bei Verabschiedung des Gesetzes zur Einheitlichen Europäischen Akte[1] vom 28. Februar 1986 eine tiefgreifende Diskussion um das Mitwirkungsrecht der Länder bei Regelungen hinsichtlich der Gemeinschaft gegeben[2]. Unbestritten war, daß die innerstaatliche Kompetenzverteilung von den Regelungen der EG unangetastet blieb. Diese Diskussion wurde durch die Fernsehrichtlinie vom 3. Oktober 1989 verschärft[3], also durch die ausdrückliche Einbeziehung des Rundfunks in das europäische Integrationskonzept.

Gemäß Art. 24 I kann der Bund durch Gesetz Hoheitsrechte an zwischenstaatliche Einrichtungen übertragen. Art. 24 I GG betrifft also nur das primäre Gemeinschaftsrecht. Wie die Beteiligung bei der Schaffung von sekundärem Gemeinschaftsrecht erfolgen soll, regelt Art. 24 I GG nicht. Da in gewissen Grenzen auch den Ländern zugewiesene Hoheitsrechte abgetreten werden können, liegt es nahe, daß bei einer größtenteils in den Kompetenzbereich der Länder fallenden Materie wie dem Rundfunkrecht, die Länder beteiligt sein müssen. Insofern könnten die Regelungen des Art. 32 GG und die im Lindauer Abkommen getroffenen Vereinbarungen entsprechend angewandt werden. Jedoch betrifft Art. 32 GG den klassischen Bereich des Völkerrechts. Er regelt die Beziehungen zwischen unabhängigen souveränen Staaten. Art. 24 I GG soll hingegen die außenpolitischen Möglichkeiten der Bundesrepublik Deutschland erweitern, so daß die Bundesrepublik Deutschland mit anderen Staaten eine engere Zusammenarbeit erreichen kann. Das sind zwei grundsätzlich unterschiedliche Lebensbereiche. Zu bedenken ist ferner, daß gemäß Art. 24 I GG nur der Bund entscheiden soll, in welchem Maße die Bundesrepublik Deutschland in einer zwischenstaatlichen Einrichtung integriert wird. Den Ländern

---

[1] Einheitliche Europäische Akte vom 28. Februar 1986, mit Zustimmungsgesetz Gesetz zur Einheitlichen Europäischen Akte vom 19. Dezember 1986, BGBl. II, S. 1102 ff.
[2] Schröder, JÖR NF 35 (1986), S. 83, 86 ff.
[3] Vgl. die Ausführungen bei Hess, AfP 1990, S. 95 ff.; Memminger, DÖV 1989, S. 846 ff.; aber auch das (noch nicht veröffentlichte) Urteil des BVerfG vom 22. März 1995, 2 BvG 1/89.

standen insofern keine Kompetenzen zu. Die in Art. 24 a I GG festgelegte und an Art. 32 III GG orientierte Regelung, die den Ländern für die ihnen zugewiesene Bereiche eine Übertragungskompetenz zuweist, kann ebenfalls argumentativ nicht nutzbar gemacht werden. Diese Regelung ist erst im Zuge der Gesetzesänderung vom 21. Dezember 1993 mit dem neuen Art. 23 GG in das Grundgesetz aufgenommen worden und hat also für die Klärung der ursprünglichen Kompetenzverteilung keine Bedeutung. Insoweit wird hier der besondere Stellenwert von Art. 24 I GG deutlich, der keine auswärtigen Beziehungen betrifft. Das ist der Grund, weshalb nach der h.M. auch das Lindauer Abkommen, das ja einen ähnlichen Sachverhalt regelt, nicht anwendbar ist[4]. Der entscheidende Ansatz für diese Beteiligung der Länder an ein Brief[5] des damaligen Bundeskanzlers Schmidt an den Vorsitzenden der Ministerpräsidentenkonferenz vom 19. September 1979. Damit sich die Länder an den Meinungsbildungs- und Entscheidungsprozessen beteiligen konnten, verpflichtete sich der Bund, sie möglichst rechtzeitig zu informieren. Gerade in den Bereichen, die die ausschließliche Gesetzgebungskompetenz der Länder betrafen, sollten diese die Möglichkeit haben, dem Bund gegenüber ihre Ansichten darzustellen. Der Bund sollte dadurch in der Lage sein, deren Ansichten gegenüber der EG vertreten zu können. Dabei wurde von seiten des Bundes davon ausgegangen, daß die Länder eine einheitliche Meinung vertreten und diese in einem zeitlich angemessenem Rahmen mitteilen würden. Der Bund war seinerseits verpflichtet, nur aus zwingenden außen- bzw. integrationspolitischen Gründen von dieser Meinung abzuweichen. Dieses "Länderbeteiligungsverfahren", das dem Lindauer Abkommen vergleichbare Regelungen vorsieht, war jedoch in seiner rechtlichen Bedeutung noch umstrittener als jenes. Es ließ sich in der Praxis nur schwer umsetzen. Das auch war der Grund, weshalb später in Art. 2 EEAG dem Bundesrat die Aufgabe zufiel, die Interessen der Länder zu vertreten[6]. Nach diesem Gesetzeswerk war die Bundesregierung verpflichtet, den Bundesrat umfassend und zum frühestmöglichen Zeitpunkt über sämtliche, die Belange der Länder betreffende Vorhaben der EG zu informieren. Artikel 2 II EEAG sah vor, daß der Bund hinsichtlich solcher Regelungen, die teilweise oder vollständig diejenigen Bereiche betrafen, die der Gesetzgebungskompetenz der Länder unterfielen, dem Bundesrat eine angemessene Frist zur Stellungnahme gewähren mußte. Gemäß Art. 2 III EEAG hatte der Bund diese Stellungnahme zu berücksichtigen und durfte nur aus unabweisbaren außen- oder integrationspolitischen Gründen hiervon abweichen. In einem solchen Fall hatte er gemäß Art. 2 IV EEAG dem Bundesrat die hierfür wesentlichen Gründe mitzuteilen. Allerdings war auch diese Regelung umstritten. So bestand Streit, ob Art. 2 III EEAG von einer verbindlichen Einflußnahme des Bundesrates auf die Bundeswillensbildung im Bereich ausschließlicher Länderkompetenzen ausging[7]. Unter Beachtung von Art. 32 I GG wird man Art. 2 III 2 EEAG so zu verstehen haben, daß die Bundesregierung an die Stellungnahme des Bundesrates nicht stärker gebunden sein

---

[4] Blumenwitz, Gedächtnisschrift f. Sasse, S. 215, 221; Reinert, S. 262; Ress, EuGRZ 1986, S. 549, 558; Riegel, DVBl. 1979, S. 245 ff.

[5] Abgedruckt in: Hrbek/Thaysen, S. 237 ff.

[6] Einzelheiten zum Verfahren bei Borchmann, AöR 112 (1987), S. 586, 605 ff.; Kruis, FS. f. Geiger, S. 155, 164 ff.; Rudolf, FS. f. Partsch, 1989, S. 357 ff.

[7] Vgl. Schröder, JÖR NF 35 (1986), S. 83, 99; dagegen: Ress, EuGRZ 1986, S. 549, 550.

sollte, als sie dies nicht schon durch den Grundsatz der Bundestreue war. Diesem Grundsatz entsprechend darf der Bund die auswärtige Gewalt nicht ohne Rücksicht auf die auswärtigen Belange der Länder ausüben[8]. Jedoch hat er das Recht, unter Umständen gegen die Interessen der Länder zu handeln, wenn ihm dies aus außenpolitischen Gründen notwendig erscheint. Diese Interpretation kann sich auf Art. 2 IV EEAG berufen. Diese Norm geht nämlich von der Möglichkeit einer abweichenden Entscheidung des Bundes aus. Sie sieht nämlich vor, daß der Bund sein abweichendes Stimmverhalten gegenüber dem Bundesrat zu begründen hat.

Es bestanden verfassungsrechtliche Bedenken, weil die Beteiligung des Bundesrates, also eines Organs des Bundes, nicht einer Länderbeteiligung entsprechen kann. Gerade den Ländern sollte nämlich aus kompetenzrechtlichen Gründen die Möglichkeit zur Beteiligung an gemeinschaftsrechtlichen Regelungen ermöglicht werden, um das Auseinanderfallen von innerstaatlicher Kompetenz der Länder und außenstaatlicher des Bundes aufzulösen. Die Regelung des Gesetzes zur Einheitlichen Europäischen Akte erleichterte aber eine Mitwirkung der Länder. Dies gilt gerade im Vergleich zum Länderbeteiligungsverfahren. Die Arbeitsleistung wurde ferner durch eine weitere Bund-Ländervereinbarung gefördert[9]. Und auch die Errichtung einer EG-Kammer beim Bundesrat für besonders eilbedürftige und vertrauliche EG-Vorlagen wirkte sich positiv aus. Dennoch bestanden weiterhin Probleme bei der Länderbeteiligung, die schließlich durch die Regelungen des neuen Art. 23 GG ausgeräumt werden sollten.

2. Mitwirkungskompetenz des Bundes bei der Festsetzung von Regelungen im Bereich nach Art. 23 I GG abgetretener Hoheitsrechte
Diese verfassungsrechtlichen Bedenken waren es, die dazu führten, daß mit der Änderung des Grundgesetzes vom 21. Dezember 1992 in Art. 23 IV-VI GG die Beteiligung der Länder in Bereichen der EU ausführlich erläutert und geregelt wurde. Danach erfolgt die Beteiligung der Bundesländer nicht allein über den Bundesrat. Art. 23 VI GG ermöglicht vielmehr eine Wahrnehmung der Rechte der Bundesländer durch einen von ihnen bestimmten Vertreter, der wiederum die Rechte, die der Bundesrepublik Deutschland als Mitglied der EU zustehen, wahrnehmen soll[10].

Mit den Regelungen des Art. 23 GG wird das in Art. 2 EEAG festgelegte Verfahren abgelöst[11]. Für die Bereiche des Rundfunks, die der ausschließlichen Gesetzgebungskompetenz des Bundes zugewiesen sind, wie der rein transnationale und der ins Ausland gerichtete multinationale Rundfunk, aber auch für die Gebiete wie Telekommunikation und Urheberschutz sind die Regelungen in Absatz 5 des Art. 23 GG entscheidend. Danach hat der Bund die Stellungnahme des Bundesrates nur zu be-

---
[8] So ausdrücklich: Grabitz, EuR 1987, S. 310, 319; implizit Reinert, S. 262; Joos/Scheuerle, EuR 1989, S. 226, 234.
[9] Bund-Länder-Vereinbarung vom 18. Dezember 1987, BGBl. II, S. 1102.
[10] A. A. wohl Randelzhofer, in: Maunz/Dürig, Komm. z. GG, Art. 24 I Rn. 206.
[11] Art. 2 EEAG wird durch § 15 des Ausführungsgesetzes nach Art. 23 VII GG aufgehoben, s. dazu BGBl. 1993 I, S. 313, 315.

rücksichtigen, soweit Interessen der Länder berührt sind. Das ist der Fall, wenn Regelungen vorgesehen sind, die auch für die deutsche Rundfunkordnung von Bedeutung sind. Etwa wenn die Rechtmäßigkeit ausländischer trans- und multinationaler Sender geregelt wird, die auf das Bundesgebiet ausstrahlen. Das gilt jedoch auch für Bereiche, in denen dem Bund die Rahmen- oder die konkurrierende Gesetzgebungskompetenz zusteht, ohne daß es dabei auf eine Tangierung von Länderinteressen ankommt. Allerdings kommt diese Regelung nur in Frage, wenn die Voraussetzungen von Art. 72 II GG vorliegen. Dabei ist nach der amtlichen Begründung[12] unerheblich, ob der Bund von seinem Gesetzgebungsrecht Gebrauch gemacht hat. Eine Bindung des Bundes an die Stellungnahme des Bundesrates besteht in diesen Fällen nicht. Die auswärtige Gewalt des Bundes soll nämlich nicht in die Hand der Länder gelegt werden.

Weiter behandelt Art. 23 V S. 2 GG Bereiche, deren "Schwerpunkt" Gesetzgebungsbefugnisse der Länder, die Einrichtung ihrer Behörden oder ihr Verwaltungsverfahren betreffen. In der Literatur wird kritisiert, daß mit dem Begriff des "Schwerpunktes" ein unklarer Maßstab gewählt wurde, der in der Praxis zu Abgrenzungsproblemen führen werde[13]. Jedoch ist der Begriff in der amtlichen Begründung der Bundesregierung[14] präzisiert worden. Der Schwerpunkt einer Materie muß danach "bei einer Gesamtschau im Mittelpunkt stehen oder ganz überwiegend den Regelungsgegenstand bilden"[15]. Zwar sind auch die Protokollnotizen, die von den Berichterstattern der Gemeinsamen Verfassungskommission erstellt worden sind, nicht eindeutig zu verstehen[16]. Man kann aber aus den Protokollnotizen erkennen, daß der Gesetzgeber den Begriff des "Schwerpunktes" möglichst weit verstanden wissen wollte. Da die Bundesländer sowohl mit den Regelungen des Länderbeteiligungsverfahrens als auch mit denen des Gesetzes zur Einheitlichen Europäischen Akte unzufrieden waren, sollte in Art. 23 V 2 GG der Bereich der Länderkompetenzen weit gefaßt und geschützt werden. Auch wenn verfassungsrechtliche Streitigkeiten zwischen Bund und Ländern vorprogrammiert sein sollten[17], ist im Zweifel Art. 23 V 2 GG zugunsten der Länder weit auszulegen. Rechtsfolge dieser Regelung ist, daß der Bund in diesen Bereichen die durch den Bundesrat geäußerte Auffassung der Länder maßgeblich berücksichtigen muß. Während also in den unter Absatz 5 Satz 1 dieser Regelung gefaßten Bereichen sich der Bund nicht an die Stellungnahmen des Bundesrates halten muß, ist hier durch die Formulierung, "die Auffassung des Bundesrates (sei) maßgeblich zu berücksichtigen", deutlich gemacht, daß der Bund an diese Auffassung gebunden sein soll. Ob es sich dabei um ein "Letztendscheidungsrecht des Bundesrates"[18] handelt oder um

---

[12] Amtliche Begründung in BR-Drucks. 501/92, Vorblatt unter A) S. 4, 19.
[13] So Randelzhofer, in: Maunz/Dürig, Komm. z. GG, Art. 24 I Rn. 208.
[14] Amtliche Begründung in BR-Drucks. 501/92, S. 4, 20.
[15] Amtliche Begründung in BR-Drucks. 501/92, S. 4, 20.
[16] Vgl. dazu ausführlich Randelzhofer, in: Maunz/Dürig, Komm. z. GG, Art. 24 I Rn. 208.
[17] Randelzhofer, in: Maunz/Dürig, Komm. z. GG, Art. 24 I Rn. 208.
[18] Randelzhofer, in: Maunz/Dürig, Komm. z. GG, Art. 24 I Rn. 208.

eines der Länder[19], kann hier dahinstehen. Faktisch wird es sich um ein Letztendscheidungsrecht der Landesregierungen handeln, das vom Bundesrat artikuliert werden wird. Wie verfahren werden soll, wenn die Auffassung der Bundesregierung nicht mit der Stellungnahme des Bundesrates übereinstimmt, regelt § 5 S. 3 des Gesetzes über die Zusammenarbeit von Bund und Ländern in Angelegenheiten der Europäischen Union[20]. Dann soll nämlich ein Einvernehmen hergestellt werden. Dies soll gemäß Satz 4 dieser Regelung angestrebt werden, indem sich die Bundesregierung mit Vertretern der Länder berät. Entscheidend ist im Zweifel nach Satz 5 dieser Vorschrift ein mit zwei Drittel der Stimmen gefaßter Beschluß des Bundesrates. Damit entspricht diese Regelung den Vorstellungen der Gemeinsamen Verfassungskommission[21]. Dieses Recht erfährt allerdings in Art. 23 V S. 3 GG eine Einschränkung, wonach die Zustimmung der Bundesregierung notwendig ist, wenn es sich um Angelegenheiten handelt, die zu Ausgabenerhöhungen oder Einnahmeminderungen für den Bund führen können. Ob das in Fällen, die das Rundfunkrecht betreffen, möglich sein kann, ist zweifelhaft und bleibt im Einzelfall zu klären.

Für den nationalen Rundfunk ist Art. 23 VI GG von größerer Bedeutung. Diese Regelung greift für solche Materien ein, die "im Schwerpunkt ausschließliche Gesetzgebungskompetenzen der Länder" betreffen. Nach Art. 2 III 2 EEAG mußte die Bundesregierung in diesen Fällen die vorher vom Bundesrat einzuholende Stellungnahme bei den Verhandlungen auf europäischer Ebene berücksichtigen, durfte aber aus unabweisbaren außen- und integrationspolitischen Gründen davon abweichen; für diese Fälle ist nunmehr eine vollständige Änderung erfolgt. Die bloße Hinzuziehung der Vertreter der Bundesländer, wie sie in Art. 2 V EEAG vorgesehen war, ist durch eine echte eigenständige Verhandlungsführung der Länder bzw. ihrer Vertreter ersetzt. In Art. 23 VI 1 GG heißt es:

"Wenn im Schwerpunkt ausschließliche Gesetzgebungsbefugnisse der Länder betroffen sind, soll die Wahrnehmung der Rechte, die der Bundesrepublik Deutschland als Mitgliedstaat der Europäischen Union zustehen, vom Bund auf einen vom Bundesrat benannten Vertreter der Länder übertragen werden."

Es ist eine mißglückte Formulierung, wenn es heißt, daß die Interessenwahrnehmung durch einen Vertreter der Länder erfolgen *soll*. Es war das Bestreben der Gemeinsamen Verfassungskommission, die Rechte der Länder innerhalb der Europäischen Union zu stärken. Dies ergibt sich für den vorliegenden Fall auch aus Äußerungen, wie sie in der Gemeinsamen Verfassungskommission erfolgten. So sah es der nord-

---

[19] Dr. Schnoor, 8. Sitzung der Gemeinsamen Verfassungskommission, Stenographische Berichte S. 8; Dr. Stoiber, ebd., S. 13.
[20] Gesetz vom 12. März 1993, BGBl. I, S. 313 ff.
[21] Vgl. Gemeinsame Verfassungskommission, Arbeitsunterlagen Nr. 63.

rhein-westfälische Minister Schnoor[22] als "gemeinsames Verständnis aller Seiten" an, daß diese Regelung zwingend sein sollte. Daher wird man nicht auf den verwaltungsrechtlichen Sprachgebrauch zurückgreifen dürfen. Mit dem Begriff des "Sollens" ist also nicht die Bestimmung für den Regelfall gemeint, von dem unter bestimmten besonderen Umständen abgewichen werden darf[23]. Vielmehr stellt sich diese Regelung als Einbruch der Länder in die Bundeskompetenz der auswärtigen Angelegenheiten dar[24] deren Auswirkung auf das gesamte Verfassungsgefüge noch nicht abzusehen ist. Daran ändert auch der Hinweis nichts, die EU sei auf einer neuen Entwicklungsstufe, die eine Zuweisung der damit verbundenen Aufgaben allein an das Auswärtige verbiete. Auch wenn das Gemeinschaftsrecht nach seiner Wirkung unmittelbar den Bürger betrifft, so ist es doch kein staatsintern erzeugtes Recht[25]. Die Regelung des Art. 23 VI GG ist als Versuch zu werten, den bisher unbestrittenen Grundsatz einer gesamtstaatlichen Vertretung nach außen durch den Bund aufzulösen. Allerdings darf die Wahrnehmung der Rechte gemäß Art. 23 VI 2 GG nur unter Beteiligung und in Abstimmung mit der Bundesregierung erfolgen, wobei die "gesamtstaatliche Verantwortung des Bundes zu wahren" ist. Dennoch wird man Art. 23 VI GG als radikale Abkehr von dem Vorrang bundesstaatlicher Interessen gegenüber denen der Länder sehen müssen. So ist auch der Begriff der "Abstimmung", der zwischen "Einvernehmen" und "Benehmen" steht[26], als Wertung zugunsten der Interessen der Länder zu verstehen. Mit Art. 23 GG ist also dieser Regelung eine deutliche Abkehr von den alten Prinzipien deutscher Außen- und Europapolitik vorgenommen worden. Insgesamt muß man diese Vorschrift als Versuch auffassen, die Bedeutung der Länder in den die EU betreffenden Entscheidungen zu sichern. Ob am Ende Kelsen Recht behält, daß sich die Verdoppelung föderaler Strukturen auf Dauer nicht durchhalten läßt[27], wird die Zukunft zeigen.

3. Rechtmäßigkeit der das Rundfunkwesen betreffenden Regelungen im sekundären Gemeinschaftsrecht unter dem Aspekt der Kompetenzregelungen der Bundesrepublik Deutschland

a. Kompetenzverletzungen des Bundes durch Mitwirkung an sekundärem Gemeinschaftsrecht

Bei der Prüfung, ob die jeweiligen Rechtsakte der EG rechtmäßig ergingen, ist zum einen die Frage der formellen Rechtmäßigkeit zu beachten. Zum anderen muß sich der Bund innerhalb seiner Kompetenzen halten. Auch hinsichtlich des sekundären Gemeinschaftsrechts darf die in Art. 79 III GG garantierte Bundesstaatlichkeit der

---

[22] Dr. Schnoor, 8. Sitzung der Gemeinsamen Verfassungskommission, Stenographische Berichte S. 8.
[23] So aber Scholz, NJW 1992, S. 2593, 2598; ebenso die Amtliche Begründung BR-Drucks. 501/92, Vorblatt, unter A), S. 4, 23.
[24] Herdegen, EuGRZ 1992, S. 589, 593 spricht von einer "Mischverwaltung in auswärtigen Angelegenheiten".
[25] Vgl. Schwan, S. 99, 100.
[26] Amtliche Begründung BR-Drucks. 501/92, Vorblatt, unter A), S. 4, 23.
[27] Kelsen, ZöR 6 (1927), S. 329, 331.

Bundesrepublik Deutschland nicht untergraben werden[28]. Zwar verletzt das primäre Gemeinschaftsrecht die Kernzuständigkeit der Länder nicht. Insofern hielt sich der Bund im Rahmen seiner Abtretungskompetenzen. Das bedeutet aber nicht, daß nicht das sekundäre Gemeinschaftsrecht gegen Art. 79 III GG verstoßen könnte. Auch hier können Regelungen zu einer Verletzung landeshoheitlicher Kernzuständigkeiten führen. Wie gezeigt umfaßt die Regelungskompetenz der EG den Rundfunk nicht als Ganzes. Die Union darf diesen Bereich nur innerhalb einer ihr zustehenden Querschnittskompetenz regeln. Eine Verletzung von Länderkompetenzen durch den Bund ist dann denkbar, wenn er Regelungen zustimmte, für deren Erlaß der Union gar keine Kompetenzen zustehen, und durch diese Zustimmung weitgehend in den Regelungsbereich der Länder eingegriffen wurde.

Wegen der erläuterten Neuregelung des Art. 23 GG ist diese Problematik nur für die Vergangenheit von Relevanz[29]. Der Streit entbrannte an der Fernsehrichtlinie[30]. Die Länder hatten die Kompetenz des Bundes bestritten, dieser Richtlinie zuzustimmen. Dadurch werde nämlich zu sehr in ihre Rundfunkkompetenz eingegriffen. Auch wenn die Länder diese Richtlinie nunmehr zu großen Teilen umgesetzt haben[31], ändert dies nichts an der Bedeutung der Frage, ob der Bund die Kompetenzen der Länder durch sein Verhalten verletzt hat.

b. Grundsätzliches zur Geschichte der Fernsehrichtlinie
Nachdem der Europäische Gerichtshof im Fall Debauve[32] entschieden hatte, daß sich ein Mitgliedstaat nicht mehr auf das Allgemeininteresse berufen könne, wenn für den Belang gemeinschaftsweit harmonisierende Regelungen vorlägen, war der erste An-

---

[28] Insoweit ist zu unterscheiden zwischen den Schranken des Art. 24 I GG, die der deutsche Gesetzgeber zu beachten hat bei der Frage, welche Hoheitsrechte er bis zu welchem Grad abtreten kann, ohne beispielsweise die bundesstaatliche Ordnung zu verletzen, und der Frage, welche Schranken der Anwendbarkeit des von der zwischenstaatlichen Einrichtung gesetzten Rechts innerhalb der Bundesrepublik Deutschland verfassungshalber gezogen sind.

[29] Bayern hatte eine Klage mit dem Antrag auf Erlaß einer einstweiligen Anordnung gegen die Zustimmung der Bundesregierung zur Rundfunkrichtlinie der EG beim Bundesverfassungsgericht eingereicht. Dieser Antrag wurde vom Gericht zunächst zurückgewiesen (BVerfGE 80, S. 74 ff.). Das Hauptsacheverfahren (2 BVG 1/89) ist erst mit dem Urteil vom 22. März 1995 entschieden worden. In diesem Urteil bejahte das Gericht lediglich die Verletzung des Grundsatzes der Bundestreue durch den Bund.

[30] Die Fernsehrichtlinie soll hier als ein Beispiel behandelt werden, das zwar heftig umstritten und in seiner Bedeutung für den Rundfunk von einzigartiger Bedeutung war, das aber zeigt, wie die EG immer weitere Bereiche zu regeln sucht, die auch den Rundfunk betreffen. Vgl. insoweit die Aufstellung bei Eberle, AfP 1993, S. 422 - 425.

[31] Auch wenn der Staatsvertrag über den Rundfunk im vereinten Deutschland vom 31. August 1991 "der europäischen Entwicklung im Rundfunk Rechnung trägt" (so die Präambel des RFStV), kann dies nicht als Beendigung des Streites empfunden und als Umsetzung der Richtlinie verstanden werden. Insoweit vermeidet der Vertrag und auch die amtliche Begründung eine ausdrückliche Bezugnahme auf die Richtlinie und verweist stets auf "europäische Regelungen" und die (in weiten Teilen gleichlautende) Europakonvention.

[32] EuGH 18. 3. 1980 (Debauve), Rs. 52/79, Slg. 1980, S. 833 ff. (856 Rn. 13).

stoß für eine europäische Regelung des Rundfunkwesens gegeben. Einzelne Abgeordnete des Europäischen Parlaments (damals: Versammlung) brachten zu Beginn der 80er Jahre Entschließungsanträge ein, mit denen unter anderem das Ziel verfolgt werden sollte, der durch die Kommerzialisierung der neuen Medien entstandenen Gefahr für die Meinungsvielfalt entgegenzutreten[33]. Da nach Ansicht des Parlaments auch die Berichterstattung über die Europäische Gemeinschaft im Rundfunk unzureichend war, wurde in der aus diesen Anträgen folgenden ersten Entschließung[34] zum einen die Förderung eines europäischen Fernsehprogramms vorgeschlagen. Zum andern wurde die Europäische Kommission aufgefordert, einen Medienbericht vorzulegen. Darüber hinaus wurde angeregt, für Jugendschutz und Werbung eine europäische Rundfunkrahmenordnung zu erarbeiten.

Der nächste Meilenstein in der Entwicklung einer europäischen Rundfunkordnung war das Grünbuch "Fernsehen ohne Grenzen"[35]. Es war am 14. Juni 1984 von der europäischen Kommission vorgelegt worden und hatte zwei Ziele: Da man den Rundfunk als Dienstleistung und damit vor allem als wirtschaftliches Phänomen ansah, wollte man dafür einerseits eine einheitliche europäische Wirtschaftszone schaffen. Man wollte im Jugendschutz, in der Werbung, im Urheberrecht und im Gegendarstellungsrecht die Vorschriften der Mitgliedstaaten mit den Mitteln einer Richtlinie harmonisieren. Zum andern wollte man die europäische Integration mit Hilfe des Rundfunks vorantreiben. Das Grünbuch ist daher als Versuch der EG zu werten, die Verwirklichung des EG-Binnenmarktes zu fördern. Am 30. April 1986 folgte dem Grünbuch der erste Entwurf einer Richtlinie[36], der nach der Stellungnahme von Parlament und zuständigen Ausschüssen durch einen zweiten ersetzt wurde[37]. Die wesentliche Änderung lag darin, daß nunmehr nur noch das Fernsehen als Teilaspekt des Rundfunks durch die Richtlinie geregelt werden sollte. Diesem Entwurf stimmte die Bundesregierung mit Kabinettsbeschluß[38] vom 8. März 1989 zu. Diese Zustimmung stand jedoch unter dem Vorbehalt, daß eine befriedigende Lösung bei der Regelung über die Programmquoten erzielt werde. Mit einem entsprechenden Ergebnis verabschiedete der Ministerrat diese Richtlinie in zweiter Lesung am 3.

---

[33] S. dazu die beiden Anträge der Abgeordneten Pedini, Hahn u.a. abgedruckt bei Seidel, Hörfunk, S. 244 ff., Dokument 1-409/80; und das der Abgeordneten Schinzel u.a. ebd. Dokument 1-422/80.

[34] Entschließung des Europäischen Parlaments zu Rundfunk und Fernsehen im gemeinsamen Markt vom 12. März 1983, abgedruckt bei J. Schwarze (Hrsg.), Fernsehen ohne Grenzen, 1985, S. 225 ff.

[35] Grünbuch der EG-Kommission "Fernsehen ohne Grenzen". Die Errichtung des gemeinsamen Marktes für den Rundfunk insbesondere über Satellit und Kabel, Mitteilung der Kommission an den Rat vom 14. Juni 1984, KOM (84) 300 endg.

[36] Vorschlag für eine Richtlinie des Rates über die Koordinierung bestimmter Rechts- und Verwaltungsvorschriften der Mitgliedstaaten über die Ausübung der Rundfunktätigkeit, KOM (86) 146 endg., abgedruckt in BR-Drucks. 259/86.

[37] Geänderter Vorschlag für eine Richtlinie des Rates, KOM (88), 154 endg., abgedruckt in Media Perspektiven Dokumentation 1988, S. 195 ff.

[38] Dieser Kabinettsbeschluß war nunmehr Prüfungsgegenstand vor dem Bundesverfassungsgericht.

Oktober 1989 mit der Stimme der Bundesrepublik Deutschland und gegen die Stimmen Belgiens und Dänemarks.

c. Grundsätzliches zum Inhalt der Fernsehrichtlinie
Ob die Richtlinie innerhalb des Kompetenzrahmens der EG ergangen ist, hängt allein von ihrem Regelungsgehalt ab. Art. 2 I RL 89/552 EWG schreibt vor, daß jeder Mitgliedstaat darüber zu wachen hat, daß die von seinem Staatsgebiet ausgehenden Sendungen die Regelungen des nationalen Rechts einhalten. Die übrigen Mitgliedstaaten dürfen hingegen den Empfang von Sendungen nicht aus Gründen erschweren, die Regelungsinhalt der Richtlinie sind. Im einzelnen enthält die RL 89/552 EWG vier Bereiche: Regeln hinsichtlich der Werbung, des Jugendschutzes, des Rechts der Gegendarstellung und schließlich hinsichtlich der Förderung der europäischen Programmproduktion. Am ausführlichsten regelt die Richtlinie Bereiche der Werbung. So wird die Plazierung der Werbung im Programm bestimmt, wobei Werbung und Programm getrennt werden sollen. Weiter wird festgelegt, daß Werbung nur in Blöcken erfolgen darf (Art. 10 RL 89/552 EWG). Art. 11 RL 89/552 EWG regelt, unter welchen Voraussetzungen Sendungen zu Werbezwecken unterbrochen werden dürfen. In den Art. 12 - 16 der Richtlinie werden inhaltliche Anforderungen an die Werbesendungen gestellt. Sie dürfen nicht diskriminierend sein, müssen die Menschenwürde achten und unterliegen bestimmten Anforderungen des Jugendschutzes. Weiter ist die Werbung für Tabak, Alkohol und Arzneimittel untersagt. Schließlich ist in Art. 17 RL 89/552 EWG die Sponsorwerbung geregelt. Demzufolge darf der Sponsor keinen Einfluß auf die gesponserte Sendung nehmen. Die Sendung darf auch keine verkaufsfördernden Inhalte aufweisen, und es muß der Name des Sponsors genannt werden. Nachrichten und politische Informationssendungen dürfen nicht gesponsert werden. Art. 20 RL 89/552 EWG sieht Ausnahmen bezüglich der Dauer von Werbung und der Unterbrechung von Sendungen vor, wenn diese Sendungen nur für das Inland bestimmt und im Ausland nicht zu empfangen sind. In Art. 22 RL 89/552 EWG werden - zum Schutz der Minderjährigen - Sendungen, die zu einer schweren Beeinträchtigung dieser Gruppe führen können oder solche, die zum Rassenhaß aufstacheln, verboten. Ansonsten ist durch die Wahl der Sendezeit dafür zu sorgen, daß die Entwicklung der Minderjährigen nicht beeinträchtigt wird. Die in Art. 23 RL 89/552 EWG geregelte Gegendarstellung läßt die zivil- und strafrechtlichen Bestimmungen der Mitgliedstaaten zum Persönlichkeitsschutz unberührt.

Hinsichtlich der Förderung der europäischen Programmproduktion waren ursprünglich genau festgelegte Quoten für europäische Werke vorgesehen. Nach der Intervention auch der Bundesregierung verpflichtet die erlassene Richtlinie nunmehr die Mitgliedstaaten in Art. 4 RL 89/552 EWG, im Rahmen des praktisch Durchführbaren darauf zu achten, daß die Fernsehveranstalter den Hauptteil ihrer Sendezeit europäischen Werken vorbehalten, wobei gemäß Art. 5 RL 89/552 EWG 10% davon Auftragsproduktionen sein sollen.

d. Mögliche Ermächtigungsgrundlagen
Der EG stehen auch im Bereich des Rundfunks sogenannte Querschnittskompetenzen zu. In der Richtlinie wird als Ermächtigungsnorm ausdrücklich auf die

Art. 57 II EG-Vertrag und Art. 66 EG-Vertrag Bezug genommen[39]. Art. 57 II EG-Vertrag begründet eine Kompetenz zur Regelung der Rechts- und Verwaltungsvorschriften der Mitgliedstaaten über die Aufnahme und Ausübung selbständiger Tätigkeiten. Art. 66 EG-Vertrag verweist ebenfalls für den Bereich der grenzüberschreitenden Dienstleistungen auf diese Koordinierungskompetenz. Dabei erscheint klärungsbedürftig, ob damit nur auf die Regelungen des freien Dienstleistungsverkehrs Bezug genommen wird, oder ob auch das Niederlassungsrecht betroffen sein soll[40]. Im folgenden soll zu der Frage Stellung genommen werden, ob der EG die Kompetenz für diese Fernsehrichtlinie zustand. Daher muß nicht auf die Regelungen des EG-Vertrages Bezug genommen werden[41]. Allerdings sind die gefundenen Ergebnisse auch auf die gleichlautenden Regelungen des EG-Vertrages und auf die EU anwendbar.

aa. Regelungskompetenz der EG für den Bereich des rein nationalen Rundfunks bzw. Fernsehens

(1) Das rein nationale Fernsehen als tauglicher Regelungsgegenstand der Fernsehrichtlinie

Wenn die Richtlinie als Richtlinie des freien Dienstleistungsverkehrs verstanden wird, liegt die Vermutung nahe, daß sie den nationalen Rundfunk gar nicht betreffen soll. Der rein ins Inland gerichtete Rundfunk ist nämlich nicht final grenzüberschreitend. Er kann somit nicht unmittelbar als Regelungsmaterie dem freien Dienstleistungsverkehr zugewiesen werden. Auch die Fernsehrichtlinie wird regelmäßig damit begründet, daß sie den gemeinsamen Markt, den Wettbewerb innerhalb dieses Marktes und den freien Verkehr von Informationen über die Grenzen hinweg erleichtern soll[42]. Danach wären die rein innerstaatlichen Fernsehveranstalter durch die Richtlinie nicht betroffen. Dafür spricht auch Art. 9 RL 89/552 EWG, der bestimmt, daß unabhängige Fernsehsendungen mit rein lokalem Charakter von den Vorschriften bezüglich der Förderung und Verbreitung von Fernsehsendungen befreit seien. Diese Befreiung wird allerdings nicht mit fehlendem Bezug zum europäischen Ausland begründet, sondern vielmehr mit der wirtschaftlichen Schwäche, die es diesen Anstalten unmöglich macht, den Ansprüchen der Richtlinie zu genügen. Daraus folgt aber im Gegenteil, daß auch lokale Veranstalter Adressaten der Richtlinie sind. Auch wenn in Art. 20 RL 89/552 EWG Sonderregelungen für Fernsehsendungen ermöglicht werden, die weder mittel- noch unmittelbar im Ausland zu empfangen sind, kann darin kein Ausschluß nationaler Fernsehveranstalter gesehen werden. Es folgt daraus im Gegenteil die umfassende Einbeziehung aller Fernsehtätigkeiten in der Gemeinschaft. Ebenso ist die in Art. 3 I

---

[39] RL 89/552 EWG, abgedruckt in Amtsbl. d. EG L 298/23 ff., S. 23. In der Richtlinie wird wörtlich auf den EWG-Vertrag Bezug genommen. Da aber die Regelungen des EWG-Vertrages identisch mit denen des EG-Vertrages sind, soll im folgenden nur auf die geltenden Regelungen des EG-Vertrages abgestellt werden.

[40] So wird die Richtlinie häufig als Richtlinie bezüglich des freien Dienstleistungsverkehrs verstanden; so etwa Hümmerich, AfP 1991, S. 591, 592; Eberle, AfP 1993, S. 422.

[41] Darauf beziehen sich allerdings die hier angeführten Kommentatoren der Fernsehrichtlinie.

[42] Präambel und Art. 2 der RL 89/552 EWG; Schwartz, ZUM 1989, S. 381, 386.

RL 89/552 EWG den einzelnen Mitgliedstaaten belassene Möglichkeit, strengere Regelungen für die in ihren Hoheitsgebiet ansässigen Veranstalter zu bestimmen, kein Hinweis, daß das rein nationale Fernsehen von der Regelung ausgenommen sein soll. Diese Vorschrift richtet sich nämlich an jede Art der Fernsehveranstaltung. Damit ist deutlich, daß die Regelungen der Richtlinie sowohl für das rein nationale als auch das multinationale und transnationale Fernsehen Anwendung finden sollen. Daher ist der Behauptung von Schwartz[43] zu folgen, wonach die Richtlinie auf Art. 57 II EG-Vertrag und auf Art. 66 iVm Art. 57 II EG-Vertrag gestützt ist. Klärungsbedürftig ist jedoch, ob diese Regelungen als Grundlage für die Richtlinie geeignet sind.

(2) Art. 57 II EG-Vertrag als Ermächtigungsgrundlage der Fernsehrichtlinie hinsichtlich des rein nationalen Fernsehens
Als Ermächtigungsgrundlage für eine Fernsehrichtlinie ist Art. 57 II EG-Vertrag wie folgt zu lesen:

> Um die Aufnahme und Ausübung selbständiger Tätigkeiten zu erleichtern, erläßt der Rat "Richtlinien zur Koordinierung der Rechts- und Verwaltungsvorschriften der Mitgliedstaaten, über die Aufnahme und Ausübung selbständiger Tätigkeiten."

Die Richtlinie müßte demzufolge die Aufnahme und Ausübung von selbständigen Tätigkeiten betreffen. Selbständige Tätigkeiten sind dabei wirtschaftlicher, rechtlicher, sozialer, gesellschaftlicher und auch kultureller Art. Dies ist jedenfalls der Fall, wenn die Tätigkeiten einen wirtschaftlichen Bezug aufweisen. Daher fällt der Rundfunk, und zwar sowohl der private, als auch der öffentliche, unter diesen Begriff. Somit könnte die Gemeinschaft Vorschriften über die Aufnahme von Tätigkeiten erlassen, wie zum Beispiel bezüglich des Zuganges zum Rundfunkmarkt. Derartiges wird allerdings von der Richtlinie nicht behandelt[44]. Es ist zu beachten, daß auch hinsichtlich der Ausübung der Rundfunktätigkeit nur einzelne Bereiche tangiert werden. Wesentliche rundfunkrechtliche Fragen sind nicht betroffen. Die Richtlinie stellt keine Anforderungen an das Niveau der Sendungen oder an das Verhältnis zwischen Unterhaltung, Bildung und politischer Information. Auch inhaltliche Anforderungen an die Programme wie Überparteilichkeit, Unabhängigkeit und Ausgewogenheit sind in der Richtlinie nicht zu finden[45]. Statt dessen werden Werbefernsehen, Jugendschutz, das Recht der Gegendarstellung und Programmquoten geregelt. Dies aber sind von Art. 57 II EG-Vertrag erfaßte Regelungen hinsichtlich der Ausübung von "Fernsehveranstaltung". Schon hier wird deutlich, in welch geringem Maße die EG von ihrem Recht zur Regelung wirtschaftlicher Aspekte im Bereich des Rundfunks Gebrauch gemacht hat.

---

[43] Schwartz, ZUM 1989, S. 381.
[44] So auch ausdrücklich Schwartz, ZUM 1989, S. 381, 382.
[45] Dies betont Schwartz, ZUM 1989, S. 381, 383.

Wenn von den Befürwortern einer EG-Kompetenz darauf verwiesen wird, daß die Richtlinie zu einer Durchdringung der nationalen Märkte führen solle, um einen europäischen Binnenmarkt zu schaffen, so ist erst einmal nicht einzusehen, weshalb auch der nationale Rundfunk, der nicht auf die übrigen Mitgliedstaaten einwirkt, von dieser Kompetenz umfaßt sein soll. Eine multinationale europaweite Lösung der Rundfunkprobleme kann nur im Hinblick auf grenzüberschreitende Fernseh- (bzw. Rundfunk-) tätigkeiten gelten. Für den rein nationalen Rundfunk gilt dies nicht.

Seinem Wortlaut nach erfaßt Art. 57 II EG-Vertrag aber auch die Aufnahme und Ausübung der selbständigen Tätigkeit jenseits und innerhalb der Binnengrenzen. Dies wird auch von Art. 57 III EG-Vertrag bestätigt. Dort ist von der Koordinierung der Bedingungen für die Ausübung bestimmter Berufe innerhalb der einzelnen Mitgliedstaaten die Rede. Ziel dieser Ermächtigung ist die Schaffung gleichwertiger rechtlicher Niederlassungsbedingungen in den Mitgliedstaaten. Dem entspricht die unbestrittene Praxis mit zahlreichen Regelungen im Bereich der Versicherungen, Kreditinstitute, der Ausbildung und der öffentlichen Aufträge[46]. Dies bedeutet jedoch noch nicht, daß Art. 57 II EG-Vertrag die Mittel bereitstellt, um die nationalen Rundfunkmärkte nicht nur zu öffnen, sondern sie zu einem gemeinsamen Markt zu verschmelzen[47].

Das rein national ausgerichtete Fernsehen ist vornehmlich als Kulturträger zu bewerten[48]. Um im Rahmen der EG-Kompetenzen zu einem ausgewogenen Ergebnis zwischen den kulturellen Landeskompetenzen und den wirtschaftlichen der EG zu gelangen, sind ähnliche Wertungen nötig, die auch hinsichtlich der Relation von bundesstaatlichem Wirtschafts- und landesrechtlichem Rundfunkrecht getroffen wurden[49]. Zwar besteht zwischen EG- und Länderkompetenzen kein Ausschließlichkeitsverhältnis. Die EG hat also die Möglichkeit, auch innerhalb kultureller Bereiche zu agieren, wenn diese nur eine wirtschaftliche Bedeutung haben. Es kann also die Kompetenz der EG nicht bestritten werden, wie die des Bundes. Da aber die EG keine Kulturkompetenz inne hat, muß sie, wenn sie in diesem Bereich Regelungen erlassen will, dies besonders begründen[50], indem sie deren Notwendigkeit deutlich macht. Wenn somit Art. 57 II EG-Vertrag der EG die Kompetenz gibt, auch die Fernsehtätigkeit von Inländern zu erleichtern, so muß der Grundsatz gemeinschaftsfreundlichen Verhaltens beachtet werden. Der nationale Rundfunk als Mittel der Meinungsbildung und Identitätsschöpfung darf, gerade wenn die Beeinflussung anderer Mitgliedstaaten durch ihn nur von geringer Intensität ist, einzig in den notwendigen Bereichen europaweit geregelt werden. Das aber ist der Fall. Die EG hat nämlich mit der Richtlinie nur sehr zurückhaltend von ihren Kompetenzen Ge-

---

[46] Vgl. Oppermann, Europarecht, S. 428 f Rn. 1107 - 1110.
[47] So aber Schwartz, ZUM 1989, S. 381, 387.
[48] So wird auch von Schwartz, ZUM 1989, S. 381, 383, als Befürworter einer EG-Kompetenz für die Richtlinie als Folge einer Querschnittskompetenz ausdrücklich betont, daß die Richtlinie in bestimmten Teilen das Fernsehen als Kulturgut anerkenne und behandele.
[49] Vgl. S. 73 ff.
[50] Vgl. etwa Schröder, JÖR NF 35 (1986), S. 83, 87.

brauch gemacht. Sie hat also den Grundsatz gemeinschaftsfreundlichen Verhaltens nicht verletzt.

(3) Art. 57 II EG-Vertrag iVm. Art. 66 EG-Vertrag als Ermächtigungsgrundlage der Fernsehrichtlinie hinsichtlich des rein nationalen Fernsehens
Die Richtlinie wird auch auf Art. 66 EG-Vertrag gestützt. Danach ist Art. 57 II EG-Vertrag entsprechend auf Dienstleistungen anzuwenden. Der EG wird also die Regelungsbefugnis zur erleichterten Wahrnehmung der Dienstleistungsfreiheit zugewiesen. Die Veranstaltung von Rundfunk ist eine Dienstleistung. Bei einem rein nationalen Rundfunk mangelt es jedoch an einem grenzüberschreitenden Element. Diesbezüglich genügt gerade kein rein faktischer Auslandsbezug. Vielmehr muß die Grenzüberschreitung final erfolgen. Aufgrund dieser Erwägungen könnte man annehmen, daß der Rückgriff auf diese Ermächtigungsnormen ausgeschlossen sei.

Eine europäische Lösung ist nur gerechtfertigt, wenn wirtschaftlichen Leistungen eine europäische Dimension zukommt. Wirtschaftliche Bedeutung kann Rundfunk aber nur dort haben, wo die Sendungen veranstaltet und wo sie empfangen werden. Wenn Veranstaltungsort und Zielgebiet in demselben Land liegen, wie bei einem rein nationalen Rundfunk, ist ein europäisches Interesse an der wirtschaftlichen Bedeutung dieser Leistung also zu verneinen. Der Wettbewerb innerhalb eines Landes kann nämlich nicht verzerrt werden, und der mit Fernsehveranstaltern in anderen Mitgliedstaaten nicht stattfinden. Hier mangelt es an einem Kontakt, also einem wettbewerblichen Vergleich zwischen den Veranstaltern. Bei der Richtlinie fällt auf, daß sie sich immer auf den grenzüberschreitenden Rundfunk bezieht[51]. Man könnte also die These vertreten, daß hinsichtlich der Dienstleistungen die Veranstalter in jedem Mitgliedsland nur den in diesem Land bestehenden Regelungen unterworfen sein sollen. Diese These ist jedoch nicht haltbar. Zum einen kann sie nur so lange Geltung beanspruchen, wie es nur national ausgerichtete Sender gibt. Diese konkurrieren nämlich tatsächlich nicht miteinander. Wettbewerb findet aber zwischen dem national ausgerichteten und dem ausländischen, final grenzüberschreitenden Fernsehfunk statt. Demnach kommt auch dem national ausgerichteten Rundfunk eine europäische, grenzüberschreitende Dimension zu. Um für alle Bereiche gleiche Wettbewerbsbedingungen zu schaffen, und also die Erbringung grenzüberschreitender Dienstleistungen zu erleichtern, ist die EG somit auch zur Regelung des nationalen Rundfunks berechtigt, soweit dies für die Erreichung der gemeinschaftsrechtlichen Ziele erforderlich ist. Allerdings kann sich der im Ausland ansässige ins Inland sendende Veranstalter das Sendeland mit den geringsten Voraussetzungen zur Aufnahme der Sendetätigkeit aussuchen, um von dort in ein Nachbarland (mit den so viel strengeren Anforderungen) zu senden. Veranstaltete er hingegen selbst nationalen Rundfunk, würde er den jeweiligen nationalen Regelungen unterworfen sein[52]. Auch daher ist die EU gehalten, bei ihren diesbezüglichen Regelungen den Grundsatz gemeinschaftsfreundlichen Verhaltens zu wahren und

---

[51] So heißt es etwa in der RL 89/552 EWG (Nr. L 298/24): Diese Richtlinie regelt das notwendige Mindestmaß, um den freien Sendeverkehr zu verwirklichen.
[52] So begründet Schwartz, ZUM 1989, S. 381, 388, die Regelung damit, daß gerade die nationalen Veranstalter vor den ausländischen geschützt werden sollen.

den nationalen Rundfunk nur in möglichst geringem Maße zu regeln. Daß der nationale Rundfunk durch sekundäres Gemeinschaftsrecht geregelt werden darf, ergibt sich auch aus folgender Überlegung: Art. 66 EG-Vertrag verweist auf sämtliche Vorschriften der Art. 55 - 58 EG-Vertrag, also auch auf Art. 57 II EG-Vertrag. Diese Norm erlaubt nicht nur die Aufnahme und Ausübung der selbständigen Tätigkeiten für Angehörige anderer Mitgliedstaaten, sondern auch für die eigenen Angehörigen. Entsprechendes muß auch für Dienstleistungen gelten. Es wäre widersinnig, wenn Art. 57 II EG-Vertrag der EG die Regelung hinsichtlich der Aufnahme und Ausübung von selbständigen Tätigkeiten erlaubte, während eine Regelung der spezielleren Dienstleistungsfreiheit ausgeschlossen sein sollte[53]. Dieses Ergebnis bestätigte auch Art. 7 a EG-Vertrag[54]. Danach umfaßt der Binnenmarkt

"einen Raum ohne Binnengrenzen, in dem der freie Verkehr von Waren, Personen, Dienstleistungen und Kapital gemäß den Bestimmungen dieses Vertrages gewährleistet ist."

Mit dem Begriff "Raum ohne Binnengrenzen" soll die Möglichkeit zur Beseitigung von Beeinträchtigungen des freien Verkehrs und Schaffung eines einheitlichen Rechtskreises "Europa" zum Ausdruck gebracht werden. In geringem Maße müssen dann aber auch nationale Kulturträger, wie das nationale Fernsehen, von den Richtlinien betroffen sein dürfen. Diese Betrachtungsweise wird auch durch die These, bei der Gemeinschaft handele es sich auch um eine Kommunikationsgemeinschaft[55], und der Einschätzung des Rundfunks als wesentliches Integrationsmittel[56], bestätigt. Derartige Wertungen können zwar nicht als Kompetenznormen, wohl aber als kompetenzerweiternde Auslegungshilfen für den EG-Vertrag herangezogen werden[57]. Wenn aus anderen Mitgliedstaaten Fernsehsendungen gezielt ins Inland gesendet werden, beeinflußt dies die nationale Rundfunkordnung. Damit hier die Anbieter möglichst gleichwertig konkurrieren können, ist es geboten, die Kompetenzen der EU gleichermaßen auf die inländischen Rundfunkveranstalter zu beziehen. Auch wenn derartige Auslegungsmittel nur sehr vorsichtig angewendet werden dürfen, liegt in dem hier behandelten Zusammenhang eine europaeinheitliche Regelung auch im Interesse des nationalen Fernsehens.

Art. 57 II EG-Vertrag und Art. 66 iVm. Art. 57 II EG-Vertrag stellen also mögliche Ermächtigungsnormen dar, um wirtschaftliche Aspekte im Bereich des rein nationalen Fernsehens zu regeln. Dieses Ergebnis gilt auch für den insoweit gleichlautenden EG-Vertrag.

---

[53] Insofern hätte die Richtlinie allein auf Art. 57 II EG-Vertrag gestützt werden können.
[54] Ähnlich Schwartz, ZUM 1989, S. 381, 387.
[55] Seidel, Europa, S. 121 ff.
[56] Ipsen, Rundfunk, S. 47, der daraus jedoch keine Kompetenz der EG ableitet.
[57] Vgl. Degenhart, ZUM 1992, S. 449, 453.

(4) Weitere Ermächtigungsgrundlagen
Die nunmehr nach dem EG-Vertrag darüber hinaus in Frage kommenden Regelungen der Art. 100 EG-Vertrag iVm Art. 3 f und h EG-Vertrag bzw. Art. 100a EG-Vertrag iVm. Art. 8 a EG-Vertrag können nur dann angewandt werden, wenn nicht die Voraussetzungen des Art. 57 II EG-Vertrag iVm. Art. 66 EG-Vertrag bejaht werden. Die im Rahmen der Dienstleistungsvorschriften bestehenden Handlungsermächtigungen zugunsten des Rates sind nämlich gegenüber Art. 100 EG-Vertrag und 100a EG-Vertrag spezieller. Das Gleiche gilt für Art. 235 EG-Vertrag, der ebenfalls nur subsidiär Anwendung finden kann. Da zum einen schon die Art. 57 II EG-Vertrag bzw. Art. 57 II EG-Vertrag iVm. Art. 66 EG-Vertrag der Gemeinschaft die Kompetenzen bieten, wirtschaftliche Aspekte des nationalen Rundfunks zu regeln, sind diese Vorschriften nicht anwendbar. Da sie darüber hinaus auch keine die Kultur betreffenden Regelungsbereiche erfassen, ihre Regelungsmaterie also die gleiche ist wie die der Art. 57 II EG-Vertrag iVm. Art. 66 EG-Vertrag, gewähren sie der EU auch keine weiteren Rechte.

bb. Ermächtigungsgrundlagen für den multinationalen und transnationalen Rundfunk bzw. das Fernsehen
Für den multi- bzw. transnationalen Fernsehfunk kommen ebenso wie für den rein nationalen die Regelungen des Art. 57 II EG-Vertrag bzw. die Normen des Art. 57 II EG-Vertrag iVm. Art. 66 EG-Vertrag in Betracht. Hinsichtlich der Regelungen des Art. 57 II EG-Vertrag gilt das schon für den nationalen Bereich Dargestellte. Insofern handelt es sich auch hier um die Aufnahme und Ausübung selbständiger Tätigkeiten. Aber auch hinsichtlich der Kompetenz bezüglich grenzüberschreitender Dienstleistungen ist die Zuständigkeit der EU offensichtlich. Multinationaler und transnationaler Rundfunk sind Dienstleistungen[58], die ein grenzüberschreitendes Element enthalten, da sie final ins Ausland gerichtet sind. Anders als der rein nationale Rundfunk, der nur mittelbar der Regelungskompetenz der EG unterfällt, ist der multi- bzw. transnationale Rundfunk unmittelbar dem Regelungsbereich der Art. 57 II EG-Vertrag iVm. 66 EG-Vertrag zuzuordnen. Auch die europäische Relevanz ist deutlich: Jeder final ins Nachbarland gerichtete Fernsehfunk ist geeignet, wirtschaftliche Kapazitäten aus diesem Empfängerstaat abzuziehen. Dies ist der Fall, wenn in einem Land die Regelungen geringeren Standards genügen, als im Nachbarstaat, so daß es einfacher und möglicherweise wirtschaftlicher ist, aus dem Nachbarland zu senden. Für diese Fälle ist eine europaweite Regelung auch aus wirtschaftlichen Gründen geboten. Die EU ist daher befugt, auf sämtliche Umstände einzuwirken, die für diese unterschiedlichen wirtschaftlichen Gegebenheiten verantwortlich sind. Dazu zählen auch die unterschiedlichen Regelungen für die Werbung oder die des Jugendschutzes. Mit Recht hat die EG dies als Handlungsmaxime

---

[58] Schwartz, ZUM 1989, S. 381, 385, verzichtet auf dieses Merkmal mit der Begründung, daß Art. 57 II selbst nicht dieses Merkmal aufweise. Er verkennt jedoch dabei, daß neben den Voraussetzungen der Ermächtigungsnorm auch die Voraussetzungen der Verweisungsnorm gegeben sein müssen. Da aber Art. 66 auf die "in diesem Kapitel behandelten Sachgebiete" verweist, dies jedoch der Dienstleistungsverkehr ist, muß es sich auch bei Rundfunk um eine Dienstleistung handeln.

angeführt[59]. Indem wesentliche Bereiche des grenzüberschreitenden Fernsehverkehrs geregelt werden, ist ausgeschlossen, daß der gemeinsame Markt verzerrt wird bzw. die einzelnen Mitgliedstaaten etwa bei Kabelprogrammen eine Verbreitung im Inland unterbinden. Darüber hinaus hat der Rundfunk neben seiner wirtschaftlichen Bedeutung auch noch eine wichtige integrierende Funktion[60]. Da der grenzüberschreitende Rundfunk zu einer Auseinandersetzung mit der Kultur und Lebensweise der anderen Mitgliedstaaten führt, liegt es nahe, ihn so zu reglementieren, daß er europaweit empfangbar wird. Auch deshalb wird man eine entsprechende Zuständigkeit der EU annehmen müssen[61].

Im Ergebnis wird man also der EU eine Kompetenz zugestehen, alle auch den Rundfunk betreffenden wirtschaftlichen Bereiche zu regeln. Auch der rein nationale Rundfunk, bei dem ein wirtschaftlicher Aspekt am ehesten zu bestreiten ist, unterfällt in dieser Hinsicht dem Regelungsbereich der Gemeinschaft.

e. Verletzung von Länderkompetenzen durch die Zustimmung der Bundesregierung zur Fernsehrichtlinie

aa. Zur Betroffenheit der Länderkompetenzen

Vereinzelt wird schon deshalb eine Verletzung von Länderkompetenzen durch den Bund abgelehnt, weil die Fernsehrichtlinie gar keine Länderkompetenzen betreffe: Es gehe bei der Fernsehrichtlinie nur um die Regelungen von Urheber-, Wirtschafts- und Jugendschutzrecht, also um Materien, die in die Zuständigkeit des Bundes fielen[62]. Darüber hinaus dienten die Regelungen über die Werbung nicht der Finanzierung des Rundfunks, sondern nur der Vermeidung von Werbeexzessen[63]. Mit seiner Zustimmung zu der Richtlinie hätte der Bund daher seine Kompetenzen gegenüber den Ländern nicht übertreten können.

Diese Einschätzung wird jedoch der Fernsehrichtlinie nicht gerecht. Selbst Befürworter einer Rundfunkkompetenz der EG räumen ein, die Richtlinie greife in

---

[59] RL 89/5527/EWG, abgedruckt in Amtsbl. d. EG Nr. L 298/23, S. 24: "Die Rechts- und Verwaltungsvorschriften der Mitgliedstaaten über die Ausübung der Tätigkeiten des Fernsehveranstalters und des Kabelbetreibers weisen Unterschiede auf, von denen einige den freien Verkehr von Sendungen innerhalb der Gemeinschaft behindern und den Wettbewerb innerhalb des gemeinsamen Marktes verzerren könnten." (....) "Alle diese Beschränkungen der Freiheit, innerhalb der Gemeinschaft Sendungen auszustrahlen, sind gemäß dem Vertrag aufzuheben." (...) "Eine derartige Aufhebung muß mit einer Koordinierung der geltenden Rechtsvorschriften einhergehen. Zweck dieser Koordinierung muß es sein, die Ausübung der betreffenden Berufstätigkeiten und allgemein den freien Verkehr von Informationen und Ideen innerhalb der Gemeinschaft zu erleichtern."

[60] Vgl. Ipsen, S. 47.

[61] Bezüglich weiterer Ermächtigungsnormen ist auf das schon hinsichtlich des nationalen Rundfunks Geäußerte zu verweisen.

[62] Deringer, ZUM 1986, S. 627, 637.

[63] So die Stellungnahme der Bundesregierung im Bundesverfassungsgerichtsverfahren BVerfG 1/89 unveröffentlicht, S. 29.

die Rundfunkkompetenz der Länder ein[64]. Allerdings werden die Eingriffe in die nationale Rundfunkordnung als so gering angesehen, daß sie jedenfalls zu ihrem vorteilhaften Zweck in einem vertretbaren Verhältnis stünden[65]. Es wird die Zurückhaltung der EG gelobt: Es sei das Bestreben der EG gewesen, nicht der Vermittlung der politischen, verfassungsrechtlichen und kulturellen Vielfalt in der Gemeinschaft schaden zu wollen[66]. Jeder Rundfunkveranstalter eines Staates solle nämlich die Möglichkeit haben, sich auch in den anderen Mitgliedstaaten zu präsentieren, ohne zusätzlich an andersartige oder widersprechende Anforderungen gebunden zu sein, die die jeweiligen Empfängerstaaten den einheimischen Fernsehunternehmen stellen[67].

Im Gegensatz dazu wird vertreten, daß die Richtlinie in einzelnen Regelungen die Kompetenzen der Länder verletze, da sie keine wirtschaftlichen, sondern kulturelle Bereiche regele[68]. Es scheint jedoch fraglich, ob der Umstand, daß auch rundfunkrechtliche Bereiche von der Richtlinie betroffen sind, notwendig eine Verletzung von Länderkompetenzen bedeutet. Es ist denkbar, daß derartige Eingriffe durch das Grundgesetz gerechtfertigt sind.

bb. Verletzung von Art. 30 GG und des Grundsatzes der Bundestreue
Eine Verletzung von Länderkompetenzen ist hinsichtlich der innerstaatlichen Kompetenzverteilung, also Art. 30 GG, und hinsichtlich des Grundsatzes bundes- bzw. länderfreundlichen Verhaltens denkbar.

(1) Verletzung von Art. 30 GG

(a) Grundsätzliche Verletzungsmöglichkeiten der Länderkompetenzen durch die Fernsehrichtlinie
Richtlinien müssen ihrem Wesen nach den innerstaatlich zuständigen Organen einen Raum lassen, in dem diese eigene Entscheidungen zur Umsetzung dieser Richtlinien treffen[69]. Eine Verletzung liegt also vor, wenn die Richtlinie die Gesetzgebungsbefugnisse der Länder ausschlösse. Sie wäre aber auch gegeben, wenn die Richtlinie eine Regelungsmaterie, die innerstaatlich zu regeln Aufgabe der Länder ist, so vollständig regelt, daß den Ländern kein Regelungsspielraum bliebe[70].

Da nach Art. 189 III EG-Vertrag die zuständigen Stellen Richtlinien umsetzen, und die Fernsehrichtlinie in Art. 3 II RL 89/552 EWG es den Mitgliedstaaten überläßt,

---

[64] Mestmäcker/Engel/Bräutigam/Hoffmann, S. 57; Schwartz, ZUM 1989, S. 381, 383.
[65] Schwartz, ZUM 1989, S. 381, 383.
[66] Schwartz, ZUM 1989, S. 381, 383.
[67] Schwartz, ZUM 1989, S. 381, 383.
[68] So ausdrücklich Frohne, ZUM 1989, S. 390.
[69] Dazu Herdegen, EuGRZ 1989, S. 309, 313, der auf die Sperrwirkung von gemeinschaftlichen Regelungen abstellt, die die Ausübung von Gesetzgebungsbefugnisse der Länder beeinträchtigen kann.
[70] Vgl. hinsichtlich dieser beiden Aspekte auch Mestmäcker/Engel/Bräutigam/Hoffmann, S. 47 ff. mwN., die allerdings auch detaillierte Vorschriften für zulässig erachten.

"im Rahmen ihrer Rechtsvorschriften" dafür Sorge zu tragen, daß die Vorschriften der Richtlinie eingehalten werden, ist ein vollständiger Entzug einer Regelungsmaterie nicht anzunehmen. Dies gilt auch, weil wesentliche Bereiche des Rundfunkrechts[71] von der Richtlinie nicht betroffen sind. Die innerstaatliche Zuständigkeitsverteilung wird also von der Richtlinie nicht angetastet. Zu klären bleibt aber, ob nicht durch einzelne Regelungen die Länder zu reinen Vollzugsorganen der Gemeinschaft degradiert werden, weil ihnen kein eigener Entscheidungsspielraum verbleibt. Keine Bedenken bestehen hinsichtlich solcher Regelungen, die ihrerseits in die Zuständigkeit des Bundes fallen, wie die Regelungen über die Werbebeschränkungen für Tabak (Art. 13 RL 89/552 EWG)[72], Medikamente (Art. 14 RL 89/552 EWG)[73] und Alkohol (Art. 15 RL 89/552 EWG). Sie fallen in die konkurrierende Zuständigkeit des Bundes für Gesundheitsschutz und das Verbrauchergüterrecht. Ferner sind jene Regelungen nicht zu beachten, die schon im Staatsvertrag von 1987 ähnlich geregelt wurden[74]. Insofern ist der Handlungsspielraum der Länder durch die Richtlinie nicht eingeschränkt, sondern vielmehr bestätigt. Man wird dies auch hinsichtlich der Form der Werbung, wie sie in den Art. 10 und 17 RL 89/552 EWG festgelegt ist, hinsichtlich des Jugendschutzes (Art. 22 RL 89/552 EWG)[75] und hinsichtlich des Gegendarstellungsrechtes (Art. 23 RL 89/552 EWG)[76] annehmen. Auch die in Art. 17 RL 89/552 EWG normierten Bedingungen an gesponserte Fernsehsendungen sind ähnlich im Staatsvertrag von 1987 enthalten[77].

(b) Regelungen der Fernsehrichtlinie, die die Länderkompetenzen möglicherweise verletzen

Lediglich die Quotenregelungen von Spielfilmen und von Werbung sind für die hier zu behandelnde Frage von Interesse. Es ist schon fraglich, ob sich die EG für die Spielfilmquoten auf eine Kompetenz berufen kann. Die Regelung der Werbequoten hingegen ist so dezidiert gefaßt, daß der Verdacht naheliegt, hier stünde den Länder kein Regelungsbereich mehr offen.

(aa) Die kulturelle Quotenregelung

Gemäß Art. 4 I RL 89/552 EWG sollen die Mitgliedstaaten dafür Sorge tragen, daß der "Hauptteil" der Fernsehsendezeit, die nicht aus Nachrichten, Sportberichten,

---

[71] Man denke etwa an das Hörfunkwesen.
[72] Vgl. § 22 Lebensmittel und Bedarfsgegenständegesetz.
[73] Vgl. § 10 I Heilmittelwerbegesetz.
[74] So auch Hümmerich, AfP 1991, S. 591, 592, der diese Regelungen der Richtlinie auch für den nationalen Fernsehfunk kompetenzrechtlich für unbeachtlich hält, weil die Rundfunkgesetze der Länder ähnliche Regelungen enthalten, die Richtlinie also nicht zu einer "Umwälzung der deutschen Rundfunkordnung" führt.
[75] Vgl. § 10 RfStV a. F. (1987).
[76] Vgl. § 55 LMG Baden-Württemberg; § 19 LMG Bremen; § 19 LRG Nordrhein-Westfalen; § 7 LRG Saarland; Art. 17 MEG Bayern.
[77] Daß sich die Länder hier nicht entscheidend in ihren Rechten verletzt gesehen haben, kann auch der Umstand bestätigen, daß in § 7 des Staatsvertrages über den Rundfunk im vereinten Deutschland eine der Richtlinie entsprechende Regelung vorliegt.

Spielshows, Werbesendungen und Teletextleistungen besteht, aus in Europa produzierten Werken gebildet werden soll. Nach Art. 5 RL 89/552 EWG tragen die Mitgliedstaaten dafür Sorge, daß die Fernsehveranstalter mindestens 10% der nicht aus Nachrichten und ähnliche Sendungen bestehenden Sendezeit der Sendung von Werken europäischer Hersteller vorbehalten bleibt. Diese von Frankreich geforderte Regelung zielt offiziell darauf ab, europäischen Filmen im Fernsehen einen angemessenen Anteil zu sichern. Sicherlich soll dadurch jedoch auch die Produktion subventioniert werden. Und es wird auch der Wunsch maßgeblich sein, U-S-amerikanischen Produktionen den Zugang zum europäischen Markt zu erschweren.

Der EG stehen die einzelnen Kompetenzen nur in dem Maße zu, wie sie für die Durchsetzung der Ordnungsprinzipien des freien Marktes erforderlich sind. In weiten Bereichen genügt die Fernsehrichtlinie diesem Erfordernis. Für die kulturelle Quotenregelung muß dies aber bestritten werden[78]. Die Kompetenz ist nicht erforderlich, um grenzüberschreitende Rundfunktätigkeiten zu fördern. Es läge im Gegenteil näher, derartige Quoten, wie sie etwa in Frankreich, Italien und Spanien bestehen, aufzuheben. Derartige Regelungen behindern den Sendeverkehr eher, als daß sie ihn erleichtern. Die Quotenregelung behindert nämlich die freie Gestaltung des Programms. Regelungen dieser Art verstoßen darüberhinaus auch deshalb gegen das Ordnungsprinzip der Dienstleistungsfreiheit, weil dadurch auch die Freiheit jedes Marktbürgers geschützt wird, Dienstleistungen zu empfangen. Die Quotenregelung verstößt also in jedem Fall gegen den Grundsatz der Dienstleistungsfreiheit[79]. Außerdem scheint diese Regelung nicht aus wirtschaftlichen, sondern aus rein kulturellen Erwägungen heraus getroffen zu sein. Dies wird insbesondere dadurch deutlich, daß die Quotenregelung mit der Sicherung kultureller Vielfalt und Identität in Europa begründet wird. Das aber sind keine wirtschaftlichen, sondern kulturelle Ziele: Und kulturelle Ziele zu verfolgen liegt nicht im Rahmen der EG-Kompetenzen.

Jedoch könnten folgende Gründe gegen die Annahme der Verletzung von Länderinteressen sprechen: Sowohl Art. 9 II RdfStV a.f. als auch einzelne Landesmediengesetze sehen eine ähnliche Regelung vor. Zumeist verlangen sie einen "wesentlichen"[80], oder einen "überwiegenden" Anteil[81] von Produktionen aus dem deutschsprachigen bzw. europäischen Raum. Infolge der Richtlinie ist den Ländern aber nunmehr die Möglichkeit genommen, eine andere Regelung vorzunehmen. Insoweit kann dieses Argument nicht vollständig überzeugen. Dies gilt auch unter Berücksichtigung von Art. 3 II RL 89/552 EWG. Dort heißt es:

---

[78] So auch etwa Frohne, ZUM 1989, S. 390 ff.;de Vries / Schmittmann, AfP 1995, S. 386, 390; a.A.: Mestmäcker/Engel/Bräutigam/Hoffmann, S. 34 - 52, die in Bezugnahme auf Art. 2 EG-Vertrag eine umfassende Kompetenz der EG für den Rundfunkbereich und auch für die Quotenregelung annehmen.
[79] So auch Frohne, ZUM 1989, S. 390, 394.
[80] Art. 4 IV MEG Bayern; § 1 III LMG Hamburg; § 1 IV LRG Niedersachsen jeweils iVm. Art. 9 II RdfStV 1987; § 11 IV PRG Hessen.
[81] § 12 VI LRG Nordrhein-Westfalen.

"Die Mitgliedstaaten sorgen mit geeigneten Mitteln im Rahmen ihrer Rechtsvorschriften dafür, daß die jeweils ihrer Rechtshoheit unterworfenen Fernsehveranstalter die Bestimmungen dieser Richtlinie einhalten;"

Art. 4 I RL 89/552 EWG verlangt dann nur, daß die Mitgliedstaaten für die Umsetzung der Regelung

"im Rahmen des praktisch Durchführbaren ... Sorge tragen."

Insofern bleibt den Ländern ein gewisser Spielraum, um die eigenen Vorstellungen zu verwirklichen. Die Richtlinie verändert das deutsche Rundfunkrecht aber nicht so, daß hier von einem erheblichen Eingriff gesprochen werden könnte. Zwar ist den Ländern die Möglichkeit für die Zukunft genommen, den entsprechenden Bereich neu zu regeln. Ersteinmal bestätigt aber die Richtlinie die Vorstellungen der Länder. Des weiteren ist die von Rat und Kommission abgegebene Protokollerklärung zu beachten, wonach sich die Mitglieder durch Art. 4 und 5 RL 89/552 EWG politisch auf die dort vereinbarten Ziele verpflichten. Es bleibt den einzelstaatlichen Stellen überlassen, innerhalb ihrer jeweiligen Verfassungsbestimmungen Form und Mittel zur Erreichung dieser Ziele zu bestimmen. Damit wird nicht nur die innerstaatliche Zuständigkeitsverteilung anerkannt, sondern auch der verfassungsrechtlich gesetzte Rahmen möglichen Handelns. Die Regelung ist mithin nicht verbindlich und also nicht justitiabel[82]. Man wird sie daher eher als Absichtserklärung und nicht als verbindliche Regelung bewerten müssen. Weder die EG noch die Bundesregierung haben daher außerhalb ihrer Kompetenzen gehandelt. Diese Einschätzung wird auch durch die sich abzeichnende Entwicklung getragen: So hat die Europäische Kommission am 22. März 1995 einen Vorschlag zur Überarbeitung der RL. "Fernsehen ohne Grenzen" verabschiedet, in der die Quotenregelung weiter enthalten, der Zusatz "im Rahmen des praktisch Durchführbaren" aber weggefallen ist[83]. Insoweit unternimmt die Kommission den Versuch, die Bundesländer, die nunmehr über Art. 24 GG für Interessenvertretung selbst zuständig sind, zu einem Verhalten zu veranlassen, das der Bund schon aus innerstaatlichen Kompetenzregelungen in der Weise ablehnen mußte. Wenn also der entsprechende Zusatz entfällt, kann man dies als Hinweis darauf werten, daß die Kommission selbst

---

[82] A.A.: mit Berufung auf EuGH 18. 2. 1970 (Kommission/Italien), Rs. 38/69, Slg. 1970, S. 47 - 66, wohl Mestmäcker/Engel/Bräutigam/Hoffmann, S. 31 ff. Dabei wird jedoch übersehen, daß bezüglich der Fernsehrichtlinie Kommission und Rat klarstellend den Inhalt der Richtlinie auslegten, so daß diese nur in dem so bestimmten Inhalt verstanden werden darf.

[83] Vgl. dazu den Artikel in den EU-Nachrichten vom 31. März 1995, S. 6 "Vorschlag zum 'Fernsehen ohne Grenzen' schafft Klarheit". Allerdings ist darauf hinzuweisen, daß bei einem Treffen der EU-Kulturminister am 14. Februar 1995 in Bordeaux eine Isolation Frankreichs als Befürworterin derartiger Quotenregelungen festzustellen war, vgl. dazu etwa FAZ vom 15. Februar 1995, S. 17.

die Regelung nicht als verbindlich und justitiabel einstuft, sondern vielmehr davon ausgeht, daß dies nur bei Wegfall dieser Passage der Fall ist[84].

(bb) Die Quotenregelungen bezüglich der Werbung

Art. 18 II RL 89/552 EWG legt fest, daß die tägliche Sendezeit für Werbung im Fernsehen nicht 15 %, die stündliche nicht 20 % übersteigen darf. Diese Regelung weicht damit von denen des Rundfunkstaatsvertrages von 1987 nicht unerheblich ab. Dort war in Art. 3 IV iVm. § 22 ZDF-Staatsvertrag und der Vereinbarung der Ministerpräsidenten der Länder vom 12. Juli 1962 für die öffentlich-rechtlichen Anstalten für die Werbung eine tägliche Sendezeit von 20 Minuten festgesetzt, während gemäß Art. 7 III RfStV für die Privaten die Werbung eine Höchstdauer von 20 % nicht übersteigen durfte. Da die europäische Regelung verbindlich ist, haben die Länder keine Möglichkeit, abweichende Regelungen zu treffen.

Grundsätzlich umfaßt das Rundfunkrecht auch die Regelung des Werbefunks[85]. Die Regelung von Werbezeiten u.ä. ist dem Wesen des Rundfunks immanent. Häufig ist die Veranstaltung von Rundfunk ohne Werbung überhaupt nicht möglich. Die Regelung von Werbezeiten steht daher dem Rundfunkgesetzgeber, also den Ländern zu. Die verbindlich festgelegte Obergrenze läßt den Ländern keinen Regelungsspielraum für diesen Bereich. Sie sind also bloße Vollzieher des EG-Rechts, so daß diese Regelung in die Rundfunkkompetenz der Länder eingreift.

Die Zustimmung der Bundesregierung zu dieser Richtlinie muß jedoch im Zusammenhang mit dem Aufgabenfeld innerhalb der EG gesehen werden. Diese Tätigkeit gehört ihrer Struktur nach der auswärtigen Gewalt an, bei der Flexibilität und Kompromißfähigkeit verlangt wird[86]. Das Grundgesetz würdigt diesen Umstand, indem Art. 24 I GG eine mögliche verfassungsrechtliche Rechtfertigung bietet. Zwar handelt es sich bei der Mitwirkung an sekundärem Recht um eine qualitativ andere Handlung, als bei der Übertragung von Hoheitsrechten[87], es gelten aber die gleichen Grenzen. Der Regierung kann nämlich der Regelungsbereich durch Abtretung von Hoheitsrechten nämlich weder verengt, noch erweitert werden. Auch diesbezüglich beschreibt Art. 79 III GG die Grenze des Eingriffs in grundgesetzlich geregelte Zuständigkeitsbereiche. Somit ist auch bei der Setzung sekundären Rechts nur der Kernbestand der Länderkompetenzen geschützt. Dieser darf nicht übertragen werden. Und es dürfen auch keine Regelungen getroffen werden, die in diesen Kernbereich eingriffen[88]. Auch sekundäres Gemeinschaftsrecht ist also an die Grenzen des Art. 79 III GG gebunden. Insoweit sind die übertragenen Kompetenznormen, wie Art. 57 II EG-Vertrag, verfassungskonform so auszulegen, daß sie nicht zu verfassungswidri-

---

[84] Allerdings hielte sich die EU damit nicht mehr im Rahmen ihrer Zuständigkeit.
[85] Vgl. insoweit die obigen Ausführungen bezüglich des in den 60er Jahren geführten Streites um das Verhältnis des Werbefunks zwischen dem Bereich des Rundfunkrechts und dem Recht der Wirtschaft, S. 74 f.
[86] So ausdrücklich Randelzhofer, in: Maunz/Dürig, Komm. z. GG, Art. 24 I Rn. 165.
[87] So ausdrücklich: Randelzhofer, in: Maunz/Dürig, Komm. z. GG, Art. 24 I Rn. 129.
[88] In der Literatur wird dieser Unterschied häufig übersehen und nur auf die Grenze der Übertragbarkeit abgestellt; so etwa Hess, AfP 1990, S. 95, 99.

gen Handlungen der EG berechtigen. Damit also die Bestimmungen der Sendezeit für Werbung im Fernsehen verfassungswidrig sind, müssen sie in den Kernbereich der Länderzuständigkeit eingreifen. Ob dieser Kernbereich der Länderzuständigkeit verletzt wurde, bestimmt sich nach der Tiefe des Eingriffs, nach der Vielfältigkeit der verbleibenden Regelungsbereiche und danach, ob durch die Regelung eine gesamte Materie den Ländern entzogen wurde. Diese Voraussetzungen liegen nicht vor[89]. Zwar verletzt die Regelung der Werbezeiten die Rundfunkkompetenz der Länder. Diese Verletzung ist aber nicht als schwerwiegender Eingriff in die Rundfunkordnung, geschweige denn in die Kulturhoheit der Länder zu bewerten. Den Ländern verbleiben vielmehr die wesentlichen Bereiche dieser Materie. Daher kann die Regelung der Werbequoten nicht als Verletzung der Kernzuständigkeit der Länder bewertet werden. Die Zustimmung der Bundesregierung zu dieser Regelung ist also von Art. 24 I GG getragen und verfassungsrechtlich gerechtfertigt.

(2) Verletzung des Grundsatzes bundesfreundlichen Verhaltens
Ein aus dem Grundsatz bundesfreundlichen Verhaltens folgendes Beteiligungsverfahren war im seinerzeit geltenden Art. 2 EEAG geregelt. Dieses Bundesratsverfahren verpflichtet die Regierung, unter bestimmten Umständen eine Stellungnahme des Bundesrates abzuwarten. Von dieser darf die Regierung nur unter unabweisbaren außen- und integrationspolitischen Gründen abweichen. Dieses Verfahren, das als Konkretisierung des Grundsatzes bundesfreundlichen Verhalten zu werten ist[90], verlangt vom Bund, der Aushöhlung der deutschen Verfassungsordnung entgegenzuarbeiten[91]. Hinsichtlich der Länder ist er verpflichtet, deren Interessen so weit wie möglich zu schützen.

Der Bund handelte innerhalb der EG als Organ der auswärtigen Gewalt. Im Bereich des Auswärtigen muß dem Bund aber ein gewisser Verhandlungsspielraum verbleiben. Wenn sich die Bundesregierung von Anfang an auf ein klares "Nein" festlegte, bestünde keine Möglichkeit, auf einen Kompromiß hinzuarbeiten[92]. Indem die Bundesregierung der Richtlinie mit Vorbehalten zustimmte, hat sie die Interessen der Länder ausreichend berücksichtigt. So ist der Hörfunk aus dem Regelungsbereich der Richtlinie herausgenommen worden. Die Quotenregelung für europäische Produktionen ist so formuliert, daß sie auch osteuropäische Produktionen einschließt. Weiter ist diese Regelung nur politisch verbindlich. Eine Verletzung des Grundsatzes bundesfreundlichen Verhaltens kann aber nur dann angenommen werden, wenn der Bund die Interessen der Länder mit "Füßen tritt"[93]. Daß die Regierung am Ende von der Stellungnahme des Bundesrates abwich, entsprach außenpolitischen Notwendigkeiten. Art. 2 III EEAG sollte die Bundesregierung näm-

---

[89] Im Ergebnis so auch Hümmerich, AfP 1991, S. 591, 592; Hess, AfP 1990, S. 95, 99; Randelzhofer, in: Maunz/Dürig, Komm. z. GG, Art. 24 I Rn. 148, der allerdings auf die Verletzung der Wesensgehaltsgarantie von Art. 5 GG abstellt.
[90] A. A.:Hess, AfP 1990, S. 95, 97.
[91] Herdegen, EuGRZ 1989, S. 309, 313; Hess, AfP 1990, S. 95, 100.
[92] In diese Richtung weist auch der Beschluß des Bundesverfassungsgerichts, BVerfGE 80, S. 74 ff.
[93] So Joos/Scheuerle, EuR 1989, S. 226, 234.

lich nicht knebeln. Indem der Bund die Länder nach dem Gesetz zur Einheitlichen Europäischen Akte an dem Zustandekommen der Richtlinie beteiligte, hat er ein Verfahren eingehalten, das den Ländern ermöglichte, ihre Interessen zu formulieren. Wenn bedacht wird, in welchem Maße der Bund auch bei Rechtsstreitigkeiten vor dem Europäischen Gerichtshof deutlich macht, daß das Rundfunkrecht von den Normen des EG-Vertrages nicht umfaßt ist, wird diese Einschätzung bestätigt.

Allerdings hat das Bundesverfassungsgericht in dem Urteil vom 22. März 1995 eine Verletzung der Länderkompetenzen aus Art. 70 I GG iVm. Art. 24 I GG und dem Grundsatz bundesfreundlichen Verhaltens angenommen. Zwar genüge der Beschluß der Bundesregierung vom 8. März 1989 den Anforderungen des in Art. 2 EEAG konkretisierten Grundsatzes bundesfreundlichen Verhaltens, nicht aber "die Art, in der sie danach die Mitgliedschaftsrechte der Bundesrepublik Deutschland im Rat wahrgenommen hat"[94]. Es wird kritisiert, die Bundesregierung habe den mit den Ländern entwickelten Grundsatz, daß der Gemeinschaft die Kompetenz für eine kulturelle Quotenregelung fehle, nicht "konsequent" vertreten. Die Vertreter der Regierung hätten nicht versucht, eine gänzliche Streichung der Quotenregelung zu erreichen. Sie begnügte sich vielmehr "mit bloßen Protokollerklärungen von Rat und Kommission, wonach sich die Mitglieder durch die entsprechende Regelung 'politisch auf die dort vereinbarten Ziele verpflichteten'."[95]

Die Protokollerklärung hat jedoch nur geringe rechtliche Bedeutung[96]. Für eine uneingeschränkte Verbindlichkeit der Richtlinie sprechen nämlich schon die vertraglichen Vorgaben der EU selbst: Die Richtlinie verpflichtet die Mitglieder, zur Umsetzung der Richtlinien in nationales Recht. Richtlinien ohne Rechtsverbindlichkeit gibt es nicht. Wäre dies das Ziel der EG gewesen, hätte sie eine Empfehlung oder eine Stellungnahme abgegeben, denen nach Art. 189 V EG-Vertrag die Rechtsverbindlichkeit fehlt. Daher hat auch der EuGH derartigen Erklärungen in seiner bisherigen Rechtsprechung nur geringe Bedeutung zuerkannt: In einem Rechtsstreit aus dem Jahre 1984 hatte sich die belgische Regierung auf eine solche gemeinsame Protokollerklärung berufen. Der EuGH wies dieses Vorbringen zurück, da sich seiner Ansicht nach keine Grundlage für die Ansicht der belgischen Regierung habe finden lassen[97]. Darüber hinaus hatte sich der Generalanwalt in seinem Schlußantrag gegen eine Berücksichtigung derartiger Protokollerklärungen ausgesprochen[98]. In einem weiteren Urteil stellte das Gericht dann fest, daß aus einer Protokollerklärung des Rates jedenfalls nichts anderes hergeleitet werden dürfe, als sich auch ohne diese Erklärung aus der Regelung selbst ergebe[99].

Die Bundesregierung hat durch ihr Verhalten dennoch weder rechtlich noch faktisch Positionen gefährdet, die eine Überprüfung dieser Auffassung vor dem Europäischen

---

[94] BVerfG 1/89 unveröffentlichtes Manuskript, S. 55.
[95] BvG 1/89 unveröffentlichtes Manuskript, S. 55, 56.
[96] Ausführlich dazu Herdegen, ZHR 1991, S. 52, 53 ff
[97] EuGH 10. 4. 1984 (Kommission/Belgien), Rs. 324/82, Slg. 1984, S. 1861 ff.
[98] Schlußanträge des Generalanwalts Ver Loren van Themaat, Slg. 1984, 1885, 1887.
[99] EuGH 23. 2. 1988 (Kommission/Italien), Rs. 429/88, Slg. 1988, S. 843, 852.

Gerichtshof ermöglichen. Dies ist nämlich weiterhin möglich. Darüber hinaus ist der Rahmen des politisch Machbaren bei der Einschätzung derartiger diplomatischer Regelungen zu beachten. Man wird daher in diesem Bereich nur bei evidenten Verstößen eine Verletzung des Gebotes bundesfreundlichen Verhaltens annehmen können. Wenn das Bundesverfassungsgericht lediglich kritisiert, die Regierung habe die Rechte der Länder dadurch verletzt, daß sie den Bundesrat nicht über das konkrete Verhandlungsergebnis informiert und für das weitere Vorgehen sich mit ihm abgestimmt habe[100], so ist nur schwer nachvollziehbar, daß dieses Verhalten das oben genannte Gebot derart schwer verletzen soll. Das gilt auch deshalb, weil das in Art. 2 EEAG vorgesehene Verfahren nur gesetzlich abgestützt ist, und also die verfassungsrechtlichen Positionen von Bund und Ländern nicht verändern kann[101]. Es wird lediglich als eine Konkretisierung dieses Gebotes aufzufassen sein. Jedenfalls wird man in dem Verhalten des Bundes keinen Verstoß des Grundsatzes bundesfreundlichen Verhaltens erkennen und ihm auch nicht den Vorwurf machen dürfen, "länderfeindlich" gehandelt zu haben.

---

[100] BvG 1/89 unveröffentlichtes Manuskript, S. 56, 57.
[101] So auch das Bundesverfassungsgericht in: BvG 1/89 unveröffentlichtes Manuskript, S. 42.

cc. Ergebnis zu e

Zusammenfassend läßt sich festhalten, daß der Bund seine Kompetenzen nicht durch entsprechende Abtretungen an die EU bzw. durch die Mitwirkung an sekundärem Gemeinschaftsrecht verletzt hat. Das Rundfunkrecht ist der EG nicht umfassend zur Regelung übertragen. Die vom Gemeinschaftsrecht mitumfaßten Bereiche des Rundfunkwesens waren in ihren größtem Teil dem Bund zugewiesen. Das nationale Rundfunkwesen ist von der EG (und ebenso von der EU) nur unter wirtschaftlichen Aspekten beherrschbar. Und auch dort besteht eine Schutzpflicht des Bundes gegenüber der innerstaatlichen Aufgabenverteilung, die er bisher bemerkenswert gut wahrgenommen hat. Auch wenn dieser Grundsatz eine Umkehr des nationalen Gefüges bedeutet, das wirtschaftliche Bezüge überwiegend dem Rundfunkrecht also den Ländern zuweist und den Bund eher in seinen Rechten beschränkt, bedeutet dies keinen Eingriff in die Länderzuständigkeiten. Im übrigen sind den Länder mit Inkrafttreten des neuen Art. 23 GG wesentlich bessere Möglichkeiten zur Wahrung ihrer Interessen auch im Bereich des Rundfunkrechts zugestanden worden. Daß also der Bund, wie bei der Fernsehrichtlinie, in die Kompetenzen der Länder eingreift, ist für die Zukunft nicht denkbar. Die Neuformulierung des Art. 23 GG hat einen Ansatz geschaffen, der es den Ländern ermöglicht, ihre Interessen direkt gegenüber der EG als supranationaler Organisation zu vertreten. Dadurch wird allerdings die alleinige Zuständigkeit des Bundes für die auswärtigen Angelegenheiten aufgeweicht. Deutschland spricht nicht mehr mit nur "einer Stimme". Schließlich besteht die Gefahr, wenn sich Bund und Länder nicht auf die gleichen Ziele einigen, daß die Ansicht Kelsens, Verdoppelungen föderaler Strukturen ließen sich auf Dauer nicht durchhalten[102], durch die Wirklichkeit bestätigt wird. Art. 23 GG könnte dann als erstes Anzeichen der Auflösung des Bundesstaates gewertet werden.

---

[102] Kelsen, ZöR 6 (1927), S. 329, 331.

F. Zusammenfassung und Ausblick

Der Bereich der Rundfunkkompetenz in der Bundesrepublik Deutschland ist eine historisch gewachsene und sensible Materie. Man kann, wie diese Arbeit gezeigt hat, nicht nur den Ländern die entsprechende Regelungskompetenz zuweisen; vielmehr stehen auch dem Bund weite Regelungsbereiche zu. Im Einzelfall ist es häufig schwer zu entscheiden, ob nun Bund oder Länder regelungsbefugt sind. Zwar ist die schon für die Definition des Rundfunks entscheidende Finalität auch im Hinblick auf die Kompetenzen von entscheidender Bedeutung. Insoweit, als nämlich vom Grundsatz her die Länder für den innerstaatlichen, der Bund aber für den Auslandsrundfunk zuständig ist. Diese Trennung ist aber mit den neuen Verbreitungstechniken nicht mehr so eindeutig zu treffen, da durch sie das Ausland in einem bisher unbekannten Maße zu erreichen ist.

Aber auch für den nationalen Rundfunk besteht nicht eine reine Länderkompetenz. Neben einzelnen Teilbereichen, die gesetzlich zu regeln Aufgabe des Bundes ist, steht diesem eine natürliche Verwaltungskompetenz für einen Rundfunk zu, dessen Aufgabe die Darstellung gesamtstaatlicher Repräsentation wäre. Andererseits stehen den einzelnen Ländern wiederum derartige Kompetenzen für einen Auslandsrundfunk zu.

Diese im Grundgesetz angelegte Überschneidung von unterschiedlichen Rechtsbereichen mit der Kultur und hier des Rundfunkwesens, findet ihre Entsprechung in den neu eingeführten Normen hinsichtlich der Europäischen Union. Hier wie dort sind die Bereiche Außen und Innen nicht mehr so eindeutig zu trennen, wie dies noch seinerzeit möglich war.

Anstatt nun aber den Ländern Kompetenzen des Bundes im Bereich des Rundfunks zuzubilligen, würde es dem Geist der Verfassung eher entsprechen, die Interessen von Bund und Ländern zu koordinieren. Auch insofern ist auf die Wertung des neuen Art. 23 GG zu verweisen. Bund und Länder sollten, wie dies immer wieder gefordert wird, hinsichtlich der verschiedenen Formen des Rundfunks einen Staatsvertrag schließen, der die einzelnen Bereiche vereinheitlicht und es möglich macht, daß die Interessen Deutschlands von Bund und Ländern gemeinsam vertreten werden können.

Literaturverzeichnis

Achterberg, Norbert, Die Enteignungshoheit für Bundesbahnzwecke als stillschweigende Verwaltungszuständigkeit des Bundes, DöV 1964, S. 612-620

-,Die Annex-Kompetenz, DöV 1966, S. 695-701

-,Einwirkung des Verfassungsrechts auf das Verwaltungsrecht, JA 1980, S. 210-217

-,Zulässigkeit und Schranken stillschweigender Bundeszuständigkeiten im gegenwärtigen deutschen Verfassungsrecht, AöR 86 (1961), S. 63-94

Alternativkommentar zum Grundgesetz für die Bundesrepublik Deutschland, Wassermann, Rudolf [Hrsg.] Bd.1, Neuwied 1989 (zit.: Bearb., AK. z. GG)

Anschütz, Gerhard / Thoma, Richard, Handbuch des deutschen Staatsrechts, Bd. 1, Tübingen 1930

Arndt, Adolf, Das Werbefernsehen als Kompetenzfrage, JZ 1965, S. 337-341 u. S. 937-939

Bausch, Hans, Der Rundfunk im politischen Kräftespiel der Weimarer Republik, Tübingen 1956 (zit.: Bausch,Weimar)

-,Der Rundfunk in Deutschland, Bd.3, Rundfunkpolitik nach 1945, München 1980 (zit.: Bausch, Rundfunk)

Badura, Peter, Staatsrecht, München 1986

Berber, Friedrich, Lehrbuch des Völkerrechts, Bd. 1, 2. Aufl., München 1975

Berg, Klaus, Organisation und Trägerschaft bei der elektronischen Textkommunikation, AfP 1980, S. 75-80

-,Rechtsprobleme des grenzüberschreitenden Fernsehens, in: Schwarze, Jürgen, [Hrsg.], Fernsehen ohne Grenzen, Baden-Baden 1985; S. 197-204

Bernhardt, Rudolf, Der Abschluß völkerrechtlicher Verträge im Bundesstaat, Köln, Berlin 1957

- , Leitsätze zu den Beratungsgegenständen der Staatsrechtslehrertagung 1979 in Berlin, Deutschland nach 30 Jahren Grundgesetz, DÖV 1979, S. 783-784.

- , Deutschland nach 30 Jahren Grundgesetz, VVDStRL 38 (1980), S. 7-47.

Bethge, Herbert, Die Grundrechtssicherung im förderativen Bereich, AöR 110 (1985), S. 119-218

-,Verfassungsrechtliche Grundlagen, in: Fuhr, Ernst Wolfgang / Rudolf, Walter / Wasserburg, Klaus [Hrsg.], Das Recht der neuen Medien, Heidelberg 1989, S. 74-147 (zit.: Bethge, Grundlagen)

Bieber, Roland, Über das Verhältnis zwischen europäischer und deutscher Verfassungsentwicklung, RuP 1991, S. 204-214

Bilstein, Thomas, Rundfunksendezeiten für amtliche Verlautbarungen, München 1992

Birke, Hans Eberhard, Die deutschen Bundesländer in den Europäischen Gemeinschaften, Berlin 1973

Bleckmann, Albert, Europarecht, 5. Aufl., München 1991

-,Mitwirkung der Länder der Bundesrepublik Deutschland in den Europäischen Gemeinschaften, RIW 1978, S. 144-147

Blumenwitz, Dieter, Der Schutz innerstaatlicher Rechtsgemeinschaften beim Abschluß völkerrechtlicher Verträge, München 1972

-,Europäische Gemeinschaft und Rechte der Länder, in: Bieber, Roland / Bleckmann, Albert / Capotorti, Francesco, u. a. [Hrsg.], Gedächtnisschrift f. Sasse, Bd. 1, Straßburg 1981, S. 215-227 (zit.: Blumenwitz, Gedächtnisschrift f. Sasse)

Böhmert, Viktor, Buchbesprechung: (Bausch,Hans), Der Rundfunk im politischen Kräftespiel der Weimarer Republik 1923-1933, JfIR Bd. 7, 1957, S. 424-429

Börner, Bodo, Kompetenz der EG zur Regelung einer Rundfunkordnung, ZUM 1985, S. 577-587

Bonner Kommentar, Kommentar zum Bonner Grundgesetz, Dolzer, Rudolf [Hrsg.] Hamburg, Loseblattsammlung, Stand: Oktober 1994 (zit.: Bearb. in: Bonner Kommentar z. GG.)

Borchmann, Michael, Bundesstaat und Europäische Integration, AöR 112 (1987), S. 586-587

Brack, Hans, Der Rundfunk in den Ministerialentwürfen zur Urheberrechtsreform, GRUR 1960, S. 165-173

Bredow, Hans, Im Banne der Ätherwellen, Bd. 2, Stuttgart 1956 (zit.: Bredow, Ätherwellen)

-,Vier Jahre deutscher Rundfunk, Berlin 1928 (zit.: Bredow, Vier Jahre)

Bueckling, Adrian, Bundeskompetenz für direktstrahlende TV-Satelliten, ZUM 1985, S. 144-151

-,Schlußwort: Bundeskompetenz für direktstrahlende TV-Satelliten, ZUM 1986, S. 328-330

-,Transnationales Satelliten TV und nationale Kulturreservate in der EG, EuGRZ 1987, S. 97-101

-,Völkerrechtliche Probleme des direkten Satellitenfernsehens und Vorschau auf die weltweite Funkverwaltungskonferenz 1985, UFITA 98 (1984), S. 31-51

Bühnemann, Bernt, Die Niederlassungsfreiheit von Versicherungsunternehmen im Gemeinsamen Markt, Karlsruhe 1967

Bullinger, Martin, Die Mineralölfernleitungen, Stuttgart 1962 (zit.: Bullinger, Mineralölfernleitung)

-,Elektronische Medien als Marktplatz der Meinungen, AöR 108 (1983), S. 161-215

-,Kommunikationsfreiheit im Strukturwandel der Telekommunikation, Baden-Baden 1980 (zit.: Bullinger, Kommunikationsfreiheit)

-,Rundfunkordnung im Bundesstaat und in der Europäischen Gemeinschaft, AfP 1985, S. 257-265

-,Satellitenrundfunk im Bundesstaat, AfP 1985, S. 1-14

-,Strukturwandel von Rundfunk und Presse, NJW 1984, S. 385-390

-,Ungeschriebene Kompetenzen im Bundesstaat, AöR 96 (1971), S. 237-285

Bundesverband Deutscher Zeitungsverleger [Hrsg.], Pressefreiheit und Fernsehmonopol. Beiträge zur Frage der Wettbewerbsverzerrung zwischen den publizistischen Mitteln, o. O., o. J.

Degenhart, Christoph, Rundfunkordnung im europäischen Rahmen, ZUM 1992, S. 449-456

Delbrück, Jost, Die europäische Regelung des grenzüberschreitenden Rundfunks - Das Verhältnis von Richtlinie und Europaratskonvention -, ZUM 1989, S. 373-381

-,Die Rundfunkhoheit der deutschen Bundesländer im Spannungsfeld zwischen Regelungsanspruch der Europäischen Gemeinschaft und nationalem Verfassungsrecht, Berlin, Frankfurt a. M. 1986 (zit.: Delbrück, Rundfunkhoheit)

-,Direkter Satellitenrundfunk und nationaler Regelungsvorbehalt, Umfang und Grenzen des transnationalen freien Informationsflusses nach Völkerrecht, dem Recht der Europäischen Gemeinschaften und dem Grundgesetz der Bundesrepublik Deutschland, Berlin, Frankfurt a. M. 1982,(zit.: Delbrück, Satellitenrundfunk)

Demme, Helmut, Das Kabelfernsehen (closed-circuit-television) in rechtlicher Sicht, Königstein 1969

Deringer, Arved, Europäisches Gemeinschaftsrecht und nationale Rundfunkordnung, ZUM 1989, S. 627-638

Dernburg, Heinrich, Pandekten I, 7. Aufl., Berlin 1902

Dittmann, Armin, Die Bundesverwaltung, Tübingen 1983

Dreher, Jürgen, Die Kompetenzverteilung zwischen Bund und Ländern im Rahmen der Auswärtigen Gewalt nach dem Bonner Grundgesetz, Bonn 1970

Dreier, Ralf, Zum Begriff der Natur der Sache, Berlin 1965

Eberle, Carl-Eugen, Das europäische Recht und die Medien am Beispiel des Rundfunks, AfP 1993, S. 422-429

Eckert, Gerhard, Der Rundfunk als Führungsmittel, Bd. 1 der Studien zum Weltrundfunk und Fernsehrundfunk, Heidelberg 1941

Elias, Dietrich, Fernmelderecht und Netzträgerschaft, in: Hübner, Heinz / Elias, Dietrich / Hubmann, Heinrich / Lange, Bernd Peter / Twaroch, Paul, [Hrsg.], Kabelfernsehprojekte - Rechtsprobleme in der Praxis, München 1980, S. 4-22

Emge, Richard, Auswärtige Kulturpolitik. Eine soziologische Analyse einiger ihrer Bedingungen und Formen, Berlin 1967

Emmerich, Volker / Steiner, Udo, Möglichkeiten und Grenzen der wirtschaftlichen Betätigung der öffentlich rechtlichen Anstalten, Berlin 1986 (zit.: Emmerich/Steiner)

Emmerich, Volker, Rundfunk im Wettbewerbsrecht, AfP 1989, S. 433-438

Emrich, Dieter, Das Verhältnis des Rechts der Europäischen Gemeinschaften zum Recht der Bundesrepublik Deutschland, Marburg 1969

Engel, Christoph, Die Konkurrenz zwischen den deutschen öffentlich-rechtlichen Rundfunkanstalten und privaten Anbietern, in: Peter, Jörg / Rhein, Kay Uwe, [Hrsg.], Wirtschaft und Recht, Osnabrück 1989, S. 243-281 (zit.: Engel, in: Wirtschaft und Recht)

-,Europäische Konvention über grenzüberschreitendes Fernsehen, ZRP 1988, S. 240-247

-,Kommunikation und Medien, in: Dauses Manfred [Hrsg.], Handbuch des EG Wirtschaftsrechts, München 1993, E. V., S. 1-30 (zit.: Engel, Kommunikation)

-,Vorsorge gegen die Konzentration im privaten Rundfunk mit den Mitteln des Rundfunkrechts -eine Analyse von § 21 Rundfunkstaatsvertrag 1991- ZUM 1993, S. 557-585

Erichsen, Hans-Uwe, Zum Verhältnis von EWG-Recht und nationalem öffentlichen Recht der Bundesrepublik Deutschland, Verw.Arch. 64 (1973), S. 101-108

Everling, Ulrich, Das Niederlassungsrecht im gemeinsamen Markt, Berlin, Frankfurt a. M. 1963

Fastenrath, Ulrich, Kompetenzverteilung im Bereich der auswärtigen Gewalt, München 1986

Feige, Konrad, Bundesverfassungsgericht und Vorabentscheidungskompetenz des Gerichtshofs der Europäischen Gemeinschaften, AöR 100 (1975), S. 530-561

Fernsehen ohne Grenzen, Grünbuch über die Errichtung des gemeinsamen Marktes für den Rundfunk, insbesondere über Satellit und Kabel, Kom. 84/300 (zit.: Grünbuch)

Fischer, Eugen Kurt, Dokumente zur Geschichte des deutschen Rundfunks und Fernsehens, Göttingen, Berlin, Frankfurt a. M. 1957

Franke, Einhard, Wahlwerbung in Hörfunk und Fernsehen, Bochum 1979

Friehe, Heinz-Josef, Kleines Problemkompendium zum Thema "Kulturabkommen des Bundes", JA 1983, S. 117-124

Frohne, Ronald, Die Quotenregelung im nationalen und im europäischen Recht, ZUM 1989, S. 390-396

Fuhr, Ernst-Wolfgang, Der öffentlich-rechtliche Rundfunk im dualen Rundfunksystem, ZUM 1987, S. 145-154

-,ZDF-Staatsvertrag (Kommentar), Fuhr, Ernst-Wolfgang [Hrsg.], 2. Aufl., Mainz 1985

Fuhr, Ernst-Wolfgang / Krone, Gunnar, Pay-TV und Rundfunkbegriff, Zur Frage der rundfunkrechtlichen Einordnung von Pay-TV und der Regelungskompetenz der Länder hinsichtlich des Satellitenfernsehens, FuR 1983, S. 513-524

Gabriel-Bräutigam, Karin, Das Verhältnis von Rundfunkkompetenz und Fernmeldekompetenz in der Bundesrepublik Deutschland, in: Offene Rundfunkordnung - Prinzipien für den Wettbewerb im Grenzüberschreitenden Rundfunk, Mestmäcker, Ernst-Joachim, [[Hrsg.], Gütersloh 1988, S. 103-120 (zit.: Gabriel-Bräutigam, Verhältnis)

-,Der Deutschlandfunk nach der Vereinigung, DVBl. 1990, S. 1031-1038

-,Rundfunkkompetenz und Rundfunkfreiheit, Baden-Baden 1990 (zit.: Gabriel-Bräutigam, Rundfunkkompetenz)

Geiger, Hubert, Grenzen des Rundfunkmonopols, Bonn 1971

Geiger, Rudolf, EG-Vertrag, Kommentar, München 1993 (zit.: Geiger, EG-Vertrag)

-,Grundgesetz und Völkerrecht, München 1985 (zit.: Geiger, Grundgesetz)

Gescheidle, Kurt, Die Deutsche Bundespost im Spannungsfeld der Politik - Versuch einer Kursbestimmung, JbDBP 1980, S. 9-40

Giese, Peter, Die Rundfunkkompetenz in der Bundesrepublik, DöV 1953, S. 587-593

Goebel, Gerhart, Der Deutsche Rundfunk bis zum Inkrafttreten des Kopenhagener Wellenplanes, APF 1950, S. 353-454

Gornig, Gilbert, Äußerungsfreiheit und Informationsfreiheit als Menschenrecht, Berlin 1988 (zit.: Gornig, Äußerungsfreiheit)

-,Der grenzüberschreitende Informationsfluß durch Rundfunkwellen - Zur Frage der Völkerrechtswidrigkeit von Jamming-, EuGRZ 1988, S. 1-13

-,Satellitenrundfunk und Völkerrecht, Entwicklung - Stand - Zukunft, ZUM 1992, S. 174-186

-,Völkerrechtliche Probleme des Satellitenrundfunks, IHB 1994/95, D, S. 1-9

Grabitz, Eberhard, Die deutschen Länder in der Gemeinschaft, EuR 1987, S. 310-321

-,Die Rechtsetzungsbefugnis von Bund und Ländern bei der Durchführung von Gemeinschaftsrecht, AöR 111 (1986), S. 1-33

Grabitz, Eberhard / Hilf, Meinhard, Kommentar zum EG-Vertrag, München Stand Sept. 1994 (zit.: Grabitz, Kommentar z. EG-Vertrag)

Gramlich, Ludwig, Von der Postreform zur Postneuordnung, Zur erneuten Novellierung des Post- und Telekommunikationswesens, NJW 1994, S. 2785-2793

Gressmann, Rudolf, Die Bedeutung der UER/EBU für den grenzüberschreitenden Nachrichtenaustausch, in: Offene Rundfunkordnung, Mestmäcker,Ernst-Joachim, [Hrsg.], Gütersloh 1988, S. 397-410

Grewe, Wilhelm, Die Auswärtige Gewalt der Bundesrepublik, VVDStRL 12 (1954), S. 129-178

v. d. Groeben, Hans, Kommentar zum EWG-Vertrag, [Hrsg.], Bd. 1, 3. Aufl., Baden/Baden 1983 (zit.:Bearb., in: von der Groeben, Komm. z. EWG-Vertrag)

Groß, Thomas, Verfassungsrechtliche Grenzen der europäischen Integration, Jura 1991, S. 575-580

Häberle, Peter, Die Wesensgehaltsgarantie des Art. 19 Abs. 2 Grundgesetz, 3. Aufl., Heidelberg 1983

Haensel, Carl, Das völkerrechtliche Argument in der aktuellen Rundfunkgesetzgebung, NJW 1953, S. 365-368

-,Rundfunkfreiheit und Rundfunkgesetze der Länder, UFITA 50 (1967), S. 502-544

v. Hagen, Volker, 3-SAT-Programm ohne Grenzen - Satellitenfernsehen im deutschen Sprachraum -, ZDF-Jahrbuch 1984, S. 11-115

Hailbronner, Kay, Die deutschen Bundesländer in der EG, JZ 1990, S. 149-158

Hamann, Andreas / Lenz, Helmut, Das Grundgesetz für die Bundesrepublik Deutschland vom 23. Mai 1949, 3. Aufl., Berlin, Neuwied u.a. 1970

Hassemer, Volker, Bildschirmtexterprobung in Berlin, in: Gallwas, Hans Ulrich / Hassemer, Volker [Hrsg.], München 1983

Hendriks, Birger, Zum Wettbewerb im dualen Rundfunk, ZUM 1988, S. 209-216

Henkel, Heinrich, Einführung in die Rechtsphilosophie, 2. Aufl., München 1977

Herdegen, Matthias, Auslegende Erklärungen von Gemeinschaftsorganen und Mitgliedstaaten zu EG-Rechtsakten, ZHR 155 (1991), S. 52-67

-, Die Belastbarkeit des Verfassungsgefüges auf dem Weg zur Europäischen Union, EuGRZ 1992, S. 589-594

-,Europäisches Gemeinschaftsrecht und die Bindung deutscher Verfassungsorgane an das Grundgesetz, EuGRZ 1989, S. 309-314

Herrmann, Günter, Die Rundfunkanstalt, eine Studie zum heutigen Rechtszustand, AöR 90 (1965), S. 286-340

-,Fernsehen und Hörfunk in der Verfassung der Bundesrepublik Deutschland, Tübingen 1975 (zit.: Herrmann, Fernsehen)

-,Rechtsfragen der Rundfunkorganisation, RuF 1971, S. 267-283

-,Rechtsfragen des Satellitenfernsehens, Möglichkeiten der Satellitenstrahlung und des Satellitenempfangs, FuR 1980, S. 235-239

-,Rundfunkrecht. Fernsehen und Hörfunk mit neuen Medien, München 1994 (zit.: Herrmann, Rundfunkrecht)

-,Statement zur rundfunkrechtlichen Entwicklung aus der Sicht der öffentlich-rechtlichen Rundfunkanstalten, in: Schwarze, Jürgen [Hrsg.], Rundfunk und Fernsehen im Lichte der Entwicklung des nationalen und internationalen Rechts, Baden-Baden 1986, S. 159-165 (zit.: Herrmann, Statement)

Herzog, Roman, Allgemeine Staatslehre, Frankfurt a. M. 1971

Hess, Wolfgang, Die EG-Rundfunkrichtlinie vor dem Bundesverfassungsgericht, AfP 1990, S. 95-100

Hesse, Albrecht, Die Verfassungsmäßigkeit des Fernmeldemonopols der Deutschen Bundespost, Heidelberg 1984 (zit.: Hesse, A., Verfassungsmäßigkeit)

-,Rundfunkrecht, München 1990 (zit.: Hesse, A., Rundfunkrecht)

Hesse, Konrad, Grundzüge des Verfassungsrechts der Bundesrepublik Deutschland, 19. Aufl., Heidelberg 1993 (zit.: Hesse, K., Grundzüge)

Hirsch, Christoph, Kulturhoheit und Auswärtige Gewalt, Berlin 1968

Hoffmann-Riem, Wolfgang, Rundfunkrecht neben Wirtschaftsrecht, Baden-Baden 1991

Hrbek, Rudolf u. a., Die Deutschen Länder und die Europäischen Gemeinschaften, Baden-Baden 1986

Huber, Ernst Rudolf, Quellen zum Staatsrecht der Neuzeit, Bd. 2, (Deutsche Verfassungsdokumente der Gegenwart, 1919-1951), Tübingen 1951 (zit.: Huber, Quellen)

-,Wirtschaftsverwaltungsrecht, Bd. 1, 2. Aufl., Tübingen 1953 (zit.: Huber, Wirtschaftsverwaltungsrecht)

Hucko, Elmar Matthias, Anmerkungen zu den medienrechtlichen Vorschlägen der Monopolkommission, DB 1985, S. 635-637

Hümmerich, Klaus, Nationale Rundfunkordnung oder Europäischer Medienmarkt ? Die deutsche Rundfunkordnung unter dem Einfluß des europäischen Gemeinschaftsrechts, AfP 1991, S. 591-594

Hufen, Friedhelm, Gegenwardsfragen des Kulturföderalismus, BayVBl. 1985, S. 37-43

Ihlefeld, Andreas, Verfassungsrechtliche Fragen in Zusammenhang mit dem Deutschlandfunk. Insbesondere Verfassungsmäßigkeit des Rundfunkrates, ZUM 1987, S. 604-612

Ipsen, Hans Peter, Der Fernseh-Vorschlag der Zeitungsverleger, DÖV 1964, S. 793-797

-,Die Rundfunkgebühr. Ein Beitrag zur Rundfunkdiskussion, 1. Aufl., Hamburg 1953 (zit.: Ipsen, Rundfunkgebühr)

-,Europäisches Gemeinschaftsrecht, Tübingen 1972 (zit.: Ipsen, Europäisches. Gemeinschaftsrecht)

-,Rundfunk im Europäischen Gemeinschaftsrecht, Frankfurt a. M. 1983 (zit.: Ipsen, Rundfunk)

-,"Schlechthin konstituierend für die freiheitlich-demokratische Grundordnung", EuR 1982, S. 205-212

Isensee, Josef / Kirchhof, Paul, [Hrsg.], Handbuch des Staatsrechts der Bundesrepublik Deutschland, Bd. 4, Heidelberg 1990, Bd. 5, Heidelberg 1992 (zit.: Bearb., in: Isensee/Kirchhof, Hdb. des Staatsrechts)

Jarass, Hans Dieter, Die Freiheit des Rundfunks vom Staat, Berlin 1981 (zit.: Jarass, Rundfunk)

-,Die Freiheit der Massenmedien, Baden-Baden 1978 (zit.: Jarass, Massenmedien)

-,Gutachten: In welcher Weise empfiehlt es sich, die Ordnung des Rundfunks und sein Verhältnis zu anderen Medien - auch unter dem Gesichtspunkt der Harmonisierung - zu regeln? Gutachten für den 56. Deutschen Juristentag, München 1986 (zit.: Jarass, Gutachten)

Jarass, Hans Dieter / Pieroth, Bodo, Kommentar zum Grundgesetz für die Bundesrepublik Deutschland, 3. Aufl., München 1993 (zit.: Bearb., in: Jarass/Pieroth, GG-Komm.)

Joeden, Johann, Die Funksendefreiheit der Staaten, JfIR 3 (1954), S. 85-128

Joos, Gerhard / Scheuerle, Klaus-Dieter, Die bundesstaatliche Ordnung im Integrationsprozeß - unter besonderer Berücksichtigung der EuGH-Rechtsprechung und der Rechtsschutzmöglichkeiten der Länder, EuR 1989, S. 226-236

Jutzi, Siegfried, Bundeskompetenz für direktstrahlende TV-Satelliten, ZUM 1986, S. 21-26

-,Die Deutschen Schulen im Ausland. Eine Untersuchung der Zuständigkeitsverteilung zwischen dem Bund und den Ländern nach dem Grundgesetz der Bundesrepublik Deutschland, Baden-Baden 1977 (zit.: Jutzi, Schulen)

Kämmerer, Ludwig, Post und Rundfunk, DöV 1950, S. 432-433

Kaiser, Joseph H., Bewahrung und Veränderungen demokratischer und rechtsstaatlicher Verfassungsstrukturen in den internationalen Gemeinschaften, VVDStRL 23 (1966), S. 1-33

-,Zur gegenwärtigen Differenzierung von Recht und Staat - Staatstheoretische Lehren der Integration, ÖZöR NF10 (1959/60), S. 413-423

Kelsen, Hans, Die staatsrechtliche Durchführung des Anschlusses Österreichs an das Deutsche Reich, ZöR 6 (1927), S. 329-352

Kewenig, Wilhelm, Die Europäischen Gemeinschaften und die bundesstaatliche Ordnung der Bundesrepublik Deutschland, JZ 1990, S. 458-466

Kisker, Gunter, Kooperation im Bundesstaat, Tübingen 1971

Kirchhof, Paul, Deutsches Verfassungsrecht und Europäisches Gemeinschaftsrecht, EuR Beiheft 1, 1991, S. 11-25

Klecatzky, Hans Richard, Der Rundfunk in der Sicht des Salzburger Symposiums des Europarates über Menschenrechte und Massenmedien, in: Klecatzky, Hans Richard, Stern, Klaus, u. a. [Hrsg.], Rundfunkrecht und Rundfunkpolitik, München 1969

Klein, Friedrich, Das Verhältnis von Gesetzgebungszuständigkeit und Verwaltungszuständigkeit nach dem Grundgesetz, AöR 88 (1963), S. 377-410

Klein, Hans Hugo, Die Rundfunkfreiheit, München 1978 (zit.: Klein, Hans H., Rundfunkfreiheit)

-,Verwaltungskompetenzen von Bund und Ländern in der Rechtsprechung des Bundesverfassungsgerichtes, in: Starck, Christian, [Hrsg.], Festschrift aus Anlaß des 25 jährigen Bestehens des Bundesverfassungsgerichts, Tübingen 1976, Bd. 2, S. 277-299 (zit.: Klein, Hans H., BVerfG-Festgabe II)

Klein, Karl Heinz, Übertragung von Hoheitsrechten, Berlin 1952 (zit.: Klein, Karl H., Hoheitsrechte)

Klinge, Erich, Die Organisation des Rundfunks als Rechtsproblem, Mainz 1955

Knopf, Peter, Europarecht und kommunale Selbstverwaltung, DVBl. 1980, S. 106-110

Kölble, Josef, Auslandsbeziehungen der Länder? Zur Auslegung des Art. 32 Abs. 1 und 3 GG, DöV 1965, S. 145-154

-,Zur Lehre von den - stillschweigend - zugelassenen Verwaltungszuständigkeiten des Bundes, DöV 1963, S. 660-673

Köstlin, Thomas, Die Kulturhoheit des Bundes, Berlin 1988 (zit.: Köstlin, Kulturhoheit)

-,Die Kulturpflege des Bundes - Das Beispiel des "Deutschen Historischen Museum" in Berlin, DVBl. 1986, S. 219-225

Köttgen, Arnold, Der Einfluß des Bundes auf die deutsche Verwaltung und die Organisation der bundeseigenen Verwaltung, JöR NF 11 (1962), S. 173-311

-,Die Kulturpflege und der Bund, in: Hochschule Speyer [Hrsg.], Staats- und verwaltungswissenschaftliche Beiträge, 10 Jahre Hochschule für Verwaltungswissenschaft Speyer, Stuttgart 1957, S. 183-203

Kordes/Pollmann, Das Presse- und Informationsamt der Bundesregierung, 10. Aufl., Düsseldorf 1989

Kratzer, Jakob, Die Mainzer Fernsehanstalt - Ein Beitrag zum Problem der Gemeinschaftseinrichtungen der Länder -, DVBl. 1963, S. 310-315

Krause-Ablaß, Günter, Der Begriff des Rundfunks und seine Abgrenzung zum Fernmeldewesen, UFITA 30 (1960), S. 257-268

-,Deutschlandfunk und Rundfunkgebühr, RuF 1968, S. 27-33

-,Die Bedeutung des Fernsehurteils des Bundesverfassungsgerichtes für die Verfassung des deutschen Rundfunks, JZ 1962, S. 158-160

-,Die Zuständigkeit zur Ordnung des Rundfunkwesens in der Bundesrepublik Deutschland, Flensburg 1960 (zit.: Krause, Zuständigkeit)

-,Zur Diskussion um das Werbefernsehen: Verfassungsrechtliche Grundlagen und Möglichkeiten der Organisation, RuF 1963, S. 129-135

Kreile, Johannes, Kompetenz und kooperativer Föderalismus im Bereich des Kabel- und Satellitenrundfunks, München 1986

Kripke, Saul A., Name und Notwendigkeit, Frankfurt a. M. 1981

Krüger, Herbert, Allgemeine Staatslehre, Stuttgart 1964 (zit.:Krüger, Staatslehre)

-,Der Rundfunk im Verfassungsgefüge und in der Verwaltungsordnung von Bund und Ländern, Hamburg 1960 (zit.: Krüger, Rundfunk)

-,Von der Staatspflege überhaupt, in: Quaritsch, Helmut [Hrsg.], Die Selbstdarstellung des Staates, Berlin 1977, S. 21-49 (zit.:Krüger,Staatspflege)

Kruis, Konrad, Variationen zum Thema Kompetenzkompensation, in: Faller, Hans Joachim / Kirchhof, Paul / Träger, Ernst [Hrsg.], Festschrift f. Geiger Tübingen 1989, S. 155-178

Küchenhoff, Erich, Ausdrückliches, stillschweigendes und ungeschriebenes Recht in der bundesstaatlichen Kompetenzverteilung, AöR 82 (1957), S. 413-479

Kulka, Michael, Programmkoordinierung und Kartellrecht zur Anwendbarkeit des GWB auf die Programmtätigkeit der öffentlichrechtlichen Rundfunkanstalten, AfP 1985, S. 177-186

Kull, Edgar, Auf dem Wege zum dualen Rundfunksystem, AfP 1987, S. 365-370

Küster, Bernd, Die verfassungsrechtliche Problematik der gesamtstaatlichen Kunst- und Kulturpflege in der Bundesrepublik Deutschland, Frankfurt a. M. 1990

Lademann, Karl, Betrachtungen zur Zuständigkeitsverteilung auf dem Gebiete der Rundfunkgesetzgebung zwischen Bund und Ländern der Bundesrepublik Deutschland, JfIR 8 (1959), S. 307-325

Lendvai, Paul, Der Medienkrieg. Wie kommunistische Regierungen mit Nachrichten Politik machen, Berlin 1981

Lange, Bernd-Peter, Probleme der Rundfunkorganisation aus wirtschaftswissenschaftlicher Sicht, ZUM 1986, S. 441-451

Larenz, Karl, Methodenlehre der Rechtswissenschaft, 5. Aufl., Berlin, Heidelberg u. a. 1983

Leiling, Otto-Heinrich, Die Gesetzgebungsbefugnis zur Neuordnung des Rundfunkwesens, München, Berlin 1955

Leisner, Walter, Öffentlichkeitsarbeit der Regierung im Rechtsstaat. Dargestellt am Beispiel des Presse- und Informationsamtes der Bundesregierung, Berlin 1966 (zit.: Leisner, Öffentlichkeitsarbeit)

-,Werbefernsehen und Öffentliches Recht, Berlin 1967 (zit.: Leisner, Werbefernsehen)

Lerche, Peter, Das Fernmeldemonopol, öffentlich-rechtlich gesehen, in: Mestmäcker, Ernst Joachim [Hrsg.], Kommunikation ohne Monopole, Baden-Baden 1980, S. 139-159 (zit.: Lerche, Fernmeldemonopol)

-,Forschungsfreiheit und Bundesstaatlichkeit, in: Lerche, Peter / Zacher, Hans / Badura, Peter [Hrsg.], Festschrift f. Maunz, München 1981, S. 215-227

-,Rundfunkmonopol zur Zulassung privater Fernsehveranstaltungen, Berlin, Frankfurt a. M. 1970 (zit.: Lerche, Rundfunkmonopol)

-,Zum Kompetenzbereich des Deutschlandfunks, Berlin 1963 (zit.: Lerche, Deutschlandfunk)

Lieb, Wolfgang, Kabelfernsehen und Rundfunkgesetze, Berlin 1974

List, Friedrich, Der Rechtsbegriff des "Rundfunks" im neuen Staat, insbesondere im Rahmen des Rechts der Reichskulturkammer, AFR 7/8 (1934/35), S. 214-217

-,Vom Berliner Funktelegraphenvertrag zum 30. Januar 1933, Überblick über die Geschichte des deutschen Funkrechts bis zur Machtübernahme, AFR 7/8 (1934/35), S. 13-20

Lüders, Carl-Heinz, Die Zuständigkeit zur Rundfunkgesetzgebung, Bonn 1953

Majewski, Otto, Auslegung der Grundrechte durch einfaches Gesetzesrecht? Zur Problematik der sogenannten Gesetzmäßigkeit der Verfassung, Berlin 1971

Maletzke, Gerhard, Psychologie der Massenkommunikation, Hamburg 1963

Mallmann, Walter, Einige Bemerkungen zum heutigen Stand des Rundfunks, JZ 1963, S. 350-353

-,Rundfunkreform im Verwaltungsrechtswege? in: Zehner, Günter [Hrsg.], Der Fernsehstreit vor dem Bundesverfassungsgericht I, Karlsruhe 1964, S. 234-275 (zit.: Mallmann, Rundfunkreform)

v. Mangoldt, Hermann / Klein, Friedrich, Das Bonner Grundgesetz, Kommentar, Bd. 1, 2. Aufl., Berlin, Frankfurt a. M. 1957; Bd. 2, 2. Aufl., Berlin, Frankfurt a. M. 1964 (zit.: Mangoldt/Klein)

v. Mangoldt, Hermann / Klein, Friedrich / Starck, Christian, Das Bonner Grundgesetz, Kommentar, Bd. 1, Präambel-Art. 5, 3. Aufl., München 1985 (zit.: Mangoldt/Klein/Starck)

Maunz, Theodor, Deutsches Staatsrecht, 23. Auflage, München 1980 (zit.: Maunz, Staatsrecht)

-, Rechtsgutachten über die Frage der Vereinbarkeit des Gesetzentwurfs über die " Wahrnehmung gemeinsamer Aufgaben auf dem Gebiet des Rundfunks " mit dem Grundgesetz, März 1953, in: Zehner, Günter [Hrsg.], Der Fernsehstreit vor dem Bundesverfassungsgericht I,Karlsruhe 1964, S. 276-291 (zit.: Maunz, Gutachten)

-,Pflicht der Länder zur Uneinigkeit? NJW 1962, S. 1641-1645

-,Ungeschriebene Bundeszuständigkeit, DöV 1950, S. 643-646

Maunz, Theodor / Dürig, Günter, Grundgesetz-Kommentar, 1. Aufl., München 1958

-,Grundgesetz-Kommentar Bd. I, Bd. II, Bd. III, München Stand 1994 (zit. Maunz/Dürig, Komm. z. GG)

Maunz, Theodor / Zippelius, Reinhold, Deutsches Staatsrecht, 11. Aufl., München, Berlin 1962

Memminger, Gerhard, Bedeutung des Verfassungsstreits zur EG-Rundfunkrichtlinie, DÖV 1989, S. 846-850

Menzel, Eberhard, Die auswärtige Gewalt der Bundesrepublik, VVDStRL 12 (1954)

Mestmäcker, Ernst-Joachim, Die Anwendbarkeit des Gesetzes gegen Wettbewerbsbeschränkungen auf Zusammenschlüsse von Rundfunkunternehmen, GRUR Int 1983, S. 553-560

-,Gutachten: In welcher Weise empfiehlt es sich, die Ordnung des Rundfunks und sein Verhältnis zu anderen Medien - auch unter dem Gesichtspunkt der Harmonisierung - zu regeln?, Sitzungsbericht zum 56. Deutschen Juristentag Berlin 1986, München 1986 (zit.: Mestmäcker, Gutachten)

Mestmäcker, Ernst Joachim / Engel, Christoph, u. a. [Hrsg.], Der Einfluß des europäischen Gemeinschaftsrechts auf die deutsche Rundfunkordnung, Baden-Baden 1990

Monopolkommission, 5. Hauptgutachten, Bundestagsdrucksache 10/1791

Moser, Artur, Rundfunk und Grundgesetz, JZ 1951, S. 70-73

-,Nochmals Rundfunk und Grundgesetz, DöV 1954, S. 389-392

Mosler, Hermann, Die auswärtige Gewalt im Verfassungssystem der Bundesrepublik Deutschland, in: Festschrift f. Carl Bilfinger, Köln, Berlin 1954, S. 243-299

-,Kulturabkommen des Bundesstaats zur Frage der Beschränkung der Bundesgewalt in auswärtigen Angelegenheiten, ZaöRV 16 (1955/56), S. 1-34

Müller-Using, Detlev, Rechtlich organisatorische Gestaltungsformen neuer Medien aus der Sicht der Deutschen Bundespost, in: Neue Medien, Melle 1984, S. 178-183

v. Münch, Ingo, Grundgesetz-Kommentar, Bd. 2, 2. Aufl., München 1983; Bd. 3, 2. Aufl., München 1983

v. Mutius, Albert, Umweltverträglichkeitsprüfung im Raumordnungsverfahren, BayVBl. 1988, S. 641-648 u. 678-683

Nawiasky, Hans, Die Grundgedanken des Grundgesetzes für die Bundesrepublik Deutschland, Stuttgart, Köln 1950

Neufischer, Karl, Grundlagen, Begriffe und Rechtsfragen des Drahtfunks und des Drahtfernsehens, UFITA 54 (1969), S. 67-109

Neugebauer, Eberhard, Das neue Rundfunkrecht, EE 43 (1926), S. 32-44

-,Rundfunk und Polizei, EE 52 (1932), S. 305-311

Oppermann, Thomas, Europarecht, München 1991 (zit.: Oppermann, Europarecht)

-,Europäische Integration und das deutsche Grundgesetz, in: Berberich, Thomas / Holl, Wolfgang / Maaß, Kurt Jürgen [Hrsg.], Neue Entwicklungen im öffentlichem Recht, Stuttgart, Berlin 1979, S. 85-101 (zit.: Oppermann, Integration)

-,Kulturverwaltungsrecht, Tübingen 1969 (zit.: Oppermann, Kulturverwaltungsrecht)

Ossenbühl, Fritz, Rundfunk zwischen nationalem Verfassungsrecht und europäischem Gemeinschaftsrecht, Frankfurt a. M. 1986 (zit.: Ossenbühl, Verfassungsrecht)

-,Rundfunkfreiheit und Finanzautonomie des Deutschlandfunks, München 1969 (zit.: Ossenbühl, Rundfunkfreiheit)

-,Verwaltungsvorschriften und Grundgesetzt, Bad Homburg, Berlin 1968 (zit.: Ossenbühl, Verwaltungsvorschriften)

Papier, Hans-Jürgen, Fernmeldemonopol der Post und privater Rundfunk, DöV 1990, S. 217-223

Parlamentarische Rat 1948-1949, Akten und Protokolle, Hrsg. v. Deutschen Bundestag und vom Bundesarchiv, Bd. 2, Der Verfassungskonvent von Herrenchiemsee, bearbeitet von Peter Bucher, Boppard a. Rhein 1981 (zit.: Bericht Herrenchiemsee)

Paptistella, Gertrud, Zum Rundfunkbegriff des Grundgesetzes, DöV 1978, S. 495-501

Paschke, Marian, Medienrecht, Berlin, Heidelberg 1993

Pestalozza, Christian, Der Schutz vor der Rundfunkfreiheit in der Bundesrepublik Deutschland, NJW 1981, S. 2158-2166

Peters, Hans, Die Rechtslage von Rundfunk und Fernsehen nach dem Urteil des Bundesverfassungsgerichtes vom 28. Februar 1961, Gütersloh 1961 (zit.:Peters, Rechtslage)

-,Die Rundfunkhoheit des Bundes, Bonn 1959 (zit.:Peters, Rundfunkhoheit)

-,Die Stellung des Bundes in der Kulturverwaltung nach dem Bonner Grundgesetz, in: Festschrift f. Erich Kaufmann zu seinem 70. Geb. Stuttgart, Köln 1950, S. 281-289

-,Die Zuständigkeit des Bundes im Rundfunkwesen, Berlin, Göttingen, Heidelberg 1954 (zit.: Peters, Zuständigkeit)

Pietzcker, Jost, Zusammenarbeit der Gliedstaaten im Bundesstaat - Landesbericht Bundesrepublik Deutschland, in: Starck, Christian [Hrsg.], Zusammenarbeit der Gliedstaaten im Bundesstaat, Baden-Baden 1988, S. 17-76

Pohle, Heinz, Der Rundfunk als Instrument der Politik. Zur Geschichte des deutschen Rundfunks von 1923-38, Hamburg 1955

Popper, Karl Raimund, Die offene Gesellschaft und ihre Feinde, Band 2: Der Zauber Platons, Bern 1957

Pridat-Guzatis, Heinz Gert, Grundlinien eines nationalsozialistischen Rundfunkrechts, AFR 7 u. 8 (1934/35), S. 242-244 u. 313-317

Püttner, Günter / Kretschmer, Gerald, Die Staatsorganisation, 1. Aufl., München 1978

Puhl, Thomas, Grundrechtsschutz, Bestandsgarantie und Finanzierungsanspruch der Bundesrundfunkanstalten, DVBl. 1992, S. 933-943

Quaritsch, Helmut, Probleme der Selbstdarstellung des Staates, Tübingen 1977

Radbruch, Gustav, Die Natur der Sache als juristische Denkform, in: Hernmarck, Gustaf Carl [Hrsg.], Festschrift f. Laun, Hamburg 1948, S. 157-176

Ratzke, Dietrich, Die Bildschirmzeitung: Fernlesen statt Fernsehen, Berlin 1977

Räuker, Friedrich Wilhelm / Stolte, Dieter, ARD und ZDF zu "Fernsehen ohne Grenzen". Gemeinsames Schreiben der Intendanten Räuker, Friedrich Wilhelm,(ARD), Stolte, Dieter,(ZDF) an die EG-Kommission, ZUM 1985, S. 314-316

Rawls, John, A., Eine Theorie der Gerechtigkeit, Frankfurt a. M. 1975

Rehbinder, Manfred, Die elektronischen Medien und das internationale Urheberrecht, UFITA 95 (1983), S. 91-100

Reichelt, Gerhard Hans, Die auswärtige Gewalt nach dem Grundgesetz für die Bundesrepublik Deutschland vom 23. Mai 1949, Berlin 1967

Reinert, Patrik, Grenzüberschreitender Rundfunk im Spannungsfeld von staatlicher Souveränität und transnationaler Rundfunkfreiheit, Frankfurt a. M. 1990

Remmele, Wolf Dieter, Die Selbstdarstellung der Bundesrepublik Deutschland im Ausland durch den Rundfunk als Problem des Staats- und Völkerrechts, Frankfurt a. M. 1979

Ress, Georg, Die Europäischen Gemeinschaften und der deutsche Föderalismus, EuGRZ 1986, S. 549-588

ders.: Die Rechtslage Deutschlands nach dem Grundlagenvertrag vom 21. Dezember 1972, Berlin, Heidelberg 1978

Ricker, Reinhart, Der Rundfunkstaatsvertrag - Grundlage einer dualen Rundfunkordnung in der Bundesrepublik Deutschland, NJW 1988, S. 453-457

-,Die Einspeisung von Rundfunkprogrammen in Kabelanlagen aus verfassungsrechtlicher Sicht, Berlin 1984 (zit.: Ricker, Einspeisung)

-,Privatrundfunkgesetze im Bundesstaat, München 1985 (zit.: Ricker, Privatrundfunkgesetze)

Ridder, Helmut, Die Zuständigkeit zur Gesetzgebung über den Rundfunk, - Rechtsgutachten 1960 -, in: Zehner, Günter [Hrsg.], Der Fernsehstreit vor dem Bundesverfassungsgericht, Bd. 1, Karlsruhe 1964, S. 292-312

Riegel, Reinhard, Gliedstaatenkompetenzen im Bundesstaat und Europäisches Gemeinschaftsrecht, DVBl. 1979, S. 245-251

Ring, Wolf-Dieter, Medienrecht Bd. 2 u. Bd. 3, München, Stand: Dez. 1994 (zit.: Ring, Medienrecht)

-,Pay-TV ist Rundfunk, ZUM 1990, S. 279-280

Roth, Wulf-Henning, Grundfreiheiten des gemeinsamen Marktes für kulturschaffende Tätigkeiten und kulturschaffende Leistungsträger, ZUM 1989, S. 101-110

-,Rundfunk und Kartellrecht, AfP 1986, S. 287-297

Rudolf, Walter, Die deutschen Bundesländer und die Europäischen Gemeinschaften der einheitlichen Europäischen Akte, in: v. Jekewitz, Jürgen [Hrsg.], Festschrift f. Partsch, Berlin 1989, S. 357-375

-,Presse und Rundfunk, in: v. Münch, Ingo [Hrsg.], Besonderes Verwaltungsrecht, 8. Aufl., Berlin u.a. 1988, S. 871-918 (zit.: Rudolf, in: v. Münch, Bes. VerwR.)

-,Völkerrechtliche Verträge über Gegenstände der Landesgesetzgebung, in: Burkei, Franz / Polter, Dirk - Meints [Hrsg.], Festschrift f. Armbruster, Berlin 1976, S. 59-73

Rumphorst, Werner, Kabelverbreitung von Fernsehprogrammen, in: Herschel, Wilhelm / Hubmann, Heinrich / Rehbinder, Manfred [Hrsg.], Festschrift f. Georg Roeber, Freiburg 1982, S. 329-354

Ruppert, Andreas, Die Integrationsgewalt. Eine staatstheoretische und verfassungsrechtliche Studie zu Art. I des Grundgesetzes, Hamburg 1969

Sandel, Michael J., Liberalism and the Limits of Justice, Cambridge

Schardt, Andreas, Privatrechtliche Rundfunkordnung und Harmonisierung, ZUM 1986, S. 429-441

Scharf, Albert, Aufgabe und Begriff des Rundfunks, BayVBl. 1968, S. 337-342

-,Fernsehen ohne Grenzen - die Errichtung des gemeinsamen Marktes für den Rundfunk, in: Magiera, Siegfried [Hrsg.], Entwicklungsperspektiven der Europäischen Gemeinschaft, Berlin 1985, S. 147-163

Scherer, Joachim, Breitbandverkabelung am Recht vorbei?, DöV 1984, S. 52-61

-,Fernmeldepolitik als Medienpolitik, Zur Präjudizierung medienpolitischer Entscheidungen durch die Deutsche Bundespost, Media Perspektiven 1985, S. 165-180

-,Frequenzverwaltung zwischen Bund und Ländern, Frankfurt a. M. 1987

-,Telekommunikationsrecht und Telekommunikationspolitik, Baden-Baden 1985

-,Teletextsysteme und prozedurale Rundfunkfreiheit, Der Staat, Bd. 22 (1983), S. 347-380

Scheuner, Ulrich, Das Grundrecht der Rundfunkfreiheit, Berlin 1982 (zit.: Scheuner, Grundrecht)

-,Die Zuständigkeit des Bundes im Bereich des Rundfunks, Rechtsgutachten 1959, in: Zehner, Günter [Hrsg.], Der Fernsehstreit vor dem Bundesverfassungsgericht, Bd. 1, Karlsruhe 1964, S. 314-356 (zit.: Scheuner, Zuständigkeit)

-,Gutachten, in: Kampf um den Wehrbeitrag, Bd. 2, 2. Halb.-Bd. München 1953, S. 94 (zit.: Scheuner, Wehrbeitrag)

-,Struktur und Aufgabe des Bundesstaates in der Gegenwart, DöV 1962, S. 641-648

Schmid, Karin Die deutsche Frage im Staats- und Völkerrecht, Baden Baden 1980

Schmidt-Aßmann, Eberhard, Gesetzliche Maßnahmen zur Regelung einer praktikabelen Stadtentwicklungsplanung: Gesetzgebungskompetenzen und Regelungsintensität, Hannover 1971

Schmitt Glaeser, Walter, Art. 5 Abs. 1 S. 2 GG. als "Ewigkeitsgarantie" des öffentlich-rechtlichen Rundfunks, DöV 1987, S. 837-844

-,Kabelkommunikation und Verfassung, Berlin 1979

Schmitz, Bernd, Kommerzielles Fernsehen und Rundfunkfreiheit, DöV 1968, S. 638-688

Schneider, Hans, Die Zuständigkeit des Bundes im Rundfunk- und Fernmeldebereich, in: Börner, Bodo / Jahrreiß, Herrmann / Stern, Klaus [Hrsg.], Festschrift f. Karl Carstens, Bd. 2, Köln 1984, S. 817-830

-,Rundfunk als Bundesaufgabe, in: Zehner, Günter [Hrsg.], Der Fernsehstreit vor dem Bundesverfassungsgericht Bd. 1, Karlsruhe, 1964, S. 417-447 (zit.: Schneider, Rundfunk)

-,Werbesendungen der Rundfunkanstalten als Gegenstand eines Bundesgesetzes, NJW 1965, S. 937-942

-,Vertragshandel über Rundfunkkompetenz, RuF 1955, S. 358-365

Scholz, Rupert, Ausschließliche und konkurrierende Gesetzgebungskompetenz von Bund und Ländern in der Rechtsprechung des Bundesverfassungsgerichtes, in: Starck, Christian, [Hrsg.], Festschrift aus Anlaß des 25 jährigen Bestehens des Bundesverfassungsgerichts, Tübingen 1976, Bd. 2, S. 252-276

-,Audiovisuelle Medien und bundesstaatliche Gesetzgebungskompetenz, Berlin 1976 (zit.: Scholz, Medien)

-,Das dritte Fernsehurteil des Bundesverfassungsgerichtes, JZ 1981, S. 561- 565

-,Grundgesetz und europäische Einigung. Zu den reformpolitischen Empfehlungen der gemeinsamen Verfassungskommission, NJW 1992, S. 2593-2601

-,Rundfunkeigene Programmpresse? Berlin 1982 (zit.: Scholz, Programmpresse)

Schricker, Gerhard, Urheberrecht-Kommentar, München 1987

Schröder, Meinhard, Bundesstaatliche Erosionen im Prozeß der europäischen Integration, JöR 35 (1986), S. 83-102

-,Zur Wirkkraft der Grundrechte bei Sachverhalten mit grenzüberschreitenden Elementen, in: v. Münch, Ingo [Hrsg.], Festschrift f. Schlochauer, Berlin, New York 1981, S. 137-150

Schrogl, Kai-Uwe, Kurzwellenrundfunk und internationale Politik, Voraussetzungen und Ergebnisse der Weltfunkverwaltungskonferenz 1992, RuF 1992, S. 378-384

Schuster, Fritz, Funkhoheit und Unterhaltungsrundfunk nebst den in den drei westlichen Besatzungszonen geltenden Rundfunkgesetzen, APF 1949, S. 309-329

Schwan, Harmut Heinrich, Die deutschen Bundesländer im Entscheidungssystem der Europäischen Gemeinschaften, Berlin 1982

Schwandt, Eberhard Ulrich, Privater Kabelfunk, DöV 1972, S. 693-702

Schwarz-Schilling, Christian, Interview in der Sendereihe "RTL nachgefragt", ZPT 1983 Nr. 8), S. 4-14

-,"Pay-TV" und doch kein Rundfunk!, ZUM 1989, S. 487-492

Schwarze, Jürgen, Die Medien im Spannungsfeld von Wirtschaft und Kultur - Zur Einordnung und Beurteilung der Medien in der jüngsten Rechtsprechung des Europäischen Gerichtshofes, in: Schwarze, Jürgen [Hrsg.], Rundfunk und Fernsehen im Lichte der Entwicklung des nationalen und internationalen Rechts, Baden-Baden 1986, S. 119-148 (zit.: Schwarze, Medien)

-,Rundfunk und Fernsehen in der europäischen Gemeinschaft, in: Schwarze, Jürgen [Hrsg.], Fernsehen ohne Grenzen, Baden-Baden 1985, S. 11-44

Schwarzkopf, Dietrich, Kultur als Kontrast, ARD Jahrbuch 1986, S. 19-26

-,Eins Plus und Europa Television, Media Perspektiven 1986, S. 74-80

Schwartz, Ivo, EG-Rechtsetzungsbefugnis für das Fernsehen, ZUM 1989, S. 381-389

-,Rundfunk, EG-Kompetenzen und ihre Ausübung, ZUM 1991, S. 155-167

-,Rundfunk und EWG-Vertrag, in: Schwarze, Jürgen [Hrsg.], Fernsehen ohne Grenzen, Baden-Baden 1985, S. 45-119

-,Subsidiarität und EG-Kompetenzen, der neue Titel "Kultur" Medienvielfalt und Binnenmarkt, AfP 1993, S. 409-421

-,Zur Zuständigkeit der Europäischen Gemeinschaft im Bereich des Rundfunks, AfP 1987, S. 375-379

Seidel, Martin, Europa und die Medien, in: Schwarze, Jürgen [Hrsg.], Fernsehen ohne Grenzen, Baden-Baden 1985, S. 121-151 (zit.: Seidel, Europa)

-,Hörfunk und Fernsehen im gemeinsamen Markt, Baden-Baden 1983 (zit.:Seidel, Hörfunk)

-,Rundfunk, insbesondere Werbefunk und innergemeinschaftliche Dienstleistungsfreiheit, in: Bieber, Roland / Bleckmann, Albert / Capotorti, Francsco, u. a. [Hrsg.], Gedächtnisschrift f. Sasse, Bd. 1, Baden-Baden 1981, S. 351-376

v. Sell, Friedrich-Wilhelm, Privater Satellitenrundfunk vorbei am geltenden Verfassungsrecht, RuF 1984, S. 184-192

Selmer, Peter, Bestands- und Entwicklungsgarantien für den öffentlich-rechtlichen Rundfunk in einer dualen Rundfunkordnung. Eine verfassungsrechtliche Untersuchung ihrer Zulässigkeit und Reichweite, Berlin 1988

Smend, Rudolf, Ungeschriebenes Verfassungsrecht im monarchischem Bundesstaat (1916), Staatsrechtliche Abhandlungen und andere Aufsätze, Berlin 1955

Sontag, Peter-Michael, Der Weltraum in der Raumordnung des Völkerrechts, Köln 1966

Spanner, Hans, Die Möglichkeit eines staatlichen Bundeseinflusses auf von privater Hand gestaltete Fernsehprogramme, in: Zehner, Günter [Hrsg.], Der Fernsehstreit vor dem Bundesverfassungsgericht Bd. 1, Karlsruhe 1964, S. 390-417

Stammler, Dieter, Europäischer Rundfunkmarkt und innerstaatliche Rundfunkkompetenz, ZUM 1988, S. 274-287

-,Kabelfernsehen und Rundfunkbegriff, AfP 1975, S. 742-751

Staufenberg, Franz Ludwig, Graf / Langenfeld, Christine, Maastricht - Ein Fortschritt für Europa? ZRP 1992, S. 252-259

Stegmüller, Wolfgang, Hauptströhmungen der Gegenwartsphilosophie - Eine kritische Einführung, Band 1, 6. Aufl., Stuttgart 1978

Steinbuch, Karl, Die desinformierte Gesellschaft: für eine zweite Aufklärung, Herford 1989

Steinmetz, Hans, Die Rechte der Bundespost am Rundfunksendebetrieb, in: Steinmetz, Hans [Hrsg.], Bundespost und Rundfunk, Hamburg, Berlin 1959, S. 5-34

Stern, Klaus, Das Staatsrecht der Bundesrepublik Deutschland, Bd. I, 2. Aufl., München 1984 (zit.: Stern, Staatsrecht Bd. I)

-,Das Staatsrecht der Bundesrepublik Deutschland, Bd. II, München 1980 (zit.: Stern, Staatsrecht Bd. II)

-,Das Staatsrecht der Bundesrepublik Deutschland, Bd. III, 1. Teil, München 1988 (zit.: Stern, Staatsrecht Bd. III)

-,Föderative und unitarische Aspekte im deutschen Rundfunkwesen, in: Rundfunkrecht und Rundfunkpolitik, Klecatsky, Hans Richard / Stern, Klaus, u. a. [Hrsg.] München 1969, S. 26-51 (zit.: Stern, Aspekte)

-,Rundfunkrecht und Rundfunkpolitik, München 1969 (zit.: Stern, Rundfunkrecht)

Stettner, Rupert, Grundlagen einer Kompetenzlehre, Berlin 1983

Stohl, Herta, Der drahtlose Nachrichtendienst für Wirtschaft und Politik, seine Entwicklung und Organisation in Deutschland, Berlin 1931

Taylor, Charles, Negative Freiheit? Frankfurt a. M. 1988 in: Philosophical Papers, Cambridge 1985

Tettinger, Peter J., Neuartige Massenkommunikationsmittel und verfassungsrechtliche Rahmenbedingungen, JZ 1984, S. 400-406

-,Weg frei für die Europäische Währungsunion - Maastricht und die grundgesetzlichen Hürden, RIW Beilage 3, 1992, S. 1-12

Thieme, Werner, Der Finanzausgleich im Rundfunkwesen, AöR 88 (1963), S. 38-80

Tomuschat, Christian, Die gerichtliche Vorabentscheidung nach den Verträgen über die europäischen Gemeinschaften, Köln, Berlin 1964

Troeger-Gutachten, Kommission für die Finanzreform, Gutachten über die Finanzreform in der Bundesrepublik Deutschland, 2. Aufl., Stuttgart 1966

Vogel, Klaus, Die Verfassungsentscheidung des Grundgesetzes für eine internationale Zusammenarbeit, Tübingen 1964

Vries, Inge de / Schmittman, Michael, Blick nach Brüssel, AfP 1995, S. 386-390.

Wahrig, Gerhard, Deutsches Wörterbuch, (fortgeführt von Ursula Hermann) Gütersloh 1980, 1982

v. Wallenberg, Gabriela, Die Regelungen im Rundfunkstaatsvertrag zur Sicherung der Meinungsvielfalt im privaten Rundfunk, ZUM 1992, S. 387-393

Weirich, Dieter, Deutschland der Welt vermitteln. Die 40 Jahre junge Deutsche Welle, in: Weirich, Dieter [Hrsg.], Auftrag Deutschland. Nach der Einheit unser Land der Welt vermitteln, Mainz, München 1993, S. 111-160

Wieland, Joachim, Die Freiheit des Rundfunks, zugleich ein Beitrag zur Dogmatik des Art. 12 Abs. 1 GG, Berlin 1984 (zit.: Wieland, Freiheit)

-,Ungeschriebene Ausgabenkompetenzen des Bundes in der geschriebenen Finanzverfassung des Grundgesetzes? in: Aktuelle Fragen der Finanzordnung im internationalen und nationalem Recht, 26. Tagung der wissenschaftlichen Mitarbeiter -Öffentliches Recht, Berlin 1986, S. 129-150 (zit.: Wieland, Ausgabenkompetenz)

Winkler, Hans Joachim, Sporterfolge als Mittel der Selbstdarstellung des Staates, in: Quaritsch, Helmut [Hrsg.], Die Selbstdarstellung des Staates, Berlin 1977, S. 109-132

Wippfelder, Hans-Jürgen, Die Theoreme "Natur der Sache" und "Sachzusammenhang" als verfassungsrechtliche Zuordnungsbegriffe, DVBl. 1982, S. 477-486

Wittgenstein, Ludwig, Philosophische Untersuchungen, in: Ludwig Wittgenstein, Werkausgabe Bd. 1, Frankfurt a. M. 1984

Wittig-Terhardt, Margret, Rundfunk und Kartellrecht, AfP 1986, S. 298-306

Wufka, Eduard, Die verfassungsrechtlich-dogmatischen Grundlagen der Rundfunkfreiheit, Beiträge zum Rundfunkrecht, Heft 12, Berlin Frankfurt a. M., 1971

Ziegler, Eberhard, Deutscher Rundfunk in Vergangenheit und Gegenwart. Seine öffentlich-rechtlichen Grundlagen und seine Organisation, Heidelberg 1949

Schriften zum internationalen und zum öffentlichen Recht

Herausgegeben von Gilbert Gornig

Band 1 Michael Waldstein: Das Asylgrundrecht im europäischen Kontext. Wege einer europäischen Harmonisierung des Asyl- und Flüchtlingsrechts. 1993.

Band 2 Axel Linneweber: Einführung in das US-amerikanische Verwaltungsrecht. Kompetenzen, Funktionen und Strukturen der "Agencies" im US-amerikanischen Verwaltungsrecht. 1994.

Band 3 Tai-Nam Chi: Das Herrschaftssystem Nordkoreas unter besonderer Berücksichtigung der Wiedervereinigungsproblematik. 1994.

Band 4 Jörg Rösing: Beamtenstatut und Europäische Gemeinschaften. Eine Untersuchung zu den gemeinschaftsrechtlichen Anforderungen an die Freizügigkeit der Arbeitnehmer im Bereich des öffentlichen Dienstes. 1994.

Band 5 Wolfgang Wegel: Presse und Rundfunk im Datenschutzrecht. Zur Regelung des journalistischen Umgangs mit personenbezogenen Daten. 1994.

Band 6 Sven Brandt: Eigentumsschutz in europäischen Völkerrechtsvereinbarungen. EMRK, Europäisches Gemeinschaftsrecht, KSZE – unter Berücksichtigung der historischen Entwicklung. 1995.

Band 7 Alejandro Alvarez: Die verfassunggebende Gewalt des Volkes unter besonderer Berücksichtigung des deutschen und chilenischen Grundgesetzes. 1995.

Band 8 Martin Thies: Zur Situation der gemeindlichen Selbstverwaltung im europäischen Einigungsprozeß. Unter besonderer Berücksichtigung der Vorschriften des EG-Vertrages über staatliche Beihilfen und der EG-Umweltpolitik. 1995.

Band 9 Rolf-Oliver Schwemer: Die Bindung des Gemeinschaftsgesetzgebers an die Grundfreiheiten. 1995.

Band 10 Holger Kremser: "Soft Law" der UNESCO und Grundgesetz. Dargestellt am Beispiel der Mediendeklaration. 1996.

Band 11 Michael Silagi: Staatsuntergang und Staatennachfolge: mit besonderer Berücksichtigung des Endes der DDR. 1996.

Band 12 Reinhard Franke: Der gerichtliche Vergleich im Verwaltungsprozeß. Auch ein Beitrag zum verwaltungsrechtlichen Vertrag. 1996.

Band 13 Christoph Eichhorn: Altlasten im Konkurs. 1996.

Band 14 Dietrich Ostertun: Gewohnheitsrecht in der Europäischen Union. Eine Untersuchung der normativen Geltung und der Funktion von Gewohnheitsrecht im Recht der Europäischen Union. 1996.

Band 15 Ulrike Pieper: Neutralität von Staaten. 1997.

Band 16 Harald Endemann: Kollektive Zwangsmaßnahmen zur Durchsetzung humanitärer Normen. Ein Beitrag zum Recht der humanitären Intervention. 1997.

Band 17 Jochen Anweiler: Die Auslegungsmethoden des Gerichtshofs der Europäischen Gemeinschaften. 1997.

Band 18 Henrik Ahlers: Grenzbereich zwischen Gefahrenabwehr und Strafverfolgung. 1998.

Band 19 Heinrich Hahn: Der italienische Verwaltungsakt im Lichte des Verwaltungsverfahrensgesetzes vom 7. August 1990 (Nr. 241/90). Eine rechtsvergleichende Darstellung. 1998.

Band 20 Christoph Deutsch: Elektromagnetische Strahlung und Öffentliches Recht. 1998.

Band 21 Cordula Fitzpatrick: Künstliche Inseln und Anlagen auf See. Der völkerrechtliche Rahmen für die Errichtung und den Betrieb künstlicher Inseln und Anlagen. 1998.

Band 22 Hans-Tjabert Conring: Korporative Religionsfreiheit in Europa. Eine rechtsvergleichende Betrachtung. Zugleich ein Beitrag zu Art. 9 EMRK. 1998.

Band 23 Jörg Karenfort: Die Hilfsorganisation im bewaffneten Konflikt. Rolle und Status unparteiischer humanitärer Organisationen im humanitären Völkerrecht. 1999.

Band 24 Matthias Schote: Die Rundfunkkompetenz des Bundes als Beispiel bundesstaatlicher Kulturkompetenz in der Bundesrepublik Deutschland. Eine Untersuchung unter besonderer Berücksichtigung natürlicher Kompetenzen und der neueren Entwicklung im Recht der Europäischen Union. 1999.

Band 25 Hermann Rothfuchs: Die traditionellen Personenverkehrsfreiheiten des EG-Vertrages und das Aufenthaltsrecht der Unionsbürger. Eine Gegenüberstellung der vertraglichen Gewährleistungen. 1999.

Band 26 Frank Alpert: Zur Beteiligung am Verwaltungsverfahren nach dem Verwaltungsverfahrensgesetz des Bundes. Die Beteiligtenstellung des § 13 Abs. 1 VwVfG. 1999.